新装完全版

大国政治の悲劇

The Tragedy of Great Power Politics

John J. Mearsheimer

ジョン・J・ミアシャイマー

奥山真司訳

五月書房新社

新装完全版

大国政治の悲劇

The Tragedy of Great Power Politics

John J. Mearsheimer
ジョン・J・ミアシャイマー
奥山真司訳

五月書房新社

改訂版のまえがき

私が『大国政治の悲劇』の執筆にとりかかったのは一九九一年末にソ連が崩壊した直後のことであり、それを終えたのはほぼ一〇年後のことだった。当時のアメリカ人（相当な数の学者を含む）の多くは、国際政治の将来についてかなり楽観的であった。冷戦の終わりは、大国間戦争が存在せず、バランス・オブ・パワーのような概念が意味を失う新しい時代の始まりだと広く信じられていたからだ。そして今後は何年にもわたって、国家間の協力が緊密になると予測された。私のようなリアリストは絶滅危惧種だと言われ、恐竜と同じ運命をたどるものと思われていた。

私が本書を書いたのは、このような国際関係についての希望的な見方に挑戦するためである。世界はまだ危険な場所のままであり、リアリズムは世界の動きについて今後も重要な示唆《しさ》を与え続けるものであることを論じたのだ。ただし私は本書の大部分を、ハンス・モーゲンソー（Hans Morgenthau）やケネス・ウォルツ（Kenneth Waltz）のような著名なリアリストたちの議論とは大きく異《こと》なる、独自の国際政治の理論を提唱することに費《つい》やした。それでも私は読者に対して、この理論が二一世紀においても価値を持ったものであることを、いくらか紙面を割いて説明した。

出版当初は本書の議論はなかなか受け入れられなかった。その主な理由は、二〇〇〇年代前半には世界政治の状態について、まだ相当楽観的な雰囲気が世の中に残っていたからだ。ところがこのような楽観的な世界観は、二〇〇四年にイラク戦争の状況が悪化し、アメリカがアフガニスタンだけでなく、イラクにおいて負け戦《いくさ》にはまってしまったことが明らかになってから薄らいできた。同時に、アメリカの「テロとの戦争」に終わりが見えないことが段々と明らかになってきた。そして当然のように、一九九〇年代にあふれていた自信はほぼ完全に消え失せて、アメリカがどのような将来に向かっているのかについて懸念《けねん》が深まる中で、国際政治についての悲観的な見方が支配的になった。ほとんどのアメリカ人たちは、世界には潜在的にトラブルの発生する場所がいくつもあり、それらの問題の解決は（不可能ではないとしても）難しいということを、ようやく理解するようになったのだ。

このような視点の変化は、アメリカが今から二五年前の冷戦終了から六つの戦争を戦っていることからも理解できる。その六つの戦争とは、イラク（一九九一年）、ボスニアをめぐるセルビアとの戦い（一九九五年）、コソボをめぐるセルビアとの戦い（一九九九年）、アフガニスタン（二〇〇一年〜現在）、イラク（二〇〇三年〜一一年）、そしてリビア（二〇一一年）である。実際のところ、米軍は一九八九年から三分の二の期間は戦争をしている。ところがこれらの戦争は、すべて小国に対して行われたものであった。アメリカはライバルの大国の深刻な脅《おど》しを警戒しなくてもよいという、恵まれた状況にあったのだ。

ところが中国の台頭によって状況は変わりつつあるように見える。もし中国経済が今後数十年間にわたってそのまま急激な成長を続ければ、ワシントン政府は冷戦以来初となる、潜在的なライバルに直面することになるはずだ。実際のところ、ピュー研究所の意識調査によれば、「三九カ国中の二三カ国の過半数や多数派の人々が、中国は超大国としてすでにアメリカを追い抜いた、もしくは最終的に追い抜くだろうと答えている」という。[*1] アメリカでも四七パーセントの人々が「中国がナンバーワンになりつつある」と答えており、同じく四七パーセントがその反対の回答をしている。

中国の台頭は必然的に以下のような疑問を投げかけることになる。それは「この台頭は平和的なものになるだろうか？」というものだ。私は本書の初版ですでにこの疑問に答えているが、それは一九九〇年代後半の時点で、中国がとりわけ強力な国になると思わせるだけの理由がすでに存在したからだ。私は「もし中国がそのまま台頭を続ければ、圧倒的な軍事力を持とうとして、アメリカが西半球で行ったように、アジアを支配しようとするだろう」と主張した。なぜなら地域覇権国《リージョナル・ヘジェモン》になることが生き残り《サヴァイバル》の確率を最大化する上で最適な方法だからだ。また、私は中国の周辺の国々やアメリカが、中国を封じ込めようとしたり、その地域覇権国《リージョナル・ヘジェモン》の達成を阻止することになると予測している。その後に起こると見られる安全保障競争は、アジアを段々と危険な場所に変えることになるだろう。

二〇〇一年に『大国政治の悲劇』が最初に出版されてから、私は中国の台頭が平和的なものではないことをさまざまな講演会などで論じてきた。そのうちの何度かは中国国内でも行っている。そして私は二〇〇四年にジミー・カーター（Jimmy Carter）大統領の国家安全保障アドバイザーを務めた故ズビグニェフ・ブレジンスキー（Zbigniew Brzezinski）氏と、このテーマについて議論を戦わせている。[*2]最初の数年間は、私の議論に納得しない、もしくは懐疑的な態度の聴衆が多かったが、その態度は二〇〇八年になると変化した。その理由の一端は、中国がさらに強力になったことが挙げられるのだが、同時に中国が周辺国やアメリカを恐れさせるような行動をし始めたからだ。最近の聴衆は、私の米中関係の未来についての議論に対して、以前よりも理解を示すようになってきている。

中国の台頭は二一世紀の出来事の中で最も重要なものとなりそうであり、しかもそれが平和的なものにはなりそうもないという事実を踏まえた上で、私はこの最新版の最終章で、さらに細かい見解を示すのが合理的だと考えた。もちろんこのテーマについては初版の方でもすでに触れているのだが、そこでの議論はかなり大まかなものであったことは否《いな》めない。その理由は、ただ単に初版ではそれ以外のさまざまなトピックをカバーしなければならなかったからだ。また、私は中国の台頭について他の著書で広く論じることもなかったため、新たに書き下ろした最終章で中国について集中的に議論し、「なぜ私は中国がさらに強力になればアジアで大きなトラブルが起こることになるのか」という点について包括的な説明を行っている。

このまえがきと新しい最終章以外は、本書は初版からほとんど何も書き換えていない。最も重要なことは、私が自分の理論であるオフェンシヴ・リアリズムについての考えを変えていないことだ。読者の中にはこの事実について驚く方もいるかも知れない。なぜならこの理論は、さまざまな学者に詳しく分析され、中には非常に厳しい批判をしてきた者もいるからだ。私はこの理論が注目されたことを喜ばしく思っているし、彼らの批判については——その大小にかかわらず——厳粛《げんしゅく》に受けとめている。結局のところ、一人の学者が他の学者から受ける最大の敬意は、自分の著作を深く検証してもらうということだからだ。何はともあれ、私は自分の理論がこれらの批判に直面したにもかかわらず、よく持ちこたえていると考えている。もちろんこれは「この理論は完璧だ」ということや、「未来永劫《みらいえいごう》取って代わられることはない」ということではない。むしろ私は『大国政治の悲劇』の初版で提示された理論について満足しているだけだ。

新たに書き換えられた最終章で、私はこの理論を使って、世界中の政策担当者やさまざまな学派の専門家たち、そして関心を持った市民たちが、今後の数十年間に注目して問いつづけることになる、「中国の台頭は平和的なものだろうか?」という質問についての答えを出している。残念ながら、私の答えは「ノー」である。

私は新しい最終章について集中的なコメントをくれて改善してくれた、八人の識者に対して感謝の意を伝えたい。その八人とは、ジェシカ・アルムス(Jessica Alms)、チャールズ・グレイサー(Charles Glaser)、マイケル・リーズ(Michael J. Reese)、マリー・イヴ・レニー(Marie-Eve Reny)、ルーク・シューマッカー(Luke Schumacher)、ユアン・カン・ワン(Yuan-Kang Wang)、そしてとりわけスティーブン・ウォルト（Stephen Walt）である。また私はこの最終章の草稿を、シカゴ大学の国際政治経済・安全保障プログラム（PIPES）が提供してくれたワークショップで発表している。この時の参加者の方々にいただいた非常に価値の高い集中的なコメントは、最終稿の準備の際にとても役立った。私は彼らの助けに深く感謝している。当然だが、本書に残っているいかなる問題も、私個人にすべての責任があることは言うまでもない。

最後に、私はノートン社の編集者であるロビー・ハリントン（Roby Harrington）氏に謝意を評したい。彼は『大国政治の悲劇』の最新版を出版することを提案してくれた。彼は初版の一〇周年となる二〇一一年に改訂版を出そうと考えていたらしいが、初版の時と同じように、この仕事は私が予期してよりも長い時間がかかってしまった。ロビーとはほぼ二五年間にわたって親しくさせてもらっており、彼には本当に世話になっている。加えて、この本の改訂版の編集者を務めてくれたリサ・カムナー・マケイ（Lisa Camner McKay）女史にもお礼を言いたい。彼女はこの版の出版において素晴らしい手腕を発揮してくれたからだ。

日本語版に寄せて

アジアではその長い歴史の中で何度も戦争が繰り返されてきた。そこで行われてきた国際政治は、時として不快で残忍なものであった。ところが冷戦が一九八九年に終了してからこの地域は驚くほど平和であり、「アジアでは大国間の安全保障競争と戦争はすでに脅威ではない」と多くの人を信じさせることになった。この説明からすれば、日本は平和と繁栄に至る運命を長年たどってきたということになる。しかしながら、このような楽観的な見方は急速に減少しつつあり、日本の国民はその周辺の主要国との将来の関係を心配している。日本は自らの将来に「危機」を感じているのだ。

この心配の主な原因は、当然ながら、過去三〇年間にわたる中国の劇的な発展だ。世界中の人々がこの成り行きがどうなるのかを解明しようと努力している。とくにみんなが知りたいのは、このまま目ざましい経済成長がこの先何年も続いたとしたら中国が近隣諸国に対してどのように振る舞い始めるのか、ということである。またアメリカは、北東アジアで将来どのような役割を果たしていくのか？　そして日本にとって最も重要なのは、二一世紀を生き抜くための確率を上げるにはどうしたらいいのか？　という質問の答えだ。

小著は、このような重要な疑問を解明するための手がかりを与えようとしている。本書の核心にあるメッセージは、「国際政治の危険な世界の中で生き残ろうとする国家には、パワーを求めて互いに競い合う以外にほとんど選択肢は残されていない」ということである。平和に生きることに満足しているような国家でも、パワーを求める無慈悲な争いに巻き込まれてしまうからだ。

この安全保障競争の根本的な原因は、ある国家が別の国家に脅威を感じた時に助けを求めることができる（世界政府のような）最高権威《オーソリティー》が存在しないことにある。国際社会には「保安官《シェリフ》」がいないのだ。さらにどの国家も、「他国は絶対に自分に対して敵対的な意図を持っていない」と信じ切ることができない。よって国家は全方位からの危険に対して準備しなければならない。隣の国は友人か？　今日の友は明日の敵か？　自国は外国からの攻撃を思いとどまらせることができるほど強力か？　互いの意図を明確に知ることができない世界では、国家は他国が万が一侵略的になった場合に備え、できるだけパワーを蓄《たくわ》えることによって自分を守らなければならないのだ。

よって理想的なのは、国際社会の中で「覇権国《ヘジェモン》」になることである。相対的に大きいパワーを持っていれば、国家の生き残り《サヴァイバル》はほとんど保証されたも同然になるからだ。逆に弱みを持っていると、つけ込まれることになる。強力な国家というものは力の弱い国家よりも有利に立とうとする傾向があるからで、これは歴史にざっと目を通しただけでも明らかだ。

しかし世界覇権を握る国家は、今後も現れそうにない。その理由は、主に大西洋や太平洋のような大きな海を越えて戦力投射《パワープロジェクション》をするのに、巨大な困難が伴《ともな》う点にある。今日、最も豊かで強力なアメリカでさえ、全世界を支配することは不可能だ。しかしアメリカが西半球で行ったような地域覇権《リージョナル・ヘジェモニー》なら達成可能だ。よって、すべての大国にとっての究極の目標は、世界のある一定の地域を支配し、他の大国が自分以外の地域で覇権国《ヘジェモン》にならないようにすることだ。アメリカは全くその通りに行動しており、長期にわたって、ヨーロッパではドイツ帝国、ナチス・ドイツ、ソ連、アジアでは大日本帝国とソ連がそれぞれ地域覇権《リージョナル・ヘジェモニー》を達成しようとするのを阻止している。事実、アメリカは地域覇権《リージョナル・ヘジェモニー》を狙っていたこれら四つの国々を阻止する大きな役割を果たした。

この国際政治の理論を、私は自分で「攻撃的現実主義《オフェンシヴ・リアリズム》」と呼んでいるが、これはアジアにとって重要な関連性を持つ。なぜならこの理論は、「中国が次の一〇年間に見事な経済成長を続けていけば、強力な軍事組織を築き上げ、アメリカが西半球で行ったようなやり方でアジアを支配しようとするはずだ」と予測しているからだ。中国が覇権《ヘジェモニー》を目指す理由は、中国の文化が伝統的に攻撃的であるとか、政治指導者の失策などにあるのではなく、ただ単に「覇者になることが自国の生き残り《サヴァイバル》を最も確実に保証してくれる」という点にある。もしアメリカの国益が他の地域にある大国を西半球から追い出しておくこと（そしてこれこそがモンロー主義の核心なのだが）にあるのなら、中国の国益が「アジアからアメリカを追い出すこと」にあるのは言うまでもない。

もちろんアメリカは中国の地域覇権《リージョナル・ヘジェモニー》の達成を阻止しようとするだろう。なぜならアメリカは世界の檜《ひのき》舞台に、自分以外の競争相手が登場してくるのを許せないからだ。この結果生じるのは、冷戦時代に米ソ間で行われたのと同じような、アメリカと中国の間の安全保障競争である。アジアにおける北京の近隣諸国にとっても中国の力を封じ込めておくことはそもそも国益にかなうわけであり、これは日本、南北朝鮮、インド、ロシア、ベトナムなどが、アメリカと協力して反中連盟を形成する可能性が高いことを意味する。

もし中国の経済成長が急減速し、アジア支配のチャンスが無くなると、アメリカはアジアにあるほとんどの駐留部隊を撤退させることになりそうだ。歴史の例からも明らかだが、アメリカはヨーロッパやアジアに純粋な平和維持の目的で部隊を維持することにはあまり積極的ではない。アメリカがヨーロッパとアジアという二つの重要地域に釘付けにさせられる唯一の理由は、二つの地域にある周辺国たちが封じ込めることができず、アメリカにとって競争相手となる可能性のある、別の大国の存在なのだ。

もし中国の経済発展が落ち込んでアジアを支配できなくなると、アメリカはその周辺地域から軍隊を撤退させ、日本への安全保障の提供を停止する可能性が高い。しかしながら日本は相変わらず危険な周辺国たちの中で生きなければいけないだろうし、国家の生き残り《サヴァイバル》を心配しなければならないはずだ。とくに日本は潜在的な同盟国、もしくは危険な敵となる可能性のある、中国やロシアのような周辺の大国と関わっていかなければならないし、北朝鮮からの核の脅威も心配しなければならなくなる。また、日本はアメリカの核の傘がなくなった時に核兵器の保有を検討しなければならなくなるかも知れない。核兵器の強力な抑止効果を考えた場合、日本が核兵器を入手したいという強力な動機にさらされることになる可能性は高い。

今後一〇年間に向けて、日本の正しい国家安全保障戦略を探り出すのはかなり難しい作業だ。しかしながら、日本が自国の生き残り《サヴァイバル》の可能性を最大限に高めようとするなら、同盟国の組み合わせやバランス・オブ・パワー、大国の行動、核兵器などについて、もっと時間をかけて真剣に考える必要があるだろう。

最後に、私は奥山真司氏に素晴らしい日本語訳を出版してくれたことと共に、日本の読者にそれを届けることを可能にしてくれた五月書房新社に、それぞれ記して感謝する次第である。

ジョン・J・ミアシャイマー

二〇一七年六月一五日

目次

大国政治の悲劇

目次

はじめに

二〇世紀は、国際的に「暴力の時代」であった。第一次世界大戦（一九一四～一八年）では約九〇〇万人がヨーロッパの戦場で死んだ。第二次世界大戦（一九三九～四五年）では約五〇〇〇万人が死んだが、その半分以上は一般市民であった。第二次世界大戦が終了したとたん、今度は全世界が冷戦に飲み込まれた。ソヴィエト連邦とワルシャワ条約機構の同盟国は、冷戦期を通じてアメリカ合衆国と北大西洋条約機構（ＮＡＴＯ）の同盟国とは直接戦わなかったが、朝鮮・ベトナム・アフガニスタン・ニカラグア・アンゴラ・エルサルバドル、その他の地域で行われた代理戦争で、何百万人もの人々が命を落としている。この他にも、ロシアと日本の紛争（日露戦争一九〇四～五年、ノモンハン事件一九三九年）、連合国による対ソ干渉戦争（一九一八～二〇年）、ソ連・ポーランド戦争（一九二〇～二一年）、数々の中東紛争、そしてイラン・イラク戦争（一九八〇～八八年）など、小規模ではありながらも激しい戦争で、何百万人もの人々が死んだ。

暴力のサイクルは、新世紀に入っても当分の間続くであろう。国際システムを構成する大国（great powers）は互いを恐れ合い、その結果としてパワー（power、権力、影響力）を求めて争うため、平和の望みが実現されることはおそらくない。大国の究極の目標は、他の大国よりも支配的な立場を得ることにあり、支配力を得ることは自国の生き残り《サヴァイバル》を保証するための、最も有効な手段だからだ。「強さ」は安全を保証してくれる。そして「最高の強さ」は「最高の安全」を保証するのだ。このような誘惑に常にさらされている国家は、他国よりもより有利になろうとして競争するため、最終的には利害をめぐって衝突する運命にある。この国際システムを構成している国々が「世界政府」(a world government)を作り上げようと同意しない限り、この悲劇的な状態からは逃れられない。ところがこうした大規模な変革は、現実的であるとはとても言えず、国際的な紛争と戦争は、世界政治において今後も大きな、そして永続的な要素として残っていくことだろう。

このような憂鬱《ゆううつ》な見方に対し、「二〇世紀は冷戦の終結とともに平和的に終わったし、大国同士の関係は二〇世紀初頭の頃のように平和的ではないか」という反論がありそうだ。確かにそれも正しいのだが、現在の状態から単純に未来を予測するのは、信頼のおける分析とは言えない。ヨーロッパの知識人たちによって一九世紀と二〇世紀の最初の年にこうした分析が行われていたと仮定してみてほしい。一八〇〇年の時点では、ヨーロッパは二三年間続いたフランス革命とナポレオン戦争の真っ只中であり、この時代のすべての大国はそれに巻き込まれていた。この血なまぐさい年から未来を考えれば「一九世紀は大国同士の争いであふれかえる」という予測が出てきても不思議ではない。ところが実際の一九世紀は、ヨーロッパ史の中で最も紛争の少ない時代になった。一方、一九〇〇年のヨーロッパでは大国が関わる戦争が起こっておらず、不吉な予兆はほとんど見られなかった。このような平穏な年から考えれば、二〇世紀はヨーロッパ史上でも最も紛争の少ない時代になるはずであった。ところが結果はその正反対だったのである。

国際政治の理論《セオリー》は、未来に何が待ちうけているのかを予測する上で有効な道具となる。中でも特に有効な理論は、大国が互いにどのように行動するのか、またその間に起こる紛争を、うまく説明してくれるものだ。さらに優れた理論は、大国が過去にどのように振る舞ったのか、しかもなぜ歴史のある一定期間だけが他の期間と比べて紛争的だったのか、ということも説明できる。このような理論は、未来の動きを予測する時に大きく役立つのだ。

私はこの本の中で、そうした「理論《セオリー》」を提唱しようと試みた。私が「攻撃的現実主義《オフェンシヴ・リアリズム》」（Offensive Realism）と名づけたこの理論は、本質的には「現実主義《リアリズム》」（Realism）と呼ばれるものである。この理論は、E・H・カー（E. H. Carr）、ハンス・モーゲンソー（Hans Morgenthau）、ケネス・ウォルツ（Kenneth Waltz）などのリアリストの思想家たちの伝統に沿ったものだ。この理論では考慮される要素の数が比較的少ないため、いくつかの単純な定理だけに集約することができる。たとえば私は「大国は世界権力（world power）の分け前を常に最大化しようと行動する」ということを強調している。また、中でも特に強力な大国（潜在覇権国《ポテンシャル・ヘジェモン》）を含む「多極システム」では、戦争の起こる傾向が強まることを主張している。

こうした理論は、その性格上、議論の嵐を巻き起こすことは避けられない。私は批判に対抗するために、自分の主張のロジックが強固でゆるぎないものであることを証明しようとした。まず私は自分の主張を歴史の実例に当てはめて検証している。題材として使ったのは、主に一七九二年以降の大国同士の関係だ。さらに私は、本書の中で大国同士の関係の未来予測のために、この理論を活用した。

私はこの本を、私の仲間である学者たち、そして大国を動かす根本的な力を理解することに興味を持つ一般の読者の、両方に向けて書いたつもりだ。この目的のために、私は学界で使われる専門用語や議論に慣れていない人々を考慮し、なるべく議論を明確に、わかりやすくすることに努めている。私は文学研究者のライオネル・トリリングが高名な社会学者C・ライト・ミルズに与えたアドバイスを常に思い出すように心がけた。そのアドバイスとは「まずあなたがよく知っている分野のことについて講義をするよう頼まれたと思ってください。聴衆は主な大学のすべての学部の教授や学生、それに近くの町から集まってきた好奇心の高いさまざまな人たちです。そのような聴衆があなたの前にいて、彼らには知る権利があります。そしてあなたは彼らに、自分の話すことを理解してもらいたい…このような状況を思い描いて書き始めなさい」というものだ。[*1] 私は読者諸氏が本書で、このトリリングのアドバイスが実を結んだと感じてくれることを願うばかりだ。

謝辞

もちろん本書で行っている議論のすべての文責は私にあるのだが、私は少数の個人や組織から数々の助けを受けている。

数多くの同僚たちが、彼らの貴重な時間を割いて原稿を読み、コメントをくれた。本書にはその痕跡《こんせき》がそこら中に見える。読んでくれた人々全員が私の間違った議論を指摘してくれたり新しい議論を加えてくれたり、すでにあった議論に修正を加えてくれたりした。実際のところ、私はもしそれらのコメントがなかったら、どれほど多くの愚かなアイディアや間違いが本の中に残っていたのか考えて、身震いしてしまうほどだ。それでも私は彼らの提案のすべてを受け取ったわけではないし、もし何か問題が残っているとすれば、私がその責任をすべて負うことは言うまでもない。

私はコリン・エルマン（Colin Elman）、マイケル・デッシュ（Michael Desch）、ピーター・リーバーマン（Peter Liberman）、カール・ムーラー（Karl Mueller）、マーク・トラクテンバーグ（Marc Trachtenberg）、そしてとりわけスティーブン・ウォルト（Stephen Walt）の各氏に多大な恩義を感じている。彼ら全員は原稿のすべてに目を通してくれただけなく、いくつかの部分に関しては何度も読みなおしてコメントをくれたからだ。また、私はロバート・アート（Robert Art）、デボラ・アヴァン（Deborah Avant）、リチャード・ベッツ（Richard Betts）、デール・コープランド（Dale Copeland）、マイケル・クレスウェル（Michael Creswell）、マイケル・ドイル（Michael Doyle）、ディヴィッド・イーデルステイン（David Edelstein）、ベンジャミン・フランケル（Benjamin Frankel）、ヘイン・ゴーマンス（Hein Goemans）、ジャック・ゴールドスミス（Jack Goldsmith）、ジョセフ・グリーコ（Joseph Grieco）、アーマン・グリゴリアン（Arman Grigorian）、ディヴィッド・ハーマン（David Herrmann）、エリック・ラブス（Eric Labs）、カール・ローテンシュレイガー（Karl Lautenschlager）、クリストファー・レイン（Christopher Layne）、ジャック・レヴィー（Jack Levy）、マイケル・マンデルバウム（Michael Mandelbaum）、カレン・ミンスト（Karen Mingst）、西恭之（Takayuki Nishi）、ロバート・ペイプ（Robert Pape）、バリー・ポーゼン（Barry Posen）、ダリル・プレス（Daryl Press）、シンシア・ロバーツ（Cynthia Roberts）、ロバート・ロス（Robert Ross）、ブライアン・シュミット（Brian Schmidt）、ジャック・スナイダー（Jack Snyder）、スティーブン・ヴァン・エヴェラ（Stephen Van Evera）、アレクサンダー・ウェント（Alexander Wendt）の各氏たちにいただいたコメントに感謝している。もし挙げた名前が抜けていたらあらかじめ謝っておきたい。

また感謝しなければならないのは、本書を書くためにお世話になった私のリサーチ・アシスタントたちである。名前を挙げると、ロシュナ・バルスブラマニアン（Roshna Balasubramanian）、ディヴィッド・イーデルステイン（David Edelstein）、ダニエル・ギンズバーグ（Daniel Ginsberg）、アンドレア・ジェット（Andrea Jett）、セス・ジョーンズ（Seth Jones）、キアー・リーバー（Keir Lieber）、ダニエル・マーシナック（Daniel Marcinak）、ジャスティン・ローゼンタール（Justine Rosenthal）、ジョン・シュースラー（John Schussler）、そしてスティーヴン・ウェイル（Steven Weil）の各氏である。

とくに感謝したいのはアレクサンダー・ダウンズ（Alexander Downes）である。彼は本書の中のチャートをつくる主な役割を果たしてくれたし、さまざまな分野のことについて綿密にリサーチしてくれた。

最後から二番目の草稿が完成した頃に、ニューヨーク市の外交問題評議会が、私を一九九八〜九九年度のウィットニー・シェパードソン・フェローに選出してくれた。これは著者に書きかけの本を完成させることを助けるための素晴らしいプロジェクトであり、この期間の後半に外交問題評議会はニューヨーク市で三回会合を開いて、本書の中のいくつかの章について研究会を開いてくれた。このグループをまとめる上でリチャード・ベッツ（Richard Betts）は素晴らしい仕事をしてくれた。参加してくれたのは、ロバート・ジャーヴィス（Robert Jervis）、ジャック・レヴィー（Jack Levy）、ギデオン・ローズ（Gideon Rose）、ジャック・スナイダー（Jack Snyder）、リチャード・ウルマン（Richard Ullman）、ケネス・ウォルツ（Kenneth Waltz）、そしてファリード・ザカリア（Fareed Zakaria）をはじめとする各氏である。彼らは決して批判が少ないというわけではなかったが、その批判のほとんどすべては、私が最終稿を書く際にこれ以上価値のつけられないものばかりであった。また、外交問題評議会は、本書の中のいくつかの章の内容をサンフランシスコやワシントンDCの聴衆に発表する機会を設定してくれた。この時の聴衆の方々にも素晴らしいコメントをいただいた。

ニューヨークの外交問題評議会での研究会が行われるたびに、私はその直後にタクシーに乗ってコロンビア大学に行き、アーマン・グリゴリアンとホルガー・シュミット（Holger Schmidt）という二人の院生たちが主宰するワークショップで発表したのと同じ章を発表している。このワークショップに参加してくれたコロンビア大学の学生たちは毎回素晴らしいコメントを提供してくれており、いくつもの面で本書の議論を改善してくれた。

シカゴ大学は本書を書く上で、豊かで厳しい知的環境を整えてくれ、しかもリサーチ面での寛大な支援を行ってくれたために、決定的に重要な役割を果たしてくれた。学者としてはこれ以上の恵まれた環境を求めることはできないほどだ。とくに私にとって幸運だったのは、才能あふれる院生たちと一緒に研究できたことであり、彼らは私の議論をさらに磨くように迫ってくれただけでなく、国際政治の理論と歴史について多くのことを教えてくれた。また、私は政治科学部の職員の人々にもお礼を言いたい。学部の職員であるキャシー・アンダーソン（Kathy Anderson）、ハイディ・パーカー（Heidi Parker）、ミミ・ウォルシュ（Mimi Walsh）の三人は、長年にわたって兵站面での支援を提供してくれた。

他にも私は学者としてキャリアをスタートさせて以来長年にわたってお世話になった、以下に紹介する四人の先生たちに感謝したい。ウィリアム・シュワルツ（William Schwartz）は私がウェストポイントに在籍していた時に国際安全保障を最初に教えてくれた人物である。チャールズ・パウエル（Charles Powell）は私が南カリフォルニア大学で院生だった時の先生であり、ジョージ・クウェスター（George Quester）とリチャード・ローズクランス（Richard Rosecrance）はコーネル大学の博士号課程の時の指導教官であった。彼らの助けや彼らの在籍していた学校がなければ、私はそもそも学者になっていなかったし、この本を書いてもいなかっただろう。彼らの助けは決して忘れることのできないものだ。

ロビー・ハリントン（Roby Harrington）はノートン社の担当編集者である。彼こそが最初に本書のアイディアを持ち込んでくれたのであり、互いに共に予期したよりもはるかに長くの時間をかけてこのプロジェクトに付き合ってくれた。彼の忍耐と知恵には大いに助けていただいた。トレイシー・ネイグル（Traci Nagle）は草稿の編集に際して優れた仕事をしてくれたし、アヴェリー・ジョンソン（Avery Johnson）とロブ・ホワイトサイド（Rob Whiteside）は我々が手にしているこの本の生産を管理する上で見事な仕事をしてくれた。

最後に、私は自分の家族にたいして価値のつけられないほどの精神面での支えとなってくれたことに感謝したい。本を書くというのは時間を要する骨の折れる作業である。私はこれを、毎日寝起きしてはほぼ一日中熊と格闘しているようなものだと考えている。この熊を最後に倒す際に大きな助けとなるのが、家庭と知的な場からの強力な支援であった。私はこの二つを得ることができて幸運である。最も大切なことは、妻のパメラへの感謝だ。私は彼女に多大な借りがある。この本は彼女に捧げるものである。

第一章 ❖ 〈イントロダクション〉

❖
❖
❖

西側諸国では多くの人々が、ついに大国（great powers）の間に、哲学者カントの言ったような「永久平和《えいきゅうへいわ》」が訪れたと信じているようだ。冷戦の終結によって、大国同士の関係が劇的に変化し、大国同士が安全保障をめぐって互いに競い合うことがなくなり、また戦争などという時代遅れのものは起こらなくなったと言うのだ。ある有名な知識人（フランシス・フクヤマ）の言葉を借りれば、冷戦の終結は世界に「歴史の終わり」[*1]をもたらした、ということになる。

この見方からすると、大国は互いを潜在的な軍事ライバルと考えるのをやめ、世界中の国々を「国際コミュニティー」（international community）と呼ばれるような、大きな家族の一員として見るようになったことになる。すべての大国に平和と繁栄をもたらしそうなこの素晴らしき新世界では、国家間で相互協力が巻き起こる可能性が非常に高いことになる。九〇年代中頃に著された「楽観主義者としてのリアリスト」（"Realist as Optimists"[*2]）という有名な論文のタイトルからも察することができるように、伝統的に悲観的な見方をしてきた「現実主義《リアリズム》」（Realism）学派の支持者たちの中にさえ、大国間の平和の実現を予測する楽観主義に流される者が出てきたくらいだ。

ところが残念なことに、安全保障をめぐる争いや、大国間の戦争が「国際システム」（the international system）から追放されたという意見は、誤りである。なぜなら大国間の永続的な平和の見込みが、すでに消滅した証拠がかなりあるからだ。たとえばアメリカは、ソ連の脅威が消滅した後でもヨーロッパに一〇万人、北東アジアにもほぼ同じくらいの規模の軍隊を引き続き維持している。もし米軍が撤退すれば、これらの地域にある大国の間で危険な抗争が起こるだろうとアメリカ政府は見越しているからだ。イギリスとフランスを含むすべてのヨーロッパの国々は、口には出さないが、ドイツはアメリカの力に抑止されていなければ侵略的な行動を起こすかも知れないと心の奥底で感じている。北東アジアの国々が日本に対して感じる恐怖はさらに深刻であり、これはかなり頻繁《ひんぱん》に表面化している。台湾をめぐるアメリカと中国の衝突の可能性もなくなったとは言い切れない。もちろん私はこれらの原因によって必ず戦争が起こると言っているわけではない。しかしその可能性が存在しているという事実が、大国間で起こる戦争の脅威がまだ消え去っていないことを雄弁に物語っている。

国際政治というのは常に冷酷で危険なビジネスであり、この状況は当分の間続きそうだ。競争の「激しさ」の度合いは上下するかも知れないが、大国が常に互いに対して恐怖心を抱き、パワー（power）を求めて争う状態は変わらない。すべての国家の最も重要な目標は、世界の権力争いの中で自分たちの力の配分を最大化することにある。これはつまり「他の国からパワーを奪って獲得すること」に他ならない。しかし、すべての大国は「世界最強の大国」になるためだけに（もちろんなれても構わないが）争っているわけではない。彼らの最終目標は「世界覇権国」（the hegemon）になることであり、専門用語で言い換えれば「国際システムの中で唯一の大国になる」ということである。

国際システムの中では、支配的なポジションを得ようとして登場してくる覇権国に、わざわざ自分たちのパワーをささげてしまうような「お人よしの国家」は存在しない。大国は現状のパワーの分布状況に決して満足することはなく、それとは反対に、その分布状態を自分たちに有利なものにしたいという誘惑に、常に直面しているのである。ほとんどの大国は「現在のパワーの分布状況を変化させたい」という修正主義的な意図を持ち、もしそれが適度なコストで実現できると考えれば、軍事力に訴えてでもバランス・オブ・パワー（勢力均衡　balance of power）を自分たちに有利な方へと変化させることがある。[*3] バランス・オブ・パワーを変化させる時のコストとリスクが大きすぎるため、大国は自国に都合の良い状況になるまで時期を待つこともある。しかし「覇権国になる」という究極のゴールが達成されない限りは、すべての国家の中にパワー増加への欲望は残るのだ。そして当然のように、どの国も世界覇権は達成できないので、世界では大国同士の競争が永遠に続くことになる。

このあくなきパワーへの欲求が意味しているのは「大国には常に世界権力の配分を自国に有利にするチャンスを狙う傾向がある」という事実だ。大国は自国に充分な能力が備わったと感じれば、決してそのチャンスを逃さない。単純に言えば、大国というのはいつでも他国に軍事的に攻め込む意欲を持っているということだ。大国はただ単に他国を犠牲にしてパワーを獲得しようとするのではなく、ライバルがパワーを得ようとするのを妨害することもある。他国にとって有利な状況が現れそうだとわかると、今までのバランス・オブ・パワーを守ろうとするし、自国に有利な状況になりそうだとわかると、今まで存在していたバランスを、こっそり変えてしまおうとするのである。

大国はなぜこのような行動をするのだろうか？　この質問に対する私の答えは、国家が自国の安全を求めているにもかかわらず、それがお互いに対しての攻撃的な行動になってしまう、国際システムの「構造」(structure)に原因がある、というものだ。国際システムには、国家を互いに恐れさせる要因が三つある。

1　世界の国々の上に存在し、全世界の安全を守ってくれる中心的な権威が存在しない。
2　どの国家もある程度の攻撃的な軍事力を持っている。
3　国家は互いがそれぞれ何を考え何をしようとしているかを完全には把握できない。

これらの要因により、すべての国家は決して拭《ぬぐ》い去ることのできない恐怖を持つのであり、自分たちが他国よりも国力を上げれば「自国の生き残り《サヴァイバル》」の確率を高くすることができると考えてしまう。この自国の存続の確率を一番確実に高めてくれるのが、覇権《ヘジェモン》国になることだ。他の国々は、これほどまでに強力な国に対しては、深刻な脅威を与えることができなくなるからだ。

このような悲劇的な状況は、誰かが意図的にデザインして作り出したものではない。大国にとっては自国の生き残り《サヴァイバル》だけが気がかりなのであり、互いに戦う理由などはそもそも持ち合わせていないのだ。ところがこのシステムの中では、パワーを追求して他の国家の支配を狙うこと以外の選択肢はほとんど残されていない。このようなディレンマは、一八六〇年代初期の頃、まだ独立国家ではなかったが、主権回復の望みが見えてきたポーランドについて、当時のプロイセン王国の宰相オットー・フォン・ビスマルク（Otto Von Bismarck）が言い放った、冷酷なコメントに集約されている。ビスマルクは、「どのような形であれ、ポーランドの王国を復活させることは、我々を攻撃してこようとする敵の同盟国を一つ作ることと同じである」と言っている。ビスマルクはこのような考えから、プロイセン王国は「ポーランド人からすべての希望を奪い、彼らを打ち倒して死滅させるまで、徹底的に粉砕《ふんさい》しなければならない。私は彼らの状況に心の底から同情する。しかし我々が自国の存続を願うのなら、彼らを消滅させるしか方法がない」と主張したのだ。[*4]

大国がこのように考え行動することを知るのは、たしかに気が滅入ることかも知れない。しかし我々には、自分の理想の姿を心に描いて世界を見ようとするのでなく、世界をありのままに見るという義務がある。たとえば現在、アメリカが直面している外交問題の一つに、中国に急速な経済成長が続いて「巨大な香港」へとスムーズに変化した場合、彼らはどのように行動するのか、という問題がある（これについては第一〇章で論じる）。多くのアメリカ人は、もし中国が民主的になってグローバル資本主義経済システムに組み込まれれば、侵略的な行動は起こさずに、北東アジアで現状を維持するだけで満足すると信じ込んでいる。この考えに従えば、アメリカは中国を世界経済に組み込んで、民主化を進める政策を採らなくてはならないことになる。もしこの政策が成功すれば、アメリカは経済的に豊かで民主的になった中国と協力して、世界中に平和を推進できることになるからだ。

あいにくだが、こうした関与政策が失敗するのは確実である。もし中国が世界経済のリーダーになれば、その経済力を軍事力に移行させ、北東アジアの支配に乗り出してくるのがほぼ確実だからだ。中国が民主的で世界経済に深く組み込まれているかどうか、もしくは独裁制で世界経済から孤立して自給自足しているかどうかというのは、実はあまり重要な問題ではない。民主制の国家というのは非民主制の国家と同じくらい自国の安全保障に気を使うものだし、どの国家にとっても自国の存続を最も確実にするのは、覇権国《ヘジェモン》になることだからだ。もちろん中国周辺の国々やアメリカが、中国の国力増大をこのまま黙って見過ごすわけがない。おそらく彼らは反中国の「バランシング同盟」（balancing coalition）を結成し、中国を封じ込めようとするだろう。その結果起こるのは、前代未聞の大国間戦争の到来を予感させるような、中国と反中連盟諸国の間の、安全保障・軍事面での激しい競争であろう。要するに、中国の国力が増加すれば、アメリカと中国は敵同士となる運命を避けられないのだ。

オフェンシヴ・リアリズム（攻撃的現実主義）

私は本書の中で、国際政治学の「現実主義《リアリスト》」（Realist）の理論を主張している。これは大国間の関係を楽観視する最近の風潮に、真っ向から挑戦するものだ。私はこの理論を説明するため、以下の三つのことを行っている。

まず最初に、私は自分の理論を「攻撃的現実主義《オフェンシヴ・リアリズム》」（Offensive Realism）と名づけ、この理論の最も重要な構成部分を説明することから始めている。大国がお互いに対してどのように行動するのか、また、大国がいかに相手を犠牲にして自国のパワーを得るチャンスを狙っているかを論じる。さらに、どのような条件が紛争を増加させ、または減少させるのかも指摘する。たとえば「多極システム」（multipolar systems）の場合は、「二極システム」（bipolar systems）の場合よりも戦争が起こりやすいことや、覇権国となる可能性を持つ強力な国家（潜在覇権国 potential hegemons）を一つだけ含む「多極システム」こそが、実は一番危険な国際システムであることなどだ。私はこの理論の中心にある、大国の行動の仕方と、その行動が生み出す結果の因果関係について、説得力のある説明をしようと試みた。

この理論を作る際、私は主に「大国」(great powers) の動きに注目した。大国の動きは国際政治において大きな影響力を持つからである。[*5] 全世界のすべての国家の運命は、国の大小の区別なく、大国のような最大の影響力を持つ国々の政策や行動によって左右される。たとえば一九四五年から一九九〇年までの間、世界のほとんどの地域の政治は、ソ連とアメリカの競争関係に大きく影響されていた。冷戦の前に起こった二つの世界大戦も、世界の全地域に大きな影響を及ぼした。これらの紛争は、例外なく大国同士の競争関係によって左右されたものであり、世界中のすべての地域に大きな影響を与えたのである。

大国というステータスは、ほとんどの場合は「相対的」な軍事力の強さによって決定される。ある国家が大国になるためには、最も強力な国家に対して通常兵器による総力戦を戦えるだけの充分な軍事的資産を持たなければならない。[*6] また、大国となるためには最強国家に戦いを挑めるだけでなく、たとえ敵となる最強国家に最終的に負けるとしても、紛争から消耗戦へと持ち込んで、相手に大きな損害を与えることができるくらいの力を持っていなければならない。「核の時代」(the nuclear age) である現代では、大国は優れた通常兵力を持つと同時に、核による先制攻撃から生き残れるだけの「核抑止力」を持たなければならない。もちろんこれは起こりそうもない状況を仮定した話ではあるが、ある国家がすべてのライバルを核武装のレベルで超越してしまうと、その国家はあまりにも強力になりすぎ、国際システムの中でたった一つの大国になってしまう。もし「核覇権国」(nuclear hegemon) が現れると、通常兵力のバランスはほとんど無意味になる。

二番目に、私はこの理論によって国際政治史のかなりの部分の動きを説明できることを証明しようとした。どのような理論《セオリー》(theory) の場合でも、それを検証する一番良い方法は、現実の世界で起こったことに当てはめてみることである。そのため、私は多くのページを割いて、自分の理論《セオリー》を過去の歴史の記録に照らし合わせて検証した。特に注目したのは、一七九二年のフランス革命とナポレオン戦争の始まりから二〇世紀の終わりまでの大国同士の関係であり、そのほとんどがヨーロッパの大国同士の関係を扱ったものだ。[*7] 過去二〇〇年間、世界の政治を支配したのはヨーロッパの大国であり、日本とアメリカが大国の地位をそれぞれ一八九五年（訳注：日清戦争）と一八九八年（訳注：米西戦争）に手に入れるまで、実質上世界のすべての大国は、ヨーロッパにしか存在しなかったからである。しかしながら本書では、北東アジアの状況、特に一八九五年から一九四五年までの日本と、一九九〇年代の中国についても、かなり多くの議論を行っている。また、オフェンシヴ・リアリズムの理論を過去の出来事に当てはめて検証するために、アメリカの例も参考にした。

三番目に行ったのは、この理論を使って二一世紀の大国間の政治の行方を予測することである。読者にとってみれば、私のこの試みは無謀としか思えないだろう。国際関係論の研究は、他の社会科学と同様、自然科学よりも理論的基盤が不安定であり、しかも政治現象というものはかなり複雑であるため、正確な予測を行うには、既存のものよりもはるかに優れた理論的な方法がなければ不可能だからだ。その結果、政治予測にはエラーがつきまとうものだ。あえて予測に挑戦する者は恥にさらされることがあるだろうし、根拠がないのに変な自信を見せてはならないし、後から不測の事態やミスが露呈《ろてい》してしまうことも覚悟しておかなければならない。

ところが社会科学の学者は、危険があることを知りつつ、自らの理論を使って、あえて未来の予測をしなければならない。予測を行い政策の問題点を明確にすることによって、我々の周りの世界で起こる出来事をわかりやすく分析して説明することが可能になるからだ。議論の相違点を浮かび上がらせ、はっきりとした見通しを作ることによって、矛盾を含んだアイディアを表面化させることもできる。また、新しい事態を予想するのは、社会科学の理論を検討する上で、とても良い方法だ。理論を提出した学者は、後からいろいろと後づけの証拠を加えて言いのがれをするということができなくなるし、まだ発見されていない証拠に合わせて理論を調整することもできなくなるからだ。簡単に言えば、どの理論が国際政治をより正しく説明できるのかを試すために、現実の世界を「実験室」として使うことができるのだ。私は将来の出来事を予測することに伴《ともな》う利益とリスクの両方をあえて承知の上で、オフェンシヴ・リアリズムを「将来を見通すための道具」として使ったのである。

理論の長所と限界

私が本書をなるべく理論的なものとして書こうとしていることは、これですでにおわかりいただけたと思う。ところがアカデミック以外の世界、特に実際に政策が実行されている政治の世界では、このような理論的な本の評判は良くない。社会科学の理論は「現実の世界」で起こっていることとは関係がなく、「ボケた学者たちの暇な推測だ」と思われることが多いからだ。たとえば冷戦期のアメリカの有名な外交政策家ポール・ニッツェ（Paul Nitze）は、「第二次大戦以来、アメリカ人によって〝政治科学〟(political science）という看板の下で書かれたり教えられたりしたもののほとんどは……実際の政策を行う時に、有害にはならないかも知れないが、あまり価値はない」と言っている。[*8] この見方に従えば、理論というのは純粋にアカデミックの世界の話であり、政策担当者たちは常識や直観や経験などに頼るべきだ、ということになる。

しかしこのような見方は間違っている。実際、我々は理論がなければ自分たちの住む世界を理解することができないし、知的な決断をすることさえできないからだ。国際政治学の研究者や政策現場の人間は、周りの状況を把握するのに理論を使っている。それに気づいている人もいれば、気づいていない人もおり、認めている人もいれば、認めない人もいる。しかし我々が絶対に避けることができないのは「単純化された理論がなければ、我々は自分たちの周辺の複雑な世界を理解することができない」という事実である。たとえばクリントン政権の対外政策では、その建前として、国際関係論で言う三つの主要なリベラリズムの理論の主張がかなり使われていた。つまり、①豊かで経済的に自立している国家同士はあまり戦争をしない。②民主制国家は互いに戦争をしない。③国際機関は国家間の戦争を回避させ、代わりにお互いの協力関係を築くことに集中させる、という三つの主張である。

九〇年代の中頃、クリントン大統領とその部下たちが北大西洋条約機構（NATO）参加国のメンバー拡大をどのように正当化したのかを思い出してほしい。クリントンによると、NATOを拡大させる目的の一つは「中欧において民主制の増加を確立すること」であった。なぜなら「民主制度は彼らの意見の違いを平和的に解決する」からだと言うのだ。またクリントンは、アメリカは「開放的な貿易体制の促進を支持するべきである、なぜなら「我々の安全保障は、国々が相争うのではなく、互いに自由で開かれた状況の中で助け合うことができる状態を維持できるかどうかと密接に関わっているからだ」と論じたのである。[*9] クリントンのオックスフォード大学時代のクラスメートで、同政権の国務省副長官を務めたストローブ・タルボット（Strobe Talbott）もNATO拡大について、「冷戦の終了により、社会と市場を開放するという共通の目標を持つ、強く団結したヨーロッパを作ることが可能になった」と同じような主張をしている。NATOの境界線を東に拡大することは、ハンガリーやポーランドなどの国ですでに行われたように「民主改革と市場改革を求める国民の総意を確立する」のに役立ち、この地域の平和への展望を明るいものにするとされたのだ。[*10]

同じような考えから、国務長官を務めたマデレイン・オルブライト女史（Madeleine Albright）も、NATOの創設者たちを称えつつ「彼らの偉業の基礎は、平和を守るための取り決めや、法の下に運営される国際機関のネットワークを創設したことにありました」と言っている。ところが彼女は「この偉業はまだ完全に達成されたわけではありません」と警告し、「我々の今日の課題は、戦後復興計画を完成させることとです……（そして）アメリカの国益と価値観が繁栄する地域を、世界中に拡大させることなのです」と発言している。[*11]

以上のような例は、政策担当者たちがどのような方法でどのような目標を達成したいのかを判断する際に、世界はどのように動くのかを説明する包括的な理論が重要な役割を果たしていることを証明している。しかしある理論が広く知れわたっていて、しかもそれがどんなに人気のあるものだとしても、その理論が「良い」理論であるというわけではない。「良い」ものと同じくらい「悪い」理論もあるのだ。たとえば全く重要ではない些細《ささい》なことを扱っている理論もあれば、全く意味不明で理解不能の理論もある。論理《ロジック》に根本的な矛盾があって、彼らの予測したとおりに世界は動かないだけでなく、説得力がほとんどないものまである。肝心なのは、正確な理論と欠陥のある理論を正しく見分けることである。*12 よって私の狙いは、オフェンシヴ・リアリズムこそが現在の国際システムの働きを理解するのにとても役立つ深みのある理論であることを、読者に納得してもらうことにある。

ところが他の理論と同様に、オフェンシヴ・リアリズムの説明力には限界がある。オフェンシヴ・リアリズムで説明できそうでできないような、矛盾したケースは確かに存在するのだ。もちろん良い理論ほど例外は少ないのだが、すべての理論にはこのような問題がつきものである。

矛盾の一例は、一九〇五年のドイツのケースである。当時のドイツは、ヨーロッパ最強の国家であった。ドイツにとっては第一次世界大戦の始まった一九一四年よりも、一九〇五年に戦争を起こしておいた方がはるかに有利だった。ところが一九〇五年頃のドイツは、戦争を起こすことは露《つゆ》ほども考えてもおらず、これはオフェンシヴ・リアリズムの理論が予測することと矛盾してしまう。

すべての理論では、特定の要素を強調しつつも、他の要素を切り捨てることによって世界の動きを単純化するため、現実の世界ではまれに例外となるケースが起こってしまう。オフェンシヴ・リアリズムは「国際システムが国家の行動に強い影響を及ぼしている」と想定している。構造的な要素、たとえばアナーキー（無政府状態）やパワーの分布状態などが、国際政治を説明する時に一番重要だと私は主張している。この理論では、イデオロギー（思想・主義）のような国内政治の事情や、特定個人の考えなどにはあまり注目せず、国家をブラック・ボックスやビリヤードの玉のようにとらえている。たとえば一九〇五年のドイツの指導者がビスマルク、ヴィルヘルム皇帝、アドルフ・ヒトラーの誰であっても、また民主制であっても独裁制であっても、この理論にとっては関係がない。重要なのは、当時のドイツが他の国々と比べてどれくらいのパワーを持っていたのかという点だ。ところが、この理論で考慮に入れられなかった要素が国家の政策を決定してしまうことがたまに起こる。このような状況下での動きは、オフェンシヴ・リアリズムではうまく説明できない。簡単に言えば、現実を単純化するためには、ある程度のリスクが伴うのだ。

さらに言えば、オフェンシヴ・リアリズムは世界政治で起こるすべての問題に答えられるというものでもない。この理論は、ある一定のパターンの現象の結果分析にしか使えないからである。もしそのような状況になった場合、正確な説明を行うためには、他の理論でそれを補《おぎな》う必要が出てくる。オフェンシヴ・リアリズムのように大きく現象をとらえる理論にとっては、このような不測の事態が起こることは珍しくない。これを社会科学者たちは「この理論では〝不確定〟(indeterminate)だ」と言う。

オフェンシヴ・リアリズムの「不確定性」についての一例が、なぜ冷戦期の米ソ間の軍拡競争が、一九六三年から一九九〇年の期間よりも、一九四五年から一九六三年の期間で激しかったのかを説明できないことである。[*13] また、オフェンシヴ・リアリズムは、中欧でワルシャワ条約機構を牽制するためにNATOは攻撃的/防御的のどちらの軍事戦略をとるべきか、という問題についても判断ができない。[*14] このような問題には「抑止理論」(deterrence theory)のような、さらにキメ細かい理論を使う必要がある。しかしこうした理論はオフェンシヴ・リアリズムと矛盾するわけではなく、むしろそれを補ってくれるものである。簡単に言えば、オフェンシヴ・リアリズムは暗い部屋の中の強力な懐中電灯のようなものであり、隅々までは照らせなくても、ほとんどの場合、我々が暗闇の中を進む際の有効な道具となるのである。

このような議論からもおわかりのように、オフェンシヴ・リアリズムは主に「記述的理論」（descriptive theory）である。大国が過去にどのように行動したのか、そして未来にはどのように行動しそうかを説明してくれるからだ。しかしこれは同時に「処方的理論」（prescriptive theory）でもある。この理論は国家が危険な世界で生き残るための最も良い方法を教えてくれるし、国家はオフェンシヴ・リアリズムの命ずるところに従って行動すべきである、ということになるからだ。

この理論が大国の動き方を教えてくれるのだったら、「大国はこう行動すべきだ」とわざわざ明記する必要があるのか、と疑問に思う人もいるかも知れない。大国は、すでに理論で予測されているように、国際システムの持つ強制力によって、一定の動きしかできないはずだからだ。確かに「大国はまるで鉄格子に閉じ込められた囚人のようだ」というたとえはかなり的を射ている。ところがそれでも大国は時として、理論と矛盾した行動をすることがある。本書でも見ていくことになるが、そのような誤った行動には常にマイナスの結果が待ち受けている。簡単に言うと、もし大国が生き残りたければ、優秀なオフェンシヴ・リアリストのように行動しなければならないのである。

パワーの追求

この理論の中核となる「パワー」（権力・影響力 power）というコンセプトについて付け加えておこう。すべての現実主義者《リアリスト》たちにとって、パワーの計算は「国家が周囲の世界をどのように認識しているのか」という部分に影響を及ぼす。「パワー」は大国間政治における「マネー」（通貨）のような役割を果たしており、国家はこれを獲得するために互いに競争する。経済学で「マネー」に相当するのが、国際関係論での「パワー」である。

本書は、パワーに関する六つの疑問に答える形で構成されている。まず、「なぜ大国はパワーを欲しがるのか、国家が競争する理由のその根底にある論理《ロジック》は何か？」。二つ目が「国家はパワーをどれくらい欲しがるものなのか、そしてどれだけあれば充分なのか?」である。この二つの疑問は、大国の行動における最も根本的で、最も重要な問題である。この根本的な疑問に対する私の答えは、「国際システムの構造が、国家に覇権を追求せざるを得ないようにさせる」というものだ。

三番目は「パワーとは何か、その核となるコンセプトは、どのように定義され、どのように計測されるのだろうか?」という疑問である。パワーを測るための良い基準があれば、国家のパワーのレベルを測定するのは可能であり、国際システムの仕組みを理解することもできる。これさえあれば、どの国家が「大国」としての資格を持っているのかを見分けることができるようになる。そうなると、今度はその国際システムが、単一の大国によってまとめられた「覇権的」(hegemonic) なものなのか、二つの大国によって構成された「二極的」(bipolar) なものなのか、もしくは三つ以上の大国によって構成された「多極的」(multipolar) なものなのかを見分けやすくなる。さらには大国の「相対的」な強さも知ることができる。とりわけ重要なのは、パワーがその中で均等に分布しているかどうか、もしくは大きな不均衡があるのか、という点だ。特に知るべきことは、そのシステムに「潜在覇権国《ポテンシャル・ヘジェモン》」(potential hegemon:地域覇権を達成する可能性を持つ国)——他のライバルよりもはるかに強力な大国——が含まれているのかどうかという点である。

パワーを明確に定義できると、国家の行動はかなり理解しやすくなる。国家がパワーを争うのなら、このパワーを充分に理解できさえすれば、争いの本質を理解することができ、国家がそもそも何を求めて争っているのかもよくわかる。要するに、パワーの本質を知ることによって、大国がどのように争っているのかを理解できるようになるのだ。

四番目の疑問は「ある国家がバランス・オブ・パワーの安定を崩そうとしてきた場合、他の国家はパワーを得るため、もしくはそれを保つために、どのような戦略を使うのだろうか?」ということだ。ある国家が相手国からパワーを得るために用いる代表的な戦略が「ブラックメール」(blackmail:恐喝)

と「戦争」(war)であり、ある大国が危険なライバルに直面した時にパワーの配分を保持するために用《もち》いる戦略が「バランシング」(balancing)と「バック・パッシング」(buck-passing：責任転嫁)である。「バランシング」とは、脅された側の国家がその敵国を抑止する重責を自ら背負ってコミットして行くことであり、「バック・パッシング」とは、脅威を与えてくる相手国に対して、ある国が他の国に抑止、もしくは打ち負かす仕事を代わりにやらせることを言う。

最後の二つの疑問は、国家が世界権力の分け前を最大化する時に用いる主な戦略に焦点を当てている。五番目の疑問は「戦争の原因は何か、そして具体的には安全保障の競争を激化させたり本物の紛争状態にしたりしてしまう〝パワーに関係する要素〟とは一体何だろうか?」というものである。六番目の疑問は「脅された側の大国が、危険なライバルに対してバランシングやバック・パッシングしたりするのは、どのような時か?」というものだ。

私はこれらの疑問について、明確かつ説得力のある答えを出すつもりである。ただしこれらの疑問に対して、すべての現実主義者《リアリスト》たちが同じ答えをするわけではない。現実主義《リアリズム》は長く深い伝統を持つ理論であり、リアリストたちの間で基本的な論点に関する論争が起こることは珍しくない。私は本書で他のリアリストたちの理論にはあまり細かく立ち入っていない。しかし、主なリアリストたちの理論とオフェンシヴ・リアリズムとの違いは指摘しており、主に私の議論を明確にさせるため、他のリアリストたちの理論のいくつかの見解について異議を唱えているところもある。

もちろん、国際政治の理論にはリアリスト以外のものもたくさんある。たとえば本書の始めの方では三つの「リベラリズム」の理論に触れる。その他にもリアリスト以外の理論をいくつか上げてみると、「コンストラクティヴィズム」(social constructivism)と「官僚政治理論」(bureaucratic politics)などがある。私は中国の台頭が平和的なものかどうかを考慮した第一〇章で、リベラリズムの理論の一つである「経済相互依存理論」(economic-interdependence theory)と、国際政治における文化理論である

「儒教平和主義」を簡潔に分析している。ところが紙面の関係から、私は非リアリスト系の理論のすべてを包括的に分析しているわけではない。何度も言うが、本書でのそもそもの狙いは、オフェンシヴ・リアリズムを提唱することにあるからだ。

ここで、実際の政治の現場とアカデミック界の双方で支配的な国際関係論の理論を紹介し、代表的なリアリストや非リアリストの理論が、オフェンシヴ・リアリズムとどのように対照されるかを解説しておくのは有意義なことであろう。

リベラリズム 対 リアリズム

リベラリズム（liberalism）とリアリズム（realism）は、数ある国際関係論の理論の中でも特別な位置を占める理論体系である。国際関係論の学者たちによる偉大な知的バトルのほとんどは、リアリズムとリベラリズムの間か、もしくはそれぞれのパラダイムの内部で行われている。[*15] この点については、二〇世紀に書かれた最も影響力の大きいリアリストの三つの代表作を考えればよくわかる。

1　E・H・カー（E. H. Carr）の『危機の二十年：一九一九〜一九三九年』（The Twenty Year's Crisis, 1919-1939）――ヨーロッパで第二次世界大戦が始まった直後（一九三九年）にイギリスで出版され、現在でも広く読まれている。

2　ハンス・モーゲンソー（Hans J. Morgenthau）の『国際政治』（Politics among Nations）――最初は冷戦初期のアメリカで出版され（一九四八年）、少なくともその後の二〇年間は国際関係論の議論を支配した。

3　ケネス・ウォルツ（Kenneth N. Waltz）の『国際政治の理論』（Theory of International Politics）

——冷戦後期に出版（一九七九年）されて以来、この分野を支配している。[*16]

この三つのリアリストの巨人たちの著作はすべて、リベラリズムの見解に対する批評として書かれている。たとえばカーとウォルツは、経済による相互依存関係が平和実現の可能性を高めるというリベラリズムの主張を批判している。[*17]大きく見れば、カーとモーゲンソーは、リベラリズムが国際政治に関して大災害を引き起こす可能性のあるユートピア的な視点を持っていることを繰り返し批判しているのだ。ところがこのようなリアリストたちは、いくつかの重要な論点において意見が合わない。ウォルツは、「多極システム」の方が「二極システム」より安定しているというモーゲンソーの意見に対して異議を唱え、[*18]モーゲンソーが「国家がパワーを求めるのは、国家にはそもそもパワーを求める欲望が本質的に備わっているからだ」と論じているのに対し、ウォルツは「国家は国際システムの構造による働きのために、自国の存続の確率を上げていこうとしてパワーを求める」と論じている。[*19]これらはほんの一例にすぎない。

それではリベラリズムとリアリストの違いをさらに詳しく見てみよう。

リベラリズム

リベラリズムの伝統は、知識人と政治指導者が理性（the reason）を活用していけば善い世界を作り上げることができると強く信じていた、一八世紀ヨーロッパの啓蒙《けいもう》主義運動（the Enlightenment）にまでさかのぼる。[*20]この伝統により、リベラリズムの信奉者たちは世界をより安全で平和にできるという希望を持つようになった。リベラル主義者のほとんどは、戦争による災難を大きく減らしつつ、国際的な繁栄を増加させることは可能だと信じている。このような理由から、リベラリズムの理論は時として「ユートピア的」（utopian）とか「理想主義的」（idealist）だと呼ばれる。

リベラリズムの国際政治に対する楽観的な視点は、このパラダイムに属する理論に共通した、核となる三つの考え方を基礎としている。まず「国際政治の主役は国家である」。次に「国家の内部の性格はそれぞれ異なるものであり、この違いが国家の行動の仕方に大きな影響を与える」という考えだ。[*21] リベラリズムの理論家たちは「ある国の特定の政治体制（例：民主制）の方が、他の国の政治体制（例：独裁制）よりも本質的に好ましい」と考える。つまりリベラリズムにとっては国際システムの中に〝善い〟国家と〝悪い〟国家の区別がある。「善い国家」は協調的な政策をとり、自分たちから戦争を始めることはほとんどない。一方「悪い国家」は他国と紛争を起こし、欲しいものを手に入れるためだったら軍事力を使うこともいとわない。[*22] 従って世界平和を実現するためには、世界を「善い国家」だけで満たせばよいことになる。

三つ目は、「善い国家」の行動にはパワーの利害計算がほとんど含まれていない、という考え方である。パワーの計算のとらえ方は各理論でそれぞれ違うが、リベラリズムでは、政治や経済などの要素の方が国家にとって重要であると言う。「悪い国家」は他国からパワーを奪いたいという欲望によって行動しており、単純に言えばこの国は「何か間違った考え方を持っている」ということになる。つまり理想的な世界では「善い国家」だけが存在し、国家間のパワーの関係はほとんど無意味になると言うのだ。

リベラリズムの理論にとっては、この三つの考え方は極めて重要だ。最初の考え方を単純に言えば、「国家が経済的に相互依存度を増すと互いに戦わなくなる」ということになる。[*23] この考え方に従えば、国際関係の安定を作るカギは、国家間に自由な経済交流を可能にするような、自由主義的な経済秩序を作って維持することになる。このような秩序体制は、国家をますます繁栄させ、世界平和を推進する。繁栄した国家は経済的に満足し、経済的に満足した国は平和を好む。戦争というものは多くの場合、経済的な豊かさを求めるため、もしくはその豊かさを守るために戦われてきたのだが、国家がすでに経済的に豊かであれば、わざわざ戦争を起こそうという気にはならない。豊かで経済的にも独立している国家が戦争をすれば、せっかくの繁栄を失うことになり、自分の首を絞めることになる。このような考え方を簡潔に言えば「国家同士の経済的な強い結びつきが一度確立されると、国家は戦争を避けるようになり、代わりに経済的な富の蓄積に集中する」ということになる。

二番目の「民主制平和論」(democratic peace theory)は、民主制の国は他の民主制の国と戦争を起こさない、という考え方である。[*24] これによれば、世界が民主制の国だけになれば世界から戦争は消滅することになる。要点は、民主制国家が非民主制国家と比べて戦争を起こさないということではなく、民主制国家同士は戦わない、という点にある。民主制平和論についてはさまざまな説があるが、どの説が本当に正しいかについては学者の意見は一致していない。しかしリベラリズムの思想家たちの間では、民主制平和論こそがリアリズムに直接対抗できる議論であり、しかも国際平和実現のための強力な解決法である、という点では意見が一致している。

また、国際制度機関(international institutions)が国際協調を推進し、戦争が起こる可能性を劇的に減らす役割をしている、と考えるリベラリズムの論者もいる。[*25] 国際制度機関は、世界中の国家の上から各国に対して望ましい行動をするように強制できるような、独立した政治機関ではない。国際制度とは、国家が協調・競争すべきやり方を記したルールのようなものがまとまっただけのものであり、国家としての望ましい行動の枠組みを規定し、国際的に容認できない行動を禁止するものだ。これらのルールは何匹かのリバイアサン(leviathan 世俗国家)によって上から押しつけられるのではなく、あくまでも自分たちで作り出したものに従うことを合意した国家たちによって交渉して決定される。なぜならそうすることが、彼ら自身の理にかなうからである。リベラリズムでは、これらの国際制度やルールのようなものが世界各国の行動の仕方を根本的に変える効果があると主張されている。国家は国際制度機関の存在によって、自分の動きが相対的なパワー・ポジションにどう影響するのかという自己利益の計算をあきらめるようになり、これによって戦争は遠ざけられ、世界平和が推進される、と彼らは主張するのだ。

リアリズム

リベラリズムとは対照的に、リアリストたちは国際政治については悲観的である。リアリストたちは平和な世界を作るのが望ましいということには賛成する。しかし彼らは戦争と安全保障競争が渦巻く厳しい世界から抜け出すのは容易ではないと考える。平和な世界を創造するのは確かに魅力的なアイディアであるが、現実的ではないと言うのだ。カーは、「リアリズムとは、すでに存在して活動している力の圧倒的な強さや、実際に起こっている動向の必然性を重視し、それらの勢力や動向を容認して自らも順応していくのが最も賢明な態度であるとする」と言っている。[*26]

このように国際関係を悲観的にとらえる視点には、核となる三つの考え方がその基礎にある。まず、リアリストたちもリベラリズムの人々と同じように「世界政治では国家が主要な役割を果たしている」と考える。しかし、リアリストたちが主に注目するのは「大国／列強」(great powers)である。大国こそが国際政治を支配・形成し、しかも最も激しい戦争を引き起こすからである。二つ目が「国の内部の性質ではなく、主に外部の環境が大国の行動に影響を与える」という考え方である。すべての国家が関わらざるを得ない「国際システムの構造」こそが、国家の対外政策の大部分を形成している、と考えるのだ。リアリストは国家を「善い国家」と「悪い国家」というふうに区別することはほとんどしない。すべての国家は、文化や政治制度、そして誰が指導者かということに関わりなく、全く同じメカニズムに従って行動すると考えるからである。[*27] よって、それぞれの国家を見分けるためには「相対的」な力関係を見るのが手っ取り早いということになる。つまり大国はビリヤードの玉のようなものであり、違うのはそのサイズの大きさだけなのだ。[*28]

三つ目は「パワーの計算が国家の考えを支配しており、国家はパワーを求めて互いに競争する」という考え方だ。この競争は、国家指導者に行使が許されている政治的手段としての「戦争」を必然的に引き起こすことになる。一九世紀の軍事戦略家カール・フォン・クラウゼヴィッツ（Carl von Clausewitz）によれば、戦争は他の手段によって行われる政治の継続だ。[*29] さらに国家間の政治につきものの「ゼロサム・ゲームの性質」（a zero-sum quality）も、競争関係を容赦《ようしゃ》なく激しいものにする。よって、国家は時として他国と協力することがあるかも知れないが、その底には常に利害の衝突が潜んでいる、と考えるのだ。

　パワーを分析しているリアリストの理論は数多いが、その中で飛び抜けて優れているものが二つある。一つはモーゲンソーが『国際政治』の中で示した「人間性リアリズム」（human nature realism）、もう一つはウォルツが主に『国際政治の理論』の中で示した、「ディフェンシヴ・リアリズム」（defensive realism）と呼ばれるものである。この二人の理論が特に重要なのは、なぜ国家がパワーを求めるのか、そして国家はどれだけのパワーを欲しがるものなのか、ということまで論じているからである。

　有名なリアリストの思想家たちは、大国がパワーを非常に気にかけていることについて主張しているが、なぜ国家がパワーを巡って争うのか、そして国家がどれくらいのパワーの量で満足できると考えるのかを説明しようとしていない。そのエッセンスだけ言えば、彼らはリアリストのアプローチを全般的に支持しているのだが、彼ら自身の独自の国際政治の理論を提唱しようとしていないのだ。E・H・カーや、アメリカの外交官であるジョージ・ケナン（George Kennan）の著作は、このような例に当てはまる。カーは『危機の二十年』というリアリスト的な傾向を持った画期的な著作の中で、リベラリズムをかなりの紙面を使って批判しており、国家は主にパワーの考慮に動かされるものであることを主張している。ところが彼はなぜ国家がパワーを気にかけ、どれくらいのパワーを欲しがっているのかについてはほとんど何も言っていない。[*30] 大ざっぱに言えば、彼の本の中には理論がないのだ。これと同じパターンは、ケナンの有名な『アメリカ外交五十年』にも見てとることができる。[*31] モーゲンソーとウォルツは、それぞれ独自の国際関係論の理論を示している。モーゲンソーとウォルツが世界政治に関する議論を過去五〇年間支配してきた理由は、まさにこの点にある。

　モーゲンソーの「人間性リアリズム」は、時に「古典的リアリズム」とも呼ばれ、モーゲンソーの著作が多くの人に注目され始めた一九四〇年代後半から一九七〇年の初期まで、国際関係論の研究を支配していた。[*32] この理論は「力への意志」(will to power) という本能を持つ人間たちが国家を構成している、というシンプルな仮説を元にしている。[*33] すなわち「国家はパワーへの飽くなき欲望を持っている」ということであり、モーゲンソーはこれを「力への制限なき肉欲」と呼ぶ。国家は他国を攻撃して支配するチャンスを常に狙っている。[*34] すべての国家には「優越意思」(アニムス・ドミナンディ animus dominandi) があり、より侵略的かどうかというのは無意味なのだ。よって、この理論には国家間の状態の現状維持 (status quo) は存在しないことになる。[*35] 人間性リアリストは「国際間のアナーキー」(international anarchy) ――大国を上から統治するような権威が存在しない――という状態があるために、国家はバランス・オブ・パワーを常に心配するととらえる。しかしそのような構造による強制力は、人間性リアリズムでは国家の行動の原因としては二次的なものとして扱われる。国際政治を動かす最も重要な原因は、そのシステムの中で生きる国家に本質的に備わっている「力への意志」にあり、この意志こそが各国に優越を求める争いへと駆り立てる、と言うのだ。

「ディフェンシヴ・リアリズム」は、「構造的リアリズム」(structural realism) と呼ばれることもあり、一九七〇年代後半に出版されたウォルツの『国際政治の理論』の中で提唱された。[*36] ウォルツはモーゲンソーのように「大国には力への意志が元々備わっているために本質的に侵略的である」とは考えず、代わりに「国家の目的はただ自国の生き残り《サヴァイバル》にある」と考えるところから始める。つまり「国家はとにかく安全《セキュリティー》を求める」と言うのだ。しかし、「大国をバランス・オブ・パワーに注目せざるを得ないように仕向けるのは国際システムの構造による働きだ」という立場は崩していない。具体的に言えば、国際間のアナーキーが、安全保障を求める国家を互いに競争させるよう駆り立てるパワーこそが、国家の生き残り《サヴァイバル》を保証してくれる最高の手段だからだ、ということになる。モーゲンソーの理論では人間の性《さが》が安全保障競争の一番深い原因になるのだが、ウォルツの理論では国際間のアナーキーにその原因があることになる。[*37]

ウォルツは「国際システムの働きがパワーを求める大国同士を攻撃的にする」とは言っていない。逆に、国際間のアナーキーは国家をバランス・オブ・パワーの転覆《てんぷく》ではなく、むしろディフェンシヴ（防御的）に現状維持を目指す行動をとらせる働きをする、と言う。「国家がまず考えることは、国際システムの中で自らのポジションを維持することである」とウォルツは説く。[*38] 国際関係論の理論家ランドル・シュウェラー（Randall Schweller）も指摘しているように、ウォルツの理論には「現状維持への偏《かたよ》り」（status quo bias）があるようにも見える。[*39]

国家にはライバルを犠牲にしてまでもパワーを得ようとする動機があること、タイミングさえ合えばこの動機に動かされるままに行動することが戦略的にも理にかなうことを、ウォルツは認めている。しかし彼は議論をそれ以上発展させていない。逆に彼は、大国が侵略的に行動する時、侵略される側の国々は団結してバランシング（直接対抗）することによって、侵略的な大国がパワーを得ようとするのを阻止すると強調する。[*40] ウォルツにとっては、侵略される側が団結してとろうとするバランシングという行動は、侵略しようとしている国の攻撃を防止する目的で行われることになる。[*41] さらにウォルツは、大国がパワーを持ちすぎてもよくないことを強調する。自国が「過剰な強さ」（excessive strength）を求めると、その他の国々を反対同盟で結束させやすくし、パワーの増大を抑えていた以前の状態よりも自国の戦略的状況をさらに悪化させてしまうことがあるからだ。[*42]

戦争の原因についての考えになると、ウォルツの「現状維持への偏見」はさらに強まる。ウォルツの理論には「戦争の原因」についての深い考察がない。彼は国家が戦争によって重要な利益を得るという可能性さえ暗示していない。戦争の原因については「不確実性や計算の失敗による結果である」ということ以外にほとんど何も言っていないのである。言い換えれば、もし国家が状況をよく把握できていれば戦争を起こさない、ということになる。

ロバート・ジャービス（Robert Jervis）、ジャック・スナイダー（Jack Snyder）、スティーブン・ヴァン・エヴェラ（Stephen Van Evera）の三人は、「攻撃・防御バランス」（offence-defense balance）として知られる国際政治の構造的なコンセプトに注目し、ディフェンシヴ・リアリズムの理論を支持している。[*43] 彼らは軍事力というものは、どのような場合でも、攻撃力と防御力のどちらか一方が他方よりも強い状態に区別できると主張する。もし防御力が明らかに強く、他国を征服するのが難しい場合は、大国は軍事力を使ってパワーを奪おうとする考えを起こさず、すでに自国が持っているパワーを守ることに専念する、と言うのだ。自国の防御力が強い場合、すでに持っているものを守るのは比較的簡単である。反対に、もし自国の攻撃力が強い場合、国家は互いに征服したいという誘惑にかられ、国際システムの中で数多くの戦争が発生することになると言う。しかしディフェンシヴ・リアリストたちは「攻撃・防御バランス」というのはたいていの場合「防御」に傾いているものであり、他国を征服しようとするのは極めて難しいと論じている。[*44] まとめると、防御力が攻撃力より強いという自然な状態と、効果的なバランシング政策をうまく組み合わせれば、大国が侵略的な戦略を追求することを思いとどまらせ、彼らを「防御的守備者」（defensive positionalists）にすることができる、ということになる。[*45]

私の理論、オフェンシヴ・リアリズムも、国際政治を構造的な面から説明しようとするものだ。ディフェンシヴ・リアリズムと同じように、私の理論でも大国は自分たちを守ってくれる政治機構がない世界でどのように生き残るのかを常に考えている、と見る。ここでも自国の生き残り《サヴァイバル》のカギを握っているのはパワーであるが、オフェンシヴ・リアリズムは「国家がどれだけのパワーを欲しているのか」という設問において、ディフェンシヴ・リアリストの学者たちと意見が分かれる。ディフェンシヴ・リアリストから見れば、国際的な構造は国家をパワーの増大へと向かわせることはほとんどなく、それよりも、

表１－１　主要なリアリストの理論

	人間性リアリズム	ディフェンシヴリアリズム	オフェンシヴリアリズム
国家にパワーを求めさせる原因は？	国家に備わっているパワーへの欲望	システムの構造	システムの構造
国家はどれだけのパワーを欲しがるのか？	最大限得られるだけ。国家は相対的なパワーを最大化し、最終的な目標は覇権達成にある	持っているもの以上のものは求めない。国家は既存のバランス・オブ・パワーの維持に集中	最大限得られるだけ。国家は相対的なパワーを最大化し、最終的な目標は覇権達成にある

すでに存在しているバランス・オブ・パワーを維持するように仕向けることになる。ここでは国家にとって最も重要な目標は、パワーを増やすことよりも「パワーを維持すること」になる。ところがオフェンシヴ・リアリストは、現状維持をしようとする大国を世界政治の中で見つけることはほとんど不可能だと考える。国際システムはライバルを犠牲にしてまでもパワーを得たいという強力な誘惑を国家に与えるものだからだ。よって、国家の究極の目標は、「国際システムの中で〝唯一の覇権国〟(the hegemon)の立場を達成すること」になる。[*46]

オフェンシヴ・リアリズムと人間性リアリズムは、双方ともに「大国はただ冷酷にパワーを求めている」というイメージを描く。二つの理論の視点の決定的な違いは、オフェンシヴ・リアリストが「国家には（パワーを求める）本能が備わっている」というモーゲンソーの主張を否定していることにある。オフェンシヴ・リアリストはその代わりに「自国の持つ〝相対的〟なパワーの量を最大化させようと大国に努力するよう仕向けるのは、国際システムの働きである。なぜならパワーを最大化するのは、大国にとって安全を確保する最善の方法だからだ」と考える。言い換えれば「国家が自国の生き残り《サヴァイバル》を確実にしようとするならば、侵略的な行動に出なければならない」ということになる。大国が侵略的な行動をするのは、彼らが元々そうしたいと願っているわけでもなく、彼らの内側に「支配したい」という欲求があるからでもない。本当の理由は、大国が自国の生き残り《サヴァイバル》を確実にするためにより多くのパワーを求めざるを得ない、という事情にあるのだ（表1-1は主なリアリストの考えの違いを示したもの）。

モーゲンソーが人間性リアリズムを、またウォルツやその他の人々がディフェンシヴ・リアリズムを論じたように、極めて洗練されたやり方でオフェンシヴ・リアリズムを論じた本や論文は、まだ存在していない。確かに「国際システムが大国を侵略的にさせる」と何人かのリアリストが論じたことはあった。おそらく今までで最も優れたものは、国際連盟の初期の推進者であったG・ロウズ・ディッキンソン（G. Lowes Dickinson）というイギリスの学者が、第一次大戦中に書いた本であろう。[*47]『ヨーロピアン・アナーキー』（The European Anarchy）というその本の中でディッキンソンは、第一次大戦の根本的な原因は「ドイツではなく、他の大国でもない。本当の犯人は、ヨーロッパのアナーキーである」とし、これが「安全保障と支配的立場を一挙両得にして、他国よりも圧倒的に有利な立場を得たい」という強烈な動機を国家に与えている、と論じている。[*48]しかし、ディッキンソンやその他の人々も、オフェンシヴ・リアリズムを包括的に論じてはいない。[*49]私がこの本を書いた狙いは、まさにその空白地帯を埋めることにある。

リベラルなアメリカにおける権力政治（パワー・ポリティクス）

リアリズムは現実の世界政治を説明でき、対外政策を作る際にも参考になるが、西洋社会で人気の学派というわけではない。リアリズムに秘められているメッセージ、つまり「国家が利己的に力を追求する方が理にかなっている」という考え方は、人々から広い支持を得られないからだ。現代の国家の指導者たちが、国民に対してあからさまに「バランス・オブ・パワーを自国に有利にするために戦って死んでくれ！」と頼む姿を想像するのは難しい。当然、世界大戦や冷戦の最中でも、ヨーロッパやアメリカのリーダーたちは一言もそんなことを言った試しはない。国民というものは概して自国と他国との戦いを「善と悪の戦いである」と考えたがるものであり、もちろん自分たちは「天使の味方」で、相手は「悪魔の手先」ということになる。リーダーたちは戦争を権力闘争ではなくて、正義の戦いというイメージや、思想的な側面から訴えようとするものなのだ。リアリズムは強烈すぎて、受けが悪い。

　特にアメリカ国民は、バランス・オブ・パワーの考え方に対して強い反感を持っている。二〇世紀のアメリカの大統領たちが使ったレトリックは、すべて「リアリズム叩き」の例ばかりである。ウッドロウ・ウィルソン（Woodrow Wilson）はその典型的な例であろう。彼は第一次世界大戦中から終結後にかけて、バランス・オブ・パワー政策を批判する大々的なキャンペーンを行った。[*50] 彼の後継者たちも同じレトリックを何度も繰り返した。フランクリン・デラノ・ルーズヴェルト（Franklin Delano Roosevelt）は、第二次世界大戦の最後の年に「未来の世界では〝権力政治《パワー・ポリティクス》〟という言葉でほのめかされる〝パワー〟の悪用が、国際関係をコントロールする要素となってはならない」と宣言している。[*51] 最近の例では、ビル・クリントンが「暴政ではなく、自由の進展している世界では、極端な権力政治の皮相な計算ではその答えを単純に出せなくなった。つまり権力政治というのは新しい時代に不向きなのだ」と高らかに宣言している。[*52] クリントンは一九九七年に北大西洋条約機構（ＮＡＴＯ）の拡大を支持した時も同じようなテーマで論じており、ＮＡＴＯの東方拡大政策がロシアを孤立させることにつながるのではないか、という批判に対し、「二〇世紀に大国間で繰り広げられた領土をめぐる政治は二一世紀も変わらないという考えは間違っている」と主張した。その代わりにクリントンは「啓蒙された自己利益、そして共有された価値観は、彼らに国家の偉大さをより建設的な形で追求させて……互いに協力するよう促《うなが》す」と述べて、自分の信念を強調している。[*53]

アメリカ国民はなぜリアリズムを嫌うのか

アメリカ国民はリアリズムに敵対的な態度をとりがちである。リアリズムが彼らの基本的な価値観と衝突するからだ。リアリズムは、アメリカ人の国家観や世界観を真っ向から否定する。[*54]特に、アメリカ社会に深く浸透している楽観主義や道徳主義の感覚とは相容《あいい》れない。ところがリベラリズムの価値観はアメリカ人の肌によく合う。アメリカでの対外政策の議論にはリベラリズムの入門講座から聞こえてくるようなものが多くなるのは当然だ。

アメリカ人は、基本的に楽観主義者である。[*55]国内・国外を問わず、政治というものは常に望ましい方向に発展するものであり、それが可能であると考える。フランス人作家アレクシス・ド・トクヴィル(Alexis de Tocqueville)が看破《かんぱ》したように「人間には無限に進歩する能力がある」とアメリカ人は考える。[*56]ところが対照的に、リアリズムは国際政治に対して悲観的な見方をする。世界は安全保障をめぐる争いと戦争であふれかえっており、国際政治というものは誰が何をやってもパワーの害悪から逃がれることができないととらえる。[*57]このような悲観主義は「時間と努力さえあれば、良識ある個人たちが協力して重大な社会問題を解決できる」というアメリカの強烈な信条とは肌が合わない。[*58]リベラリズムは世界政治について希望を持たせるような見方を示すので、アメリカ人にはリアリズムによって描かれた暗くて恐ろしい世界像よりも、リベラリズムのそれが魅力的に映るのは当然のことだ。

また、アメリカ人は政治の世界でも「倫理・道徳性が重要な役割を果たすべきだ」と考えやすい。社会学者シーモア・マーティン・リップセット(Seymour Martin Lipset)は、「アメリカ人は道徳を制度化し、悪い人間を撲滅させ、不正な制度や習慣を排除することを強く推し進める、ユートピア的な道徳主義者である」とする。[*59]このような見方は、「戦争とは国際政治に固有の要素である」というリアリストの考え方とは真っ向から対立する。アメリカ人は、戦争などという憎むべきものは最終的にこの地球上から姿を消してくれればいい、とさえ考えている。「独裁制との戦い」や「民主制の拡大」というリベラリズムの唱える高尚なゴールのためには戦争を正当化できるかも知れないが、バランス・オブ・パワーを変化させる、もしくはその状態を維持するために戦うというのは道徳的に間違っているとアメリカ人は感じるのだ。彼らがクラウゼヴィッツ的な戦争の見方を毛嫌いする理由はこういうところにある。[*60]

何でも道徳化しようとするアメリカ人の気質は、リアリストが国家の善悪をあまり区別せずに「相対的」な力の強さによって国家を区別する、という部分とも相容れない。生粋《きっすい》のリアリストが冷戦を解釈すると、アメリカとソ連の行動の底にある動機には本質的な違いがほとんどなく、両者はともにバランス・オブ・パワーの事情によって動かされており、自国のパワーの「相対的」な量を最大化するために行動しただけだ、ということになる。ほとんどのアメリカ人はこのような冷戦の解釈に尻込みしてしまう。「アメリカは善意で行動していたが、ソ連はそうではなかった」と固く信じているからだ。

ところがリベラリズムの理論家は「善い国」と「悪い国」を区別するし、そのほとんどの学者が「市場経済」(マーケット・エコノミー)を持つ「自由民主制」(リベラル・デモクラシー)を一番高く評価している。アメリカ人がこの見解を好むのは当然だ。この見解では、アメリカが世界政治の中で善意によって力を発揮しようとしていると見るし、自国の(現在の、もしくは潜在的な)ライバルたちを「悪意を持って血迷っている疫病神《やくびょうがみ》」として描き出すからだ。当然、このような考え方は、ソ連の崩壊と冷戦の終わりによって、アメリカ人の幸福感をさらに煽《あお》ることになった。「悪の帝国」が崩れ去った時、多くのアメリカ人(とヨーロッパ人)は「民主制が世界に広がり、世界は平和でおおいつくされる」と断定するようになった。この楽観主義には「民主制のアメリカは高潔な国家である」という考えがその底にある。もし他の国がアメリカを見習うようになれば、世界は「善い国家」で満たされるようになり、このような流れが強まれば、世界中の国際紛争を終結させることにもつながる、と言うのだ。

レトリックvs.実践

アメリカ人は「レアルポリティーク」（訳注：力関係の計算および国益に基づく外交）を嫌うので、公式の場での外交議論にはたいていリベラリズムの言葉が使われることになる。政策エリートたちの発言は楽観主義と道徳主義の言葉によって華やかに彩《いろど》られる。アメリカの学者たちは自らの思想を主張する際にリベラリズムの考え方を売り込むのが実にうまい。ところが安全保障政策を担うエリートたちは、密室の中ではアメリカの主義・原則ではなく、あくまでパワーの計算に基づいて政策を練っている。つまりアメリカは国際システムの中ではリアリストの論理《ロジック》によって動かされているのだ。[*61] かくしてアメリカの対外政策における実際の行動と、公式の場で使われるレトリックには、大きな隔《へだ》たりができることになる。

過去の有名なリアリストたちは、アメリカの対外政策があまりにも理想主義的であり、バランス・オブ・パワーに全く関心を払っていないとして批判してきた。たとえば一九五一年、ジョージ・ケナンは「私の見るところでは、我々が過去において政策形成にあたって犯した最も重大な過ちは、いわゆる国際問題に対する〝法律家的・道徳家的アプローチ〟(the legalistic-moralistic approach) と呼ばれるものにある。このアプローチは、過去五〇年間の我々の対外政策の中に、赤い束糸のように織り込まれている」と書いている。[*62] この意見に従えば、アメリカの対外政策による実際の行動と、その際に使われるリベラリズムのレトリックの間には全く隔《へだ》たりがないことになる。アメリカは言ったことをそのまま実践していることになるからだ。ところがケナンの指摘は間違っている。アメリカの対外政策のほとんどは、そのリーダーたちの発言とは裏腹に、リアリストの論理《ロジック》によって動かされているからだ。

見る人から見れば、アメリカが発言したことと全く反対のことをやっているのは手にとるように良くわかるようだ。アメリカ以外の国の政策家たちは、このようなアメリカの対外政策の傾向を常に指摘している。古いところではカーが一九三九年に、ヨーロッパ大陸の人々が英語圏の人々を「全体の利益という仮面の下に自己中心的な国益を隠す技術の達人である」と考えていたことを紹介し、「このような偽善性は、アングロ・サクソンの考え方に独特の特徴である」と付け加えている。[*63]

このような現実とレトリックの間の隔たりを、当のアメリカ人自身はほとんど気づいていない。一つ目の原因は、リアリストの政策がリベラリズムの政策と偶然に一致する場合があるという点だ。このケースでは、パワーの追求と（リベラリズムの）道義の追求は矛盾しない。このような状況では、根底にあるパワーの現実を論じることなく、リアリストの政策がリベラリズムのレトリックによって正当化できてしまうからだ。この偶然の一致は便利である。たとえばアメリカは、ほぼリアリスト的な理由から、第二次世界大戦ではファシズム、そして冷戦では共産主義を相手に戦ったわけだが、この二つの戦いはリベラリズムの理論でもうまく理由付けできるのだ。よって、政策担当者たちが国民に対し「イデオロギーの戦いだ」と主張することは簡単であった。

二つ目の原因は、パワーの計算がアメリカをリベラリズムの原理と反対方向へと動かすことになった場合には「スピン・ドクターズ」（訳注：メディア操作の策士）が現れ、リベラリズムの理想と合うようなストーリーをばら撒くことである。[*64] 一九世紀の末頃、アメリカのエリートたちは、ドイツを「進歩的で見習うべき立憲国家だ」と考えていた。しかし第一次世界大戦前になって両国の関係が悪化すると、アメリカの対ドイツ観は変化した。一九一七年四月にドイツに対して宣戦布告する頃には、アメリカはドイツを他のヨーロッパの国々よりも独裁的で軍事的だと見なすようになったのである。

同じように一九三〇年代後半、多くのアメリカ人はスターリンの残忍な国内政策や一九三九年八月のナチス・ドイツとの悪名高い同盟（訳注：独ソ不可侵条約）締結などから、ソ連を「悪の帝国」と見なしていた。しかし一九四一年後半にアメリカがドイツ第三帝国と戦うためにソ連と軍事同盟を結ぶと、アメリカ政府は新しい同盟国のイメージをクリーンにするための大規模なキャンペーンを開始し、リベラリズムの理想と一致するようにメディアを操作した。この時からソ連は「民主制の初期型」として描かれるようになり、スターリンは「ジョーおじさん」（Uncle Joe）と呼ばれるようになったのである。

普通はこのようなレトリックと政策の矛盾を埋め合わせるのは至難の技なのだが、ほとんどのアメリカ人はリベラリズムの文化にあまりにも深く染まっているため、このような合理化ができてしまう。その結果、アメリカ人は冷酷なパワーの計算ではなく、自分たちが好む原理・原則に従って行動している、と信じることができるのである。[*65]

この本のプラン

以降の章では、すでに示したパワーに関する六つの大きな疑問に答えることを中心に議論が進められる。本書でおそらく最も重要となる第二章では、なぜ国家はパワーを求めて競争するのか、そしてなぜ国家は覇権を求めるのかという疑問に対して、独自の理論を展開する。

第三章と第四章で、「パワー」とは何かを定義し、それをどうやって計測するのかを説明する。私がこうする理由は、私自身の理論を検証するための基礎を固めるためだ。国家がオフェンシヴ・リアリズムの予測する通りに行動するかどうかを見るためには、何がパワーであり、国家が世界権力の配分を最大化するためにどのような戦略を使っているのかを理解できないと何も始められないからだ。私はまず「軍事的潜在力」と実際の「軍事力」を区別するところから始め、そこから国家がこの両方のパワーを真剣に考慮していることを論じている。第三章では、国家の人口と経済力の規模がカギを握る「軍事的潜在力」に焦点を当て、第四章は「軍事的なパワー」について論じる。この章はとくに長い章になっているのだが、それは私が「ランドパワーの優位」と「水の制止力」という、議論を呼びやすい新しいテーマについて論じているからだ。

第五章では、大国がパワーを得てそれを保持するために使う「戦略《ストラテジー》」を論じる。この章ではパワーを獲得する意味での戦争の有用性について、本格的な議論を行っている。また、私は「バランシング」と「バック・パッシング」に注目しているが、これはこの二つが、国家がバランス・オブ・パワーを転覆させるような脅威を及ぼしてくるライバルに直面した時に使われる、主な戦略であるからだ。

第六章と第七章で、私は自分の理論の正しさを証明できるかどうか、歴史的な証拠を挙げて検証する。とくに私は一七九二年から一九九〇年までの大国たちの行動を比較しているのだが、これは彼らの行動がオフェンシヴ・リアリズムの予測に当てはまるものかどうかを見極めるためだ。

第八章では、大国がどのような場合に「バランシング」を採用し、どのような場合に「バック・パッシング」を選ぶのかについてシンプルな理論を展開し、その理論を歴史の証拠と照らし合わせて検証する。第九章では戦争の原因を集中的に論じる。

第一〇章ではおそらく二一世紀の国際政治において最も重要な出来事となる可能性の高い、中国の台頭に注目している。とくに私は極めて重要な「中国は平和的に台頭できるのか?」という疑問について答えている。私は自分の理論を使って、段々と強力になりつつある中国が、アジアの国々やアメリカとどのような関係を持つようになるのかを予測している。私の結論は悲観的だ。それは米中間で激しい安全保障競争が起こり、中国の隣国たちのほとんどは、ワシントン政府とともに中国に対してバランシングを行うというものだ。多くのコメンテーターたちの予測とは違って、私はこの安全保障競争が容易に戦争につながっていく可能性があると主張している。

第二章 ❖ 〈アナーキーとパワーをめぐる争い〉

「大国」(great powers)にとっての最終目標は覇権国《ヘジェモン》になることであり、常にライバルよりも多くのパワーを獲得しようとする――この見方に従えば、すでに圧倒的な地位を確立してしまったような特殊な場合を除けば、大国にとっては「現状維持」(status-quo)をするという選択はあり得えないことになる。このため、国際システムの中には現状を変化させたいと望む、いわゆる「修正主義」(revisionist)的な考えを持っている大国ばかりがひしめき合っていることになる。[*1] 本章では、大国がパワーを追求するメカニズムを説明する理論を紹介して行くが、ここでは特に「大国は自分たちの世界権力の分け前を最大化させようと動く」という私の理論の論理《ロジック》に説得力があることを示そうとしたつもりだ。

❖
❖
❖

❖国家はなぜパワーを求めるのか

大国はなぜ互いにパワーを競い、覇権を争うのだろうか? この疑問に対して、私は国際システムに関する五つの「仮定/前提」(assumptions)を元に説明する。仮定一つ一つでは、国家が互いに競争するものであるとは想定されていない。ところがこの仮定が全部組み合わされると、国家はとたんに互いをライバル視するようになり、また実際にもそのように行動し始める、という世界が想定されることになる。特に重要なのが、国際システムはすべての国家にパワーの最大化を目指すよう仕向ける、という点である。

このような仮定が現実の世界を正確に反映したものかどうかについて、何人かの社会科学者たちは「ある理論の土台となる仮定は、必ずしも現実と一致しなくてもよい」と論じている。経済学者ミルトン・フリードマン(Milton Friedman)は、最も優秀な理論というのは「現実から大きくはずれたような仮定を持っているものだ。だから一般的に言って、その理論が重要であればあるほど、仮定は非現実的なものとなる」という立場をとる。[*2] この考え方に従えば、社会科学の理論において一番重要なのは「分析説明力」（explanatory power）だということになる。もし非現実的な仮定が現実世界の動きのメカニズムを教えてくれる理論に導いてくれるのならば、その底にある仮定が現実的か非現実的かという問題は、ほとんど意味がないことになる

私はこうした見方には反対である。確かに説明分析力というのは、理論の良し悪しを判断するための究極の基準になるかも知れないが、非現実的、もしくは間違った仮定によって成り立つ理論というのは、結局私たちの世界がどのように動くのかをうまく説明できないと考えるからだ。[*3] 健全な理論は、健全な仮定の上に成り立つものである。従って、私の五つの仮定も、国際システムの重要な側面をかなり正確にあらわしていることになる。

土台となる仮定

私の想定する一番目の仮定《アサンプション》は、「国際システムは、アナーキーの状態（anarchic）である」というものだ。しかしこれは国際社会が「無秩序」（chaotic）もしくは「秩序の混乱」（disorder）によって乱れている状態を意味しているわけではない。リアリストが想定する「アナーキー」（無政府的状態）という状態は、紛争状態を意味するわけではない。「アナーキー」とは秩序の原則を示しているだけであり、国際システムの中に数多くの独立国の上に立つ中央権威が存在していない状態を言う。[*4] 言い換えれば、国際システムの中には国家の枠組みを超える最高権威がないため、各国家に主権／統治権（sovereignty）がある、ということだ。[*5]「諸政府の上に立つ政府」は存在しないのである。[*6]

二番目の仮定《アサンプション》は、「大国はある程度の攻撃的な軍事力を必然的に持っている」というものだ。これは「国家には、互いを傷つけ破壊する手段が与えられている」ということである。「国家というものは、

互いにとって潜在的に危険な存在である」ということだ。国家の軍事力は、ある特定の武器を使用する能力によって判断される。最悪の場合は、武器がなくても国民一人ひとりが敵国まで出向いて攻撃することもできるのだ。

第三の仮定《アサンプション》は、「すべての国家は相手の国が何を考えているのかを完全に知ることができない」ということである。国家は、相手の国が軍事力を絶対に使ってこない、というふうには確信しきれない。これは「国家は基本的に他国に対して敵対心を持っている」ということを言っているのではない。私が言いたいのは「国際システムの中には親切で信頼のおける国家だけが存在しているかも知れない」という判断を完全に信頼することは無理だということだ。なぜなら国家にとって、他国の考えを一〇〇％の確実さで見抜くことは不可能だからだ。[*7] 侵略を引き起こす原因は数多くあるが、国家は他国がどの動機によって動かされているのかを完璧に判断することはできない。[*8] さらに、国家の考えというものは一瞬で変わることがあるため、昨日までは信頼できると思っていた相手国が、今日は敵対心を持つ敵になっていることもあり得る。相手の考えが不確実であるという冷酷な事実は、どの国家も「他国が軍事力を使って攻撃してくるわけがない」とは確信できないことを意味している。

第四の仮定《アサンプション》は、「大国にとって最重要の目標は〝自国の生き残り／存続／存亡〟（サヴァイヴァル）である」ということだ。国家は領土の保全と国内政治の自治を求める。「自国の生き残り《サヴァイバル》」というのは、国家が持つ他の目標をはるかに超えるものだ。なぜなら国家が一度征服されてしまうと、他の目標を求めることさえ不可能になってしまうからだ。ソ連の指導者であったヨシフ・スターリン（Josef Stalin）は、一九二七年の戦争の混乱時に、「我々は［ソ連に］社会主義を作られねばならないし、作ることは確かに可能である。しかしそうするためには、まず我々は生き残らねばならない」という言葉でこの意味をうまく表現している。[*9] 国家は自国の生き残り《サヴァイバル》以外の目的を追求できるし、実際にそれを追求する場合もある。しかし、国家にとって自国の安全の確保が最も重要な目標であることには変わりがない。

第五の仮定《アサンプション》は、「大国は合理的（rational）な行動をする」というものだ。大国は外の環境を知っており、その中でどうやって自国の存続を図るのかを戦略的に考えている。他国の好みや自国のどのような行動が他国に影響を与えるのか、そして他国のどのような行動が自国の存続《サヴァイバル》に影響を与えるのかについて、大国は常に考えている。彼らは自分たちの行動が、長期と短期の両方でどのような結果をもたらすのかを考えているのだ。

以上の仮定《アサンプション》のどれ一つをとってみても、私が「大国は互いに侵略的に**行動しなければならない**」という一般的なルールを説明しているわけではないことが、おわかりいただけると思う。ある国が特定の国家に対して敵対的な考えを持つことはあり得るのだが、すべての国家に共通して言えるのは、彼らの最も重要な目標がまず自国の存続《サヴァイバル》を図ることであり、この目標そのものは特に害のあるものではない、ということだ。しかしながら、すでに述べた五つの仮定《アサンプション》が組み合わさると、大国は互いを侵略的なものと考え、攻撃的に行動するようになる。具体的にこれは「恐怖」（fear）、「自助」（self-help）、「パワーの最大化」（power maximization）という三つの行動パターンに集約される。

国家の行動

大国は互いを恐れる。互いを疑いの目で見つめ合い、いつ戦争が起こるか心配している。彼らは常に危機を想定してしまう存在である。国家の間には信頼が入り込む余地がない。時代と場所によって恐怖の度合いのレベルは上下するが、それが無視できるレベルまで減少することはない。一つの大国から見れば、他のすべての大国は潜在的に「敵」なのだ。これは、冷戦終了時のドイツ統一に際してのイギリスとフランスの反応を思い出すとよくわかる。この三カ国（英・仏・西独）は、冷戦期の四五年間、親密な同盟国であったにもかかわらず、英仏は冷戦終結直後に、すでに統一ドイツが及ぼしてくる危険の可能性を心配し始めていたのである。[*10]

この恐怖の底にあるのは「大国が互いを攻撃できる軍事力を保持しており、しかもそうするだけの動機を持っている」ということと、「自国の存続《サヴァイバル》を図ろうとする国家は、どうしても他国に疑いを持たざるを得ず、互いに信頼することをためらう」ということだ。さらに国際政治社会には「一一〇番問題」（the 9-1-1 problem）――危険を感じた国家が誰かに助けを求めても、それに応えてくれる中央権威が存在しない――があり、互いの恐怖をさらに煽《あお》っている。その上、「漁夫《ぎょふ》の利《り》」を得る可能性のある第三国を除けば、侵略国家を罰してくれるメカニズムはこの世界には存在しない。侵略する可能性のある国々を抑止するのはかなり難しいため、国家は互いを信頼せず、戦争に備えておく口実は充分に成立してしまうのだ。

侵略の犠牲者になる可能性があることによって、世界政治を動かす原動力である「恐怖」の重要性はさらに高まる。もちろん大国は、国際政治が経済市場（マーケット）のようなものであると想定して互いに競争するわけではない。国家間における政治的な競争は、経済活動による競争よりも、はるかに危険なビジネスである。前者は戦争にまで発展することがあり、多くの場合、戦争は戦場での殺戮《さつりく》や市民の大量死を意味することになる。極端なケースでは、戦争が国家の破壊につながることさえある。戦争がもたらす悲惨な結末によって、国家は互いを単なる競争相手としてでなく、潜在的な殺し相手として考えるようになることもある。政治的な敵対関係というのは、その間に横たわる利害が大きいために激化しやすいものなのだ。

また、国際システムの中に存在する国家は、自国の生き残り《サヴァイバル》を確保しようと常に努力する。他国は常に潜在的な脅威であり、国家は国際社会では他国に自国の安全保障をゆだねるわけにはいかない。国家は自国を孤独で無防備なものであると考えるため、自国が生き残れる状態を確保しておこうとする。国際政治の世界では「神は自ら助けるものを助ける」のだ。この「自助」（self-help）の原則は、国家が他国と同盟関係を形成する場合でも例外ではない。[*11] 国家にとって他国との同盟関係は、結局のところ一時的な関係であり、今日の友は明日の敵、もしくは昨日の敵は今日の友、ということもあり得る。たとえば第二次世界大戦でアメリカは、中国やソ連と組んで日本やドイツと戦ったが、それが終わるとすぐに立場を入れ替え、冷戦時代には西ドイツや日本と同盟を組み、中国やソ連と対峙したのである。

自助の世界にいる国家は、ほとんどの場合、常に自分たちの利益のために行動するし、自国の利益を他国の利益やいわゆる「国際コミュニティー」(international community)の利益よりも軽視することはあり得ない。理由は単純だ。「自助」の世界では、利己的になることが自国の得になるからである。これは短期的にも、長期的にも正しい。もし国家が短期間に損を出すと、長期にわたって国際舞台で力を発揮することができなくなるからだ。

国家は、他国の究極の意図がどこにあるのかを常に気にしており、しかも自分たちが自助システムの中で生きていることを自覚しているため、国際システムの中で最強になることが自国の生き残りを確保する最もよい方法であると考える。国力を「相対的」に上げておけば、潜在的なライバル国家から軍事的な攻撃を受けて自国の存続《サヴァイバル》を脅かされる可能性も少なくなる。弱い国家は、自国よりも強い国家とは戦争をしたがらない。なぜなら軍事的に負ける可能性が大きいからである。二つの国家の間のパワーの差が大きければ大きいほど、弱い国家は強い国家を攻撃しようとは思わなくなる。たとえばカナダやメキシコは、自分たちよりもはるかに強いアメリカを軍事的に攻撃しようとは考えない。よって、国家にとって最も理想的な状況は、国際システムの中で覇権国になることだ。[*12]イマニュエル・カントが言ったように、「すべての国家、もしくはその統治者たちというのは、できることなら全世界を征服して永遠の平和を実現したい、という欲望を抱いている」のだ。[*13]

その結果、国家は国際システムの中でどのようにパワーが分布しているのかを気にかけ、世界権力の分け前を最大化しようと努力することになる。特に彼らが狙うのは、潜在的なライバルに損をさせ、バランス・オブ・パワーを自国へ有利な方向に変化させることだ。国家はさまざまな手段――経済、外交、軍事力——を用《もち》い、それが他国に疑惑や敵意を生じさせることになるとわかっていても、バランス・オブ・パワーを自国の得になるようにシフトさせようとする。大国は互いの関係を考える際には「ゼロサム状況」(zero-sum 一方の得がもう一方の損になるという状況)を想定する。この場合に重要なのは、この競争において勝者になることである。これはシステムの中の他者を支配することにつながる。よって「国家はパワーの〝相対的〟な量を最大化する」という主張は、たとえ国家の究極の目標が自国の存続《サヴァイバル》を確保することだけにあったとしても、「国家は互いを攻撃しようと考えている」ということと、実質的には変わらない。要するに、大国は侵略的な考えを持っているということになる。[*14]

ある大国がライバルたちに比べて軍事的に明らかに有利な立場にあったとしても、その大国はさらにパワーを求め続ける。パワーの追求は、覇権を達成できた時にだけ止めることができるからだ。よって、ある大国が国際システムを支配しないまま安心して「適度な量」でパワーの追求をやめるという議論には説得力がないのだが、これは特に以下の二つの理由による。[*15] 一つ目は、安全が確保されたと大国が感じるまで、ライバルに比べてどれくらいの「相対的」なパワーの差が必要なのかを知るのが難しいという点である。パワーを二倍持てば良いのか、それとも三倍だろうか？　この問題の底にあるのは、パワーの差が戦争の勝ち負けを直接決定するわけではない、というところにある。たとえば頭の良い戦略家の活躍のおかげで、弱い国家が強い国家を戦争で打ち負かしたりすることもあるからだ。

二つ目の理由は、一〇年、二〇年後の大国間の状態を考えた場合にどれだけのパワーを持っていれば良いのかを判断するのはさらに難しい、という点にある。各国家の状況というのは時として劇的に変化することもあるし、大きく見てもバランス・オブ・パワーの変化する方向や範囲を見極めるのはかなり難しい。これは西洋社会でソ連の崩壊を以前から予測していた人がほとんどいなかったことからも明らかだ。実際、西洋では多くの人々が冷戦の前半期に「ソ連の経済は最終的にアメリカ経済を超える富を生み出し、それがアメリカとその同盟国に対して著しいパワーの変化を引き起こすことになる」と恐れていたくらいなのだ。中国とロシアの未来に何が待ち受けているのか、そして二〇三〇年にはバランス・オブ・パワーがどうなっているのか――このようなことを予測するのはかなり難しい。

今日・明日のためにどれだけのパワーが必要なのかを判断するのが困難なため、大国にとって一番良いのは「今日のうちに覇権《ヘジェモニー》を達成しておく」こととなる。これは「他の大国が挑戦してくるどんな可能性でもつぶしておく」ということを意味する。国際システムの中で覇権国《ヘジェモン》になるチャンスをみすみす見逃してしまうのは、国家にとって致命的な誤りだ。そうした国家は、すでに自国の存続《サヴァイバル》を確保するための充分なパワーを持っていると勘違いしていることになる。[*16] 大国は、覇権《ヘジェモニー》を達成する手段を持っていない場合でも、覇権達成に必要なパワーを得ようとして、攻撃的な振る舞いをする。国家にとってはより多くのパワーを得る方が理にかなっているからだ。簡単に言えば、国家はシステムを完全に支配するまで、現状維持国家とはならないのだ。

すべての国家はこのような論理《ロジック》に影響されており、他国よりも有利に立つチャンスを常に狙うだけではなく、他国が自分たちよりも有利にならないように手を打つ。また、他のライバルたちも同じ論理《ロジック》によって動かされており、ほとんどの国は他国の行動を見て、自国と同じ動機で動かされていることに気づくことが多い。単純に言えば、国家は自国の防御だけではなく、他国を攻撃することも考えているということだ。国家は常に他国を征服することを考えているし、侵略を阻止するために相手の国からパワーを奪っておこうと常に考えている。この不変の法則によって、国家は安全保障をめぐる争いの渦巻く世界へと導かれ、積極的にウソをつき、騙し、ライバルよりも有利になるためだったら暴力を使うこともいとわない。もし「平和」という言葉の定義が「静穏な状態、もしくは相互調和」であるとすれば、この世界でこのような「平和」が実現することはまずあり得ないことになる。

国際関係論の文献でよく知られている「安全保障のディレンマ」（security dilemma）というコンセプトには、オフェンシヴ・リアリズムの基礎となる論理《ロジック》が反映されている。このディレンマの核心にあるのは「ある国が自国の安全を増加させようとすると、それが他国の安全の減少につながる」というメカニズムである。つまり、ある国家にとって他国の存続《サヴァイバル》を脅かさずに自国の生き残り《サヴァイバル》のチャンスを増加させるのは難しいということだ。一九五〇年の「ワールド・ポリティクス誌」(World Politics) に掲載された論文の中でジョン・ハーツ (John Herz) は、世界で最初に「安全保障のディレンマ」を主張している。[*17] 彼は国際政治の無政府的な性質を論じたあと、「[国家は] 攻撃からの安全を確保しようと努め、他国の持つパワーの影響から逃れようとするため、より多くのパワーを得ようとする。今度はこの行動が他国を不安にし、最悪の事態に備えるように仕向けるのだ。このような競争的な環境で構成されている世界では、どの国家も完全に安心することはできず、パワーの競争が確定され、安全保障の確保とパワーの蓄積による悪循環が続く」と論じている。[*18] ハーツの分析は、アナーキーの中で国家が自国の生き残り《サヴァイバル》を確保する一番良い方法が「他国よりも有利に立ち、他国からパワーを奪い取ること」であることを明らかにしている。攻撃は最大の防御である。大国は互いにこのことを理解しているため、飽くことない安全保障をめぐる争いが続く。不幸なことだが、アナーキーの中で国家が生きて行こうとする限り「安全保障のディレンマ」を改善する手立てはほとんどない。

このような議論からわかってくるのは、「国家はパワーを最大化しようとする」ということが、「国家はパワーの絶対量ではなく、相対量に関心がある」ということと同じだということだ。この二つには重要な違いがある。パワーの量を「相対的」なものと考えている国家は、パワーの「絶対量」の確保に関心を持つ国家と比べて、行動の仕方が違ってくるからだ。[*19] パワーの「相対的」な量を最大化しようとする国家は、物質的な能力の分布状況をまず中心に考え、潜在的なライバルたちよりも多くのパワーを身につけようとする。危険な世界で生き残るために最も必要なのはパワーだからである。このためパワーを「相対的」なものとして考える国家は、ある行動が結果的にライバル国家に自国よりも多くのパワーを与えてしまうことになると思う場合は、自国が大きくパワーを得るチャンスもあえて諦《あきら》める可能性が高い。[20] 一方パワーの「絶対量」を最大化することを考えている国家は、他国のことを考えず、とにかく自国の持つパワーのサイズの拡大だけを気にする。このような国家は、バランス・オブ・パワーのロジックには動かされず、他国がどれだけのパワーをコントロールしているかも考えず、ひたすら自国のパワーの蓄積だけを考えるのである。たとえライバルが自分よりもパワーを得ることになっても全くかまわず、パワーが手に入るチャンスがあるとなればいつでも飛びつく。この論理《ロジック》に従えば、パワーは国家にとって「目的（自国の存続《サヴァイバル》の確保）のための手段」ではなく、「目的そのもの」であることになる。[21]

計算された侵略

国家同士がパワーを得ようと常にチャンスをうかがう世界には、現状維持を求めるような国家の居場所はない。それでも「大国は自分たちの持つ攻撃的な考えに従って素直に行動する」ということにはならない。なぜなら国家の行動は、「国家が何を望むか」のみに影響されるのではなく、「自国の欲求を実現できる能力」にも左右されるからである。すべての国家は世界のトップに立ちたいと思うかも知れないが、すべての国家がそれほど高い地位に向けて競争できるだけの手段を持ち合わせているわけではない。このような問題のほとんどは「大国の間で軍事力がどのように分布しているのか」という点に関わってくる。ライバルたちに比べてパワーの優位を確立できた大国は、ますます攻撃的な行動をするようになる。その国にはそうするだけの能力があるし、そのような行動をしたいという欲求を持ちやすいからである。

それとは対照的に、強力な相手に直面した大国は、あまり攻撃的な行動をとろうとはせず、むしろすでに存在しているバランス・オブ・パワーを守ろうと考える。ところが強力な国が弱い国に対してバランスを転覆《てんぷく》させるチャンスを与えてしまうと、弱い国の方が図に乗ってくることがある。第二次大戦末期にスターリンはこの様子を「すべての国家は、自国の陸軍が侵攻できる最大範囲まで自分たちのシステムを押しつけようとするものだ」とうまく表現している。[*22] また、国家はライバルの国々よりも有利に立てる能力があっても、自国の行動の結果が及ぼす影響が大きく、予測される利益を正当化できない場合は、あえて攻撃をしかけようとはしない。

簡単に言えば、大国は常にパワーを得ることだけを考えており、負け戦に突き進んで「ピュロスの勝利」（訳注：高くつきすぎた勝利）を追い求めるような、無謀な侵略者ではないのだ。大国は攻撃的な行動を起こす前にはバランス・オブ・パワーを充分に考慮し、他国が自分の動きにどのような反応をするのかを考える。彼らは攻撃する際のリスクとコストを、自国の利益の見積もりと比べて慎重に考える。もし利益がコストを上回らなければ、次のチャンスまでじっと待つ。同様に、もし国際システム全体の中での自国のポジションを向上させることができないと判断すれば、国家はわざわざ軍拡競争を始めることもない。軍事費の増強が必ずしも戦略的な優位をもたらさない場合や、増強が経済を圧迫して長期的にはむしろ国力の足かせとなる場合、国家は軍事費を削減することさえある。[*23] クリント・イーストウッドの言葉をまねて言えば、国家は国際システムの中で生き残るために自分の限界を知らなければならないのだ。

ところが大国は時々計算まちがいを犯してしまうことがある。大国は常に不確実な情報を元に行動を判断しなければならないからだ。歴史を見てもわかる通り、国家が完璧な情報を持っていた試しは今まで一度もない。この問題には二つの側面がある。まず「大国には潜在的な敵に対して自分の強さや弱みをわざと誤って伝え、本当の狙いを隠そうとする」という面だ。[*24] たとえば弱い国家は強い国家を牽制《けんせい》して軍事的に攻め込まれないようにするため、パワーを誇張することが多い。もう一方で「侵略しようとする側の国家は、自国の軍隊の弱さを誇張しながら、平和的な目標を強調する」という面がある。これにより、犠牲者になる恐れのある弱い国家が、軍事増強を忘れて攻撃に対して無防備になってしまうことがある。歴史上でこのような騙《だま》しを最も上手く実践した国家指導者は、アドルフ・ヒトラーであろう。

このようなニセ情報の問題を除外したとしても、そもそも大国というものは、自国や敵国の軍隊が戦場でどれくらい効果的に戦えるのかについては確信が持てないものだ。たとえば、敵の戦火の前で新しい武器や部隊がどのような働きをするのかを前もって知っておくことは困難だ。平時における軍事演習の結果は参考にはなるが、実際の戦争で何が起こるかを知るには不完全である。戦争で闘うというのは複雑な作業であり、その結果を予測するのはかなり難しい。一九九一年初めにアメリカとその同盟国がイラクと戦ったが、その勝利が驚くほど簡単であったことを思い出してみればよくわかる。当時の専門家たちは、イラク軍は手ごわい敵であり、アメリカ軍に屈服するまで頑強な抵抗をすると考えていた。[*25]

大国は、相手国や同盟国の決断に対して最後まで確信が持てない。たとえばドイツは一九一四年の夏に、フランスやロシアを相手に戦争を起こしても、イギリスはおそらく参戦してこないだろうと考えていたし、サダム・フセインは一九九〇年夏にクウェートを侵略した時、アメリカは黙認《もくにん》するだろうと考えていた。結果的にこの侵略者たちは判断を間違えていたのだが、彼らが自分たちの予測を正しいと考えたのは不可思議なことではない。アドルフ・ヒトラーは一九三〇年代全般を通じて「ライバルの大国を利用して分裂させておくのは簡単だ」と信じていた。当時のライバル大国にとってはドイツと戦って得られる利益がほとんどなく、しかも彼らは互いにドイツと対立する役をなすりつけ合っていたからである。この点においてはヒトラーの判断は正しかった。簡単に言えば、大国は常に不確実な情報の中で重大な決定をしなければならない状況に陥《おちい》ってしまうのだ。そして当然ながら、誤った判断を下すと自国が損害を被《こうむ》ることになる。

ディフェンシヴ・リアリストの中には、国際システムの働きによる制約が強すぎるため、軍事攻撃というものはほとんど成功せず、むしろ侵略的な大国は常に罰を食らうはめになるということまで主張する人がいる。[*26] ディフェンシヴ・リアリストたちは、①侵略国に恐怖を感じた国々は、その侵略国に対してバランシングを行い、最終的には連携して押さえ込もうとする。②「攻撃・防御バランス」（offence-defense balance）は、たいていの場合は「防御」の方にかなり傾いているものであり、よって他国を征服することは困難である、と主張する。結論として、大国はすでに存在しているバランス・オブ・パワーを維持するだけで満足すべきであり、これを力で無理やり変化させようとすべきではないということになる。国家にとって負け戦《いくさ》を始めるのは損であり、それは自滅的な行動になるわけで、既存《きぞん》のバランス・オブ・パワーを維持することに集中した方が良いことになる。[*27] さらに、侵略はほとんど成功した試しがないし、国家には元々充分な安全が確保されている、だから今まで以上にパワーを求めるような戦略的な理由はどこにも存在しないことになる。侵略してもほとんど利益が出ないことがわかれば、国家は互いに対し、比較的に寛容《かんよう》な考えを持つようになると言うのだ。よって侵略が起こる理由は有害な国内政治にあるわけで、国家がアナーキーな世界で自国の安全を確保するための計算を間違えたからだ、ということになる。

脅威を感じた国々が連携してバランシングを行う場合によく見られるように、システム的な要素が侵略行為を抑制していることは間違いない。しかしながら、ディフェンシヴ・リアリストたちはこのようなシステムの働きによる抑制力を過大評価している。[*28] 実際に歴史を検証してみればわかるが、軍事攻撃がほとんど成功しないという彼らの主張は間違っている。ある研究によれば、一八一五年から一九八〇年の間に起こった六三回の戦争のうち、侵略した側が勝ったのは三九回であり、これは実に六〇％の成功率になる。[*29] 具体的な例で見ると、オットー・フォン・ビスマルクは一八六四年にデンマーク、一八六六年にオーストリア、一八七〇年にフランスに対して軍事的に勝利したことによってドイツ統一を果たしたわけであるし、今日のアメリカ合衆国の国土の大部分は、一九世紀の武力征服によって作り上げられたものである。これらのケースでは、武力侵攻による大きな利益があったのだ。ナチス・ドイツは一九三九年にポーランド、そして一九四〇年のフランスとの戦争には勝ったが、一九四一年から一九四五年まで続いた戦争ではソ連に負けている。つまり武力侵攻は、最終的にドイツ第三帝国の得《とく》にはならなかった。ところがもしヒトラーがフランスを攻略した後に自制してソ連を侵攻しなければ、ナチスの武力侵攻はまんまと成功していたことだろう。簡単に言えば「攻撃は成功もするし、失敗もする」ということを歴史は物語っている。パワーを最大化することに慣れてしまった国家にとって最も難しいのは、パワーを獲得するタイミングと、それを控《ひか》えるタイミングを見極めることなのだ。[*30]

覇権の限界

大国はライバルよりもパワーを得ようと努力するものであり、できることなら覇権国《ヘジェモン》になりたいと思っている。そして大国は、覇権国というポジションを達成してからでないと現状維持国にはならないのだ。ここで「覇権《ヘジェモニー》」の意味について、さらに説明する必要があるだろう。

「覇権《ヘジェモニー》」(hegemony) とは、国際システムの中の全部の国家を支配できるほど強力な国家の権力ことを言う。[*31] 覇権国と真正面から戦える軍事的手段を持つ国家は皆無であり、覇権国は実質上、国際システムの中の唯一の大国であることになる。国際システムの中で、他の大国よりも「やや強力」という程度の国家は「覇権国《ヘジェモン》」とは呼べない。その定義から厳密に考えると、その国際システムの中にはまだ他にも大国があることになるからだ。たとえば一九世紀中頃のイギリスはよく覇権国と呼ばれる。しかしイギリスは覇権国ではなかった。ヨーロッパには他にも四つの大国——オーストリア、フランス、プロイセン、ロシア——があり、イギリスは彼らを完全に支配できていなかったからである。この時期のイギリスは、フランスを「ヨーロッパ全体のバランス・オブ・パワーを脅《おび》かす脅威である」と見なしていた。つまり一九世紀のヨーロッパは「一極システム」(unipolar) ではなく、「多極システム」(multipolar) だったのだ。

「覇権《ヘジェモニー》」とは、ある大国が国際システム全体を支配している状態を示し、それは通常「全世界の支配」

を意味する。しかし、「システム」というコンセプトをもっと小さくとらえれば、〝ヨーロッパ〟や〝北東アジア〟や〝西半球〟のように、特定の地域をあらわす場合に使うこともできる。よって覇権というのは、全世界の支配を意味する「グローバル覇権国《ヘジェモン》」（global hegemons）と、ある特定の地理的領域を支配する「地域覇権国《リージョナル・ヘジェモン》」（regional hegemons）の二つに区別することができる。この考えに従えば、アメリカは少なくとも過去一〇〇年間は「西半球の地域覇権国」である。南北アメリカ大陸でアメリカ合衆国に軍事的に対抗できる国はなく、だからこそアメリカはこの地域の唯一の大国であると広く認められているのだ。

私は以下で、「グローバル覇権」を達成するのは、完全な「核武装優越状態」（nuclear superiority）を達成するというあり得ない状況が起こらない限り、事実上不可能であることを説明していく。世界支配の最大の障害は、ライバル大国の領土まで海を越えて戦力投射（power-projection）を行うのが難しいことにある。たとえばアメリカは現在この地球で一番強力な国家だが、西半球で行ったようなやり方でヨーロッパや北東アジアを支配できていないし、それらの地域を征服してコントロールしようという考えも持っていない。これは水（海）という地理的障害物による抑制力が働いているからだ。またヨーロッパや北東アジアに対するアメリカの軍事的なコミットメントが次の一〇年間で弱まっていくということも充分考えられる。端的に言えば、今まで「グローバル覇権国」というものは存在しなかったし、近い将来出現することもなさそうなのだ。

大国にとって一番都合がいいのは「地域覇権国《リージョナル・ヘジェモン》」になることであり、地理的に地続きの地域をコントロールすることである。近代史において地域覇権を達成したのはアメリカだけである。北東アジアでは帝国時代の日本、ヨーロッパではナポレオン時代のフランス、ヴィルヘルム帝政時代のドイツ、ナチス・ドイツが大きな戦争を戦って地域覇権を目指したが、どれも成功していない。ヨーロッパと北東アジアの両地域にまたがるソヴィエト連邦は、冷戦の間にこの二つの地域を支配しようとしていたし、国境を接していた関係もあって、石油の豊富なペルシャ湾岸地域を征服する可能性もあった。ところがモスクワがヨーロッパ・北東アジア・ペルシャ湾岸の三つの地域を支配できたとしても、西半球まで征服して本物の「グローバル覇権国」になることは不可能だったはずだ。

地域覇権を達成した国家は、他の地域の大国が同じような偉業を成し遂げようとするのを邪魔する。言い換えれば、地域覇権国は同じような仲間が欲しくないのだ。従ってアメリカは、帝国時代の日本、帝政時代のドイツ、ナチス・ドイツ、ソ連などに対し、それぞれの地域で優位にならないようにする役割を担ってきた。地域覇権国は、自国以外の地域で野心的に覇権を狙っている国を妨害しようとするのだ。すでに地域覇権を達成した国は、裏庭で自由勝手にトラブルを起こすことができ、しかも自国以外の地域で覇権を達成してしまうほど強力な敵が出現することを極端に恐れるのだ。地域覇権国にとっては、自国以外の地域に少なくとも二つ以上の大国が存在していることが望ましい。距離的に近いおかげでそのような大国は互いににらみ合うことになり、遠方にある覇権国の存在をすっかり忘れてくれるからだ。

遠くにある地域覇権国にとってさらに好都合なのは、大国の中から「潜在覇権国」(potential hegemon)が登場しそうになると、同じ地域にある他の大国たちが、自分たちでの手で自動的にその脅威を封じ込める働きをしてくれることだ。よって、遠くにある地域覇権国は、外から安全に状況を見守っていられる。もしその地域にある近隣の大国が潜在覇権国を封じ込めることができなくなった場合は、当然、遠方にある地域覇権国が適切な処置を施《ほどこ》すことになる。アメリカは二〇世紀の間に四回ほどそのような責務を果たすことになった。これが、アメリカが一般的に「オフショア・バランサー」(offshore balancer)と呼ばれるゆえんである。

どの大国にとっても理想的な状態は、「世界で唯一の地域覇権国になること」である。このような覇権国は現状維持をするようになり、既存のパワーの分布状況を維持する努力をするようになる。今日のアメリカはこのような理想的なポジションを確保している。つまり、西半球を支配しており、自国以外の地域には覇権国が存在していないのだ。ところがもし自国以外の地域に別の地域覇権国が登場することになると、この古参地域覇権国は現状維持では満足せず、時間をかけてでもライバルである新たな地域覇権国の国力を弱め、あわよくば破滅させてしまおうと行動するようになる。この二つの地域覇権国同士は、激しい安全保障をめぐる争いを起こすようなメカニズムによって突き動かされることになる。

パワーと恐怖

大国が互いを恐れるという現象は、国際システムの中でも最も重要な事実である。ところが、恐怖のレベルにはその時代状況によってかなりの差が生じる。国家が互いをどれくらい恐れているのかはとても重要である。大国間の恐怖の量は、彼らの間で繰り広げられる安全保障をめぐる争いの激しさの度合いを決定し、戦争が起こる確率に影響を与えるからだ。恐怖が大きいほど安全保障競争は激しくなり、戦争が起こりやすくなる。ここでの論理《ロジック》は明白だ。恐怖を感じた国家は安全を激しく求め、その目的を果たすためには危険な政策を実行しようという気にさえなる。ここでは「何が国家を恐怖させる原因になるのか」を理解することが重要である。

大国間で恐怖が生じるのは、大国というのはたいていの場合、他国を攻撃できる軍事力を持っており、そのようなパワーを相手が使ってこないとは互いに完全に確信することができないためである。さらに、大国はアナーキー（無政府的状態）の国際システムの中で行動しているため、他の大国に攻撃された場合に助けを求めることができる、警察のような機関を持たない。「アナーキー」と「他国の意図がわからない」という不確実さが、国家間に拭《ぬぐ》い去ることのできない恐怖を作り出し、これが大国がパワーを最大化しようとする行動に駆り立てる。しかし「なぜ恐怖のレベルがその時々によって違うのか」という疑問は、国家にとっては理解できないまま残ってしまう。その理由は、「アナーキー」と「他国の考えを正確に把握する難しさ」が恒常的なものであり、このようなものからは個々のケースが説明できないからだ。「国家同士が互いを脅すことができる能力」はケースによってさまざまであり、その「能力の違い」こそが、大国間の恐怖のレベルを上下させる要素なのだ。ある国家がより多くのパワーを持てば、ライバルたちはより多くの恐怖を感じることになる。たとえば一九三〇年代後半のドイツは、一九三〇年代前半のドイツと比べてはるかに国力を増加させていたので、この一〇年の間にソ連はドイツを恐れるようになったのである。

「パワーがどのように恐怖に作用するのか？」という問いかけは、必然的に「パワーとは何か？」という問いかけにつながる。ここで重要になるのは「潜在的なパワー」（potential power）と「実質的なパワー」（actual power）を区別することである。国家の「潜在的なパワー」とは、人口のサイズと経済力のレベルを基礎にして計測されるものであり、この二つの国家資源は、軍事力を築《きず》くための最も重要な材料になる。大きな人口規模を持ち、経済的に豊かな大国であるほど、膨大な軍事力を作り上げることができるからだ。一方、国家の「実質的なパワー」は、主に「陸軍」とそれを補完する「空軍」や「海軍」の規模によって構成される。軍事力における最も重要な要素は陸軍である。陸軍は相手国を征服して領土を支配する――領土国家で構成される世界における最高の政治目標である――ための決定的な手段となる。現代のような核兵器の時代でも、ランドパワー（陸上兵力）はいまだに軍事力の主要構成要素である。

パワーそのものを考えれば、パワーというものは国家間の恐怖の度合いに対し、主に三つの面で影響を及ぼしていることがわかる。まず「最初の核攻撃に報復できる大規模な核兵力を持つライバル国家同士は、双方が核兵器を持たない同士の場合と比べれば、互いを恐れる度合いが少ない」という点だ。冷戦時に核兵器が発明されていなかったとしたら、米ソ間の恐怖の度合いははるかに大きかったはずである。核兵器は短時間で破壊的な損害をライバル国に与えることができるので、互いに核武装したライバル国同士はあまり積極的に戦おうとはせず、むしろ互いを恐れる理由が少なくなる。しかし冷戦の例でもわかるように、これは核武装した大国同士の戦争が不可能であることを意味するわけではない。

二つ目は、「大国同士が大きな水のかたまり（海）によって分け隔《へだ》てられている場合は、それぞれが持つ攻撃能力がほぼ消滅し、彼らの持つ陸軍の規模は全く意味を成さなくなる」ということだ。海は、相手軍を攻撃する際に「戦力投射の問題」（power-projection problem）を引き起こす。たとえばイギリスやアメリカが他の大国に侵略されたことがないのは、この「水の抑止力」によるところが大きい。また、アメリカはヨーロッパや北東アジアの領土を征服しようとしておらず、イギリスはヨーロッパ大陸を支配しようとしたことがなかったのも、全く同じ理由による。逆に、同じ大陸に位置している大国同士は、互いに攻撃したり征服し合ったりすることが多い。特に大国同士が国境線を接して隣同士に位置している場合は、その頻度《ひんど》がさらに高まる。

三つ目は、「国際システム中のパワーの分布状況も、恐怖のレベルに大きく作用する」ということだ。[*32] ここで重要なのは、パワーがバランスよく均等に分布されているか、もしくは不釣合いになっているのか、という点である。最も恐怖を生み出すパワーの分布状態は、潜在覇権国《ポテンシャル・ヘジェモン》が含まれている「多極システム」（multipolar system）である。私はこれを「不安定な多極システム」（unbalanced multipolarity）と呼んでいる。

潜在覇権国は、国際システムの中で単に「一番強力な国家」というだけではない。潜在覇権国は実質的な軍事的能力を保持する強力な大国であり、強力な潜在力を持っているため、自分の地域にある他のすべての大国を支配・統治できる可能性も持っている。潜在覇権国となるためには、必ずしもライバルたちを同時に相手にして戦争できる手段を持たなければならないわけではないが、一国だけを相手にした場合には楽勝できるか、もしくは二国以上を相手に戦ってもなんとか勝利できるような実力を持っていなければならない。カギとなるのが、潜在覇権国とシステムの中で、二番目に強力な国家との間のパワーの差である。二つの国の国力の間には、明白な差がなければならない。ある国家が潜在覇権国であるためには、周囲が納得できるほど大きなパワーの差をつけ、同じ地域にある国家の中でも、最も強力な軍隊と潜在的なパワーを保持していなければならないのだ。

「二極システム」(bipolarity)は、大国の間で最も恐怖の量が少ないパワーの分布状態である。二極システムの世界では、大国間の恐怖はエスカレートしない。この構造には大雑把ながらも、二つの大きな国家によって構成されるバランス・オブ・パワーが存在するからである。

潜在覇権国のいない多極システム——私はこれを「安定した多極システム」(balanced multipolarity)と呼ぶ——では、メンバー間のパワーの差は、覇権をとろうとする国がある場合ほど格差のあるものにはならないが、パワーの不均衡は生まれやすい。このため「安定した多極システム」は「不安定な多極システム」より少しはましだが、「二極システム」の場合よりは多くの恐怖を発生させてしまう。

このように大国間の恐怖のレベルについての議論を行うと、「恐怖のレベルはパワーの分布状況によって変化するのであり、互いの考えを分析することから生じるのではない」ということが明確になる。ある国家が自国のおかれている状況を分析し、どの国が自国の存続《サヴァイバル》に脅威を与えているのかを判断する際に最も注目するのは、相手国の思惑《おもわく》や意図《いと》ではなく「攻撃能力」(offensive capabilities)である。相手国政府の考えというのは完全に知ることができないわけで、自国の存続《サヴァイバル》を気にする国家は、相手が行ってくることの中で最悪のケースを想定して備えておかなければならない。大国は相手国の「意図」に対してバランスをとろうとするのではなく、相手国の「能力」に対してバランスをとろうとするものなのだ。[*33]

大国は、強力な軍備を持つ国家に対してバランシングを行う。自国の存続に対し物質的な形で脅威になるのは、相手国の攻撃的な軍事能力だからだ。しかし大国は、ライバル国家がどれだけの

「軍事的潜在力《レイテント・パワー》」(latent power)を持っているかという点にも注目する。経済的に豊かで人口の多い国家は、強力な軍隊を作り上げることができるからだ。大国は、巨大な人口を持ち、急速に発展している経済を持つ国に対して——たとえまだその国が経済力を軍事力に反映させていなくても——恐怖を感じやすいのである。

❖国家目標の優先順位

私の理論から言えば、大国の一番の目標は「自国の生き残り《サヴァイバル》」(survival)にある。ところが実際には、大国は安全保障以外の別の目標も追求している。たとえば大国は自国民の幸福を増加させるため、経済発展を目指している。また、特定のイデオロギーを外国で広めることが目標になる場合もある。たとえば冷戦時のアメリカは、世界に民主制度を広めようとし、ソ連も共産主義を世界に広めようとしていた。「国家統一」も、国家を動かす強い動機の一つである。一九世紀のプロイセンとイタリア、冷戦後のドイツが良い例だ。また、大国は世界の人権の保護・育成を推進しようとすることもある。これら以外にも、国家は安全保障とは関係のない目標を追求することがある。

オフェンシヴ・リアリズムは、大国が安全保障以外の目標を追い求めることを充分認識していながらも、理論的にはほとんどこれらについて触れていない。つまり国家の行動がバランス・オブ・パワーの論理《ロジック》に矛盾していなければ良いのだ。[*34] 実際、安全保障以外の目標は、大国が相対的なパワーの獲得を目指す際に、補助的な役割を果たす場合もある。たとえばナチス・ドイツは、イデオロギーとリアリズムの両方の理由から東欧への拡大政策を行い、米ソの超大国も、同じような理由で冷戦時代に競い合っている。また、経済の繁栄は国家の富の増大につながるので、安全保障の面から見ても、極めて重要だ。経済力こそが軍事力の基礎だからである。経済的に豊かな国は必然的に強力な軍備を整えることができ、自国の存続を確保するチャンスも増加する。政治経済学者ジェイコブ・ヴァイナー（Jacob Viner）が五〇年以上も前に言ったように、経済的な富とパワーの間には「長期にわたる調和がある」のだ。[*35]パワーの追求を補《おぎな》ってくれるもう一つの目標は「国家統一」である。

ところが、安全保障以外の目標を目指してもバランス・オブ・パワーに対してほとんど影響を与えない場合も、実は多い。「人道的介入」などはその良い例だ。これらは小規模な活動として行われることが多いため、大国の存亡に影響を与えたりすることはない。良い意味でも悪い意味でも、ある国家が（民族浄化を含む）虐待から他国の市民を守るために血と金を費やすということは、あまり起こらない。アメリカの対外政策には道徳主義が染み込んでいるとよく言われるが、人道的な支援においてアメリカ兵が殺されたのは、過去一〇〇年の内でもソマリア介入（一九九二〜九三年）の時だけである。一九九三年一〇月の忌《いま》まわしい銃撃戦で一八人の兵士が殺されたことは、アメリカの政治家を大いに悩ませ、彼らはただちにソマリアにいる米軍に撤退を命じ、一九九四年の春にルワンダでフツ族がツチ族に対して大量虐殺を行った時は、武力介入することさえ拒《こば》んでいる。[*36]民族浄化を阻止することは、アメリカ軍にとって比較的簡単であり、介入してもアメリカのバランス・オブ・パワーにおけるポジションに悪影響を及ぼすこともなかったはずである。[*37]ところがアメリカは、この時に何の行動も起こしていない。簡潔に言えば、リアリズムは人道的介入を行えとは教えていないが、だからといってそれを禁止しているわけでもないのだ。

しかし、安全保障以外の目標と、バランス・オブ・パワーの論理《ロジック》が矛盾することがたまに起こる。このような場合、国家はほとんどリアリズムの理論に従って行動する。たとえば今日、アメリカは世界に民主制度を広めようとしているが、冷戦時代には「ソ連の封じ込めに役立つ」と政治家が判断すれば、民主的に選ばれた政府さえも転覆させており、かなりの数にのぼる独裁政権を支援した。[*38]第二次世界大戦でもアメリカはナチス・ドイツに対抗するため、共産主義に対する嫌悪感を押さえつつ、ソ連と同盟を組んだ。フランクリン・ルーズヴェルト（Franklin Roosevelt）は「共産主義にはがまんがならん」と考えていたが、ヒトラーを倒すためには「悪魔とでも手を握る」と発言している。[*39] 同様に、スターリンも自分のイデオロギーがパワーの論理《ロジック》と衝突した際には、パワーの論理《ロジック》を何度も優先させている。彼のリアリズムが最も露骨にあらわれたのは、一九三九年八月にソ連がナチス・ドイツと交わした「独ソ不可侵条約」（Molotov-Ribbentrop Pact）である。この条約により、スターリンはヒトラーの東欧への領土的野心を一時的に抑え、ドイツの関心がフランスとイギリスに向かうよう仕向けたのである。[*40] 要するに、大国は本物の脅威に直面し、これに対抗するための同盟を組む際には、同盟相手のイデオロギーなどはほとんど考慮しなくなるのだ。[*41]

「安全保障」と「経済」という二つの目標が衝突した場合も、常に「安全保障」が勝つ。アダム・スミスが『国富論』（The Wealth of Nations）で書いているように、「防衛は経済的な富よりもはるかに重要」であるからだ。[*42] スミスは、経済的な富と相対的なパワーの選択を迫られた場合、国家がどのように行動するのかを示す具体例を紹介している。イギリスは一六五一年に、オランダの商業活動にダメージを与え、最終的にはオランダ経済を破壊することになった「航海法」（the Navigation Act）という保護貿易的な法律を施行した。「イギリスに入ってくる物資は、イギリスの船か物資の生産国が所有する船で運ばれたものでなければならない」と定めたのである。オランダは元々自国で製品をそれほど生産していなかったので、この法律は彼らの経済のカギを握る海運業に大きなダメージを与えた。しかし「海運法」はイギリスにとっても自由貿易を損《そこ》ない、自身の経済にダメージを及ぼすものであった。「海運法は、海外との貿易や、そこから生まれる富裕の成長にとって喜ばしいものではない」とスミスは書いている。しかしながらスミスはそれを「イギリスの商業に関するすべての法令の中で最も優れたものである」と考えていた。なぜなら一七世紀中頃のオランダは「イギリスの安全保障を脅かす、唯一の海洋国家」だったからであり、この法令はイギリスの経済よりも、オランダの経済に対してより大きなダメージを与えることになったからである。[*43]

世界秩序の創造

「平和と正義を推進する国際秩序を協力して作り上げることにより、大国はリアリストの論理《ロジック》を乗り越えることができる」という主張がよくなされる。これはつまり「世界平和は国家の繁栄と安全を高める」という意味だが、アメリカの政治家たちは二〇世紀を通じてこのような議論を使って国民にリップ・サービスを振りまいてきた。クリントン大統領は一九九三年九月、国連の聴衆に対し「この機関が誕生した四八年前……多くの国から優れた才能を持つリーダーたちが集まって、安全と経済的繁栄を求める世界の努力をまとめるために立ち上がりました……今、歴史は我々に対してさらに素晴らしい繁栄の瞬間を与えようとしております……さらに大きな夢を思い描くことを心に決め……我々が現在住む環境より健康的で安全で豊かな世界を、子供たちに手渡しましょう」と言っている。[*44]

ところがこのようなレトリックにもかかわらず、大国は共同して世界秩序を推進することはなかった。国家は世界権力からの自国の取り分を最大化することを求めており、これは安定した国際秩序を創造して持続させる目標と衝突するからだ。[*45]「大国には戦争を防止して平和を保とうという気がない」と言うわけではない。むしろ大国は、自国が犠牲になってしまいそうな戦争を防ぐことに必死なのだ。しかし国家の行動は、どのような場合でも、自分たちの利益とは関係のない世界秩序の建設などではなく、国家間のパワーの「相対的」な量の計算によって動かされているのである。たとえばアメリカは冷戦時代、ソ連がヨーロッパで戦争を始めるのを防ごうとして多大な国力を費やしたが、これはアメリカが世界に平和を広めるというような深い志《こころざし》を持っていたからではなく、実際はアメリカのリーダーたちがソ連の勝利によってバランス・オブ・パワーが危険な状況に変化してしまうことを恐れていたからだ。[*46]

「国際的な秩序」というものはいつの時代でも、国際システムの中で大国が互いに自己利益を追求した結果として発生した、いわば「副産物」のようなものにすぎない。言い換えれば、国際システムの状態は、大国同士の安全保障をめぐる争いによってできた結果なのであり、国家が共に平和を作り上げようとしてでき上がったものではない。ヨーロッパにおける冷戦期の国際秩序は、その典型的な例である。ソ連とアメリカのどちらも、そのような秩序を成立させようと意図していたわけではない。実際、二つの超大国は冷戦初期の頃、相手を騙してパワーを得つつ、相手には同じことはさせまいとして、互いに切《せっ》磋《さ》琢《たく》磨《ま》していただけだった。[*47] 第二次世界大戦後に出現したこの国際システムは、超大国間で行われた激しい安全保障をめぐる争いによる、思いもよらない結果だったのである。

一九九〇年の冷戦終結とともに超大国同士の激しい競争は終了したが、ロシアとアメリカは現在のヨーロッパの状態を協力しながら作り上げたわけではない。アメリカによって支配されている北大西洋条約機構（ＮＡＴＯ）の代わりに、ロシア側はヨーロッパの安全保障の支柱となるような機関、いわゆる「安全保障協力機構」（the Organization for Security and Cooperation）を設立しようとして数々の提案をしているが、アメリカはこれを完全に拒否している。さらにロシアはＮＡＴＯの拡大を自国に対する脅威と見なして、強く反対している。ところがアメリカは、ロシアの国力が報復措置をとれないほど弱いことを充分承知の上で、ＮＡＴＯの新メンバーにチェコ、ハンガリー、ポーランドを加え、ロシアの意向を完全に無視した。過去一〇年間、ロシアはバルカン半島におけるアメリカの政策、特に一九九九年のユーゴスラビアとの戦争に反対してきたが、ここでもアメリカはロシアの不安をよそに、この不安定な地域に平和をもたらすために必要だと思われる、数々の政策を実行してきた。また、ロシアがアメリカの弾道ミサイル防衛システムに対して断固反対しているにもかかわらず、ワシントン政府は技術的に可能だと判断すればそのようなシステムを今すぐにでも配備しそうな姿勢を見せていることにも注目すべきであろう。

確かに冷戦時代のように、大国同士による競争関係が、思いがけず安定した国際秩序を生み出すことはある。しかし大国は自国の世界権力からの分け前を拡大するチャンスを常に狙い続けるものであり、チャンスが来れば、安定した国際秩序を犠牲にして動こうとする。これは一九八〇年代後半のアメリカが、ヨーロッパで成立しつつあった冷戦後期の安定した秩序を犠牲にしてまで、ソ連を弱体化させ、引きずり降ろすことに必死だったことからもよくわかる。[*48]パワーを失いかけている国家が、自国へ侵略されるのを防ごうとして国際秩序を守ろうとするのは当然である。しかし彼らの動機は常に利己的なものであって、バランス・オブ・パワーの論理《ロジック》がその中心にあり、決して「世界平和の実現のため」ではないのだ。

大国が平和的な国際秩序を追求できない理由は二つある。まず「世界のすべての国家が全く同じ理念の下で世界平和を作ることに同意するのは不可能だ」という点。国際関係論の学者たちの間でさえ、どのような世界平和の姿が理想なのかについて、合意がなされたことは一度もない。学者の数だけ戦争と平和の理論があるからだ。しかしさらに重要なのは、政治家たちが「どうやって安定した世界を作れば良いのか」という点について合意できないことである。たとえば第一次世界大戦後のパリ講和会議では、安定したヨーロッパをどのように作るのかについて、ジョルジュ・クレマンソー（Georges Clemenceau）、デヴィッド・ロイド・ジョージ（David Lloyd George）、ウッドロウ・ウィルソン（Woodrow Wilson）の三人の間で著しい意見の違いがあった。[*49]クレマンソーはラインラント問題についてはロイド・ジョージやウィルソンよりもドイツに対して厳しい制裁をすることを決めており、ロイド・ジョージはドイツから賠償金を取ることを強く主張した。当然のように、ヴェルサイユ条約はヨーロッパの安定にはほとんど寄与しなかったのである。

さらに、ヨーロッパの安定をどのように実現するのかについての冷戦初期のアメリカの考え方がある。[*50]「冷戦」という長期間安定する国際システムを作る際のカギとなった要素――分断されたドイツ、ソ連の攻撃を防ぐための西ヨーロッパへのアメリカ駐留軍の配置、西ドイツが核兵器を開発しないことなど——は、一九五〇年代初期の段階で、ほとんど出揃《でそろ》っていた。ところがトルーマン政権の政府首脳たちは、分断されたドイツが平和や戦争の原因になるという意見には反対だった。国務省の重要な立場にあったジョージ・ケナン（George Kennan）とポール・ニッツェ（Paul Nitze）は、分断されたドイツが、国際秩序を不安定にする要因になると考えたのである。ところが国務省長官のディーン・アチソン（Dean Acheson）の考えは違った。アイゼンハワー大統領は一九五〇年代を通じ、アメリカの西ヨーロッパへの関与をやめて、西ドイツに核武装させようと考えていた。この政策は完全には実行されなかったが、それでもヨーロッパの不安定の原因となり、一九五八〜九年、そして一九六一年の「ベルリン危機」へとつながることになった。*51

二つ目の理由は、「大国は成功するかどうかもわからない〝国際平和の構築〟というものを、パワーの考慮をやめてまで推進することができない」という点にある。もし国際平和の推進が失敗してしまうと、バランス・オブ・パワーを無視したことによる大きな代償を支払わなければならなくなる。侵略者がドアのすぐ外まで来ていても、電話をかければ来てくれる警察のようなものがそもそも国際社会には存在しない。多くの国々にとってこのような危機的な状況は、なんとしても避けなければならない事態だ。従って、最も賢明なのは、リアリストの論理《ロジック》に素直に従うこととなる。以上のような分析から考えると、バランス・オブ・パワーのような狭い考え方を放棄して、代わりにもっと大きな国際社会の利益のための行動を国家に求めるような「集団安全保障」（collective security）の枠組みというものが、そもそも初めから機能しなかった理由がよくわかる。*52

国家間の協力

私の理論について、「大国間にはどのような協力も成立しないことになる」と受け取る人もいるだろう。しかしこれは間違いだ。国家が協力関係を結ぶのは難しいし、それを持続させるのは大変だが、それでも国家同士は協力できる。協力を妨害する要素は二つある。「国家はそれでも〝相対的〟なパワーの量の獲得を心配する」という点と、「相手の国家に騙されるかも知れないと心配する」という点である。[*53]大国は根本的に競争の世界に生きており、互いを「現実の敵」、もしくは少なくとも「潜在的な敵」として見ており、相手の損失から得をしようと常に考えているものなのだ。

二つの国家が互いに協力しようと考える際に、まず最初に考えなければいけないのは、獲得したパワーや利益をどのように山分けすればよいのか、ということだ。まずその獲得したパワーが絶対的なものか、それとも相対的なものなのかを考えなければならない。パワーを「絶対的」なものであると考えている場合、国家は自国の利益の最大化だけを考え、他国がどれだけパワーを得たのかは気にしない。よって、国家が他国を意識するのは、自国の利益の最大化に関係してくる場合だけになる。ところがパワーを「相対的」に考える場合、国家は自国の利益だけでなく、他国がどのようにうまくやっているのかを気にすることになる。

大国はバランス・オブ・パワーを深刻にとらえているため、他国と協力する場合、常に自国の持つパワーの「相対的」な量を気にする。確かにそれぞれの国家は自国のパワーの「絶対量」を最大化しようとする。しかしある国家が他国と協力を約束する時は、協力相手と対等か、もしくはそれ以上の良い条件で合意することが重要になる。国家がパワーの「相対的」な量を意識している場合、協力関係を築くことはさらに難しくなる。[*54]パワーの「絶対量」の獲得を考えている国家にとっては、全体のパイが拡大しているのか、もしくはパイが小さくとも、それが増加しているのかどうかの方が重要だ。ところがパワーの「相対量」を意識している国家は、まず全体のパイがどのように分けられるのかを意識するので、これが協力に向かうことを困難にしてしまう。

「騙されるかも知れない」という心配も、協力を妨害する要因である。大国は「他国との合意によって騙されて相手の方が有利に立ってしまうかも知れない」と恐れ、他国との協力に合意することをためらう場合が多い。このような傾向は軍事的な分野で特に強く、「裏切りによる重大な危機」(special peril of defection)の原因となる。軍事兵器はその性質上、バランス・オブ・パワーを急激に変化させることがあるからだ。[*55] 裏技を使って相手に決定的なダメージを負わせようとたくらんでいる国家にとって、このような新兵器の登場によるバランスの急激な変化は、またとないチャンスとなる。

こうした数々の障害にもかかわらず、大国は現実の世界では互いに協力し合っている。バランス・オブ・パワーの論理《ロジック》は、大国同士を同盟させたり、共通の敵に対抗するために一致協力させたりする。国家は時として第三国に対抗するために協力することもある。これは一九三九年にドイツとソ連が、ポーランドに対して行った例からもわかる。[*56] 最近の例では、アメリカと欧州の同盟国の反対にもかかわらず、セルビアとクロアチアがボスニアを分割統治することに同意したことが挙げられる。[*57] 要するに、ライバル同士の国々も、同盟国同士と同じくらいの割合で協力するのだ。大きく見れば、このような行為は国際システム内のパワーの分布状況を反映しており、他国に抜け駆けされる心配をなるべく少なくするために行われる。良い例が、冷戦期に米ソ両国の間で交わされた、数多くの軍備制限条約である。

ここでの結論は「国家同士の協力は、競争がその基本にある世界――国家に他国より有利に立とうとする動機がある世界――で行われる」というものだ。このようなことは、第一次世界大戦が始まる四〇年前のヨーロッパの外交政治で鮮やかに展開されていた。当時の大国は互いに頻繁《ひんぱん》に協力し合っていたが、第一次世界大戦を防止することはできなかった。[*58] 第二次大戦中のアメリカとソ連も互いに協力し合っていたが、ドイツと日本が負けてすぐ始まった冷戦の発生を防ぐことはできなかった。おそらく一番驚くべきなのは、ドイツ軍がソ連赤軍を攻撃する二年前まで、ソ連とドイツが経済的・軍事的な分野で密接な協力関係にあったという事実であろう。[*59] これで明らかなのは、国家がいくら協力をしたとしても安全保障の論理《ロジック》を完全に消滅させることはできない、ということだ。真の平和、もしくは国家がパワーを求めて競争しない世界は、国際システムがアナーキーである限り、永遠に訪れることはない。

結論

私の論点をまとめて言えば、大国の考え方と行動を攻撃的にさせ、覇権を狙わせるように仕向けてしまう原因は、それぞれの国に特有の性格にあるのではなく、国際システムの構造にある。[*60] 私はモーゲンソーの「国家が常に侵略的な行動をする原因は、国家に生まれつき備わっているパワーへの意志にある」という主張は採用しない。代わりに、大国の行動の底にある主な動機は「自国の生き残り《サヴァイバル》を確保すること」であるととらえる。アナーキーである国際システムの構造こそが、自国の生き残りを確保したいという欲望を刺激し、国家を侵略的な行動へと駆り立てるのだ。同様に、私の理論では、国家を経済的・政治的なシステムの違いによって「侵略的／非侵略的」と分類することはない。国家がコントロールしているパワーの量の違いを除けば、この理論ではすべての国家を全く同じものとして扱っている。

これで国家がライバルに対してより多くのパワーを得ようとする論理《ロジック》を説明したが、私はその追求される目標そのものである「パワー」についてはほとんど論じてこなかった。よって、次の二つの章ではこの重要なテーマについて詳しく議論していく。

第二章 ❖〈富とパワー〉

❖ ❖ ❖

「パワー」（power）は、国際政治の動きの中心に位置しているものなのだが、そもそもパワーとは何なのか、それをどのように計測すればいいのかになると、かなりの意見の違いがある。私はこの章と次の章を通じて「パワー」というものを定義し、とくにパワーは国家が持つ特定の物的能力を基礎にしたものであると論じ、大まかではあるが、確実な計測のしかたを提案する。

　国家には二種類のパワーがある。「軍事的潜在力《レイテント・パワー》」（latent power）と「軍事力」（military power）である。二つのパワーは互いに深い関連性を持つが、同じ意味ではない。この二つは、異なる条件から発生したパワーだからだ。「軍事的潜在力《レイテント・パワー》」とは、「軍事力」を建設するのに必要な社会的／経済的な要素のことである。大まかに言えば、このパワーには国家の富と人口の大きさがその基礎にある。大国が軍隊を作って戦争を行うためには「資金」と「テクノロジー」と「兵隊」が必要だ。国家の「軍事的潜在力《レイテント・パワー》」とは、ライバル国と競う時に影響力を発揮するために必要となる、これら原料や資源のことを意味するのである。

　しかし国際政治における国家の実力は、究極的にはその国の軍隊の持つ能力によって左右され、それがライバル国とどう比較されるかにかかっている。アメリカとソ連は冷戦時代、世界で最も強力な二つの国家であった。なぜなら両国の持つ軍事力が、他の国々のそれを圧倒的に凌《しの》ぐものだったからである。一方、現在の日本は大規模で豊かな経済力を持つが、大国とは言えない。小規模で相対的にも弱い軍事力しか持たず、安全保障面ではアメリカに大きく依存しているからだ。すなわち、バランス・オブ・パワー（勢力均衡）は、大きく言えばバランス・オブ・〝ミリタリー〟・パワー（軍事力の勢力均衡）と同じ意味である。私はパワーを概《おおむ》ね軍事用語で定義する。オフェンシヴ・リアリズムでは、軍事力が国際政治における最終手段であると考えるからだ。[*1]

軍事力は陸軍の規模と強さ、それを補《おぎな》う空軍と海軍の規模と強さを基礎としている。核兵器の時代になっても、陸軍は軍事力の基盤だ。空軍と海軍は領土征服のためには作られておらず、他国を強制して領土を奪うことができない。実際の軍事行動においてはこの二つの軍事力の貢献は大きいが、大国間の戦争は陸上戦で決着がつく。よって、最も強力な国というのは、最も強い陸軍を持つ国であることになる。

このように、軍事力は大国間の関係に直接的な効果を持つが、国家は「軍事的潜在力《レイテント・パワー》」にも注視する。豊かな富と大規模の人口は、強力な軍隊を築くのに欠かせない要素だからだ。たとえば冷戦中、アメリカの指導者たちはソ連の経済成長を恐れ、特にソ連側の科学技術の発展（たとえば一九五七年の人工衛星スプートニクの打ち上げ）に驚き、「ソ連の軍事的な潜在力がアメリカのそれを追い越す兆候《ちょうこう》だ」ととらえた。今日のアメリカは中国を恐れ始めているが、それは中国が一二億人を超える人口と、急激に近代化しつつある経済を持つからであり、決して多くの軍隊を持っているからではない。中国が経済的に豊かになれば軍事超大国になるのは目に見えており、アメリカに挑戦することになるであろう。これらの例からもわかる通り、国家は軍事力のバランスと同様、軍事的潜在力のバランスにも注意を払うのである。

パワーの物質的な基盤

パワーは、二つの異なった方法で定義することができる。私が定義するパワーとは、単純に「国家が使用できる特定の資産《アセット》、もしくは物的資源」ということである。しかし、他の学者たちは、パワーを「国家間の相互関係の結果」という意味で定義している。彼らはパワーを、他の国家をコントロールすることや影響を与えることだと論じ、他国に対して何かをさせる能力だと言う。[*2] ロバート・ダール（Robert

Dahl）は、「A国がB国よりも力があるということは、B国がやりたがらないことをA国がやらせることができるということだ」と主張している。[*3] この論理に従えば、パワーというのは、ある国家が他国に対してコントロールや影響を及ぼすことで発生し、その影響の結果が出た後でないと計測できない、ということになる。単純に言えば、最も強力な国家とは「紛争で勝てる国家」であることになる。

　この二つのパワーの定義には、一見して重要な違いがあるとは思われないかも知れない。二つの大国が紛争に突入した場合、勝利するのはより多くの物的能力を持つ方であるはずだ。何人かの国際政治学の研究者は、戦争では資源をより多く持っている方が常に勝利するものであり、バランス・オブ・パワーが勝利を予測するのに役立つ基準になると信じている。一例として、国家紛争の結果をさまざまなパワーを計測することによって説明しようとする「定量分析研究」（quantitative studies）が幅広く行われている。[*4] このような考え方は結局「戦争は一般的に国家同士がバランス・オブ・パワーに同意できないことから始まるが、一方ではいつも戦いの直後に〝勝者と敗者の間のパワーの段階的秩序〟が作り上げられてしまうことにも原因がある」というジェフリー・ブレイニー（Geoffrey Blainey）の主張を支持することになる。[*5] ブレイニーは、もしライバル国家同士が前もって本当のバランスを知っていたら戦争は起こらない、と論じているのである。国家は、血みどろの戦争を戦って同じ結果に行き着くより、互いにその結末を察知《さっち》して、今あるパワーの現実にのっとって平和的な解決をしようとするというのだ。

　しかしこのような概念を含んだパワーの定義を作ることは不可能である。バランス・オブ・パワーは軍事面での成功を予測するための確実な指標ではないからだ。[*6] 戦争では時として非物質的なものが片方の国に決定的に有利な勝利の条件をもたらすことがあるからだ。この「非物質的なもの」には、戦略、諜報《ちょうほう》、決断、天候、疫病などが含まれる。このように物質的な条件だけが戦況の結果を左右するというわけではないが、特に戦争が物質面での優位によって相手を打ち負かそうとする消耗戦になって来た場合など、勝率が資源のバランスによって大きな影響を受けるのは間違いない。[*7] 国家がライバルに比べてより多くのパワーを求めようとする原因は、国家にとって自由に使える資源が多ければ多いほど、戦争で勝利する可能性が高まることにある。国家が世界権力の分け前を最大化しようとする理由はまさにこの点にある。しかしながら、成功率を高めることは、その成功が必ずしも確実なものになるということではない。実際、戦争の勝者が弱い方の国、もしくは負けた側の国とほぼ同程度の力を持つ国だったり、勝った要因が非物質的なものにあったりしたという例は、数限りなくあるからだ。

非物質的な要因の中でもおそらく一番重要な、敵軍に対してどう戦うのかという問題を扱う「戦略《ストラテジー》」を考えてみよう。ある国が巧妙な戦略を使えば、自国と同じ程度か、より強い国を相手に戦った場合でも、その国が勝利することがある。[*8] 一九四〇年春に、ドイツは電撃戦（Blitzkrieg Strategy）を用いて、ドイツ軍とほぼ同じ規模と強さを持つ英仏軍を打ち破った。[*9] ところが有名な「シュリーフェン計画」(Schlieffen Plan) では、ドイツは一九一四年に同じ敵に負けている。[*10] 戦略は、時として重要な役割を果たすのだ。[*11]

一八一二年のナポレオン軍に対するロシアの勝利は、非物質的な要因が装備面で圧倒的に劣《おと》る側に勝利をもたらした典型的な例である。[*12] ロシア侵攻が始まった一八一二年六月三〇日の時点で、フランス軍はロシア軍の前線部隊を四四万九〇〇〇人対二一万一〇〇〇人という数で圧倒していた。[*13] 予備役も含めればナポレオンはロシア遠征時に六七万四〇〇〇人の兵力を持ち、一方ロシアは戦争開始時点で正規兵の数が四〇万九〇〇〇人であった。フランス軍は質の面でもロシア軍を圧倒していた。ところが六カ月でロシアはナポレオン軍を完璧に打ちのめし、決定的な勝利をおさめたのである。一八一三年正月の時点で、ナポレオンにはたった九万三〇〇〇の兵しか残されていなかった。四七万のフランス兵がロシアで死に、一〇万人が捕虜となった。ロシア側の被害は一五万人だけであった。

天候と疫病《えきびょう》、そしてロシアの巧みな戦略が、ナポレオンを打ち負かしたのである。ロシアは侵略軍と西の前線で対峙するのをやめ、モスクワ側に退却し、東に逃げる時に町を焦土化していく作戦をとった。[*14]

フランス軍は退却し続けるロシア軍を追いかけ、数々の戦闘において完全な勝利をおさめたが、悪天候がナポレオンの計画を狂わせた。侵攻が開始された頃、暑さに続く豪雨で攻撃の手は緩《ゆる》み、ロシア軍は逃げおおせることができた。その直後からフランス軍の悩みの種となったのは、病気と脱走である。ナポレオンは逃げ続けるロシア軍と、スモレンスクの大戦（八月一七日）とボロジノの戦い（九月七日）で対決した。フランス軍はこの二つの戦闘で勝利をおさめたが、フランス側の損害は大きく、ロシア軍は降伏を拒否し、フランス軍はさらにロシア奥地へと引き込まれることになった。ナポレオンは九月一四日にモスクワを攻略したが、一〇月中旬にはロシアから引き上げなければならなくなった。その後の西方への撤退はフランス軍にとって大災害であり、個々の戦場ではなんとかロシア軍の攻撃を持ちこたえたが、それもしだいに崩壊していった。[*15] 冬が始まるにつれ、またしても天候が重要な役割を演じた。大きな戦闘で一度も勝っていないにもかかわらず、一八一二年の戦争では弱いロシア軍が、強いフランス軍を敗走せしめたのである。

ブレイニーの言うような、国家が前もって正確にバランス・オブ・パワーを計測することができれば戦争は起こらないとする議論が間違いなのは明白であろう。なぜなら、時として弱い国家が強い国を戦争で打ち負かすこともあるからだ。[*16] 弱い国が強い国に対して戦争をしかけることもある。攻撃するぞと脅しをかけてくる強い国に対して、弱い国が立ち上がることもある。防御する側に有利な条件があり、数が少なくとも戦って勝てると予測し、実際に勝つ場合もかなりあるのだ。

「（戦争の）結果」と「物的資産のバランス」を同等視するのは、事実上不可能である。「戦略」のような非物質的な要素が、時として戦争の結果に大きく作用することがあるからだ。よってパワーを定義する時は、物的能力（material capabilities）と結果（outcomes）のどちらかの一方を、その定義の根拠として選ばなければならない。戦争後の結果には、軍事的成功における物質的な要素と同じくらい、非物質的なものが多く含まれているからだ。

パワーと結果を同等視してはならない理由が三つある。まず、戦争後の結果だけを考えてしまうと、戦争が起こる前の段階でバランス・オブ・パワーを計測するのが不可能になってしまう。戦争後の結果だけに注目すると、どちらか一方が戦争で勝った後にならないと、そのバランスがわからない。二番目の理由は、このアプローチに従うと、信じられないような結論に至ることがあるからだ。たとえば一八一二年にロシア軍はナポレオンの軍隊を完璧に打ちのめしたが、ロシア軍はフランス軍よりも強かったわけではない。しかし戦争の結果だけからパワーを定義することになると、ロシアはフランスよりも強力だったことになってしまう。さらに、アメリカが北ベトナムよりもはるかに強力だったことを否定する人はほとんどいないはずだが、ベトナム戦争（一九六五～七二年）では北ベトナムという弱い国が強いアメリカに勝ったのだ。ここでは非物質的な要素がバランス・オブ・パワーに勝《まさ》ったからである。三番目の理由は、国際関係において最も興味深いものの一つとして、「手段」としての「パワー」が、政治的な「結果」（目的）にどのように作用するのかということがある。[*17] ところがパワーと戦争の結果を区別できないということになると、我々はこれに関して何も言えなくなってしまう。手段と結果が同じになってしまうからだ。我々はこれによって堂々巡りの循環論《じゅんかんろん》に陥《おちい》ってしまうのである。

人口と富：軍事力の根源

「軍事的潜在力《レイテント・パワー》」（latent power）は、国家が軍隊の建設に使用することができる、社会的な「資源」によって構成されている。[*18] 資源と言ってもいろいろなものがあるが、国家が軍事力を生み出す際に最も重要になるのは、「人口」と「富《ウェルス》」という二つの構成要素のサイズである。人口の大きさは重要である。大国は巨大な軍隊を必要としており、それを作り上げるには、大きな人口を持たないと無理だからだ。[*19] 小さな人口の国家は大国にはなれない。たとえば人口が六〇〇万人のイスラエルや八九〇万人のスウェーデンなどが、ロシア（一億四七〇〇万人）やアメリカ（二億八一〇〇万人）や中国（一二億四〇〇〇万人）などがいる世界で大国の地位を獲得するのは不可能だ。[20] 人口のサイズはその国の経済にとっても重要である。大きな人口を持たないと、大きな富を生み出せないからだ。[21]

「富《ウエルス》」は軍事力を作り上げるためのもう一つの決定的な要素になる。富は重要である。軍備や訓練、そして装備の近代化を常に図るための資金や技術がなければ、国家は強力な軍隊を作り上げることができない。[22] しかも大国が行う戦争の費用は非常に大きい。第一次世界大戦に参戦したすべての国が直接支払うことになった費用の総額は、ほぼ二〇〇〇億ドルに上る。[23] アメリカは一九四一年から一九四五年の間、枢軸国《すうじくこく》と戦うために、一国だけで約三〇六〇億ドル――一九四〇年のGNPのほぼ三倍――を使った。[24] 国際システムの中に存在している大国が世界で最も豊かな国々ばかりなのは当然なのだ。

　人口と富は軍事力を作り上げるためになくてはならない要素だが、私は大国の潜在的な力を計測する際には、富だけをその基準に使う。人口よりも富が重要だというわけではない。富には人口と経済のパワーの両方の要素が含まれているからだ。すでに述べたように、国家がより多くの富を生み出すためには、より多くの人口が必要である。豊かな富を持つ国家は人口も多いと考えるのは理にかなっている。私は人口のサイズを無視しているわけではなく、それを富の計測の際に必要な一つの要素としてとらえるべきだと考えているのだ。

　軍事的潜在力《レイテント・パワー》を計測する際に人口の数だけを比べる、というのは確かに簡単かも知れない。人口を数えるのは国家の富を計算するよりもはるかにシンプルだからである。しかし人口のサイズを軍事的潜在力の基準として使うのは適切ではない。人口は、国家間の富の違いを反映しないことが多いからだ。中国とインドは、冷戦期を通じてソ連やアメリカよりもはるかに多くの人口を抱えていたが、中国もインドも大国の地位を達成できたわけではない。両国とも米ソには経済的な豊かさではるかに及ばなかったからである。要するに人口の大きさは、富の大きさを保証するものではない。ところが富を生み出すためには、大きな人口のサイズが必要なのである。

富というコンセプトには多様な意味があり、さまざまな方法で計測される。国家の軍事的潜在力を反映させる目的のためには、富の基準となるものの選択が肝心である。特に国家が動員できる富とテクノロジーの発達レベルを考慮に入れなければならない。「動員可能な富」(mobilizable wealth)とは、国家が軍備に使える経済的資源を意味する。これは国家の総合的な富よりも重要である。国家がどれほど経済的に豊かなのかではなく、富をどれくらい国防費に使えるのかという点が重要だからだ。その国の産業が、最新鋭の兵器を作る際に使われる高度な最新テクノロジーを生み出していることも重要である。たとえば一九世紀半ばの鉄鋼の発達と二〇世紀半ばの飛行機の発達は大国の兵器を大きく変化させたが、これは鉄鋼や飛行機などの中心的な産業のみならず、その他の産業も巻き込んで、強力な軍隊を作るための総合力を大国に与えることになったからだ。

一年間の国家の資金の全消費をあらわすGNPは、おそらく国家の富をあらわす際に、最も一般的に使われる指標であろう。私も一九六〇年以降の富を計測する際にはGNPを使う。しかしGNPは軍事的潜在力を計測するための良い指標になるとは限らず、間違った状況に当てはめると、軍事的潜在力のバランスをゆがめて伝えることになる。GNPは国家全体の富を測る主な基準であり、「動員可能な富」との違いや、国ごとのテクノロジーの発達の違いなどを常にとらえることができるわけではない。

しかし、同じような経済発展をしている二つの国を比較する場合、GNPは富のこの二つの側面を測る上ではかなり効果的だ。経済的に大きく発展している二つの国――一八九〇年のイギリスとドイツ、一九九〇年のアメリカと日本――は、同じような先端企業を持ち、同じような割合で「動員可能な富」を持っていることが多い。同様に、一七五〇年のプロイセンとフランスのように、二つの農業国を比較する時にも適用できる。

ところがGNPの比較は、国家が違う経済発達レベルにある時には、軍事的潜在力をうまく計測することができない。工業化していない国家と、高度に工業化された国家の潜在的なパワーを計測する場合を考えてみればわかる。国家が一定の期間に生み出すすべての商品とサービスの合計の市場価格をあらわすGNPは、国家の労働力の「サイズ」と「生産性」の両方によって計算される。国家の労働力のサイズはその国家の人口のサイズに直接関係しており、労働力の生産性は、その国の経済発達の度合いに直結している。このため、二つの国家のGNPがほぼ同レベルなのに、人口の規模と工業化の度合いが著《いちじる》しく違うこともあり得る。たとえばある国家は、工業分野では弱いが人口のサイズは大きく、ほとんどの人々が農業に従事し、もう一方の国は高度に工業化されているが人口規模は小さい、という場合である。[*25]

イギリスとロシアは、一八一五年のナポレオンの凋落《ちょうらく》から、第一次世界大戦が始まる一九一四年までの約一〇〇年間において、まさにこのような例に当てはまる。イギリスはロシアを工業生産では圧倒的に引き離していたが、両国のGNPはこの一〇〇年間はほぼ同じであった（表３‐１を参照）。ロシアはGNPではイギリスに負けていない。農奴の人口が一九世紀を通じて増えたからである。

ところがイギリスとロシアの間にあった工業力の違いは、軍事的潜在力のバランスにおいて、大きな結果の違いをもたらした。第一に、高度に工業化が進んでいる国は、非工業国に比べてより多くの余剰的な富を国防費に回すことができる。なぜなら小作農民の作った物質的な生産物は、作ったその場で農民自身によって消費されてしまうことが多いからだ。第二に、最も高い工業力を持つ国だけが、戦争で軍隊がダメージを受けないようにする高性能な兵器を、大量に生産する能力を持つのだ。[*26]

GNPだけで考えてみると、イギリスとロシアは一八一五年と一九一四年の間、ヨーロッパで最も強い経済を誇っていたし、強力な軍事力を作り上げるための手段も持っていたので、ヨーロッパの政治を支配していた可能性があったことになる。表３‐１と３‐２の比較が示すように、この間のほとんどの期間で、イギリスとロシアは他のヨーロッパの大国を、GNPの数値では上回っていたのだ。しかし、

表3-1　イギリスとロシアの富と人口の比較（1830～1913年）

	1830	1860	1880	1900	1913
GNP（10億ドル単位）					
イギリス	8.2	16.1	23.6	36.3	44.1
ロシア	10.6	14.1	23.3	32.0	52.4
ヨーロッパ全体の富に占める割合（%）					
イギリス	53	68	59	37	28
ロシア	15	4	3	10	11
エネルギー消費量（石炭100万トン単位）					
イギリス	—	73.8	125.3	171.4	195.3
ロシア	—	1.0	5.4	30.4	54.5
鉄鋼の生産量（1000トン単位）					
イギリス	690	3,880	7,870	4,979	7,787
ロシア	190	350	450	2,201	4,925
全世界の工業生産に占める割合（%）					
イギリス	9.5	19.9	22.9	18.5	13.6
ロシア	5.6	7.0	7.6	8.8	8.2
総合工業力（1900年のイギリスを100とした場合）					
イギリス	17.5	45.0	73.3	100.0	127.2
ロシア	10.3	15.8	24.5	47.5	76.6
人口（100万単位）					
イギリス	23.8	28.8	34.6	41.2	45.6
ロシア	57.6	76.0	100.0	135.7	175.1

このように単純に結論づけるのは間違いである。[*27] 一九世紀を通じて、イギリスは他の大国と比べて確かに多くの軍事的潜在力を持っていたし、特に「パックス・ブリタニカ」（Pax Brittanica）と呼ばれる一九世紀の中頃はまさにその通りであった。[*28] しかし、ロシアの経済は少なくとも一九世紀の後半から一九二〇年代まで貧血状態であった。この期間のロシアの軍事的潜在力は、他の大国と比べても相対的に少なく、ロシア軍がクリミア戦争（一八五三～五六年）や日露戦争（一九〇四～五年）、第一次世界大戦（一九一四～一七年）で壊滅的な打撃を受けたのも不思議ではない。[*29] 簡単に言えば、GNPというのは、工業国と準工業国との間にある軍事的潜在力の大きな違いをとらえきることができないのだ。

同じような問題は、現代の中国をGNPの数値を使って日本やアメリカと比較した場合にも起こる。過去二〇年の急速な経済発展にもかかわらず、中国はいまだに非工業化国であり、ほぼ一〇％の富が農業関連の産業によって生み出されている。[*30] 日本とアメリカは高度に工業化された国であり、農業によって生み出された富はたった一％である。しかし中国はアメリカのほぼ五倍、そして日本の約一〇倍もの人口を抱えている。もしGNPが基準として使われると、これら三カ国の軍事的潜在力のバランスは、中国にとって有利に傾くことになる。もっともこの問題は時間とともに解消しそうだ。なぜなら中国の農業基盤は、経済の近代化に伴い相対的に縮小し続けているからである（農業生産は一九八〇年の時点では富の三〇％を占めていた）。

GNPは軍事的潜在力を計測するのに正確な基準になることはあるが、そうならない時もある。後者のケースでは、軍事的潜在力をとらえるのにもっと適した別の基準を見つけるか、もしくはGNPを使いながら適度な尺度を加える方が良い。

一七九二年から二〇〇〇年までの長期間にわたる軍事的潜在力のバランスを計測する場合、シンプルで信頼性の高い富の指標を探すのはほぼ不可能である。そもそも一七九二年から一八一五年の期間の参考になりそうな経済データはほとんど揃《そろ》っていない。この問題が深刻になるのは、ナポレオン時代のフ

表3-2　フランスとプロイセン／ドイツの富と人口の比較（1830～1913年）

	1830	1860	1880	1900	1913
GNP（10億ドル単位）					
フランス	8.6	13.3	17.4	23.5	27.4
ドイツ	7.2	12.8	20.0	35.8	49.8
ヨーロッパ全体の富に占める割合（%）					
フランス	21	14	13	11	12
ドイツ	5	10	20	34	40
エネルギー消費量（石炭100万トン単位）					
フランス	—	13.2	29.1	48.0	62.8
ドイツ	—	15.0	47.1	113.0	187.8
鉄鋼の生産量（1000トン単位）					
フランス	270	900	1,730	1,565	4,687
ドイツ	60	400	2,470	6,461	17,600
全世界の工業生産に占める割合（%）					
フランス	5.2	7.9	7.8	6.8	6.1
ドイツ	3.5	4.9	8.5	13.2	14.8
総合工業力（1900年のイギリスを100とした場合）					
フランス	9.5	17.9	25.1	36.8	57.3
ドイツ	6.5	11.1	27.4	71.2	137.7
人口（100万単位）					
フランス	32.4	37.4	37.5	38.9	39.7
ドイツ	12.9	18.0	45.1	56.0	67.0

ランスが、他のライバル大国（特にイギリス）と比べてどれほどの軍事的潜在力を持っていたのかを調べる時である。

私は一八一六年から一九五九年までの軍事的潜在力を計測する際に、国家の鉄鋼生産高とエネルギー消費量の二つとほぼ一致するような、簡単な合成指標を使っている。国家の工業力を効果的にあらわすこの指標は、「動員可能な富」と「技術の発達」を長期間にわたってうまくとらえることができるからだ。[*31] 一九六〇年から現在までの富の指標としてはＧＮＰを使った。一九六〇年度を境《さかい》にして使う指標を変えた理由は二つある。[*32] まず、私の合成指標は一九七〇年以降のことを知るのには有効でないからだ。この時期を境に、主要工業国において鉄鋼が経済に占める役割が急激に落ちてきたからである。[*33] 一九七〇年以降の軍事的潜在力を計測するためには、別の基準が必要になってくる。ＧＮＰは明らかにその代用品となる。二つ目の理由は、米ソ超大国の最も正確なＧＮＰの統計が、一九六〇年から冷戦終了時まで続いていることだ。[*34] 私は今日の中国の軍事的潜在力を計測するためにＧＮＰを考慮に入れるのは限界があるとしたが、冷戦後期の三〇年間（一九六〇〜九〇年）と、冷戦終了後の一〇年間（一九九〇〜二〇〇〇年）ではＧＮＰを採用している。[*35]

❖ 軍事力の経済的基礎

過去二〇〇年におけるヨーロッパの三大国家（仏、独、露）の興亡《こうぼう》を見れば、「富は軍事力を支えるものであり、富そのものが軍事的潜在力を測る良い指標となる」という私の主張をよくご理解いただけるはずだ。一九世紀のフランスとドイツ（一八七〇年以前はプロイセン）の間で起こったバランス・オブ・パワーの深刻な変化は、一八〇〇年から二〇〇〇年の間にロシアが経験したバランス・オブ・パワーの中でのポジションの変化と同じように、パワーの差を決定づける際に重大な役割を果たすのが富であることを示している。

一七九三年から一八一五年の間、ナポレオン率いるフランスはヨーロッパ最強国であり、実際にヨーロッパ大陸をほとんど支配するところまできていた。当時のプロイセンはおそらく三大国(仏、独、露)の中では最弱国であった。プロイセンは一八〇六年にナポレオンの軍隊に決定的に敗れ、一八一三年にフランスがロシアで負けたのを境《さかい》に、ワーテルローの戦いでナポレオンを敗退せしめるまで続いた対仏同盟に参加するまでは、事実上ヨーロッパのバランス・オブ・パワーの蚊帳《かや》の外《そと》にあった。ところが一九〇〇年頃までに状況は完全に入れ替わり、フランスが隣のドイツを牽制《けんせい》するための同盟パートナーを求めている間に、ヴィルヘルム皇帝率いるドイツは、次のヨーロッパの潜在覇権国となりつつあったのだ。フランスとその同盟国は、ドイツのヨーロッパ支配を防ぐために、一九一四年と一九三九年にドイツとの戦争に突入していった。

ワーテルロー後の一〇〇年間におけるフランスとドイツの相対的な富の変化は、両国家間の軍事力の変化によってほぼ説明できる。表３-２からも明らかなように、一八一六年からオットー・フォン・ビスマルクがプロイセンをドイツ帝国に作り変えた一八六〇年代の後半まで、フランスはプロイセンよりも経済的に豊かだった。ドイツが初めて鉄鋼生産量でフランスを抜いたのは、普仏戦争が勃発《ぼっぱつ》した一八七〇年である。[*36] この時点から第一次世界大戦が始まるまで、ドイツとフランスの富の差は、ドイツ側に有利な方へ傾いていった。一九一三年になると、その差はほぼ三倍にまでなっている。

この相対的な富の変化の原因の一部は、一九世紀の末から二〇世紀の初めにかけて、ドイツの方がフランスより急速に工業化していたことだ。しかし主因はそれぞれの国の人口の変化にあり、富の変化が人口の変化にも関係していることを良く示している。フランスは一八三〇年の時点でプロイセンに対して二・五倍の人口だったが、一九一三年にはドイツはフランスの一・七倍の人口を誇《ほこ》るようになった(表３-２)。人口の急激な変化の背後には、二つの要素がある。まず、一九世紀のフランスの出生率は特に低かったのに対し、ドイツの出生率はヨーロッパで最高であったこと。二つ目は、ビスマルクがプロイセンを中心に作り上げたドイツ帝国は、元のプロイセンよりもはるかに大きな人口を抱えていたことである。プロイセンの人口は一八六五年の時点で一九三〇万人だったが、一八七〇年のドイツ帝国は三四六〇万人になっていた。[*37]

経済力によってバランス・オブ・パワーにおけるポジションが大きく変化した国家のもう一つの例は、ロシアである。ナポレオン率いるフランスにとって最大の軍事的ライバルであったのはロシアであろう。一八一二年から一八一五年にかけて、ナポレオンが権力を失う際にカギとなる役割を果たしたのはロシア軍だった。他のヨーロッパの国々は、フランス崩壊の直後、フランスに代わってロシアがヨーロッパを支配するかも知れないと恐れ始めたほどである。[*38] ところが一八一五年以降のロシアは覇権をとろうとはせず、次の一〇〇年間でのバランス・オブ・パワーのポジションを徐々に低下させていった。ロシアはこの期間に、他の大国と三つの戦争（クリミア戦争、日露戦争、第一次世界大戦）を戦い、手痛い敗北を被《こうむ》っている。

ナポレオン戦争、第一次世界大戦、第二次世界大戦でのロシアの実績を比較してみれば、一九一四年の時点でロシアがどれだけ弱くなっていたかがわかる。それぞれの戦争では、いずれも当時の潜在覇権国がロシアを侵攻している。ナポレオン時代のフランスとナチス・ドイツは、他の戦闘地域に戦力を割かなければならなかったにもかかわらず、かなりの数の陸軍の部隊をロシアに対して集中させることができた。[*39] ところがロシアは、この二つの侵略者をいずれも決定的に敗退せしめたのだ。しかし第一次世界大戦においては、ドイツはおよそ三分の二の兵力をフランスとイギリスのいる西部戦線に送り出し、ロシアと戦っていた東部戦線には三分の一の兵力が派遣されただけであった。[*40] ドイツ軍は最強部隊を背後に残してロシアと戦ったにもかかわらず、ロシアを倒して戦争を終結させており、ナポレオンやヒトラーが成すことのできなかった偉業を見事に達成している。

ロシアの国力は、第一次世界大戦直後にどん底まで落ちている。建国されたばかりのソ連は、ポーランドに侵攻されて大損害を被っているくらいだ。[*41] ところがソ連赤軍は、ポーランドが戦いの主導権を握る前にすぐさま盛り返し、限定的だが逆に勝利をおさめている。ソ連は一九三〇年代の初期から圧倒的な軍事組織の建設に取りかかり、一九三九年には日本との短期戦で勝利し、その後は第二次世界大戦で名声を誇ったドイツ国防軍を打ち破っている。一九四五年以降のソ連はあまりにも強力になりすぎ、その全ヨーロッパ支配の野望を阻止することができるのはアメリカだけとなった。ヒトラーの敗北から四〇年以上たった一九九一年に一五の諸国に分裂するまで、ソ連は圧倒的な軍事力を誇っていた。

過去二〇〇年間におけるロシアの軍事力の盛衰《せいすい》は、世界経済のピラミッドにおけるロシアのポジションの変化によって、かなりの部分を説明することができる。一八〇〇年から一八一五年の間の詳しい経済のデータは存在しないが、この時期にヨーロッパで一番経済力があったのはイギリスとフランスであることはほぼ間違いない。[*42] ところがこの頃のロシアが、経済において英仏から決定的に差をつけられていたわけでもなさそうなのだ。[*43] ロシア経済は、イギリスから戦中にことあるごとに資金援助を受けつつも、ナポレオンと戦う自国の軍隊を支えることができたのである。フランスの方がロシアより経済的に豊かだったから決定的に有利だった、と断定できる証拠は存在しない。[*44]

富のバランスにおけるロシアのポジションは、ナポレオンを敗走させてから七五年の間に急激に低下しているが（表3－3参照）、これは主に英仏独と比べ、ロシアがかなり遅いスピードで工業化していたことによる。ロシアの工業力の欠如は、軍事的にも重要な結果をもたらした。第一次世界大戦以前の二〇年間、ロシアは西部地域で大規模な鉄道網を建設することができず、ドイツとの国境において軍隊をすばやく結集させたり行軍《こうぐん》させたりすることが困難であった。一方、ドイツはよく整備された鉄道システムを持ち、同じ国境地帯において部隊をすばやく行軍させることができた。ドイツに対抗するためにロシアと同盟していたフランスは、この不均衡な状態を是正するため、ロシアの鉄道建設に資金提供したくらいである。[*45] 第一次世界大戦の直前の時点で、高度に工業化されたドイツと戦争をしようとしていたロシアは、実質的には「準工業国（semi-industrialized state）」だったのだ。[*46]

当然、ロシアの戦時経済体制では、軍隊の需要を支えきることができなかった。たとえばライフルの生産量があまりにも低かったため、一九一五年の時点では全体のほんの一部の部隊だけが装備しており、他は負傷兵などから武器を入手するのを待っていたほどである。[*47] 一九一七年までは大砲の不足も深刻であり、ドイツの六八一九門に対し、ロシアは一四三〇門だけだった。ジョナサン・エイデルマン（Jonathan Adelman）は、ロシア軍は戦争中でさえ、全体の三〇％しか装備されていなかったと推定している。ロシアの抱えていたこの問題を詳しく見るためには、一九一四年から一九一七年の期間における以下のような数字を考えてみればよい。

1　ドイツは四万七三〇〇機の飛行機を生産。ロシアは三五〇〇機。
2　ドイツは二八万丁のマシンガンを生産。ロシアは二万八〇〇〇丁。
3　ドイツは六万四〇〇〇門の大砲を生産。ロシアは一万一七〇〇門。
4　ドイツは八五四万七〇〇〇丁のライフルを生産。ロシアは三三〇万丁。

従って、人数的には半分以下のドイツ軍が、第一次世界大戦でロシア軍全体を打ち負かすことができたのは当然だった。

スターリンは一九三〇年代を通じてソ連経済を冷酷かつ効果的に近代化させ、第二次大戦が始まるまでにはドイツとの経済力との差はかなり縮まっていた（表3 - 3参照）。[*48] 第二次世界大戦におけるソ連の戦時経済体制は、ドイツの戦時経済体制と競い合うことができた。実際、一九四一年から一九四五年の期間において、ソ連の生産力はドイツをあらゆる分野で超えていたのである。

1870	1880	1890	1900	1910	1913	1920	1930	1940
64%	59%	50%	37%	30%	28%	44%	27%	24%
16%	20%	25%	34%	39%	40%	38%	33%	36%
13%	13%	13%	11%	12%	12%	13%	22%	9%
2%	3%	5%	10%	10%	11%	2%	14%	28%
5%	4%	6%	7%	8%	8%	—	—	—
0%	1%	1%	1%	2%	2%	3%	5%	4%

1　ソ連は一〇万二六〇〇機の飛行機を生産。ドイツは七万六二〇〇機。
2　ソ連は一四三万七九〇〇丁のマシンガンを生産。ドイツは一〇四万八五〇〇丁。
3　ソ連は一一八二万五〇〇〇丁のライフルを生産。ドイツは七八四万五七〇〇丁。
4　ソ連は九万二六〇〇台の戦車を生産。ドイツは四万一五〇〇台。
5　ソ連は三五万三〇〇〇台の車を生産。ドイツは六万八九〇〇台。[*49]

よってソ連赤軍が東部戦線でドイツ国防軍を撃破できたのは当然の結果なのだ。[*50]

第二次世界大戦でソ連経済は大打撃を受けたにもかかわらず（表3-4参照）、この紛争からヨーロッパ最強の経済国としてのし上がってきた。[*51] 従って、一九四〇年代後半には、ソ連の軍事力はヨーロッパ全域を支配できる力を持っていた。ソ連よりもはるかに裕福だったアメリカは（表3-5参照）、ソ連のヨーロッパ覇権達成を阻止しようと決めていた。第二次世界大戦後の最初の一〇年間で、ソ連経済は戦後の復興とともに急激に

表3－3　ヨーロッパにおける各国の富の占める割合（1816～1940年）

	1816	1820	1830	1840	1850	1860
イギリス	43%	48%	53%	64%	70%	68%
プロイセン／ドイツ	8%	7%	5%	5%	4%	10%
フランス	21%	18%	21%	16%	12%	14%
ロシア／ソ連	19%	18%	15%	9%	7%	4%
オーストリア＝ハンガリー	9%	9%	7%	6%	7%	4%
イタリア	—	—	—	—	—	—

発展し、二極構造のもう一方のライバルであるアメリカ経済との差がかなり縮まった。ソ連書記長であったニキータ・フルシチョフ（Nikita Khrushchev）が一九五六年に言い放ったように、ソ連が「アメリカを葬《ほうむ》り去る」ことが実現しそうになったのだ。[*52]

ところが一九八〇年代初めに、ソ連経済は傾き始めた。コンピューターなどの情報テクノロジーの開発で、アメリカの経済発展のペースについていけなくなったからである。[*53] ソ連のGNPがアメリカと比べて突然落ちたわけではないが、ソ連のリーダーたちはこの問題が後にGNPに影響を及ぼしそうだということを自覚していた。また彼らは、このテクノロジーの後退の始まりが、最終的にソ連軍にとって悪く働くことも知っていた。ニコライ・オガルコフ参謀総長（Nikolai Ogarkov）が一九八四年夏に「ソ連の産業はアメリカの産業から大きく遅れつつある」と公言して参謀本部を罷免《ひめん》されたが、これは近い将来ソ連の武器がアメリカの武器より劣るようになることを意味していたのである。[*54] ソ連のリーダーたちは事態の深刻さを十分に理解しており、何とか状況を改善しようとした。ところが政治や経済分野での改革は進まず、結局は民族主義の暴走の危機に対して何もできないまま、冷戦の勝利をアメリカに献上《けんじょう》し、ソ連自体の崩壊まで招いてしまったのである。

表3-4　ヨーロッパにおける各国の富の占める割合（1941〜44年）

	1941	1942	1943	1944
アメリカ	54%	58%	61%	63%
ドイツ	22%	23%	23%	19%
ソ連	12%	7%	7%	9%
イギリス	9%	9%	9%	9%
イタリア	3%	3%	—	—

以上のような「軍事力を築き上げる際には富が重要になる」という議論は、国家間での「軍事的潜在力」の分布状況が、ほぼ「軍事力」の分布状況に比例していることを暗示しており、よってこの二つのパワーを同等視しても差し支えなさそうだということになる。大国は世界権力の分け前を最大化することを求めているという私の議論は、この主張を支持できそうだ。すべての国家は、富をほぼ同じような割合で軍事力に転化するものと考えられるからだ。しかし、実際はそうではなく、経済的な力は、必ずしも常に軍事力の正確な指標になるわけではないのである。

軍事的潜在力と軍事力のギャップ

富が軍事力と同等視される際に出てくる問題をよくあらわしているのが、冷戦期に形成された同盟のパターンである。冷戦開始当初から終わりまで、アメリカはソ連よりも経済的に豊かだったが、その差が最も開いたのは、一九四五年から北大西洋条約機構（ＮＡＴＯ）とワルシャワ条約機構が結成された五五年までの間である（表３-５参照）。ところがヨーロッパにおいてはイギリス、フランス、西ドイツ、イタリアが、そしてアジアにおいては日本が、ソ連を封じ込めるためにアメリカの主導する同盟に参加することを決めた。もし富がパワーを測るための正確な基準だとしたら、それほど強力でないこうした

表３－５　米ソ両国の富の占める割合（1945～90年）

	1945	1950	1955	1960	1965	1970	1975	1980	1985	1990
アメリカ	84%	78%	72%	67%	67%	65%	63%	65%	66%	68%
ソ連	16%	22%	28%	33%	33%	35%	37%	35%	34%	32%

国々は、ソ連側に加担してアメリカを抑止する側に回り、その逆は起こらなかったはずである。もし富がパワーを計測するための基準だとしたら、アメリカは明らかに最強の超大国だったからだ。[*55]

ところが以下の三つの理由から、パワーの構造の現実がそのまま経済力の富の大小を反映しているわけではないことがわかる。まず、国家はさまざまな割合で富を軍事力に転換するということ。二つ目が、この転換の効率は事情によって大きく異なることが多く、バランス・オブ・パワーに対して重要な結果をもたらす場合もあり得るということ。三つ目が、大国はさまざまな軍事兵器を購入するわけであり、そこでの取捨選択《しゅしゃせんたく》も軍事バランスに影響を与えることがあるということだ。

減少する「見返り」

豊かな国家は余分な軍事力を作ろうとしないこともあり、余裕があってもしない場合がある。なぜなら、それが必ずしもライバルに対しての戦略面での優位につながるわけではないことを知っているからだ。防衛力を高める努力に対する見返り《リターン》が減少したり、もしくは敵国が同じレベルまで簡単に追いついてバランス・オブ・パワーを維持することができる場合は、そもそも国家が国防費に富をつぎ込む意味がなくなってくる。軍拡競争を始める際に、自国に戦略的なメリットがなさそうだとわかると、その国は次のチャンスが来るまで手を出さないのである。

一九世紀のイギリスは、いくら国防費を使っても軍事的見返りが少なくなった典型的な例である。一八二〇年から一八九〇年の間、イギリスはヨーロッパでは圧倒的に豊かな国であった。七〇年間のイギリスの富は、イギリス以外のすべての大国の富の合計の四五%を下回ることが一度もなく、一九世紀中頃の二〇年間（一八四〇～六〇年）には、その割合がほぼ七〇%を占めていた（表3-3参照）。その二〇年間でイギリスの次に豊かであったフランスでさえ、ヨーロッパの工業総生産の一六%以上を占めたことがなかった。ヨーロッパの大国の中で、ライバルに対してここまで経済的に圧倒的な差をつけた例は一度もない。もし富だけがパワーを測る唯一の基準だとしたら、イギリスはおそらくヨーロッパで最初の「覇権国」か、もしくは他の大国が対抗してバランスをとる行動に出るべき「潜在覇権国」であったはずだ。

ところが歴史からも明らかなように、他の大国はイギリスに対してバランスをとる行動には出なかった。[*56] 莫大《ばくだい》な富にもかかわらず、イギリスはフランス、ドイツ、ロシアに対して深刻な脅威を与えるような、巨大な軍事力を持とうとはしていない。イギリスは一八一五年から一九一四年の間、他の大国に比べてはるかに少ない割合しか国防費に当てなかった。[*57] ヨーロッパのバランス・オブ・パワーの中で、イギリスは単なる普通の一国でしかなかったのだ。その結果、他の大国は、イギリスに対してバランシング同盟（balancing coalition）を形成して封じ込めようとする動きを起こさなかったのである。[*58]

イギリスは、大規模な軍隊を作ってヨーロッパ大陸を征服しようとはしなかった。なぜなら、ドーバー海峡を越えてヨーロッパ大陸に戦力を投射する際に、大きな問題に直面することになるからだ。海は軍隊の攻撃能力を奪う傾向がある。同時に、海という障害のおかげで、大陸側の国が海峡を越えてイギリスに侵略するのもかなり困難なのだ。イギリスは賢明にも、攻撃にはほとんど使えず、国土防衛には不必要な大規模な軍隊を作るのは、戦略的にも意味がないと判断したのである。

経済的に豊かな国が比較的小さな軍事組織を持った一九世紀におけるもう一つの例が、アメリカである。アメリカは一八五〇年までの時点で大国と呼べる立場にあったのだが、一般的にその立場を獲得したのは一八九八年だと言われている。この頃になって、アメリカはようやくヨーロッパの列強たちと対抗できるだけの強力な軍を組織し始めたのだ。[*59] この話については第七章で詳細に論じている。アメリカはその小さな軍隊にもかかわらず、一九世紀を通じてかなり拡大主義的な国家であり、ヨーロッパの大国を大西洋の向こう側へ押し戻し、太平洋まで西側の国境を広げた。アメリカは西半球での覇権を確立することに情熱を傾け、この目標は二〇世紀の初めには達成された。

アメリカの軍隊は一九世紀の後半までヨーロッパの大国の軍隊に比べてもかなり小さい規模のままだったが、これは西半球を低いコストで支配できたからだ。この地域におけるアメリカのライバルであった原住民の部族やメキシコは、アメリカの軍隊に太刀《たち》打《う》ちできなかったし、ヨーロッパのライバル大国は、アメリカと本格的に対峙《たいじ》することができなかった。ヨーロッパの大国は、互いの攻撃から本土を守るために国力を集中させなければならなかったし、大西洋を越えて北アメリカ大陸に戦力投射する余力はなかったのだ。

国家が国防費の支出を抑えるもう一つの理由は、積極的な国防費の支出が経済に悪影響を及ぼす、と考えるところにある。経済力は軍事力の基礎であり、経済の悪化は、究極的には国家の力を落としてしまう。一九三〇年代にイギリスの政治家たちは、全世界で多くの脅威に直面していたにもかかわらず、国防費の支出を抑えていた。急激な国防費の増加によってイギリス経済が破綻することを恐れていたからだ。彼らは経済を「防衛の（陸・海・空に次ぐ）四番目の武器」（the fourth arm of defence）と言っていた。[*60] ドワイト・アイゼンハワー大統領の政府（一九五三〜六一年）は「高レベルの国防支出は、アメリカ経済にとって脅威である」と考える財政保守派の人々に支配されていた。アメリカの国防支出が一九五〇年代に削減され、核兵器の開発が強調されるようになった理由の一つはここにある。核兵器を中心におく戦略は、長期的に安定して財政的にも実行可能な国防政策の基礎をもたらすものだと考えられたのだ[*61]。

また、大国が国防費に回す国家資源の大小に、同盟国の存在が影響を与えることもある。互いに激しく安全保障競争や戦争を行う大国同士は、国防費をかなり使うものだ。このうちの一方の大国が経済的に豊かな同盟国を持ち、他方が持たない場合は、豊かな同盟国を持つ大国の方は国防費の支出が少なくてすむことが多い。冷戦時代のソ連は、アメリカよりもはるかに多くの割合の財政を国防費に当てていた[*62]。この不均衡は、アメリカがイギリス、フランス、イタリア、特に西ドイツと日本という、経済的に豊かな同盟国を持っていたことにある。一方のソ連は、チェコスロバキア、ハンガリー、ポーランドのような、経済的には貧しい同盟国を持っていたのだ[*63]。

また、ある国が経済的に豊かであるにもかかわらず、この国を軍事的に弱いままで抑えておきたいという欲求を持つ大国によって支配されているために、強力な軍隊を持てないケースもある。オーストリアとプロイセンがその典型的な例だ。この二国はナポレオン戦争の時代、フランスによって大国の地位を剥奪《はくだつ》されている。一九四〇年の中頃から英米の軍隊によって解放される一九四四年の夏の終わりまで、フランスはナチス・ドイツに占領されていた。アメリカは冷戦期を通じて西ドイツと日本に部隊を駐留させ、明らかに寛大な占領統治者だったにもかかわらず、両国が大国となるために必要な軍事力を持つことは許していない。アメリカは一九八〇年代中頃までに日本がソ連と同じくらい豊かになるのがわかっていたにもかかわらず、日本を軍事的に押さえこんでおこうとしている。入手可能な限りの証拠によれば、日本は一九八七年の時点ですでにソ連よりも大きなＧＮＰを持っていた[*64]。このようなケースからわかるのは、大国は例外なく経済的に豊かな国であるのだが、逆に、豊かな国のすべてが大国であるわけではない、ということである。

「効率」の度合いの違い

経済力の分布状況を軍事力の分布状況にそのままなぞらえるのも、あまり賢明とは言えない。国家はさまざまな効率で富を軍事力に転化するからである。ライバル同士の大国間では、この「効率」に大きな差があるために、バランス・オブ・パワーに大きな影響を与えることがある。第二次世界大戦の時のナチス・ドイツとソ連の死闘が、この点をよくあらわしている。

一九四〇年にドイツはヨーロッパの富の約三六％を占めていたが、ソ連の割合は約二八％であった（表３‐３参照）。一九四〇年春にドイツはベルギー、デンマーク、フランス、オランダ、ノルウェイを侵略し、その直後からこれらの国の経済を搾取《さくしゅ》し始め、ソ連を超える富を手に入れたのである。[*65] その後、ドイツ国防軍は一九四一年六月にソ連を侵略し、六カ月以内にソ連の主要地帯である、モスクワ以西の領土のほとんどを支配下においた。ソ連は一九四一年末までに四一％の鉄道網、四二％の発電能力、七一％の鉄鉱山、六三％の炭田、そして五八％の鉄鋼を生み出す領土を失った。[*66] 一九四二年春、ナチスの戦闘部隊はさらに石油の豊富なコーカサス地方まで手を伸ばしていった。一九四〇年から四二年までの間に、ソ連は国家収入のほぼ四〇％を失った計算になる。[*67] 一九四二年の時点で、ドイツはソ連に対して、ほぼ三倍以上の経済力を持っていたことになる（表３‐４参照）。

ドイツの圧倒的な潜在力にもかかわらず、驚いたことにソ連の戦争経済は、戦争が進むにつれてドイツの戦時経済を超える生産量をたたき出すようになり、バランス・オブ・パワーをソ連赤軍側に有利にした。一九四一年から一九四五年まで、ソ連はドイツの二・二倍の戦車と、一・三倍の飛行機を生産していたのである。最も驚かされるのは、連合国の空爆がドイツ経済にまだほとんど影響を与えていなかった第二次大戦初期、つまりドイツのソ連支配が最高潮に達していた時期に、ソ連がすでにドイツを工業生産力で上回っていたという事実である。[*68] 武器生産におけるこのような不均衡は、最終的に陸上戦力のバランスをソ連側に有利に傾かせることになった。一九四一年六月にドイツがソ連を侵略した時、ソ連は軍隊の強さを測るカギとなる総師団数で、わずかに有利――二一一対一九九――なだけだったが、一九四五年一月になると、ソ連は四三七個師団を持ち、ドイツは二七六個師団であった。しかもソ連赤軍の師団の方がドイツ国防軍の師団よりも性能の良い武器と輸送機関によって支えられていたのである。[*69]

ソ連はどのようにして自国よりも豊かなナチス・ドイツより多くの兵器を生産することができたのだろうか？　ソ連はドイツ第三帝国よりも多くの割合の国家予算を軍事費に費やしていたのだろうか？ところが実際にはドイツの方が、ソ連よりもわずかに多い割合で国家予算を国防費に当てていた。一九四二年のドイツとソ連の国防費の国家予算に占める割合は、それぞれ六三％と六一％であり、一九四三年にはこれが七〇％と六一％になったが、いずれもドイツの方が高い。[*70] 同盟国側の戦略爆撃は、戦争終盤ではドイツの工業生産力に影響を及ぼしたのかも知れないが、空爆がドイツの生産力に重大な効果を与え始めるはるか以前から、ソ連はドイツよりも多くの兵器を生産していた。ソ連側の努力は、アメリカのレンドリース法によっても支援されたが、それでもそれがソ連の全生産力に占める割合はとても少なかった。[*71] その主な理由は、ソ連の方が全面戦争のために経済をはるかに効率良く合理化できたからである。特にソ連（とアメリカ）の経済政策は、兵器の大量生産において、ドイツよりも効率良く行われるように構成されていたのだ。[*72]

さまざまな種類の軍隊

富が軍事力を測るための基準にならない最後の理由は、国家はさまざまな種類の軍隊を構成することができ、その軍隊をどのように作り上げるかがバランス・オブ・パワーに大きな影響を与える、という点にある。ここで重要なのは、国家がしっかりとした戦力投射能力を備えた大規模な軍隊を持っているかどうかという点である。ところがすべての国家が全く同じ割合の国家予算を国防費に使うわけではないし、すべての軍隊が同じ戦力投射能力を持っているわけでもない。

たとえば大国が国防費を陸軍と海軍だけに使っていた一八七〇年から一九一四年の間、フランスやドイツと比べて、イギリスはかなり多くの割合の国防費を海軍に投入していた。[*73] この国防費の使い方は戦略的にも理にかなっていた。イギリスは大規模で強力な海軍によって海運業を保護し、海を隔《へだ》てたヨーロッパ大陸や、広大な海外の植民地に軍隊を運ぶ必要のある島国だからだ。一方、仏独はわずかな規模の植民地しか持たない大陸国家であり、イギリスほど海軍に頼っていなかった。それよりも彼らは近隣諸国からの侵略を常に心配しなければならなかったため、陸軍の増強に力を入れていた。イギリスはイギリス海峡という難攻不落の障害によって他のヨーロッパの大国から地理的に離されており、他国から軍事的に攻撃を受けることをあまり心配しなくてもよかった。イギリスは仏独よりもかなり小さな陸軍でこと足りてきたのだ。

さらに、敵国のイギリス侵略を困難にするのと同時に、イギリスの欧州大陸への侵略を困難にしている地理的障害(イギリス海峡)のおかげで、イギリスは他のヨーロッパの大国に比べて、小さな戦力投射能力を持つだけで充分だった。ヴィルヘルム皇帝は、一九一一年にイギリスからの訪問者に対し、イギリスの軍事的弱点を要約し、「失礼かも知れないが、あなた方が陸上部隊を多少増やしたところで、大した違いはないでしょう」と発言している。[*74] 簡単に言えば、第一次世界大戦前の四四年間を通じてイギリスはフランスよりも経済的に豊かであり、このうちの四分の三の期間においてはドイツよりも豊かだったにもかかわらず、軍事的にはフランスやドイツほど強力ではなかったのである(表3-3参照)。

大国間で富とパワーの分布状況に大きな差が出てしまうことは確かにある。しかしこのような不調和は、世界権力の分け前を最大化するチャンスをあきらめている国家が原因で発生したものではない。国家は自国にとって適切と思える戦略的な理由に基づいてさまざまな軍事組織を作り上げるものであり、自国の戦闘部隊に対しては、それぞれ独自の割合で富をつぎ込むものなのだ。また、国家はさまざまな効率の度合いで富から軍事力を引き出す。これらすべての戦略が、バランス・オブ・パワーに影響を与えるのである。

よって、富が軍事的な強さの基礎なのは当然だが、富と軍事力を単純に同じものとしてとらえるのは不可能だ。軍事力を測るには、それぞれ別々の基準を考え出すことが必要なのである。次章ではこの問題について論じる。

第四章 〈ランドパワーの優位〉

❖ ❖ ❖

国際政治におけるパワー（power）は、その大部分が国家の持つ軍事力によって生みだされる。大国は異《こと》なる種類の戦闘力を持つことができ、それぞれにどれだけ比重を置くかもバランス・オブ・パワーにおいては重要になる。この章では、国家の四つの軍事力——「独立シーパワー」（independent sea power）、「戦略エアーパワー」（strategic airpower）、「ランドパワー」（land power）、「核兵器」（nuclear weapons）——を比較し、どれに比重を置くと決定すればいいのかを分析して、パワーを測るために有用な基準を考え出していく。

私はこの章で、主に二つの点を論じる。まず、近代世界においてはランドパワー（陸上兵力）が軍事力中で最も支配的なものである、という点だ。

二つ目は、海が陸上兵力の戦力投射能力《パワープロジェクション》（訳注：戦力投入能力とも）を著《いちじる》しく制限する、という点である。敵対する軍同士が、大西洋やイギリス海峡などの広大な水域を越えて攻撃を行おうとしても、双方の軍隊は規模や質に関係なく、互いに攻撃することができない。後述する「水の制止力」は、「覇権《ヘジェモニー》」というコンセプトにも影響を与えるため、とても重要だ。地球のほぼ全域に存在する海のおかげで、すべての国家にとって世界覇権の達成は不可能であり、世界で最も強力な国家でも、船でしか行けない遠い地域を征服することはできない。大国は自分の位置する地域、もしくは陸伝《づた》いの近接した地域しか支配しようとはしないのである。

一世紀以上にわたり、戦略家たちはどのタイプの軍事力が戦争の結果を左右する力を持つのかを論じてきた。米海軍提督アルフレッド・セイヤー・マハン（Alfred Thayer Mahan）は、『海上権力史論』（The Influence of Sea Power upon History, 1660-1783）[*1]やその他の論文において「独立シーパワー」（海軍力）が最も重要であると宣言した。一九二一年に、イタリアのジウリオ・ドゥーエ（Giulio Douhet）

は、『制空』（The Command of the Air）という重要文献の中で「戦略エアーパワー」（独立空軍力）の優越性を論じている。しかし私はランドパワーこそが決定的な軍事組織だと主張する。戦争は、海や空の艦隊によってでなく、陸上兵力同士の戦いで勝敗が決まるからだ。最強の国というのは、最強の陸軍を持っている国家に他ならない。[*2]

大国による戦争が時代遅れになったことや、核兵器のバランスが軍事力にとって無視できない重大な要素になったという点を強調して「核兵器はランドパワーの重要性を大きく減少させた」と論じることもできる。確かに核の時代に大国間の戦争が起こりにくくなったのは間違いないが、それでも大国は核の影響力の下で安全保障をめぐって激しい競争を繰り広げることがあるし、大国間の戦争は依然として現実的な可能性として残っている。たとえば、アメリカとソ連は互いに核兵器を持っていることを知りながら、安全保障をめぐる争いを四五年間にわたって続けた。さらに、ある大国が「核武装優越状態」を実現してしまう場合を除けば、核兵器のバランスは国家間の「相対的」なパワーの関係を決める際の決定的な要素とはなり得ない。核兵器のある世界でも、陸軍（とそれを補助する空軍と海軍）は、軍事力の中心的な構成要素なのである。

冷戦期に形成された同盟のパターンこそが、軍事力の主要構成要素がランドパワーであることの何よりの証拠だ。二つの大国に支配される世界を考えた場合、「最も強力な大国を封じ込めるために、その他の主要国が弱い大国と同盟を結成する」と我々は予測しがちだ。たとえばアメリカは、冷戦期を通じてソ連よりも経済的にはるかに豊かであっただけでなく、海軍や戦略爆撃機、核弾頭の数で勝っていたからだ。ところがフランス、西ドイツ、イタリア、日本、イギリス、最終的には中国なども、アメリカではなくソ連こそが国際システムの中で最も強力な国家であると考えていた。これらの国家は、ソ連ではなくアメリカと同盟関係を結ぶことを選んだが、これは何よりもまず、彼らが米軍よりもソ連軍の方を恐れていたからに他ならない。[*3] さらに、最近では何千発もの核弾頭を持つロシアに対して脅威を感じる国が少ないことも特筆すべきだ。現在のロシア陸軍の力は弱く、大規模な地上攻撃をしかけることがそもそも無理だからだ。ところがもしロシア陸軍が復活して再び圧倒的な戦闘部隊になれば、アメリカとヨーロッパの同盟国はロシアに対して、新たに脅威を感じ始めることだろう。

征服 対 強制

ランドパワーは陸軍を中心に構成されるものであるが、それを補助する空軍と海軍もその機能に含まれる。たとえば、海軍は海を越えて陸軍を運ぶことができ、敵国の岸辺に部隊を上陸させる。空軍も陸軍を運ぶ役割を果たすが、重要なのは、空からの攻撃で陸軍を補助することである。このような空軍と海軍による作戦行動は、陸軍を直接的に補助するもので、自分たちのために行う独立した行動ではない。こうした作戦行動はランドパワーの範疇《はんちゅう》に入る。

陸軍は戦争において最も重要である。陸軍は領域国家が存在する世界では最上級の政治目標、つまり「相手の土地を征服して支配する」ことを実現する際に、最も重要な軍種となるからだ。単純に言えば、海軍と空軍は領土を征服するのに適していない。[*4] イギリスの海軍史家ジュリアン・コーベット（Julian Corbett）は、陸軍と海軍の関係について「人間は海上ではなく陸上に住んでいる。戦争をしている国にとって最も重要なことは、自国の陸軍が敵国の領土や国民生活に対してどのようなことができるか、もしくは相手の艦隊が自国の陸軍に対して何をしてくるのかという恐怖によって決定されるのだ」と表現している。[*5] コーベットの論理《ロジック》は、エアーパワーやシーパワーについても当てはまる。

しかしながら海軍と空軍は、必ずしも陸軍との共同作戦を必要としているわけではない。海軍主義者やエアーパワーの信奉者が強調するように、海軍や空軍は、単独でライバル国家に対して攻撃力を発揮することができる。海軍は戦場で起こっていることに関わりなく敵を海上封鎖でき、空軍は戦場を飛び越えて敵の本拠地を直接爆撃できる。海上封鎖や戦略爆撃は、自国の軍隊が戦場でやられる前に、敵を降伏させることによって勝利を得ることを目的としている。その狙いは、敵の経済を転覆させて戦争を継続させる能力を奪うことや、相手国の市民に強烈な被害を与えて敵を降伏させることにある。

しかしドゥーエやマハンの主張にもかかわらず、独立シーパワーや戦略エアーパワーのどちらも大規模な戦争で勝てる力は持っていない。どちらの強制力も、単独では大国間戦争を勝てず、単独で勝つ潜在力を持つのはランドパワーだけなのだ。その主な理由は、大国に対して強制するのは難しいという点にある。具体的に言えば、海上封鎖や爆撃だけで敵の経済を破壊するのは困難である。さらに、近代国家のリーダーや国民は、途方もない損害を受けてもなかなか降伏しようとしない。確かに海上封鎖する海軍や戦略爆撃機が単独で勝利を生み出せないとしても、空・海軍は相手国の軍事機構を支える経済に損害を与え、陸軍が勝利するのを助ける場合があるかも知れない。しかしこのような限定された目標においても、空・海軍はたいていの場合は陸軍の補助的な役割以上を演じることはない。

ランドパワーが他の種類のパワーを圧倒している理由がもう一つある。それは「迅速《じんそく》に敵を倒すことができるのは陸軍だけだ」という点だ。大国間の戦争では、海上封鎖や戦略爆撃だけでは素早く決定的な勝利をおさめることができない。空・海軍が有効になるのは、長期にわたる消耗戦においてである。ところが素早い成功の保証がない限り、国家は自ら戦争を始めることはほとんどない。[*6] 結果として、大国の陸軍は敵国を征服する際の主な手段となるわけであり、言い換えれば、国家の攻撃力は、主に陸軍の能力の中に備わっていることになる。

次に、過去の大国間の戦争の結果に海上封鎖と戦略爆撃がどのような影響を与えたかに注目しつつ、海軍と空軍が戦時に行う作戦行動を詳しく見ていこう。

❖ 独立シーパワーの限界

ライバル国家に対して戦力投射しようとする際に海軍がまず行わなければならない任務は、海軍の根本的な使命である、制海権の獲得である。[*7] 制海権とは、海の表面を縦横に走るコミュニケーションのライン（航行路）をコントロールすることであり、自国の商船や軍艦などが自由に動き回れるようにしておくことだ。一つの大海を支配するためには、海軍は必ずしもすべての海を常にコントロールしておく必要はないが、いざという時に戦略的に重要な部分を支配できて、しかも敵が同じようにするのを阻止できるようにしておかなければならない。[*8] 制海権は、戦闘において敵国の海軍を破壊したり、港を封鎖したり、決定的に重要な航路に敵がアクセスしようとするのを拒否することによって得られる。

制海権を獲得した海軍は、さらに敵国家の本土に対して戦力投射する方法を考えなければならない。つまり、制海権だけでは敵国に戦力投射できるわけではない。海軍が単独で動かずに陸軍を直接補助する場合、戦力投射能力の発揮のために三種類の作戦行動を行う。

水陸両用強襲（amphibious assault）は、大規模な水域を越えてライバル大国の支配する領土へ上陸する時に行われる。[*9] 攻撃する側の部隊は、上陸地点に到着する時や上陸直後に、敵と交戦することになる。上陸部隊の狙いは、敵側の主要な陸軍を上陸直後に交戦して打ち負かし、領土を征服することにある。一九四四年六月二二日の連合軍によるノルマンディー上陸作戦は「水陸両用強襲」の一例である。

対照的に、**水陸両用上陸**（amphibious landings）は、海上の部隊が敵の領土にほとんど抵抗を受けずに到着する時に行われるものだ。上陸部隊は岸辺に足がかり（海岸堡）を築き、敵部隊と交戦する前に陸地内部へ奥深く侵入することができる。[*10] ナポレオン戦争の時、フランスが統治するポルトガルにイギリス軍が侵入したことがあったが、これが「水陸両用上陸」の一例である。一九四〇年春にドイツ陸軍の部隊がノルウェイに上陸したのもこの一例だ。

海軍による**部隊輸送**（troop transport）は、海を越えて友好国軍の統治する領土に行き、敵軍と戦うために地上部隊を上陸させることである。この場合、海軍は実質的にはフェリーのような働きをする。第一次世界大戦において、米海軍はアメリカからフランスへの地上部隊の移動の際にこの作戦を実行し、第二次世界大戦でもアメリカからイギリスまで部隊を運んだ。ライバル大国の領土を海から侵略しようとするのは、普通はかなり勇気の要る任務である。それに比べれば「部隊輸送」は簡単な作戦である。[*11]

他国に対して戦力投射能力を発揮するために海軍を単独で使う手段が、他にも二つある。まず**艦砲射撃**（naval bombardment）であり、沿岸にある敵の都市や軍事目標に対し、船や潜水艦、もしくは空母から飛び立った飛行機などから発射される、艦砲やミサイルのような火力を使って攻撃することである。ここでの狙いは、敵の都市に損害を与えたり、相手にとって不利な軍事バランスにするよう仕向けたりして、敵を屈服させることにある。ところがこれは本格的な戦略とは言えない。「艦砲射撃」は単なる嫌がらせを狙った戦闘行為であり、敵国に与える効果は少ないからだ。

海軍は帆船時代（一五〇〇～一八五〇年）から敵の港を攻撃することが多かったが、充分な火力を正確に目標に当てることができなかったため、迷惑行為以上のことができたためしがない。[*12]さらに海軍の砲撃の有効射程は、沿岸から内陸まで届くほど長くはなかった。イギリスの海軍提督ホレイシオ・ネルソン（Horatio Nelson）は、帆船式の海軍による艦砲射撃を「船は堡塁と戦う時には、全く役立たずだ」と語っている。[*13]一八五〇年以降の工業化によって、海軍の火力と有効射程は著しく上昇した。しかし工業化は同時に地上部隊が海上部隊を発見して沈める能力も高めることになった。このため、二〇世紀の水上艦隊は、戦闘時になると敵の沿岸から遠く離れるようになった。[*14]さらに重要なのは、大国が敵国を通常の爆撃で屈服させようとする場合に使うのは確実に空軍であり、海軍ではないということである。

近代における偉大な海軍の理論家であるコーベットとマハンは、**海上封鎖**（blockade）こそが、海軍によって大国間戦争を勝つための最高の方法だと考えていた。マハンは、海上封鎖は敵の経済を窒息させる働きをするため、マハンは「最も衝撃的で恐ろしいシーパワーの特徴だ」と言っている。[*15] 海上封鎖の狙いは相手国の貿易活動を遮断《しゃだん》することにあり、海外からの輸入を拒絶し、その国の商品や原料物資などが輸出されることを妨げる。

海上封鎖は敵の大国を二つの方法で降服させることができる。まず、主に食糧の輸入を遮断し、一般市民の生活を悲惨な状況へと落とし込むことによって、敵の国民に厳しいダメージを与えるという方法である。もし一定の数の国民が苦しめられて犠牲者が出るようなことになれば、戦争に対する民衆の支持は消えうせ、国民が反乱を起こしたり、国民の反乱を恐れる政府が戦争を止めたりすることになるかも知れないからだ。二つ目が、海上封鎖によって敵国の経済を弱め、これ以上戦えなくしてしまうという方法である。最も良いのは、石油のような重要物資の輸入を遮断してしまうことだ。海上封鎖を行う海軍は、ほとんどの場合この二つの方法を区別することはなく、どちらか一方の方法が成功することを望みつつ、敵の海上貿易をできる限り遮断してしまおうとする。ともあれ、海上封鎖は敵国経済を転覆させるのに時間がかかるため、迅速で決定的な勝利を生み出すことはない。

海上封鎖は、たいていの場合まず敵国に海軍が到達してから海上貿易を妨害する。たとえば、イギリスは水上艦隊を使ってナポレオン時代のフランスやヴィルヘルム時代のドイツのようなライバル大国に対し海上封鎖を行った。また、敵国の海上貿易を遮断するために潜水艦が使われることもあり、両世界大戦ではドイツがイギリスに対してこれを行おうとし、第二次大戦ではアメリカが日本に対してこれを行った。さらにアメリカは日本に対して海上封鎖を行うため、水上艦艇や陸に基地のある航空機、機雷などを導入している。しかし海軍は常に海上封鎖を実施しなければならないというわけではない。一つの大陸を支配して大きな港をコントロールしている国家は、同じ大陸にある他の国家と、他の地域にある国家との間の貿易を阻止することができる。こうすることによって、自国の地域外にある国家に対しても封鎖が可能になる。イギリスの封鎖を狙ったナポレオンの「大陸封鎖令」(一八〇六～一三年)は、この典型的な例だ。

海上封鎖の歴史

近代では、大国が戦時に海上封鎖を使って他の大国を屈服させようとした例が八つほどある。①ナポレオン戦争時に、フランスがイギリスに対して海上封鎖を行ったケース。②この時にイギリスも同じことをフランスに報復したケース。③一八七〇年にフランスがプロイセンに対して行ったケース。④第一次世界大戦時に、ドイツがイギリスに対して行ったケース。⑤同大戦で米英がドイツとオーストリア＝ハンガリーに対して行ったケース。⑥第二次世界大戦でドイツがイギリスに対して行ったケース。⑦同大戦で米英がドイツとイタリアに対して行ったケース。⑧第二次大戦でアメリカが日本に対して行ったケースである。

アメリカ南北戦争時(一八六一～六五年)に北部合衆国連邦軍《ユニオン》(北軍)が南部連合軍(南軍)に対して行った海上封鎖も例として考えることができるが、両軍とも正確な意味からは〝大国〟とは定義できないので本来ならば分析には入れないのだが、ここではあえてケースの一つとして考慮に入れてみたい。[*16]

これらのケースを評価する際には、常に二つの設問を元に考えるべきだ。まず、「海上封鎖だけで敵を降服させることができるという証拠は果たして存在するのか?」ということである。つまり、戦争の決着がつく際の海上封鎖は地上部隊の勝利に重要な貢献ができるのか?」。次が、「海上封鎖の影響力は決定的であり、ランドパワーのそれとほぼ同等なのか?　それとも取るに足らないほど少ない影響力しか持たないのか?　ということだ。

イギリスがナポレオンの大陸封鎖令によって経済的に打撃を受けたのは事実である。ところがイギリスは戦争を続け、最終的には勝っている。[17] ナポレオン率いるフランスに対してイギリスがしかけた海上封鎖は、フランス経済がそれほど封鎖に弱くなかったので、フランス経済を転覆させるまでには至っていない。[18] まともな学者の中で「イギリスの行った海上封鎖がナポレオンの凋落に重要な役割を果たした」と論じる人は一人もいない。一八七〇年にフランスがプロイセンに対して行った海上封鎖も、プロイセン経済に対してはほとんど影響を与えず、フランス軍に対して決定的な勝利をおさめたプロイセン軍に対しては全く影響を与えなかった。[19] 第一次世界大戦でイギリスに対してドイツが行った潜水艦攻撃は、一九一七年の時点ではイギリスが戦争続行をあきらめかけたほどの脅威だったが、最終的には失敗している。しかも一九一八年にヴィルヘルム皇帝率いるドイツ帝国を倒すのに重要な役割を果たしたのは、イギリス陸軍だった。[20] 同じ戦争において、英米海軍はドイツとオーストリア＝ハンガリー帝国に対して海上封鎖を行い、経済に大損害を与えて国民に大きな苦しみをもたらした。[21] ところがドイツが降服したのは、海上封鎖にそれほど影響されなかった陸軍が、一九一八年夏に西部戦線の戦闘で壊滅した直後である。オーストリア＝ハンガリー帝国も同様で、陸の戦場での負けが敗戦につながったのだ。

第二次世界大戦で、ヒトラーはイギリスに対して再びUボート作戦を実行したが、今回もまたイギリス経済を転覆させて敗戦に追い込むことはできなかった。[22] ナチス・ドイツに対する米英による海上封鎖は、ドイツ経済があまり封鎖に弱くなかったため、それほど重大な影響を与えていない。[23] 連合国側がイタリア経済に対して行った海上封鎖も同じであり、一九四三年半ばにイタリアが戦争放棄した政治決断にはほとんど影響を与えていない。アメリカの南北戦争に関して言えば、南部連合は北部合衆国連邦軍《ユニオン》による海上封鎖で大きな打撃を受けたが、経済が崩壊するまでには至っていない。ロバート・E・リー将軍（Gen. Robert E. Lee）が降服したのは、南部連合の陸軍が戦闘で負けたからだ。リー将軍の軍隊は、海上封鎖によって生じた補給物資等の欠如によって負けたのではない。[24]

第二次大戦時にアメリカが日本に対して行った海上封鎖は、敵国の経済を転覆させ、軍隊にも深刻なダメージを与えた唯一のケースである。戦闘で本土防衛にあたる二〇〇万人の兵士が死ぬ前に日本が降服したために、唯一の例外的なケースとなったのだ。[*25] しかし、海上封鎖が日本を屈服させるのに中心的な役割を果たしたのは間違いないが、ランドパワーが勝利をもたらす上で同じくらい重要な役割を果たしたことを忘れてはならない。一九四五年八月の日本政府の無条件降伏(訳注：ポツダム宣言の受諾)の決断は、詳しく見ていく必要があるだろう。これはかなり意見の分かれるケースであり、戦略エアーパワーと同様に海上封鎖の効力を分析する上で、多くの重要な要素を含んでいる。[*26]

日本降服の直接的な原因を考える場合、一九四五年八月以前に起こったことと、八月の最初の二週間に起こったことをしっかりと区別することが重要である。日本は一九四五年七月末の時点で敗戦確実となり、日本の指導者たちもこのことを認識していた。この時点で指導者たちの間で論点となっていたのは、アメリカが要求していた日本軍の無条件武装解除を拒否できるかどうかだった。過去の三年間で、ランドパワーのバランスは日本にとって決定的に不利な方向へと傾いており、日本の敗戦はすでに確実だった。アメリカによる破壊的な海上封鎖と、二方面の前線で続いていた長期戦による国力の衰退により、日本陸軍はそれを補助する役割の航空部隊や海軍とともに、崩壊の危機に直面していた。日本の西部戦線はアジア本土にあり、陸軍は一九三七年からの中国とのドロ沼化した戦争から抜け出せなくなっていた。東部戦線は太平洋の西側の島々であり、主敵はアメリカだった。空と海からの大規模な支援を受けたアメリカの地上部隊は、西太平洋の島々を支配していたほぼすべての日本軍を打ち負かし、一九四五年の秋には本土侵略を開始する予定だった。

一九四五年七月末頃の時点まで、アメリカの空軍はほぼ五カ月にわたって日本の大都市に対し焼夷弾《しょういだん》の雨を降らせ、日本の一般市民に対して驚異的な破壊をもたらしていた。しかし、この虐待的な作戦によって日本国民が自国政府に戦争を止めるように圧力をかけたことはないし、日本政府の指導者たちもリングにタオルを投げ入れようとは本気で考えていなかった。ところが日本の陸軍は海上封鎖によって瀕死の状態であり、長年にわたる陸上戦で衰弱していたので、日本政府は窮地に立たされていたのだ。それでも日本は無条件降服を拒《こば》んでいた。

なぜ日本は我慢し続けたのだろうか？　日本の指導者たちは「弱体化した陸軍でもアメリカの日本侵略を防ぐことができる」と考えていたのではない。アメリカが日本本土を征服するだけの軍事力を持っていることは広く知れ渡っていた。日本の政治家たちは、戦争の最後の土壇場でも、日本の独立を確保するためにアメリカと交渉するのは可能であると考えていたために、無条件降伏の受け入れを拒否し続けていたのである。この時点の日本にとって唯一の外交的な武器は、日本征服には多大な犠牲者が伴《ともな》うとアメリカに思わせることであった。「多くの犠牲を払っての勝利」という脅威をちらつかせることによって、日本はアメリカから外交面でより柔軟な対応を引き出せると考えていた。日本の指導者たちは、太平洋戦争に参戦していなかったソ連が和平交渉の仲介役となり、アメリカから少しはまともな合意を引き出すことに協力してくれると思っていたのである。

ところが、一九四五年八月の二つの事件によって、日本のリーダーたちは無条件降伏を受け入れざるを得ない状況に追い込まれた。まず、広島（八月六日）と長崎（八月九日）への原爆投下である。これ以降も続くと思われた核攻撃の脅威は、昭和天皇を含む戦争の主要人物たちに停戦を迫ることになった。これがダメ押しとなった二つ目の事件は、一九四五年八月八日にソ連が日本に対して宣戦布告し、その翌日には満州の関東軍に対する攻撃を始めたことである。この状況は、日本にとってソ連を和平交渉に使う可能性が消滅しただけではなく、今やアメリカとソ連の両方を相手に戦争をすることになったことを意味した。加えて、ソ連赤軍の攻撃による関東軍の急速な崩壊は、アメリカに侵略された際の日本の本土防衛部隊の行く末を暗示していた。日本の「条件付きの降服を得る」という戦略は、一九四五年八月九日の時点ですでに破綻しており、この事実は日本軍、特に停戦に一番反対していた陸軍内部でも認識されていたのである。

以上のようなケースから導き出されるのは、戦争における海上封鎖の効果についての二つの結論である。まず、海上封鎖だけでは敵を降服させることができないということ。この戦略が全く役立たずであることは、歴史上どの交戦国も海上封鎖だけによる降服を一度もしたことがない事実によって明らかだ。さらに、ランドパワーと共同で実行された海上封鎖でさえ、あまり強制力を発揮してはいない。海上封鎖は一般的に効果がないことは明らかになってしまっている。九つのケースのうち、海上封鎖を行った国側の勝率は五勝四敗である。その五回の勝利のうちの四回では実質的な強制力が発揮されておらず、勝った側はそれぞれ敵の陸軍を打倒しなければならなかった。海上封鎖が成功したのは、米海軍が日本に対して行った例だけであり、これも部分的に当てはまるだけだ。このケースでさえ、ランドパワーは少なく見積もっても海上封鎖と同等の重要性を持っていたのである。

二つ目の結論は、海上封鎖には敵の陸軍を弱める力がほとんどなく、それが地上作戦の成功に大きな貢献をすることは珍しい、ということだ。海上封鎖について唯一言えるのは、相手国の経済に大打撃を与えることにより、ランドパワーが長期戦に勝つ手助けをすることがある、ということぐらいである。

なぜ海上封鎖は失敗するのか

大国間戦争における海上封鎖には限界があるが、これにはさまざまな理由がある。海上封鎖を行う海軍は海上で妨害されることがあるし、海上交易などを完全に分断することは不可能だ。米英の海軍は、味方の船舶にドイツの潜水艦の魚雷の射程内に近づけさせないようにすることによって、二つの世界大戦でドイツの海上封鎖を妨害している。さらには、長い戦争の間にいろいろなところで封鎖に綻《ほころ》びが生じたり、中立国が物資の中継点になったりすることにより、海上封鎖が穴だらけになってしまうことがある。

海上封鎖が相手国の海上貿易をほぼすべて遮断したとしても、その影響力には限界がある。これには二つの理由がある。まず、リサイクルや備蓄《びちく》、代用品の使用などによって、大国は海上封鎖を切り抜ける手段を持っているという点だ。イギリスは両大戦の直前まで食糧を輸入に依存していたため、ドイツは輸入を遮断《しゃだん》しイギリス国民を飢えさせることによって服従させようとした。ところがイギリスはこの危機に、食糧生産を急速に上昇させることによって対応した[*27]。ドイツは第二次大戦でゴムの供給を断たれたが、合成の代替品を開発している[*28]。鉄道が登場してからは、大国が近隣諸国を征服して搾取することがさらに容易になった。ナチス・ドイツは第二次世界大戦でヨーロッパ大陸をくまなく搾取《さくしゅ》し、連合国側が行った海上封鎖の影響を減少させている。

近代の官僚国家は、状況の変化に迅速《じんそく》に対応して、戦時の海上封鎖に自分たちの経済を適合させるのが上手である。マンサー・オルソン（Mancur Olson）は、著書『戦時の欠乏における経済』（The Economics of the Wartime Shortage）の中で、ナポレオン戦争、第一次世界大戦、第二次世界大戦など、イギリスがそれぞれの戦時に受けた海上封鎖の状況を比較している[*29]。彼はこの中で「イギリスの食糧の供給は、第二次世界大戦時の被害が最も大きく、その次が第一次世界大戦であり、ナポレオン戦争では被害が最も少なかった」と述べている。ところが、イギリスは二〇世紀に入ってからナポレオン戦争当時よりも食糧の輸入依存度が増している。よって「食糧を求める欲求による苦難の量の合計」は、第二次世界大戦時が最大で、ナポレオン戦争時にはそれが最小である、と考えることもできる。

ところがオルソンはその逆が正しいことを発見している。つまりナポレオン戦争時代の食糧の欠乏は、「おそらく両大戦の時よりも深刻だった」と言うのだ。彼の説明によれば、イギリス国家の行政能力は時間の経過とともに著しく増加し、戦時において経済を立て直して海上封鎖による影響を改善する能力は、ナポレオン時代では目立たなかったが、第一次大戦ではやや向上し、第二次世界大戦では最も明確にあらわれるようになったからだ。

二つ目の理由は、近代国家の人々が自国政府に対して反乱を起こすことはなく、かなりの損害でも受け止めることができるという点だ。[*30]そもそも敵国民を痛めつけることを狙った海上封鎖や戦略爆撃によって、その国の民衆が政府に対して大規模な反乱を起こしたという歴史上の記録は一つもない。海上封鎖や戦略爆撃は、それらの攻撃が目標とする政府に対する怒りよりも、攻撃してくる側の国に対する怒りに火を注ぐ。[*31]第二次世界大戦時の日本の場合、その経済はアメリカの海上封鎖によって大損害を受けていただけでなく、その都市は戦略爆撃の標的《ターゲット》として広範囲にわたって破壊され、何十万人という市民が殺されていた。ところが日本国民はアメリカが与えた恐ろしい苦痛にもよく耐え忍び、自国の政府に対して降服するように圧力をかけることはほとんどなかったのである。[*32]

最後に、支配階級のエリートたちは国民が殺戮にあっていても停戦のために動こうとすることはないことが挙げられる。実際、国民が苦しめば苦しむほど、国家指導者たちにとって戦争を食い止めることは困難になる、と論じることもできる。また、負けた側の国民は悲惨な敗戦後に、国家を破滅へ導いた指導者に対して復讐する確率が高くなるという事実もある。戦争を遂行している指導者たちにとってみれば「国家を勝利へと導いて自分を救いたい」という欲望があり、国民が受けている痛みを無視してでも最後まで戦い抜きたいと考えがちなのである。[*33]

戦略エアーパワーの限界

空軍と海軍の使い方には共通点がある。海軍がライバル国家に向けて戦力投射する際にはまず海の支配権を手に入れなければならないように、地上の敵を爆撃したり領土を攻撃したりする前に、空軍は空の支配権、一般には**制空権**（air superiority：自衛隊では「航空優勢」——訳注）と呼ばれるものを確立しておかなければならない。もし空軍が空を支配できないと、攻撃部隊は大損害を被《こうむ》ることになり、敵国に戦力投射をすることが難しくなる。

一九四三年八月と一〇月、アメリカの爆撃機部隊はドイツのレーゲンスブルクとシュヴァインフルトに対し大規模な爆撃を行ったが、この時はドイツの空域の一部をまだ支配できていなかったため、爆撃隊は途方もない被害を受け、一九四四年初頭に戦闘機による長距離の護衛が可能になるまでは、アメリカは爆撃を再開することができなかった。[*34] 一九七三年一〇月に起こった第四次中東戦争の開始当初、イスラエル空軍（ＩＡＦ）は、スエズ運河とゴラン高原沿いで包囲されて空軍の援護を待っていた自国の地上部隊を空から支援しようとした。ところがエジプトとシリアの地対空ミサイルと高射火器による激しい攻撃によって、イスラエル空軍は作戦の変更を余儀なくされている。[*35]

空軍が空域の支配を確立すると、地上で戦闘を行っている陸軍の部隊を支援するために三種類の戦力投射作戦を行うことができる。**近接航空支援**（close air support）では、空軍は戦場の上空を飛びつつ、地上の友軍の作戦に参加して直接支援する。この作戦の主目的は、上空から敵軍を破壊することで、事実上の「空飛ぶ砲兵隊」としての機能を果たすことにある。これを行うためには、空軍と地上部隊との間に密接な連携が必須となる。**航空阻止**（interdiction）は、空軍が敵の後方を攻撃することで、主に敵の物資や人員の供給を破壊したり遅延させたりすることを狙ったものだ。ターゲットになるのは、物資の集積所、予備軍、長距離砲、敵の後方地帯から前線まで張り巡らされている兵站線／後方連絡線などである。空軍は戦闘地域の内外で部隊を移動させたり物資を供給したりする**空輸**（airlift）を行うこともある。もちろんこれらの作戦行動は、単に陸軍の力を補助するだけのものであることを忘れてはならない。

しかし空軍は、戦場で起こっていることにはあまり気を使わずに、敵の本土に対して直接攻撃する**戦略爆撃**（strategic bombing）によって戦力投射することもできる。[*36]「空軍のみで戦争に勝てる」という主張の論拠は、ここからきている。エアーパワーの信奉者たちが、海軍の行う海上封鎖と同様な効果を持つ戦略爆撃を褒《ほ》め称《たた》えることが多いのはこの意味から当然なのである。[*37] 戦略爆撃と海上封鎖は、敵の国民に大規模なダメージを与え、経済を破壊して最終的には軍を無能化させ、敵を降服させることを狙っている。経済的なターゲットを狙えと主張する人々の中には、敵のすべての産業基盤を攻撃して完全に破壊せよと主張する人もいる。また、石油やベアリング、機械器具、鉄鋼、交通網など、敵国の経済のアキレス腱《けん》となる「重大な構成要素」に攻撃を限定するべきだと主張する人もいる。[*38]しかし戦略爆撃は、海上封鎖と同じように、迅速《じんそく》で簡単な勝利を得られるものではない。

過去一〇年間、エアーパワーの信奉者は「戦略爆撃によって敵の政治リーダーシップを無力化させ、勝利を確実にすることができる」と論じている。[*39]爆撃機によって敵国の政治指導者たちを殺したり、彼らが持つ国民との連携機能及び治安維持部隊を撃破することにより、彼らを国民から隔離させることができるし、うまくいけば敵の国民にクーデターを起こさせてから和平交渉に臨むことも可能だと言うのだ。このように敵国の中枢を無力化させることを主張する人々は、敵国の指導者たちを軍隊から引き離してコントロールを奪うことも可能だと主張している。

歴史を検証して行く前に、まずエアーパワーに関してさらに二つの点を指摘しておく。私が「核兵器を使わない敵地への攻撃」という意味で使う、いわゆる「戦略爆撃」であるが、これは一九四五年以降にはすでに軍事力としての重要性を失っており、この状況は当分変化することはなさそうだ、という点が一つ。なぜなら核兵器の開発により、大国は互いの国土を通常兵器で武装した爆撃機によって脅し合うのをやめ、代わりに核兵器にその役割を頼るようになったからだ。冷戦の間、米ソ両国は超大国間戦争が起こった場合でも戦略爆撃を計画にさえ入れておらず、両国とも相手の領土に対して核兵器を使う詳細な計画を立てていたのである。

二つ目は、「だからといって古いタイプの戦略爆撃が消滅したというわけではない」という点だ。大国は相変わらず小国に対して戦略爆撃を続けており、ソ連は一九八〇年代にアフガニスタンに、アメリカは一九九〇年代にイラクとユーゴスラビアに戦略爆撃を行っている。[*40]しかし弱小国に対して爆撃できる能力は、大国間の軍事力のバランスを見る時にはあまり重要な要素ではない。一番考慮されるべきは、大国が**互いを**攻撃するために使おうとしている軍事手段なのであり、戦略爆撃はもうこの手段の中には含まれていない。このため、私のエアーパワーの分析は一九一五年から一九四五年までの時期だけに当てはまるのであり、最近の例や現在の状況、そして未来の状況には当てはまらない。

歴史の記録には一四の戦略爆撃のケースがあり、そのうち大国が他の大国を攻撃したケースは五つ、残りの九つは大国が小国を攻撃したものである。大国同士の戦略爆撃の例は、大国間の軍事バランスを判断する際に重要な証拠を与えてくれている。しかし、私は小国を含むケースも考慮に入れる。アメリカがイラクとユーゴスラビアを攻撃したものなどは、「大国が他の大国に対して空軍を使って強制することができる証拠だ」と考える人たちがいるかも知れないからである。ところがこのような考えは間違っており、なぜそうなのかは以下の説明によって明らかになるだろう。

戦略爆撃の歴史

大国が他の大国を戦略爆撃によって強制しようとした例は五つある。①第一次世界大戦でドイツがイギリスの都市を爆撃した例、第二次世界大戦では、②ドイツがイギリスの都市を破壊した例、③イギリスとアメリカがドイツを爆撃した例、④イギリスとアメリカがイタリアを攻撃した例、⑤アメリカが日本を攻撃した例である。

大国が戦略爆撃によって小国を強制しようとした例は九つあり、①一九三六年にイタリアがエチオピアに対して、②一九三七年から一九四五年にかけて日本が中国に対して、③第二次世界大戦でソ連がフィンランドに対して、④一九五〇年代初期にアメリカが北朝鮮に対して、⑤一九六〇年代中頃にアメリカが北ベトナムに対して、⑥一九七二年にアメリカが再び北ベトナムに対して、⑦一九八〇年代にソ連がアフガニスタンに対して、そしてアメリカとその同盟国が、⑧一九九一年にイラクに対して行った例と、⑨一九九九年にユーゴスラビアに対して行った例である。

これらの一四のケースは、海上封鎖と同じように、二つの設問に則して分析されるべきである。一つ目が「戦略爆撃だけで敵を降服させることができる証拠は果たして存在するのか?」、二つ目が「戦略的エアーパワーは陸軍の勝利のために重要な役割を果たすのか、戦争の最終結果に対する戦略爆撃の影響はランドパワーと同じくらい決定的なのか、それとも全くないのか?」である。

大国に対する爆撃

ドイツが両大戦でイギリスの都市に行った爆撃は、イギリスを降服させることに失敗し、ドイツは両方の戦いで敗戦に追い込まれた。[*41] ドイツが行った爆撃が、イギリスの軍事能力に対して深刻なダメージを与えたという証拠は全くない。したがって、戦略爆撃の影響が出たとすれば、これは必然的に第二次大戦の枢軸国《すうじくこく》、つまりドイツ、イタリア、日本のケースとなる。

「これら三つの戦争の結末を左右したのは爆撃である」という主張が疑わしいのは、どの場合も本格的な爆撃が始まったのは一方の負けが決まってからだという事実にある。ドイツの場合、一九三九年九月にイギリスと、一九四一年一二月にアメリカとの戦争を開始した。ドイツは一九四五年五月に降服したが、実は一九四二年の年末頃までにはすでに敗色濃厚だった。ドイツ国防軍がソ連赤軍に対して行った最後の大規模な攻撃は一九四三年のクルスクのものだが、これは大失敗に終わっている。連合国側はさんざん議論をしたあげく、一九四三年のカサブランカ会議でドイツに対してようやく本格的な戦略爆撃を行うことを決定した。しかし爆撃はなかなか開始されず、連合国側がドイツ上空の制空権を最終的に奪った一九四四年春まで、爆撃機はドイツ第三帝国を攻撃しなかったのだ。ドイツとの戦争ではエアーパワーが中心的な役割を果たしたと考える歴史家リチャード・オヴァリー(Richard Overy)でさえ、「爆撃作戦の時代がやってきたのは大戦の最後の年になってからだ」と認めている。[*42]

イタリアは、一九四〇年六月にイギリスと、一九四一年一二月にはアメリカとの戦争に突入した。しかしドイツと違って、イタリアは領土が征服される前の一九四三年九月には戦争をやめている。連合国側によるイタリアに対する激しい爆撃は一九四三年七月に始まったが、これはイタリアが降服するほぼ二カ月前のことである。この時点ですでにイタリアは敗北寸前の状態であった。陸軍は壊滅しており、イタリア本土を侵略から守る力さえ残っていなかった。[*43] 一九四三年七月に同盟国側が地中海からシチリア島へ侵攻した時、イタリア側の国防のほとんどを担っていたのはドイツ国防軍だったのだ。

日本がアメリカとの戦争を始めたのは一九四一年一二月である。日本の空襲被害は、降服する約五カ月前の一九四五年三月から激しくなる。この時点で日本の敗戦は濃厚であり、無条件降伏も考慮しなければならない状況になっていた。アメリカは太平洋にある日本の植民地を破壊し、一九四四年一〇月のレイテ沖海戦で実質的に日本海軍の残りをすべて消滅させた。アメリカ海軍の海上封鎖によって日本経済は一九四五年三月の時点で破綻しており、大半の部隊が中国との泥沼の戦いにはまり込んでいた日本の陸軍に最悪の影響を与えていた。

ここで言えることは「戦略爆撃が可能になったのは、枢軸国側が甚大な損害を受け、すでに敗戦が決定していた第二次大戦の後半になってからだ」という事実である。さもなければ、枢軸国はこれほど長期にわたる爆撃にさらされ続けることはなかったはずだ。アメリカは日本の海軍と航空兵力のほとんどを破壊して本島に接近するまで、日本に対して大規模な爆撃を行うことはできなかった。これはドイツの場合でも同じであり、アメリカは実質的に第三帝国上空の制空権を握るまで、戦略爆撃を行うことはできなかったのだ。制空権確保まではかなりの時間がかかったが、それができた理由は、ドイツがソ連赤軍に対して国力を集中させていたからだ。

連合国側が行った三つの爆撃から言えることは「爆撃はすでに敗戦が決まっている敵にトドメを刺す手助けとなった」ということぐらいである。「第二次世界大戦においてエアーパワーは単独で決定的な武器となった」との主張は怪しい。戦略爆撃は戦争の終結を早めて連合国側の安全を確保したと論じることもできるが、イタリアのケースを除けば、戦略爆撃が紛争の解決に及ぼした影響は少ない。

すでに述べたように、連合国側はドイツ国民に損害を与え、経済を破壊することによって、ドイツを降服させようとした。連合国側がドイツの都市に対して損害を与えた爆撃――ハンブルグとドレスデンに対して行った悪名高い〝焼夷弾爆撃〟を含む――では、ドイツの上位七〇番目までの規模の大都市の四〇％以上を破壊し、約三〇万五〇〇〇人もの一般市民を殺した。[*44] ところがドイツ国民はその損害にも耐え、ヒトラーは降服をこれっぽっちも考えていなかった。[*45] 優秀な地上部隊の侵攻とともに、連合国側による空からの攻撃が、一九四五年初期までにドイツの産業基盤を破壊していたのは疑いの余地がない。[*46] しかし戦争はその時点でほとんど勝負がついており、しかもドイツの産業を破壊するだけではヒトラーに戦争をやめさせるには不十分だった。最終的にはアメリカ、イギリス、ソ連の軍隊が、ドイツまで侵攻しなければならなかったのである。[*47]

イタリアに対する爆撃は、ドイツや日本に対して行われたものに比べれば、かなり控え目であった。[*48] 経済に関する施設が標的にされたのは確かだが、イタリアの産業基盤までは攻撃されていない。また、連合国側はイタリア国民に重大な損害を与えようとしたが、一九四二年一〇月から一九四三年八月にかけて、約三七〇〇人のイタリア人を殺しただけであった。これはドイツの三〇万五〇〇〇人（一九四二年三月～一九四五年四月）や日本の九〇万人（一九四五年三月～八月）に比べればたいした数字ではない。ところが少ない死亡者数にもかかわらず、爆撃が激しさを増した一九四三年夏にはイタリアの指導者層は動揺し始め、国内では降服を求める圧力が高まってきた。しかしこの時点でイタリアが戦争終結を必死に求めた本当の理由は、イタリアの陸軍がすでに壊滅状態であり、連合国側の侵攻を止めることがほぼ不可能になっていたことにあった。イタリアは爆撃が始まって影響が出て来るはるか以前から、すでに敗戦濃厚だったのである。[*49] 連合国側のイタリアに対する爆撃について言えるのは、「イタリアの降服を一、二カ月ほど早めた」ということぐらいであろう。

一九四四年末に日本に対してアメリカが空襲を始めた時、その当初の目的は、高い爆発力を持つ爆弾を使って、すでに米海軍の海上封鎖によって崩壊していた日本経済を、さらに破壊することにあった。[*50] ところがこの戦略では日本の産業基盤に本格的な打撃を与えられないことがすぐに判明し、アメリカは一九四五年三月に、日本の各都市を焼夷弾で爆撃することによって一般市民に損害を与えることを決定した。[*51] この殺戮《さつりく》的な空襲は戦争が終わるまで五カ月間続き、上から数えて六四番目までの規模の大きさの都市の約四〇％を破壊し、七八万五〇〇〇人の市民を殺害し、八五〇万人の人々を自宅から退避させることになった。[*52] 日本は一九四五年八月にアメリカが本土上陸してくる前に降服したが、焼夷弾爆撃は日本に降服を決定させるにあたって、決定的に重要な役割を果たしたわけではない。「原爆投下」と「ソ連参戦」が最後の一押しをする役割を果たしたのは間違いないが、日本を降服させた主な理由は、海上封鎖とランドパワーだったのだ。以上、大国が標的になった五つのケースのうち、三つのケースでは戦略爆撃による強制が失敗している。その三つとは、ドイツがイギリスに対して両世界大戦で行った二つのケースと、連合国側がドイツに対して行ったケースである。戦略爆撃は連合国側がドイツ国防軍に勝利する際に、決定的な役割を果たさなかった。また、第二次世界大戦でイタリアと日本が爆撃に屈服したのは事実だが、双方ともエアーパワーの力だけで降服したわけではない。

小国に対する爆撃

次に、大国が小国に対して爆撃機を使った事例を見て行く。大国の戦略爆撃機が小国を攻撃した九つの例のうち、すべてのケースで力の不均衡が明白だったにもかかわらず、五つのケースでは強制が成立しなかった。イタリアは一九三六年にエチオピアの町や村を、時には毒ガスも使いながら破壊している。[*53] エチオピアは降服を拒否し続け、結局イタリアの陸軍はエチオピア全土を征服しなければならなくなった。日本は一九三七年から一九四五年の間に中国の数都市を爆撃し、かなりの数の市民を殺害した。[*54] それでも中国は降服せず、結局この戦争を終結させたのはアメリカだった。一九六五年から六八年にかけて、アメリカは北ベトナムに対して「ローリングサンダー」(Rolling Thunder) と呼ばれる有名な爆撃作戦を開始した。主な狙いは、北ベトナムが南ベトナムへ戦争をしかけてくるのを防ぎ、南ベトナムの独立を維持することにあった。[*55] この狙いは失敗し、戦争はその後も続いた。

ソ連は一九七九年と一九八九年に、アフガニスタンのソ連派のカブール政府に対する反逆者たちの攻撃を防ぐため、人口集中地帯に対して爆撃を開始した。[*56] ところが先に戦争をやめたのは、反逆者たちではなくソ連の方であった。その他、一九九一年初め頃、アメリカはサダム・フセインにクウェートから手を引かせるため、イラクに対して空から攻撃を開始した。[*57] ここでも爆撃はサダムを屈服させることはできず、アメリカとその同盟国は、結局その目的を遂行するために地上部隊を使わなければならなかった。アメリカがこの爆撃作戦において「斬首戦略」(decapitation strategy) ——サダムを空からの攻撃で殺害し、イラク国民とクウェートのイラク軍から彼を引き離そうとする戦略——をとったことは注目に値する。なぜならこの戦略は、あらゆる面において失敗しているからだ。[*58]

大国が小国に対して行った四つのケースでは強制が成功しているが、戦略爆撃はこの目的を果たす上で、たった一つのケースを除いてあまり重要な役割を果たせていない。一九三〇年一一月三〇日にソ連がフィンランドを侵攻した際、ヨシフ・スターリンはフィンランドの都市に対して控えめな爆撃を行い、約六五〇人の市民を殺している。[*59] この爆撃は、一九四〇年三月にソ連赤軍に侵攻されたフィンランドが戦争放棄する政治決断には、どう見積もってもほとんど影響を与えていない。フィンランドが戦闘をやめたのは、自国陸軍の数がソ連赤軍よりも圧倒的に少なく、戦争に勝つ見込みがほとんどなかったからである。

朝鮮戦争の際、アメリカは空からの攻撃によって、北朝鮮に戦争続行をあきらめさせようとしている。[*60]

この攻撃には前例のない三つの作戦が含まれていた。まず、一九五〇年七月末から一〇月末にかけて北朝鮮の五つの産業中心地を集中的に爆撃する作戦。二つ目が一九五二年五月から九月の、北朝鮮の水力発電所や首都の平壌《ピョンヤン》を攻撃する作戦。三つ目が一九五三年五月から六月の、爆撃機によりダムを攻撃して稲に損害を与え、飢饉《ききん》を起こして降服させることを狙った作戦である。

戦争を終結させる休戦協定は一九五三年七月まで交わされなかったため、初めの二つの作戦でアメリカが戦争を終わせることができなかったことは明白だ。現在入手できる限りの資料によれば、これらの作戦がわずかながらも北朝鮮の行動に影響を与えたことを示す証拠は全くない。最後の作戦は北朝鮮が休戦協定を結ぶ直前に行われたが、ダムへの爆撃は北朝鮮の稲を全滅させたわけでもないし、大飢饉を引き起こしたわけでもない。北朝鮮が休戦協定に応じたのは、アイゼンハワー大統領が核兵器を使用すると脅したからであり、両国が互いに地上での手詰まりを打開するための必要な能力と戦意を持っていないことに気づいたからである。このケースでも、通常兵器による爆撃は強制を成功させなかった。

北ベトナムに対する「ローリングサンダー」作戦（一九六五〜六八年）は失敗に終わったが、アメリカはこれに続いて一九七二年に「ラインバッカー」（Linebacker）という航空作戦を開始した。[*61] 北ベトナムは一九七三年の初めにようやく休戦調停に合意し、アメリカは戦争から手を引くことができるようになり、北ベトナムによる南ベトナムへの地上攻撃を遅らせることになった。厳密に言えば、これは爆撃による強制が成功した例ということになるが、この休戦調停は南ベトナムに対する北ベトナムの勝利を一九七五年まで延期しただけである。しかも北ベトナムがアメリカとの休戦調停を受け入れる際に、戦略爆撃はほんのわずかな役割しか果たしていない。

当時の世論で考えられていたのとは逆に、アメリカの爆撃は北ベトナムの市民に対して、比較的少ない損害しか与えていない。一九七二年から始まった爆撃では一万三〇〇〇人の北ベトナム人が死んでいるが、北ベトナムのような意志の固い敵に対してアメリカが政治的要求を飲ませるレベルには至っていない。[62] 一九七三年に北ベトナムが停戦合意した主な理由は、アメリカ空軍が一九七二年春に北ベトナムの地上攻撃を防いだことにある。これによって北ベトナムは「次の攻撃を行う前に、ベトナムからすべての米軍をさっさと撤退させた方が良い」と考えるようになったのである。これは最終的に休戦調停となって実現し、北ベトナムは最終的に、アメリカのエアーパワーの助けを借りずに戦った南ベトナムに対し、二年後には完全な勝利をおさめることになった。

北大西洋条約機構（NATO）によって行われたユーゴスラビアに対する戦争は、一見すると戦略エアーパワーのみで敵を屈服させた例のようにも思える。[63] アメリカとその同盟国は一九九九年三月二四日にユーゴスラビアへの爆撃を開始したが、その狙いはユーゴスラビア大統領ソロボダン・ミロシェヴィッチ（Slobodan Milosevic）にコソボのアルバニア人抑圧を止めさせ、NATOの地上部隊をそこに展開することにあった。爆撃は七〇日間続き、ミロシェビッチは一九九九年六月八日にNATOの要求に屈した。爆撃の期間中、反乱軍であったコソボ解放軍はユーゴの地上部隊と小競り合いを起こしていたが、NATO軍はコソボに向かって陸上から攻撃を直接行ったわけではない。

入手できる限りの資料では、ミロシェビッチが降服した本当の理由はまだわかっていない。爆撃がユーゴスラビアを屈服させるにははるかに及ばず、この結果は爆撃だけの力によるものではないことだけは明白だ。[64] NATOのリーダーたちはミロシェビッチが数日間の爆撃で負けを認めるものと思っていたため、戦闘開始当初の爆撃は小規模なものにとどまっていた。このアプローチが失敗してから爆撃を強化することになったが、この段階でもユーゴスラビアを徹底的に痛めつけようという考えはなかった。NATOの爆撃機はユーゴスラビアにある経済・政治の拠点を限定的に攻撃しつつ、一般市民を殺さないよう最大の注意を払っており、この空爆では約五〇〇人の市民が殺されただけだ。[65] ここではミロシェビッチが爆撃の被害がこれ以上拡大しないよう自国民から圧力をかけられてNATOへの抵抗を諦めたという証拠は全く見当たらない。

ミロシェビッチがNATOの要求に屈することを決断した背景にはさまざまな理由がある。度重《たびかさ》なる爆撃による被害は、確かに重要な理由のうちの一つであろう。しかしその他にも理由が二つある。まず、NATOが地上からの大規模な侵攻作戦を準備し始めたことである。この年の五月末頃に、クリントン政権はミロシェビッチに対し、降服しなければコソボにNATOの地上部隊を展開することをロシアを通じて伝えていた。二つ目は、ユーゴスラビアの主要同盟国であり、NATOの介入に激しく反対していたロシアが、六月初めに事実上NATO支持に回り、ミロシェビッチに対してただちに紛争を終わらせるよう圧力をかけていたことである。同時に、NATO側も新しい和解条件を持ちかけ、要求を少し軟化させた。ここでは爆撃作戦が重要な役割を果たしたかのように見えるが、NATOのユーゴスラビアに対する勝利は、単純に爆撃だけでもたらされたものではない。

これらの一四のケースから、戦略爆撃の有効性に関する以下のような結論が導き出される。まず、「戦略爆撃だけでは敵を降服させることはできない」ということである。どの大国（とその同盟国）も、空軍の力のみで戦争に勝とうとしたことはない。NATOのケースでさえ、ミロシェビッチに対して地上部隊による侵攻をちらつかせることによって、ようやく屈服させることができたのである。その他の一三のケースでは、戦略爆撃は初めからランドパワーとともに行使されていた。これらの史実は、戦略爆撃だけに頼ることが全く無駄であることを示している。過去に行われた爆撃の例から考えると、戦略爆撃は他の大国を降服させることができるほど戦争の結果に著しい影響を及ぼした証拠がほとんどないのだ。ランドパワーが併用された場合でも、戦略爆撃が実際に戦争の結果を左右するのに大きな役割を果たした例は一度しかない。つまり、戦略爆撃は単独で強制を行うことができないのである。

一四のケースのうち、大国が戦略爆撃を行って戦争に勝った九つのケースを考えてみればよくわかる。そのうちの三つのケースでは、勝った側の大国は相手を地上で打ち負かさなければならなかった。イタリア対エチオピア、連合国対ナチス・ドイツ、アメリカ対イラクのケースである。その他のケースでは、大国は敵に対して戦略爆撃だけを行っている。その六つのうちの五つのケースでは、戦略爆撃は戦争の結果が出る際に補助的な役割しか果たせていない。アメリカ対日本、ソ連対フィンランド、アメリカ対北朝鮮、アメリカ対ベトナム（一九七二年）がこれに当てあまる。アメリカ対日本のケースでは海上封鎖が重要な役割を果たしたが、基本的にそれぞれのケースで勝利のカギを握っていたのは、ランドパワーだったのだ。

戦略爆撃による強制が成功して最も重要な役割を果たしたと言える唯一のケースが、コソボ紛争である。ところがこのケースも、エアーパワー単独の行使が有効であることにはならない。

二つ目の結論は、「戦略爆撃が敵の軍隊を弱めることはほとんどなく、地上攻撃の成功に重要な貢献をすることはほとんどない」ということである。第二次世界大戦中、大国がライバル大国との長期消耗戦を戦う際に、エアーパワーは補助的な役割しか果たしていない。大国が爆撃という強制力を行使しているのは、核兵器の時代に入ってからは小国を相手にした場合だけであり、大国同士の戦いでは使われていない。しかも小国が相手の場合でも、戦略爆撃は同じくらいの効果しか上げられていない。簡潔に言えば、爆撃で相手を降服させるのは困難なのである。

なぜ戦略爆撃は失敗するのか

戦略爆撃は、海上封鎖が常に失敗するのと同じ理由——一般市民は自国政府に反抗せず、敵から与えられた大きな損害にも耐えることができる——によって、なかなか成功しない。政治学者ロバート・ペイプ（Robert Pape）は、爆撃と人民蜂起についての歴史的事実を簡潔にまとめ、「エアーパワーの七五年間以上にわたる歴史の中には、敵国民の多くを攻撃もしくは脅迫することによって相手国家の態度を変えようとした記録が山ほどある。ところがこれらの記録から導き出されるまぎれもない結論は〝爆撃は国民の反乱の原因にはならない〟ということである……今まで行われた三〇以上の大規模な爆撃において、エアーパワーが群集を動かして政府に何かを要求させるようなことは一度も起こらなかった」と言っている。[*66] さらに、近代産業経済は、大規模な爆撃によって簡単に破壊できるような構造の弱いものではないことも挙げられる。アダム・スミスの言葉を言い換えると、大国の経済には破壊できるだけの余地がかなり多く残されていることになる。このような的《まと》を絞った戦略は、小国の場合ではさらに小さい産業基盤しか持たないため、ますます無効になってしまう。

では「斬首戦略」はどうであろうか？　すでに述べたように、これは一九九一年のイラク戦争で失敗している。この戦略はイラク以外にも三度ほど使われたが、その規模はあまりにも小さかったために、私は前項では触れていない。まず一例目が、アメリカがリビアの指導者ムアンマール・カダフィが住んでいたテントを一九八六年四月一四日に爆撃した事件である。この時にカダフィの若い娘が殺されたが、カダフィ自身は難を逃れている。その二年後にスコットランド上空で起きたパン・アメリカン航空一〇三便のテロリストによる爆破は、カダフィによるアメリカに対する報復だと広く信じられている。二度目の例は、ロシア軍がチェチェン反乱軍のリーダー、ジョハル・ドゥダーエフ（Dzhokhar Dudayev）を一九九六年四月二一日に爆撃で殺害した事件である。ロシアの狙いは、独立戦争を行っているチェチェン人に対し、クレムリン側にとって有利に調停できるよう強制することにあった。ところがチェチェン側はドゥダーエフの復讐を固く決意し、ロシア軍は一九九六年八月にはチェチェンからの撤退を余儀なくされることになった。三度目の例は、アメリカが一九九八年一二月にイラクに四日間の攻撃をした事件である。「砂漠の狐作戦」（Operation Desert Fox）と呼ばれるこの作戦は、またしてもサダムの首切りを狙っていたのだが、やはり失敗している。[*67]

「斬首戦略」というのは、非現実的な戦略である。[*68] ドゥダーエフの例はあるが、戦争をしている時に敵の政治指導者の居場所を突き止め、ピンポイントで殺害するのはかなり難しい。この戦略が成功したとしても、それを受け継いだ後継者による政策が、殺された前任者のものから大きく変化するわけでもない。この戦略の底にあるのは「敵の市民は本質的に善良であり、ただ単に悪いリーダーたちによってコントロールされているだけだ」というアメリカ独特の思い込みである。この思い込みに従えば、「悪いリーダーを排除すれば善の意思が勝利し、戦争は素早く終結する」ということになる。ところがこれは優秀な戦略とは言えない。特定のリーダーを殺しても、その側近たちが穴埋めをしないとは誰も保証できないからである。連合国側がヒトラーを殺すことができたとしても、ハーマン・ゲーリングやマルティン・ボーマンがその代わりをしただろうし、ヒトラーの時より状況が改善する保証は全くなかった。また、ヒトラーのような悪いリーダーは、むしろ一般民衆の支持を広く集めている場合が多い。彼らは国民の意志を体現しているだけでなく、戦争のような外部からの強力な脅威は、政治指導者と国民の結びつきを特に強くしてしまうことが多い。[*69]

また、国民から政治指導者を隔離する戦略もあるが、これもまた見当違いだ。政治指導者は国民と接触するためのチャンネルをいくつも持っており、それらを空軍によって一度に全部つぶし、長期間にわたって分断したままにしておくのは不可能だ。爆撃機は敵の通信手段にダメージを与えるのには向いているかも知れないが、新聞メディアを破壊するには向いていない。秘密警察やその他の国民抑圧のための機関を破壊するには全く不向きなのだ。戦時中に敵国の国民にクーデターを起こさせて友好的なリーダーを作るのは、ほぼ不可能に近い。

敵国の政治指導者と軍部を引き離すのも、これと同じくらい不可能である。この戦略の成功のカギを握るのは、戦場と政府首脳部の間にあるコミュニケーションのラインを分断することである。この戦略が失敗しやすい理由は二つある。まず、「国家のリーダーは、自国民と連絡をとるのと同じくらい軍部と多くのチャンネルを持っている」ということ。爆撃機がこれらのチャンネルをすべて同時に分断することはできないし、これを長期にわたって分断したままにしておくのはさらに不可能だ。二つ目が「このような問題が起こることを始めからわかっている指導者たちは、交信手段が途絶えた非常事態を見越して、適当な軍の指揮官に、あらかじめ統帥権の代理を頼んでおくことができる」という理由だ。冷戦の間、米ソ両方の超大国も、核兵器による破壊の恐れから、そのような不測の事態を見越して準備していたのである。

歴史の記録から明らかなのは、海上封鎖と戦略爆撃は大国間の戦争に影響を与えることはあるかも知れないが、戦争の最終結果を左右するほど決定的な役割を果たしたことはない、ということだ。主に大国戦争の勝敗を決めるのは「陸軍」であり、空軍と海軍はそれを補助する役割を果たすものなのである。ランドパワーは国家にとって最も強力な通常兵力だ。[*70] 実際のところ大国同士の戦争において、陸軍同士の地上戦で決着がつかなかった例はほとんどない。

陸軍の圧倒的な影響力

過去二〇〇年間に大国間の戦争は一〇回起こったが、そのうちの三回はすべての大国を巻き込む大戦争であった。フランス革命／ナポレオン戦争（一七九二〜一八一五年）、第一次世界大戦（一九一四〜一八年）、第二次世界大戦（一九三九〜四五年）である。特に第二次世界大戦の大きな特徴は、アジアとヨーロッパが戦場になったことである。

フランスは革命の直後から、オーストリア、プロイセン、ロシア、イギリスを含む、ヨーロッパの大国が結成していたさまざまな同盟に対して、二三年間も戦いを続けている。これらの戦いのほとんどは、海戦ではなく、陸軍同士の戦いによって決着がついている。一例が、有名なトラファルガーの海戦である。英海軍は一八〇五年一〇月二一日にフランスの艦隊を海戦で破ったが、これはウルムの戦いでナポレオンがオーストリアに対して大勝利をおさめた翌日のことであった。ところがイギリスの海戦における勝利はナポレオンの運命にほとんど影響を及ぼしていない。以降の二年間、ナポレオンの陸軍は数々の目覚しい勝利を達成している。ロシアとオーストリアをアウステルリッツの戦い（一八〇六年）で破り、プロイセンをイエナとアウエルシュタットの会戦（一八〇六年）で、フィンランドをフリートランドの戦いで破っているのだ。[*71]

イギリスはヨーロッパ大陸に対して海上封鎖を行い、ナポレオンはイギリスに対して海上封鎖を行った。ところがその両方とも、戦争の最終結果には大きな影響を与えなかった。イギリスは最終的にヨーロッパ大陸に陸軍を派兵し、スペインでナポレオン軍と戦わなければならなくなった。重要なのは、一八一二年にロシア軍がロシアの奥地でフランス軍を撃破したことが、ナポレオンの凋落《ちょうらく》の一番大きな原因になったということだ。

第一次世界大戦の勝利を決定した一番の要因は、ランドパワーのバランスであった。この戦争は東部戦線におけるロシアとドイツ、西部戦線におけるドイツと連合国（英仏米）の、陸軍同士の戦いによって決着がついた。ドイツは一九一七年一〇月に、東部戦線でロシア陸軍を崩壊させ、鮮やかな勝利をおさめている。ドイツは一九一八年春に西部戦線においても同じような手柄を上げるところだったが、英仏米の陸軍が戦線を持ちこたえたため、直後にドイツ陸軍が崩壊して、一九一八年一一月一一日に戦争が終結した。

戦略爆撃も戦争の最終結果にほとんど何の影響も与えていない。米英がドイツに対して行った海上封鎖は確かに勝利に貢献しているが、これも二次的な要素でしかない。のちに「ザ・グレート・ウォー」（The Great War）と呼ばれるようになったこの戦いは、主にヴェルダン、タンネンベルク、パッシェンデーレ、ソンムなどの残虐な戦場で死んだ、何万もの数にのぼる兵士たちによって決着がついたのである。

ヨーロッパにおける第二次世界大戦は、ライバル国家同士の陸軍と、それを補助する役割の空軍と海軍の間の戦いで決着がつけられた。ナチスのランドパワーは、ドイツの緒戦における迅速な勝利の唯一の要因であった。一九三九年九月のポーランドに対する勝利、一九四〇年五月から六月にかけてのフランスとイギリスに対する勝利、一九四一年六月から一二月にかけてのソ連に対する勝利である。ところが一九四二年初めになるとドイツ第三帝国には逆風が吹き始め、一九四五年五月にヒトラーは死に、彼の後継者たちは無条件降伏した。ドイツは東部戦線においてソ連赤軍に決定的な敗北をしており、ソ連側は八〇〇万人の兵士を失いながらも、ドイツ兵士の全戦死者のうち四人に三人はソ連兵によってもたらされることになったのだ。[*72] 英米の陸軍はドイツ国防軍を消耗させる手助けはしたが、ソ連の陸軍に比べればその貢献ははるかに小さかった。米英軍がフランスに上陸したのは一九四四年六月であり、それから一年もたたないうちに戦争が終わっているからだ。

連合国側がドイツに対して行った戦略爆撃は、陸上戦で勝敗がほぼ決定した一九四五年初めになるまで、ドイツ経済を弱体化できなかった。エアーパワーの力だけではドイツの産業基盤を破壊できず、ここでも連合国側の陸軍が第三帝国に迫ったことが最も大きな貢献をした。米英海軍はドイツに対して海上封鎖を行ったが、これも戦争の最終結果には小さな影響しか与えていない。ナチス・ドイツのような強大な大陸国家を倒す唯一の方法は、血みどろの地上戦で陸軍を叩いて征服することなのだ。海上封鎖と戦略爆撃はある程度効果があるかも知れないが、せいぜい二次的な役割しか果たせない。

アメリカ人は一九四一年一二月七日にハワイの真珠湾が攻撃された瞬間からアジアでの第二次世界大戦が始まったと考えがちだが、実は一九三一年から日本はアジアで戦争をしており、アメリカとの戦争に突入する以前に満州、中国北部の大半、インドシナ半島の一部を征服していた。日本軍は真珠湾攻撃の直後に東南アジアのほとんどを征服し、太平洋の西側半分の大部分の島々を征服した。日本海軍は陸軍を海上輸送して戦場に送り込む役割を果たしたが、主に征服を行ったのは陸軍である。日本は中国に対して戦略爆撃を行っているが、これは完全な失敗だった。また、日本は一九三八年から一九四二年にかけて、中国と外の世界とのアクセスを遮断し、中国に流れ込む武器や物資の流れを激減させることを目的とした海上封鎖を行っている。それでも中国の陸軍は戦線を維持し、日本には降服していない。[*73] 第二次世界大戦における日本の軍事的成功のカギは、ランドパワーにあったのである。

日本にとって流れが変わったのは、米海軍が日本海軍に対してミッドウェイの海戦で目覚しい勝利を上げた一九四二年六月である。以降の三年間、日本は長期化した二正面戦争で国力を疲弊し、一九四五年八月にポツダム宣言を受諾して無条件降服した。ランドパワーは日本の敗戦において決定的な役割を果たした。しかしこの戦争においては、米海軍による日本本土の海上封鎖も決定的な要素となっている。広島や長崎を含む日本に対する爆撃は、標的となった都市には莫大な損害を与えたが、日本の敗戦決定においては二次的な役割しか果たしていない。これは近代に行われた大国間戦争において、ランドパワー単独の力で戦争の結果が決まらず、エアーパワーやシーパワーのような強制手段が補助的な役割以上の働きをした、唯一の例である。

過去二〇〇年の大国間戦争は、この他に七つある。クリミア戦争（一八五三～五六年）、イタリア統一戦争（一八五九年）、普墺戦争（一八六六年）、普仏戦争（一八七〇～七一年）、日露戦争（一九〇四～〇五年）、ロシア内戦（一九一八～二一年）、そしてソ連と日本の戦争（ノモンハン事件：一九三九年）である。これらの戦闘では戦略爆撃は一回も使われておらず、日露戦争の場合は海戦の面を強く持っていたが、両国とも海上封鎖は行っていない（訳註：日本軍は旅順港で海上封鎖を行おうとしたが失敗している）。この戦争で両国の海軍は、主に海の支配権をめぐって戦った。この事実は重要である。なぜなら海の支配を確立した方がランドパワーを戦闘地域まで機動させることができ、有利に立てるからだ。[*74] これらの七つの戦いはすべて、陸軍同士の戦場における戦いで決着がついている。

また、もし冷戦の間に大規模な紛争が起こっていたと仮定すれば、その戦闘の大部分はNATOとワルシャワ条約機構の陸軍が衝突する、陸上の最前線で決着がついていたはずである。空軍が戦術的に陸軍を補助するために使われたら、地上での戦闘に多少の影響を与えることはできただろう。それでもその戦争の大部分は「陸軍同士が敵に対してどれだけ良い働きができるか」で決着がついたはずだ。この戦いでは戦略爆撃は使われなかったはずである。核兵器の登場によって、戦略爆撃自体が無意味になっていたからだ。NATOの連合軍が自分たちの立場を優位にするために海軍力を使う可能性も少なかった。ソ連は第二次世界大戦の時の日本ほど海上封鎖に弱かったわけではない。[*75] ソ連の潜水艦が大西洋の交易・通商線を遮断する可能性もあったが、ドイツが両大戦で失敗したように、ソ連が失敗しそうなことは目に見えていた。ナポレオン時代のフランス、ヴィルヘルム皇帝時代のドイツ、そしてナチス・ドイツのケースのように、ソ連とアメリカの覇権戦争は、地上の陸軍同士の衝突で決着がつけられていたはずだ。

❖水の制止力

ランドパワーの要素の中でも特に重要なものがある。それは「水(=海、湖など)はどれだけの大きさになると陸軍の戦力投射能力(機動力)を制限し始めるのか」ということである。海を越えて地上部隊を友好国へと運搬する場合、海軍にとって水はそれほど深刻な障害とはならない。ところが海軍が敵の大国によって堅く守られ支配されている土地へ地上部隊を運ぶとなると、水はかなり厳しい障害物になる。海上から侵略してくる部隊を押し戻せる強力な地上部隊を持つ大国に対して上陸作戦を行うことは、非常に困難である。一般的に、大国にとっては互いに接している国境に向かって地上攻撃をする方がはるかに簡単である。ところが守りの堅い敵に対して海を越えて攻撃しなければならない陸軍は、必然的に敵を攻撃する能力が低下してしまうのだ。

水はなぜ陸軍の侵攻を遮断するのか

海軍が上陸作戦を行う際に直面する基本的な問題は「海軍が一度に運搬して上陸できる部隊の数と火力の強さには限界がある」という点にある。[*76] 海軍にとって、敵の防衛部隊を圧倒できるほどの強力な攻撃部隊を、敵の沿岸に侵入させるのは難しい。帆船の時代から産業革命以降の時代まで、この問題はさまざまな形で現れてきている。[*77]

船を風で動かしていた一八五〇年代以前では、海軍は陸軍よりもはるかに大きな機動力を持っていた。陸軍は山、森、沼、砂漠などの障害を切り抜けなければならなかっただけでなく、整備された道もなく、鉄道や自動車のような乗り物もなかった。地上を行く陸軍は動きが遅く、海からの侵略者に対して沿岸線を防御するのが非常に困難だった。反対に、海を支配する海軍は水面上を素早く移動でき、敵部隊が海岸堡へ到着して上陸を防ぐ準備をする前に先回りして、味方の部隊を敵の沿岸に上陸させることができた。帆船時代には上陸作戦を行うのが比較的簡単だったことから、大国は互いの直轄地《ちょっかつち》で上陸作戦を行うことはめったになく、敵国の守りの薄い場所を選んで上陸していた。国家システムが始まった一六四八年から蒸気船が帆船に代わり始めた一九世紀半ば頃まで、ヨーロッパにおいて（上陸直後から激しい戦闘が行われる）水陸両用強襲が行われたことは一度もない。

このように敵地に上陸するのは比較的簡単だったにもかかわらず、大規模な軍隊を上陸させてそれを援護することは、海軍にとっては長年にわたって不可能なことだった。帆船の運搬能力は限られており、敵地に侵入した部隊をサポートする補給作業を行えなかったからである。[*78] 海軍は応援部隊の輸送や、必要な補給を素早く行うこともできなかった。さらに、敵の陸軍は自国の領内では有利であるため、最終的には上陸部隊を追撃して戦闘で勝つ確率が高かった。この結果、帆船時代のヨーロッパの大国が、敵領内や敵の支配下にある土地で比較的抵抗にあわずに敵地内部に侵入する上陸作戦を行った例は、驚くほど少ない。実際、ヨーロッパ諸国はナポレオン戦争が始まる一七九二年までの二〇〇年間にわたって互いに戦争に明け暮れていたにもかかわらず、上陸作戦は一度も行われていない。[*79] 帆船時代にヨーロッパで上陸作戦が行われたのは二回だけである。一回目がイギリスとロシアが共同して行ったオランダへの上陸（一七九九年）であり、二回目はイギリスのポルトガルへの侵略（一八〇八年）であるが、いずれも上陸した側が負けている。

一九世紀の戦争における工業化は、大規模な上陸侵攻作戦を可能にしたが、依然として守りの堅い敵に対して上陸を行うのは難しかった。[*80] 侵略する側にしてみれば、蒸気機関によって帆船時代より海軍の輸送能力が高まったことは歓迎すべき発展だった。海軍は季節風のパターンに影響を受けなくて済むようになり、蒸気機関によって機動する海軍は、帆船時代よりも数多くの部隊を敵の浜に上陸させ、長期にわたって支援することも可能になった。一八四五年にパーマストン卿（Load Palmerston）は「蒸気機関による航行は、軍隊には越えられなかったもの（イギリス海峡）を、蒸気の橋によって越えられる、単なる川にしてしまった」と警告している。[*81]

ところがパーマストン卿は、他のテクノロジーの発達が上陸部隊にとって不利な状況を作ったことを無視しており、イギリスが侵略される脅威を誇張していた。特に航空機、潜水艦、機雷の発達は、敵を岸に近づきにくくし、航空機と鉄道（後には舗装道路やトラック、戦車）の発明は、敵の上陸部隊が岸に上陸した後の行動をさらに困難にしたのである。

一九世紀中頃から欧米で広まり始めた鉄道は、普墺戦争（一八六六年）、普仏戦争（一八七〇〜七一年）などのドイツ統一のために行われた戦争や、アメリカの南北戦争（一八六一〜六五年）において、特に重要な役割を果たしている。[*82] ところが上陸部隊は洋上を航行するものであるため、鉄道の発達からはほとんど恩恵を受けていない。それに上陸部隊は鉄道を運搬することができず、敵の鉄道を奪って使用するのも短期間では難しい。ところが鉄道は、敵の上陸地点やその付近に急速に大部隊を集結させることを可能にし、迎え撃つ側の地上部隊の能力を飛躍的に高めた。また、鉄道によって輸送される陸軍は、行軍の無用な疲労を避けて、戦備を最高度の状態に維持しながら戦場に到達することができるようになった。さらに鉄道は、上陸してきた部隊との戦いに没頭する地上部隊を後方から支援できるようにした。同じ理由で、一九〇〇年代初期から発達した舗装道路や車の自動・機械化は、海からの侵略者に対する地上部隊の有利な立場をさらに高めたのである。

航空機が戦闘に初めて使用されたのは一九一〇年代だが、海軍が上陸作戦を援護できるような空母を作り始めるのは一九二〇〜三〇年代になってからで、[83]しかも、エアーパワーは上陸を行う側よりも、領土を守る側に大きな利益を与えることになった。なぜなら空母よりも地上の航空基地の方が、航空機を数多く置いておくことができるからだ。[84]「領土国家」は、それ自体が無限の数の航空機を備えられる「巨大な空母」のようなものであり、それに対して本物の空母には限られた数の航空機しか収容できない。領土国家は、侵略者の上陸部隊が制空権を握って岸に上がろうとする場所や、岸に上がろうとする前の地点から攻撃を浴びせることができるのである。上陸する側の部隊は、地上に飛行場を確保し、航空機を使えれば、この問題を改善することができる。一九四四年六月のノルマンディー上陸作戦に参加した上陸部隊は、イギリスに配備された航空機に大きく頼っていた。

また、地上に基地を持つ航空部隊は、敵国の海軍を沈める能力も持つ。自国の海軍を圧倒的な航空部隊を持つ大国の沿岸近くへ配備することは、実際はかなり危険だ。たとえば一九四二年三月から一二月にかけて、連合国側の護送船団は、イギリスやアイスランドの港とソ連の港のムルマンスクの間を、ノルウェイ沖の海路を使って行き来していたが、この航路の周辺にはかなりの数のドイツの航空部隊が配備されており、その周辺地域でドイツのエアーパワーの力が相当落ちた一九四二年の後半まで、連合国の護送船団を沈没させるなどして大損害を与え続けていた。[85]海軍が海の支配を確立していても、制空権を握らないことには敵国の領土のそばに近づくことさえできないのだ。地上に基地を持つ航空部隊はたいていの場合、洋上の航空部隊の数をはるかに上回るので、洋上の航空部隊側が空母だけで制空権を達成するのは難しい。

潜水艦は第一次世界大戦時に初めて登場したが、主にドイツが連合国側のイギリスや大西洋周辺の船舶を攻撃する際に使われた。[*86] ドイツの潜水艦攻撃は失敗に終わったが、大規模な潜水艦部隊を使えば無防備な商船を比較的簡単に破壊できることを証明した。またドイツの潜水艦部隊は、イギリスの強力な水上艦隊に深刻な危機をもたらし、英海軍は北海で独海軍とイタチごっこを繰り返すことになった。英艦隊の司令官たちは常にドイツの潜水艦に悩まされており、自国の港にいる時でさえ恐怖におびえていた。最も恐れていたのは、潜水艦が潜んでいる可能性のある、北海やドイツ沿岸を航行する時だった。海軍史家ポール・ハルパーン（Paul Halpern）は、「北海は潜水艦による脅威が高まったことにより、大きな船にとってはまるで敵同士の塹壕《ざんごう》が向かい合う間に存在する、中間地帯《ノーマンズ・ランド》の如きものとなった。ここをあえて通らなければならないとしたら、それは特別な任務を遂行する時だけであった」と書いている。[*87] 水上艦船が受ける潜水艦の脅威は、敵沿岸への上陸のことしか考えていない海軍にとってはかなり重大な障害になる。特に圧倒的な潜水艦を持つ国は、沿岸にたどり着く前や、上陸作戦を終えた後の敵の海軍のほとんどを沈めることができ、上陸した部隊を浜で立ち往生させることもできる。

最後は機雷である。これは水中にしかけられ、通過した船が触ると爆発するもので、これによって領土国家への海からの侵略はますます困難になった。[*88] 海軍が機雷を効果的に使ったのはアメリカの南北戦争からであるが、大規模に使われたのは第一次世界大戦が最初である。参戦国は一九一四年から一九一九年の間に二四万個ほどの機雷を設置し、戦争の結果にもかなり影響を与えた。[*89] 艦船が、機雷が集中的に設置されている海域を無傷で通過することはまず不可能になったからだ。機雷海域はまず最初に掃討されなければならないわけで、しかもこの作業を戦時中に行うのは難しく、ほぼ不可能になることも多い。機雷は領土国家が海からの侵入を防ぐためには効果的だ。たとえばイラクは湾岸戦争で、アメリカとその同盟国側が侵攻のための戦力を集結させている時にクウェート沖に機雷をしかけた。一九九一年二月二四日に地上戦は始まったが、機雷のために、米海兵隊はクウェートの浜辺への襲撃を開始できず、洋上の船で待機せざるを得なかった。[*90]

しかし、大国が支配している陸に対して上陸作戦を行うのは確かに難しいが、それでも全く不可能というわけではない。壊滅的な敗戦を迎えようとしている大国に対しての場合、上陸作戦は成功しやすい。その大国は、すでに自国を守る力をほとんど持っていないからだ。上陸作戦が広大な領土を持つ大国に対して行われる場合でも成功する可能性は高い。広大な領土を持つ国は、必然的に守りを分散させなければならないからだ。もし守る側が軍備をあまりに薄く広げていれば、攻撃側は反撃をほとんど受けずに上陸することも可能だ。守る側が二正面戦争を行っていれば、さらに簡単になる。二正面戦争の場合は、本来は上陸を防ぐことに当てられる一定数の部隊が、上陸攻撃が予想される地点よりはるか向こうの戦線で釘付けになっている場合が多いからだ。[*91] すべての場合において「上陸を行う側は、上陸地点上空の空域を完全に支配しておかなければならない」ということが言える。空軍は上空から上陸部隊を支援でき、敵の援軍が海岸堡まで到達するのを妨害できるからである。[*92]

一方、守る側の大国が上陸部隊に対してかなりの規模の軍事力を集中させてくると、上陸部隊が大きな損害を受ける確率は飛躍的に高くなる。歴史を見ればわかるとおり、大国に対して上陸作戦が行われたのは、以上に述べたような特殊な状況が当てはまった場合のみである。強力な敵の地上部隊に対して海からの攻撃が行われるのは、極めて珍しいのだ。

上陸作戦の歴史

海からの侵略の歴史を振り返って見ればわかるように、水の制止力を証明する証拠は多い。大国によって固く守られている土地に対し、別の大国が上陸作戦を行った例は存在しないのだ。第一次世界大戦前に、イギリスの海軍士官たちが「ヨーロッパで大戦が起こった際には、手始めにドイツを海から侵攻する」という計画について議論をしたことがあるが、[93]このアイディアは軍事戦略家や政治家には自殺行為であると考えられていた。一九一一年にコーベットは「敵の艦隊を倒したとしても、敵にはあまり損害は与えられないだろう。敵地に侵攻する道は開けるかも知れないが、ヨーロッパ大陸のどの大国も我々が無理やり行おうとしている侵攻をあざけ笑うはずだ」と書いており、これは当時の主流な考え方を明らかに代弁している。[94]ドイツの宰相オットー・フォン・ビスマルクも、イギリス軍がドイツの沿岸に上陸してきたらどう対応するのかと聞かれ、「その地域担当の警察に逮捕させるさ！」と返答したと伝えられている。[95]イギリスはドイツへの侵略を本気で考えていたわけではないが、第一次世界大戦では陸軍をフランスに派兵し、フランス軍とともに西部戦線に駐留させている。イギリスは一九三九年九月一日にドイツがポーランドへ侵攻した時も同じような戦略を実行した。

冷戦期を通じ、アメリカとその同盟国たちは、ソ連に対して上陸作戦を行おうとは一度も本気で考えなかった。[96]アメリカ政府は、冷戦中から「ソ連の陸軍が西ヨーロッパを侵略して征服した場合、米英の陸軍がヨーロッパを取り返すために第二のノルマンディー上陸作戦を行うのはほぼ不可能だ」ということに気づいていた。[97]ソ連が二正面戦争に突入することはあり得ないから、結果的にソ連はほぼすべての精鋭部隊をフランス沿岸に集中させてくることになる。ソ連は、上陸してくる部隊に対して強力な空軍を使うことも可能であった。

近代史の中で、大国の支配する領土への上陸作戦のほとんどは、すでに述べたような特別な状況の下でのみ実行されている。英海軍はフランス革命とナポレオン戦争の時代（一七九二～一八一五年）に、フランスが統治していた領土に対して「水陸両用上陸」（amphibious landing）を二度、「強襲」（amphibious assault）を一度行っている。水陸両用強襲の方は成功したが、水陸両用上陸は結局二回とも失敗している。

イギリスとロシアは、一七九九年八月二七日にフランス支配下にあったオランダに対し「水陸両用上陸」を行った。[*98] 狙いは、中欧ですでにオーストリアやロシアの陸軍にかかり切りになっていたフランスを、二正面戦争に追い込むことにあった。英露軍がオランダに上陸して、二つ目の戦線を開こうとした直後に、フランスは中欧の戦線で重要な勝利をおさめた。オーストリアはその直後に戦線離脱し、フランスは装備や補給が始めから整っていなかった英露の上陸軍に対して軍事力を集中できることになった。英露陸軍は大敗北を避けるため、オランダの港から脱出しようとした。ところが逃げ切ることができず、上陸から二カ月もたたない一七九九年一〇月一八日にフランス陸軍によって降服させられてしまった。

二度目の「水陸両用上陸」は一八〇八年八月にポルトガル沿岸で行われたが、フランスの軍隊は隣国のスペインとの戦闘に没頭していた。[*99] 当時のポルトガルは小規模なフランスの一部隊によって支配されていただけだったので、イギリスに友好的だったポルトガルの兵士が統治していた細長い沿岸に上陸することは不可能ではなかった。イギリスの上陸軍はポルトガルからフランス軍を追い出し、それからスペインに入り、イベリア半島駐留のフランス主力軍と対決しようと計画していた。ところが英軍はナポレオン軍に徹底的に打ちのめされ、上陸から六カ月後の一八〇九年一月にスペインから海へ脱出しなければならなくなった。[*100] この二つのケースとも、初めはフランスの主力軍が別の場所で戦っていたため、上陸側は上陸地点が敵地にあるにもかかわらず、安全な上陸場所を確保できている。ところが上陸した部隊がフランスの主力軍と対決することになると、彼らは急いで浜辺へと引き返している。

イギリス軍は一八〇一年三月八日にエジプトのアブキール湾で、フランス軍に対して「水陸両用強襲」をしかけている。ここを守っていたのは、ナポレオンが一七九八年夏にフランスから率いて来た陸軍の残存部隊だった。[*101] 英軍はこの部隊のヨーロッパとのコミュニケーション(補給・伝達・交通)のラインを遮断し、最終的にはこの部隊を壊滅させている。ナポレオンは戦略的に不利な状況がヨーロッパで起こっていることを察知し、一七九八年八月にはフランスへひそかに帰国していた。一八〇一年にイギリスがエジプトを攻撃した頃には、同じ場所に三年間も居座ってワインを飲み続けていた仏軍の規律は乱れに乱れており、とても戦闘で戦えるような状態ではなかった。加えて、彼らは特に無能な指揮官によって統率されていた。仏軍にはアブキールの浜辺を必死に守ろうとする意志がなく、戦いでも大した働きができないまま、一八〇一年九月二日に降服している。

クリミア戦争（一八五三〜五六年）は近代史の中で、大国が他の大国の本土を海から侵略した例の一つ（もう一つの例は一九四三年七月の連合国によるシチリア侵攻）である。一八五四年九月、約五万三〇〇〇人の英仏軍は、ロシアの領土の端にあって黒海に張り出すクリミア半島に上陸した。[*102] 狙いは四万五〇〇〇人ほどの兵に守られているセヴァストーポリのロシア海軍基地を制圧し、ロシアの黒海支配の野望を阻止することであった。[*103] この時に行われたのは「水陸両用上陸」であり、「水陸両用強襲」ではない。英仏連合軍は、セヴァストーポリの北約五〇マイル（八〇キロメートル）の岸辺に上陸したが、海岸堡を築いて内陸に移動し始めるまで、ロシア軍の激しい抵抗には全く遭遇《そうぐう》していない。セヴァストーポリは一八五五年九月に陥落《かんらく》し、ロシアはその後間もなく戦争に負け、一八五六年初めにパリで和平条約に合意している。

クリミア戦争にはいくつもの例外的な状況が重なっている。第一に、英仏が地理的に大きく二つに分かれた場所（バルト海と黒海）からロシアを威嚇《いかく》した点だ。バルト海はロシアの主要都市に近く、黒海ははるかに遠かったため、ロシアは陸軍のほとんどをバルト海側に配備していた。英仏軍がクリミア半島に上陸した時も、バルト海付近に配備されていたロシア軍にはまだ動員命令が出されていなかった。第二に、クリミアに派遣される可能性のあったロシア軍の部隊は、オーストリア軍によってポーランドが攻撃される可能性があったため、その場に釘付けにされて動けなかった点だ。第三に、一九世紀中頃のロシアの通信手段と交通網は充分に発達しておらず、セヴァストーポリ周辺の部隊に補給を行うのが非常に困難だった点である。プロイセンがオーストリア（一八六六年）やフランス（一八七〇〜七一年）に勝利した時の立役者となったヘルムート・フォン・モルトケ参謀長は、「もしロシアが一八五六年にセヴァストーポリへ鉄道を敷いていたら、戦争の結果は全く違ったものになっていただろう」と述べている[*104]。その他にも、イギリスとフランスがクリミア半島については限定された目的しか持っていなかったことが挙げられる。彼らはそこを足場にして勢力を拡大しようと考えていたわけではなく、北上してロシアを徹底的に敗北させようとしていたわけでもない。英仏連合軍がバルト海側から上陸部隊を強襲させれば、ロシアは決定的に敗北したかも知れないが、ロシア側はバルト海一帯に充分な兵力を維持し、そのような攻撃を牽制《けんせい》する姿勢をとっていたのである。

第一次世界大戦では、ドイツやその他の大国に対して海からの侵略が行われたことは一度もない。この戦争での唯一の大規模な上陸作戦と言えば、大失敗に終わったガリポリ上陸作戦である[*105]。英仏連合軍は、黒海へのアクセスを得るために重要な、トルコの一部であるガリポリ半島を占領しようとした。トルコは大国ではなかったが、ドイツと同盟関係（この時ドイツはトルコと一緒には戦わなかったが）にあった。ところがトルコは英仏連合軍の攻撃を海岸堡で封じ込め、最終的には彼らを海へと撤退させている。

第二次世界大戦では大国が支配している領土に対して、数多くの上陸作戦が行われた。ヨーロッパにおいては、米英軍が五回ほど大規模な強襲作戦を行っている[*106]。連合軍は一九四三年七月にシチリア島へ、そしてイタリアが戦争の放棄を認めた直後の一九四三年九月にイタリア本土へ侵攻している[*107]。この二つの侵攻は成功している。連合国軍は南イタリアを占領後の一九四四年一月に、アンツィオに対して大規模な侵攻を行っているが[*108]、狙いはドイツとの前線の約五五マイル（八八キロメートル）後方に大部隊を上陸させ、ドイツ陸軍の側面を突くことにあった。確かに上陸自体はうまくいったが、内陸へ進む作戦の方は失敗に終わった。ドイツ国防軍は上陸してきた連合国軍の部隊を上陸地点付近で釘付《くぎづ》けにし、残存部隊が北方のローマに向かって撤退しきるまで、その場に残って戦い続けたのである。この他の二つの侵攻、つまり一九四四年六月のノルマンディー上陸作戦と一九四四年八月の南フランスへの上陸作戦は、フランスを占領していたドイツ軍に対して行われている。この二つの作戦は成功しており、ナチス・ドイツの崩壊に大きく貢献した。[*109]

アンツィオのケースは例外だが、他の四つの水陸両用強襲は成功であった。連合軍側が圧倒的なエアーパワーを示し、上陸する部隊が上空からの砲撃により直接支援を受けられたからである。また連合国側のエアーパワーは、ドイツの援軍が上陸地点へ集結してくるのを防ぐためにも使われ、連合国側はドイツ国防軍の主力部隊と対決するまで、態勢を整え直すための時間かせぎをすることができた。この三つの侵攻が起こった当時、ドイツはイタリアとフランスを占領して守っており、しかも東側で二つ目の戦線を開いたために、ほとんどの部隊は東部戦線に釘付けになっていた。[*110] イタリアとフランスに駐留しているドイツ軍は長い沿岸地帯を守らねばならず、防御網を拡散しすぎており、連合国側の行った特定地域の沿岸に集中する形の水陸両用強襲には弱かった。ドイツ国防軍がフランス上空を支配していてソ連と戦争をしていなければ、連合国側はノルマンディーのような上陸作戦を行うことを考えもしなかっただろう。

アンツィオでの上陸が成功したのも同じ要因による。つまり圧倒的な制空権と、上陸地点におけるドイツ軍側の抵抗の少なさであった。ところが連合国側は最初に得たこの有利な状況を活用して成功につなげることができなかった。海岸堡から内陸に向け進軍するのが遅かっただけでなく、連合国の空軍はドイツ国防軍の強力な部隊が上陸地点に向かってくるのを防ぎ切れず、上陸部隊はその場に封じ込められてしまった。連合国側は最初に上陸した部隊に対して援軍を送っていない。アンツィオの作戦はイタリア戦線全体の結果に影響を与えるほど重大なものだとは思われていなかったからだ。

第二次世界大戦の太平洋戦線において行われた上陸作戦は、二つのタイプに区別できる。真珠湾攻撃直後の六カ月間で、日本は西太平洋において五〇回ほどの「水陸両用上陸」および「水陸両用強襲」を行い、主にイギリスやアメリカの部隊によって守られていた領土を攻撃した。[*111] ターゲットは、マレーシア、英国領ボルネオ、香港、フィリピン、ティモール、ジャワ、スマトラ、ニューギニアなどである。これらの上陸作戦のほとんどが成功しており、一九四二年中頃には日本は広大な海洋帝国になっていた。日本の上陸作戦の成功は、前述した特別な状況があったために可能だった。日本の航空部隊はこの地域で制空権を完全に握っており、弱くて孤立していた連合国軍にとって、距離の長い海岸線を守るのは不可能だったからだ。[*112]

アメリカ軍は第二次世界大戦中に日本が支配していた太平洋の島々に対し、上陸作戦による侵攻を五二回行っている。[*113] これらの作戦は、日本が戦争初期に築いた海洋帝国を破壊するために絶対不可欠だった。アメリカが行ったいくつかの侵攻はスケール的に小さいものであり、多くの場合はほとんど抵抗を受けずに上陸できている。ところが上陸部隊が内陸に侵入して日本軍の強い抵抗にあった沖縄のようなケースでは、戦いは熾烈《しれつ》を極めた。タラワ、サイパン、硫黄島などでは、防御の固い浜辺に対し、海上から大規模な攻撃が行われた。これらの海上からの侵攻はほとんど成功したが、勝利のために支払った代償はかなり高かった。

アメリカの上陸作戦の成功率が高かった理由の一つには、アメリカが空の支配において優位に立っていたことが挙げられる。「アメリカ戦略爆撃調査書」(U.S. Strategic Bombing Survey) には「我々の上陸作戦は、作戦が行われる前に目的の地域上空の支配が常に確立されていたために成功した」と記されている。[*114] 空の支配とは、単に侵攻する側の米軍が上空からの直接支援を受けることができた (日本はほとんど支援を受けられなかった) ことだけでなく、太平洋一帯に広がる大日本帝国領土の外辺部にある特定の島々に軍事力を集中させることにより、日本がその前線基地へ行う補給と援軍の流れを遮断することも意味した。[*115] 同調査書も「これによって、外辺部の防御点は段々と孤立していき、支援を受けられない守備隊は破滅の道をたどっていった」と記している。[*116] 日本はすでに二正面戦争を行っており、太平洋の島々には少数の部隊しか割り当てられず、残りの大部分はアジア本土と日本国内に配備されていた。

最後に、アメリカが第二次世界大戦の終わった一九四五年八月に日本を侵略する計画を立てていたことにも注目しておかなければならない。もし日本が降服しなかった場合、アメリカの上陸部隊が日本本土を総攻撃して成功するのはほぼ確実だった。

アメリカ軍による日本上陸作戦は、一九四五年の末頃までには実現可能になっていたはずだ。日本という大国は崩壊寸前であり、強襲部隊は日本にとどめの一撃を与えることができただろう。一九四二年六月のミッドウェイ海戦から四五年六月の沖縄占領までの間に、アメリカ軍は太平洋の日本軍を壊滅させていた。[*117] 一九四五年夏頃までには日本の太平洋植民地は崩壊しており、以前は圧倒的な力を誇っていた海軍も、アメリカの軍事力に対してほとんど太刀打ちできなかった。[*118] 第二次世界大戦開始の時点でアメリカ経済の八分の一の規模しかなかった日本経済は、一九四五年春にはほぼ壊滅状態であった。さらに日本の航空部隊は一九四五年夏の時点で海軍同様に崩壊しており、アメリカの航空機は日本上空を支配することになった。日本が本土防衛のための最後の手段として持っていたのは陸軍だけだったが、幸運の女神はアメリカに微笑みかけていた。日本の地上部隊の半分以上はアジア本土から抜け出せず、アメリカの侵攻に抵抗できる状態にはなかったからだ。[*119] 簡潔に言えば、一九四五年夏の時点の日本は、名ばかりの「大国」であり、アメリカ軍は自国の政治家に、日本侵攻作戦への同意を取り付けることも可能になっていたほどだ。それでもアメリカ政府は日本本土に上陸して攻撃を行うことは極力避けていた。膨大な数の戦死者が出ることを恐れていたからである。[*120]

大陸の大国 対 島の大国

海から大国の領土を攻撃するのは、陸からの侵攻と比べてはるかに困難であるが、このことを歴史はもう一つ別の面から示している。世界の国々は「島国家」（insular states）と「大陸国家」（continental states）の二つに分類することができるからだ。島国家とは、全方位を水に囲まれている大きな島の上にある、唯一の大国のことだ。もちろん他の場所には他の大国も存在するが、それらとは海で隔《へだ》てられている。島国家のわかりやすい例がイギリスと日本である。この二国は大きな島を、たった一つの国家で占有しているからだ。また、アメリカも島国家である。アメリカは西半球の（訳注：南北アメリカ大陸という長い〝島〟の上にある）唯一の大国だからである。一方、大陸国家とは、大きな陸の上に一つ以上ある大国のことを言う。最もわかりやすい例が、フランス、ドイツ、ロシアである。

「島大国」(insular great powers) は戦争になった場合、常に海側から攻撃されることになるが、「大陸大国」(continental great powers) は陸だけに囲まれているのでなければ、海と陸の両方から敵国に攻撃される。[*121] 水の制止力を考えれば、島国家は大陸国家に比べて攻撃されにくく、大陸国家の場合は海からよりも陸から侵攻される方がはるかに多い。

一九四五年に至るまで、イギリスは四〇〇年以上も大国として存在し続け、数え切れないほどの戦争を戦ってきた。この長い歴史の中で、イギリスはたったの一度も侵略されたことがない。[*122] 敵国がイギリス海峡を越えて侵攻すると脅してきたことはあるが、実際に相手が揚陸船を使って侵攻してきたことはない。スペインは一五八八年にイギリス侵攻を企んでいるが、同じ年にスペインの無敵艦隊がイギリス沖で敗れたため、陸軍を乗せてイギリス海峡を越えるはずだった海軍が消滅してしまっていた。[*123] ナポレオンとヒトラーはそれぞれイギリス侵攻を企んでいたが、二人ともそれを実行するまでには至っていない。[*124]

同様に、アメリカも一八九八年に大国になってから一度も外敵に侵略されたことがない。[*125] 一八一二年の戦争の時、イギリスは何度も大規模な侵攻をアメリカの領土に向けてしかけ、メキシコは一八四六年から四八年まで続いた戦争でテキサスを攻撃している。これらの紛争はアメリカが大国の地位を得る以前に行われたものであり、しかもその当時でさえ、イギリスもメキシコもアメリカを本気で侵略すると脅していたわけではない。[*126] 重要なのは、アメリカが一九世紀の末に大国になってから、一度も侵略の危機にさらされたことがないという事実である。アメリカはおそらく歴史上最も安全だった大国であり、その主な理由は、世界にある他の大国から二つの大きな外堀——大西洋と太平洋——によって隔《へだ》てられていたことにある。

フランスとロシアに目を向けると、その事情がかなり違うことがわかる。フランスは一七九二年から敵軍に七回侵入されており、そのうち三回は敵に征服された。フランス革命からナポレオン戦争の期間（一七九二〜一八一五年）に、フランスは敵の軍隊に四回（一七九二、一七九三、一八一三、一八一五年）にわたって攻撃され、最後の攻撃ではナポレオンが決定的に敗北することになった。フランスは一八七〇から七一年にかけてプロイセンに侵略されて敗北し、一九一四年にはギリギリで敗北を免れたにもかかわらず、再びドイツに侵攻されている。ドイツは一九四〇年にまた攻撃を行い、フランスを占領している。これらの侵攻はすべて陸上から行われており、海から侵攻されたことはない。[*127]

もう一つの大陸国家であるロシアは、過去二〇〇年のうち五回侵攻されている。一八一二年にナポレオンはモスクワへ侵入し、フランスとイギリスは一八五四年にクリミア半島を攻撃している。ロシアは第一次世界大戦でドイツに侵攻され、決定的に敗退し、直後の一九二一年にはポーランドによって建国間もないソヴィエト連邦が侵攻されている。一九四一年にはドイツによって再び攻撃され、これは歴史上最も多くの死者を出した軍事行動の開始を告げることとなった。これらの侵攻は、英仏のクリミア半島の例をのぞけば、すべて陸上から行われたのだ。[*128]

まとめて言うと、ここでの島大国（英米）は、今まで一度も外敵に占領されたことがなく、反対に大陸大国（仏露）は、一七九二年から合計一二回も侵略されており、陸からは一一回で、海からは一回だけである。これからもわかる通り、海を越えて守りの堅い敵の大国の領土を侵攻するのは、どの軍隊にとっても非常に難しいのである。

核兵器とバランス・オブ・パワー

純粋に軍事的な意味で言えば、核兵器は革命的である。一瞬の間に空前絶後の破壊を引き起こすことができるからだ。[*129] アメリカとソ連は、冷戦のほとんどの期間を通じて、「何日間」という単位の範囲内で互いの社会機能を完全に破壊する能力を持ちながら、対峙していたのである。しかし、核兵器がどのように大国間の政治、特にバランス・オブ・パワーに影響を及ぼすのかについて、今まで専門家の間でさえ意見が一致したことはない。核武装した国家は全滅の危機を恐れるため、自ら攻撃を始めることはない、「だから核兵器は実質的には大国の安全保障をめぐる争いを消滅させたのだ」と論じる人々もいる。この見解に従えば、本書で行ってきたような通常兵器によって構成される軍事力に関する議論は、ほぼ無意味になってしまうことになる。一方では全く逆の主張もある。「核兵器はあまりにも破壊的なので、まともな理性を持つ政治指導者だったら、たとえ自己防衛のためとしてもそれを使うことはしない、核兵器は安全保障競争を減少させるのに貢献したわけではなく、通常兵器による軍事バランスはいまだに重大な意味を持つ」という主張だ。

私はこの問題について、「ある一つの大国が核武装優越状態を達成し、実質上、安全保障をめぐって争うライバルとなる大国がなくなって、覇権国《ヘジェモン》になる」という、実際にはあり得ない状態を想定しつつ議論をしていく。このような状態が実現されてしまった世界では、通常兵器による軍備はバランス・オブ・パワーにおいてほとんど意味をなさない。ところが報復能力のある核兵器を持つ大国が二カ国以上存在するという、実際にあり得る状態では、それらの国々の間で安全保障をめぐる争いが続くことになり、ランドパワーは以前と同じように軍事力においてカギを握る存在として残っていく。ただし核兵器の存在によって、国家はどんな種類の軍事力であろうと、互いにそれを行使するのに慎重になることは間違いない。

核武装優越状態

わかりやすい言い方で言うと、ある大国が、自国の社会に大規模に報復される恐れを持たずに敵国の社会を破壊できる能力を持つ場合、「核武装優越状態（nuclear superiority）が存在する」ということになる。核武装優越状態とは、自国には被害を及ぼさず、敵を「崩壊が広がったひどい状態」にできる、という状態を意味する。[*130] このような能力を持つ国家は、報復を心配せずに敵の通常兵力に対して核兵器を使用することもできる。国家にとって核武装優越状態を実現する最も良い方法は、他国に核兵器を持たせないようにしつつ、自国はしっかり核武装をすることである。この定義から言えば、核兵器を独占している国家は、核兵器を使用しても相手から報復される心配がない。

核兵器を持つ大国が二カ国以上存在する世界で、ある国が核武装優越状態を獲得するためには、ライバル国の核兵器を無力化してしまう能力を身につけなくてはならない。この優越状態を実現するためには、国家は相手の核関連施設などに「目覚ましい先制攻撃／第一撃」（splendid first strike）をしかける能力や、敵の核攻撃から自国を守る能力を持たねばならない。[*131] ところが核武装優越状態は、ある国が他国よりも圧倒的な数の核兵器を持っているからといって、そう簡単に得られるものではない。そのような状態の差は、たとえ数は少なくても、後に深刻なダメージを与えられるだけの核兵器が第一撃で破壊されずに相手国に残れば、意味をなさないからだ。

他国をしのぐ核武装優越状態を達成してしまえば、どのような国でも事実上、国際システムの中で唯一の大国になれる。そのような国に与えられる圧倒的に有利な状態は、途方もなくインパクトの大きいものである。核覇権国は、自国の持つ核弾頭によってライバル国家に大規模な破壊を与えることをちらつかせ、ライバル国家の政治機能を停止させてしまうことができる。攻撃される側は同じ方法で報復することはできないわけで、この事実こそが、脅しに本当の脅威を与えるのだ。また、核覇権国はその究極的な兵器を軍事目的に使うこともできる。たとえば敵の地上部隊が集中しているところや、空軍基地、水上艦隊、敵司令部の要所へ攻撃をしかけるのだ。標的にされている国は同じ能力を持たないため、通常兵力のバランスに関係なく、核覇権国にとって決定的に有利な状況となる。

すべての大国は核武装優越状態を達成したがるが、その状態が達成されることは稀《まれ》であり、達成されたとしても長くは続かない。[*132] 核を持たないライバル国家は自前で核兵器を開発したがるものであり、一度開発してしまうと、ある大国にとって自らを核攻撃から隔離《かくり》しながら優越状態を再び達成するのは、全く不可能ではないとしても、かなり難しくなる。[*133] アメリカの核兵器独占状態は一九四五年から一九四九年まで続いたが、その短い間においても、アメリカは核武装優越状態を本当の意味で実現できていない。[*134] アメリカの核弾頭数が少なかったという事情もあるが、米国防省は核弾頭をソ連国内の適当なターゲットへ効率良く運搬できる手段（ミサイル等）をまだ開発していなかったからだ。

一九四九年にソ連が核兵器を開発してから、アメリカはソ連をしのぐ核武装優越状態を得ようと努力しているが、失敗している。一方のソ連も、冷戦期を通じてアメリカを決定的に越える核武装優越状態を一度も実現させたことはない。両国は、自国が核を先に使ったとしても、相手国はその攻撃をかわして報復できるだけの核兵力を持ち、攻撃する側にも強烈なダメージを返すことができる、という事実を受け入れなければならなかった。このような（西部劇のクライマックスのシーンによくある、互いに銃を持った二人による）「にらみ合いの状態」は、後に「相互確証破壊」（mutual assured destruction：MAD）と呼ばれるようになったが、これはどちらかが核戦争を始めれば、おそらく両方が破滅してしまうからだ。ところが国家にはＭＡＤを越えて核武装優越状態を達成したいという欲望が残るので、近い将来どこかの国が核武装優越状態を達成するのはほぼ不可能なのだ。[*135]

相互確証破壊の世界における軍事力

ＭＡＤの世界というのは、核兵器のレベルで考えれば、非常に安定した世界である。どの大国も勝者のない核戦争を始めることはないからだ。実際のところ、そのような戦争は我々の暮らす社会を破壊してしまうことになる。それでもこのような「恐怖のバランス」が、核武装した大国同士による通常兵力を使った戦争に対してどのような影響を与えるのかという疑問は残る。ある学派の考え方では、ＭＡＤの世界で核兵器が使われることはあり得ないので、大国同士は核兵器が存在しないかのようにふるまい、通常兵力を使って自由に戦争をするという。元国防省長官ロバート・マクナマラ（Robert McNamara）は、「核兵器は軍事目的においては全く使い道がない。敵に使わせないよう抑止する目的以外には、完全に役立たずだ」と主張している。[*136] この論理《ロジック》に従えば、核兵器の存在は通常兵力のレベルにほとんど影響を与えないことになる。大国は核兵器以前の時代のように、自由に安全保障をめぐる争いに没頭できることになる。[*137]

このような見方の問題点は、「大規模な通常兵力による大国間戦争は、核戦争には絶対にエスカレートしない」という前提に基づいていることだ。我々は、通常兵力から核兵力のレベルへとどのようにエスカレートしていくのかをまだよく理解できていない。なぜなら（ありがたいことに）そのような歴史はまだ起こっていないからである。しかし数多くの優れた研究によれば、核武装した大国間の通常兵力による戦争が、核レベルの戦争へとエスカレートする可能性はかなりあると言われている。[*138] ＭＡＤの世界で生きる大国は、たとえ通常兵力による戦争を始めようとした場合でも、お互いに核兵器を持たない場合と比べれば、やはり慎重にならざるを得ないのである。

一方で別の学派は、「ＭＡＤの世界の中の大国にとって、通常兵力によるバランス・オブ・パワーはほとんど関係ない」と主張する。核武装した大国は核戦争へとエスカレートするのを恐れ、通常兵力でも攻撃をしかけなくなると言うのだ。[*139] 大国はＭＡＤの世界ではかなり安全であり、互いに安全保障をめぐって競争を繰り広げる理由もなくなる。核兵器は大国間の戦争を事実上「あり得ない話」にしてしまい、カール・フォン・クラウゼヴィッツの「戦争は他の手段によって行う、政治の継続である」という格言を時代遅れのものにしてしまったと言うのだ。これは実質的に「恐怖のバランスはランドパワーのバランスを些細《ささい》なものにしてしまった」ということにもなる。

この見方の問題点は、戦争がエスカレートするという点において、もう一方の極端な立場をとって議論をしていることにある。この立場に従えば、通常兵力による戦争が起こった場合、それが核戦争へとエスカレート「しがち」である、という前提で議論をしているのだ。これではすべての大国にとっては通常戦争と核戦争は直接つながっており、この二つの紛争のタイプにほとんど違いがないということになってしまう。ところが最初の学派が強調するように、核兵器が生み出す大惨事の恐怖は、通常兵力で行われる戦争が核戦争へとエスカレートしないように政治家を抑制する、強烈な圧力になるのだ。最初に攻撃をしかけた側がその目標を限定していて、敵を決定的な敗北に追い込むことを意図していなければ、核武装した大国が同程度に核武装したライバル大国に対し、結果的には核戦争へとエスカレートさせずに通常兵器によって戦争をすることはあり得る。[*140] 一度このことに気づいてしまうと、大国は核兵器が登場する前とほとんど同じように、通常兵器のレベルで安全保障をめぐる競争を行うようになる。

冷戦で明らかになったのは、大国同士は核兵器のＭＡＤが成立している世界においても安全保障をめぐって激しい争いを繰り広げるということであり、しかも通常兵力、特にランドパワーのバランスを重要視しているという事実だった。アメリカとソ連は、ライバル関係が始まった第二次世界大戦の直後から四五年間、同盟国と基地の獲得をめぐり、長期にわたる激しい争いを世界各地で演じた。九人のアメリカ大統領と六人のソ連の書記長のうち誰一人として「ＭＡＤが成立している世界は安全だから、国境の外で起こることにはそれほど気を配らなくてもよい」という議論をしていない。米ソ両国は通常兵力の開発にも莫大な資金を投入し、ヨーロッパやその他の地域における陸軍と空軍のバランスにも気をかけていたのだ。[141]

「確証破壊能力を持つ国家は非常に安全であり、通常兵力による戦争をそれほど心配しなくてよい」という議論が疑わしい証拠は他にもある。一番重要な例は、一九七三年のエジプトとシリアである。この二国は、イスラエルが核兵器を持っていることを知りつつも、大規模な地上攻撃をしかけた。[142]シリアはイスラエルの玄関先であるゴラン高原に攻撃をしかけ、短期間ではあるが、シリア陸軍がイスラエルの中心地まで侵攻できるチャンスを得たのだ。一九六九年の春には、中国とソ連の国境沿いにあるウスリー川で戦闘が起き、全面戦争に至る可能性もあった。[143]当時の中ソ両国は、互いに核兵器を持っていた。一九五〇年の秋、中国は朝鮮半島においてアメリカ軍を攻撃している。当時の中国はまだ核兵器を持っていなかったが、アメリカは小規模ながらも核兵器を保有していた。

九〇年代のインドとパキスタンの関係も「核兵器は国家間の安全保障をめぐる争いをほぼ消滅させ、安全保障のことをほとんど忘れさせた」という主張に疑問を投げかける。印パ両国は一九八〇年代後半から核兵器保有国となっていたが、両国間で行われている安全保障をめぐる争いは消滅したわけではない。しかも一九九〇年には深刻な危機が生じ、一九九九年には一〇〇〇人以上の戦死者を出す大規模な国境紛争が発生している。[144]

他にも、いまだに大規模な核弾頭を保有しているロシアとアメリカが、通常兵力を今日どのようにとらえているのかを考えてみればいい。ロシアがＮＡＴＯ拡大に断固反対している姿勢そのものが、ＮＡＴＯの通常兵器がロシアの国境近くに配備されることをロシアが恐れていることの、何よりの証拠である。ロシアが「核による強力な報復能力は絶対的な安全を保障する」という議論を否定しているのは明らかだ。また、アメリカもヨーロッパにおける通常兵力のバランスを心配しなければいけないと考えているように見える。ＮＡＴＯの拡大は、ロシアが将来、中央ヨーロッパに領土を求めて侵攻するかも知れないという考えを念頭において実行されている。アメリカはソ連が崩壊する直前の一九九〇年一一月一九日に交わされた「欧州通常兵力条約」（the Treaty on Conventional Armed Forces in Europe：CFE）で示された武力の制限を、ロシアに遵守するよう主張し続けている。

以上のように、核兵器が大国間の戦争を発生しにくくしているのは確かかも知れないが、ランドパワーのバランスは、核時代においても相変わらず軍事力を考える際の中心的な要素として残っている。ランドパワーの優越性についてはすでに詳しく述べたので、今度はそれをどのように計測するのかについて説明して行こう。

軍事力の計測の仕方

ランドパワーのバランスを評価するには、三段階のプロセスを踏む必要がある。まず最初のステップは、双方の軍の相対的な規模と質を見定めることである。ここでは平時と戦時の両方の動員体制を考慮に入れることが重要である。国家は、平時は常備軍の規模を小さく保つのが普通であり、戦争が起これば予備役を召集して一気に規模を拡大するからである。

ライバル国同士の軍隊の力を測ることができる簡単な計測法は存在しない。軍隊の「強さ」はさまざまな要素によって構成され、①兵士の数、②兵士の質、③兵器の数、④兵器の質、⑤戦争に向けて兵士と兵器をどのようにまとめるのかなど、軍隊ごとによってその構成のされ方が異なるからである。ランドパワーの強さを表す指標には、これらの要素をすべて計算に含めなければならない。だが、敵の戦闘部隊や旅団・師団などの基本的な数量だけを単純に比較する作業は（それぞれの部隊の量的、質的な違いを計算に入れるのが重要だが）、陸軍のバランスを計測する良い方法となることも多い。

しかし冷戦時代にNATOとワルシャワ条約機構の通常兵力のバランスを計測するのは難しかった。前線に配備されている二つの軍隊には、規模と構成においてさまざまな違いがあったからである。*145 この問題に対処するため、アメリカ国防省は「機甲師団等価」(armored division equivalent : ADE)というものを考案し、基本的な陸上部隊の力の計測法として採用した。このADEによる計算法は、それぞれの軍隊における兵器の量と質の評価を基礎としている。[146] 政治科学者バリー・ポーゼン(Barry Posen)は、この計測法に改良を加え、ヨーロッパにおける軍事力を比較するのに役立たせている。[147]

特定の歴史のケースにおける兵力バランスを計測を試みる数多くの研究が行われてきたが、長期にわたって軍隊の兵力レベルを体系的かつ緻密に比較したものは存在しない。過去二〇〇年間の軍事力を計測する基礎となる適当なデータベースが存在しないからだ。以降の章で私が二つの軍隊の力を比較評価する際は、入手可能なデータをつぎはぎして、かなり大まかな軍事力の指標を作っていることを承知しておいていただきたい。私は軍隊の兵士数を数える比較的単純な作業から始め、次にやや複雑な、軍の強さに影響を及ぼす四つの要素の詳細を明らかにするという作業に進んでいる。

ランドパワーのバランスを比較評価するために必要な二つ目のステップは、陸軍を補助する役割を持つ航空部隊を、分析要素として取り入れることである。[148] 双方の航空機の保有数の中で、特に実質可動数とその質に焦点を当てて調べなければならない。また、パイロットの能力も評価に加えられなければならないし、他にも、①地上にある防空システム、②偵察能力、③戦闘管理システムなどを考慮に入れなければならない。

三つ目のステップは、陸軍の戦力投射能力、つまり海が陸軍の攻撃力を制限するかどうかを考慮に入れることである。同盟国が海の反対側の岸辺に位置している場合、同盟国の部隊が移動する際の保護や、互いに補給をし合える海軍の能力があるかどうかも評価に入れなくてはならない。ところが防御の固い敵の大国の領土が海の向こう側にあり、海を越えてしか攻撃できない場合は、海軍の力を評価に入れる必要はあまりない。このような場合に水陸両用強襲が行われることはほとんどないからだ。この場合、陸軍をサポートする海軍というのは無駄な存在であり、海軍の判断や評価は、戦略においてほとんど意味がなくなる。ところがライバル大国に対して上陸作戦を行うことが可能な特別な状況がある場合は、上陸部隊を敵の沿岸に送り届ける機能を持つ海軍の能力を評価に入れることが絶対必要になる。

結論

陸軍は、それを補助する空軍や海軍の力を含めて、近代世界における軍事力の最高の地位を持つ。ところが海は、陸軍の戦力投射能力（機動力）を著しく制限し、さらに核兵器は大国の軍隊同士が衝突する危険をかなり減少させる。しかし核時代においても、ランドパワーの最高の地位はゆるぎない。

この結論は、大国間関係の安定に関して二つのことを暗示する。まず「国際システムにおいて最も危険な国家は、大規模な陸軍を持つ大陸国家である」ということだ。過去に大国間戦争を始めたのは常にこのような国家であり、彼らが攻撃したのは、水で囲まれている島国家ではなく、他の大陸国家だった。このパターンは、過去二〇〇年のヨーロッパの歴史において明らかである。一七九二年から一八一五年の間、フランスは当時の侵略国の代表選手であり、オーストリア、プロイセン、ロシアなどの大陸国家を次々と征服しようとした。プロイセンは一八六六年にオーストリアを攻撃し、またプロイセンの挑発に乗ったフランスは、一八七〇年にプロイセンに対して宣戦布告をし、プロイセンに侵攻され征服されている。ドイツは「シュリーフェン・プラン」にのっとって第一次世界大戦を始めたが、この計画では最初に西のフランスを戦闘不能にしておき、すぐさま東に方向転換してロシアを倒すことが考えられていた。ドイツは第二次世界大戦においてポーランド（一九三九年）、フランス（一九四〇年）、ソ連（一九四一年）などを、地上攻撃によって侵攻している。どの大陸国家も、イギリスやアメリカを侵略しようとしていない点は重要である。冷戦時もＮＡＴＯの戦略家たちが主に想定していたのは、ソ連が西ヨーロッパに侵略するシナリオだけであった。

対照的に、島国家は他の大国に対して侵略戦争を始めることは少ない。目標にたどり着くまでに海を越えなければならないからである。このような「外堀」は、島国家が大陸に向かう際に必要な戦力投射能力を妨げる要因にもなる。たとえばイギリスもアメリカも、他の大国へ本気で侵略すると威嚇したことはない。イギリスの政治家はヴィルヘルム皇帝時代のドイツや、ナチス・ドイツに対して戦争を始めようとは考えたこともなかったし、冷戦時代のアメリカの政治家たちは、ソ連に対する侵攻戦争を真剣に考えたことは一度もない。イギリス（とフランス）は、一八五四年三月にロシアに対して宣戦布告を行い、クリミア半島に侵攻したが、ロシア本土に攻め込む意志は持っていなかった。イギリスは黒海周辺の地域におけるロシアの拡大を阻止するために露土戦争に参加しただけだった。

一九四一年一二月にアメリカに対して行われた日本の真珠湾攻撃は、このルールのもう一つの例外として考えられるかも知れない。日本は島国家であり、他の大国に対して自分から攻撃をしかけたからである。ところが日本はアメリカのいかなる場所も侵攻してはおらず、日本の指導者たちもアメリカを侵略することまでは考えていなかった。日本は本土とハワイの間の西太平洋の島々を手に入れて、そこに帝国を築くことを狙っただけだ。また、日本は一九〇四年と一九三九年にロシアに戦争をしかけたが、この時もロシアを侵攻したわけではなく、征服は考えていなかった。この戦いは実質的に朝鮮半島、満州、外モンゴルの支配をめぐる戦いだったのである。

最後に述べておかなければならないのは、「海が軍隊の戦力投射能力を制限し、核兵器が大国同士の軍隊の衝突を減らすということから考えれば、最も平和的な世界は、すべての大国が報復能力のある核兵器によって武装された島国家である状態で実現される」ということである。[*149]

ここでパワーについての議論を終えたい。パワーがどのようなものであるかを理解することは、国家の行動の仕方、とくに世界権力の配分を最大化するやり方について重要な示唆《しさ》を与えてくれるのだ。次章ではこの最大化のやり方について議論されることになる。

第五章 ❖ 〈生き残りのための戦略〉

では、大国がどのように世界権力の分け前を最大化しようとするのかを見ていこう。まず最初に、国家がパワーを競う中で追い求める目標を整理する。国家の目標に関する私の分析は——海を越えて戦力投射するのには困難が伴《ともな》う（軍事的な機動力の限界）ことから、全世界を支配できる国家は今後も出現しそうにない。また、大国は経済的に豊かになること、しかもライバルよりもはるかに豊かになることを求めるものである。なぜなら軍事力を築くには、経済的な基盤が必要だからだ。さらに大国は、それぞれの地域で最強の陸軍を持ちたがる。そして大国は、かなり難しい目標であると知りつつも、究極的には核武装優越状態を求めるものだ——という、前章で行ったパワーに関する議論を基礎においている。

次に、ある国家がバランス・オブ・パワーを自国に有利な方へ動かすため、もしくは他国がそれらを有利な状況へと動かすのを妨ぐために用いる、さまざまな戦略を分析する。**戦争**（war）は、国家が相対的なパワーを獲得するために最も頻繁《ひんぱん》に使う戦略である。**ブラックメール**（恐喝《きょうかつ》：blackmail）は戦争よりも魅力的な手段で、実際の「軍事力の行使」ではなく、「軍事力の脅威」を用いる戦略だ。もう一つの戦略は**ベイト・アンド・ブリード**（誘導出血：bait and bleed）と呼ばれ、敵国の間で長期消耗戦を起こさせて、国力を減らすよう仕向けるものである。**ブラッドレティング**（瀉血《しゃけつ》：bloodletting）は、敵国を長期戦に巻き込ませ、一層破滅的になるように仕向けるものだ。

バランシング（直接均衡：balancing）と**バック・パッシング**（責任転嫁：buck-passing）は、侵略国側がバランス・オブ・パワーを変化させようとするのを防ぐために大国が用いる、代表的な戦略である。[*1] 脅威を受けた側の国家は、バランシング（直接均衡）によって危険な敵国を封じ込めようとする。自分で抑止の負担を背負い、必要な時は侵略国と正面から戦うこともある。バック・パッシング（責任転嫁）は、大国が自らは手を引いて安全を確保しつつ、自国の代わりに別の大国を使って侵略国を抑止する戦略である。脅威を受けた側の国は、ほとんどの場合、バランシングよりもバック・パッシングを好む。こうすることによって、戦費の支払いを逃れることができるからである。

アピーズメント（宥和政策：appeasement）や**バンドワゴニング**（追従政策：bandwagoning）は、侵略国に対処しようとする場合、あまり有効ではない。両方とも敵国にパワーを明け渡してしまう戦略であり、これを実行すれば、無政府状態の国際システムの中で深刻なトラブルを起こしやすいからだ。バンドワゴニング（追従政策）は、脅威を受けた側の国が、侵略しようとしている国からパワーを奪われるのをだまって諦めることであり、戦利品の分け前にあずかるために、危険な敵の仲間に加わることである。アピーズメント（宥和政策）は、パワーを譲《ゆず》ることによって侵略国の攻撃的な態度を変化させ、侵略的な考えを弱めたり諦めさせたりしようするものだ。

「バランシングとバンドワゴニングは、脅威を受けた側の大国にとっては他に手段がない場合にとるべき戦略である」という主張や、「大国は危険な敵に対して常にバランシングを使う」という主張は、国際関係論の文献等の中でかなり頻繁に議論されている。[*2] 私はこれに対して異議がある。バンドワゴニングは、現実の世界では実践的な選択肢ではない。この戦略では、パワーを絶対的な量としてとらえた場合には確かにパワーを得ることは間違いないが、問題は敵国がそれよりもさらにパワーを得てしまう点である。また、現実の世界での実際的な選択肢はバランシングとバック・パッシングのちょうど中間にあり、脅威を受けた側の国は、常にバランシングよりもバック・パッシングを好むのである。[*3]

　最後に私は、「ライバル大国の成功しているやり方を**イミテーション**（模倣《もほう》：imitation）するのは、安全保障をめぐる争いがもたらす重要な成果である」というリアリストの主張を、私の理論に当てはめ検証し、大国が**イノベーション**（革新：innovation）にも関心を持つことを論じる。

　本章では以上のような多くの国家戦略について考察するが、焦点は次の三つの戦略に絞られる。国家がさらなるパワーの増加を得るために使う〝戦争〞、国家がバランス・オブ・パワーを保つために使う

〝バランシング〟と〝バック・パッシング〟である。ちなみに、脅威を受けた国がバランシングとバック・パッシングのどちらを選ぶのかという詳しい説明は第八章で、国家がどのような状況で戦争を選択するかという問題は第九章で説明する。

❖実践的な国家の目標

地域覇権

大国は通常、四つの基本的な目標を達成することに集中する。まず、「地域覇権《リージョナル・ヘジェモニー》」（regional hegemony）である。国家が自国の安全保障を最大化するためには全世界を支配することが必要だが、これはライバル国家をはるかに超えた核兵器による優位を達成するというあり得ない状態が起こらない限り、実現不可能である。それを不可能にしている重要な要因は、海を越えて戦力投射する難しさ（軍事的な機動力の限界）にあり、どの大国も、海によって隔《へだ》てられた地域を侵略して支配することは不可能なのだ。地域覇権国《リージョナル・ヘジェモン》は強力な攻撃力を持つ軍事力を備えているが、他の大国に支配・防衛されている領土を、海を越えて陸海空から統合作戦で攻撃するという自殺行為はできない。近代史で唯一の地域覇権国であるアメリカは、現在に至るまでヨーロッパや北東アジアを侵略しようと真剣に考えたことはない。大国が地続きの近隣地域を侵略することはある。しかし世界覇権を達成するというのは、ほぼ不可能なのである。

大国は自国の地域を支配するだけでなく、他の地域のライバル大国が地域覇権を達成するのを妨げようとする。地域覇権国《リージョナル・ヘジェモン》は、競争相手たちが自国の裏庭のバランス・オブ・パワーに手を出してきて、せっかく築いた覇権状態を崩そうとするのではないかと常に恐れるからだ。地域覇権国《リージョナル・ヘジェモン》にとっては、自国以外の主要地域に大国が二つ以上存在してくれている方がありがたい。自国以外の主要地域にある大国は、同じ地域の中で競い合うことに集中し、外の地域にまで脅威を及ぼしてこないからである。

地域覇権国が他の地域にある大国の覇権達成をどのような方法で妨げようとするかは、その地域のバランス・オブ・パワーの事情によって異なってくる。その地域の大国の間でパワーが均等に分布し、しかも潜在覇権国が存在しない場合、離れた場所にいる古参地域覇権国は、その地域の紛争に関わり合いを持たずにすむ。地域全体を侵略しようとする強力な国がその地域には存在しないからだ。ところが他の地域に新しい覇権国が登場してくると、離れたところに存在している古参地域覇権国が最初にすべきことは、とりあえず自分からは何もせず、新しく登場してきた覇権国の周囲の大国を使ってその脅威を抑えさせることだ。これこそが典型的なバック・パッシングという戦略であり、国家は危険な相手に直面した場合は、バランシングよりもバック・パッシングを使いたがるものなのである。ところが新興覇権国の周辺の大国がその脅威を封じ込めることが出来ない場合、遠方の古参覇権国は、その脅威を抑えるために自ら動き出さなければならない。目標は「封じ込め」(containment) だが、遠方の古参覇権国は新覇権国の脅威を抑えるチャンスをうかがいつつ、新覇権国のある地域から手を引くため、その地域に大まかなバランス・オブ・パワーを再び構築しなおそうとする。このように地域覇権国は、自国以外の地域においては最終手段としてバランサー (直接均衡国：balancer) になることを含みながらも、オフショア・バランサー (沖合から均衡を調整する国：offshore balancer) として行動する。

ある地域で圧倒的な地位にある国家が、なぜ海によって隔てられた地域の覇権国の存在をそれほど気にするのだろうか。すでに述べたように、そもそも地域覇権国が海を越えて他の地域の覇権国を攻撃することはほぼ不可能だ。第二次世界大戦のヨーロッパ戦線で、もしナチス・ドイツが勝ったとしても、ヒトラーが陸海空の統合作戦で大西洋を越えてアメリカを攻撃することは不可能だった。また、中国がいつの日かアジアの地域覇権国になったとしても、太平洋を越えてアメリカ本土を侵略することはできない。

この答えは、覇権国同士は互いが海で隔てられているにもかかわらず、互いの裏庭でバランス・オブ・パワーの転覆《てんぷく》を図ることによって脅し合うことができるという点にある。古参地域覇権国は、自国と同じ地域の新興国家――近くの覇権国による攻撃から自国を守るため、遠方の古参地域覇権国と同盟したいという強い動機を確実に持つ――によって挑戦を受ける危険がある。また遠方にある古参覇権国が、その新興国家と協力する特別な理由を持つこともある。国家が相手国の弱みにつけ込もうとする理由は数多くあることを決して忘れてはならない。このような状況では、遠方の古参覇権国が海の抑止力によって戦力投射能力を制限されることはなくなる。古参覇権国は、友好的な同盟国の領土を使わせてもらい、ライバルの新覇権国の裏庭へ、海を越えて自国の部隊や補給などを自由に展開できるようになるからだ。

以下のような仮定を考えてみればわかりやすい。第二次世界大戦でドイツが勝利し、メキシコの人口と経済が一九五〇年代に急激に発展したとしたら、メキシコはドイツと同盟を組み、ドイツ軍をメキシコに駐留させたかも知れない。アメリカにとってこのシナリオを防ぐ一番の方法は、メキシコとのパワーの差を圧倒的につけ、ドイツやその他のライバル大国にはそれぞれの地元地域で安全保障をめぐる争いにかかりきりにさせ、西半球には干渉してこないようにしておくことだ。ドイツがヨーロッパで覇権国になっていれば、西半球におけるアメリカの覇権状態を何としてでも終わらせるような行動に出ただろうし、ドイツはまずメキシコと組んでアメリカに対抗したはずだ。

遠方のライバルが安全保障をめぐる競争に没頭している間に自分の地域で覇権を固めるのが重要だということは、実際の歴史の例から見ても正しい。フランスは、南北戦争（一八六一～六五年）の際に、アメリカの希望に反してメキシコに軍隊を駐留させていた。このフランスの派遣に対抗するだけの軍備を、当時のアメリカは持っていなかった。アメリカ合衆国は、南部連合との大規模な戦争を行っていたからである。アメリカは南北戦争を終えると、すぐさまメキシコにいたフランス駐留軍を追い出した。

その直後の一八六六年初め頃、今度はオーストリアがメキシコに軍隊を派遣しようとしたが、この脅威は現実とはならなかった。オーストリアはプロイセンとの深刻な危機に見舞われ、これが一八六六年夏の大規模な戦争（普墺《ふおう》戦争）へと発展したからである。[*4]

すべての大国は地域覇権国になることを願っているが、その願いを実現できる大国はほとんどない。近代史の中で地域覇権を達成できた唯一の大国が、アメリカである。地域覇権国がこれほどまでに珍しいものである理由は二つある。まず、覇権国を目指せるほどの素質を持った国は本当に少ないという点だ。国家が潜在覇権国になるためには、自分の地域にいるライバル国と比べて経済的にはるかに豊かでなければならないし、地域で一番の軍備を持たなければならない。過去の二〇〇年間を見ても、この二つの条件をクリアーできたのはごくわずかの国家だけである。ナポレオン時代のフランス、ワイマール時代のドイツ、ナチス・ドイツ、冷戦時のソ連、そしてアメリカだけだ。二つ目の理由は、ある国家が潜在覇権国になる力を持っていたとしても、実際に覇権国になろうとする段階になると、国際システムの中の他の国々が妨害してくるという点にある。右で述べたヨーロッパの大国は、ライバルたちの妨害を払いのけて地域覇権国になることはできなかったのである。

最大の富

大国が共通して持つ二つ目の目標は、「世界の富の中で、自国がコントロールできる量の最大化を常に目指す」ということである。国家は富の相対量に敏感《びんかん》である。経済的な強さは、軍事的な強さにつながる。大国は強力で活発な経済力を獲得することを重視するが、これは単に社会の豊かさを増進するだけでなく、ライバルに対して軍事的に有利に立つための確実な方法だからである。マックス・ウェーバー（Max Weber）は、「国家の自己保存と経済成長は、同じコインの表裏にすぎない」と断言している。[*5]どの国家にとっても理想的なのは、ライバル国家の経済成長がほとんどないような時に、自国の経済だけは急激な成長を遂げるような状況なのだ。

大国は特に経済的に豊かな国、もしくはその方向に向かいつつある国家を、圧倒的な軍事力を持つかどうかに関わらず、「深刻な脅威である」と見なしがちである。結局、富は軍事力に簡単に移し換えることができるからだ。良い例が、一九世紀後半から二〇世紀初期にかけてのヴィルヘルム皇帝時代のドイツである。ドイツが多くの人口と活発な経済を持つという事実だけで、ヨーロッパの他の大国を恐れさせるには充分だった。[*6] 現代でもこの状況は同じであり、多くの人口を持ち、しかも経済的な近代化が急速に進む中国により、同じような恐怖が生み出されている。反対に、大国は経済的に没落しつつある国を恐れることはあまりない。アメリカは今日のロシアに対して、ソ連時代ほど恐怖を感じていない。現在のロシアはソ連の最盛期の頃ほどは世界経済をコントロールしておらず、ソ連の頃のような強力な軍隊を組織することができなくなっているからだ。

また大国は、ライバルの大国が世界中でも特に富を多く生み出している地域を支配するのを妨害しようとする。近代の歴史から見ると、このような地域は決定的に重要な鉱物資源などを持つ発展途上国である場合もあったが、たいていの場合は先進工業国によって占められていた。大国はそうした地域を自ら直接支配しようとするか、最低でもライバル大国にコントロールを奪われないように行動する。大国は元来あまり富を持たない地域に対しては、ほとんど関心を持たない。[*7]

冷戦の間、アメリカの戦略家たちは西半球以外では三つの地域、つまりヨーロッパ、北東アジア、ペルシャ湾のみを重要視していた。[*8] アメリカはこれらのどの地域にもソ連が手出ししてこないように行動している。アメリカの戦略的順位で最優先だったのは西ヨーロッパである。ソ連軍によって直接脅かされる可能性のある、経済的に豊かな地域だからだ。ヨーロッパ大陸がソ連に支配されると、アメリカにとってバランス・オブ・パワーは急激に不利なものになってしまう。北東アジアも戦略的に重要であった。日本は世界でも経済的に最も豊かな国のうちの一つであり、西ヨーロッパよりは深刻ではなかったとしても、ソ連の脅威に直面していたからだ。アメリカがペルシャ湾に関心を持つ主な理由は、アジアとヨーロッパの経済を動かす石油である。その結果、アメリカの軍隊は世界のこの三つの地域で戦うことを想定して構成されていた。アメリカはアフリカやその他の中東地域、東南アジア、インド周辺などにはそれほど関心を持っていなかった。これらの地域には潜在的なパワーを持つ国がほとんど存在しなかったからである。

傑出した陸軍力

大国が共通して持つ三つ目の目標は、「大国は軍事力を最大化するための最高の方法であるという理由から、ランドパワー（陸上兵力）のバランスにおいて圧倒的な立場を目指す」ということにある。これは国家が強力な陸軍（そしてその地上部隊を補助する役目を持つ空軍や海軍）を作り上げることを意味する。しかし大国はすべての軍事費を陸上兵力につぎ込むわけではない。大国は核兵器を入手するためにも力を注ぐし、海軍力や空軍力も独自に充実させようとする。しかし軍事力の中で最も重要なのは相変わらず陸上兵力であるため、国家は自分のいる地域の中で一番圧倒的な陸軍を持ちたがるのである。

核武装優越状態

大国が共通して持つ四つ目の目標は、「大国はライバルをはるかに超える核武装優越状態（nuclear superiority）を獲得しようとする」ということである。世界で唯一の核兵器を持ち、報復の心配をせずにライバルを破壊できる能力を得るのが、国家にとっては最も理想的な状態であろう。このような軍事的に優位な立場は世界覇権を実現させ、今までの地域覇権国に関する議論などは全く意味をなさなくなってしまうほどだ。陸上兵力のバランスも、核覇権国の登場によってほとんど重要ではなくなる。ところが核武装優越状態を達成してこの状態を維持していくことは難しい。ライバル国家は、報復用の核兵器を自分たちで開発しようとするからである。よって大国は、敵を確実に破壊できる能力を持った核武装国がある世界――相互確証破壊、もしくはMADと呼ばれる世界――の中で生きて行かなければならないことが多い。

ディフェンシヴ・リアリストをはじめとする学者たちは「核武装した国家がMADの世界の中で核武装優越状態を求めていくという理屈はおかしい」と主張する。[*9] 具体的に言えば、彼らは核武装した国家が反撃的な兵器――たとえば敵国の核施設を攻撃できるもの――や、飛んでくる敵の核弾頭を撃ち落すような防衛システムを作るべきではない、と主張する。MADの世界では、どの国家もライバルの**すべての**核兵器を破壊したと確信することができないため、核による破壊から免れるのが難しい状態が残る。だからそれぞれの国家は、互いの核兵器の攻撃を完全に防げないような状態を**残しておく方が**合理的である、ということになる。核武装をした国は核武装優越状態を求めるべきではないという主張の根拠には、二つの理由がある。MADは安定をもたらす強力な効力を持つので、これをわざわざぶち壊すのは非合理的だ、というのが一つ。もう一つが、対兵力打撃兵器（counterforce weapons）や防衛システムによって軍事的に有利に立つのは意味がないというものだ。システムがどれほど完璧に近づいたとしても、核戦争で勝つのはほとんど不可能だ。核兵器はあまりにも破壊力がすさまじく、実際に戦闘が行われれば、双方とも全滅してしまうことになるからだ。よって、核兵器のレベルで軍事的に優位に立とうと考えること自体が非合理的だということになるのである。

ところが、大国はMADの世界には満足せず、核武装をした敵よりも有位に立つ方法を探すことが多い。MADが大国間の戦争を起こしにくくしていることは確かだが、核武装優越状態を獲得すればさらに安全になる可能性も高い。MADの世界の大国には常にライバル大国があり、核攻撃に対して無防備である。一方、核武装優越状態を手に入れてしまった大国は事実上の世界覇権国となるので、とくに気にかけるようなライバルはいないことになる。ここで重要なのは、この覇権国は核攻撃の脅威におびえることがない、ということである。よって国家には核覇権国になろうとする強力な動機が残されるのだ。これは、明白な核武装優越状態を達成するのが困難であることと矛盾しない。国家はすばらしい利益の見込みがあるため、核武装によって優位な状態を目指そうとするのである。具体的に言えば、国家は反撃能力を高め、核武装優越状態を手に入れることを願いつつ、効果的な防衛システムの開発を推し進めるのだ。

まとめると、大国は主な四つの目標、①地域覇権国になること、②世界の富のなるべく多くの割合を自分たちでコントロールすること、③自国の陸上兵力のバランスで他を圧倒すること、④核武装優越状態を手に入れることを目指している。それでは議論を具体的な戦略へと移そう。

パワー獲得のための戦略

戦争（War）

大国が世界権力の分け前を増加する際に使う最も批判を浴びやすい戦略が「戦争」である。戦争は大規模な死や破壊を伴うことがあるだけでなく、二〇世紀に入ると「他国の征服は割に合わない、よって戦争は無益である」と論じることが流行するようになったからだ。このような議論の中で最も有名なのは、第一次世界大戦が始まる少し前に出版された、ノーマン・エンジェル（Norman Angel）の『大いなる幻想』（The Great Illusion）であろう。[*10] この本の基本的なテーマは、今でも現代の国際政治学の研究者たちが書く論文でよく取り挙げられるものだ。しかし彼の議論は間違っている。他国の征服は、いまだに国家のパワーを効果的に獲得することができるものだからだ。

戦争が意味を成さなくなっているという主張には、四つの基本的なパターンがある。たとえば「戦争をしかけた方が常に負ける」ということを主張する人がいる。私はこの主張に対し、第二章で「過去の例からみれば、戦争をしかけた方が六〇％の割合で勝利している」という証拠を出して反論した。その他にも「互いに壊滅する危険性があるため、核兵器は大国同士が戦うことをほぼ不可能にした」と論じる人がいる。私はこの議論に対し、第四章で「核兵器は大国同士が戦争を起こす可能性を下げたかも知れないが、それが完全になくなったわけではない」と論じた。

また、敵地を征服することは「ピュロスの勝利」（大きな犠牲を払って獲得した、割に合わない勝利）である、と考える見方が二つある。二つの見方は、それぞれ戦争にかかる「コスト」と、戦争によって得る「利益」に注目する。侵略を考えている国家は、例外なくコストと利益を計算するものであるから、この二つのコンセプトは実際には密接に関連していることになる。

戦争のコストに関する議論――これは一九八〇年代に注目を集めた――によれば、「他国を征服することは割に合わない、なぜならそれは帝国を作ることになってしまい、時がたつにつれて帝国を維持する費用がかかりすぎるようになり、経済を圧迫してしまう」ということになる。高レベルの国防費の支出はしだいに国家の経済力を相対的に低下させ、最終的にはバランス・オブ・パワーにおける位置を低下させてしまう。ゆえに大国は外国の領土を侵略するよりも、まず富を生み出すことに集中すべきであるということになる[*11]。

この議論に従えば、「軍事的な勝利は割に合わない、なぜなら侵略した側は戦利品として、近代的な産業経済、特に情報技術によって成り立っているものを搾取《さくしゅ》することはできない」ということになる[*12]。侵略した側につきまとう根本的な障害は、負けた国の人々を抑えて支配すると、ナショナリズムが高まって統治が困難になるということである。勝った側の国はこれを弾圧する場合もあるが、大規模な人民蜂起に直面すれば、行動が裏目に出る恐れもある。さらに、現代のような情報化時代に政治弾圧を行うのはほぼ不可能である。なぜなら情報を基礎とした経済においては、情報がスムーズに流れるかどうかの開放性が重要だからだ。もし侵略した国が断固たる措置をとれば、金の卵を産むニワトリを殺してしまうことになる。ところが断固たる措置をとらないと、負けた国の中で反乱思想が蔓延《まんえん》し、抵抗運動が起こりやすくなる。[*13]

他国を征服するという高い代償を支払い、その見返りとして受け取る利益が少ないという状況に大国が直面する場面は確かにあるだろうし、このような状況で戦争を始めるのは合理的とは言えない。しかし「戦争は侵略国の経済を常に破産させてしまい、実質的な利益を何ももたらさない」という主張は、綿密に検証してみるとかなり怪しい。

ある国家が外国を次々と侵略しているにもかかわらず、自国の経済にダメージを与えなかった例は、実はかなり多い。明らかな例が、一九世紀前半のアメリカと、一八六二年から一八七〇年にかけてのプロイセンである。侵略は両国に素晴らしい経済的利益をもたらしてくれたからだ。さらに、高レベルの国防費が大国の経済を痛めつけるという主張についても、これを証拠づける研究結果はほとんど見当たらない。[*14]アメリカは一九四〇年以降、膨大な額の国家予算を国防費に費やしていたにもかかわらず、今日でも経済状態は世界の憧《あこが》れの的である。イギリスは、過去に巨大な帝国を持ち、その経済力は最終的に競争力を失ってしまったが、その原因が過大な国防費のためであると唱えた経済学者はほとんどいない。実際、イギリスはライバルの大国たちと比べても、国防費は歴史的にかなり少ない方だった。[*15]大規模な国防費が国家経済を破壊する証拠として使われる例は、一九八〇年代後半のソ連の凋落《ちょうらく》であろう。しかし学者たちの間でも何がソ連経済の崩壊をもたらしたのかについては結論が一致しておらず、むしろそれは国防費よりも硬直化した国内経済の構造による問題だと考える方が良さそうなのだ。[*16]

利益に関する議論でも同じだ。情報化された現代においても、侵略国は被侵略国の経済を自分のものとして搾取することができる。富は被占領国からの税金の取り立てや、工業製品の押収、工場の押収などによっても奪うことができる。ピーター・リーバーマン(Peter Liberman)は精力的な研究の中で、近代化は工業社会を豊かにし、それを征服すれば儲かるような魅力的な標的《ターゲット》に変化させ、侵略国が強制や抑圧を行うことをむしろ簡単にしたと主張している。[*17] リーバーマンは、情報技術には「秩序を乱す力」があることを認めつつ、同時にそれには抑圧を手助けする「オーウェル的」な面（訳注：ジョージ・オーウェルの小説『一九八四年』で描かれる抑圧的な世界像）もあることを指摘している。リーバーマンは「強制的で抑圧的な侵略国は、負けた側の近代国家から貢物《みつぎもの》として経済的な利益の大部分を自分たちに支払わせることができる」と論じている。[*18]

第二次世界大戦中のドイツは、金融資産の取引の操作だけでフランスの国家収入平均の三〇%、オランダ、ベルギー、ノルウェーの戦争前の国家収入の四二~四四%、低く見積もったとしても戦前のチェコの国家収入の二五%ほどを動かすことができた。[*19] また第二次大戦中に、ドイツはソ連から多大な経済資源を搾り出したが、冷戦が始まると、今度はソ連が東ドイツ経済から搾取を始めている。[*20] ただし、征服は侵略国側にとって純粋な利益となるわけではなく、占領した国の経済を搾取して得られる利益が、占領するまでにかかったコストで相殺されてしまう場合もある。それでも、時として征服で大きな利益が出ることがあるのは事実なのだ。

侵略国は、征服した国から石油や穀物などの天然資源を奪うことによってパワーを得ることも可能だ。たとえば、ある大国がサウジアラビアを征服すれば、その大国はサウジの石油をコントロールし、経済的に大きな利益を獲得することになる。アメリカが一九七〇年代後半に「緊急展開部隊」（Rapid Deployment Force）を作った理由はまさにここにある。アメリカは、ソ連がイランを侵略して石油が豊富なフージスターン平野を奪い、ソ連の力が増加することを恐れていた。[*21] もしソ連がイランを奪ってしまえば、サウジアラビアやその他の石油の豊富な国家をうかがう絶好の位置を占めることになってしまうからだ。ドイツは二つの世界大戦の間、ソ連で生産される穀物やその他の農作物を確保し、自国民に安い食料品を提供しようとした。[*22] また、ソ連の石油やその他の資源を自国のために転用していた。

征服が経済的な利益につながるという議論はさておき、侵略して勝利した国がバランス・オブ・パワーを自国に有利な方へ動かす方法は、他にも三つある。一つ目は、征服した国の人々を自軍に徴用《ちょうよう》したり、自国に連れてきて強制労働をさせたりする方法だ。ナポレオン軍は征服した国から徴用した労働力を使い、[23]一八一二年夏にロシアを攻撃した時には、ほぼ半分の部隊――合計六七万四〇〇〇人の兵士たち――がフランス人ではなかった。[24]ナチス・ドイツも征服した国々の兵士を陸軍に組み込んだ。一九四五年に存在していた三八個のナチス親衛隊のうち、全員がドイツ人で構成されている部隊は一つもなく、うち一九個の部隊の大部分が、外国出身の士官によって成り立っていたのである。[25]さらに、ドイツ第三帝国は強制労働者を活用した。一九四四年八月の時点で、ドイツ国内には全労働力の四分の一に当たる最大七六〇万人もの外国人労働者や捕虜兵士などがいたという統計もある。[26]

二つ目は、勝った国が戦略的に重要な領地を手に入れる方法である。具体的に言えば、戦勝国は他国からの攻撃を防ぐための、もしくはそこからライバル国家に攻撃をしかけることのできる、緩衝《かんしょう》地帯（バッファー・ゾーン）を手に入れるのだ。たとえばフランスは、ドイツが第一次世界大戦で負ける前後にラインラントを併合することを考えていた。[27]また、一九六七年六月の第三次中東戦争でイスラエルは、シナイ半島、ゴラン高原、ヨルダン川西岸地区を獲得し、イスラエルの戦略的な位置は確実に有利になった。ソ連は一九三九年から一九四〇年にかけての冬に、ナチス・ドイツの侵入に備えるため、フィンランドと戦争をしている。[28]これに対してナチス・ドイツの国防軍は一九三九年九月にポーランドの一部を占領し、一九四一年六月のソ連侵攻の際にここを中継地として使った。

三つ目に、戦勝国が敗戦国を大国の座から追い落とし、バランス・オブ・パワーを自分たちに有利な方へシフトさせる方法がある。征服する側の国家は、いろいろな方法でこの目的を達成できる。最悪の場合は、負けたライバル国の大部分の国民を殺すことによって国を荒廃《こうはい》させ、国際システムの中から消滅させることもできる。もちろん国家はこのような過激なことを実行することはほとんどないが、国家がこれを行おうとしていた歴史的証拠は実在する。ローマがカルタゴを全滅させたのは有名であるし、ヒトラーはポーランドとソ連をヨーロッパの地図から消滅させてしまおうと考えていた。[29] スペインは中央アメリカと南アメリカにあったアステカ帝国とインカ帝国を破壊したし、冷戦時代の米ソ両超大国は、核兵器による「あざやかな先制攻撃／第一撃」（splendid first strike）によって相手に消滅させられてしまうのではないかと互いに恐れていた。イスラエルは、もしアラブ諸国に決定的な敗北を喫《きっ》した場合、「カルタゴの平和」が押し付けられるのではないかと常に恐れていた。[30]

その他にも、勝った国が負けた国を併合するという方法がある。オーストリア、プロシア、ロシアは、過去三〇〇年間に四回もポーランドを分割している。[31] また、勝った側は負けた国を非武装化したり、中立化させたりすることもある。連合国側は第一次大戦後、ドイツに対してこの戦略を用い、冷戦初期のスターリンは「統一状態は保ちつつも軍事的には弱いドイツを作ろう」という考えをほのめかしていた。[32] 有名な「モーゲンソー・プラン」（Morgenthau Plan）は、ヒトラー後のドイツを非工業化させ、大きな二つの農業国家にしてしまい、二度と強力な軍隊を作れないようにしてしまおうという提案だった。[33] また、勝った国は負けた国を二つ以上の小国家に分割することもある。たとえばドイツは、一九一八年の春にソ連に対して「ブレスト＝リトフスク条約」（対独単独講和）によってこれを実行し、イギリス、アメリカ、ソ連も、第二次大戦後のドイツに対して事実上この方法を実行した。

ブラックメール（恐喝：Blackmail）

国家は軍事力の行使をちらつかせ、戦争を行わずにライバルからパワーを奪うこともできる。ブラックメール（恐喝）は、実際の軍事力の行使ではなく、強制的な脅しと威嚇《いかく》によって、自分たちの望む結果を得ようとする戦略だ。[34] これが本当に効くとすれば、戦争よりははるかに好ましい方法である。恐喝は、人を殺すことなく目標を達成できるからである。ところがブラックメールはバランス・オブ・パワーに劇的な変化をもたらすとは言えない。大国がライバル大国に対し大きな譲歩を強要しようとする時は、たいていの場合は脅しだけでは足りないからである。大国は互いに強力な軍事力を保持しており、戦わずして脅しに屈服することなどはあり得ない。ブラックメールはむしろ、大国の後ろ盾がない小国に対して効果があると考えるべきである。

しかし大国に対してブラックメールが成功した例もある。第一次世界大戦前の一〇年間、ドイツはヨーロッパのライバルたちに対して四回にわたって脅しをかけ、たった一度だけだが成功した。[*35] ドイツは一九〇五年と一九一一年、モロッコをめぐってフランスやイギリスに対して外交紛争を挑んだ。当時のドイツは明らかに仏英両国よりも強く、両国の力を合わせたより強力だったかも知れないが、二回ともドイツは外交的に敗北した。その他の二つのケースでは、ドイツはロシアに対し、バルカン半島のことでブラックメールをしかけようとしている。オーストリアは一九〇九年にドイツを刺激することなくボスニアを併合したが、ロシアがこれに対して抗議すると、ドイツは戦争の脅しをちらつかせ、オーストリアの行動をロシアに認めさせようとした。このケースではブラックメールが効果を発揮した。ロシア軍は日露戦争（一九〇四〜〇五年）の壊滅的敗北からまだ立ち直っておらず、強力なドイツ軍と戦争で直接対峙できるような状態ではなかったからだ。ドイツは一九〇四年の夏に再びロシアを脅そうとしたが、この時のロシア軍は敗戦から立ち直っていて一歩も引かず、第一次世界大戦が起こったのである。

その他の三つの有名なブラックメールのケースの中で、バランス・オブ・パワーに重大な影響を与えたケースは一つだけである。一つ目のケースは、アフリカのナイル川上流支流に位置し、戦略的に重要な港であったファショダの支配をめぐる、一八九八年の英仏間の紛争（ファショダ事件）である。イギリスは、ナイル川のどの地域も征服しないようフランスに対して警告した。[*36] イギリスのエジプトとスエズ運河支配にとって脅威となる可能性があったからだ。フランスがファショダに向けて遠征軍を派遣したことを知った時、イギリスはフランスに対して撤退か戦争かを迫った。戦争が始まればフランスには勝ち目がなく、フランスは自国の国境の東側で勃興《ぼっこう》しつつあったドイツの方が気がかりで、イギリスとは戦争を起こしたくなかったために譲歩した。二つ目のケースは、一九三八年にヒトラーが英仏に対し、当時チェコ・スロヴァキアの一部であったズデーテン地方をドイツに割譲《かつじょう》させることを要求した「ミュンヘンの危機」である。三つ目のケースは、アメリカが一九六二年秋に、ソ連に対してキューバにある弾道ミサイルの撤去を求めた時（キューバ・ミサイル危機）だ。これらのケースの中で、バランス・オブ・パワーに対して明らかに影響を与えたのはミュンヘンの場合のみである。

ベイト・アンド・ブリード（誘導出血：Bait and Bleed）

国家がパワーを相対的に増加させるために使う三つ目の戦略が、ベイト・アンド・ブリード（誘導出血）である。この戦略は、「誘導する側」（baiter）が紛争に直接関与せず軍事力を温存している間に、他の二カ国のライバルたちに長期間の戦争を戦わせ、国力をとことんまで浪費させるよう仕向けるものである。たとえば冷戦期のアメリカは、米ソ両国が争っている隙に、第三国が秘密のうちに両大国の間で核戦争を引き起こして（米ソ両国を〝誘導〟して）しまう事態を恐れていた。[*37] また、米ソ両国とも、相手に対して第三世界で負け戦を始めるように仕向けて誘導出血させることもできた。アメリカは、ソ連をアフガニスタンのような場所で紛争に巻き込ませるように仕向けることもできたのである。しかしアメリカはそのような政策をとっていない。実際のところ、近代史の中ではこの戦略が用いられた例は少ない。

ベイト・アンド・ブリード戦略は、フランス革命（一七八九年）直後のロシアが、オーストリア／プロイセン同盟国をフランスと戦争させておき、その隙《すき》に中央ヨーロッパで力を自由に拡大できるようにした時に使われている。当時のロシアのリーダーであったエカテリーナ二世は、一七九一年一一月に自国の閣僚に対し「私はウィーンとベルリンの宮廷をフランスとの問題に没頭させるように仕向けるために、頭脳明晰《ずのうめいせき》な人物を集めていますが……この理由は決して口外できないものですが、私は彼らを彼ら同士の問題だけに没頭させることによって、ロシア外交を自由に行いたいのです。私にはしなければならない仕事が数多くあり、それを行うためには彼らを忙しくさせておく必要があるのです」と言っている。[38] 結局一七九二年にオーストリアとプロイセンの同盟国はフランスと戦争を行ったが、ロシアの刺激策はあまり彼らの政策決定に影響を及ぼすことはなかった。実際、ドイツとオーストリアは、フランスと戦うだけの充分な理由をすでに持っていたからである。

ベイト・アンド・ブリード戦略にかなり近いケースには、イスラエルが関係しているものがある。[39] 一九五四年にイスラエルの国防相ピナス・ラボンは、エジプトのアレクサンドリアとカイロにある米英系の重要施設を爆破する陽動《ようどう》作戦を指揮した。これはイギリスとエジプトの関係を悪化させることを狙ったもので、イスラエルはイギリスがスエズ運河近くの基地から撤退するのを思いとどまらせようとしたのである。ところが実行部隊は捕らえられ、作戦は大失敗に終わった。

この「ラボン事件」が示すように、この戦略の根本的な問題は、ライバル国家を騙《だま》して戦争を始めさせるのが非常に困難なことにある。紛争を起こさせようとする国々に怪しまれたり暴露されたりせずにトラブルを起こす良い方法は、ほとんどない。自国は他国と長期戦争に入るというのに、誘導した側《ベイター》が脇で傍観しながらタダでパワーを相対的に向上させているという図式は、誘導される側の国家に察知されやすいのだ。国家はこのようなワナにやすやすとはまるほど愚《おろ》かではない。また、誘導する側《ベイター》にとっては、誘導された国が迅速《じんそく》に決定的な勝利をおさめ、むしろ以前よりもパワーを急激に増加してしまう危険と常に隣り合わせであることも指摘しておくべきだろう。

ブラッドレティング（瀉血：Bloodletting）

ブラッドレティング（瀉血）は、右の戦略をより効果的に改良した戦略である。その狙いは、ライバル国がパワーを失うような犠牲の多い長期間の紛争に巻き込まれることを確実にするという点にある。

この場合はベイティング（誘導）は行われない。ブラッドレティングをしかける側は、ライバルたちが勝手に戦争を始めた後で、彼らが力尽きるまで徹底的に戦うよう仕向ければよく、その間自国は戦いの外に逃れていればいい。上院議員時代のハリー・トルーマンは、この戦略を念頭におき、一九四一年六月にナチス・ドイツのソ連侵攻に対して「もしドイツが勝っているのならば我々はロシアを助けなければならないし、もしロシアが勝っているのならば我々はドイツを助けなければならない。こうすることによって、彼らを互いになるべく多く殺し合うように仕向けさせるのだ」と言っている。[*40]

ウラジーミル・レーニンも、第一次世界大戦時に西部戦線で行われていたドイツと連合国（英仏米）の戦いからソ連を蚊帳《かや》の外に置こうとする際に、この戦略を念頭においていた。レーニンは一九一八年一月二〇日に「ソ連独自の平和を完成させるために、我々は戦っている双方の帝国主義グループから身を引かなければならない。我々は彼ら同士が戦っていることによって有利に立てるわけであり、このことによって彼らは我々に譲歩《じょうほ》を迫ることが困難になるし、この間に我々は社会主義革命をさらに発展させ、強化することができるのだ」と発言している。ジョン・ウィーラー・ベネット（John Wheeler-Bennett）の言うように「政治家にとってレアルポリティークが重要であることをレーニンが理解していたことがこれほどまでに簡潔に示されている資料はほとんどない」のだ。[*41] 一九八〇年代のアメリカも、ソ連のアフガニスタン介入に対してこの戦略をとっていた。[*42]

侵略国を抑止するための戦略

大国は、ライバルより多くのパワーを求めるだけでなく、敵が自分の犠牲の上にパワーを獲得するのを妨げようとする。侵略者となりそうな敵を押さえつけておくことは、どちらかと言えば単純な作業である。大国は世界権力の分け前を最大化しようとするその性格上、かなり国防費を出費するし、常に圧倒的な戦闘部隊を作り上げるものだ。目覚ましい軍事力を持っていれば、よほどのことがない限り、ライバル国家がバランス・オブ・パワーに対して挑戦してくるのを妨ぐのに充分である。しかしごくまれに、攻撃的で封じ込めることが難しい大国が登場してくることがある。それは、強力な潜在覇権国のような国家の場合だ。大国にはこのような侵略的な国に対処する戦略が二つある。バランシングとバックパッシングである。

バランシング（直接均衡：Balancing）

バランシング（直接均衡）によって、大国は自ら直接責任を持って、侵略的なライバルがバランス・オブ・パワーを覆《くつが》そうとするのを防ぎに行く。[*43] 大国の当初の目的は侵略者を抑止することだが、失敗した場合は戦争を行うはめになる。脅威を受けた側の国には、バランシングを効果的に行う三つの方法がある。一つ目は、外交のチャンネルを通じて「我々はバランス・オブ・パワーを本気で維持しようとしているのであり、これが理解できないようなら戦争も辞《じ》さない」というはっきりとしたシグナルを送る方法である。このメッセージで強調されるのは〝対立〟であり、〝和解〟ではない。要するに抑止しようとする側は、砂の上に線を引き、侵略者に対してその線を越えてこないよう警告するのである。冷戦時代のアメリカは、ソ連に対し一貫してこのようなタイプの政策を実行し、第一次世界大戦前のフランスとロシアも、ドイツに対してこのような政策を行っていた。[*44]

二つ目の方法は、脅威を受けた側の国々がまとまって防御的な同盟を結成し、危険な敵を封じ込めるというものである。このような外交的な操作はよく「外的バランシング」（external balancing）と呼ばれ、二極化した世界では限定的である。二極化した世界の中で結成されるこのような同盟の中には、理論上、二つある超大国以外には「大国」は存在せず、あるのは小国だけだ。[*45] たとえば冷戦中、米ソ両国とも小国と同盟を組むしか選択肢がなかった。国際システムの中では米ソの二国だけが大国だったからである。よって、脅威を受けた側の国にとっては、同盟するパートナーとなる国を見つけ出すことが最優先事項となる。他国と同盟していれば、侵略してこようとする国を抑止するためのコストを、同盟国の中で分担――戦争が起こった場合、国家にとって特に重要な検討事項になる――できるからである。さらに、同盟国を募《つの》ることは、結果として侵略者に対抗する兵力の量を増加させ、抑止が機能する確率も増えることになる。

このような利益を持つにもかかわらず、外的バランシングには弱点がある。スピードが遅く、効率が悪いという点だ。同盟をスムーズに機能させる難しさは、第一次世界大戦終了時のフランス武官の「私は同盟が機能するところを見てしまったので、（同盟国を持たずに敵連合国に向かって行った）ナポレオンに対する尊敬のようなものを失ってしまった」というコメントに集約されている。[*46] バランシングのための同盟を素早く形成し、スムーズに機能させるのは本当に難しい。たとえ同盟国の間で何をすべきかについて合意があっても、頼りになる同盟国やメンバーの国々の努力を調整するには時間がかかるからである。脅威を受けた側の国々の間では、同盟国の間で責任がどのように分担されるのかについて、ほとんど意見が合わない。国家は自己中心的なものであり、「侵略者を封じ込めるためにかけるコストを最小限にしたい」という強い欲望を持つからだ。また、どの国が同盟国をリードするのかについても、メンバーの国々の間で摩擦が起きやすい。この傾向は、特に戦略を形成しようとする段階に顕著《けんちょ》になる。

三つ目の方法として、脅威を受けた側の国家が侵略的な国家に対して、自らの国力を使って抑止するものがある。国防費を増やすことや、徴兵制度を実施することがこれに当る。「内的バランシング」（internal balancing）と呼ばれるこのような戦略は、まさに「自助」（self-help）という言葉の意味そのものを示している。しかし脅威を受けた国が侵略者に対して使える国力の量には、明らかに限界がある。大国は、平時でも予算のかなりの割合を国防費に回しているからである。世界権力からの分け前の最大化を求めるという理由から、国家は事実上、常に内的バランシングを行っていると言ってよい。しかしいったん攻撃的な敵に直面すると、大国はシステム内の緩《ゆる》みを引き締め、必死に国防費を増加し始める。ところが大国が侵略者を抑止するために他国を救い、国防費を増加するような特別な状況もある。イギリスやアメリカのような「オフショア・バランサー」の場合である。オフショア・バランサーとなる国々は、戦略的に重要な地域において潜在覇権国を封じ込める必要のない時は、比較的小さな軍隊を維持するだけで充分である。オフショア・バランサーのような大国にとっては、たいていの場合、遠くにあるライバル大国が互いに争っているし、海という障害が安全を与えてくれるので、小さな軍隊でもこと足りるのである。ところがオフショア・バランサーとして潜在覇権国を抑止する必要が出てくると、戦闘部隊の規模と強さを一気に増大させる。実際にアメリカは、第一次世界大戦に参戦した一九一七年と、第二次世界大戦に参戦する一年前の一九四〇年に、このようなことを行っている。

バック・パッシング（責任転嫁：Buck-Passing）

バック・パッシング（責任転嫁）は、大国にとってはバランシングに代わる主な戦略である。[*47] バック・パッシングを「する側」、つまり「バック・パッサー」（責任転嫁する側の国：buck-passer）は、自国が脇《わき》で傍観《ぼうかん》している間に他国に侵略的な国家を抑止する重荷を背負わせ、時には他国と侵略者を直接対決させるよう仕向ける。バック・パッサーは、侵略者が世界権力の分け前を増加しないようにする必要性を十分認識しているが、自国と同じように侵略者に脅威を受けている他の国を使って、その面倒な仕事を肩代わりさせるのである。

脅威を受けた国は、四つの方法でバック・パッシングを行う。一つ目が、侵略的な国の関心を常にバック・パッシングを「される側」、つまり「バック・キャッチャー」（責任転嫁を受ける側：buck-catcher）の国の方に向かせるために、侵略的な国と良い外交関係を結ぶ、もしくは最低でも刺激するようなことはしない、というものである。たとえば一九三〇年代の後半、フランスとソ連は両国ともナチス・ドイツの脅威に直面した際に、互いにバック・パッシングをし合っており、両国ともヒトラーとは良い関係を保とうとしていた。そうすることによって、ヒトラーは銃口を相手側に向けてくれるからである。

二つ目が、バック・パッサーが普段からバック・キャッチャーの国との関係をあまり親密にしておかない、という方法である。こうすれば自国とバック・キャッチャーの外交関係の距離が疎遠になり、自国と侵略的な国家との関係が良くなって、バック・パッサーである自国が、バック・キャッチャーと同じサイドについて侵略的な国家と戦わなければならないような危険な状況に巻き込まれることもない。[*48]結局のところ、バック・パッサーの狙いは、侵略的な国家との直接対決を避けることにある。第二次大戦前の何年かにわたって、フランスとソ連の両国から、ヒトラーを恐れるあまりに互いを誹謗《ひぼう》するような小言が聞こえてきたのは、なんら驚くべきことではない。

三つ目は、大国が自らの力をつぎ込んでバック・パッシングを行うやり方だ。バック・パッサーである大国の目的は、他国を使って侵略的な国家を封じ込めることにあるので、国防費の支出については放漫なアプローチをとっているように見えるであろう。ところがすでに述べたオフショア・バランサーの場合を除けば、この結論は間違っている。国家は相対的なパワーを最大化しようとするという事実をひとまず置いておくとしても、バック・パッサーの国家には、その他にも国防費の増加を求める事情が二つある。まず、バック・パッサーは、自国の防衛を固め、対外的に自らを難攻不落の状態に見せかけて、侵略的な国家の目をバック・キャッチャーに向けさせたい。ここでの論理《ロジック》は単純だ。ある国家が侵略的な大国に脅威を受けたとしても、その国家が強力であればあるほど、侵略的な大国は攻撃しにくくなるからだ。当然だがこの際に、バック・キャッチャーは、バック・パッサーの助けを借りずに自分たちだけで侵略的な大国を封じ込めることができる力を持っていなければならない。

もう一方の事情は、バック・パッサーが予防措置として、圧倒的な軍備を築いておかなければならないことだ。二つ以上の国家が互いにバック・パッシングをしようとしている世界では、相手にバック・

パッシングできずに侵略者と一対一で向き合うはめになる状況が絶対起こらないとは言い切れない。つまり、最悪の事態に備えることが肝心だということだ。一九三〇年代のフランスとソ連にも、相手にバック・パッシングをできず、ナチス・ドイツと直接対峙しなければならない状況が起こり得た。たとえ相手にうまくバック・パッシングできたとしても、侵略的な国家がその相手に対して素早く決定的な勝利をおさめてしまい、直後に自国の方にも攻撃をしかけてくる可能性が常にあったからだ。国家はバック・パッシングが失敗した場合の保険として、防衛力を高めておきたいと考えるのだ。

四つ目は、バック・パッサーが、バック・キャッチャーの国力が上がるのを許すだけでなく、それをサポートまでしてしまう方法である。これによりバック・キャッチャーが侵略的な国家を封じ込めてくれれば、バック・パッサーにとっては傍観者のままでいられる可能性が高まるからだ。一八六四年から一八七〇年にかけて、ビスマルク率いるプロイセンが、中央ヨーロッパの領土を征服し、以前のプロイセンよりもはるかに強力な統一ドイツ帝国を作り上げる過程を英露がただ傍観していたのは、この典型的な例である。イギリスは、統一ドイツの登場がフランスやロシアの中欧拡大を抑止してくれるだけでなく、大英帝国の権益がからむアフリカやアジアに向けられたフランスやロシアの視線を、中欧の方へ引き戻す役割を果たしてくれると解釈していた。一方、ロシアも「統一ドイツの登場は、オーストリアやフランスに対して良い牽制《けんせい》となってくれるし、ポーランドの民族的野望も抑えてくれる」と考えていたのである。

バック・パッシングの誘惑

バック・パッシングと、バランシングのために結成された同盟関係をそれぞれ考えてみると、侵略者に対する対処の仕方としての違いが浮かび上がってくる。しかし、バランシングのために結成された同盟の内部では、バック・パッシングがこの同盟関係を破壊する危険性を持つことを知りつつも、あえてバック・パッシングや「ただ乗り」(free-ride) をしようとする国が多い。たとえば第一次世界大戦の初期、イギリスの政治家たちは、西部戦線における自国の戦闘規模を縮小し、仏露に肩代わりしてもらい、ドイツ陸軍と直接対峙する危険をなるべく回避しようとした。[*49] イギリスは自軍をドイツとの最終決戦まで温存し、確実に勝利をおさめてから和平交渉に臨《のぞ》もうとしたのである。これによってイギリスは有利な平和を獲得したことになる。敗戦したドイツや、戦いで疲弊《ひへい》した仏露を尻目に、イギリスは国際社会でさらに強力な立場を得ることができるからだ。ところが同盟国はイギリスの企みに気づいており、ドイツ軍を搾《しぼ》りあげる汚れ仕事にイギリス軍を強制参加させることにした。国家が自国のパワーの相対量を気にするのは、いつの時代も変わらないのだ。[*50]

同盟国へ「ただ乗り《フリーライド》」をしようとするイギリスの企みは、脅威を受けた側の国々が本能的にバック・パッシングをしたがる性質をよくあらわしている。事実、大国はバランシングよりも、バック・パッシングの方を好む。なぜなら責任転嫁の方が、一般的に国防を「安上がり」にできるからだ。一方でバック・キャッチャーは侵略的な国に対する抑止政策が失敗して戦争が起きた場合、その国と直接戦うコストを支払うことになってしまう。もちろんバック・パッサーの方も、バック・パッシングをしやすくしておくため、またそれが失敗した時のことを考えて、時々自国の軍隊に多額の投資をしておくものだ。

また、バック・パッシングには攻撃的な側面もあり、この戦略を魅力的なものにしている。特に侵略的な国家とバック・キャッチャーが長期の消耗戦に巻き込まれる場合、バランス・オブ・パワーはバック・パッサーに有利になる公算が大きく、バック・パッサーは戦後の世界を支配するための良いポジションを得ることになる。アメリカは一九四一年一二月に第二次世界大戦に参戦したが、一九四四年六月までフランスに陸軍を上陸させなかった。強力なドイツ国防軍を弱めるという重荷はソ連がほとんど背負うことになり、ソ連はベルリンに到達するまでに膨大な国力を使った。[*51] アメリカは偶然バック・パッサーになってしまい、ノルマンディー上陸作戦を独ソ両軍ともに疲れ果てた戦争終盤まで遅らせたことにより、大きな利益を得た。[*52]ヨシフ・スターリンが、「イギリスやアメリカのようなオフショア・バランサーが戦後のヨーロッパを支配するために、わざとドイツとソ連を戦わせて国力を疲弊させた」と信じていたのも無理はない。[*53]

また、ある国家が複数の危険なライバル国に囲まれてしまい、それらを一度に相手にすることができるほど強力な軍事力を持たない場合には、バック・パッシングはとても魅力的な選択肢となる。なぜならバック・パッシングは、自国にとって脅威となる国の数を減らすことができるからだ。一九三〇年代のイギリスは、脅威を及ぼしてくる三つの敵――ドイツ、イタリア、日本――に囲まれていたが、三カ国を一度に相手にできる軍事力は持っていなかった。イギリスは問題を軽減するため、ドイツに対してはフランスに責任を押しつけ、イタリアと日本に集中することができた。

ところがバック・パッシングは、どの国も使える簡単な戦略ではない。その主な欠点は、バック・キャッチャーが侵略国の抑止に失敗する可能性がある点にあり、これによってバック・パッサーがかえって戦略的に危険な状況に陥《おちい》ってしまう場合があるからだ。フランスがナチス・ドイツを押さえ切れなかったのがその典型的な例で、イギリスはヒトラーに対抗するため、一九三九年三月にフランスと同盟を組まなければならなくなった。この頃にはヒトラーはチェコ・スロヴァキアの全域を支配しており、ドイツ第三帝国を封じ込めるにはすでに遅すぎたのである。五カ月後の一九三九年九月には、第二次世界大戦が始まっている。ところがこれと同じ頃、ソ連は英仏両国にうまくバック・パッシングをしており、ソ連は自分のバック・キャッチャーとなった二国が、これからドイツと長期消耗戦を行うものと見込んでいた。ところが一九四〇年春にドイツ国防軍はフランスをたった六週間で攻略してしまい、ヒトラーはヨーロッパ西部の戦線を恐れることなく、ソ連を攻撃できることになってしまった。ソ連はバック・パッシングをしたことによって、英仏のように一致団結して同時にドイツに対抗するのではなく、たった一国で厳しい戦争を戦わねばならなくなったのだ。

また、バック・パッサーがバック・キャッチャーの軍事力の増大を見逃しているうちにバック・キャッチャーが強力になりすぎてしまい、ドイツが一八七一年に統一した後のように、バランス・オブ・パワー全体を転覆させてしまう危険もある。この時のビスマルクは次の二〇年間をバランスの維持に努め、イギリスが望んだように、確かに統一ドイツはロシアやフランスをヨーロッパ大陸に押さえ込む役割を果たした。ところが一八九〇年になるとドイツの力は増大しすぎてしまい、最終的には自ら軍事的にヨーロッパ大陸を支配しようとし始めたのだ。結局、イギリスとロシアにとってバック・パッシングの成果はせいぜい半々といったところで、短期的には効果があったが、長期的には大失敗だったのである。

このような潜在的な問題は憂慮《ゆうりょ》すべきものだが、バック・パッシングの魅力自体を減少させるものではない。大国はバック・パッシングが失敗するものだという考えは持たず、逆に成功する戦略だと考えてしまうものだ。そうでなければ国際システムの中で脅威を受けた国は、歴史的にバック・パッシングを避け、バランシング同盟をすぐさま形成してきたはずである。しかし一般的に国際システムの未来を予測するのは難しい。たとえば一八七〇年の時点でドイツが二〇世紀の初期にヨーロッパで最も強力な国家となって二つの世界大戦を引き起こすと予測した人は、誰もいなかった。バランシングも、バック・パッシングに代わるお手軽な戦略というわけではない。実際、一九四〇年春の英仏のように、共同でバランシングを行う国家が壊滅的な打撃を受けることもあるのだ。

バック・パッシングがベイト・アンド・ブリード（誘導出血）と同じような結果をもたらす場合があることは、これで明らかであろう。バック・パッシングが戦争を引き起こした時、バック・パッサーは誘導《ベイター》する側と同じように、ライバルたちが傷つけ合っている間、傍観者でいることによって、相対的にパワーポジションを上げることができる。さらにこの二つの戦略では、ライバルの一方が短期で決定的な勝利をおさめてしまうと、似たような結末になってしまう。しかし、二つの戦略には重要な違いがある。バック・パッシングは戦争を選択肢のうちの一つととらえ、主に抑止を狙った戦略だが、ベイト・

アンド・ブリードの方は、そもそも始めから戦争を引き起こすことを狙った戦略だからだ。

避けるべき戦略

　危険な敵から脅威を受けている国が採用する政策はバランシングやバック・パッシングだけに限らない、という議論がある。アピーズメント（宥和政策：appeasement）とバンドワゴニング（追従政策：bandwagoning）も有効な選択肢である、というものだ。しかしこの主張は誤りである。これらの戦略は侵略側にパワーを明け渡すものであり、バランス・オブ・パワーの論理《ロジック》に反しており、この戦略を使おうとする国々の危険を増やすものだ。自国の存続に強い関心を持つ大国は、アピーズメントやバンドワゴニングを決して採用すべきではない。

　ある国が、自国より強力な国の陣営に組み入れられ、この恐ろしい仲間と新しく共同戦線を張って利益を得て、その利益の分配の際に譲歩を余儀なくされるような場合を「バンドワゴニング（追従政策）をする」と言う[54]。言い換えると、バンドワゴニングをしている国の思惑《おもわく》とは裏腹に、軍事力の分布状況は、この強国の方にどんどん有利になっていく。バンドワゴニングは、弱小国向きの政策である。この戦略の根底にあるのは、ある弱小国が必死に抵抗した後で強国に侵略されたとすると、強国は力ずくで欲しいものを強奪《ごうだつ》するだろうし、敗北した国は多くの罰を課せられるのは明らかなので、弱小国は強国の要求をあらかじめ受けて入れておく方が合理的だ、という考えである。バンドワゴニングの戦略をとった者は、乱暴者である相手の慈悲《じひ》を乞《こ》うしかないのだ。ギリシャの歴史家ツキディデスの有名な格言「強者がいかに大をなし得、弱者がいかに小なる譲歩をもって脱しえるか」は、バンドワゴニングの本質を見事に言い当てている[55]。

　オフェンシヴ・リアリズムの基本的な法則――国家は相対的なパワーを最大化する――に違反するこ

の戦略が、大国に採用されることはほとんどない。大国はその定義のとおり、他の大国と立派に戦えるだけの軍備を持ち、必要に迫られれば自ら立ち上がって戦うだけの意思も持つからである。バンドワゴニングはほとんどの場合、小国が侵略的な大国にたった一国で直面しなければならなくなった時に採用される戦略なのである。[*56] 小国は敵の前で孤立し、国力も弱いので、大国に追従するより他に選択肢がないのだ。バンドワゴニングの典型的な例が、第二次世界大戦初期にドイツのナチと同盟を組むことを決断したブルガリアとルーマニアであり、この二国は大戦末期になってから、これをソ連との同盟に切り替えている。[*57]

脅威を受けた側の国は、アピーズメントによって、バランス・オブ・パワーが自国に有利になるよう、侵略国側に譲歩を行うことがある。アピーズメントを行う国は普通、第三国の領土の全部、またはその一部を強力な敵国に引き渡すことに合意するのだが、そもそもの目的は、侵略者を平和的な方向に向けさせ、できれば現状維持を採らせるという、いわば慰撫《いぶ》的な行為により、敵を懐柔《かいじゅう》することにある。[*58] このアピーズメントの底にあるのは「相手の好戦的な態度は、彼ら自身が〝戦略的に弱い立場にある〟と感じている恐怖そのものから生じている」という考え方である。だから何でもいいのでまずこの不安要因を減らし、その根底にある戦争への動機を捨てさせるか、もしくは動機そのものを消滅させてしまおう、ということになる。アピーズメントは、自国に悪意がないことを示し、軍事バランスを相手の有利になるようにして安心させ、最終的にはその国の態度を友好的なものに変化させることを狙っている。

侵略的な国を封じ込めるための努力を何もしないバンドワゴニングとは違って、アピーズメントをする国は、脅威を抑止しようという努力だけは続ける。しかしバンドワゴニングと同じように、アピーズメントはオフェンシヴ・リアリズムの法則に反するので、非現実的で危険な戦略となる。危険な敵国を優しく柔和的な国に変えることなどできないし、平和を愛する国にするなどはさらにあり得ない。事実、宥和政策は侵略的な国の征服意欲を減少させるより、むしろ増加させることの方が多い。ある国がひどく不安を感じている相手国に大きなパワーを明け渡したとしても、その敵国が自国の存続を楽観視するようになるかどうかは疑わしい。国家間の恐怖のレベルをある程度低下させることができれば、バランス・オブ・パワーを自分の有利な方へ動かしたいと思っている敵国の意欲を多少抑えることができるかも知れないが、実はこれも全体のほんの一部の現象をあらわしているにすぎない。その証拠に、以下で述べる二つの点から見れば、前述の平和推進の論理《ロジック》は簡単に破綻してしまう。まず、国際的なアナーキー（無政府状態）が、ある国家が相手国を出し抜いてさらなるパワーの増加を求めさせるように働くという点だ。大国はもともと攻撃的になるようにプログラムされているので、アピーズメントをした国は、他国に譲歩したことにより「弱い国だ」と周囲に思われがちになる。そうした国は、バランス・オブ・パワーを維持する意思がないことを周囲に示してしまうことになる。よって、アピーズメントを受けた強国が、さらに譲歩を引き出そうとしてくるのは当然だ。できるだけ多くのパワーを求めるのは国家として当たり前のことであり、パワーを増加させることによって自国の存続《サヴァイバル》の可能性が高くなるほど、国家にとってうれしいことはない。さらに、アピーズメントをされた側の国のパワーの獲得能力は、アピーズメントした側から得たパワーによって、さらに増大する可能性があるという点も重要だ。簡潔に言えば、アピーズメントは、危険な敵国をますます危険にしてしまう戦略なのである。

リアリスト的な理由によるパワーの譲歩

ところが、「ある大国が他の大国に対してパワーを譲歩しているにもかかわらず、実際にはバランス・オブ・パワーの法則に反した行動にはならない」という特殊な状況も、実は存在する。これは前にも述べたが、侵略的な国を封じ込められる確率が増大するならば、バック・パッサー（責任転嫁する側）が、バック・キャッチャー（責任転嫁を受ける側）に対してパワーを受け渡すのが合理的であるような状況のことである。さらに、ある大国が同時に複数の侵略的な国家と対峙し、その全部を相手にして戦争を行うだけの軍備がなく、バック・パッシングをする相手もいない場合は、その包囲された大国は、まずこれらの脅威に対して優先順位をつけ、より弱い脅威を及ぼす国にはパワーを明け渡してバランスを有利にさせておき、最大の脅威を及ぼしてくる国には直接対抗して行くという戦略もある。これがうまくいけば、二番目に脅威となる国を、最大の脅威を及ぼしてくる国の「敵」にすることができ、前者と同盟を結成して後者に対抗することも可能になるのだ。

このような論理《ロジック》からすれば、二〇世紀初めにイギリスがアメリカと友好関係を樹立したことも説明できる。[*59] 当時の西半球はすでにアメリカが支配する場所となっていたが、イギリスもまだこの地域に重要な権益を持っており、両国の間で深刻な紛争に発展することが多かった。ところがイギリスはある時突然この地域の利権を放棄し、アメリカとの友好関係を結んだ。主な理由として挙げられるのは、イギリスが大西洋を越えてアメリカの裏庭で敵対できる状態にはなかったということであろう。ここで重要なのは、イギリスはこの当時、西半球以外の地域で増大しつつある脅威、具体的にはヨーロッパでのドイツの台頭に直面しており、これは海を越えたアメリカよりも、イギリスにとってははるかに大きな脅威になりつつあったという点だ。イギリスは変化しつつある状況を踏まえてアメリカと妥協し、ドイツの及ぼしてくる脅威に集中することにしたのである。結局、ドイツはアメリカにも脅威を与えることになったので、第一次・第二次の両大戦では、米英両国は同盟を組んでドイツを叩くことになった。

この他にも、危険な敵国に譲歩することが、その脅威を封じ込めるのに必要な国力を動員するまでの時間稼ぎための、短期的な戦略として合理的となりうるケースがある。これを実行しようとする国家は、短期的に弱い立場でいた上、長期的には優れた動員能力を持つ必要がある。歴史の中からこのような行動をした国家の例を発見するのは難しい。私が知る唯一のケースは、イギリスが（チェコ・スロヴァキアの一部であった）ズデーテン地方のナチス・ドイツへの吸収・併合を許した一九三八年九月の「ミュンヘン協定」の例だけである。イギリスの政治家たちはこの協定によって、バランス・オブ・パワーが一時的にドイツ第三帝国にかなり有利になることを知っていたが、時がたてばイギリスやフランスにとって有利になってくるだろうと信じていた。そして、確かにミュンヘン会談の後のバランスは、英仏にとって一時的に不利な方向へと傾いた。この事実から考えると、英仏は一九三九年にポーランドをめぐってナチス・ドイツと戦争を始めるよりも、一九三八年にチェコ・スロヴァキアをめぐって戦争を始めておいた方が良かったのかも知れない。[*60]

結論

最後に、ある国が軍備を獲得して維持するための行動の仕方について検証しておく必要がある。ケネス・ウォルツは、「大国は安全保障をめぐる争いを行う中で、うまくやっている敵の**イミテーション**(模倣:imitation)をするようになる、だからますます競争が激化する」という議論をしている。[*61] 彼は「国家には社会性がある」と主張し、それは「国家が国際社会の習慣に従おうとするからだ」と言う。乱戦状態の国際政治の中で国家が自国の存続《サヴァイバル》を図ろうとするならば、そうせざるを得ないのは事実であり、「ほぼ横並びの状態にある国々は、失敗によって不利な状況にある時に、他国の成功したやり方を真似して、同一性を促進《そくしん》する」のだ。[*62] ウォルツはこのイミテーション(模倣)のコンセプトを、国家がバランシングをする行動と結びつけている。つまり、国家はバランス・オブ・パワーを破壊する恐れのある国を警戒することを学習する、と言うのだ。このように同じ方向へ向かう傾向の結果として生まれるのが〝現状維持〟であることは明らかである。結局、バランシングは完全に「順応的な行動」なのであり、これは国際システム間のパワー・バランスを乱す方向ではなく、保持させる方向に働くと言うのだ。まさにディフェンシヴ・リアリズムそのものの理論である。

確かに国際システム内の国家の間に、他国が成功したやり方を真似しようとする強い傾向が存在するのは間違いない。また、侵略者を抑止するために国家が社会的にならなければならない理由は明白ではないが、国家が「バランシングを真似してみたい」と考えるというのも間違ってはいない。国際システムの構造は、その構造そのものの働きだけで、国家を危険なライバル国に対抗してバランシングするように仕向けたり、他国に頼って封じ込めさせたりするように仕向けるものなのだ。

しかしウォルツは、国際政治を攻撃的で危険なものにしていて、国家の行動の仕方にも深く関係してくる、二つの点を見過ごしている。一つ目は、国家はうまくバランスをとって成功した行動を見習うだけではなく、侵略を成功させた行動も真似するという点だ。アメリカが一九九〇〜九一年のイラクのクウェート侵攻を押し戻そうとした理由の一つは、その周辺国に「侵略は得になる」という考えを諦《あきら》めさせ、模倣的に侵略戦争を発生させる事態を防ぐことであった。[*63]

二つ目は、大国は互いにうまくいった戦略を真似し合うだけでなく、**イノベーション**（革新：innovation）も重視するという点である。[*64] 国家は新しい武器、画期的な軍事理論、新しい戦略などによって、相手につけ込む新しい方法を常に探っている。ここから生まれる大きな利益は、往々にして国家に予測できない動きを発生させるものであり、だからこそ国家は他国の全く新しい戦略に対してものすごく警戒するのだ。[*65] ナチス・ドイツがまさにこの典型である。ヒトラーは確かに周りのライバル国の成功したやり方を見習っていたが、同時に彼は、敵を驚かす斬新《ざんしん》な戦略も採用していた。言い換えれば、安全保障をめぐる争いというものは、国家の行動を予測不可能にするのである。[*66]

まとめると、私は国家がどのように世界権力の分け前を最大化し、とくに彼らが追及する特定の目標や、それらを達成するために使う戦略などを説明した。ここから私は歴史の実例にあたり、大国が常にライバルよりも優位に立とうとしている証拠があるのかどうかを検証していく。

第六章 〈大国の実際の行動〉

第二章で私は、大国が攻撃的な傾向を持ち、世界権力の分け前を最大化しようとするという理論を説明した。その際に、国際システムの中には現状維持をする国はほとんど存在しないことや、とくに強力な国家は、地域覇権《リージョナル・ヘジェモニー》（regional hegemony）を目指すという私の主張の論理的な基礎について詳しく説明した。私の理論に説得力があるかどうかは、結局それがどれだけ実際の大国の行動を説明できているかにかかっている。

オフェンシヴ・リアリズムが大国の行動について最も正しい説明をしていることを証明するため、私は、①大国政治の歴史では、主にリヴィジョニスト（修正主義的：revisionist）国家同士のぶつかり合いが展開されていること、そして、②歴史に登場する唯一の「現状維持国」（status-quo power）は、「地域覇権国」――パワーの頂点を極めた国家――であるということを説明する。また、大国はバランス・オブ・パワーを自国に有利に変化させる手段を持つ時には自制しないことや、国家が一度パワーへの欲望を持つと見境《みさかい》がなくなる、という証拠も示さなければならない。実際の歴史の中で我々が目にするのは「自国の存続《サヴァイバル》を確実にするため、もっとパワーを得なければならない」と考えているリーダーばかりなのだ。

国際システムの中にはリヴィジョニスト的な国家しか存在しないということを証明するのは簡単ではない。なぜなら「潜在的なケース」が数限りなくあるからである。[*1] ところが大国は数世紀にわたって互いに競争し続けているので、私の理論を検証できる実際の国家の行動例はたくさんある。わかりやすくするために、本章では史実を見る際に四つの見方を採用した。また私は国家の拡大と非拡大の例の両方を公平に注目し、非拡大のケースのほとんどは「抑止政策」（deterrence）が成功したものであるということを示そうとした。

❖
❖
❖

まず初めに、私は過去一五〇年間に支配的だった、五つの大国の対外政策を考察する。一八六八年の明治維新から第二次世界大戦の敗戦までの日本、一八六二年のオットー・フォン・ビスマルクの出現からヒトラーの最後の敗北に至る第二次世界大戦の敗戦までのドイツ、一九一七年の建国から一九九一年の崩壊までのソ連、一七九二年から一九四五年までの大英帝国／イギリス、そして一八〇〇年から一九九〇年までのアメリカだ。[*2] 私はそれぞれの国家の歴史を、時代ごとに細かく分断するのではなく、大まかに広くとらえて分析することを選んだ。特定の侵略的行動というものは、国内政治による突発的な行動ではなく、オフェンシヴ・リアリズムが予測するような、大きな侵略的な行動のパターンの一部であることを示す手がかりになるからである。

日本、ドイツ、ソ連の例は、私の理論を証拠づける最もわかりやすいケースである。この三国は常に征服によって国土を拡大するチャンスを狙っており、ひとたびそのチャンスが現れると、常にそれを獲得しに行った。しかもパワーを獲得しても彼らの攻撃的な性質が和《やわ》らぐことはなく、むしろ強まっていったのだ。この三つの大国は「地域覇権《リージョナル・ヘジェモニー》」を求めていた。さらに、これら三国の政治家たちが、オフェンシヴ・リアリストのように語り、オフェンシヴ・リアリストのように考えていた重要な証拠もある。当時のこれら三国の主なリーダーたちが、既存《きぞん》のバランス・オブ・パワーで満足していたという証拠は皆無だ。要するに、ドイツ、日本、ソ連の侵略的な行動の一番重要な原動力となっていたのは、安全保障上の考慮だったのだ。

イギリスとアメリカは、オフェンシヴ・リアリズムとは矛盾した行動をとっていたかのように見える。イギリスは、一九世紀を通じてヨーロッパで一番豊かな国であったのに、その圧倒的な経済的な富を軍事的な力に変換して地域覇権国になろうとはしていない。二〇世紀前半のアメリカも、北東アジアやヨーロッパに戦力投射するチャンスが何度もあったにもかかわらず、侵略的な政策とは正反対の孤立主義的な対外政策を採用したため、チャンスをわざわざ見逃していたように見える。

しかし、イギリスやアメリカも、実はオフェンシヴ・リアリズムの論理《ロジック》に従って行動していたと私は論じる。一九世紀のアメリカは、西半球における地域覇権の達成を目指していたが、この主な理由は、危険な世界で自国の存続《サヴァイバル》を確保するチャンスを最大化することにあった。アメリカは成功し、近代では唯一、地域覇権《リージョナル・ヘジェモニー》を達成した大国になった。二〇世紀のアメリカはヨーロッパや北東アジアの領土を征服しようとしていないが、これは大西洋と太平洋を越えて戦力投射するのが困難だからに他ならない。アメリカはそれでもこの戦略的に重要な二つの地域に対して「オフショア・バランサー」として行動している。また、海という障害物は、イギリスが一九世紀を通じてヨーロッパ大陸を一度も支配しようとしなかった大きな理由である。アメリカとイギリスの例については細かい議論が必要となるので、次章で詳しく論じることにする。

第二に、私は一八六一年から第二次世界大戦の敗戦までのイタリアの対外行動を分析した。「一番強力な大国はパワーを獲得するチャンスを常に求めている」という主張には理解を示しつつも、「他の大国、特に力の弱い大国は、現状維持をする傾向があるはずだ」と考える人がいるかも知れない。イタリアはこのような議論を検証できる良い例だ。イタリアはほぼ全時代にわたって、ヨーロッパの政治史の中では明らかに「最小の大国」だったからである。[*3] しかしその軍事力の小ささにもかかわらず、イタリアの国家指導者たちはパワーを獲得するチャンスを常に探っており、いざチャンスが来れば、彼らはほぼ迷わずそれを獲得しに行った。イタリアの政治家たちは、主にバランス・オブ・パワーを考慮することによって、常に攻撃的な意欲をかきたてられていた。

第三に、「強力で活発な国家がパワーの獲得に飽きたり、その狙いを適当なところに設定して拡大をやめたりするケースは非常に少ない」という考えを認めたとしても、「他国を攻撃することは常に大災害を引き起こすということを知っていながら、それでも攻撃的な行動をする大国は愚《おろ》かだ」と考える人がまだいるかも知れない。[*4]「このような自滅的な行動は、戦略的な論理《ロジック》では説明がつかない。むしろこのような自滅的な行動は、国内政治における利己的なグループによって進められる、間違った政策による結果である」――ディフェンシヴ・リアリストたちは、こうした論法をよく使う。彼らが好む「自滅的な行動」の例は、第二次世界大戦前の日本と、両大戦前のドイツである。そこで私は、特にドイツと日本のケースに注目しながら、これらの国々は有害な国内政治のせいで自滅的な行動をとったわけではないという証拠を提示し、上記のような議論に挑戦した。

最後に、私は冷戦時の米ソの核兵器の軍拡競争を分析した。ディフェンシヴ・リアリストたちは、核武装をしたライバル同士が互いを破壊できるだけの能力を持つことになると、彼らは社会的に自分たちの作り上げた世界に満足し、わざわざそれを変更しようとは思わなくなると示唆《しさ》している。言い換えれば、彼らは核保有のレベルまで行けば現状維持国になるというのだ。オフェンシヴ・リアリズムからすれば、核武装したライバル国同士は、相互確証破壊（ＭＡＤ）に満足することなく、核武装のレベルでも他国を圧倒しようとする、ということになる。私は米ソ両超大国の核武装政策が、オフェンシヴ・リアリズムの予測とほとんど矛盾していないことを提示するつもりだ。

次の章で論じられることになるアメリカとイギリスのケースを除けば、私の四つの歴史の事例分析はすでに本章で述べた通りである。それでは次に、明治維新から広島への原爆投下までの、日本の対外政策の分析を始めてみよう。

日本（一八六八～一九四五年）

一八五三年以前の日本は、外の世界、特に欧米の大国とはあまり接触がなかった。二世紀以上にわたる鎖国政策は、日本に封建政治のシステムや、当時の先進工業国とは違うタイプの経済体制を残した。西洋の大国たちは「砲艦外交」（gunboat diplomacy）によって日本に一連の不平等通商条約を押しつけ、一八五〇年代に日本を「門戸開放」した。当時、西洋の大国たちはアジア大陸の土地を支配しようとしていたが、日本はこのような動きに対して無力であり、手をこまねいて見ている他なかった。

日本はこの不利な戦略状況に対し、西洋の大国の行動を真似することによって対応した。日本の国家指導者たちは政治システムを改革して、西洋諸国と経済的、軍事的に対抗しようとした。一八八七年に日本の外相は「我々は我が皇国と臣民を、欧州の帝国や人民のようにしなければならない。言い換えれば、我々はアジアの端に、ヨーロッパ式の新しい帝国を築かなければならない」と述べている。[*5]

一八六八年の明治維新は、改革への最初の大きな第一歩であった。[*6] 近代化の初期の段階では主に国内政策の改革に力が注がれていたが、日本が世界政治の舞台で大国のように振る舞い始めるまでにはそれほど時間はかかっていない。[*7] 日本の海外征服の最初のターゲットは朝鮮だったが、一八九〇年代半ば頃までには日本がアジア大陸の大部分を支配しようとしていることは明らかになりつつあり、第一次世界大戦が終了する頃になると、日本がアジアの覇権を狙っていることが明確となった。日本の攻撃的な態度は、第二次世界大戦で決定的な敗北をする一九四五年まで全く変わっていない。明治維新から東京湾のミズーリ艦上で降伏文書に調印するまでのほぼ八〇年間、日本は攻撃的に行動し、世界権力の分配を増加させるために、いかなる状況でもバランス・オブ・パワーを自国に有利な方向に変化させようとした。[*8]

日本は一八六八年から一九四五年の間、常に領土を拡大して、さらなるパワーを得るチャンスをうかがっていたが、その行動の原動力になっていたのは安全保障への関心である。イケ・ノブタカ（Nobutaka Ike）は、「振り返ってみれば、それが実行されたか準備されたかは別としても、この時代にくり返されていたテーマは常に〝戦争〟であった……日本の近代化の過程で一貫しているものは戦争である、という推測にたどり着く」と書いている。[*9] ディフェンシヴ・リアリストのジャック・スナイダー（Jack Snyder）でさえ、「一八六八年の明治維新から一九四五年まで、日本政府は一貫して拡大主義者であった」と認めている。[*10]

日本をこのような行動に駆り立てていた動機について、マーク・ピーティ（Mark Peattie）は、「西洋諸国がアジアに進出してきたことに対して、大日本帝国が領土を獲得していく際に最も気にかけていたのは、安全保障だった」という有力な見解を示している。明治維新の独裁的な性質に対する痛烈な批判者であるE・H・ノーマン（E. H. Norman）でさえ、すべての歴史は「明治の政治家たちに対して、属国になるか、もしくは発展して勝利する帝国になるかのどちらかしかないと教えていた」と結論づけている。[*11] 陸軍の将軍だった石原莞爾は、一九四六年五月の東京裁判（訳注：東京飯田橋・逓信病院入院中の臨床尋問）でアメリカ側の検事に反論する際に、同様のことを指摘した。[*12]

「あなたはペリー（日米貿易交渉を最初に行ったアメリカ海軍のマシュー・ペリー提督）のことを聞いたことがあるか？ 自国の歴史さえ知らないのか？……日本は徳川幕府の昔から鎖国主義で、他の国に一切迷惑をかけず、門を硬く閉ざしていたのだ。ところがあなたの国からペリーが黒船に乗ってやってきて大砲で脅かして門戸開放を迫り、『おれたちと交渉しないならこれを見ろ。ドアを開けて他の外国とも交渉しろ』と警告したのだ。それから日本は門戸開放して他国とも交渉するようになってから、他国がとんでもなく侵略的だということを知ったのである。だから我々は自国の防衛のためにアメリカを見習って、どのように攻撃的になるのかを学んだのだ。日本はあなたがたの弟子になったと言っても良いだろう。だからまずあの世からペリーを召喚して、戦争犯罪人として告訴したらどうだ？」[*13]

ターゲットとライバル

日本は主に、アジア大陸の三つの地域をコントロールすることを考えていた。朝鮮半島、満州、中国である。朝鮮半島は日本から最も近いところにあったため、日本の最初のターゲットとなった（図6-1参照）。当時の日本の政治家たちは、ドイツ士官が朝鮮半島を「日本の心臓を突き刺す短剣である」

と表現した発言について、誰一人として異議を持たないはずである。二番目のターゲットは満州である。この理由も、日本海をはさんで地理的に近かったところにある。中国は、朝鮮半島や満州よりは遠くにある脅威だが、日本にとって重要なことには変わりなかった。もし経済体制と政治体制を同時に近代化することができれば、中国はアジアのすべてを支配する潜在力を持っていたからである。日本はとにかく中国を弱く分裂させておきたかった。[*14]

また日本は外モンゴルとロシアの領土を手に入れることも考えたことがあり、さらには東南アジアの大部分の征服を考え、実際に第二次世界大戦の初期にはこの目標を達成している。加えて、日本はアジア大陸の沖にある多くの島々を狙っていた。現在は台湾となったフォルモサや、海南島、琉球諸島である。日本のアジア覇権達成のドラマは、朝鮮半島、満州、中国を含む、アジア大陸において展開されることになった。また、日本は一九一四年にドイツ、一九四一年にアメリカと戦争をした際、西太平洋の多くの島々を征服している。

中国は一九三七年から一九四五年の間に地域覇権国になろうとした日本と戦い、他の大国の手助けをしたが、中国や朝鮮には日本の帝国的野望を阻止する力はなかった。西洋との最初の接触時から近代化を始めた日本と違って、中国と朝鮮は一九四五年よりはるか後まで経済的には遅れたままであった。日本は一九世紀末に中国や朝鮮に軍事的に大きな差をつけ、最終的には朝鮮を併合し、中国の広い地域を征服することができるようになっていた。二〇世紀初め頃までに日本はアジア大陸の大部分を支配し、西洋の大国には封じ込められないほど拡大する可能性もあった。

ロシア、イギリス、アメリカは、一八九五年から一九四五年まで、日本の拡大を抑える重要な役割を果たした。ロシアはアジアとヨーロッパの両地域で大国と呼ばれる資格を持ち、北東アジアでは日本の最大のライバル大国であった。日本の陸軍とユーラシア大陸で実際に戦った唯一の大国は、ロシアだった。もちろんロシアにも帝国的な野望があり、朝鮮半島と満州の支配をめぐって日本に挑戦した。とこ

図６－１　アジアにおける日本の拡大のターゲット（1868 ～ 1945 年）

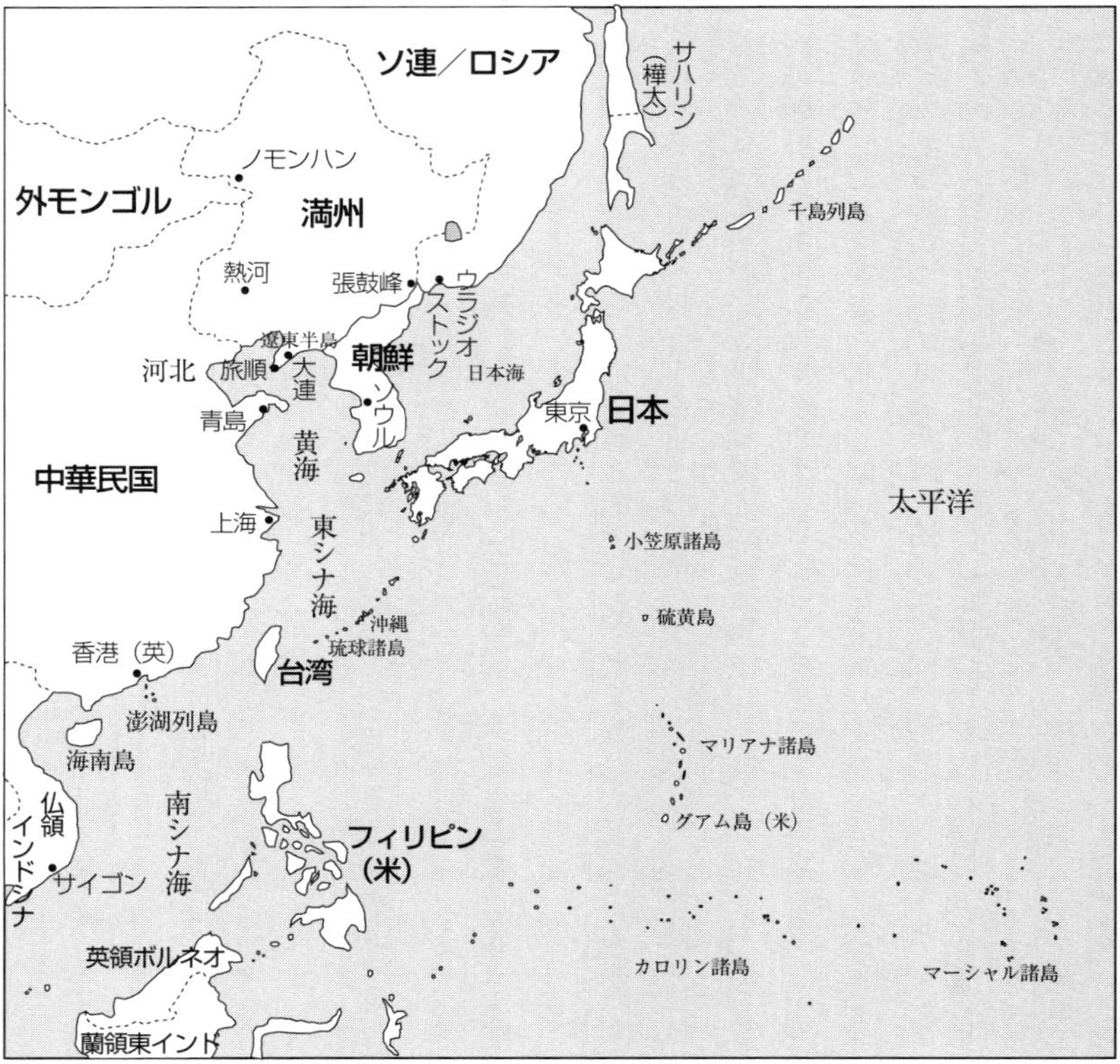

ろがロシアには日露戦争（一九〇四～〇五年）の時のように軍事的に弱い時期があり、日本には充分に対抗できなかった。英米も、陸軍ではなく主に経済と海軍によるものではあったが、日本を封じ込める重要な役割を果たしている。仏独は、極東においてはかなり地味な役割しか果たせていない。

日本の拡大の歴史

明治維新後の何十年かの間に日本の対外政策において議論の的《まと》になったのは、外の世界から孤立しながらも、中国（清）の属国であると見られていた朝鮮である。[*15] 日本は五〇年前に西洋諸国に迫られたように、朝鮮を外交的にも経済的にも開国させようとした。朝鮮は日本の申し入れに抵抗し、日本ではこの目的を達成するため武力を使うかどうかについて、一八六三年から一八七三年の間に大論争が巻き起こった。最終的に日本は戦争を見合わせ、代わりに国内の改革に集中することになった。ところが一八七五年に日本の測量隊が朝鮮の沿岸警護隊と衝突する事件（江華島事件）が起こり、これによって朝鮮側は日本との通商のために三つの港を開き、自らを独立国として宣言する「江華条約」（日朝修好条規：一八七六年二月）を受け入れた。

しかし中国（清）は依然として朝鮮を属国と見なしており、これが日本との朝鮮をめぐる争いにつながった。一八八四年末にはソウル常駐の日本軍と清国軍の間で軍事衝突が起こったが、双方はヨーロッパの大国がつけ込んでくることを警戒していたので戦争は回避された。しかし日清間での朝鮮をめぐる争いは続き、一八九四年夏にはまた危機が起こった。今回の日本は戦場で決着をつけることを決意しており、日清戦争で一気に勝利し、厳しい和平条約を課した。[*16] 一八九五年四月一七日に締結された下関条約によって、中国は遼東半島と台湾、澎湖《ほうこ》諸島（the Pescadores）を日本に譲ることになった。遼東半島は満州の一部であり、戦略的に重要な旅順《りょじゅん》があった。さらに中国は朝鮮の独立を認めることを迫られたが、これは事実上、朝鮮が中国ではなく、日本の一部になることを意味した。日本はまた中国から重要な通商条約を取りつけ、多額の賠償金を要求し、これらによって日本がアジアの政治において大きな影響力を持ちつつあることが、いよいよ明らかになった。

ロシアをはじめとする大国は、日本が力をつけ始め、アジア大陸で急激に領土を拡大していることに危機感を感じていた。露・仏・独は、和平条約が交わされた数日後に、日本に対して遼東半島を中国に返還するよう求めた。ロシアは満州を支配しようとしていたので、この地域を日本がコントロールすることを阻止しようとしたのである。ロシアはまた、日本の朝鮮支配に反対することを表明している。日本が許されたのは、台湾と澎湖諸島の領有だけであった。この「三国干渉」により、清に代わって今度はロシアが、日本と朝鮮・満州を争うライバルとなった。*17

二〇世紀初期までにロシアは満州において支配的な立場となり、義和団《ぎわだん》事件（the Boxer Rebellion：一九〇〇年）を機に大規模な軍隊を派遣している。朝鮮の政治家たちは日露を手玉にとって、一方の国だけに飲み込まれることを防いだため、日露とも朝鮮においては決定的に優位に立つことはできなかった。日本はこの新しい戦略状況に満足せず、ロシアに取引を持ちかけた。「日本が朝鮮を支配できれば、ロシアが満州を支配してもよい」というものである。ところがロシアがこれを拒否したため、日本は状況を打開するために一九〇四年二月にロシアとの戦争を始めた。*18

日本は海と陸で鮮やかな勝利を収め、これが一九〇五年九月五日にニューハンプシャー州のポーツマスで交わされた和平条約（ポーツマス条約）に結実した。朝鮮半島におけるロシアの影響力は終わりを告げ、日本の朝鮮半島の支配が決定的になった。ロシアは南満州鉄道を含む遼東半島を日本に明け渡し、また一八七五年から支配していたサハリンの南半分を日本に譲渡した。日本は三国干渉による制限から解放され、アジア大陸への大きな足がかりを獲得したのである。

日本は手に入れたものをすぐ強化し始め、一九一〇年八月には朝鮮を併合した。*19ところが満州進出だけは慎重に行わなければならなかった。ロシアはまだ北東アジアに大規模な軍隊を維持しており、満州には大きな利権を持っていたからである。さらにアメリカも日本の急激な力の拡大を警戒するようになり、ロシアを強力なままにしておくことによって日本を封じ込め、バランスを取らせようとした。このような新たな戦略状況に直面した日本は、一九〇七年七月にロシアと、満州を両国の影響圏ごとに分割することに合意（日露協約）した。また、日本は外モンゴルにおけるロシアの特別な権限を認め、代わりにロシアは日本の朝鮮支配を認めた。

日本は第一次世界大戦でも攻撃的なやり方を続けた。日本は一カ月以内に連合国側について、ドイツに支配されていた太平洋諸島（マーシャル諸島、カロリン諸島、マリアナ諸島）や、中国の山東半島にあってドイツに支配されていた青島《チンタオ》を征服した。当時、政治的混乱が続いて戦略的にも危険な状況にあった中国は、日本に対してドイツの支配下にあった都市の返還を求めた。日本はこの要求を拒否し、一九一五年一月には中国に対し、日本にとって有利になる大規模な経済的・政治的譲歩を迫り、最終的には中国を朝鮮並みの属国にするような、不名誉な「二一か条の要求」を提出した。[*20] アメリカは最も厳しいいくつかの要求を諦めるよう日本に迫ったが、中国側は不満を抱きつつも、一九一五年五月には多少軽減された日本側の要求に合意した。この一連の出来事によって、日本が中国をなるべく早い時期に支配しようとしていることが明らかになった。

日本の対外政策における野心は、一一月革命（一九一七年一一月）後の一九一八年夏に北満州とロシアを侵略した時、再び表面化した。[*21] ロシアは激しい内戦の真っ最中であり、日本は英仏米と協力して介入したのである。西部前線でドイツ陸軍と戦闘を繰り広げていた当時の西洋の大国たちは、この介入によってロシアをドイツとの戦いに引き戻そうと考えていた。これは、ロシア内戦に介入して反革命勢力に勝利させることを意味した。日本は介入のために、他の大国を圧倒する七万人ほどの部隊を派遣したが、革命軍との戦いには興味を示さず、その代わりに領有した地域——サハリンの北半分、満州の北、東シベリア——の支配を固めることに集中した。日本のロシア介入は、厳しい気候や非友好的な住民、そしてあまりにも広大な領土のため、当初から困難を極めた。革命軍が内戦に勝利すると、日本軍はロシアから兵力を削減し、一九二二年にはシベリアから、一九二五年にはサハリン北部から完全撤退した。

第一次世界大戦の末期になると、アメリカは日本が巨大になりすぎたと感じるようになり、この状況を打開しようと考え始めた。一九二一年から二二年にかけての冬に開催されたワシントン会議で、アメリカは日本が第一次世界大戦の間に中国で得た権益を、三つの条約（四カ国条約、九カ国条約、海軍軍縮条約）で放棄することを迫り、英米日の海軍の規模に制限を設けた。[*22] これらの条約には、未来の危機に対して三国が協力して対処することの必要性や、アジアにおいて政治的に現状維持を保つことの重要性など、多くの政治的な建前が含まれていた。しかし日本の狙いは帝国の版図をアジアで拡大することにあったので、その狙いを封じ込める条約を話し合うワシントン会議には、日本は初めから不満であった。ところが日本の指導者たちは、第一次世界大戦の勝利によって台頭したばかりの自国が西洋の大国たちに対抗するだけの力を持っていないことをよく理解していたため、これらの条約にサインした。日本は一九二〇年代を通じて現状維持の状態を変化させようとしておらず、この一〇年間はアジアでもヨーロッパでも、比較的平穏な時代となったのである。[*23]

ところが一九三〇年代の初めに日本は侵略的な態度を復活させ、その一〇年間に対外政策はどんどん侵略的な方向に傾いて行った。[*24] 一九三一年九月一八日に、日本の関東軍は「柳条湖事件《りゅうじょうこ》」（Mukden incident：満州事変）を起こし、[*25] 日本が戦争を起こして満州全域を支配するきっかけとした。関東軍は素早く勝利をおさめ、日本は一九三二年三月に、実質上の植民地である「独立」した満州国建国の手助けをしたのである。

一九三二年初め頃までに満州と朝鮮を完全に支配下におさめた日本は、今度は中国を支配することを考え始めた。実際に、日本は満州国の建設以前から中国への調査や侵入を始めている。[*26] 一九三二年一月、上海において中国の第一九路軍と日本海軍の部隊の間で戦闘が起こり（上海事変）、これによって日本は上海に地上部隊を派遣せざるを得なくなり、一九三三年五月にイギリスが停戦協定を仲介するまで、戦闘は六週間ほど続いた。一九三三年初めに日本軍は中国北部の熱河省《ねっかしょう》と河北省《かほくしょう》へ進出し、一九三三年五月末に停戦協定が実効した後も熱河省の支配を続け、中国は河北省の北側一帯に非武装地帯を認めるよう日本に強要された。

日本の外務省は、東アジアは日本の影響圏であることを宣言し、日中間の紛争において他の大国が中国側に加担することを警告する重要な文書を一九三四年四月一八日に発表している。要するに日本は東アジアにおける〝モンロー・ドクトリン〟を宣言したのである。[*27] 日本は一九三七年夏の終わりに、中国に対して全面攻撃を開始した。[*28] 一九三九年九月一日にヒトラーがポーランドを侵略する頃までに、日本は中国北部の大部分と沿岸地方の多くを支配していたのである。

また、日本は一九三〇年代末から張鼓峰《ちょうこほう》事件（一九三八年）やノモンハン事件（一九三九年）など、ソ連との大規模な戦闘を含む一連の国境紛争に巻き込まれていた。[*29] 関東軍のリーダーたちは満州を越えて外モンゴルやソ連にまで拡大しようとしていたが、ソ連軍は二度の戦闘で関東軍を決定的に打ち負かし、日本は北方拡大への意欲を急激に失った。一九四〇年春のフランス敗退と、その一年後のドイツによるソ連への侵攻は、日本が東南アジアと西太平洋へ侵略する新たなチャンスを与えた。[*30] 日本はこの隙《すき》につけ込もうとしたが、最終的には一九四一年一二月から一九四五年八月まで続いたアメリカとの戦争にはまってしまい、決定的な敗北をして大国の地位を失った。

ドイツ（一八六二〜一九四五年）

一八六二年から一八七〇年、そして一九〇〇年から一九四五年の間、ドイツはヨーロッパのバランス・オブ・パワーをくつがえし、軍事力を拡大した。ドイツはその五五年の間に数多くの危機や戦争を引き起こし、二〇世紀に入ってから二度もヨーロッパの支配を企んでいる。一八七〇年から一九〇〇年までの間、ドイツはむしろバランス・オブ・パワーを維持しようとしていたが、この状態に満足していたわけではない。ドイツが一九世紀末におとなしかった理由は、その当時、ライバルたちに対抗できるほど充分な力を持っていなかったことにある。

ドイツの侵略的な対外政策の行動は、主に戦略的計算によって動かされている。ドイツはその地理的な条件のため、常に安全保障問題に悩まされていた。ヨーロッパの中央で東西に自然の障壁があまりない場所に位置し、敵の攻撃に弱かったからだ。ドイツのリーダーたちは、常にパワーを獲得して自国の存続《サヴァイバル》を確実にしようと躍起《やっき》になった。しかしこれは、ドイツの対外政策に安全保障以外の問題が全く影響を与えなかったという意味ではない。オットー・フォン・ビスマルクとアドルフ・ヒトラーという二人の偉大な国家指導者の下でのドイツの行動を考えてみればよくわかる。ビスマルクは一般的に狡猾《こうかつ》な権力政治（レアルポリティーク）の実践者だと考えられているが、一八六四年、一八六六年、一八七〇〜七一年の戦争に勝利した背景には、安全保障への関心と同じくらい、ナショナリズムの問題も重要だった。[*31] ビスマルクはプロイセンの国境を拡大して安全を確保しようとしただけではなく、統一されたドイツ国家を作ろうと決意していたのだ。

ヒトラーの侵略行為の底には、根深い人種的偏見があることは間違いない。ところがヒトラーの国際政治の考え方の基礎になっていたのは、冷酷なパワーの計算である。[*32] 一九四五年以来、学者たちはナチスとそれ以前の政権の政策の間にどれだけの継続性があったのかを論じているが、対外政策の分野に限れば、ヒトラーは以前のドイツの政権指導者たちと大きな違いを示しておらず、以前のリーダーたちと同じように考えて行動していたと考えられている。デビッド・カレオ（David Calleo）は「ドイツ帝国とナチス・ドイツの対外政策はかなり共通している。ヒトラーは前任者たちと同じ地政学的分析、国家間の紛争に関する確信、ヨーロッパ覇権への熱望と理論的根拠を共有していた。第一次世界大戦はこの地政学的分析の正しさを証明しただけだ、とヒトラーは主張したであろう」と指摘している。[*33] ヒトラーの残忍で凶悪なイデオロギーがなかったとしても、ドイツは一九三〇年代までには確実に侵略的な国家になっていたはずだ。[*34]

ターゲットとライバル

一八六二年から一九四五年まで、フランスとロシアはドイツの二大ライバルであった。ドイツとロシアの間では短期ながらも友好関係はあったが、フランスとドイツの関係はこの全期間を通じて常に悪かった。イギリスとドイツの関係は一九〇〇年までは順調だったが、二〇世紀初期に悪化し、イギリスはフランスやロシアのように、二つの世界大戦でドイツと戦うことになった。オーストリア＝ハンガリー帝国は、ビスマルク時代の初期までドイツの激しいライバルだったが、一八七九年には同盟国となり、一九一八年の崩壊まで同盟関係を続けた。一八六二年から一九四五年の間、イタリアとドイツは第一次世界大戦で敵として戦ったにもかかわらず、その関係はおおむね良好であった。アメリカはドイツと両大戦を戦ったが、それ以外の八〇年間は、特に激しいライバル関係にあったわけではない。

一八六二年から一九四五年までの期間におけるドイツの侵略目標は、一九〇〇年以降の野心的な拡大計画のために、かなりの数に上る。ヴィルヘルム皇帝時代のドイツは、ヨーロッパを支配するだけでは飽き足らず、世界的な大国になりたがっていた。その野心的な計画は「世界政策」（Weltpolitik）として知られ、その目標にはアフリカに大きな植民地を手に入れることも含まれていた。[*35] ドイツの二〇世紀前半の最も重要な目標は、フランスとロシアの犠牲の上にヨーロッパ大陸内で領土を拡大することであり、ドイツは両大戦においてこの計画を実際に実行しようとした。ところが一八六二年から一九〇〇年にかけてのドイツにはヨーロッパ全土を侵略するだけの力がなかったので、かなり限定した目標しか持てなかった。

ドイツの拡大の歴史

ビスマルクは一八六二年九月にプロイセン政府の支配権を握った。当時、統一されたドイツ国家は存在しておらず、ドイツ語を話す集団がヨーロッパの中央に散らばり、ドイツ連邦としてなんとなくまとまっていたにすぎない。その中で最も強力だったのが、オーストリアとプロイセンであった。ビスマルクは九年の間に連邦を破壊し、以前のプロイセンよりも強力な統一ドイツをうち立てた。[*36] この目標は、三つの戦争の勝利によって達成された。プロイセンはデンマークを倒すために一八六四年にオーストリアと組み、オーストリアを倒すために一八六六年にはイタリアと組んだ。最終的にドイツはフランスを一八七〇年に破り、アルザス・ロレーヌ地方を新しいドイツ帝国の一部として組み込んだのである。一八六二年から一八七〇年の間、プロイセンがオフェンシヴ・リアリズムの予測通りに行動していたことは間違いない。

ビスマルクは一八七一年一月一八日にドイツの首相になり、一八九〇年三月二〇日にヴィルヘルム皇帝に解任されるまで、一九年間その職務にあった。[*37] このおよそ二〇年間、ドイツはヨーロッパ大陸において最も強力な国家でありながら、一度も戦争をしておらず、外交もバランス・オブ・パワーを維持することに集中していた。ビスマルクが権力を離れて一〇年ほどたっても、ドイツの対外政策はほとんど変更されなかった。ドイツの外交が挑発的になり、軍事力で国境拡大することを真剣に考え始めたのは、二〇世紀初めになってからである。

比較的平和だったこの三〇年間の、ドイツの平穏な態度の原因は何だろうか？　政権前半の九年間にあれほど攻撃的だったビスマルクは、なぜ後半には保守的になったのだろうか？　それはビスマルクがある日突然悟《さと》りを得て、「平和を愛する外交の天才」になったからではない。[*38] それは彼とその後継者たちが、ドイツ軍が（いざ起こったら負けそうな）大国間の戦争を誘発しない程度の領土をすでに征服した、ということを正しく理解していたからに他ならない。当時のヨーロッパの地理、他の大国のドイツの侵略に対する反応、ドイツのバランス・オブ・パワーにおける位置などを考えてみれば、その理解は正しかったのである。

ドイツの東西の国境にはいくつかの小国が存在していたが、ロシアやオーストリア＝ハンガリーと接する東側の国境には何も存在していない（図６‐２参照）。これはドイツにとって他の大国――仏露など――の本土を侵略せずに新しい領土を征服するのは困難であることを意味していた。さらにドイツのリーダーは、もしドイツが仏露のどちらか一国とこの三〇年の間に戦争をすることになった場合、ドイツはおそらくその両国と戦い、しかもイギリスまでが加わる可能性のある、二正面戦争になる危険を自覚していた。

この期間に起こった独仏間の二大危機を考えてみればよくわかる。一八七五年の「戦争接近危機」の時、英露は一八七〇年の普仏戦争の時のように、ドイツがフランスを打ち負かすのをだまって見すごすわけにはいかないという態度を表明している。[*39] 一八八七年の「ブーランジェ事件」の際には、ビスマルクはフランスとの戦争が再び起こればロシアが介入してくるかも知れないと恐れていた。[*40] この危機が終わった直後から、ビスマルクは独露間で交わされた有名な「再保障条約」（一八八七年六月一三日）を協議している。彼の狙いは、ロシア皇帝とのつながりを確保し、仏露の軍事同盟を無効化してしまうことだった。ところがジョージ・ケナン（George Kennan）が指摘したように、ビスマルクはおそらく「フランスとドイツの戦争が再び起こった時にロシアが介入してドイツを攻めてくるのを防ぐのは、条約であろうが何であろうが、とにかく不可能だ」と認識していたのである。[*41] 一八九〇年から一八九四年にかけてフランスがロシアと反ドイツ同盟を結んだことによって、この議論に対するすべての疑いは一気に吹き飛んでしまった。

一八七〇年から一九〇〇年にかけてのドイツは、ヨーロッパで最も強力な国家であったが、潜在覇権

図6-2　1914年のヨーロッパ

国ではなく、フランスとロシアを戦争で同時に打ち負かしたり、イギリス、フランス、ロシアの全部と一度に戦争できるだけの充分なパワーを備えてはいなかった。実際、一九〇〇年以前のドイツは、フランス一国だけが相手でも戦争に勝つのは難しい、と考えていたようなのだ。第二章で検討したように、潜在覇権国であるためには、その地域で最も強力な軍隊と富（経済力）を持っていなければならない。

ドイツはヨーロッパ最強の軍隊を持っていたが、一九世紀後半の時点ではフランスの軍隊よりも強力だったとは言えない。ドイツ軍がフランス軍よりも強力だったのは、普仏戦争（一八七〇〜七一年）後の数年間と、一九世紀の終わりだけである（表6-1参照）。一八八〇年代と一九〇〇年代初期のフランス軍は、ドイツ軍よりも多くの兵士を抱えていたが、この数字に意味はない。フランスは、ドイツと違ってろくに訓練も施《ほどこ》されていない予備役を多く抱えていたからだ。概してドイツ軍はフランス軍に比べ、兵士の質の差——この差は普仏戦争においては大きいものではなかったが——で明らかに勝っていた。[*42]

富に関しては、一八七〇年から一九〇〇年にかけ、ドイツはフランスやロシアにかなりの差をつけていた。ところがイギリスはドイツよりも経済的にはるかに豊かだった。一八八〇年にドイツはヨーロッパの富の二〇%をコントロールしており、フランスは一三%、ロシアは三%であった。ところがイギリスは全体の五九%を占め、ドイツの三倍近くの経済力があった。一八九〇年にはドイツの割合が二五%まで増え、フランスとロシアはそれぞれ一三%と五%だった。それでもイギリスはヨーロッパ全体の富の五〇%を支配し、ドイツの二倍の経済力を誇っていたのである。

まとめて言えば、ドイツが一九世紀後半の三〇年間に大国間戦争を起こしたとすれば、ドイツには戦争に勝つ見込みはあまりなかった。ドイツ皇帝率いる第二帝国は、おそらく二つか三つの大国を同時に相手にして戦うことになったはずであり、ドイツはこの戦争に勝つだけの相対的なパワーを充分持っていなかったのだ。何か攻撃的なことを起こそうとすると英仏露にすぐ警戒されるほどドイツは強力であ

1885		1890		1895	
常備軍	最大動員可能数	常備軍	最大動員可能数	常備軍	最大動員可能数
284,495	1,071,034	336,717	1,818,413	354,252	1,872,178
188,657	577,334	210,218	618,967	222,151	669,553
523,833	2,500,000	573,277	2,500,000	598,024	2,500,000
445,392	1,535,400	492,246	2,234,631	584,734	3,000,000
757,238	1,917,904	814,000	2,220,798	868,672	2,532,496
250,000	1,243,556	262,247	1,221,478	252,829	1,356,999

ったにもかかわらず、三つのライバル大国を同時に相手にして戦争を戦えるほど強力ではなかったのである。それゆえに、一八七〇年から一九〇〇年までの間、ドイツは現状維持を余儀なくされていたのだ。

ドイツは一九〇三年までに潜在覇権国になっている。[43] ドイツはイギリスを含むどのヨーロッパの工業国よりも生産力を身につけ、ドイツ軍は世界最強となり、さらなるパワーを求めるための攻勢を続けられるようになった。ドイツがこの頃からヨーロッパのバランス・オブ・パワーを変化させ、世界大国になろうと考え始めたのは、当然の成り行きである。

ドイツが現状維持を打破しようとした最初の行動は、世紀の変わり目に、世界の海を支配するイギリスに挑戦できる海軍を作り上げることによって「世界政策《ヴェルトポリティーク》」を追求すると決断したことである。[44] この結果、第一次世界大戦まで独英間で海軍の軍拡競争が繰り広げられた。ドイツは一九〇五年三月に、モロッコをめぐりフランスと大規模な危機を起こした。狙いはフランスを英露から引き離し、反ドイツ同盟の結成を防ぐことにあった。ところがこの危機はドイツにとって逆の結果をもたらすことになり、英仏露は「三国協商」を結成した。一九〇八年一〇月のいわゆる

表6-1 ヨーロッパにおける兵数の移り変わり（1875～95年）

	常備軍	最大動員可能数	常備軍	最大動員可能数
オーストリア＝ハンガリー	278,470	838,700	239,615	771,556
イギリス	192,478	539,776	194,512	571,769
フランス	430,703	1,000,000	502,697	2,000,000
ドイツ	419,738	1,304,541	419,014	1,304,541
ロシア	765,872	1,213,259	884,319	2,427,853
イタリア	214,667	460,619	214,667	460,619

「ボスニア危機」を始めたのはドイツの国家指導者たちではなかったが、彼らはオーストリア＝ハンガリー帝国のために介入し、ロシアが一九〇九年三月に屈辱的な譲歩を認める前に、政治的な紛争を戦争勃発寸前の危機にまで発展させたのである。ドイツは一九一一年七月にモロッコをめぐって二回目の危機を起こした。ここでの狙いも、フランスを辱《はずかし》めて孤立させることであった。この時もドイツは失敗し、三国協商の結束はますます強まってしまった。ここで重要なのは、一九一四年夏に第一次世界大戦を始めた主な責任は、ドイツの国家指導者たちにあるということである。彼らの狙いはドイツのライバル大国を徹底的に打ち負かすことにあり、ドイツの覇権をなるべく長く持続させるために、ヨーロッパの地図の線を引き直すことにあった[*45]。

ヴェルサイユ条約（一九一九年）は、ワイマール共和制の時代（一九一九～三九年）を通じてドイツを骨抜きにする役割を果たした[*46]。ドイツは空軍を持つことを許されず、陸軍は一〇万人規模に抑えられ、徴兵制やドイツ参謀本部も廃止された。一九二〇年代のドイツ陸軍はあまりにも弱体化し、ドイツの国家指導者たちは、一九二〇年にソ連を攻撃してソ連軍を打ち負かしたことのあるポーランド陸軍の侵略を本気で恐れていたほどである[*47]。ドイツはこの時代、軍事的に領土を征服する力を失っていたが、この時代のほとんどの国家指導者たちは、現状維持をくつがえして、第一次世界大戦の終了時に取り上げられたベルギーとポーランドにある領土を取り返そうと考えていた。[*48] また、彼らはドイツの軍事力を復活させようと企んでいた。[*49] 一九三三年に政権を握ったあとのヒトラーの軍事・対外政策に対して、彼らの中からはほとんど反発が出なかったが、その理由の一つは、ワイマール政権のエリートたちの持っていた、このような修正主義《リヴィジョニスト》的な情熱にある。

ワイマール時代のドイツの主導的な政治家グスタフ・シュトレーゼマン（Gustav Stresemann）は、一九二四年から一九二九年に死ぬまでドイツの外相を務め上げた。ドイツの修正主義《リヴィジョニスト》的な方針を支持して彼を消極的だと非難する政敵たちと比べれば、その対外政策の方針はわりと穏健《おんけん》な方であった。彼は国際協調を促進し、政治的手段としての戦争の撲滅を狙った「ロカルノ条約」（一九二五年一二月一日）と「ケロッグ＝ブリアン条約」（一九二八年八月二七日）を締結した。また、彼はドイツを国際連盟に参加させた（一九二六年九月八日）。彼は軍事力でバランス・オブ・パワーを転覆させるようなことに言及したことはほとんどない。ところが歴史学者たちの間では、シュトレーゼマンは理想主義者などではなく、「国際関係において〝力の政治〟（Machtpolitik）こそが唯一の決定的な要素であり、国家の潜在的なパワーが世界の秩序を形作っているという考えの強烈な信奉者だった」と信じられている。[*50] 加えて彼は、ドイツの国境拡大に熱心に取り組んだ。多くの不可侵条約を交わしつつ、英仏に対しては徹底的に懐柔的な言葉を使ったのである。彼は軍事的に弱いドイツが領土を取り戻すための唯一の手段は、賢い外交だけであると考えていた。もし彼の外相在任中にドイツが圧倒的な軍隊を持っていたら、彼はドイツの領土回復のためにほぼ確実にそれを使用しただろうし、使うと脅したはずである。

ナチス・ドイツ（一九三三〜四五年）については世界史上で最も侵略的な国家の一つであることが知られているため、あまり多くを語る必要もない。[*51] 一九三三年一月にヒトラーが実権を握った時、ドイツはまだ軍事的に弱体化されつつある過程にあった。彼はすぐさまこの状況を修正し、侵略的な目的にも使える、強力なドイツ国防軍（the Wehrmacht）を作り上げることを提案した。[*52] 一九三八年頃になると、ヒトラーはドイツの国境を拡大するチャンスがやって来たと感じた。一九三八年にはオーストリアとチェコ・スロヴァキアのズデーテン地方を銃弾を一発も発射せずに獲得し、一九三九年三月には残りのチェコ・スロヴァキアとリトアニアの町メーメルも手に入れた。この年の後半にドイツ国防軍はポーランドへ侵攻し、一九四〇年四月にはデンマークとノルウェイ、同年五月にはベルギー、オランダ、ルクセンブルグとフランス、一九四一年四月にはユーゴスラビアとギリシャ、そして同年六月にはソ連に侵攻したのである。

ソヴィエト連邦（一九一七〜九一年）

一九一七年一〇月にボリシェビキが実権を握る以前のロシアも、拡大的な行動をした歴史を豊富に持っている。一九一七年に現れた〝ロシア帝国〟（ソ連）は、ほぼ四世紀にわたる継続的な拡大によって生み出されたものだ。[*53] ウラジーミル・レーニン、ヨシフ・スターリン、そしてその後継者たちが、ロシア皇帝を見習ってソ連領の拡大を求めていた決定的な証拠もある。ところがソ連の七五年間の歴史では、国土を拡大するチャンスは限られていた。一九一七年から一九三三年の間、ソ連の国力は弱すぎて他のライバル大国に戦いを挑むことさえできなかった。一九三三年以降は、周辺からの危険な脅威——大日本帝国と、ナチス・ドイツ——を封じ込めるのに手一杯だった。冷戦時は、アメリカとその同盟国がソ連の拡大を全地球規模で防ごうとしていた。それでも拡大のチャンスは何度かあり、ソ連は少ないチャンスを無駄にはしていない。

ロシアの支配階級には、「他国からの侵略を防ぐことは難しく、これに対処する一番の方法は、逆にロシアの国境を拡大することだ」という深く染み込んだ恐怖と教訓がある。革命の前後を問わず、ロシアの対外政策に対する考え方がほぼリアリストの論理《ロジック》に沿って動いていたのは当然である。ウィリアム・フラー（William Fuller）は、一六〇〇年から一九一四年の「ロシアの政治家たちの議論」を評しつつ、「彼らは戦略とその分析において、冷酷な言葉を使っていた。何かをしようとする時には常に国際的なインパクトの方を重視しており、将来の敵となる相手の強さと弱さをよく考えていた。そして自分たちの政策を、ロシアのパワーと安全保障の観点から正当化した。このような理由づけが常に使われていたことには、全く衝撃を受けざるを得ない」と書いている。[*54]

一九一七年にロシア革命で政権を握った時、ボルシェビキたちが「国際政治がただちに根本的な変化を起こし、バランス・オブ・パワーの論理《ロジック》は歴史の彼方へ葬《ほうむ》り去られる」と考えていたのは間違いない。彼らは共産主義革命がソ連の支援によってヨーロッパや世界中に広がり、その波が衰《おとろ》える前に、同じような考えを持って平和に暮らす国家を世界中に作ることを真剣に考えていた。一九一七年一〇月にレオン・トロツキーが外交部に配属が決まった時に言った有名な警句が「私は人民に革命宣言をしてからすぐ店じまいをする」であった。同様にレーニンは一九一七年一〇月に「そもそも我々は（全世界が共産主義化した後に）〝外交〟などというものをわざわざする必要があるだろうか？」と発言している。[*55]

ところが世界革命は起こらず、レーニンはすぐに「他の追従を許さないほどの政治的リアリスト」になった。[*56] 実際、リカルド・ディーボ（Ricardo Debo）は、レーニンがあまりにも早く共産主義の世界布及を諦《あきら》めたため、レーニンがそのアイディアをそもそもはじめから真剣に考えていたのかどうかさえ疑っているほどだ。[*57] レーニン死後のほぼ三〇年間にわたってソ連の外交を指揮したスターリンも、一九三九年から一九四一年の間にナチス・ドイツと積極的に協調したことでわかるように、大きくはリアリズムの冷酷な論理《ロジック》に沿って動いた。[*58] ソ連は単に無政府状態《アナーキー》の国際システムの中で生き残る《サヴァイバル》必要に迫られていただけでなく、スターリンはマルクス＝レーニン主義の思想の普遍性に対する深い信仰を貶《おとし》め、本物の思想の主唱者たちを殺しており、党の思想を自分の対外政策のための単なるプロパガンダの道具にしたくらいなので、イデオロギーはスターリンの後継者たちにとってもあまり重要ではなかった。[*59]

まとめて言えば、ソ連の対外政策は、共産主義のイデオロギーではなく、主に相対的なパワーの計算によって動かされていた。バーリントン・ムーア（Barrington Moore）は、「ロシアの共産主義の支配者たちは、国際政治の分野では、カール・マルクスやレーニンではなく、むしろビスマルクやマキャベリ、さらにはアリストテレスたちのテクニックを使っていた。このような世界政治のパターンは、バランス・オブ・パワーのコンセプトとしてあらわされているように、本質的に不安定な均衡のシステムとして広く知られている」と述べている。[*60]

だからと言って私は「共産主義のイデオロギーが、ソ連の対外政策に全く影響を及ぼさなかった」と言いたいわけではない。[*61] 一九二〇年代にソ連のリーダーたちは世界革命を推進することを少しは考えていたし、冷戦期では特に第三世界において、共産主義のイデオロギーの拡大に力を注いだ。しかもマルクス主義とリアリズムの教義《ドクトリン》にはあまり矛盾するところがない。たとえばソ連は一九四五年から一九九〇年までアメリカと衝突したが、これはイデオロギー的な理由があると同時に、バランス・オブ・パワーの理由からでもあった。また、ソ連が侵略的な行動をするのはほぼ常に安全保障的な理由からであり、これは共産主義の推進拡大政策として正当化することができたのである。しかしこの二つのアプローチが矛盾する時は、常にリアリズムが勝ってきたのだ。国家は生き残るためなら何でもするし、ソ連もその例外ではなかった。

ソ連のターゲットとライバル

ソ連は、自分が位置するヨーロッパと北東アジアという二つの地域にある領土をコントロールして、他国をその支配下におくことを主に考えていた。一九四五年までソ連の主なライバルは各地域に存在する大国であったが、一九四五年以降はそれがアメリカに代わり、世界を舞台に競い合うことになった。

一九二二年から一九三三年の間、そして一九三九年から一九四一年の間まで、ドイツとソ連は同盟関係を結んでいたが、一九一七年から一九四五年の間はヨーロッパにおける最大のライバル同士になった。共産革命以来、英仏両国とモスクワ政府との関係は冷え切っており、敵対することもあった。冷え切った関係は、第二次世界大戦の初期にイギリスとソ連がナチスに対抗するために同盟を組むまで続いた。冷戦期を通じて、ソ連と東ヨーロッパの同盟国はアメリカと西ヨーロッパ同盟国に対抗するため協力し合ったが、この時のソ連外交の主な目標は、東ヨーロッパをコントロールすることにあった。ソ連のリーダーたちは、ついでに西ヨーロッパも支配してヨーロッパ初の覇権国《ヘジェモン》になりたいと考えていたのかも知れないが、ソ連赤軍がドイツ国防軍を破壊しておいたにもかかわらず、それが実現できるかどうかはかなり微妙であった。彼らの前に、北大西洋条約機構（NATO）が立ちはだかったからである。

一九一七年から一九四五年まで、北東アジアにおけるロシア最大の敵は日本であった。帝国時代のロシアのように、ソ連はこの時期を通じて、日本に支配されていた朝鮮半島、満州、クリル諸島（千島列島）、サハリン島（樺太）の南半分をコントロールしようとしていた。第二次世界大戦が終わった一九四五年以降、北東アジアにおけるソ連の主なライバルは、日本からアメリカに代わった。そして一九四九年に毛沢東が国民党に勝利すると、ソ連にとって中国は重要な同盟国になった。ところが一九五〇年代末に中国とソ連は深刻な敵対関係に陥《おちい》り、中国はソ連に対抗する意味で、一九七〇年代初期に日本とアメリカの同盟国になった。ソ連は一九四五年に千島列島と樺太をすべて支配し、一九四九年以降、満州は中国の厳しい管理下におかれ、その結果、冷戦期を通じてこの地域での主な戦いの場所になったのは朝鮮半島だった。

ソ連のリーダーたちはペルシャ湾地域、特に自国と国境を接し、石油の豊富な、イランへの拡大にも興味を持っていた。その他、ソ連の政治家たちは冷戦時代を通じ、アフリカ、ラテンアメリカ、中東、東南アジア、そしてインドを含む第三世界のほぼすべてのエリアにわたって同盟関係を結ぶことにより、影響力を及ぼすことを狙っていた。モスクワ政府は、それらの未発展の地域を征服して領土を直接コントロールすることにはあまり関心を持たず、むしろ地球規模で行われていたアメリカとの競争に対抗するため、第三世界の国々にソ連の「従属国《じゅうぞくこく》」になることを求めていたのである。

ソ連の拡大の歴史

ソ連は建国直後の三年間（一九一七〜二〇年）に、まず自国の生き残り《サヴァイバル》を確立するための決死の争いを展開した。[*62] レーニンはボルシェビキ（共産主義）革命の直後に第一次世界大戦から手を引いたが、この過程でかなりの領土を譲り渡すことになった「ブレスト＝リトフスク条約」（一九一八年三月一八日：対独単独講和）をドイツに押しつけられている。[*63] 西側の連合国は、この時点ではまだドイツと西部戦線で戦いを続けていたが、この条約締結の直後、彼らはソ連に向けて地上部隊を秘密裏に派遣した。[*64] 狙いはソ連をドイツと再び戦わせることだったが、これは成功しなかった。一九一八年の早秋になるとドイツが戦場で敗れており、一九一八年一一月一一日には第一次世界大戦が終了してしまったからだ。

ソ連にとって、ドイツ敗北は良い知らせとなった。それはソ連から広大な領土を奪ったブレスト＝リトフスク条約の死を意味したからである。ところがモスクワの災難はまだこれで終わりではなかった。一九一八年初めにはボルシェビキと複数のライバルたちの間で泥沼の内戦が始まり、さらに西側の連合国はボルシェビキの「赤軍」を打倒するため、「白軍」として知られる反ボルシェビキ軍を支援し、一九二〇年の夏までソ連内に軍事介入を続けたのである。内戦の間、ボルシェビキは不利な状況に陥ったように見えることもあったが、一九二〇年初め頃になると白軍の旗色は悪くなり、白軍の壊滅は時間の問題となってきた。当時新興国家であったポーランドは、ソ連が弱っていることにつけ込んで、一九二〇年四月にウクライナを侵略した。ポーランドはソ連を分裂させ、ベラルーシとウクライナを独立国にしようとしたのだ。ポーランドはこのような新しい国家を、自国の支配する東ヨーロッパ独立国家の連邦に参加させようとしていたのである。

この戦争の初期にポーランド軍は大規模な勝利をおさめ、一九二〇年五月にはキエフを占領するまでに至っている。しかしその夏に戦局はソ連赤軍に有利になり、七月末にはポーランド軍を国境付近まで押し返した。ソ連にはポーランドを侵略し、逆に征服し返すチャンスが到来した。うまくいけば（ポーランドの存在を気に入らないもう一つの大国である）ドイツの援助を受けることができ、東ヨーロッパの地図を塗り替えることさえできそうな状況だったのだ。レーニンはこの機を逃さず、さっそくソ連軍をワルシャワへと向かわせた。[*65] しかしポーランド軍はフランス軍の助けを借りて、侵略してくるソ連軍に大打撃を与え、国境の外へ追い出した。この頃までには双方とも戦争で疲弊《ひへい》しており、一九二〇年一〇月には停戦に合意し、一九二一年三月には正式な講和条約を交わした。この時点でソ連の内戦はほとんど終了しており、西側の連合国側はソ連の領土内から兵力を撤退させている。[*66]

一九二〇年代から三〇年代の初期にかけて、ソ連のリーダーたちは主に内政を固め、戦乱によって破壊された経済を立て直すことに集中しなければならなかったため、拡大主義的な対外政策を行える立場にはなかった。[*67] ソ連は一九二〇年代まではヨーロッパの工業力全体のたった二％しかコントロールできていなかったのである（表３-３参照）。モスクワ政府はこの時期あたりから外交問題に関心を持ち始め、とくにラパロ条約を交わした一九二二年四月から、ヒトラーが一九三三年初めに登場してくるまでの間、ドイツと密接な関係を続けている。[*68] 両国とも国土を拡大しなおすチャンスを狙っていたが、互いの軍隊にはそれを実行できるだけの攻撃力がなかった。また、ソ連のリーダーたちは一九二〇年代に共産主義を全世界に広げようとしていたが、他の大国を刺激してソ連に対抗する動きをしてこないよう、また彼らが自国に脅威を及ぼしてこないよう、常に自重した行動をとっていた。アジアであれヨーロッパであれ、ソ連のこのような革命扇動工作はほぼ失敗に終わっている。

一九二〇年代で最も重要だったのは、スターリンが強制的な工業化によって経済を近代化させ、徹底的な農業の集産化を行うことを決定したことであろう。スターリンのこの決定は、安全保障的な動機によるところが大きい。スターリンは、ソ連経済が世界の他の工業国に遅れをとり続ければ、将来大国間で行われる戦争においてソ連は負けてしまうと信じて疑わなかった。一九三一年にスターリンは演説の中で「我々は先進国に五〇年から一〇〇年の遅れをとっている。我々はこの遅れを一〇年間で縮めなければならない。我々がやるか、彼らにやられるかのどちらかだ」と述べている。[*69] 一九二八年一〇月に始められた一連の「五カ年計画」は、一九二〇年代に貧困な大国であったソ連を、第二次大戦の終了時までにヨーロッパで最も強力な国家の一つへと変貌《へんぼう》させた。

ソ連にとっての一九三〇年代は、国家存亡の危機にみまわれた一〇年間である。ヨーロッパにおいてはナチス・ドイツ、北東アジアでは大日本帝国の恐ろしい脅威に直面したからである。第二次世界大戦においてソ連赤軍が死闘を繰り広げた相手はドイツ国防軍だったが、一九三〇年代を通じてソ連にとってそれ以上に危険な脅威だったのは、大日本帝国だったかも知れない。[*70] ソ連と日本は一九三〇年代後半に何度か国境で実際に軍事衝突を起こし、一九三九年夏のノモンハンではこの軍事衝突が頂点に達している。一九三〇年代を通じて、モスクワ政府はアジア側に攻撃的に拡大できるような立場にはなく、日本の拡大を封じ込めることに精一杯だった。ソ連は一九三〇年代末に近づいてようやくアジア方面でも強力な軍事力を誇示するようになり、一九三七年夏に日中戦争が起こってからは、中国にかなりの支援を行っている。ここでのソ連の狙いは、日本を中国との消耗戦から抜け出せなくしておくことにあった。

ソ連がナチス・ドイツに対処するためにとった主要な戦略には、攻撃的な側面がある。[*71] ヒトラーが実権を握ればドイツ第三帝国はその直後からヨーロッパで大国間戦争を起こすことをスターリンは知っており、戦争が始まる場合、ドイツに対して一緒に牽制《けんせい》したり、共同して戦ったりするための「三国協商」（英仏露）を復活させるチャンスを完全に失ってしまったことを理解していた。だからこそスターリンはバック・パッシングの戦略をとったのだ。スターリンはヒトラーとかなり親密な友好関係を築くことを開始し、ヒトラーの最初の攻撃目標を、ソ連ではなく、イギリスかフランスにさせようとしたのである。スターリンはこれから始まる戦争が、第一次世界大戦の西部戦線のように、双方にとって長期消耗戦になり、それに便乗《びんじょう》してソ連がイギリス、フランス、そして特にドイツからパワーと領土を得られることになれば良いと考えていた。

　スターリンは一九三九年夏に、英仏にバック・パッシングすることに成功した。ヒトラーとスターリンは団結してポーランドを分割する「モロトフ＝リーベントロップ協定」を結び、ヒトラーはソ連に対し、バルト諸国（エストニア、ラトヴィア、リトアニア）とフィンランドの処理に口出ししないことを約束した。この協定は、ドイツ国防軍の敵がソ連ではなく、イギリスとフランスになったことを意味した。ソ連はさっそくこの協定を履行《りこう》しようとした。一九三九年九月にポーランドの東半分を征服し、直後の一〇月からソ連軍をバルト諸国の領土内に駐留させ始め、一年もたたない一九四〇年六月に、ソ連はこの小さな三つの国を併合してしまった。スターリンは一九三九年秋にフィンランドにも領土割譲を迫ったが、フィンランドはこれを拒否した。スターリンは一九三九年一一月にソ連赤軍をフィンランドへ送り込み、領土を実力で奪い取っている。[*72] 一九四〇年六月には、ルーマニアの一部であったベッサラビアとブコヴィナをソ連が吸収することをヒトラーに了承させた。まとめて言えば、ソ連は一九三九年夏から一九四〇年にかけて、東ヨーロッパにおいてかなりの大きさの領土を手に入れたのである。

　しかしスターリンのバック・パッシング戦略は、一九四〇年春にドイツ国防軍がフランスを六週間で攻略し、イギリス軍をダンケルクからヨーロッパ大陸の外へ追い出した瞬間から失敗している。ナチス・ドイツは今やヨーロッパ最強の国家になり、西側の国境を全く心配せずにソ連を侵略できるようになったからだ。スターリンとその参謀たちが西部前線崩壊のニュースを聞いてどのような反応を示したのかについて、ニキータ・フルシチョフは「フランスの崩壊を知った時、スターリンはひどく落ちこんだ……それはソ連が今まで直面した脅威の中で、最も逼迫《ひっぱく》して危険なものだったからである。我々はまるで自分たちがたった今、この瞬間にその危機に直面しているかのように感じた」と書いている。[*73] ソ連に対するドイツの猛攻撃は、その一年後の一九四一年六月二二日に始まった。

ソ連は第二次世界大戦初期のドイツの猛攻でかなりの被害を受けたが、最終的には攻撃を耐え切り、一九四三年初めにはベルリンに向けて大規模な反攻を開始した。この時のソ連赤軍は、単にドイツ国防軍を倒して領土を奪い返すことだけを考えていたわけではない。スターリンはドイツを破った後、東ヨーロッパを征服するつもりだった。[*74] ソ連赤軍はドイツ国防軍を倒すためにポーランドとバルト諸国を征服しなければならなかったが、それに加えて、ブルガリア、ハンガリー、ルーマニアを獲得するための大規模な軍事行動を開始した。これはドイツを倒すこととは直接関係なく、ともすると最終的な勝利を遅らせることにつながりかねないことは、スターリンも充分理解した上での決断だった。

ソ連が第二次世界大戦中に北東アジアでパワーと影響力を求めていたことも明白に見てとることができる。スターリンはこの大戦で、一九〇五年に日本に敗北する以前に支配していた領土以上の広さの土地を取り返した。ソ連は一九四五年八月九日にソ連赤軍が満州で関東軍に攻撃を開始するまで、太平洋戦争には介入していない。ソ連がこの介入を開始した主な理由には「ドイツが敗退したら対日戦争に参加せよ」と以前からアメリカに圧力をかけられていたことが挙げられる。スターリンはソ連が参戦するための条件を話し合うようアメリカに求め、これに対してチャーチルとルーズヴェルトは、一九四五年二月にヤルタで秘密会談を行うことで応じた。[*75] 参戦する条件として、ソ連はクリル諸島とサハリン島の南半分の領有を約束させ、満州においては旅順を海軍港として貸借《たいしゃく》すること、そして大連港とその周辺地域にある二つの重要な鉄道に対して「特別優遇的な利権」を認めるよう求めている。

朝鮮の将来に関しては、ソ連赤軍が終戦直前に半島の北半分を占領していたにもかかわらず、第二次世界大戦の終了間際には具体的な決定は何もなされていなかった。[*76] 一九四五年一二月、米ソは朝鮮半島を事実上の信託統治領《しんたくとうちりょう》として共同管理することに合意した。ところがこの計画はすぐ挫折《ざせつ》し、一九四六年二月にスターリンは北朝鮮で従属国を作り始め、アメリカも韓国において同じことを始めている。

ドイツと日本が敗退したことにより、第二次世界大戦後の北東アジアとヨーロッパにおいて、ソ連は「潜在覇権国」として台頭した。チャンスさえあれば、ソ連はこの二つの地域を支配してしまおうと考えていたはずである。一九四五年にヨーロッパを支配できる国があったとすれば、それはソ連だけだった。ソ連は三〇年の間にドイツに二度侵略されており、多くの被害を被《こうむ》ってきた。まともな国家指導者であれば、第二次世界大戦後にヨーロッパの覇権を握るチャンスをわざわざ見逃すような真似《まね》はしないはずである。

ところがソ連の覇権の実現は、次の二つの理由から不可能であった。まず、ドイツ第三帝国がソ連社会に与えた深刻なダメージのおかげで、スターリンは国の再建と復興に集中しなければならなかったことだ。彼はソ連の軍隊の規模を、第二次大戦終了時の一二五〇万人から一九四八年の二八七万人まで落とさなければならなかった。[*77]二つ目は、アメリカの経済力がかなり強く、しかもアメリカはヨーロッパと北東アジアをソ連に支配させようとは全く考えていなかったことである。[*78]

スターリンはこのような観点から、アメリカとその同盟国とは戦争を起こさずに、ソ連の影響をできる限り拡大しようとしていた。[*79]入手可能な証拠によってわかっているのは、スターリンはアメリカと安全保障をめぐって激しく競争するのを避けようとしていた――その試みは成功しなかったが――ということである。要するに冷戦中のスターリンは、かなり慎重な拡大主義者だった。彼の主な標的《ターゲット》は、イラン、トルコ、東ヨーロッパ、韓国の四つだったのである。

ソ連は第二次大戦中にイラン北部を占領し、英米はイラン南部を占領していた。[*80]英米ソは、対日戦争が終わって六カ月以内にイランから撤退することを合意していた。アメリカは一九四六年一月に撤兵し、イギリスも同年三月二日までに出国することになっていた。ところがモスクワ政府はイラン撤退の気配さえ見せず、イラン北部のアゼルバイジャン人やクルド人たちの独立運動を支援し、イランの共産党であるツデー党も支持していた。米英両国がスターリンに対しイランから撤兵するよう圧力をかけ、ソ連がようやく撤退行動を開始したのは、一九四六年の春である。

トルコは第二次大戦中から一九四五年三月まで中立国だったが、スターリンは一九四五年六月、一八七八年から一九一八年までロシア領だったアルダハン州とカルス州を、ソ連に返還するようトルコに要求した。[*81] またトルコ領内にソ連の軍事基地を築くことを狙い、黒海と地中海を結ぶダーダネルス海峡を支配しようとした。スターリンは要求をトルコ側に押しつけるため、ソ連軍をトルコとの国境付近に集結させている。しかしアメリカがソ連の地中海東側での拡大を封じ込めようとしたため、スターリンの目標が実現されることはなかった。

冷戦初期におけるソ連の主な拡大範囲は東ヨーロッパだったが、これはソ連赤軍が第二次世界大戦の終了間際にこの地域のほとんどを征服したことによる。エストニア、ラトヴィア、リトアニアは、戦後になると正式にソ連に組み込まれ、ポーランドの東側の三分の一、東プロイセンの一部、ベッサラビア、ブコヴィナ北部、チェコ・スロヴァキアの東にあるカルパチア地方のルテニア、フィンランドの東の国境の三つの領土（図6 - 3参照）なども、ソ連に組み込まれた。ブルガリア、ハンガリー、ポーランド、ルーマニアは、戦後すぐにソ連の衛星国になっている。チェコ・スロヴァキアも一九四八年二月に同様の運命をたどり、ソ連はその一年後にはもう一つの衛星国、東ドイツを作ったのだ。

東ヨーロッパでソ連の完全支配を逃れることができたのは、フィンランドとユーゴスラビアだけである。彼らの幸運は主に二つの理由による。一つ目は、両国とも自分たちを占領し、長期にわたって支配するのは困難であることを、第二次世界大戦中からソ連軍に見せつけていたことだ。ナチスによって与えられた多大な損害《そんがい》から復興しようとしていたソ連は、東ヨーロッパの国々を支配するだけで精一杯で、フィンランドとユーゴスラビアに攻め込むような、大きな犠牲を伴《ともな》うような困難な作戦を避ける方向に向かったのである。二つ目は、両国とも東西問題に関する紛争においてあくまでも中立の立場をとろう

図6-3　冷戦初期の東欧でのソ連の拡大

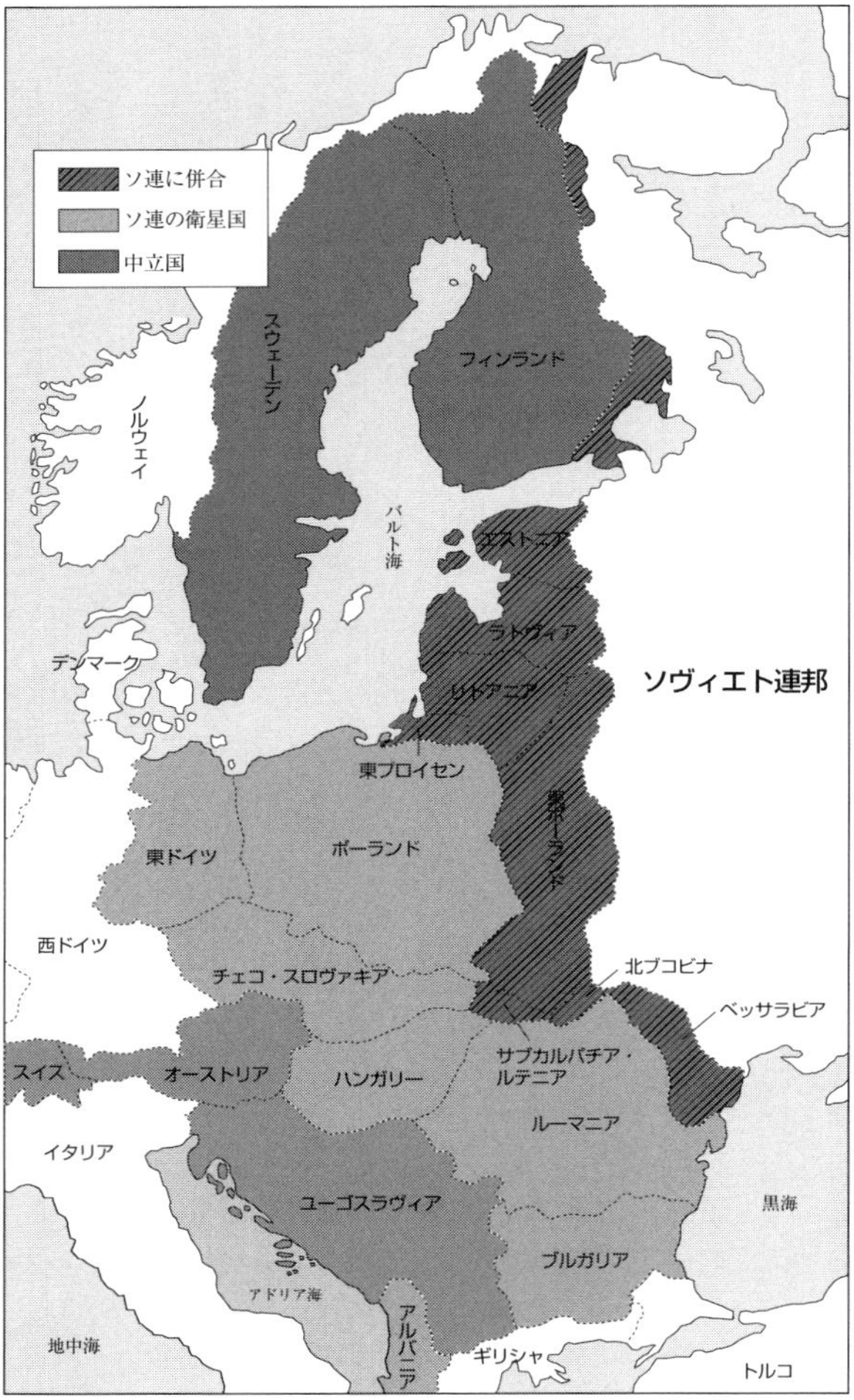

としていたため、ソ連にとってこの二国は軍事的な脅威とはならなかったことだ。もしフィンランドやユーゴスラビアがNATOと同盟関係を結ぶような行動を少しでも見せたら、ソ連がこの両国に侵略していた可能性もある。[*82]

また、ソ連は冷戦期を通じて北東アジア――東ヨーロッパよりは優先順位は低かったが――における権威と影響力を高めようとした。[*83] スターリンと毛沢東の間にはあまり強い信頼関係はなかったが、ソ連は蒋介石《しょうかいせき》率いる国民党を倒すため、中国共産党を支援していた。一九四九年に内戦で勝利すると、中国共産党はさっそくアメリカに対抗するためにソ連と同盟を結んでいる。一年後、ソ連は北朝鮮の韓国侵略を支援し、これが朝鮮半島を紛争前と同じ分裂状態にすることになった、朝鮮戦争へとつながった。[*84]

一九五〇年代初頭にはアメリカとその同盟国による強固な「封じ込め政策」が実行されつつあり、ソ連にはヨーロッパや北東アジア、ペルシャ湾岸などで領土を拡大するチャンスはほとんど残されていなかった。一九五〇年六月末のスターリンの北朝鮮による韓国への侵略支援が、その後の冷戦時代を含め、ソ連が主要地域において支援した侵略の最後のケースとなった。一九五〇年から九〇年までの間、ソ連の領土拡大は第三世界に限定されている。このような地域での拡大はたまに成功しているが、ほとんどの場合はアメリカの強い抵抗にあった。[*85]

ヨーロッパの支配をめぐってアメリカと何十年も争った後、ソ連は一九八九年に政策方針を転換して、東ヨーロッパで支配していた国々を突然手放している。この大胆な行動が冷戦を事実上終わらせることになり、一九九一年にはソ連自体が一五の国家に分裂した。この一連の流れを研究している学者たちは当時、何人かの例外をのぞけば、冷戦が終了したのは「ソ連の主なリーダー、特にミハイル・ゴルバチヨフが、一九八〇年代に国際政治に対する考え方を根本から変えたからだ」と論じていた。[*86] 世界権力におけるソ連の分け前を最大化する代わりに、モスクワ政府内で新しい考え方をしていた人々が、経済繁栄の追求というリベラリズムの考え方に動かされるようになり、軍事力の行使を差し控《ひか》えるようになったと言うのだ。ソ連の政治家たちはリアリストのように考えて行動するのをやめ、代わりに国家間の協力による美徳を強調した、新しい考え方を取り入れたということになる。

ところが証拠が明らかになるにつれて、冷戦末期のソ連の行動について当初の分析が不完全なものであったことがわかってきた。ソ連帝国が消滅した原因の大部分は、その重工業経済が世界の主要経済大国のテクノロジーの発展についていけなくなったことにあったからだ。[*87]経済衰退に対して劇的な手が打てない限り、ソ連が超大国という地位を失うのは時間の問題だったのである。

この問題を解決するため、ソ連の国家指導者たちはヨーロッパにおける東西陣営間の軍拡競争を減少させることや、国内の政治システムの自由化、第三世界での費用削減などにより、西側のテクノロジーを積極的に取り入れようとした。ところがこのやり方は裏目《うらめ》に出た。政治の自由化によって、ソ連邦に属していた国々に眠っていたナショナリズムを呼び起こしてしまい、ソ連自体を崩壊させてしまうことになったからである。[*88]つまり、冷戦終了時当初の学者たちに一般的だった分析は誤《あやま》っていたわけであり、ソ連の国家指導者たちの行動と考え方はリアリストの原理を手放してはおらず、むしろ「国家は国外のライバルたちから安全を確保するためにパワーを最大化しようとする」という歴史のパターンを逆に証明する結果となっている。[*89]

❖イタリア（一八六一〜一九四三年）

イタリアの対外政策を研究する人々の間で見解が一致するのは、イタリアは一八六一年から一九四三年の間、大国の中では最弱国であったにもかかわらず、常に領土拡大と、より多くのパワーを得るチャンスを求めていたという点だ。[*90]リチャード・ボズワース（Richard Bosworth）は「一九一四年以前のイタリアは、最も小さな大国に日の当たる場所を与えてくれるような、有利な外交取引を求めていた」

と書いている。[*91] ベニート・ムッソリーニ（Benito Mussolini）に支配されていた第一次世界大戦以後のイタリアの対外政策も、基本的に同じ目標を掲げていた。ファシスタ党のイタリア（一九二二～四三年）と前任者である自由主義のイタリア（一八六一～一九二二年）の目標は全く同じであり、その違いは当時の政権が直面していた国際的な環境だけだった。マクスウェル・マカートニー（Maxwell Macartney）とポール・クレモナ（Paul Cremona）は、イタリアが第二次大戦で敗戦する四年前の一九三八年に「過去においてイタリアの対外政策は、決して抽象的な理想によって支配されていたわけではない。政治における潔白性の不要を説いたマキャベリの警句による暗示がこれほどまでに徹底的に把握されている国は、彼の生まれ故郷であるイタリア以外にはない」と書いている。[*92]

ターゲットとライバル

イタリアが大国として君臨《くんりん》した八〇年間の主なターゲットを考えると、イタリアの領土獲得の欲望の範囲を知ることができる。イタリアの主な侵略的な関心は以下の五つの地域、エジプト、リビア、チュニジアを含む〝北アフリカ〟、エリトリア、エチオピア、ソマリランドを含む〝アフリカの角〟、アルバニア、コルフ島、ドデカネス諸島、トルコの南西部までを含む〝南バルカン〟、ダルマシア、イストリア、トレンティーノ（ティロルの南部）、ヴェネチアを含む〝オーストリア＝ハンガリー帝国の南部〟、コルシカ、ニース、サヴォイを含む〝フランス南西部〟にあった（図6‐4参照）。

イタリアがこれらの地域の支配をめぐって争った最大のライバルは、バルカン半島においてはオーストリア＝ハンガリー帝国（この多民族国家が分裂する一九一八年まで）であり、アフリカにおいてはフランスであった。もちろんイタリアは、（イタリア半島を外交や軍事において自由に操作できる場であると考えていた）オーストリア＝ハンガリー帝国と、フランスの領土の一部にも目をつけていた。[*93] 一八六一年から一九二三年にかけて崩壊しつつあったオスマントルコ帝国も、イタリアにとっては気になる国であった。バルカンと北アフリカにおいて、トルコはかなり広さの領土を持っていたからである。

イタリアの侵略的意図は明確だったが、その軍隊は領土を拡大するための装備を充分に備えていなかった。[*94] イタリア軍は戦闘においてほとんど役立たずであり、他の大国の軍隊とまともに戦えないだけでなく、ヨーロッパの小国やアフリカの現地人の軍隊と戦うのさえままならなかったほどだ。ビスマルクは「イタリアは食欲旺盛だったが、腐った歯を持っていた」という言葉を残している。[*95] イタリアの国家指導者たちは、敵が負ける直前か、大部隊が別の前線でドロ沼にはまっている場合以外、他の大国と直接軍事対決するのを避けていた。

軍事力が弱いため、イタリアの国家指導者たちはパワーを得るために外交に頼らざるを得なかった。彼らは同盟相手を選ぶ際には特に慎重であり、他の大国をイタリアの利益のために争わせることが得意だった。彼らは自国の弱さを認めながらも、他の大国の間の微妙なバランスに影響を与えられる軍事力だけは最低限保持することを始めから念頭において行動した。ブライアン・サリヴァン（Brian Sullivan）はこのアプローチを、「最後の決定力を持つ戦略」と名づけている。[*96] イタリアのこの戦略が活用された最も良い例は、第一次世界大戦であろう。イタリアは一九一四年八月一日に戦争が始まった時点では参戦せず傍観《ぼうかん》を決め込んでおり、戦争を行っている当事国双方に交渉を持ちかけ、自国が参戦する前に参戦国から最も良い取引きを引き出そうとしたのだ。[*97] 双方ともイタリアに対して寛大《かんだい》な提供を申し出た。イタリア軍の参戦によって戦力のバランスがどちらか一方に決定的に傾くことになると考えられていたからである。第一次世界大戦以前のイタリアは、オーストリア＝ハンガリー帝国とドイツ側の公式な同盟国だったが、一九一五年五月に参戦した時には敵である連合国側についた。英仏の方が、より多くの領土を与えることを確約してくれたからである。

自由主義／ファシスト党時代のイタリアの拡大の歴史

イタリアの最初の領土拡大はヨーロッパで行われた。一八六六年にイタリアはオーストリアと戦うためにプロイセンと同盟を組んだ。プロイセン軍はオーストリア軍を粉砕《ふんさい》したが、同じ戦いでイタリア軍は負けている。ところがイタリアは和平交渉の際に、自国の北側の国境付近の広い地帯の、オーストリアの一部であったヴェネチアを与えられた。イタリアはその後、ローマの独立を守ったフランスがプロイセンとの戦争で負けることが明らかになったのに乗じ、一八七〇年九月にローマを征服したが、普仏戦争（一八七〇～七一年）には参戦しなかった。デニス・マック・スミス（Denis Mack Smith）が記したように、イタリアは「ヴェニスと同じやり方で、まるでプロイセンの勝利の副産物であるかのように、ローマを簡単に手に入れた」のだ[*98]。一八七五年にオスマン帝国のヨーロッパ南東部への支配力が急激に衰え、「大東方危機」（ボスニア反乱）が始まると、イタリアはオーストリア＝ハンガリー帝国から領土を奪おうと画策《かくさく》している。この企《たくら》みは失敗し、イタリアはこの危機を終わらせた「ベルリン列国会議」（一八七八年）からは何も得ることができなかった。

一八八〇年代の初め頃、イタリアはその関心をヨーロッパからアフリカへと移した。一八六一年に統一を果たす以前から、イタリアのエリートたちは北アフリカ沿岸地方の征服に強い関心を抱いており、中でもチュニジアが一番の目標であった。しかしフランスが一八八一年にチュニジアを保護国化したためにイタリアは衝撃を受け、続く二〇年間は対仏関係が悪化し、これが一八八二年、イタリアに、ドイツ帝国、オーストリア＝ハンガリー帝国との三国同盟を結ばせる原因となった。同年イタリアはイギリスのエジプト統治に共同参加しようとしたが、ビスマルクによってこの企みは潰《つぶ》されている。その後、イタリアはその関心を他の大国があまり注目していなかった「アフリカの角」に向け、一八八五年にこの地域に探検隊を派遣し、一〇年もしないうちにエリトリアとイタリア領ソマリランドという二つの最初の植民地を獲得した。ところがエチオピア征服には失敗した。エチオピアの軍隊が一八九五年にアド

図6-4　ヨーロッパとアフリカにおけるイタリアの拡大のターゲット（1861～1943年）

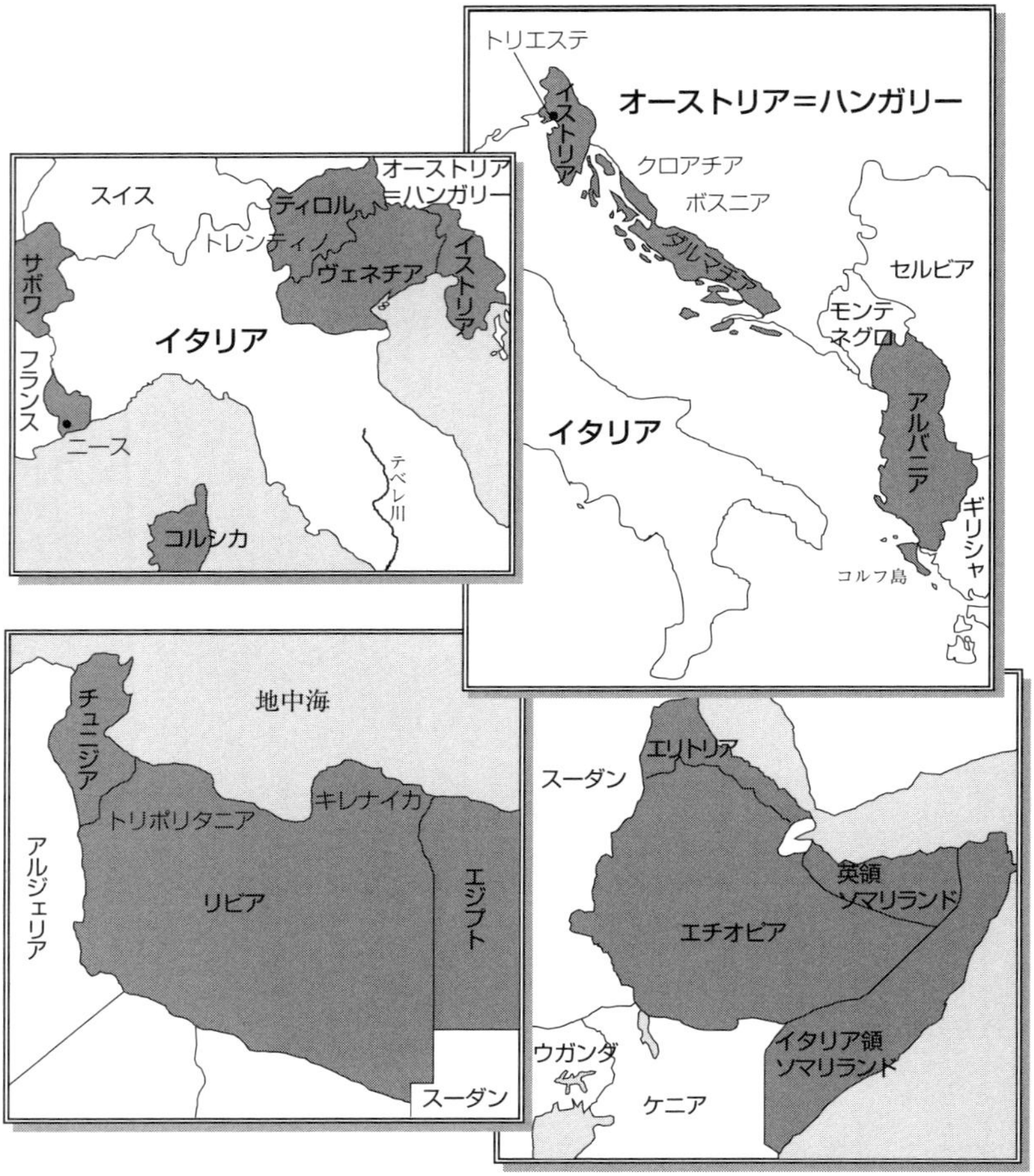

ワでイタリア軍に大打撃を与えたからである。

一九〇〇年頃、イタリアは再び北アフリカとヨーロッパで領土を拡大しようとした。イタリアがこの二つの地域で拡大するチャンスは、オスマン帝国がリビアとバルカン半島で力を失いつつあったことによりもたらされた。この頃になると、イタリアと三国同盟のパートナーであるオーストリア＝ハンガリーとの関係は、主にバルカン半島をめぐって争うことになったために悪化していた。関係があまりにも急速に悪化したため、イタリアはオーストリア＝ハンガリー帝国からイストリアとトレンティーノを奪うことを考え始めた。

イタリアは一九一一年にオスマン帝国とリビアをめぐって戦争を始めた。一年後に戦争が終わり、イタリアは三番目となる植民地をアフリカで獲得した。この紛争の間に、イタリアは主にギリシャ人が住むドデカネス諸島も征服している。イタリアに力を拡大し安全を確保する最大のチャンスをもたらしたのは、第一次世界大戦だった。イタリアの政治家たちは、英仏露の連合国側と組んで正式に参戦する前に、両陣営とじっくり交渉をした。イタリアの基本的な狙いは、オーストリア＝ハンガリー帝国との間に「防御可能な陸の境界」を確保することであり、イタリアとバルカン半島を分け隔《へだ》てている「アドリア海の支配」だった。[*99] 有名な「ロンドン条約」の中で、連合国側はイタリアに対し、もし戦争に勝てば、①イストリア、②トレンティーノ、③ダルマシア沿岸の大部分、④ドデカネス諸島の永久支配、⑤トルコの属州であるアダリア、⑥アルバニアの都市であるバローナとその周辺、⑦アルバニア中央の影響圏、などを与えると約束した。[*100] A・J・P・テイラー（A. J. P. Taylor）が記すように、「イタリア人の要求は明らかに謙虚《けんきょ》ではなかった」のである。[*101]

イタリアは第一次世界大戦で一〇〇万人以上の犠牲者を出したが、戦勝国となった。第一次大戦後、イタリアには連合国側と一九一五年に約束した領土の獲得だけでなく、オーストリア＝ハンガリー帝国、オスマン帝国、ロシアの崩壊によって、さらに領土を拡大するチャンスが生まれた。サリヴァンは「イタリア人は、ルーマニア、ウクライナ、コーカサス地方などの石油、穀物、鉱石などを支配し、クロアチアと紅海沿岸の東部を保護国とすることを計画し始めた」と記している。[*102] ところがさまざまな理由から、イタリアのこの壮大な野心は実現しなかった。[*103] イタリアは戦後処理の段階で、戦略的に重要なイストリアとトレンティーノをとりあえず手に入れただけであった。またイタリアはドデカネス諸島を占領し続け、一九二三年の「ローザンヌ条約」でイタリアの支配が正式に認められている。

国家統一から一九二二年にムッソリーニが実権を握るまでの六〇年の間に、自由主義時代のイタリアは、ヨーロッパではローマ、ヴェネチア、イストリア、トレンティーノ、ドデカネス諸島を、アフリカではエリトリア、リビア、イタリア領ソマリランドを手に入れていた。ファシスト政権時代のイタリアは、すぐさま前政権の成功を繰り返そうとした。一九二三年八月にムッソリーニの軍隊はアドリア海の入り口にあるギリシャのコルフ島を侵略したが、イギリスはこれを諦めるように圧力をかけた。また、ムッソリーニは第一次世界大戦中から一九二〇年に現地人による蜂起《ほうき》が起こるまで占領していたアルバニアにも再び目をつけた。ムッソリーニは一九二〇年代中頃に「アルバニアをイタリアの事実上の保護国にする」と約束したアルバニアのある酋長《しゅうちょう》を支援したが、このファシスト指導者はそれだけでは満足せず、一九三九年四月には正式にアルバニアを併合している。

ムッソリーニのもう一つのターゲットはエチオピアであった。イタリアは一九二〇年代中頃からエチオピア占領計画を考え始め、遅くても一九二九年から内密にエチオピアの内部を占領し始めていた。[*104] 一九三五年一〇月、イタリアはエチオピアとの全面戦争を開始し、一年後には正式に支配下においた。イタリアはスペイン内戦(一九三六〜三九年)にも介入し、フランシスコ・フランコ(Francisco Franco)将軍率いる反動的な軍事政権側について戦っているが、イタリアの狙いは地中海の西にあるバレアリック諸島を獲得することにあった。これに成功すると、フランスの北アフリカとの交易路や、イギリスのジブラルタル海峡とマルタ島をつなぐ海上交通路を遮断《しゃだん》できるようになるからだ。[*105]

ムッソリーニは第二次世界大戦を「イタリアの海外領土を広げてパワーを拡大するための素晴らしいチャンスだ」ととらえていた。特に大戦初期にドイツが華やかな軍事的勝利をおさめていたことにより、イタリアはかつてないほどの影響力と行動の自由を与えられたのである。[*106] ムッソリーニの最初の大きな一歩は、一九四〇年六月一〇日にフランスに対して宣戦布告したことである。これはドイツがフランスを侵略した一カ月後のことで、この時点でフランスの負けはかなり濃厚だった。イタリアはこのチャンスに乗じて参戦し、フランスの領土と植民地を手に入れようとした。イタリアの狙いはニース、サヴォイ、コルシカ島、チュニジア、ジブチなどであり、他にもアルジェリアのようにフランスが支配する場所や、アデンやマルタ島のような大英帝国の一部を手に入れることを考えていた。また、ムッソリーニはフランスの海軍と空軍をイタリアに引き渡すよう要求した。ところがドイツはこのイタリアの要求を許可していない。ヒトラーはナチスの占領に抵抗するようないかなる刺激も、フランス側に与えたくなかったからだ。

このような障害にもかかわらず、ムッソリーニは領土獲得のチャンスを探し続けた。一九四〇年初夏、彼はナチス・ドイツに、イギリス侵攻を行うならば軍事行動を共同して行うことを申し入れた。一九四〇年八月にイタリアはイギリス領ソマリランドを獲得したが、ムッソリーニはギリシャとユーゴスラビア、さらにはイギリス軍の小部隊によって守られていたエジプトを侵略することも考えていた。一九四〇年九月、イタリアはスエズ運河を目指してエジプトを侵略し、翌月にはギリシャを侵略している。イタリアにとってこの二つの作戦は軍事的に大失敗となり、二回ともドイツ国防軍に助けてもらうことになった。[*107] イタリアはこの二つの軍事的敗走にもかかわらず、ナチスの次の餌食《えじき》はソ連赤軍だと考えられていた一九四一年夏に、ソ連に対しても宣戦布告し、約二〇万人の兵を東部戦線に派遣した。ここでもムッソリーニは何かしらの戦利品にありつけると考えていたが、その願いも空《むな》しく、イタリアは一九四三年九月に連合国に対して降伏した。

まとめて言えば、ムッソリーニは以前の自由主義のイタリアの国家指導者たちと同様に、徹底した拡大主義者だったのである。

自滅的な行動？

すでに紹介した四つのケース――日本、ドイツ、ソ連、イタリア――は、大国が世界権力の分け前の増加を狙っていることを示す良い証拠である。さらにこれらのケースが示すのは、大国はその目的を果たすためには軍事力を使うこともためらわないということだ。国際政治の世界では、現状の力で満足しているような国はほとんど見受けられない。大国がこのように侵略的な行動を繰り返してきたと論じることは別に珍しい話でもなんでもなく、ディフェンシヴ・リアリストの間では議論にさえなっていない。ジャック・スナイダー（Jack Snyder）は「力の拡大によって安全が確保されるという考え方は、産業革命以降の大国の大戦略においてはかなり普及していたテーマであった」と書いている。[*108] さらに彼は『帝国の神話』（Myth of Empire）という著作の中で、過去の大国の行動の細かいケースを参照しつつ、国家の攻撃的な性質を示す多くの証拠を挙げている。

歴史には大国の侵略的な行動の例がいくらでもあるが、それでも「オフェンシヴ・リアリズムのロジックによって説明できない例もたくさんある」と反論する人がいるかも知れない。このような議論はディフェンシヴ・リアリストの間では一般的で、その考えの根底にあるのは「拡大は間違った行動である」という認識である。実際、彼らはそれを国家を自滅に追い込む方法だととらえ、「征服は合理的ではない、拡大しようとする国家は最終的には戦争で負けるからだ」という風に議論を続ける。つまり国家は「縮小する／選択的に融和する／周辺部よりも最重要地域のみを堅持《けんじ》する／もしくは単純に他国を傷つけない程度に無視する」という政策を追求して現状維持に努《つと》める方が賢明である、と言うのだ。[*109] これができない国家は、非合理的か反戦略的な行動、つまり国際システムのメカニズムによって動かされない行動をしていることになり、これは主に有害な国内政治の働きによって起こると言う。[*110]

この議論には問題点が二つある。まず、征服がほとんど利益にならず、侵略者はすべて戦前よりも悪い状態になったという確たる歴史的証拠が見あたらないことである。拡大は大きな利益になることもあるし、ならない場合もある。二つ目は、有害な国内政治の影響によって大国が侵略的な行動をするという主張を支持することは困難だという点だ。歴史ではさまざまな政治システムを持つ国家が攻撃的な軍事政策をとってきた。常に侵略を避けて現状維持に努めるように国家に仕向けるタイプの政治システムや文化――民主制を含めて――が存在するということ自体、そもそもあり得ない話なのである。「拡大はそもそも間違っている」という議論が暗示しているのは、過去三五〇年間に存在したすべての大国は、国際システムの動きを全く理解していなかったということである。これはかなり怪しい議論である。

この他にも、もっと洗練《せんれん》された穏健な、ディフェンシヴ・リアリストの論文の中に見受けられるような議論がある。[*111] このようなものでは「征服ではほとんど利益が出ない」という主張が多いが、侵略が国家の利益になった例が多くあることも同時に認めていることが多い。これをさらに発展させたものになると、侵略的な国家を「拡大国」（expanders）と「過剰拡大国」（overexpanders）に区別するものもある。「拡大国《エクスパンダーズ》」は、基本的には戦争に勝つ「賢い侵略国」のことを示している。[*112] つまり、限定的な拡大のみが戦略として合理的であることを理解しているというのだ。地域全体を支配しようとする行為は国家を自滅へと導きやすい。なぜなら過大な欲望を持つ国家が出てくると、必ず「バランシング同盟」（balancing coalition）が結成され、そのような国家は壊滅的な敗北をすることになるからだ。「拡大国《エクスパンダーズ》」も負け戦を始めてしまうことがあるかも知れないが、途中で過《あやま》ちに気がつき、負ける前にすばやく手を引く。ディフェンシヴ・リアリストたちの言う「賢い侵略者」の典型はビスマルクである。ビスマルクはヨーロッパの覇権国になるという致命的な間違いに陥ることなく、戦争には勝ち続けたからである。

昔のソ連も、全ヨーロッパを征服するような無理をしなかったという意味では「賢い侵略者」と言えるだろう。

一方「過剰拡大国《オーバー・エクスパンダーズ》」は、負け戦を始め、いよいよ負けが確実になった時でも手を引くことができない「判断力のない侵略者」であることになる。彼らは無謀にも地域覇権《リージョナル・ヘジェモニー》を目指し、破滅的な敗戦へと突き進んでしまう。覇権を追求する試みは常に失敗することは歴史でも明らかであり、これらの国家はもっと判断力を持つべきだ、とディフェンシヴ・リアリストたちは主張する。そして、このような自滅的行動は、歪《ゆが》んだ国内政治のせいで引き起こされるのだという風に議論が続くことが多い。ディフェンシヴ・リアリストはたいていの場合、「過剰拡大国《オーバー・エクスパンダーズ》」の例として、一八九〇年から一九一四年までのヴィルヘルム皇帝時代のドイツ、一九三三年から一九四一年までのナチス・ドイツ、そして一九三七年から一九四五年までの帝国時代の日本を挙げる。この三カ国は、戦争を始めて自ら大敗北へと突き進んで行った侵略者であり、攻撃的な軍事政策が自滅的な行動を導くという例がこの三つのケースにすべて集約されている、とディフェンシヴ・リアリストたちは論じるのだ。

このような「穏健は善である」という見方の主な問題は、「非理性的な拡大」と「軍事的敗北」の二つを混同している点にある。情報不足、もしくはそこに至るまでの非合理的な過程によって戦争を起こす決断がなされると大国は必ず戦争に負けるというのは、必ずしも正しいわけではない。もちろん国家は敗戦確実な戦争を起こすべきではないが、戦争がどのような結果になるのかを確実に予測するのはそもそも難しい。いざ戦争が終わってみると、知識人や学者はその結果がすでに明らかだったように考えたがるものだが、それは「あと知恵」である。実際に戦争前に結果を予測するのは難しく、国家は時として間違った予測を行い、その結果として手痛い仕打ちを受けることになるのである。

自滅的な行動をしているかどうかを判断する良い方法は、紛争の結果に注目するのではなく、戦争を始めることにつながった政策決定プロセスに注目することである。日本とドイツのケースを分析した結果として明らかなのは、実際の戦争開始の決定を詳細に見れば、それぞれの国家が直面した状況においてはきわめて合理的な判断の下に決定されているということである。悪しき国内政治の影響によって下された非合理的な決定は、実は一つもない。

地域覇権を追求するのは無駄な努力であるという主張には、いくつかの問題がある。アメリカは自分の地域を征服しようとして成功した唯一の国家であるが、ナポレオン時代のフランス、皇帝時代のドイツ、ナチス・ドイツ、帝国時代の日本は、すべて地域覇権獲得に挑戦して失敗している。五分の一の成功率はあまり高いとは言えない。それでも地域覇権《リージョナル・ヘジェモニー》は達成できるものであることを、アメリカのケースは示している。遠い過去の例もある。ヨーロッパのローマ帝国（紀元前一三三〜紀元後二三五年）、南アジア亜大陸のムガール王国（一五五六〜一七〇七年）、清国（一六八三〜一八三九年）などだ。さらにナポレオン、ヴィルヘルム皇帝、ヒトラーは、それぞれ主要な戦場で勝利をおさめ、大きな領土を征服して目標達成まであと少しと言うところまで来て、ヨーロッパの完全支配には失敗している。戦争によって覇権を得る確率が最も低かったのは日本である。しかしこれから詳しく検証していく通り、日本の政治家たちはおそらく第二次世界大戦で負けるということを知っており、アメリカがそれ以外の合理的な選択肢を残さなかったために戦争を始めざるを得なかったのである。

攻撃的な政策に批判的な人々は、野心的な覇権国が出てくると、それに対抗する目的で「バランシング同盟」が結成されると主張することが多い。ところが歴史的に見れば、そのような同盟関係がタイミングよく効果的に形成されることはほとんどない。脅威を受けた国々は、危険な国に対して同盟を形成するよりも、むしろバック・パッシングし合うことを好むからだ。ナポレオンのフランスやナチス・ドイツを倒すことになったバランシング同盟は、両者がヨーロッパのほとんどを征服した後にようやく結成されている。この二つのケースでは、ロシアが実質上ただ一国だけで同盟結成国の助けを借りずに戦っており、ロシアが両者の覇権への勢いを鈍《にぶ》らせるまで、同盟は結成されなかったのである。[*113] 効果的な防御同盟が形成されるのは難しいために、これが逆に強力な国家に侵略のチャンスを与えてしまうことにもなるのだ。

最後に、「覇権を達成できた国がほとんどないという歴史の事実を、大国はよく理解すべきだ」という主張に説得力がないことも指摘しておく。アメリカのケースはこの主張とは根本的な点で矛盾しており、地域覇権《リージョナル・ヘジェモニー》を達成した最初の国に対してこの議論を当てはめること自体がそもそも難しい。これについてはあまり先例がないし、先例の結果でさえ、はっきりした答えが出されていない。たとえばヴィルヘルム皇帝時代のドイツは、ナポレオン時代のフランスの失敗を参考にすることもできたし、アメリカの成功を参考にすることもできた。よって、「ドイツの政治家たちは歴史を参考にしてヨーロッパ征服は必ず失敗すると理解しておくべきだった」と論じることは困難なのだ。もちろん、このような困難には一定の理解をしつつも、「ヒトラーはヴィルヘルム時代のドイツやナポレオン時代のフランスがヨーロッパ征服を失敗したのを見ていたのだから、自分も明らかに失敗することを判《わか》っていたはずである」と論じることはできるかも知れない。しかし、ヒトラーがこれらのケースから考えていたのは「侵略は無益だ」ということではなく、「ドイツ第三帝国が覇権国になるためには、先例の間違いをくり返してはならない」ということだった。言い換えれば、過去の例にならうということは、常に和平的な結果を選択するということにはつながらないのである。

地域覇権《リージョナル・ヘジェモニー》の達成が困難であることは間違いないが、それを追求すること自体は、決して非現実的な野望であるとは言えない。覇権達成によってもたらされる安全保障上の利益は非常に大きいため、強力な国家は常にアメリカのように世界の特定の地域を支配しようとするのである。

ヴィルヘルム皇帝時代のドイツ（一八九〇〜一九一四年）

ドイツ帝国の自滅的な行動については、二つの点において非難がなされる。まず、その侵略的な行動が英仏露による反ドイツ同盟（三国同盟）を形成させたこと。二つ目は、勝ち目がないにもかかわらずこのバランシング同盟と一九一四年に戦争を始めたことである。ドイツは包囲網に対して二正面戦争を挑《いど》まなければならなかった上、ライバルたちをすばやく決定的に倒す軍事戦略を持っていなかった。

ところがこうした非難の内容を細かく見ていくと、それほど論理的に筋の通ったものではないことに気づかされる。確かにドイツが三国同盟を形成させてしまうような動きをしたのは間違いない。他のすべての大国と同じように、ドイツには国境の拡大を求めるだけの戦略的な理由があり、一九〇〇年以降はライバルたちをたびたび刺激する行動をしていたのは事実である。ところが三国同盟が形成された過程を細かく見ていくと、主な原因はドイツの経済力と軍事力の台頭にあり、侵略的な行動そのものに原因があったわけではないことが明らかになってくる。

一八九〇年と一八九四年の間にフランスとロシアを近づけさせた原因と、一九〇五年から一九〇七年の間にそこにイギリスが加わった原因は何だったのか。一八七〇年代から八〇年代を通じ、フランスとロシアは、ドイツの台頭に恐怖を感じていた。ビスマルク自身も、この二国がドイツに対抗して同盟を結成することを警戒していた。ロシアがフランスを助けようとして起こった「戦争接近危機」（一八七五年）の時、ビスマルクはフランスを他のヨーロッパの大国から孤立させることを狙った同盟形成の準備を始めている。ビスマルクが政権の座についている間、フランスとロシアは反独同盟を結成しなかったが、ロシアは、おそらく（一八七〇〜七一年の普仏戦争の時のように）フランスがドイツに簡単に打ち負かされるのをただ黙《だま》って見ているわけにはいかないと感じていた。実際のところ、一八八〇年代後半の時点で、ビスマルクが政権を握っているか否かにかかわらず、近い将来ロシアとフランスが反独同盟を組むであろうことは周知の事実だった。一八九〇年三月にビスマルクが政権を離れると、仏露はすぐに同盟結成の話を始め、四年後に実現している。ところがドイツはビスマルクが政権を離れてからいきなり攻撃的な行動を始めたわけではない。一八九〇年から一九〇〇年までの一〇年間、ビスマルクの後継者たちは特に重大な政治危機を引き起こしたわけではないからだ。[*114] これらからわかる通り、ドイツの侵略的な行動が自国を包囲する同盟を作る原因になったと論じるには無理がある。[*115]

「ビスマルクの後継者たちが仏露を組ませてしまった原因は、ドイツの侵略的な行動ではなく、独露間の再保障条約の更新に愚かにも失敗したことにある」と論じる人もいるかも知れない。ビスマルクは一八八七年に仏露を引き離す目的で、この条約をロシアと交わしている。ところが歴史の専門家の間では、この条約は一八九〇年の時点で形骸化《けいがいか》しており、ドイツには他に重要な外交戦略の選択肢は残されていなかったということが共通認識になっている。W・M・メドリコット（W. M. Medlicott）は、再保障条約があったにもかかわらず、ビスマルクの対ロシア政策は（一八八七年頃までには）破綻していたと主張している。[*116] よって、ビスマルクが一八九〇年まで政権の座についていたとしても、彼が仏露の同盟を邪魔することができたかどうかは疑わしい。「ビスマルクか、もしくはそれ以上の外交の天才でも、ロシアとフランスの同盟を防ぐことはできなかった」とイマニュエル・ゲイス（Imanuel Geiss）は主張している。[*117] 仏露が同盟を組んだのはドイツのパワーの増大を恐れたからであり、ドイツが非理性的で侵略的な行動を起こしたからではないのだ。

　イギリスが仏露と三国協商を結成した二〇世紀初期になると、ドイツは確かに侵略的な行動をするようになっている。しかしここでもイギリスが同盟に参加した理由はドイツの台頭にあり、ドイツの侵略的な行動が原因ではなかった。[*118] 一八九八年にドイツが「英海軍に対抗する艦隊を作る」と決定したことはイギリスとの関係を確実に悪化させたが、それはイギリスを仏露の同盟に参加させた直接の動機ではない。イギリスにとって海軍の軍拡競争に対処する一番の方法は、それに真正面から対抗することであり、ドイツとの陸戦——貴重な資金を海軍よりも陸軍に回すことになってしまう——を避けることだった。ドイツの侵略的な行動の最初の例となった一九〇五年の「モロッコ危機」は、一九〇五年から一九〇七年にかけての三国協商の結成にとって、確かに重要な役割を果たした。ところがイギリスが三国協商を結成することを決めた最大の要因は、ロシアが日露戦争（一九〇四〜〇五年）で破壊的な敗北を受けたことにあり、ドイツの行動に原因があったわけではない。[119]この敗北によってロシアは事実上ヨーロッパのバランス・オブ・パワーから脱落し、ドイツの立場がヨーロッパ大陸において劇的に向上したのである。[120]イギリスのリーダーたちはフランス一国だけではドイツとの戦争には対処しきれなくなることを知っており、仏露と同盟して勢力のバランスを修正し、ドイツを封じ込めようとしたのだ。以上をまとめて言えば、三国協商結成の主な原因はヨーロッパの国際関係の構造の変化にあったわけで、ドイツの行動自体にあったわけではない。

一九一四年のドイツの戦争開始の決定は、初めから負けるとわかってわざと戦争を始めるような、狂気じみた戦略的なアイディアによって下されたものではなかった。この決定は、三国協商の包囲網を打ち破り、ロシアの力の台頭を防ぎ、ヨーロッパの覇権国になるという欲望とリスクを、両てんびんにかけて冷静に計算した上で下されたものだった。これを決定的にしたのが、バルカン半島においてオーストリア＝ハンガリー帝国とセルビアの間で起こった危機であり、ドイツは前者につき、ロシアは後者の支援をしたのである。

ドイツのリーダーたちは二正面で戦わねばならず、しかもシュリーフェン・プランでは勝てないことを自覚していた。ところが当時のドイツはフランスやロシアと比べてはるかに強力であり、イギリスは手出しをしないと信じていたため、リスクを承知で勝負に出ることにした。[121]彼らはこの考えが正しかったことを証明するまであと少しのところに迫《せま》った。シュリーフェン・プランは一九一四年において迅《じん》速《そく》かつ決定的な勝利を生み出す一歩手前まで行ったのである。[122]政治学者のスコット・セーガン（Scott Sagan）は「フランス人は一九一四年におけるパリ近郊でのギリギリの勝利を〝マルヌの奇跡〟と呼ぶが、これは確かにそう呼ばれるだけの充分な理由がある」と記している。[123]さらにドイツは一九一五年から一九一九年にかけて行われた消耗戦《しょうもうせん》でも、ほとんどの戦場において勝利をおさめた。ドイツ皇帝の陸軍は一九一七年にロシアを撃退し、一九一八年の春にはイギリスとフランスの陸軍をロープ際《ぎわ》まで追い詰めていた。アメリカの介入がなければ、ドイツは第一次世界大戦に勝っていたかも知れないからだ。[*124]

このような第一次世界大戦前のドイツの行動は、オフェンシヴ・リアリズムでは説明のつかない特殊な例である。一九〇五年の夏、ドイツにはヨーロッパの覇権を握れる素晴らしいチャンスがもたらされていた。ドイツは潜在覇権国であり、ロシアは極東での敗北から立ち上がることができず、ドイツの攻撃に耐え切れる立場にはなかった。イギリスは仏露とまだ同盟を組んでいなかった。フランスにとってはヨーロッパのバランス・オブ・パワーを自国に有利な方へ変化させるまたとないチャンスではあったが、もし戦争が起これば、強力なドイツに対してたった一国で立ち向かわなければならなかったのだ。[*125]ところがドイツは一九〇五年の時点で戦争を起こそうとは考えておらず、ロシアが敗戦から立ち直り、イギリスが仏露に軍事協力をした一九一四年まで、何も行動を起こしていない。[*126]オフェンシヴ・リアリズムの理論からすれば、ドイツは一九〇五年の時点で戦争を始めるべきだったことになる。この年に戦争を始めていれば、ドイツはほぼ確実に勝てたからだ。

ナチス・ドイツ（一九三三〜一九四一年）

ヒトラーに対してなされる批判は以下のようなものだ。「ヒトラーが第一次世界大戦の歴史から学んでいれば、ドイツが侵略的に振舞《ふるま》った際に周辺国によってバランシング同盟が形成されて包囲され、悲惨な二正面戦争によって再び粉砕されてしまうことが十分理解できたはずだ。ところがヒトラーは教訓を無視して奈落《ならく》の底に飛び込んでいった。よって、その原因は非合理的な政策決定のプロセスにあるはずだ」ということになる。

ところがこの批判を詳しく分析してみると、かなり怪しいことがわかる。確かにヒトラーは大量殺人を行った歴代の猛者《もさ》の中でもトップクラスであることに変わりはないが、一九四一年夏にソ連に侵攻するという致命的な間違いを犯すまでは、敏腕《びんわん》な戦略家として成功していたことを忘れてはならない。ヒトラーは明らかに第一次大戦の歴史から学んでいたのであり、ドイツは二正面戦争を避け、迅速かつ決定的な勝利をおさめなければならないことを知っていた。ヒトラーはそれを第二次世界大戦の初期から自覚しており、第三帝国がヨーロッパ中に死と破壊をもたらすことができた理由はまさにここにある。一度負けた国というのは、たいていの場合はその負けた戦略が全く無駄なものだったとは考えず、その代わりに次の戦争で同じ間違いを二度とくり返さないように努力するものだ。

その証拠に、ヒトラーの外交では、敵同士が反ドイツのバランシング同盟を形成しないよう最大の注意が払われ、ドイツ国防軍はそれらの国々を各個撃破することができるはずだった。[*127] これが成功するかどうかは、ソ連・イギリス・フランスによる三国協商の復活を防げるかどうかにかかっていた。ヒトラーはそれに成功しており、一九三九年九月には英仏がドイツのポーランド侵攻を非難して宣戦布告《せんせんふこく》しているにもかかわらず、ドイツ国防軍とソ連はポーランドを一緒に分割している。翌一九四〇年夏になってドイツ陸軍がフランスを侵略し、イギリス陸軍をダンケルクからヨーロッパ大陸の外へと追い出しても、ソ連はこれに全く干渉《かんしょう》していない。ヒトラーが一九四一年にソ連に侵攻を開始した時、フランスはすでに戦力を失っており、アメリカはまだ参戦しておらず、イギリスはドイツにとって深刻な脅威ではなかった。一九四一年のドイツ国防軍は事実上、ソ連赤軍と一対一で戦える状態にあったのだ。[*128]

確かにヒトラーの成功の陰《かげ》にはライバル国家が互いに足を引っ張り合っていたことが大きいが、彼が賢《かしこ》い選択をして行動したことには間違いない。彼は自分の敵同士が対立するように仕向け、ナチス・ドイツが温和な意図を持っていることを、自分のライバルたちにじっくりと説得して回っていた。ノーマン・リッチ（Norman Rich）が記しているように、「自分の本当の意図しているところを完全に隠すかごまかすことによって、ヒトラーは外交手腕と政治宣伝の技を存分に発揮することに専念した。公共の場でのスピーチや外交での談話で表現されるゆるぎない平和への望みによって、彼は次々と友好条約や不可侵条約を周辺国と締結し、善良な意図を推進していることを周囲に確信させた」のだ。[129] ヒトラーは、第一次大戦以前のドイツのヴィルヘルム皇帝や、その他のリーダーたちが虚勢的《きょせいてき》なレトリックを使って失敗していたことをよく知っていたのだ。

　ヒトラーはまた、第一次世界大戦のような損害の大きい戦争を避け、軍事的に迅速かつ確実に勝利する必要があることを充分自覚していた。この目的を達成するため、機甲師団を作ることを支持し、ドイツがフランスで獲得した歴史上最も輝かしい成功をおさめた、一九四〇年の「電撃戦《ブリッツ・クリーグ》」を形成する重要な役割を果たしている。[130] ヒトラー率《ひき》いるドイツ国防軍は、ポーランド、ノルウェイ、ユーゴスラビア、ギリシャなどの小国に対して鮮やかな勝利をおさめた。セバスチャン・ハフナー（Sebastian Haffner）が記しているように、「一九三〇年から一九四一年まで、ヒトラーは国内政治、外交、軍事など、自分が関わったほぼすべての分野で成功しており、世界の羨望《せんぼう》の的だった」のである。[131] もしヒトラーがフランスを攻略した直後の一九四〇年の七月に死んでいたら、彼は「ドイツ史上、最も偉大な政治家の一人」として名を残していたかも知れない。[132]

　ところが幸運なことに、ヒトラーは第三帝国を破滅に導く、致命的な間違いを犯している。ヒトラーは一九四一年六月にドイツ国防軍をソ連に侵攻させたが、今回は電撃戦によって迅速で決定的な勝利をおさめることができなかった。東部戦線では残忍な消耗戦が始まり、最終的にドイツ国防軍の敗走へとつながった。一九四一年になるとイギリスとともにアメリカが第二次世界大戦に参戦し、最終的には西部方面でも二つ目の戦線が開かれることになった。ソ連を攻撃することによってドイツにもたらされた破滅的な結果から考えれば、ソ連が戦争に勝つという証拠が以前から指摘されていたことや、バルバロッサ作戦は自殺行為だからやめるよう何度も警告されていたのを無視して作戦の実行に踏み切ったヒトラーは、やはり合理的な計算ができなかった人間だ、と解釈することもできる。

　ところが実際の証拠から見ると、この解釈が的外《まとはず》れであることがわかる。ドイツのエリートの中でヒトラーのソ連侵攻政策の決定に反対した者はほとんどおらず、攻撃開始の決定は熱狂的に支持されたのである。[*133] もちろん、ドイツの参謀たちの何人かは実行計画のいくつかの重要な点において不満を示しており、ごく一部の戦略家や政治家がドイツの電撃戦をもってしてもソ連赤軍には勝てないかも知れないと思っていたのは事実である。ところがドイツのエリートの間では、ドイツ国防軍は一年前の英仏のように、ソ連を迅速に完敗させることができる、という強固な共通認識があった。一九四一年の時点では、英米の中でも「ドイツがソ連に勝つ」と広く信じられていた。[*134]「ドイツの猛襲《もうしゅう》に直面すれば、ソ連赤軍は崩壊する」と思われる理由はいくらでもあった。スターリンは一九三〇年代後半に陸軍のかなりの人数を粛清《しゅくせい》して軍の戦闘力を低下させており、ソ連赤軍はフィンランドとの戦争（一九三九～四〇年）でもほとんど目立った成果を上げることができなかった。[*135] 加えて、一九四一年六月頃のドイツ国防軍は、調練が行き届いた軍隊であった。結局のところ、ヒトラーとその補佐官たちは、バルバロッサ作戦の結果を単純に計算違いしていたのである。彼らは非合理的な決定をしたわけではなく、単に間違った決定を下しただけであり、これは国際政治においてはよく起こることだ。

　ドイツがヨーロッパの覇権を目指して二度も失敗したことについて、もう一言加えておく。ハフナーはドイツのヨーロッパ支配の試みが「そもそもの初めから失敗だった」と冷戦中に広く信じられていたことについて、当時の西ドイツの若い世代が、「自分たちの父や祖父たちのことを、あまりにも大それた目標を持っていた狂人だったと見なしている」という事実を指摘している。[*136] ところが彼は同時に、「彼らの父や祖父たちの大部分――たとえば第一次・第二次世界大戦の世代――が、その目標を理《り》にかなったもので、しかも達成できるものだった、と考えていたことを忘れるべきではない。彼ら（旧世代のドイツ人たち）は、ヨーロッパの覇権という目標に刺激され、往々にしてそのために身をささげたのである」とも記している。

1880	1890	1900	1910	1913	1920	1930	1940
45%	32%	23%	15%	14%	16%	11%	11%
16%	16%	21%	20%	21%	14%	14%	17%
10%	8%	7%	6%	6%	5%	9%	4%
2%	3%	6%	5%	6%	1%	6%	13%
3%	4%	4%	4%	4%	—	—	—
0%	1%	1%	1%	1%	1%	2%	2%
23%	35%	38%	48%	47%	62%	54%	49%
0%	0%	0%	1%	1%	2%	4%	6%

帝国時代の日本（一九三七〜一九四一年）

拡大しすぎた日本に対する批判は、そもそもなぜ一九四一年の時点で約八倍の潜在力を持つアメリカ（表6・2参照）と戦争を始める決定をしたのか、という点に集約される。

日本は一九三八年と一九三九年の二度にわたってソ連赤軍と戦い、二度とも負けている。その結果、日本はソ連を刺激することをやめ、双方の国境では第二次大戦の終了間際《まぎわ》に日本の負けが確実になるまで何も起こっていない。また、日本が一九三七年に中国に侵攻して勝ち目のない長期戦に巻き込まれたのも事実である。ところが日本は、気乗りせずに紛争に巻き込まれたのではなく、当時はとても強力とは言えなかった中国を簡単に打ち負かすことができると考えていた。その考えは間違っていたが、日本が中国で勝利できなかったことは、日本にとって致命的な失敗ではない。なぜなら日中戦争が日米を衝突させることにつながったわけではないからだ。[*137] もちろんアメリカの政治家たちは日本の中国侵攻を不快に思っていたが、アメリカはこの戦争が激化しても脇で傍観していただけだ。その証拠にアメリカは一九三八年末になるまでほとんど中

表6-2　世界経済に占める各国の富の割合（1830～1940年）

	1830	1840	1850	1860	1870
イギリス	47%	57%	59%	59%	53%
ドイツ	4%	4%	3%	9%	13%
フランス	18%	14%	10%	12%	11%
ロシア	13%	8%	6%	3%	2%
オーストリア＝ハンガリー	6%	6%	6%	4%	4%
イタリア	—	—	—	0%	0%
アメリカ	12%	12%	15%	13%	16%
日本	—	—	—	0%	0%

国に対する支援を行っておらず、それ以降も窮地《きゅうち》に立たされた中国に対して小規模の経済援助を行っただけだ。[*138]

アメリカは、ヨーロッパにおける二つの大事件――一九四〇年六月のフランスの陥落《かんらく》と、一九四一年六月のドイツのソ連侵攻――によって日本と戦うことを決心し、これが真珠湾へとつながった。ポール・シュローダー（Paul Schroeder）が記しているように、「アメリカは、極東で行われていた戦争がヨーロッパにおけるはるかに重要な（そしてアメリカにとってはさらに重要な）戦争と明確に関係してくるのがわかるまで、日本の台頭を軍事力で阻止《そし》することや、日本を実際の敵として認識することを真剣に考えたことはなかった」のだ。ここで決定的な役割を果たしたのは「ヒトラーへの対抗であり、極東におけるアメリカの対外政策を条件づける要素の中では、それが一番重要なものだった」のである。[*139]

西部戦線で勝利したことにより、ドイツ国防軍はフランスとオランダを追い払い、弱ったイギリスを、ドイツの空と海からの攻撃から身を守るよう仕向けた。このヨーロッパの三大国は東南アジアのほとんどを植民地として支配していたが、資源の豊富なこの地域はヨーロッパの戦いの影響を受け、日本の攻撃に対する防御が手薄《てうす》になっていた。もし日本が東南アジアを征服すれば、中国への援助の流れの大部分を阻止することができ、日本が中国で勝利する可能性も高くなる。[*140]もし日本が中国と東南アジア、朝鮮半島と満州をコントロールできれば、日本はアジアのほとんどを支配することになる。アメリカはこのシナリオの実現を防ごうと決意しており、一九四〇年夏に日本のこれ以上の拡大阻止に向けて、本格的に動き始めた。

日本はアメリカとの戦いをなるべく避けようと考え、東南アジアへの展開をかなり注意深く行っている。東京政府はイギリスの補給路であるビルマロード（the Burma Road）を一九四〇年七月から一〇月の間にかけて閉鎖し、オランダにも石油を供給させるようにしているが、一九四一年夏の時点で日本の支配下に入ったのはインドシナ半島の北部だけだった。一九四一年六月中旬の時点でも、日米の間で何かしらの暫定的《ざんていてき》で限定的な合意が得られるチャンスは残っていた。[*141]その六カ月後に日米が戦争を始めるとは誰も思っていなかったのである。

ところが一九四一年六月二二日のドイツによるソ連侵攻は、日米関係を根本的に変化させ、戦争への道を突き進ませることになった。[*142]アメリカの政治家たちはドイツ国防軍がソ連赤軍を打ち倒してヨーロッパの覇権国になりそうだと考えていた。また、ソ連はアジアで陸軍を持ち、日本を抑止できる唯一の大国であったために、ナチスがソ連に勝利することは、日本がアジアの覇権国になることを意味していた。[*143]もしソ連がドイツに負けると、アメリカはアジアとヨーロッパの両方で敵対的な覇権国に直面することになるのだ。当然アメリカはこのような悪夢のシナリオの実現を防ぐために行動を開始したが、そのためにはソ連が一九四一年のドイツの猛攻を防ぎ、それ以降もドイツの攻撃から生き残ってくれなければならなかった。

日本の不運は、一九四一年の時点でソ連の生殺与奪権《せいさつよだつけん》を持つ決定的な立場にあったのが日本であったことである。アメリカが恐れていたのは、日本が東側からソ連を攻撃し、ドイツ国防軍がソ連赤軍を打ち破るのに協力することだった。ドイツと日本は日独伊三国同盟で公式な同盟国であっただけでなく、日本はソ連とその二年前に戦っており、しかも追い詰められていたソ連に対し、日本が攻撃を考えているという情報を、アメリカは多く入手していた。[*144] この可能性を排除するため、アメリカは日本に対し一九四一年後半から経済や外交の面ですさまじい圧力をかけ始めた。ここでの狙いは、単に日本のソ連攻撃を阻止するだけでなく、中国、インドシナ、満州、そしていかなる日本のアジア支配の野望をも断念させることにあった。[*145] アメリカは日本に強力な圧力をかけ、二等国家（a second-rate power）にしてしまおうとしたのである。

　アメリカは日本に圧力をかけられる絶好の立場にあった。第二次世界大戦直前、日本は八〇％の燃料物資、九〇％以上のガソリン、六〇％以上の機械機器、ほぼ七五％のくず鉄をアメリカから輸入していた。[*146] 日本はアメリカに経済的に依存していたため、アメリカが輸出禁止を決定すれば経済が大混乱することは確実であり、国家の存亡を左右されるほどの弱みを握《にぎ》られていたのである。一九四一年七月二六日、西部戦線でソ連軍の状況が悪化し、日本がインドシナ半島の南部を征服するや、アメリカとその同盟国は日本の資産を凍結し、これが日本に対する破壊的な全面規模の通商停止になった。[*147] アメリカは日本に対して、中国、インドシナ（そして可能ならば満州）などを諦めることによってのみ、経済的な窒息死を免《まぬが》れることができると強調した。

　通商禁止令は、日本にとってたった二つの最悪の選択肢しか残されていないことを意味していた。アメリカに屈服《くっぷく》して大規模なパワーの減少を受け入れるか、アメリカの勝利がほぼ確実視されていたにも関わらず、アメリカと戦うかである。[*148] 当然、日本のリーダーたちは一九四一年の晩夏から秋にかけてアメリカとの取引を成立させようとした。彼らは中国との「正義ある平和」が実現すれば、インドシナから撤退する用意があると言い、戦争開始から二五年以内にすべての日本軍を中国から撤退させたいと言い続けた。[149]アメリカの政治家たちは自説をまげず、絶望的になりつつあった日本に対して、いかなる譲歩も拒否した。[150]アメリカは一九四一年以降、ソ連に対し日本が脅威となることを許すつもりは全くなかったのだ。日本は平和的にせよ軍事的にせよ、牙を抜かれることには変わりなく、その最終的な選択は、彼ら自身にゆだねられることになった。[151]

日本はおそらく負けることを充分承知の上でアメリカを攻撃することを選んだが、アメリカを長期戦に巻き込んで食い止め、最終的には戦争から手を引かせることができるかも知れないと考えていたことも事実である。一九四一年一一月にモスクワ郊外まで迫ったドイツ国防軍は、ソ連を決定的に打ちのめし、それによってアメリカの目をアジアではなく、ヨーロッパの方に向けさせることができたかも知れないのである。さらに一九四一年の秋の時点ではあまり戦闘能力が高いとは言えなかったアメリカ軍は、日本の奇襲攻撃によって力が弱まる可能性があった。[152]戦闘能力の問題を別にしても、アメリカには攻撃されても戦う意志があったかどうかは微妙だった。結局一九三〇年代のアメリカは、日本の拡大を積極的に阻止しようとは考えず、孤立主義のイデオロギーは相変わらず根強かった。一九四一年八月の時点でも、その前年に召集された兵の徴兵期間の一年延長が、たった一票の差で下院を通過したほどだった。[153]

日本人が愚かだったというのも正しくない。彼らはアメリカが戦わずに引き下がるとは考えておらず、戦争になればアメリカが勝つだろうと見ていた。ところが彼らは信じられないほど危険な賭《か》けに打って出た。アメリカの要求に屈服するのは、それ以上にまずい選択肢だと思えたからだ。セーガンはこの点について、「日本が非合理的だったとくり返し言われているが、これはかなりの誤解である……日本の決断はかなり合理的に見える。一九四一年の決断を分析するとわかるが、日本政府は何も考えずにむやみに国家の自殺へと突き進んだわけではなく、長期にわたって二つの矛盾した選択肢の間で苦しい論争を行った後に決断したのだ」と記している。[154]

❖ 核武装競争

オフェンシヴ・リアリズムの最後の検証として「大国は例外なく核武装優越状態を目指す」という私の予測が正確かどうかを確かめてみよう。ディフェンシヴ・リアリストに近い見方では、いったん核武装したライバル同士は、互いが相互確証破壊（ＭＡＤ）の世界に生きていることを自覚して、現状維持を進んで認め、核装備によって有利に立とうとすることはなくなる。国家は相手の報復能力を無効化したりＭＡＤ状態を崩したりするような「対兵力打撃（反撃）兵器」（counterforce weapons）や防御システムを初めから作るべきではないことになる。よって、冷戦時代の超大国の核政策の分析は、二つの対照的なリアリストの視点を比較する、絶好のケースである。

歴史的事実から明らかなのは、オフェンシヴ・リアリズムの方が冷戦期の米ソの核政策をうまく説明できているということである。どちらの超大国もディフェンシヴ・リアリストのアドバイスを採用せず、核の優越性を得るため、もしくはそれを相手が得るのを防ぐために、大規模で高性能の対兵力打撃兵器の開発・配備に邁進《まいしん》した。さらに、双方とも互いの核兵器に対抗する防御システムを開発し、また核戦争を戦って勝つための巧妙な戦略を作り上げたのである。

アメリカの核政策

超大国の間の核武装競争は、一九五〇年までは深刻になっていない。冷戦初期のアメリカは核の独占状態に満足し、ソ連は一九四九年八月まで核実験を行っていなかった。一九四〇年代の末まで「対兵力打撃（反撃）」（counterforce）のような概念は無意味であった。ソ連は、アメリカをターゲットにする核兵器を持っていなかったからである。当時のアメリカの戦略家の最も重大な懸念は「ソ連赤軍のヨーロッパ侵攻をどう食い止めるか」だけだった。これに対処する一番良い方法は、ソ連の工業地帯に核爆撃を行うことだった。[155] 要するにこの戦略は、第二次世界大戦のドイツに対する戦略爆撃の拡大版で、その代わりに時間が大きく短縮され、威力ははるかに増して、コストは削減されていたのである。[156]

ソ連が原子爆弾を開発した後、アメリカは圧倒的な第一先制攻撃力——先制してソ連のすべての核兵器を最初の一撃で破壊する攻撃——を開発し始めた。一九五〇年代のアメリカの核政策は「大量報復」(massive retaliation) と呼ばれたが、この呼び名はかなり不正確である。「報復」という言葉が暗示するのは、アメリカがソ連から最初の核攻撃を受けるまで待つということだ。[157] ところが実際に危機が起こった場合、アメリカは小規模な核ミサイルが発射される前に、ソ連のすべての核兵器を消滅させるために、最初に核兵器を使おうとしていた証拠が数多くある。戦略空軍司令部 (the Strategic Air Command : SAC) 長官であったカーティス・ルメイ将軍 (General Curtis LeMay) は、一九五〇年代の中頃、当時の懸念材料《けねんざいりょう》とされていた爆撃機の脆弱性《ぜいじゃくせい》が議論になった時、この問題をほとんど気にしていなかった。彼の核戦争のシナリオでは、アメリカが最初にソ連を攻撃して武装解除することを想定していたからだ。ルメイは「もしロシア人たちが攻撃のために飛行機を集結させているのを見たら、飛び立つ前にすべて叩きのめしてやる」と言っている。[158] よって、一九五〇年代のアメリカの核政策は「大量報復」よりも「大量先制攻撃」(massive preemption) と定義した方が正確であろう。いずれにせよ一九五〇年代の重要な点は、アメリカがソ連を超える核武装優越状態を手に入れようとしていたということである。

ところがアメリカは一九五〇年代、もしくは六〇年代初期にかけて、ソ連の核兵器を破壊する第一攻撃能力を達成していなかった。確かにアメリカがこの時期に最初の核攻撃をしかけていたら、ソ連が最初にしかけてきた場合よりも多くのダメージをソ連に与えていただろう。アメリカの戦略家たちは、アメリカの第一攻撃によってソ連のほぼすべての核報復力を消滅させて、モスクワ政府に確証破壊力が残らないようにするという、かなり楽観的なシナリオを想定していた。[159] アメリカはあと少しで第一攻撃能力を持つところまで行っていた、ということである。ところが当時のアメリカの政治家たちは、ソ連との核戦争になればアメリカは信じられないようなダメージを受けると考えていた。[160]

一九六〇年代の初め頃になると、ソ連の核兵器の規模と種類が増加し、現状のテクノロジーでは第一攻撃でソ連の核兵力を完全に無効化することが不可能であることが明らかになってきた。[161] モスクワ政府は強固な第二攻撃能力の開発直前まで行っており、超大国同士はＭＡＤの世界で真っ向勝負を挑《いど》み合う形になるところだった。アメリカの政治家はこの状況を苦々《にがにが》しく思い、以降の冷戦期を（核兵力で均衡している）ＭＡＤの状態ではなく、核兵力でソ連よりも有利に立つことに向け、多大な努力と国家資源を費《つい》やすことになった。

アメリカが核戦争が起こった際に攻撃するつもりだったソ連国内の攻撃目標の数——ＭＡＤに必要な数をはるかに超える——を考えてみてほしい。一般的に、確証破壊能力を持つためには、アメリカはまずソ連からの第一攻撃に耐え、直後の報復攻撃の際に、ソ連の人口の三〇％と工業の七〇％を破壊できなければならない、と考えられていた。[162] このレベルの破壊を引き起こすには、上から数えて二〇〇番目までの規模のソ連の都市を破壊することが必要であった。これを実行するためには一メガトンの核爆弾が四〇〇個、もしくはそれと同等の破壊力のある兵器やメガトン数の爆弾（以下、〝四〇〇ＥＭＴ〟のように表記する）が必要だった。ところがアメリカが実際に破壊することを計画したソ連内の攻撃目標は、二〇〇〇個の都市をはるかに超えていた。たとえば一九七六年一月一日に採用された、核兵器を実際の戦争で使うための軍事計画であるＳＩＯＰ—５では、二万五〇〇〇もの攻撃目標が挙げられた。[163] レーガン政権が一九八三年一〇月一日に承認したＳＩＯＰ—６には、驚くべきことに五万もの攻撃目標が含まれていた。

もちろんアメリカはこれらの「潜在的な」攻撃目標を一度にすべて破壊できるような能力を持たなかったが、それでも莫大な数の核兵器を配備し、その規模は一九六〇年代初期から一九九〇年に冷戦が終了するまでの間、着実に増え続けていた。またこれらの兵器には相当な対兵力打撃《カウンター・フォース》能力が備えられていた。アメリカの戦略家たちはソ連の二〇〇都市を焼き尽くすだけでなく、ソ連の報復兵器のほとんどを破壊しようと思っていたのである。一九六〇年一二月にSIOP—62（最初のSIOP）が承認された時、アメリカには三一二七個の核爆弾と核弾頭が登録されていた。[164] 二三年後にSIOP—6が実施された時、戦略核兵器は一万八〇二個に増えていた。アメリカがソ連を確実に破壊する目標を達成するためには一定規模の報復能力が必要だった——なぜならソ連の第一攻撃によって、ある程度の数の核兵器が失われることを想定しなければならなかった——のは事実だが、冷戦後半の二五年間では、アメリカの核兵器の数がソ連の二〇〇都市を破壊するのに必要な四〇〇EMTをはるかに超えていたのも事実だ。

また核兵器のレベルにおいても有利に立つために、アメリカはテクノロジーの開発を強力に推し進めた。アメリカは対兵力打撃《カウンター・フォース》兵器の破壊効果を上げるために、多大な努力をしている。特にミサイルの精度を向上させることに腐心し、この分野ではかなりの成功をおさめた。また、複数個別誘導弾頭(MIRVs : Multiple Independently Targeted Re-entry Vehicles)の開発においてソ連をリードし、これによって戦略核弾頭の数を一気に増やすことにもなった。冷戦終了までに、アメリカの弾道ミサイルの「ハード目標破壊能力」(hard-target kill capability)——「対兵力打撃《カウンター・フォース》能力」という意味である——は、ソ連の地上ミサイル基地をすべて完全に破壊できるレベルにまで達していた。また、ワシントンは政府の指揮系統をソ連の攻撃から防ぐために莫大な投資をし、核戦争においても政府と軍の統制が失われないような機能を増大させた。加えて、アメリカはいまだに成功したとは言えないかも知れないが、弾道ミサイル防衛システムの開発を強力に推し進めている。アメリカの政治家たちは、ミサイル防衛システムの究極の目標が、核の恐怖が支配する世界を消滅させ、攻撃よりも安全・防御が有利になるような世界を実現することにあると論じている。ところが彼らが実際に求めていたのは、核戦争に勝つための防衛システムを、合理的なコストで構築することだった。[165]

最終的にアメリカは、ソ連との核戦争に勝てる、大量報復戦略の代わりとなる戦略を思いついた。この戦略は一九六一年にケネディ政権によって最初に作られ、「限定核オプション」(limited nuclear options)として知られるようになったもので、[166] どちらの超大国も相手の確証破壊能力を消滅させることはできないが、対兵力打撃《カウンター・フォース》兵器による限定された数の核の応酬《おうしゅう》はあり得ると想定していた。これはアメリカがソ連の都市への攻撃を避けて一般市民の犠牲者の数を限定し、戦略の要《かなめ》である一定数の対兵力打撃《カウンター・フォース》の応酬でソ連を圧倒し、勝利を達成しようというものである。アメリカはソ連も同じルールで戦うことを望んでいた。この新しい政策はSIOP―63の中で文書化され、一九六二年八月一日に公式に採用された。以降の冷戦期では、SIOPを受け継いだ重要なものが四つあり、それらの新しいSIOPは、前代のものよりも小規模かつ正確に選びぬかれた対兵力打撃《カウンター・フォース》の目標や、限定核戦争を戦うための指揮系統の向上をもたらすことになった。[167] 戦略改善の究極の目標は、核戦争においてアメリカがソ連よりも確実に有利に立つことにあった。[168]

まとめて言えば、冷戦後半の二五年間でさえ、アメリカが核武装優越状態を諦めていなかった証拠は山ほどある。[169] ところがアメリカはソ連と比べて核兵力においてそれほど有利に立てたわけではなく、一九五〇年代から一九六〇年代初期までのような状態に達することは二度となかった。

ソ連の核政策

我々はソ連側の状態を詳しく知るわけではないが、ソ連が核兵力における優位を求めていたのか、もしくはMADの世界で生きることに満足していたのかを判断することはできる。我々は現在、冷戦期のソ連の核兵器の規模と構成の変化を細かく知っており、モスクワ政府の核戦略の考え方が記された膨大な文献を調査できるようになったからだ。

ソ連はアメリカと同じように、充分な対兵力打撃《カウンター・フォース》能力を備えた大規模な核システムを構築している。[170]

しかしソ連はアメリカと比べてその開発・配備のスピードが遅く、一九四九年八月まで最初の核兵器を爆発させることができなかったし、一九五〇年代になっても兵器庫の武器の増加スピードはゆっくりとしたものだった。この期間中、ソ連は核弾頭や、それを飛ばして運搬するシステムの開発と配備においてもアメリカに遅れをとっていた。一九六〇年のソ連の戦略核兵器の数は、アメリカの三一二七個に比べて、たった三四五個しかなかった。[*171] ところが一九六〇年代に入ってからソ連の核兵力は急速に発展し、一九七〇年にはその数は二二一六個まで増え、その一〇年後には七四八〇個になった。ソ連大統領のミハイル・ゴルバチョフの「新しい思考」にもかかわらず、ソ連は八〇年代に約四〇〇〇〇発もの爆弾と弾頭を加え、ベルリンの壁が崩れた一九八九年の戦略核兵器の数は、一万一三二〇個になっていた。[*172]

さらにソ連のほとんどの戦略家たちは、核戦争に備え、勝たなければならないと信じていた。彼らが戦争をしたがっていたとか、実質的な勝利を得る自信を持っていたというわけではない。ソ連の戦略家たちも、核戦争が空前絶後の破壊をもたらすことは充分理解していた。[*173] 彼らはソ連への被害を最小限にして、超大国同士の核の応酬においては何としてでも勝つつもりだったのだ。ソ連のリーダーたちがディフェンシヴ・リアリストたちの主張するＭＡＤの利点や、対兵力打撃《カウンター・フォース》の危険性についての議論を信じていたという証拠は、ほとんど見受けられない。

米ソの戦略家たちは、核戦争にどうやって勝つかという点においては意見が違っていた。ソ連の戦略家たちがアメリカの「限定核オプション」という考え方を絶対に受け入れないことは明らかであった。[*174] その代わりに彼らは一九五〇年代のアメリカの「大量報復」に似たような、攻撃目標を設定する政策を好んでいたようだ。彼らは、核戦争を遂行して自国への損害を最小限にする一番の方法は、アメリカとその同盟国のすべての軍事関連施設に対し、迅速で莫大な対兵力打撃《カウンター・フォース》攻撃を行うことだと考えていたのだ。ソ連はアメリカに対する全面核攻撃によって何百万人ものアメリカ人を殺すことになると充分知りつつ、あえてアメリカの一般市民を攻撃目標に掲げるようなことはしていない。

以上のように、両超大国は冷戦を通じて、巨大な対兵力打撃核兵器《カウンター・フォース》を作り上げ、核によって相手よりも有利に立とうとして、甚大な努力をした。双方とも確証破壊能力を構築して維持するだけでは満足していなかったのだ。

核革命に対する誤解

超大国が「ひたすら核武装優越状態を追い求める」ことには理解を示しつつも、この行動が（非合理でないとしても）誤った判断によるもので、バランス・オブ・パワーの論理《ロジック》では説明できない、と論じる人もいるかも知れない。「米ソ両国とも、核の分野において相手よりも有利に立つことはあり得ず、さらにＭＡＤは安定した世界を作った。核武装優越状態を求めるのは、アメリカやソ連の官僚政治や、機能不全に陥っている国内政治の結果である」――ほとんどのディフェンシヴ・リアリストたちはこのような見方をしており、米ソ両国とも、ＭＡＤのメリットや、対兵力打撃兵器《カウンター・フォース》の害についての議論を、初めから受け入れなかったと言うのだ。[*175]

このような主張を一九五〇年代から一九六〇年代の初期にかけての実際の状況に当てはめて検証するのは一筋縄《ひとすじなわ》ではいかない。この時期のソ連はまだ大量に核兵器を持っておらず、アメリカには核武装優越状態を手に入れるチャンスがあったからである。実際に何人かの専門家たちは、この時期のアメリカには、ソ連に対する「あざやかな先制攻撃」能力があったと考えている。[*176]私はこの分析に賛成はできないが、冷戦初期に核攻撃の応酬が起こっていたとしたら、アメリカはソ連よりもはるかにダメージが少なかったという予測には異議がない。よって、ディフェンシヴ・リアリストの議論は、米ソ両国が確証破壊能力を確実に持っていた、冷戦後半の二五年間には当てはまるということになる。しかしこのような戦略均衡状態が成立していた期間でさえ、超大国は核武装において相手よりも有利に立とうとしていた。

まず大事なのは、戦略核政策の大きな流れは、オフェンシヴ・リアリズムの予測と矛盾していないということである。具体的に見ても、アメリカは一九五〇年代に核武装優越状態を獲得しようと最大限の努力をし、この時期に第一攻撃能力は間違いなく手の届く範囲にあった。ソ連が充分な報復能力を保持するようになると、アメリカは第一攻撃能力の獲得を完全に諦《あきら》めたわけではなかったが、多少その追求の度合いを緩《ゆる》めている。アメリカの政治家たちは確証破壊の論理《ロジック》を採用したことは一度もなかったが、戦略核兵器に使われる国防費の割合は、一九六〇年以降に段々と減少していった。[*177] さらに、双方とも弾道ミサイル防衛システムを互いに配備しないことや、最終的には攻撃力を質的にも量的にも制限することまで合意した。核開発競争はそれ以外のさまざまな分野でくり広げられ、いくつかはすでに説明した通りだが、両方ともMADの状態が確定してからは、核武装優越状態を全力で獲得しようとはしていない。

さらに、核武装優越状態が実現できそうもない目標であるにもかかわらず軍拡競争が継続したのは、彼らの誤った判断によるものではない。米ソにとって核分野で激しく競い合うことは、戦略的にも合理的だった。軍事技術の発展は全く予測のつかない方法で急速に発展するものだからだ。一例として、一九一四年の時点で潜水艦が第一次世界大戦において致命的かつ効果的な武器になると理解していた人が少なかったことが挙げられる。また一九六五年の時点で、当時革命を遂げつつあった情報技術が、戦闘機や戦車のような通常兵器に重大な影響を与えると予測した人も少なかった。重要なのは、一九六五年の時点では、「いくつかの革命的な新しいテクノロジーが核のバランスを変化させ、一方に明らかに有利な立場を与えることになる」などということを、誰も確信を持って言えなかったことである。

さらに軍事競争は、ロバート・ペイプが「軍事テクノロジーの不均衡な普及」と呼んだ特徴を持っている。[*178] 新しいテクノロジーは、すべての国家が同時に入手することはない。これは、技術革新をした側が、遅れをとった側よりも一時的にせよ有利な状態を獲得することを意味する。たとえばアメリカは冷戦時代全期を通じて、敵の潜水艦を探索しつつ自分たちの存在は察知されないようなテクノロジーを開発して、有利な立場を保っていた。

大国は常に新しいテクノロジーの開発で一番になりたがる。敵が自分たちを追い越して優位に立つことは、なんとしても避けたいからだ。超大国がそれぞれ真剣に対兵力打撃《カウンター・フォース》のテクノロジーと弾道ミサイル防衛システムの開発に取り組んだのは、戦略的にも全く理にかなっている。うまくいけば、技術革新の成功は明白な優勢状態をもたらすことになるし、うまくいかなくても、それに向かってたえず努力することにより、相手が断然有利になる事態は防げるからだ。簡単に言えば、核武装優越状態によって得られる戦略的利益や、冷戦の間にそれが達成されるかどうかがわからなかったという事実は、とくに非論理的でも驚くべきことでもない。超大国同士がそれを求め続けたのは、自然な成り行きだったのだ。

結論

超大国の核武装競争や、日本（一八六八〜一九四五年）、ドイツ（一八六二〜一九四五年）、ソ連（一九一七〜九一年）、イタリア（一八六一〜一九四三年）の対外政策における行動は、大国がバランス・オブ・パワーを自国に有利に変化させるチャンスを求めていることや、チャンスが到来した際にはそれを絶対に逃さないことをよくあらわしている。加えてこれらのケースでは、国家がいくらパワーを獲得してもそれに対する欲望の量は変化しないことや、「特に強力な国家は地域覇権国を目指す強い傾向にある」という私の主張を裏づけている。たとえば日本、ドイツ、ソ連の三大国は、野心的な対外政策目標を持ち、パワーが増大するにつれてますます侵略的な行動をするようになったのだ。日本・ドイツの両国は、自国の周辺地域を支配しようとして戦争を戦った。ソ連はこの例に従わなかったが、その理由はアメリカの強力な軍事力に阻《はば》まれていたためで、欲望が満たされて満足していたからでは決してない。

これに対する反論として、主要国家が過去において冷酷《れいこく》にパワーを追求していたことは認めるが、この追求自体は有害な国内政治が原因となった「自滅的な行動」だった、というものがあるが、これは説得力に欠ける。侵略は常に逆効果であるというわけではない。戦争を始めた側の国家はかなりの確率で戦争に勝っており、戦略的なポジションを向上させている国が多い。さらに、歴史全般にわたってさまざまなタイプの大国がライバルよりも常に有利に立とうとしていたわけで、これらすべての大国の行動が、国内政治の病理によってもたらされた愚かで非合理的な振る舞いであるとするのは、かなり無理がある。冷戦後半の二五年間における核武装競争、帝国時代の日本、ヴィルヘルム皇帝時代のドイツ、ナチス・ドイツなど、戦略的行動の中でも例外的と思われるケースでも、よく分析してみるとそれとは全く反対の結果を示すことがわかる。これらすべてのケースで国内政治が一定の役割を果たしたことは間違いないが、各国家にはライバルよりも有利に立とうとするだけの充分な理由があったし、**しかも**それが成功すると思える充分な理由があったのである。

この章で論じられた大部分のケースで言えるのは、大国は敵国よりも有利に立とうとして積極的な手段を使うということであり、これはまさにオフェンシヴ・リアリズムの予測する通りだ。次にアメリカとイギリスの例を見てみよう。これらは一見すると大国がパワーを獲得するチャンスを無視した証拠のように思えるが、実際はオフェンシヴ・リアリズムをさらに支持するものなのだ。

第七章 ❖ 〈イギリスとアメリカ：オフショア・バランサー〉

アメリカとイギリスのケースを別の章に分けたのには理由がある。この二つのケースが、「大国は世界権力の分け前を最大化することを常に求める」という、私の主張への反証を示していると受け取られる可能性があるからだ。多くのアメリカ人は、自分の国が特別であり、バランス・オブ・パワーの論理《ロジック》ではなく、本当に純粋で高尚《こうしょう》な意思によって動かされていると思っている。ノーマン・グレイブナー（Norman Graebner）、ジョージ・ケナン（George Kennan）、ウォルター・リップマン（Walter Lippmann）のような偉大なリアリストたちでさえ、アメリカはパワー・ポリティクスの原則を忘れ、理想主義者の価値観に従って行動していると考えていた。[*1] 同じような見方はイギリスでも現れている。E・H・カー（E. H. Carr）が一九三〇年代後半に『危機の二十年』を書いた理由はそこにある。彼は自国民に対し、対外政策において行き過ぎた理想主義を求めることや、パワーをめぐる戦いこそが国際政治のエッセンスであることを忘れないよう警告している。[*2]

イギリスとアメリカの歴史の中で、パワーを得るチャンスを逃してしまったと思われる事態が三度起こっている。一回目のチャンス：アメリカは一般的には米西戦争に勝った一八九八年あたりに大国としての地位を得たとされ、この戦争でキューバ、グアム、フィリピン、プエルトリコを領有し、また大規模な軍事組織の建設に着手している。しかしアメリカは一八五〇年の時点ですでに大西洋から太平洋まで拡大しており、表6-2が示すように、大国として、ヨーロッパの主要な国々と全世界で競い合えるだけの経済力をすでに身につけていた。[*3] ところが一八五〇年から一八九八年にかけては強力な軍隊を作っておらず、西半球の領土や、ましてやその外側の領土を征服しようとはしていない。ファリード・ザカリア（Fareed Zakaria）はこの期間を「帝国主義の縮こもり過ぎ」（imperial understretch）と表現している。[*4] アメリカが大国の地位獲得と、一九世紀後半の征服政策において外見上失敗している事実は、オフェンシヴ・リアリズムの理論と矛盾しているように見える。

二回目のチャンス：一九〇〇年になると、アメリカは単なる一つの大国ではなくなった。アメリカは世界で一番強大な経済力を誇り、西半球では明らかに覇権を確立していたからだ（表6-2参照）。この条件は二〇世紀を通じてほとんど変化していないが、アメリカはヨーロッパや北東アジアの領土を征服したり、世界で最も富を生み出すそれらの地域を支配しようとはしていない。アメリカは部隊を派遣することを避け、派遣しなければならなくなった時でも、なるべく早く部隊が帰国できるように努めた。アメリカはヨーロッパやアジアへの拡大に乗り気ではなかったが、これは確かに「国家は相対的なパワーを最大化しようとする」という私の主張と矛盾するように見える。

三回目のチャンス：イギリスは一九世紀のほとんどの時期を通じて、実質的に他のヨーロッパのどの国家よりも潜在的なパワーを維持していた。一八四〇年から一八六〇年の間、ヨーロッパ全体のほぼ七〇％の工業力を占め、二位のフランスのほぼ五倍であった（表3-3参照）。しかしイギリスは、その豊富な富を軍事力に転換させてヨーロッパを支配しようとしてはいない。オフェンシヴ・リアリズムでは、大国はあくまでパワーを追求し、最終的に地域覇権《リージョナル・ヘジェモニー》を狙うものと考えるので、イギリスも、ナポレオン時代のフランスやヴィルヘルム皇帝時代のドイツ、ナチス・ドイツやソ連のように、ヨーロッパの覇権国を目指して行動すべきだったのかも知れない。ところがイギリスはそうしなかった。

イギリスとアメリカは、過去二〇〇年間のほとんどの時期においてパワーを最大化しようとしておらず、この事実はオフェンシヴ・リアリズムの理論と大きく矛盾するように見える。ところが実際は、両国家とも常にオフェンシヴ・リアリズムの理論の予測する通りに行動していたのである。

アメリカの対外政策は、一九世紀全般を通じ、一つの壮大な目標を目指していた。それは、西半球における覇権の達成である。リアリストの論理《ロジック》によって目指されるこの目標を達成するには、南北アメリカに存在する他の独立国家を支配し、ヨーロッパの大国が大西洋を越えて戦力投射してくるのを防ぐ、強力なアメリカを作り上げることが不可欠であった。アメリカの覇権確立は成功し、アメリカは近代において地域覇権《リージョナル・ヘジェモニー》を達成した唯一の国家となった。対外政策の議論の場で「アメリカ例外論」が唱えられる本当の理由は、世界に対するアメリカの高貴な姿勢にあるのではなく、この偉大な業績を達成したという点にあるのだ。

一八五〇年以降は、アメリカが西半球でこれ以上領土を獲得しなければならない戦略的な理由は消滅していた。この時点で、アメリカはすでに支配を固めるべき巨大な領土を確保していた。これを実現してしまえば、アメリカは南北アメリカ大陸の中で圧倒的に強力な国家になれるのだ。一九世紀後半のアメリカは、ヨーロッパや北東アジアのバランス・オブ・パワーにそれほど関心を寄せていなかったが、これは自分の地域覇権《リージョナル・ヘジェモニー》の獲得に集中したこと以上に、両地域に憂慮《ゆうりょ》すべき「潜在的」な競争相手がいなかったことが大きい。また一八五〇年から一八九八年の間、あまり抵抗されることなくパワーを拡大できたおかげで、アメリカは大規模で強力な軍隊を作り上げる必要がなかった。[*5] イギリスは北米に小規模な部隊しか置いておらず、アメリカ先住民たちはほとんど軍事力を持っていなかった。従って、アメリカは地域覇権《リージョナル・ヘジェモニー》を簡単に手に入れることができたのである。

二〇世紀を通じて、アメリカはヨーロッパや北東アジアの領土を征服しようとしたことがない。両地域にある大国に対して、大西洋や太平洋を越えて戦力投射するのは非常に困難だったからだ。すべての大国は世界を支配したがるものだが、今までどの国家も世界覇権国《ヘジェモン》になれるだけの軍事力を持たなかったし、これからもそういう国は現れそうにない。[*6] 大国にとっての究極の目標は、地域覇権を達成しつつ、他の地域に競争相手が台頭してくるのを防ぐことにある。つまり地域覇権を握る国は、実質的に他の地域に対する「オフショア・バランサー」（沖合から勢力均衡を保つ役割を果たす国家）として行動するのである。しかし離れた地域にある古参覇権国はたいていの場合、台頭しつつある新興覇権国を同じ地域にある他の大国に抑止させ、その間に自国は傍観《ぼうかん》を決め込む戦略を好む。まれにこのバック・パッシング戦略が失敗すると、離れた別地域の古参覇権国が介入してきて、この新興国家に対して直接バランシングをすることになる。

二〇世紀において、アメリカの軍隊はヨーロッパと北東アジアへ派遣されており、右で説明された論《ロジ》理《ツク》によって介入が行われた。この二つの地域で潜在的な競争相手が台頭してきた時は、アメリカは拡大を阻止して、「世界で唯一の地域覇権国《リージョナル・ヘジェモン》」という自国の貴重な優位を保とうとしている。覇権国《ヘジェモン》は本質的に現状維持をしたがるものであり、アメリカも例外ではない。さらに、アメリカの政治家たちは潜在覇権国に対してバランシングするために、周辺の大国にバック・パッシングしようとしている。しかしこのアプローチが失敗すると、アメリカは自国の軍隊を使ってその脅威を排除し、その地域のバランス・オブ・パワーをおおまかに修復させ、自国の軍隊を帰還させるのだ。簡単に言えば、アメリカは世界で唯一の地域覇権国という立場を保つために、二〇世紀を通じてオフショア・バランサーとして行動したのである。

イギリスもまた、ヨーロッパ大陸を直接支配しようとしたことがない。これは、ヨーロッパ以外の地域で広大な帝国を築くために自国の軍隊を活用していた事実から考えれば驚くべきことである。イギリスはアメリカとちがって「ヨーロッパの大国」だった。一九世紀中頃のイギリスなら、豊富な富を軍事力につぎ込んで地域覇権を狙いに行くことも充分あり得た。しかしイギリスはそれをしなかった。その理由は基本的にアメリカと同じであり、水の制止力のためだ。イギリスは物理的にヨーロッパ大陸からイギリス海峡によって隔《へだ》てられた島国家であり、イギリスがヨーロッパ全域を征服して統治するのは事実上不可能だったのである。

よって、イギリスはオフェンシヴ・リアリズムの予測する通り、ヨーロッパにおいては常にオフショア・バランサーとして行動した。特にイギリスはライバルの大国がヨーロッパを支配しようと乗り出し、バック・パッシングが不可能な状況になった時には、ヨーロッパ大陸に軍事介入している。逆にイギリスはヨーロッパでおおまかなバランス・オブ・パワーが実現されている時には、なるべく干渉しないようにしている。まとめて言えば、イギリスもアメリカも近代になってからヨーロッパの領土を征服しようとしたことはなく、この地域においてバランサーとして行動したのは緊急事態が起こった場合のみであった。[*7]

本章では、オフェンシヴ・リアリズムと英米の過去の行動がどこまで当てはまるものなのかを見ていくことにする。ここで注目されるのは、まず一九世紀のアメリカの地域覇権への道のりだ。その次の二つのセクションでは、二〇世紀のアメリカのヨーロッパと北東アジアへのコミットメントに触れており、その後のセクションでは、イギリスのヨーロッパにおけるオフショア・バランサーとしての役割を検証している。そして最後のセクションでは、それまでの分析が広く示唆《しさ》していることを考慮している。

アメリカのパワーの勃興（一八〇〇〜一九〇〇年）

アメリカは一九世紀のほとんどの期間を国内政治の問題の解決に没頭し、国際政治には関心を持たなかった、と一般的には考えられている。この見方は西半球の外側、特にヨーロッパだけに限定すれば間違ってはいない。この頃のアメリカは、確かにヨーロッパの複雑な同盟関係に巻き添えにされることを避けている。しかし一八〇〇年から一九〇〇年の間、アメリカは西半球における安全保障問題と対外政策については強い関心を抱いていた。アメリカは自国の地域覇権の確立に没頭し、南北アメリカにおいては拡大に一番力を入れた国だった。[*8] ヘンリー・キャボット・ロッジ（Henry Cabot Lodge）は、アメリカは「一九世紀の歴史において、征服、植民地化、領土拡大の記録において誰にも負けない」と的確に表現している。[*9] これは二〇世紀のアメリカについても当てはまる。西半球におけるアメリカの侵略的な行動、それによって達成された結果を考えてみれば、オフェンシヴ・リアリズムに最も当てはまる国がアメリカである。

アメリカの軍事力の拡大を考える際に参考になるのは、一九世紀の初めと終わりにおける、アメリカの戦略的な状況である。一八〇〇年頃のアメリカは、どちらかと言えば戦略的に不安定な立場におかれていた（図7 - 1参照）。プラス面は、アメリカは西半球において唯一の独立国家であり、スペインに統治されていたフロリダを除けば、大西洋からミシシッピ川にわたる広大な領土を持っていたことである。マイナス面は、アパラチア山脈とミシシッピ川の間の土地には白人の人口が少なく、ほとんどの地域が敵対的な原住民の部族によって支配されていたことだ。加えて、イギリスとスペインは北米大陸に巨大な植民地を築いていた。ミシシッピ西側の領土の大部分と、アメリカの北部と南部のほとんどの土地は、この二つの国によって支配されていた。後にメキシコとなったスペイン領内の人口は、一八〇〇年の時点で、アメリカの全人口数をやや上回っていたほどだ（表7 - 1参照）。

ところが一九〇〇年になると、アメリカは西半球における覇権を達成している。アメリカは大西洋から太平洋まで広がる広大な領土を支配していただけでなく、ヨーロッパの帝国の植民地は崩壊して消滅してしまっていた。その土地には、後にアルゼンチンやブラジル、カナダ、メキシコなどの国家が建国された。重要なのは、それらのどの国も、一八九〇年代に地球上で最も経済的に豊かな国になっていたアメリカに対抗できる富と人口を持っていなかったという事実である（表6 - 2参照）。一八九五年七月二〇日に、アメリカ国務省長官リチャード・オルネイ（Richard Olney）がイギリスのソールズベリー卿（Lord Salisbury）に向かって「今日アメリカは事実上この大陸の支配者であり、その人民を裁《さば》くことができるのは合衆国憲法だけなのです……アメリカはその莫大な資源と孤立的な地理の組み合わせによって勝者となれたわけであり、ヨーロッパのうちの一国、もしくはすべての大国が束《たば》になってかかってきても、我々を打ち破ることは事実上不可能でしょう」と物怖《ものお》じせずに言い放《はな》ったことは有名であるが、この言葉には当時誰も異議を唱えることができなかったはずである。[*10]

図7-1　1800年の北アメリカ

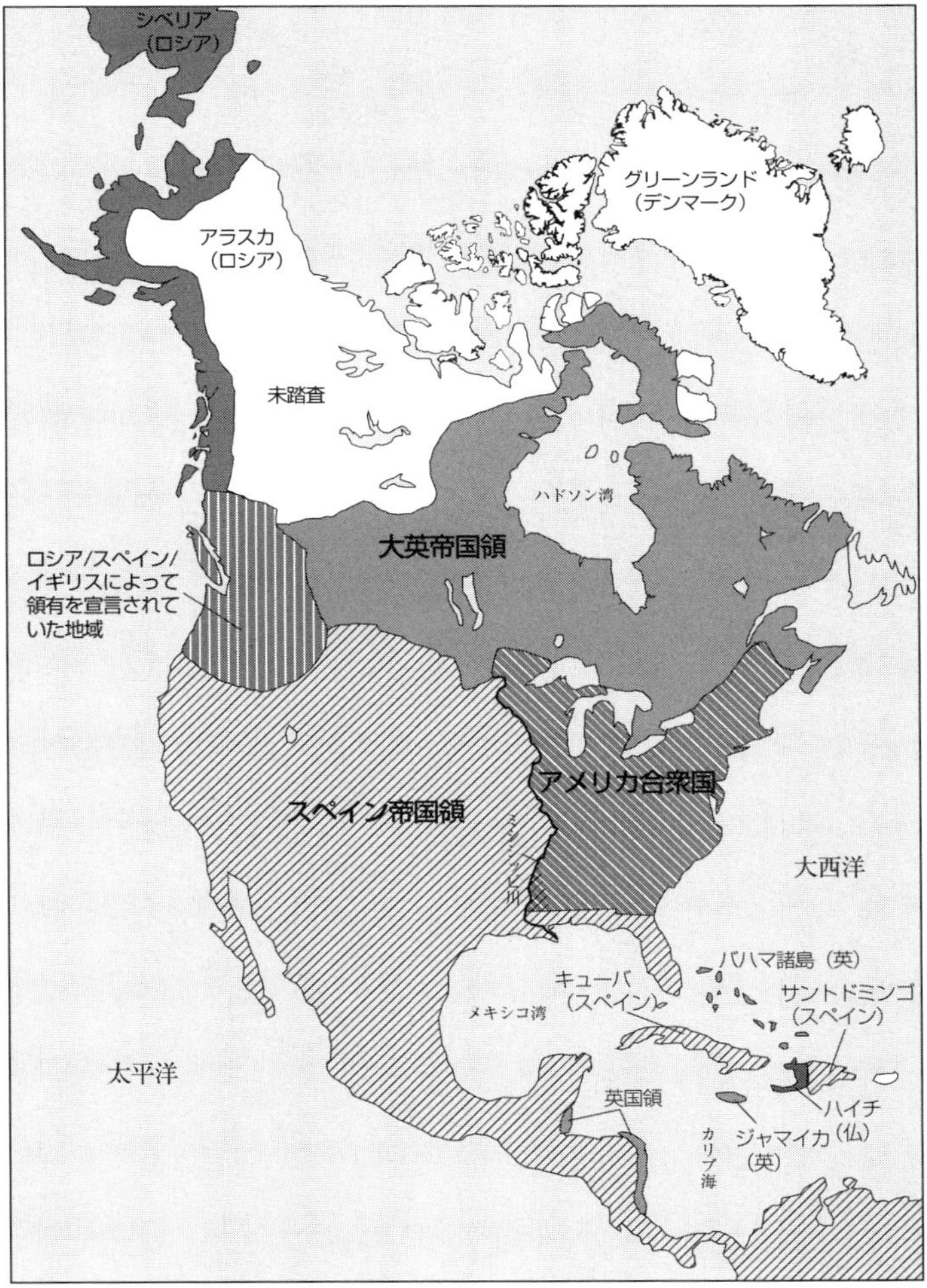

表 7-1　西半球の人口の移り変わり（1800 ～ 1900 年）

（1000人単位）

	1800	1830	1850	1880	1900
アメリカ	5,308	12,866	23,192	50,156	75,995
カナダ	362	1,085	2,436	4,325	5,371
メキシコ	5,765	6,382	7,853	9,210	13,607
ブラジル	2,419	3,961	7,678	9,930	17,438
アルゼンチン	406	634	935	1,737	3,955
計	14,260	24,928	42,094	75,358	116,366

（上の合計から出した各国の割合）

	1800	1830	1850	1880	1900
アメリカ	37%	52%	55%	67%	65%
カナダ	3%	4%	6%	6%	5%
メキシコ	40%	26%	19%	12%	12%
ブラジル	17%	16%	18%	13%	15%
アルゼンチン	3%	3%	2%	2%	3%

アメリカは一九世紀を通じ、互いに密接に関連している二つの政策を徹底的に追求して地域覇権を確立した。その二つとは、①一般的に「明白な天命」(Manifest Destiny) として知られる、北米大陸を横断・拡大して西半球で最強の国家を築くという政策、②一般的に「モンロー・ドクトリン」として知られる、南北アメリカ両大陸においてイギリスやその他のヨーロッパの大国の影響を最小限に抑える政策である。

明白な天命

アメリカの歴史は、一七七六年に大西洋沿岸に連《つら》なる一三州がつぎはぎのように集まってできた、弱体連邦国として始まった。この時点から一二五年間、アメリカのリーダーたちの主な目標は、国家の「明白な天命《マニフェスト・デスティニー》」と呼ばれるものを達成することだった。[*11] アメ

図7-2　アメリカの西への拡大（1800～1853年）

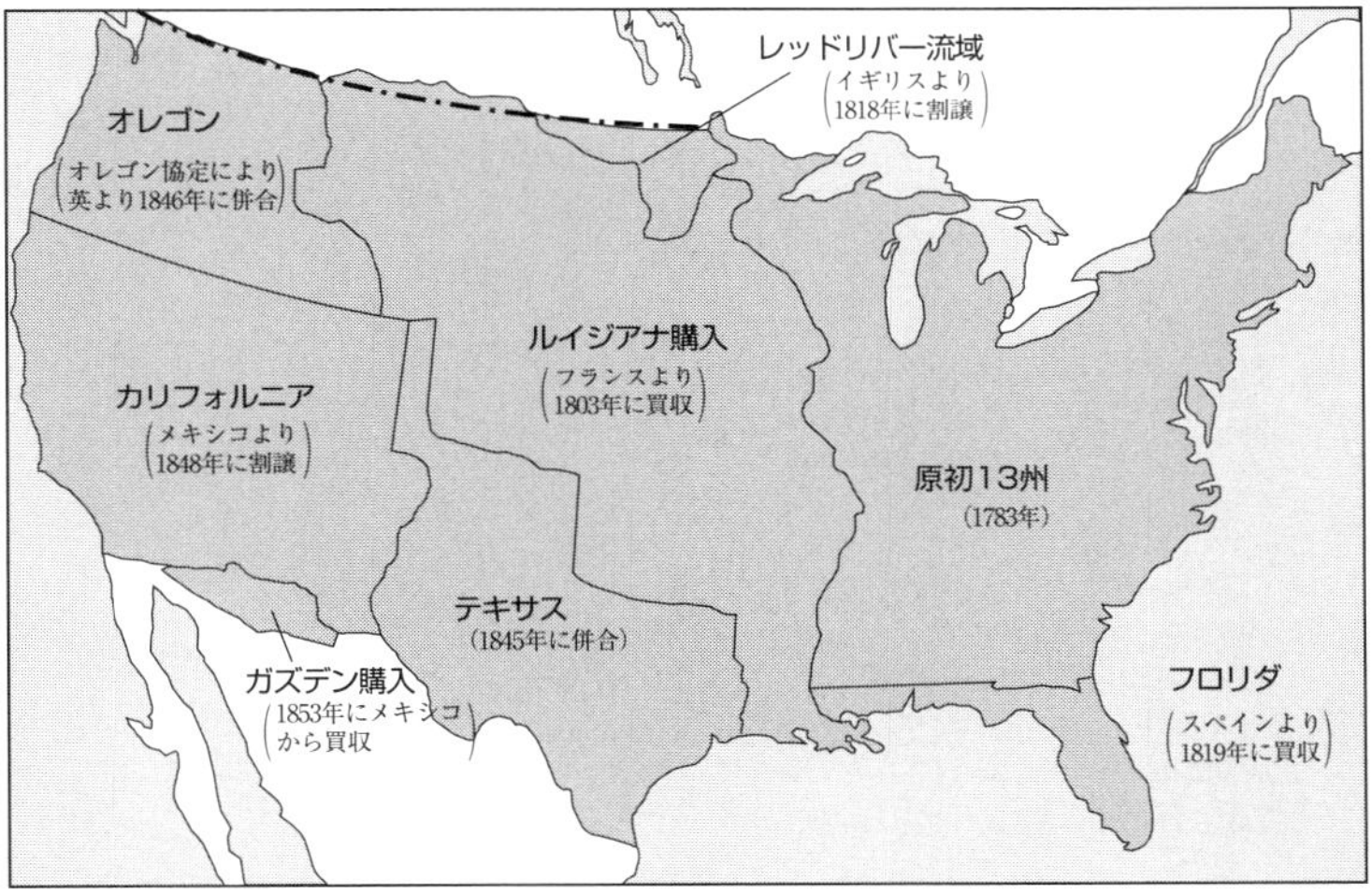

リカは一八〇〇年までにはフロリダを除くミシシッピ川まで支配圏を拡大し、次の五〇年間で太平洋に向かって西に拡大している。その後の一九世紀後半は、拡張した領土を固め、経済的に豊かでまとまりのある国家にすることに専念している。

一八〇〇年から一八五〇年にかけてのアメリカの拡大は、五つの段階に分けることができる（図7-2参照）。まず最初にミシシッピ川の西に広がる巨大なルイジアナが一八〇三年にフランスから一億五〇〇〇万ドルで購入されているが、ナポレオン率《ひき》いるフランスは、当時ルイジアナをスペインから手に入れたばかりだった（フランスは一六八二年から一七六二年までこの土地を支配していた）。ナポレオンはヨーロッパでの戦費をまかなうため、この取引を成立させる必要に迫られており、さらにフランスは北米大陸をめぐってイギリスと競争する力はなかった。当時のイギリスは最高の海軍を持ち、フランスには大西洋を越えて戦力投射することは困難だった。アメリカは広大なルイジアナを入手し、国土を一気に二倍に拡大した。次にアメリカは一八一九年にスペインからフロリダを購入した。[*12] アメリカのリーダーたちは一八〇〇年代初期からフロリダ獲得を綿密に計画し、この計画には軍隊を使って何度も侵略するという作戦も含まれていた。一八一八年にアメリカ軍がペンサコーラを攻略した後、スペインはフロリダ全土をアメリカに譲ることに決めた。

残りの三つの領土獲得は、一八四五年から一八四八年の間に集中している。[*13] 一八三六年にテキサスはメキシコからの独立を宣言し、直後にアメリカ合衆国への参加を申し入れている。奴隷制が認められているテキサスをアメリカの州として加えることにアメリカ議会が反対し、テキサス側の申し入れはアメリカ政府に拒否された。[*14] ところがこの問題も最終的には解消され、一八四五年一二月二九日にテキサスはアメリカに併合された。六カ月後の一八四六年六月にはイギリスとオレゴンをめぐる討議を決着させ、太平洋沿岸の北西部にある広大な領土を獲得している。オレゴン協定の数週間前の一八四六年五月初めにはアメリカはメキシコに宣戦布告し、カリフォルニアと、今日「アメリカ南西部」と呼ばれる地方を征服するために戦争を始めた。結局、アメリカはこの二年間で国土を一二〇万マイル四方、六四%も拡大した。国勢調査局によれば、アメリカの領土は「イギリスとフランスを合わせたものより一〇倍大きく、フランス、イギリス、オーストリア、プロイセン、スペイン、ポルトガル、ベルギー、オランダ、デンマークのすべての国土を合わせた土地よりも三倍広いのである……これはローマやアレクサンダー大王の築いた帝国の大きさに匹敵《ひってき》する」ことになった。[*15]

アメリカは国境線を整えるため、一八五三年にメキシコから小さな領土を購入（ガズデン購入）し、一八六七年にはロシアからアラスカを購入しているが、アメリカ大陸における拡大は一八四〇年代後半の時点でほぼ完了している。アメリカはそれでもまだ欲しい領土のすべてを獲得していたわけではなかった。一八一二年にはカナダを求めてイギリスと戦争を行い、アメリカのリーダーの多くは一九世紀を通じて引き続きカナダを手に入れようと本気で考えていた。[*16] また、カリブ海のある南方へ進出しようとする圧力もあり、キューバが最終目標として狙われた。[*17] 結局アメリカの南北方面への拡大は実現せず、その代わりに太平洋のある西へ向けて拡大することになり、この過程において巨大な領土国家を作り上げていった。[*18]

一八四八年以降のアメリカは、安全保障上の理由ではこれ以上の領土を必要としなくなっていた。リーダーたちは次に、すでに手に入れた領土内に強力な国内秩序を構築することに専念し始めた。もちろんその過程では残酷で血なまぐさいこともずいぶん行われたが、全過程は大きく四つの段階に区別できる。奴隷制の撤廃と、連邦解体の脅威を排除する南北戦争までが第一段階。獲得した土地の大部分を支配していた原住民を立ち退《の》かせることが第二段階。大量の移民を入植させ、広大な領土を埋めるのが第三段階。そして世界最大の経済を築くまでが第四段階である。

一九世紀最初の六〇年間を通じて、アメリカでは北部合衆国連邦《ユニオン》と南部連合の間で常に奴隷制について意見の衝突があり、ミシシッピ川の西側を入手してからはこの衝突がさらに激しくなり、アメリカが分裂する恐れまで出てきた。結果しだいでは西半球におけるバランス・オブ・パワーにも大きな影響を与える可能性もあったが、結局この問題は一八六一年に南北戦争へと拡大した。アメリカの統一保持を狙う北部合衆国連邦《ユニオン》は、開戦当初は負け続きだったが、力を盛り返して決定的な勝利をおさめた。奴隷制はアメリカ全土で急遽《きゅうきょ》撤廃され、戦争があったにもかかわらず、アメリカは一つの国家としてのまとまりは失わず、以降の結束はさらに固まった。もし南部連合が勝利していれば、北米大陸に二つかそれ以上の大国が出現し、アメリカは地域覇権国になれなかったはずである。またヨーロッパの大国にとっては、西半球において政治的存在感や影響力を増す格好のチャンスにもなったはずだ。[*19]

アメリカ原住民の部族は、一八〇〇年の時点ではまだ北米の広大な領土のかなりの部分を支配しており、アメリカが「明白な天命」を達成するためには彼らを征服しなければならなかった。[20] 原住民たちにはアメリカが土地を取り上げるのを阻止するだけの力はなかった。他にもいろいろと不利な点はあったが、中でも一番大きかったのは、彼らが白人のアメリカ人に人口数ではるかに劣っていたことで、しかも時間がたつにつれて状況はさらに悪化していった。たとえば一八〇〇年の時点で、ミシシッピ川にまで広がっていたアメリカ領土内に住む原住民の数は一七万八〇〇〇人だった。[21] ところが当時のアメリカの人口は五三〇万人（表7-1参照）で、アメリカにとってはミシシッピ川の東側にいる原住民を蹴散らして土地を取り上げ、一九世紀最初の数十年間のうちに彼らのほとんどをミシシッピ川の西側へ追い出すのは、それほど困難なことではなかったのだ。[22]

　北米大陸における現在のアメリカの国境の大部分が確定した一八五〇年頃、アメリカには六六万五〇〇〇人の原住民がおり、そのうちの四八万六〇〇〇人がミシシッピ川以西に住んでいた。ところがアメリカの人口は同時期までに二三二〇万人に膨《ふく》れ上がっていた。一九世紀後半には小規模で多少不器用なアメリカ軍の部隊でも、当然のように、原住民たちをミシシッピ川の西側へ追い出し、土地を取り上げることができた。[23] この作業は一九〇〇年までには完了している。この頃には原住民たちはわずかな数の特別保留区に住むことになり、総人口は四五万六〇〇〇人まで落ち、そのうちの二九万九〇〇〇人がミシシッピ川以西で暮らしていた。この時点でのアメリカ国内の総人口は、七六〇〇万人に達していた。

　一九世紀後半までにアメリカの総人口は約三倍も増えたが、その主因は、大西洋を渡ってヨーロッパ人が大量に移住してきたことだ。一八五〇年から一九〇〇年の間に、約一六七〇万人の移民がアメリカに来ている。[24] 一九〇〇年には総人口のうち三四・二%が外国生まれか、両親のどちらかが外国生まれであった。[25] 移民の多くは職を求めてアメリカに来たが、アメリカの拡大経済は彼らの求めるものを与えてくれた。それは同時に彼らが経済に貢献することにつながり、相乗効果によって一九世紀後半のアメリカ経済は急成長した。一八五〇年の時点で世界で最も経済的に豊かだったのはイギリスであり、アメリカの四倍の工業力を誇っていた。ところがアメリカはその五〇年後には全世界で最も経済的に豊かな国になっており、イギリスの一・六倍の工業力があった（表6-2参照）。

イギリスとアメリカは二〇世紀の早い時期に、北米大陸で長く続いた敵対関係を解消した。これは実質的に、イギリスが大西洋から撤退し、アメリカに西半球を任せたということである。これについては、「イギリスはドイツの勃興《ぼっこう》を押さえるためヨーロッパにおいて軍備を固めなければならず、アメリカと取引をした」という説が最も一般的である。[*26] アメリカにとっては北米大陸からイギリスを追い出し、ヨーロッパにおけるバランス・オブ・パワーを彼らの間で勝手に維持させておくことができるので、まさに願ったり叶《かな》ったりだったというわけだ。確かにこの分析には一面の真理は含まれているかも知れないが、一九〇〇年に米英のライバル関係が解消されたことには、さらに重要な理由がある。イギリスにはこの時点で、西半球においてすでにアメリカと対抗するだけの力が残されていなかったからだ。[*27]

「潜在的」な軍事力を測《はか》るために重要となる主な基準の二つが「人口」と「工業力」であることはすでに述べたが、アメリカは一九〇〇年までにこの二つの分野でイギリスを越えていた（表7-2参照）。さらに、西半球はアメリカにとって「地元」であるのに対し、イギリスがここを支配するためには大西洋を越えて兵力を移動させなければならなかった。このような理由から、米英間の安全保障をめぐる争いは終了したのだ。二〇世紀前半にドイツの脅威が出現しなくても、イギリスは自国の末裔《まつえい》であるアメリカに西半球を手渡す運命だったのであり、そのタイミングはこの頃までに確実に訪れることになっていたのだ。

モンロー・ドクトリン

一九世紀のアメリカの政治家たちは、アメリカを強力な領土国家に変化させるだけではなく、ヨーロッパの大国を西半球から追い出すことにも取り組んでいた。[*28] アメリカが地域覇権を達成する唯一の方法

表7-2　イギリスとアメリカの比較（1800～1900年）

世界経済全体に占める富の割合

	1800	1830	1850	1880	1900
イギリス	—	47%	59%	45%	23%
アメリカ	—	12%	15%	23%	38%

人口（1000人単位）

	1800	1830	1850	1880	1900
イギリス	15,717	24,028	27,369	34,885	41,459
アメリカ	5,308	12,866	23,192	50,156	75,995

がこれであり、他の大国の脅威から身を守ることもできるのだ。アメリカは北米大陸を横断して領土を広げる際に、イギリスやフランス、スペインなどの領土だった地域を吸収して行き、これらの大国の西半球における影響力を弱めていった。モンロー・ドクトリンも同じ目的のために使われた。

「モンロー・ドクトリン」（the Monroe Doctrine）は、一八二三年一二月二三日に、ジェームス・モンロー（James Monroe）大統領が毎年恒例で行っていた議会へのメッセージの中で発表された。彼はアメリカの対外政策として三つの方針を掲げている。[*29] 一つ目が、ヨーロッパの戦争に巻き込まれないということ。これはジョージ・ワシントン大統領の有名な退任演説で述べられたアドバイスを踏襲《とうしゅう》している（ちなみにこのアドバイスは二〇世紀においては全く守られていない）。[*30] 二つ目が、ヨーロッパの大国が北米大陸で保持している広大な領土を、これ以上拡張させることは許さないということである。モンロー大統領は「アメリカ大陸は、ヨーロッパの大国の将来の植民地化の対象となってはならない」と言っている。ただしこの政策は、すでに西半球に存在していたヨーロッパの大国の植民地を消滅させることを呼びかけるものではなかった。[*31] 三つ目が、アメリカは、ヨーロッパの大国が西半球に存在する他の独立国家と同盟を組んだり、または何かしらの方法でそれらの国を支配下においたりしないようにするというものだ。モンロー・ドクトリンでは「独立を宣言してそれを保持している政府とともに……我々はどのヨーロッパの大国であっても、我々と異なる見解を持つ場合は、アメリカに対する非友好的な傾向の現れであると考え、また彼らの西半球への抑圧を目的としたいかなる介入や支配しようとするやり方をも見すごすことはできない」と宣言している。

アメリカが一八〇〇年代初期にヨーロッパの大国の植民地の増加を恐れていたことは理解しやすい。イギリスは全世界を股《また》に広大な帝国を築いてきた経験と歴史を持つ強力な国家であり、当時のアメリカは西半球におけるイギリスの動きを阻止できる実力を持たなかったからだ。モンロー・ドクトリンを宣言してからの一〇年間でも、アメリカがそれを実行できる軍事力を持っていたかどうかは疑わしい。しかし、ヨーロッパの帝国が一九世紀を通じて縮小しつつあり、誰もアメリカに手を出してこなかったことから、この危惧《きぐ》が単なる幻想であることがわかってきた。[*32] ヨーロッパの帝国の崩壊の原因は、主に彼らの内側で起こったナショナリズムにあり、アメリカにはほとんど関係がなかった。[*33] ブラジル人、カナダ人、メキシコ人は、イギリスの植民地だったアメリカのように、自分たちの政治をヨーロッパ人たちに左右されるのを拒否し、アメリカの後を追って独立国家になったのである。

アメリカが一九世紀に（そして二〇世紀にも引き続いて）直面した本当の危機は、ヨーロッパの大国と西半球の国の間で「反アメリカ協定」が交わされるという懸念《けねん》にあった。このような同盟関係は、最終的に西半球におけるアメリカの覇権に挑戦してくるほど強力になるかも知れないし、アメリカの安全保障に脅威を及ぼしてくる可能性もあったからだ。一八九五年夏にアメリカのオルネイ国務長官がソールズベリー卿に対して送った書簡の中で「アメリカの安全と繁栄は、南北アメリカにあるすべての国々が、ヨーロッパのどの大国からも独立を保持することと密接に関わっており、いかなる時でも彼らの独立が危機にさらされる場合は、アメリカの介入が要求され、なおかつ正当化されるのであります」と強調しているのは当然なのだ。[*34]

一九世紀のアメリカは、このような危機が実際に起こった場合でも対処することができた。フランスは、アメリカが血みどろの南北戦争を行っている隙《すき》にメキシコに皇帝を就任させているが、当時のアメリカにとってフランス・メキシコ連合軍はそれほど深刻な脅威ではなかった。南北戦争が終結した直後にベニート・ホアレス（Benito Juarez）率いるメキシコの民族軍とアメリカ軍は、メキシコからフランス軍を撤退させている。アメリカは一八六五年から一九〇〇年にかけてさらに国力を増し、ヨーロッパの大国が西半球にある独立国家と反アメリカ同盟を組むことはますます難しくなっていった。しかしアメリカにとってこれで問題が解消されたわけではない。アメリカは二〇世紀に入ってから三回ほどこの問題に直面することになる。つまり、第一次世界大戦中にドイツがメキシコに絡《から》んでいたケース、第二次世界大戦中にドイツが南アメリカ攻略を計画していたケース、そして、冷戦中にソ連がキューバと同盟を組んだケースの三つである。[*35]

戦略的に不可避なこと

一八〇〇年以降の一〇〇年間におけるアメリカの驚くべき発展は、かなりの部分がリアリストの論理《ロジック》によって支えられていた。[*36] オルネイ国務長官は一九世紀の終わりに「アメリカ国民は、国家同士の関係というものが感情や原理・原則などではなく、私益（selfish interest）によって決定されるということを学んだ」と記《しる》している。[*37] アメリカのリーダーたちは、危険な国際政治の世界では、国家が強力になればなるほど安全を確保することにつながるということに気づいたのだ。フランクリン・ピアース（Franklin Pierce）大統領は一八五三年三月四日の就任演説で「我々がここで明確にしておかなければならないのは、世界における我が国の態度と地理的なポジションというものが、国家防衛の必要性から、我々の権限が自国の支配権の及ぶ領土範囲だけに制限されるべきではないということを、極めて重要にしているということだ」と指摘している。[*38]

もちろんアメリカには、北米大陸で領土を拡大しようとする「他の動機」もあった。そのうちの一つが、少なからぬ数の人々がイデオロギー的な使命感による強力な感情を持っていたということだ。[*39] 彼らはアメリカが世界史において前例のないほど高潔な共和国を創造し、その国民たちはこの価値と政治システムをあまねく世界に広める義務があると信じていた。それ以外にも、拡大への強力な動力となる、経済拡大の期待によって動かされていた人々がいた。[*40] これらの「他の動機」は、国家の安全保障への要求と全く矛盾するものではなく、ほとんどの場合はそれを補《おぎな》うものである。[*41] とくにこれは経済的な動機の場合によく当てはまる。経済力は軍事力の基礎であり、アメリカが「相対的」な経済的な豊かさを増加させることは、国家が生き残るチャンスを増加させることにつながるからである。当時のアメリカ人の多くが、領土拡大を観念上でも道義上でも正当化できると熱烈に信じていたことは間違いない。このようなイデオロギーのレトリックの使用は、一九世紀におけるアメリカの驚くべき力の増大を支えた残虐な政策を、うまくごまかすことにもつながったのである。[*42]

バランス・オブ・パワーによる政治は、アメリカが独立を宣言した一七七六年よりはるか以前から、西半球において行われていた。[*43] 一八世紀の中頃には英仏が北米大陸において血みどろの「七年戦争」(一七五六〜六三年)を含む、安全保障をめぐる激しい争いを行っていた。アメリカが独立を達成する際にはイギリスとの戦争が行われたが、アメリカは当時、イギリスの最大のライバルであったフランスと同盟を組んでいた。ジェームス・ハトソン(James Hutson)は「アメリカの独立を勝ち取ったリーダーたちは、自分たちが残酷で非道徳的な世界で戦っていることに気がついた……結局のところ、この世界を支配するのは力《パワー》だ、ということだ」と言っているが、これはかなり的《まと》を射た言葉である。[*44] 独立後の数十年間に安全保障政策を担当してきたアメリカのエリートたちは、リアリストの考え方を徹底的に身につけていたのだ。

一八〇〇年の時点で西半球において行われていた政治闘争は、アメリカのエリートたちを再びバランス・オブ・パワーの法則を基本にして考えるよう促《うなが》した。アメリカの周囲はいまだに危険であり、イギリスとスペインの領土は三方向からアメリカの領土を囲んでいた。アメリカの政策担当者たちは包囲される恐怖を共通認識として持ち、ヨーロッパで最も強力なナポレオン率いるフランスも北米大陸で新たな領土を狙っているのではないか、と心配していた。しかしこれは実現せず、フランスは一八〇三年に広大なルイジアナをアメリカに売却している。

ヨーロッパ人の中でも、特にイギリス人はアメリカを封じ込めようと必死であり、これ以上のアメリカの領土拡大を阻止する構えを見せていた。[45] イギリスは、一八一二年のアメリカのカナダ侵攻を阻止している。またイギリスにはアメリカの西方拡大を阻止する選択肢がいくつかあったが、実際に実行したのは一八〇七年から一八一五年にかけての五大湖周辺地域のアメリカ原住民たちとの短期間の同盟だけで、それ以降も、テキサスが独立をしていた短い期間に同盟関係を結んだだけだ。[*46] これらの試みは、アメリカの太平洋到達を本格的に止めることにはならなかった。

ヨーロッパの国々が行おうとしたアメリカに対する封じ込めは、むしろ逆効果だったと言ってよい。アメリカの拡大への欲求をさらに助長することになったからだ。ヨーロッパの政治家たちは、一八四〇年代の初期には北米大陸において「バランス・オブ・パワー」が必要であることを公式の場で語り始めているが、これは北米にあるヨーロッパ諸国の領土の力を「相対的」に増加させせながら、アメリカのこれ以上の拡大は封じ込めるという意向を遠《とお》まわしに表明したものだった。[*47] このような議論は、アメリカがルイジアナを越えて西に拡大する前にヨーロッパで盛んになったが、当然アメリカの政治家の間でも最も重要な議題として挙がっている。アメリカ人の間ではこの議論についての見解はほとんど一致していた。ジェームス・ポーク（James Polk）大統領は、バランス・オブ・パワーのコンセプトは「北米大陸、特にアメリカ合衆国において適用されることを許してはならない。この大陸に住む人々のみが自らの運命を決定する権利を有するという原則を、我々はこれからも維持していかなければならない」と言っているが、これは明らかに大多数のアメリカ人に向かって語りかけられていた言葉である。[*48] ポークがこの発言をした直後の一八四五年一二月二日にテキサスはアメリカに併合され、オレゴンやカリフォルニア、それに一八四八年にメキシコから得たその他の領土も、続いてアメリカに併合された。

歴史学者のフレデリック・マーク（Frederick Merk）は、一九世紀のアメリカの安全保障政策を簡潔にまとめ、「この当時の防衛に関する最重要課題は、アメリカを囲い込もうとしているように見えたイギリスであった。イギリスはアメリカの周辺部に存在し、最も危険で侵略的な国だった。アメリカにとってイギリスを追い払うのに一番よい方法は、逆にその周辺部を自分たちで獲得してしまうことであった。これこそが〝明白な天命《マニフェスト・デスティニー》〟の時代における、モンロー・ドクトリンの意味するところであった」と記している。[*49]

アメリカとヨーロッパ（一九〇〇〜九〇年）

オフェンシヴ・リアリズムが予測するのは、ヨーロッパに潜在覇権国が出現し、しかも同じ地域にある大国が自分たちだけでその潜在覇権国を封じ込めることができなくなると、アメリカは大西洋を越えて軍隊を派遣する、ということである。それ以外の場合は、アメリカはヨーロッパ大陸への関与をあまり好まない。一九〇〇年から一九九〇年にかけてアメリカ軍がヨーロッパに出入りした動きを見れば、これがオフショア・バランシングの一般的なパターンに当てはまることがよくわかる。ヨーロッパに対するアメリカの軍事政策の大枠をつかむのに有効な方法は、それを一九世紀後半の一つと、二〇世紀の五つの期間に分けて考えてみることである。

アメリカは一八五〇年から一九〇〇年にかけて、ヨーロッパに軍隊を派遣することをほとんど考えなかった。その理由の一つは、国民の間に一八五〇年になるまで「ヨーロッパの戦争から逃れたい」という考えが深く浸透《しんとう》していたことである。ジョージ・ワシントン大統領やモンロー大統領、それ以外の大統領たちも、このことを何度も表明している。[*50] さらにアメリカは一九世紀の後半を通じて、西半球に覇権を築くことに専念していた。しかしアメリカが大西洋を越えてヨーロッパに派兵しなかった最も重要な理由は、当時のヨーロッパには潜在覇権国が存在していなかったという点にある。当時のヨーロッパ大陸にはほどよいバランス・オブ・パワーが実現していた。[*51] 一七九二年から一八一五年にかけて覇権を目指したフランスは、一九世紀を通じて没落の傾向にあり、二〇世紀初頭に潜在覇権国になりつつあったドイツも、一九〇〇年以前の時点ではまだヨーロッパ全土を侵略できるほど強力になっていなかった。もし当時のヨーロッパに覇権国が存在していたとしても、アメリカは確実にバック・パッシングの戦略をとり、他のヨーロッパの大国にその脅威を封じ込めさせようとしたはずだ。

二〇世紀の最初の期間は、一九〇〇年から一九一七年四月までである。二〇世紀が始まった頃に明らかになったのは、ドイツがヨーロッパで最も強力な国家となり、しかもこの地域を支配しようと脅威を増加させていたことである。[*52] ドイツはこの期間中に深刻な外交危機を何度も引き起こし、これが一九一四年八月一日の第一次世界大戦の勃発として頂点に達した。しかし、この時点ではまだアメリカの部隊はドイツの侵略を防ぐためにヨーロッパに派遣されていない。アメリカはバック・パッシングの戦略をとり、英仏露の「三国協商」にドイツの封じ込めを任せていた。[*53]

二〇世紀の二番目の期間は、一九一七の四月から一九二三年までである。これはアメリカにとっては史上初めてヨーロッパで戦うために派兵した、第一次世界大戦参戦の期間を含んでいる。アメリカはドイツに対し一九一七年四月六日に宣戦布告したが、その年の末までに四個師団をフランスに送るだけで精一杯であった。[*54] ところが一九一八年初めには大規模な数のアメリカ人兵士が続々とヨーロッパに到着し、一九一八年一一月一一日の戦争終了時にはヨーロッパには二〇〇万人ほどの米軍兵士が駐屯《ちゅうとん》することになり、しかもその数はまだ増えつつあったのだ。アメリカ遠征軍の指揮をとったジョン・パーシング将軍（Gen. John Pershing）は、一九一九年七月までに四〇〇万人の米兵を指揮下におく予定だった。ヨーロッパに派兵された兵士たちのほとんどは戦争が終わってすぐ帰国することになったが、小規模の占領軍は一九二三年の一月までドイツに残ることになった。[*55]

アメリカが第一次世界大戦に参戦したのは、ドイツが三国協商（英仏露）の国々よりも優勢であり、戦争に勝ってヨーロッパの覇権国になりそうだったからである。[*56]言い換えれば、アメリカのバック・パッシングの戦略は、二年半の戦争の間に白紙に戻されつつあった。ドイツ軍との戦いでほぼ常に被害を被《こうむ》ることになったロシアは、一九一七年三月一二日に革命が起こって皇帝が権力から追放され、国家崩壊の危機に直面していた。[*57]フランス軍も不安定な状態にあり、アメリカが参戦した直後の一九一七年五月には、軍の内部で暴動が起こっている。[*58]三国協商の中ではイギリスが最も良い状態にあったが、これは主に戦争の最初の二年間に軍隊の規模を拡大させ、しかもロシアやフランスの軍のように弱体化していなかったからである。ところがイギリスはドイツが一九一七年二月に無制限潜水艦作戦を始めてイギリスの商船に攻撃を開始したため、同年四月頃までには深刻な苦境に立たされ、同じ年の秋頃にはドイツに降服する一歩手前まで追い詰められていた。[*59]その結果、アメリカは一九一七年春にはドイツの勝利を阻止するために、三国協商に味方して参戦せざるを得ない状況になったのである。[*60]

三番目の期間は、一九二三年から一九四〇年夏にかけてである。この時期のアメリカは、ヨーロッパに一度も派兵していない。二つの世界大戦の間のアメリカの対外政策は、一般的に「孤立主義《アイソレーショニズム》」（isolationism）という名で知られているものだ。[*61]一九二〇年代から一九三〇年年代の初期にかけてのヨーロッパは比較的平和であり、これは主にドイツがヴェルサイユ条約の制約によって動きを封じられていたことが大きい。一九三三年一月三〇日にヒトラーが政権を握ると、この直後からヨーロッパは再び戦乱に巻き込まれることになった。一九三〇年代後半になると、アメリカの政策担当者たちもナチス・

ドイツが潜在覇権国であり、ヒトラーがヨーロッパを征服しようと企《たく》らんでいることを察知した。一九三九年九月一日にドイツがポーランドを攻撃し、それに対して英仏がドイツに宣戦布告をしたことから、第二次世界大戦が始まった。この戦争が始まっても、アメリカはヨーロッパ大陸の政治に関与する本格的な動きを見せていない。第一次世界大戦の時と同様、アメリカはドイツの脅威の封じ込めをヨーロッパの他の大国に任せていたのである。[*62]

四番目の期間は、一九四〇年の夏以降の五年間である。これにはドイツがフランスを破ってイギリス軍をダンケルクから撤退させた時期から、第二次世界大戦がヨーロッパで終わった一九四五年五月までの時期が含まれる。アメリカの政策担当者たちは当初、英仏軍がドイツ国防軍の攻撃を西部戦線で食い止め、長期消耗戦に持ち込んでドイツの軍事力を低下させてくれるものと考えていた。[*63]ヨシフ・スターリンも同じことを考えていたが、ドイツ国防軍がフランスに対して迅速《じんそく》な勝利をおさめたため、世界に衝撃が走った。[*64]この勝利によって、ドイツはイギリスの大きな脅威となったのである。

さらに重要なのは、ヒトラーがソ連侵略のための軍事力のほとんどを温存することができた事実である。ヒトラーはこの時点で西部戦線を恐れる必要がなくなった。当時の英米では「ドイツ国防軍がソ連赤軍を打ち倒し、ヨーロッパで覇権を確立する」という予測が一般的だった。[*65]第一次世界大戦時のドイツは、二正面戦争を戦いながらもロシアを打ち負かしており、しかも英仏と戦うために使われた部隊の数は、ロシアに向けられる部隊の数をかなり上回っていた。[*66]今回の戦争はドイツにとっては一正面戦争であり、しかもスターリンは一九三七年から一九四一年の間にソ連赤軍の中で粛清《しゅくせい》を行い、その戦闘力をかなり低下させていた。この戦闘力の低下は、一九三九年から四〇年にかけての冬に、ソ連赤軍がかなり小規模なフィンランド軍を打ち破るのに非常に苦労したことからも見てとれる。一九四〇年の夏の時点では、ドイツのヨーロッパ征服はほぼ確実視されていたのである。

フランスの崩壊は、アメリカのヨーロッパ大陸政策に対する考え方を劇的に変えた。[*67]ドイツに対する敵愾心《てきがいしん》が突如沸《わ》きあがり、イギリスに本格的な支援をしてドイツとの戦争を準備せよ、という声が沸《わ》き起こり始めた。一九四〇年初秋の意識調査によると、「ヨーロッパの戦争に巻き込まれるのを避けることが重要だ」と考える人の数を「イギリスを支援してドイツを打ち負かすことの方が重要だ」と考える人の数が、ヒトラーが政権についてから初めて超えた。[*68] 一九四〇年夏には議会も国防費を劇的に増加させることを認可し、ヨーロッパ遠征軍を編成することが可能になった。一九四〇年六月の時点で、米軍の規模は二六万七七六七人だったが、その一年後、真珠湾攻撃のほぼ五カ月前の時点で一四六万九九八人に増えている。[*69]

一九四一年三月一一日に交わされたレンド・リース協定によって、アメリカはイギリスに大量の軍事物資を送り始めた。エドワード・コーウィン（Edward Corwin）の指摘するように、これが「ドイツに対する事実上の宣戦布告になった」ことは間違いない。[*70] 一九四一年夏から秋にかけて、アメリカはドイツと戦争をしているイギリスにますます加担していき、九月中旬にはフランクリン・ルーズヴェルト大統領が「大西洋でドイツの潜水艦を発見した場合にはすぐ攻撃せよ」と米海軍に指示するまでに至った。ところがアメリカは日本が真珠湾を攻撃してから四日後の一九四一年一二月一一日まで、ドイツとは公式に戦争に突入していない。アメリカ軍は一九四三年九月にイタリアに上陸するまで、ヨーロッパ大陸に一歩も足を踏み入れていないのだ。[*71]

五番目の期間は冷戦であり、一九四五年の夏から一九九〇年までの期間にあたる。アメリカは第二次世界大戦が終わればほとんどの部隊をただちに本土に帰還させることを計画しており、第一次世界大戦の時のように、ドイツの警備のために小規模の部隊を数年残すくらいしか考えていなかった。[*72] 一九五〇年頃までヨーロッパに残った米軍兵士は八万人ほどで、主にドイツの占領統治にあたっていた。[*73] ところが冷戦が一九四〇年代の後半に深刻になってくると、アメリカは「北大西洋条約機構」（ＮＡＴＯ：一九四九年）を結成し、最終的にはヨーロッパに残って戦力を増大することを決定した（一九五〇年）。

一九五三年までにヨーロッパ駐留米軍は四二万七〇〇〇人にまで膨れ上がり、冷戦期を通じて最も数が多かった。また、アメリカは一九五〇年代から一九六〇年代初期にかけて、七〇〇〇発ほどの核弾頭をヨーロッパに配備している。アメリカのヨーロッパ駐留軍の数は時代によって上下しているが、その数が三〇万を下回ったことは一度もない。

第二次世界大戦後、アメリカは不本意ながらもヨーロッパに軍隊を駐留させている。当時のソ連はヨーロッパ大陸の東側の三分の二を支配し、ヨーロッパ全土を征服できるほどの軍事力を持っていたからである。[*74] 当時のヨーロッパには、ソ連を封じ込めることができる大国が他になかった。ドイツは崩壊しており、フランスやイギリスも、一九四〇年に自分たちを簡単に蹴散らしたドイツ国防軍を打ち破った強力なソ連赤軍を、軍事的に阻止できる手段を持っていなかった。一九四五年以降、ソ連の覇権を阻止できる軍事力を持っていたのはアメリカだけだった。よって、アメリカは冷戦期を通じてヨーロッパに居残ることになったのだ。

アメリカと北東アジア（一九〇〇〜九〇年）

二〇世紀に米軍が太平洋を越えていった動きには、ヨーロッパで行われたオフショア・バランシングと同じパターンが見られる。北東アジアに対するアメリカの軍事政策は、一九〇〇年から一九九〇年までの期間を四つに分けて見ていくとわかりやすい。

最初の期間は、二〇世紀最初の三〇年間である。アメリカはこの時期を通じて北東アジアにおいて大規模な軍事介入は行っていないが、小規模な部隊による軍事介入は行った。[*75] フィリピン諸島に小部隊を駐留させていたし、[*76] 一九〇〇年に起こった「義和団《ぎわだん》事件」を鎮圧《ちんあつ》し、「門戸開放《オープン・ドア》」という不名誉な政策を維持するために、中国に五〇〇〇人ほどの部隊を派遣している。当時のアメリカ国務長官ジョン・ヘイ（John Hay）は、「我々の立場が根本的に弱い原因は、つまり、我々は自らの手で中国を略奪したくはないのだが、かといって他の国が中国を略奪するのを軍隊によって仲裁介入することはわが国の世論が認めないことだ。それに、まず我々はまともな軍隊を持っていない。議会の文書などに記されているような〝我々は天から与えられた道徳的立場を持っており、世界に対して命令する権威を有している〟という言葉は、単なるたわごとにすぎない」と率直に述べている。[*77] 一〇〇〇人ほどの兵士で構成されるアメリカの部隊は、一九一二年一月から一九三八年三月まで中国の天津《てんしん》に派遣されていた。この期間を通じて、米海軍の軍艦もこの地域周辺をパトロールしている。[*78]

アメリカが北東アジアに大規模な軍隊を派遣しなかったのは、この地域に潜在覇権国が存在しなかったからである。中国はこの地域で政治的に重要な役割を果たしていたが、まだ大国ではなく、北東アジアの支配を確立するにはほど遠い状態だった。二〇世紀初頭のアジアでは英仏が政治的に重要な役割を果たしていたが、彼らは他の大陸から来た「よそ者」であり、遠距離から戦力投射することの難しさに常に悩まされていた。当時の英仏にはドイツを封じ込めることの方が大事であり、北東アジアよりもヨーロッパに注目せざるを得ない状況だった。北東アジアでは、日本とロシアだけが潜在覇権国になる可能性を持っていた。両国ともこの地域に位置する大国だったからだ。ところがこのどちらも潜在覇権国にはなれていない。

一九〇〇年から一九三〇年の期間、この地域で最も強力な軍隊を保持していたのは日本である。日本軍はロシア軍を日露戦争（一九〇四〜五年）で破っている。[*79] ロシア軍の状態は第一次世界大戦に入ってますます悪化し、結局一九一七年に崩壊してしまった。できたばかりのソ連赤軍は、一九二〇年代の時点ではまだ「張り子の虎」であった。日本軍はその期間を通じて強い軍事力を保持し続けていたが、[*80] それでも日本は潜在覇権国になれていない。この地域で最も経済的に豊かだったのはロシアだったからである。一九〇〇年の時点で、ロシアは世界の工業力のうちの六％をコントロールしており、日本はまだ一％も占めていなかった（表6－2参照）。一九一〇年になると、ロシアの割合は五％まで減少し、日本の割合は一％に到達しているが、それでもロシアの方がはるかに優勢であった。この時期、日本の経済に一番近い競争相手だったのはイタリアである。日本は一九二〇年にソ連経済を一瞬だけ追い抜いたことがあったが（二％対一％）、これはソ連が破滅的な内戦の真っ最中だったからにすぎない。一九三〇年代になると、ロシアは再び世界の工業力の六％をコントロールし、日本は四％であった。簡単に言えば、二〇世紀初頭の日本は、北東アジアで優位に立てるほどの経済力を持っていなかったのだ。

二番目の期間は一九三〇年代であり、これは日本がアジア本土を荒らしまわっていた時期である。日本は一九三一年に満州を征服し、傀儡国家《かいらいこっか》・満州国とした。一九三七年に日本は中国との戦争に突入したが、狙いは中国北東部と主要沿岸部であった。日本は一九三〇年代後半に領土拡張を狙って、ソ連と一連の国境紛争を起こしている。日本はアジアの支配に情熱を注いでいた。

一九三〇年代のアメリカは、アジアに軍隊を派遣していない。その大きな野心にもかかわらず、日本は潜在覇権国ではなかったし、中国、フランス、ソ連、イギリスなどの国々は、日本軍を封じ込めるだけの充分な力を持っていた。特にこの時期のソ連は、日本よりもはるかに強力になっている。ソ連は一九二八年に施行された最初の「五カ年計画」によって、急速な工業化を行っている真っ最中だった。一九三〇年にはソ連の世界経済における割合は六％に上昇し、一九四〇年には一三％になっている。ところが日本は同じ時期に四％から六％になっただけである（表6－2参照）。さらに、ソ連赤軍は一九三〇年代にかなり強力な軍隊へと成長した。ソ連赤軍は一九三八年と一九三九年に国境付近から日本軍を敗退させ、日本を封じ込める上で決定的な役割を演じていた。[*81]

一九三〇年代には、イギリスや中国も日本の封じ込めを行った。一九三〇年代後半のイギリスは、アジアから部隊をほとんど撤退させて、日本と取引をしようという方向に傾いた。成功すれば、イギリスは日本よりももっと危険な脅威となっていた、ナチス・ドイツを封じ込めることに専念できたからである。[*82]ところがバック・パッサー（責任転嫁をする側）となっていたアメリカは、イギリスに対して「我々はアジアにおけるいかなる戦力レベルの低下も受け入れることができない、だからイギリスは日本とバランスをとるためにアジアに戦力を残しておかなければならない」と言った。つまり、「この提案に従わなければ、アメリカはヨーロッパにおけるドイツの脅威に対処するためにイギリスに協力しない」ということだった。これにより、イギリスはアジアに残ることになった。もちろん当時の中国は大国ではなかったが、日本の軍隊に対して勝ち目のない長期消耗戦を強いることに成功している。[*83]日本が中国において一九三七年から四五年の間に経験したことは、ベトナムにおけるアメリカの経験（一九六五〜七二年）や、アフガニスタンにおけるソ連の経験（一九七九〜八九年）と驚くほどよく似ている。

三番目の期間は、一九四〇年から一九四五年である。日本はこの時期に、ヨーロッパで起こった動きによって、いきなり潜在覇権国になった。一九四〇年六月のフランスの崩壊と、一九四一年六月のドイツのソ連侵攻は、北東アジアのバランス・オブ・パワーを根本的に変化させてしまったからだ。一九四〇年晩春にドイツがフランスに対して迅速《じんそく》かつ決定的な勝利をおさめたことにより、アジアにおける日本の行動に対するフランスの影響力がかなり減少したことは確実だ。フランス（とオランダ）の敗戦は、アジアにある両国の植民地が日本からの攻撃に対して無防備になることを意味していた。フランスが戦争に負けたことによって、イギリスは西部戦線においてナチス・ドイツに一国だけで立ち向かわなければならなくなった。ところがイギリス軍はダンケルクからの撤退や、一九四〇年七月中旬から始まったドイツ空軍の都市爆撃によって、事態の収拾がつかなくなっていた。またイギリスはファシスト政権率いるイタリアと、地中海の周辺で戦わなければならなかった。イギリスはヨーロッパのことだけで手一杯であり、アジアで日本を封じ込めることまで手が回らなかったのだ。

しかしアメリカは一九四〇年の時点でも、まだアジアに派兵する動きを見せていない。この理由は、①日本は中国との戦争にはまり込んでいた。②この時点でヨーロッパの紛争に巻き込まれていなかったソ連が、日本に対する圧倒的な対抗力であったこと、などが挙げられる。ところがこの状況は一九四一年六月二二日にドイツがソ連を侵攻したことによって、劇的に変化する。それから六カ月間にわたって、ドイツ国防軍はソ連赤軍に信じがたいほどの損害を及ぼし、ソ連は一九四一年の晩夏までに、一年前のフランスと同じように崩壊するだろうと思われた。同時に、この頃までに日本は北東アジアにおいて覇権を確立するだろうと思われた。この地域に残っている大国は日本ただ一国だったからである。このように、ヨーロッパで行われていた第二次世界大戦は、アジアにおける力の真空状態を作り出し、日本がそれを埋めようとしていた。

アメリカの政策担当者たちが恐れていたのは、日本が北上してソ連を背後から攻撃することであった。日本はそうすることによってドイツを助けることになり、ソ連を完全に敗退に追い込むことになるからである。ドイツはヨーロッパの覇権国となり、アジアでは中国だけが日本の覇権に立ち向かえる存在となるのだ。オフェンシヴ・リアリズムの理論が予測する通り、アメリカは一九四一年秋に日本の脅威に対抗するため、アジアへ軍事力を向け始めた。[*84] 直後に日本はハワイの真珠湾を攻撃し、これによって史上初めて米軍が大規模に太平洋を渡ることが確実になった。米軍の狙いは、日本が地域覇権を達成する前に叩きのめすことにあった。

四番目の期間は、冷戦時代（一九四五〜九〇年）である。アメリカは第二次世界大戦後、ヨーロッパ大陸の政治に関与することを受け入れたが、同じ理由から、アジアにおける軍事力を維持した。ソ連は第二次世界大戦の終了間際に満州で日本の関東軍に対して劇的な勝利をおさめ、北東アジアとヨーロッパの両方で潜在覇権国となっていたが、これを封じ込める地域の大国は存在しなかった。[*85] 日本はすでに崩壊しており、中国はもともと大国ではない上に、激しい内戦の真っ最中だった。イギリスとフランスはヨーロッパでソ連の拡大を阻止できる立場にはなく、アジアでソ連を抑えるなどはさらに無理であった。アメリカは、極東においてソ連を封じ込めるという重荷を背負わざるを得ない状況に追い込まれてしまった。[*86] 結局アメリカは、冷戦時代にアジアにおいて二つの激しい戦争（朝鮮戦争とベトナム戦争）を戦うことになったが、ヨーロッパでは一発の銃弾も発射していない。

イギリスのグランドストラテジー（一七九二〜一九九〇年）

アメリカと同じように、イギリスもヨーロッパ大陸から海によって隔てられており、ヨーロッパ大陸に何度か派兵した歴史を持つ。イギリスもオフショア・バランシングを実行している。[*87] エア・クロウ（Eyre Crowe）卿は、一九〇七年に記した覚書《メモランダム》の中で、「イギリスの安全保障政策とは、最強の政治独裁国家の反対側にその身をおくことによって（ヨーロッパの）バランスを保つことにある、ということが、ほぼ歴史の公理となってきた」と述べている。[*88] イギリスはヨーロッパの潜在覇権国を封じ込める際、常に他の大国に責任を負わせつつ、自分たちはなるべく関わり合わないように、できるだけ脇で傍観しようとしている。一七四三年にボリングブルック卿（Lord Bolingbroke）は、「我々は大陸への関与を少なくし、イギリスだけしかバランスの転覆を防ぐことができないという推測がなされない限り、（ヨーロッパで）地上戦は絶対にすべきではない」と述べている。[*89] このようなバック・パッシング戦略を行ってきたため、イギリスはヨーロッパの国々から過去数百年にわたって「不誠実な白い島」（Perfidious Albion）と呼ばれてきた。

ヨーロッパ大陸に対するイギリスの軍事政策を、フランス革命とナポレオン戦争が始まった一七九二年から冷戦終了の一九九〇年までの長い期間で考えてみると、[*90] この間の二〇〇年は、六つの期間に区別することができる。

最初の期間は一七九二年から一八一五年までで、フランス革命とナポレオン戦争全体を含む。フランスはこの期間を通じてヨーロッパ大陸で圧倒的に強力な国家であり、ヨーロッパの覇権を狙っていた。[*91] フランフランスはナポレオンが政権についた一七九九年から、とくに侵略的で圧倒的な大国になった。一八一二年秋にナポレオンの軍隊がモスクワへ侵入した時点で、フランスはヨーロッパ大陸のほとんどを支配していた。フランスの覇権への道は最終的には閉ざされたが、ここではイギリスがナポレオンを引きずり下ろす重要な役割を果たしている。一七九三年にイギリスは小規模の部隊をヨーロッパ大陸に派遣したが、一七九五年に反フランスでまとまっていた同盟関係が崩壊し、この派遣部隊を撤退させざるを得なくなってしまった。一七九九年八月にイギリスは再びオランダに別の部隊を派遣したが、フランスとの戦闘に負けて二カ月以内に降服している。一八〇八年にイギリスはポルトガルとスペインに軍隊を送り、今度はスペインでフランスの大規模な軍隊と戦い、最終的には決定的な勝利をおさめることができた。この同じ軍隊が、ワーテルローの戦い（一八一五年）でナポレオンにとどめを刺す活躍をしている。

二番目の期間は、一八一六年から一九〇四年にかけてイギリスが「名誉ある孤立」(splendid isolation) として知られる政策を採用した時期である。[*92] ヨーロッパではいくつも大国間戦争が起こっていたが、イギリスは一貫してヨーロッパ大陸への介入を行っていない。重要なのは、イギリスがドイツ統一の契機となった普墺《ふおう》戦争（一八六六年）や普仏《ふふつ》戦争（一八七〇～七一年）などに一切介入しなかったことである。イギリスはこの九〇年間ヨーロッパ大陸に一度も部隊を派遣していないが、それはこの頃のヨーロッパには大まかなバランス・オブ・パワーが存在していたからだ。[*93] 一七九三年から一八一五年頃までフランスはヨーロッパの潜在覇権国であったが、一九世紀を通じて相対的なパワーを失いつつあり、次の潜在的覇権国の座を狙っていたドイツも、この頃はまだヨーロッパ全体を支配するほど強力にはなっていなかった。つまり潜在覇権国が存在しなかったために、イギリスにはヨーロッパ本土に兵を派遣すべき戦略的理由がなかったのだ。

三番目の期間は、一九〇五年から一九三〇年までで、二〇世紀初頭に潜在覇権国として勃興してきたヴィルヘルム皇帝率いるドイツを、イギリスが封じ込めようと努力していた時期である。[*94] 一八九〇年頃には圧倒的な陸軍と巨大な人口、活発な工業地帯を獲得していたドイツは、ヨーロッパで最も強力な国家となりつつあった。フランスとロシアはこの動きに反応し、両国の間で拡大しつつある脅威を封じ込める目的で、一八九四年に同盟関係を結んでいる。イギリスは、ドイツのことを仏露に任せようとしていたが、一九〇五年頃になるとこの二国だけではドイツに対処できず、イギリスの協力が必要になることは誰の目にも明らかになりつつあった。ドイツとそれ以外のヨーロッパの国々のパワーの差が拡大し続けていただけでなく、ロシアは日露戦争（一九〇四〜五年）において軍事的に大敗北を喫《きっ》し、崩壊寸前のロシア軍は、ドイツ軍とまともに戦える状態ではなかった。さらにドイツは一九〇五年にモロッコをめぐってフランスとの間に政治危機を起こし、これによってフランスからイギリスとロシアを引き離し、ヨーロッパで支配的な立場を確保しようとしていた。

次々と悪化していく戦略状況に対処するため、イギリスは一九〇五年から一九〇七年にかけて仏露と同盟関係を結び、「三国協商」（the Triple Entente）を形成している。これは事実上、イギリスがドイツの覇権確立という脅威に対処するため、ヨーロッパ大陸への関与を開始したことを意味していた。一九一四年八月一日に第一次世界大戦が勃発《ぼっぱつ》すると、イギリスは直後にフランスを援護して、ドイツの「シュリーフェン・プラン」を打破するため、ヨーロッパ大陸へ遠征軍を派遣した。戦争が本格化してくるに従って遠征軍の規模も拡大し、一九一七年の夏には連合軍の中でも最大規模の数を誇るまでになり、一九一八年にはドイツ軍を打ち破る際に、最も重要な役割を果たしている。[*95] 戦争が終わった直後にイギリス軍のほとんどは本国へ帰還しているが、一九三〇年まで小規模の占領軍はドイツに残っている。[*96]

四番目の時期は一九三〇年から一九三九年の夏までで、イギリスが「限定的な責務」（limited liability）として知られる対ヨーロッパ政策を行おうとしていた時期に相当する。一九三〇年代前半のヨーロッパは比較的平和で、この地域には大まかなバランス・オブ・パワーも存在していたため、イギリスは大陸への介入は行っていない。一九三三年にアドルフ・ヒトラーが実権を握ってドイツを再武装しても、イギリスは地上部隊によってヨーロッパ大陸に関与する動きさえ見せなかった。政府内でかなり活発な議論を行った後、イギリスは一九三七年一二月に、ドイツを封じ込める目的で、フランスにバック・パッシングをし始めた。ところが結局イギリスの政策担当者たちは、フランス一国ではヒトラーを抑止できる軍事力を持っていないことや、いざ戦争が起こればナポレオンのフランスやヴィルヘルム皇帝時代のドイツに対して行ったように、ナチス・ドイツと戦うために軍隊を派遣する必要に迫られると気づいたのである。

イギリスは一九三九年三月三一日にヨーロッパ大陸に介入することを決心したが、これは五番目の期間の始まりと重なる。イギリスは、ドイツ国防軍がポーランドを攻撃し始めた場合、フランスに味方してドイツに戦いを挑むことを決めていた。イギリスはこれと同じ約束を、この一週間後にギリシャやルーマニアとも交わした。五カ月後に第二次世界大戦が勃発すると、イギリスは第一次世界大戦の時と同じように、さっそく部隊をフランスに派遣した。イギリス軍は一九四〇年六月にダンケルクから海側へと押し戻されたが、一九四三年九月には米軍とともにイタリアに上陸した。イギリス軍は一九四四年六月、ノルマンディに上陸し、そこからドイツへと侵入して戦った。ドイツが一九四五年五月初めに降服したことによって、この五番目の時期は終了する。

最後の期間は一九四五年から一九九〇年であり、冷戦時代の全期間が含まれる。*97 第二次世界大戦の後、イギリスはドイツを短期間占領してすぐに軍隊をヨーロッパ大陸から撤退させようと計画していた。ところが、過去一五〇年のヨーロッパで四番目の潜在的覇権国となりつつあったソ連の脅威が高まり、イギリスは一九四八年からヨーロッパ大陸に介入せざるを得なくなった。英軍は米軍とともに冷戦時代の全期間を通じて、その最前線に残ることになったのである。

結論

まとめて言えば、英米両国は、ヨーロッパにおいて常にオフショア・バランサーとして行動している。この二つの島大国のいずれも、ヨーロッパを支配しようとはしていない。また北東アジアにおけるアメリカの行動も、同じパターンに当てはまる。このような一連の行動と、アメリカが一九世紀を通じて西半球で覇権を獲得しようとしたことは、すべてオフェンシヴ・リアリズムの理論が予測するところと一致する。

この章の説明から生じる二つの問題点について、ここであらためて触れておかなければならない。一つ目は、島国家である日本が二〇世紀の前半にアジア本土のかなりの領土を征服した事実は、「一九世紀のイギリスと二〇世紀のアメリカは、水の制止力という障害によってヨーロッパ大陸の領土を征服するのがほぼ不可能だった」という私の主張と矛盾するのではないか、ということだ。確かに日本はアジア大陸に海を越えて戦力を投射することができた。ではなぜイギリスとアメリカは、ヨーロッパ大陸に対して同じことができなかったのであろうか。

この答えは、アジア大陸とヨーロッパ大陸が、ここで論じられている時期において違った性質を持っていたというところにある。具体的に言えば、ヨーロッパでは過去二〇〇年間にわたって強力な大国がひしめき合っており、これらの大国は米英のヨーロッパ支配を防ぐ意志も手段も持っていた。ところが一九〇〇年から一九四五年にかけてのアジアにおける日本の状況は、かなり異なっていた。アジア本土にはロシアが唯一の大国として存在していたが、ロシアはアジアよりもヨーロッパに関心を持っていた。加えて、ロシアはこのほとんどの時期を通じて軍事的には弱い大国だった。ロシアのすぐ隣にある国は朝鮮や中国のような力の弱い国々であり、日本にとっては侵攻する際の格好の標的《ターゲット》となった。簡単に言えば、アジア大陸は外からの侵入に対して無防備であり、ヨーロッパの大国がここに植民地を所有していたのもそれと同じ理由からだった。一方ヨーロッパ大陸は、イギリスやアメリカのような離れた地域に位置する大国にとっては、事実上、外からの侵入を防ぐことができる巨大な要塞のようなものであった。

二つ目の問題点は、すでに論じたように、「大国は平和を保つことを目的としているのではなく、あくまでも世界権力の配分を最大化することを狙っている」ということである。この点については、一九〇〇年から一九九〇年までのアメリカは、ヨーロッパ大陸に平和を保つために関与しようとしていたわけではないことが強調されるべきであろう。アメリカの部隊は、第一次世界大戦の発生を防ぐため、もしくは戦争が始まってからその戦闘をやめさせる目的で大西洋を渡ったわけでない。またアメリカはナチス・ドイツを抑止するのに積極的だったわけでもないし、一九三九年九月にポーランドが攻撃された後も戦闘をやめさせようとはしていない。どちらのケースでも、アメリカは最終的にドイツとの戦いに参戦し、最終的にはヨーロッパの平和を築く手助けをしたことになっている。ところが、アメリカはどちらの世界大戦においても平和を築くために戦ったわけではなく、危険な敵国が地域覇権《リージョナル・ヘジェモニー》を達成するのを防ぐために戦ったのである。平和はこれらの努力の結果として生まれた、喜ぶべき副産物にすぎない。冷戦にも同じことが当てはまる。米軍がヨーロッパに駐留したのはソ連を封じ込めるためであり、平和を守るためではなかった。冷戦の間の長期にわたる平和状態は、アメリカの抑止政策が成功したために生じた、幸運な成果だったのである。

北東アジアについても同じことが言える。アメリカは日露戦争（一九〇四〜五年）には武力介入していないし、日本がアジア本土に対して攻撃をしかけ、残虐な軍事行動によって満州と中国のかなりの領土を征服した一九三〇年代でも、北東アジアには派兵していない。アメリカがアジアに対して本格的な軍事介入を始めたのは一九四一年の夏になってからだが、これはアメリカのリーダーたちがこの地域に平和をもたらそうと決心したからではなく、日本がナチス・ドイツと組んでソ連赤軍を打ち負かし、ドイツがヨーロッパにおいて、そして日本が北東アジアにおいて、それぞれ覇権国になることを恐れたからである。アメリカは一九四一年から一九四五年まで、このようなシナリオが実現するのを防ぐために極東で戦った。ヨーロッパの場合と同じように、アメリカの部隊は平和を守るためではなく、ソ連がこの地域を支配するのを防ぐために、冷戦期を通じて北東アジアに駐留していたのである。

私はイギリスやアメリカのようなオフショア・バランサー国家が、ヨーロッパや北東アジアで潜在覇権国に直面することになった場合、その脅威に対して自ら直接抑止に行くよりも、他の大国にバック・パッシングすることを好む、と強調してきた。バランシングよりもバック・パッシングの方を好む傾向は、オフショア・バランシング国家だけでなく、すべての大国に共通する。次の章では、国家がこの二つの戦略をどのように使い分けるのかについて考察する。

第八章 ❖ 〈〝バランシング〟対〝バック・パッシング〟〉

国家がバランス・オブ・パワーを崩そうとする動きを妨げるために用いる主な戦略には、バランシング（直接対抗）とバック・パッシング（責任転嫁）の二つがある（第五章）。また、脅威に直面した国家は常にバック・パッシングをしたがる。バランシングよりもバック・パッシングの方が好まれるのにはわけがある。バック・パッシングをしておけば、もし抑止政策が失敗したとしても、脅威を及ぼしてくる国とは直接対決しなくて済むからである。バック・パッサー（責任転嫁をする側の国）は、脅威を及ぼしてくる国とバック・キャッチャー（責任転嫁をされる側の国）が長期消耗戦にのめり込んでくれれば、自国はパワーを「相対的」に上げることが可能だ。バック・パッシングにはこのような攻撃的な面もあるのだが、ここで忘れてはならないのは、侵略的な国が迅速《じんそく》に決定的な勝利をおさめてしまい、バック・パッサーに不利な方へバランス・オブ・パワーを変化させてしまう可能性が常にあるという点だ。

この章の狙いは三つある。まず、脅威を受けた国がどのような場合にバランシングし、どのような状況でバック・パッシングするのかを説明することである。二つの戦略のどちらが選択されるのかを決定するのは、主に国際システムの構造の違いである。たとえば「二極システム」の中の大国が脅威を受けた場合、その相手に対して自らバランシングをしなければならない。このシステムには他に責任を肩代わりしてくれる大国がそもそも存在しないからだ。脅威を受けた国がバック・パッシングできるのは（しかも実際にそれが多く行われるのは）、「多極システム」の中においてである。バック・パッシングが行われる回数は、主に「脅威の度合い」と「地理的条件」によって上下する。バック・パッシングは「多極システム」の中に「潜在覇権国」（potential hegemon）が存在せず、しかも脅威を受けた側の国が侵略的な国家と国境を接して隣り合っていない場合に多く行われる。ところがシステムの中に圧倒的な脅威を及ぼす大国がある場合でも、身の危険を感じたライバル国家はなんとかしてバック・パッシングをしようとする。一般的な傾向として、潜在覇権国が支配する相対的なパワーが大きいほど、システムの中で脅威を感じたすべての国がバランシング同盟（対抗同盟）を形成する確率が（バック・パッシングする確率よりも）大きくなる、ということが言える。

二つ目に、私は脅威を受けた国家がどのような時にバック・パッシングを行うのかを検証するため、ヨーロッパで過去二〇〇年間にわたって行われた激しい安全保障をめぐる争いの中から、五つの例を分析する。特に近代ヨーロッパ史の中の大国が、出現してきた四つの潜在覇権国に対してどのように対処してきたのかを考察する。[*1] また、私はヨーロッパが一八六二年から一八七〇年の間、ビスマルクのドイツ統一の努力に対して軍事的にどのように対応したのかについても注目する。冷戦という「二極システム」の中にあった米ソ間のライバル関係を除けば、これらのすべてのケースは「多極システム」の中で起こっている。さらにこれらの安全保障をめぐる争いは、米ソ超大国同士の紛争を除いて、そのすべてが大国間戦争へとつながって行った。

これらの五つの例は、国家がどのような場合にバック・パッシングをし、どのような時にバランシングをするのかについて、私の見解とほぼ一致している。冷戦時代、アメリカにはソ連に対して直接バランシングするしか戦略的な選択肢が残されていなかった。国際システムが二極化していたからである。このケースでは、多極システムの場合と比べ、かなり適切に効率よくバランシングが行われている。バック・パッシングが戦略的な選択肢として残されていたその他の四つの多極システムの例では、それぞれが独自の様相を示している。ビスマルク時代のプロイセンに対して最も多く使われた戦略はバック・パッシングだったが、これは当然の成り行きだった。当時のプロイセンは、ヨーロッパにおける潜在覇権国になり得るような侵略的な国家ではなかったからだ。バック・パッシングが一番使われなかったのはヴィルヘルム皇帝時代のドイツに対してである。なぜなら第一次世界大戦を始める七年前、ドイツに対抗する国々によってバランシング同盟がすでに形成されていたからだ。革命時代のフランスとナチス・ドイツに対しては、戦争が開始される前年である一七九二年と一九三九年の時点や、戦争に突入した時点になっても、まだかなりのバック・パッシングが行われていた。これらの差は、当時の国家間のパワーの分布状況や地理的な状況の違いによってほとんど説明できる。

三つ目に、私は「脅威を受けた側の国が侵略的な国家に直面した場合、バランシングよりもバック・パッシングを行う傾向がある」という自説を説明する。第七章で説明したように、英米はヨーロッパ（もしくは北東アジア）で潜在覇権国に直面した時、常にバック・パッシングをしようとした。これは国家間の行動の性質を説明する際に必要となる、重要な証拠を示している。ところが私は本章でこの問題について、とくに侵略的であったヨーロッパの五つ大国や、これらの国のライバルたちがどのような反応をしたのかに注目することによって直接的に取り組んでいる。

国家がバック・パッシングを行うタイミングについての私の説明は、その次のセクションで展開されている。その後に五つのケースが時代の流れの順番に従って議論されており、革命／ナポレオン時代のフランスから始まって冷戦で終わっている。最後のセクションでは、異なるケースからの発見が比較検討される。

どのような時に国家はバック・パッシングをするのか

侵略的な国家が登場してきた場合、最終的にはどこかの国家が責任を持って、その脅威を直接抑止しなければならなくなる。バランシングは常に成功が約束された戦略ではないが、かなり頻繁《ひんぱん》に使われる。バランシングとバック・パッシングは、成功するかはさておき、誰かが最終的にバランシングを行わなければならないという点においては論理《ロジック》が一致している。バック・パッサー（責任転嫁をする側の国）

は、誰かに重労働を肩代わりしてもらいたいと思っているが、脅威を封じ込めたいという意志があることに変わりはない。一方、侵略的な国家がバランス・オブ・パワーをシフトさせようとしている場合、それに対して常にバック・パッシングが行われるわけではない。脅威を受けた側の国にとっては、バック・パッシングが選択肢として残されていたとしても、それが常に実行可能であるわけではないからだ。ここで重要なのは、バック・パッシングはどのような状況で行われれば戦略的に効果を発揮するのかを見極めることである。

バック・パッシングが行われる確率は、主に国際システム内の特定の構造によって変化する。一番重要な要因となるのが、大国間におけるパワーの分布状況と地理の状況である。[*2] 大国間におけるパワーの分布の仕方は三つある。[*3] 一つ目は「二極システム」(bipolar system) だが、これは二つの大国がほぼ同じ軍事力を維持している状態だ。二つ目は「不安定な多極システム」(unbalanced multipolar system) で、これは三つか四つの大国が国際システムの中に存在し、そのうちの一国が潜在覇権国《ポテンシャル・ヘジェモン》である状態だ。三つ目は「安定した多極システム」(balanced multipolar system) で、ここでは覇権を握ろうとしている国は存在せず、しかも大国間でパワーが均等に分布されているか、システムの中で最も強力な国家の間でパワーが均等に分布されている状態のことを指す。

「二極システム」の中では、大国の間でバック・パッシングは行われない。このシステムの中には「バック・キャッチャー」(責任転嫁を受ける側の国) となる「第三国」が存在しないからだ。脅威を感じた側の大国は、敵となる大国に対し、自らバランシングを行うしか選択が残されていない。また大国が二つしか存在しない二極化した世界では、他の〝大国〟とバランシング同盟を結成することも不可能である。よって、脅威を受けた大国は主に自らの力に頼りつつ、いくつかの小国と同盟して侵略的な国家を封じ込めることになる。「二極システム」の世界では、バック・パッシングも、大国同士の同盟によるバランシングも実行不可能であるため、バランシングが行われやすく、それが最も効果的な戦略であることになる。
「多極システム」の世界では、バック・パッシングが常に実行可能である。このシステムの中には、バック・キャッチャーが最低でも一国は潜在的に存在しているからだ。バック・パッシングは「安定した多極システム」においては好ましい戦略となる。このシステムには、他のすべての大国を倒して全システムを支配する十分な強さを持った侵略的な国家が（理論上は）存在しないからだ。このような均衡《きんこう》のとれたシステムの中では、すべての大国が同時に直接脅威を受けることはなく、切迫した脅威を受けていない大国は、ほぼ確実にバック・パッシングを選ぶのだ。侵略的な国家によって直接脅威を受けている国は、同じように脅威を感じている国にこの問題を押しつけ、バック・キャッチャーがバランス・オブ・パワーを必死に維持しようとしている間に、自国は蚊帳《かや》の外にいて無傷のままでいることを好む。端的に言えば、多極システムの中の大国間でパワーが均等に分布されている場合は、侵略的な国家に対抗するためのバランシング同盟は結成されにくい。

バック・パッシングは「不安定な多極システム」の中では実行される回数が減る。このシステムの中で脅威を感じた国々の間には、潜在覇権国《ポテンシャル・ヘジェモン》の地域支配を協力して防ごうとする強力な動機が発生するからである。潜在覇権国は他の大国と比べて潜在的なパワーを持ち、圧倒的な軍事力を保持する大国であるため、結局、バランス・オブ・パワーを自国に有利な方向へ根本的に変化させる手段を持っていることになる。当然、潜在覇権国は国際システムの中に存在するほぼすべての国家にとって、直接的な脅威となる。ドイツの歴史家ルードヴィッヒ・デヒオ（Ludwig Dehio）は、「国家はたった一つの出来事でしか結束できないようだ。それは自分たちの仲間が覇権を達成しようとしている時である」と述べている。また、バリー・ポーゼンも「歴史の中で覇権国を狙っていたとされる国家は、近隣諸国の間で最も激しいバランシングを引き起こしている」と記している[*4]。

ところが、「不安定な多極システム」でも、バック・パッシングはかなり頻繁に用いられる。脅威を感じた国家は、潜在覇権国に対してバランシング同盟を形成することには消極的である。封じ込めをするコストが高くつくからだ。脅威を感じた国家は、もし他国にそのコストを肩代わりしてもらえるなら何でもする。ところが潜在覇権国が他の小国に比較して強力であればあるほど、その小国の間ではバック・パッシングをするのが難しくなり、侵略的な国家に対してバランシング同盟を結成しようとする傾向が強まる。とくに強力な大国に脅威を感じた大国は、いつかは一致団結してその国を封じ込める必要が出てくる。このような状況では、バック・パッシングは戦略的に無意味になる。バック・キャッチャーが誰の助けも借りずに、たった一国だけで潜在覇権国を抑えることはすでにできなくなっているからだ。

パワーの分布状況が判断できれば、大国間でどれくらいバック・パッシングが行われるかを知ることができるのはすでに述べた通りだが、同時に地理的な状況がわかれば、「多極システム」においてどの国がバック・パッサー（責任転嫁をする側の国）になり、どの国がバック・キャッチャー（責任転嫁をされる側の国）になるのかまで判断することができる。地理に関することで重要なのは、脅威を受けた側の国が、侵略的な国家と国境を接して隣同士になっているか、もしくは他国の領土や海などの障壁（バリヤー）によって隔《へだ》てられているか、という点である。隣り合わせの場合はバランシングが行われるようになるし、障壁があればバック・パッシングが行われやすくなる。

いくつかの大国が侵略的な国家と国境を接して隣り合っている場合、二つのタイプのバランシングが発生する。まず一つ目のタイプだが、隣り合わせの国境が、脅威を受けた側の国にとって「侵略的な国家が自国の領土に直接的、しかも比較的簡単に到達することができる」ことを意味し、逆に脅威を受けた側の国家は、危険な敵に対して軍事的な圧力をかけざるを得なくなる。すべての大国が共通の敵と国境を接している場合は、この敵に対し多正面戦争の脅威を演出することができる。これは強力な侵略的国家を抑止するための最も効果的な手段となることがある。[*5] 一方、脅威を受けた側の国が、海や領土によるバッファーゾーン（緩衝地帯）などによって敵から隔てられている場合は、危機を感じている側の国が脅威を及ぼしてくる国に対して、軍隊を使って威嚇《いかく》し返すことは困難になる。たとえばその間に小国が位置している場合、この小国がわざわざ脅威を受けた側の国を自分の領土に招き入れる危険を冒すことはほとんどあり得ない。脅威を受けた側の国は侵略的な国に対抗する目的で、両国の間に位置する小国を侵攻せざるを得ない状況も出てくる。また、第四章で見たように、海のような障壁を越えて戦力投射させるのはかなりの困難をともなう作業だ。

二つ目のバランシングは、侵略的な国家の攻撃にさらされていると感じた大国が、自国でこの状況を何とか解決しようとして、あえて危険な敵に対して自国から直接バランシングを行うものである。もちろん国家はバック・パッシングを行う欲望を常に持つが、状況的にこの戦略を実行するのが無理な場合もある。ところが侵略的な国家から障壁によって隔てられている国々は「侵略される恐怖」をあまり感じることはなく、侵略的な国家と国境を接している周辺の国家にバック・パッシングをしようとする傾向がある。脅威を受けた国々の中でバック・パッシングされてしまうのは、ほとんどの場合、侵略的な国家と国境を接している周辺の国々であり、距離が離れた国々はバック・パッサーになる。「地理は運命である」（geography is destiny）という格言には、かなりの真実が含まれているのである。

以上をまとめると、大国が「二極システム」の中でバック・パッシングを行うのは不可能であり、「多極システム」においては、バック・パッシングは可能となるだけでなく、むしろ日常的に使われる。「多極システム」においてバック・パッシングが行われなくなるのは、このシステムの中にかなり強力な潜在覇権国がある場合と、侵略的な国家と脅威を感じている側の国家の間に障壁がない場合の、二つのパターンに限られる。圧倒的な脅威が存在せず、侵略的な国家と他の大国が国境を接して隣り合っていなければ、「多極システム」の中ではバック・パッシングがかなり頻繁に行われることになる。

この理論《セオリー》が有効なのかどうか、まず第一に二〇〇年ほど前のヨーロッパの大国たちが、革命／ナポレオン時代のフランスの侵略的な行動にどのように反応したのか、実際の歴史の例に照らし合わせて考えてみよう。

革命／ナポレオン時代のフランス（一七八九〜一八一五年）

歴史的背景

ヨーロッパの大国は、一七九二年から一八一五年のほとんどの期間を戦争に費《つい》やしていた。基本的には侵略的なフランスが、さまざまな組み合わせのヨーロッパの大国――オーストリア、イギリス、プロイセン、ロシア――と戦ったという構造になる。ヨーロッパで覇権を握ろうとしていたフランスは、一八一二年九月中頃にナポレオンの軍隊がモスクワに侵入した時、領土的には拡大のピークを迎えた。この時点でのフランスは、大西洋からモスクワ、バルト海から地中海まで、ヨーロッパのほとんどを支配していた。それから二年もたたないうちにフランスは敗北し、ナポレオンはエルバ島に追放された。

一七八九年にフランス革命が起こり、一七九二年に大国間で戦争が起こった時、フランスに対するバランシングは行われていない。実は一七九二年にオーストリアとプロイセンが、フランス封じ込めではなく、その弱みに付け込む目的で、革命時代のフランスと戦争を行ったことはある。ところがフランスはその直後に強力な軍隊を作り上げ、一七九三年頃までには潜在覇権国《ポテンシャル・ヘジェモン》へと変化を遂げた。それからフランスのライバルの大国がバランシング同盟（対仏同盟）を結成してフランスを決定的に敗北させるには、一八一三年まで待たなければならなかった。それまでの二〇年間、フランスの敵国の間では、数多くのバック・パッシングと、ほとんど効果のないバランシングが行われた。一七九三年から一八〇九年までの間に五つのバランシング同盟が結成されているが、そのうちのどれにもフランスの敵国全部が含まれていたわけではなく、これらの同盟も戦場において芳《かんば》しい戦果を上げることはなかった。また、イギリスが単独でフランスを相手に戦っていた期間も長期にわたっている。

一七八九年から一八一五年の間のフランスのライバル国の行動は、パワーの分布状況と地理的な要素によって、かなりの部分を説明することができる。まず一七九三年以前にフランスに対してバランシングが行われたことはないが、これはフランスが潜在覇権国ではなかったからだ。一七九三年の後半になると、フランスはヨーロッパ全体を支配できるほどの脅威になっていたにもかかわらず、以降の一二年間は、オーストリア、イギリス、プロイセン、ロシアの間で、バック・パッシングがかなり頻繁に行われた。主な理由は、フランスはある程度強力だったが、四つのライバル大国が一丸となってヨーロッパ征服を阻止しなければならないほど強力ではなかったからである。ところが一八〇五年になるとフランス軍はナポレオン指揮下で圧倒的な軍事力を誇ることになり、ヨーロッパの大国が一致団結しなければ封じ込めることができないほど強力になった。それでもヨーロッパの大国は、一八一三年までフランスを封じ込めることができなかった。彼らの中にまだバック・パッシングをしたい欲求が残っていたことも一因だが、フランスに対してほとんど成果のないバランシングが行われていたことも大きい。とくにナポレオンは一八〇五年にオーストリアを打ち負かし、一八〇六年にはプロイセンを負かしてヨーロッパのバランス・オブ・パワーから追放しており、フランスの敵国が団結してバランシング同盟を結成するのを不可能にしてしまったからだ。ところがフランスがロシアで壊滅的な敗北をした一八一二年後半になると、状況は一変した。フランスの力が一時的に弱まったおかげで、オーストリア、イギリス、プロイセン、ロシアは一八一三年に同盟を結成でき、フランスの覇権達成の道のりを阻止することになったからである。

大国の戦略的行動

一七八九年から一八一五年の間のヨーロッパの大国の行動を分析する良い方法は、フランスとそのライバル国家の関わりを、四つの期間（一七八九～九一年、一七九二～一八〇四年、一八〇五～一二年、一八一三～一五年）に区別して見ていくことである。[*6]

この時代のフランスは、時間の経過とともにその狙いを西から東へと移しつつ、ヨーロッパ全土を支配しようとしていた。西ヨーロッパにおけるフランスの主な征服目標は、一七九二年の時点でオーストリアが統治していたベルギーや、オランダ共和国、フランスの東側にあるドイツの領土でババリア、ハノーバー、サクソニーなどの「第三のドイツ」と呼ばれる地域、[*7]スイス、イタリア半島の特に北部の地域、イベリア半島のポルトガルとスペイン、そしてイギリスなどであった。フランスは（ナポレオンが侵攻を計画していたが実行しなかった）イギリスを除いて、これらすべての地域を少なくとも一度は征服している。中央ヨーロッパにおけるフランスの主な征服目標は、オーストリア、プロイセン、そして当時はオーストリア・プロイセン・ロシアに統治されていたポーランドなどであった。東ヨーロッパにおける大きな標的《ターゲット》は、ロシアであった（図８－１参照）。

一七八九年に勃発《ぼっぱつ》したフランス革命は、フランスがイデオロギーを広めるために戦争を起こす直接の契機となったわけではない。またフランス革命は他のヨーロッパの大国に、革命を粉砕《ふんさい》してフランスの君主制を復活させるために戦わせる原因となったわけでもない。一七九二年の春にオーストリアとプロイセンがフランスに戦争をしかけるまで、ヨーロッパの大国間では平和な状態が続いていた。この紛争は主にバランス・オブ・パワーの計算が動機となって起こったもので、しかも強力なフランスに脅威を感じたオーストリアとプロイセンがバランシングを行ったものでもない。[*8]事実はそれとは全く逆であり、オーストリアとプロイセンが弱体化していたフランスを襲撃し、自分たちのパワーを向上させようとしたことが原因なのだ。イギリスはこれを外から眺《なが》めていただけで、ロシアはむしろオーストリアとプロイセンに「フランスと戦え」と積極的に勧《すす》めていたくらいだ。そうすることによって、ロシアはポーランドへの影響力を増大できたからである。

図8-1　ナポレオン絶頂期のヨーロッパ（1810年）

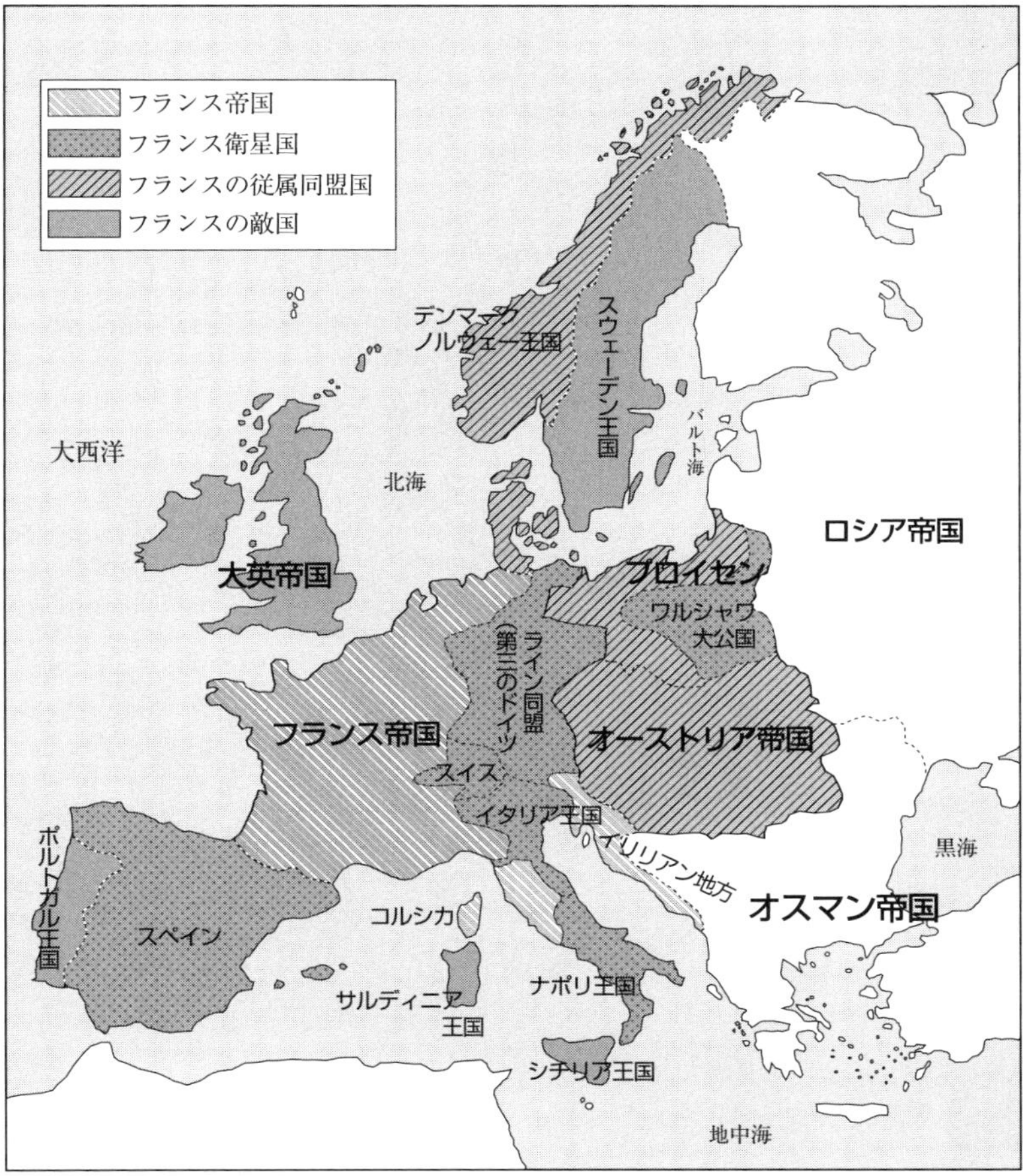

フランスにとって、戦争開始の最初の一カ月の戦果はひどいもので、それが一七九二年夏のフランス軍の改革と、軍備拡大をうながした。この改革は最終的に、一七九二年九月二〇日のヴァルミーの戦いで、侵入してきたプロイセン軍に対するフランス軍の鮮やかな勝利につながった。フランスはこの瞬間からナポレオンが一八一五年六月のワーテルローの戦いで負けるまで、冷酷で圧倒的な侵略国であり続けた。

一七九三年から一八〇四年までの間、フランスはヨーロッパ全土を支配しようとはしていない。フランスが目指したのは西ヨーロッパの覇権の達成であった。そして実際に、ベルギー、イタリアの大部分、さらに「第三のドイツ」の一部を直接統治する権利を獲得し、オランダ共和国とスイスを支配している。ポルトガルとスペイン、それに戦略的に最も重要なイギリスは、支配下におくことはできなかった。これらの西ヨーロッパへの侵攻は、簡単に実現したとは言えない。フランスは一七九二年一一月六日のジェマップの戦いにおいてオーストリアを破ってベルギーを占領したが、オーストリア軍は一七九三年三月一六日のネールヴィンデンの戦いでフランスに勝利し、ベルギーを奪い返している。フランスは一七九四年六月二六日のフルーリュスの戦いで、再びベルギーを奪い返した。

同じようなことがイタリアでも起こっている。一七九六年三月から一七九七年四月までナポレオンは自軍を率《ひき》い、イタリア北部でオーストリア軍を破った。フランスはオーストリアとの戦闘を終結させた「カンプ・フォルミオの和約」（一七九七年一〇月一八日）において、イタリアの領土と政治的影響力を獲得した。ところが両国は一七九九年三月一三日に再び戦争を始め、同年秋までにはフランス軍のほとんどがイタリアから追い出されることになった。ナポレオンは一八〇〇年の春に再びイタリアに舞い戻り、オーストリア軍を数々の戦闘で打ち破って「リュネヴィルの和約」（一八〇一年二月八日）で戦いを終結させている。

一七九三年から一八〇四年の間、フランスは領土獲得には消極的で、他のヨーロッパの大国を征服して領土を奪おうとはしていない。フランスは、オーストリア、イギリス、プロイセン、ロシアに対して軍事的に勝利していたが、彼らを本気でバランス・オブ・パワーからはじき出そうとはしていなかった。一八〇五年以前のフランスの戦争の目的はかなり限定されており、一八世紀まで行われていた、ある大国が敵の大国を支配することにつながるような決定的な勝利をもたらすことのない「限定戦争」(limited wars)とその様相が似ていた。[*9]

フランスのライバル国家は、一七九三年から一八〇四年の間に二つのバランシング同盟を結成したが、同盟国の内部では互いに対してかなり頻繁にバック・パッシングが行われていた。最初の同盟(第一次対仏大同盟)は一七九三年二月一日に結成され、狙いはオーストラリアとプロイセンの二国にイギリスを加えて、フランスがベルギー・オランダへと拡大するのを阻止することにあった。[*10] ロシアはこの同盟には参加せず、オーストリアとプロイセンが戦いで疲労することを狙う、いわゆる「ブラッドレティング」(瀉血:bloodletting)戦略を行っていた。[*11] プロイセンはこの戦争によって疲弊《ひへい》し、一七九五年四月五日に戦闘を放棄して同盟から抜けている。これはプロイセンが、オーストリアとイギリスにバック・パッシングをしたことに等しい。その結果、オーストリアがフランス封じ込めの全責任を一国で負うことになった。イギリスの小規模な陸軍では、ヨーロッパ大陸のフランス軍には本格的に対抗できなかったからである。オーストリアは当初から失敗続きで、一七九七年の秋には戦争を一時的に放棄してしまい、今度はイギリスがたった一国でフランスと戦わざるを得ない状況になった。

二番目のバランシング同盟(第二次対仏大同盟)は、一七九八年一二月二九日に結成され、参加メンバーはオーストリア、イギリス、ロシアであった。この同盟にはバック・パッシングを続けようと企《たくら》んでいたプロイセンは参加していない。同盟国は、一七九九年三月と八月に行われたいくつかの戦闘でフランスに勝っているが、フランスは戦争の流れを一気に変え、九月と一〇月には同盟国に対して鮮やかな勝利をおさめた。ロシアは一〇月二二日に同盟を脱退し、オーストリアとイギリスは二国だけでフランスを封じ込めることになった。ここでも再びバック・パッシングを引き受けることになったのは、イギリスではなくオーストリアであった。戦場でフランス軍に何度も敗北した後、オーストリアは一八〇一年二月九日にフランスと和平条約を取り交わした。イギリスは一八〇二年にようやく負けを認め、一八〇二年三月二五日に「アミアンの和約」を取り交わしている。これによって、一七九二年の春以来、ヨーロッパに大国間の戦争がない状態が初めて生じた。ところがこの平和状態は、実際のところは武力闘争の一時中断であり、たったの一四カ月しかもたなかった。イギリスがフランスに対して宣戦布告をした一八〇三年五月一六日には、再び戦いが始まっている。

一八〇五年から一八一二年の間に、ナポレオンは一八世紀までのヨーロッパの紛争を形づくってきた「限定戦争」のスタイルを、粉々に打ち破っている。[*12] 彼はすべてのヨーロッパを征服し、フランスに覇権を握らせようとした。一八〇九年夏、フランスは中央ヨーロッパ全域で支配を固め、スペイン征服や、ヨーロッパ大陸の西側の地域で唯一支配できていなかったイベリア半島の獲得を目指して戦った。[*13] フランスは東ヨーロッパの支配を確立するため、一八一二年六月にはロシアに侵攻している。ヨーロッパの覇権獲得を目指すナポレオンは、同地域の他の大国を征服してバランス・オブ・パワーからはじき出してしまおうとしていたが、このようなことは一七九二年から一八〇五年までの間に行われた戦争では一度も起こっていない。フランスは一八〇五年にオーストリアを打ち負かして征服し、一年後にはプロイセンにも同じ目にあわせた。オーストリアは一八〇九年に一時的に復活しているが、ナポレオン軍は再び決定的な敗北を与えた。従って一八〇五年から一八一二年のほとんどの期間を通じて、フランスにとってのライバルは、実際のところはイギリスとロシアの二国だけだった。

この期間にはフランスに対抗する三つの同盟が結成されている。その中で互いにバック・パッシングが行われていたのは確かであるが、一七九二年から一八〇四年の間に行われていた時ほど多くはない。一八〇五年以降にフランスのライバルたちが直面した主な問題は、強力なバランシング同盟をうまく形成することができなかったことだ。ナポレオンは同盟国の中から一国ずつ各個撃破し、そのうちの数カ国を無力化してしまったからだ。簡単に言えば、外交は刀よりも動きが遅かったのである。[*14]

三番目のバランシング同盟（第三次対仏大同盟）は、オーストリアがイギリスとロシアに協力して参戦した、一八〇五年八月九日に結成されている。プロイセンは当初からバック・パッシングの戦略をとり、同盟関係からは距離を置いていた。当時の国際的な状況では、フランスを封じ込めるためには墺・英・露の三国だけで充分なように見えたからである。しかもフランスは一八〇〇年後半以来、ヨーロッパにおいて大規模な地上戦を行っていなかった。[*15] ナポレオンは外交面では攻撃的であったが、一八〇一年初めから大陸の三カ国（墺仏露）とは平和な状態を保っていた。ポール・シュローダー（Paul Schroeder）は「ナポレオンにとっての平和とは、他の手段による戦争の継続にすぎなかった」と記している。[*16] さらに一八〇三年の春にイギリスとフランスが再び戦争に突入した時、ナポレオンはイギリス海峡を越えて侵攻するための強力な軍隊を編成した。「大陸軍」（La Grande Armee）と呼ばれたその軍隊は、結局イギリス攻撃には使用されず、ナポレオンはそれを一八〇五年秋に、三番目のバランシング同盟を攻撃するために使った。「大陸軍」は、緒戦においてオーストリア軍をウルムにおいて撃破した（一八〇五年一〇月二〇日）。[*17] 今やフランスが本格的な脅威になったことに気がついたプロイセンは、バランシング同盟に参加することにした。ところがそれが実現する前に、ナポレオンは一八〇五年一二月二〇日にアウステルリッツにおいてオーストリア軍とロシア軍を破ってしまった。[*18] 三カ月の間に二回も大規模な敗戦をこうむったオーストリアは、ついに大国の地位を失ってしまったのである。

それから一年もたたない一八〇六年七月二四日に、イギリス、プロイセン、ロシアは、四番目のバランシング同盟（第四次対仏大同盟）を結成した。今回はオーストリアが同盟に参加できるほどの力を持っていなかったため、オーストリアに対するバック・パッシングは行われなかった。ナポレオンは一八〇六年七月二四日に、イエナ・アウエルシュテットの戦いで勝利をおさめた。これにより、今度はプロイセンが大国の地位を失った。アイラウの戦い（一八〇七年二月八日）で血みどろの攻防を演じた後、ナポレオンはフリートラントの戦い（一八〇七年二月八日）でロシアを徹底的に敗北させた。ロシアはこの直後にナポレオンと「ティルジットの和約」を結び、ロシアとフランスの戦争を終結させると同時に、フランスにとっては孤立したイギリスといつでも対決できる状態を作った。ロシアは実質上バック・パッシングを実行し、フランスをイギリスとの戦いに専念させておき、その間に自国は敗北から復活して、中央ヨーロッパにおける地位を向上させようとしていた。

一八〇五年以降のナポレオンの軍事的成功の陰には、ロシアのバック・パッシング戦略があったことを忘れてはならない。一八一五年以前の一〇年間は、バック・パッシングの重要な例である。ロシアは一八〇七年から一八一二年までイギリスにバック・パッシングをしているが、オーストリアとプロイセンがフランスに征服されたためにバランシング同盟に参加できなかったという事情に加えて、ロシア軍が一八〇五年と一八〇七年にフランスに軍事的に大敗北し、同盟国の協力なしではヨーロッパ大陸においてフランスに軍事的に対抗することができなかったという事情もある。ロシアの狙いは、フランスとイギリスを対決させ、その合間に自国の国力回復に努め、バランス・オブ・パワーが都合よく変化するまで待つということにあった。

一八〇九年春頃になると、オーストリアはイギリスと第五次対仏大同盟に参加できるまで国力を回復させていた。ロシアは一八〇五年と一八〇七年の敗北から国力を充分に回復できていなかったので、同盟には参加せず脇で傍観《ぼうかん》している。オーストリアはナポレオン軍とアスペリン／エッスリング（一八〇九年五月二一～二二日）とワグラム（七月五～六日）において大規模な戦闘を行ったが、またもや大敗北を喫《きっ》して征服されている。これによってオーストリアとプロイセンの両国がバランス・オブ・パワーから外れ、ヨーロッパ大陸に残っているフランスのライバル大国はロシアだけとなった。「ティルジットの和約」があったにもかかわらず、ナポレオンは一八一二年六月にそれを破棄し、ロシアを征服してバランス・オブ・パワーから消滅させてしまおうとした。ところがフランス軍はロシアにおいて一八一二年六月から一二月までの間に壊滅的な打撃を受け[19]、同時にスペインにおける影響力も急速に落とし始めた。一八一三年一月頃のナポレオンはすでに無敵ではなく、他の大国からすれば、戦えばなんとか勝てそうな相手に思えてきたのだ。

六番目のバランシング同盟（第六次対仏大同盟）は一八一三年に実現している。ロシアにおけるナポレオンの大失敗のおかげで、プロイセンは一時的な休息を与えられ、二月二六日にロシアと同盟を組んだ。一カ月もたたない三月一七日には、この同盟国はフランスと戦争を始めている。六月八日にはイギリスもこの同盟に参加し、続いてオーストリアも八月一一日にフランスに対して宣戦布告した。一七九二年に戦争が始まって以来、フランスのライバルである四つの国が一致団結してバランシング同盟を組んだのはこれが初めてだった[20]。

ロシアにおける敗北と、強力な敵国の同盟関係による包囲網にもかかわらず、ナポレオンは戦い続ける覚悟を決めていた。一八一三年にはフランスがほぼ一〇年にわたって支配してきた「第三のドイツ」（この頃は「ライン同盟（連邦）」と呼ばれるようになっていた）をめぐっての戦いが始まった。フランス軍は一八一三年三月にルーツェンとバウツェンにおいて鮮やかな勝利をおさめ、この年の夏までは各地で善戦し、八月二六〜二七日にはドレスデンにおける大規模な戦争で勝利をおさめている。フランスがこの時期まで勝利できたのは、第六次対仏大同盟がまだ完全には結成されていなかったことが大きい。一八一三年一〇月中旬にこの同盟が結成されると、ナポレオンはライプツィヒの戦いにおいて、オーストリア、プロイセン、ロシアの三カ国によって構成された、圧倒的な軍勢に直面することになった。フランスはここで大敗北を喫し、「第三のドイツ」を永遠に失うことになった。

フランスの敵国は、一八一三年末になるとフランス領内に侵入し始め、一八一四年の戦いはフランス領内で行われることになった。フランス軍は一八一四年二月に行われた戦いでは目覚しい働きをしているが、同年三月に同盟国側は一致団結して強力な抵抗をしていたフランス軍を壊走させ、これが四月六日のナポレオンの退位につながった。[*21] ナポレオンはエルバ島に流されたが、一八一五年三月にこの島からフランスに舞い戻った。一八一五年三月二五日には第七次対仏大同盟が再結成され、一八一五年六月一八日にこの同盟国軍がワーテルローにおいてナポレオンにとどめを刺すことになった。フランスの覇権国への道はついに閉ざされたのである。

パワーの計算

フランスが他のライバル大国よりも「軍事的潜在力」(latent power)を持っていたという事実を証明するのは難しい。一七九二年から一八一五年の間の正確な人口統計や、とくに経済的な富を計測するデータが存在しないからだ。それでもフランスが他のヨーロッパの国家より軍事力の基礎である「軍事的潜在力」をある程度持っていたと予測できる証拠はある。

ナポレオン時代の富の状態を比較・検討できるデータはほとんど存在しないが、学者たちの間では、当時の国際システムの中ではイギリスとフランスが最も経済的に豊かな国だったということについてはほとんど合意されている。イギリスの豊かさを示す証拠として挙げられるのが、イギリスがオーストリア、プロイセン、ロシアに対して大規模な資金援助を行っていた事実である。イギリスは三カ国がフランスを倒すための軍の編成の手助けをしたのであり、このようなことを当時のヨーロッパで行えるのはイギリスだけであった。フランスとイギリスの豊かさを正確に比べるのは難しいが、フランスがイギリスよりもわずかに豊かであった証拠はある。[*22] フランスは、一八〇〇年のイギリスよりはるかに多くの人口(二八〇〇万人対一六〇〇万人:表8-1参照)を持っていた。同じような経済的な豊かさを持つ国が二つあった場合、人口の多い方がより多くの富を生み出す確率も高い。加えて、フランスもナチス・ドイツと同じようにヨーロッパの多くの国を征服し、莫大な富を搾取《さくしゅ》している。ある学者は、「ナポレ

表８-１　ヨーロッパの大国の人口の移り変わり（1750～1816年）

（100万人単位）

	1750	1800	1816
オーストリア	18	28	29.5
イギリス	10.5	16	19.5
フランス	21.5	28	29.5
プロイセン	6	9.5	10.3
ロシア	20	37	51.3

オンのヨーロッパ征服は、一八〇五年以降にはフランスの国家歳入を一〇％から一五％上昇させた」と見積《みつも》っている。*23

人口のサイズから見ても、フランスがライバルたちより有利だったことは確実である。表８-１にある一八〇〇年から一八一六年にかけての統計によると、フランスの人口はイギリスの一・五倍、プロイセンの三倍である。*24 オーストリアとはほぼ同じであり、ロシアに比べればはるかに少なかった。ところがある決定的な要素が働いていたことにより、人口のバランスはオーストリアやロシアではなく、実質的にフランスに有利に傾いていた。

第三章で強調したように、人口のサイズは軍事力の強さにとって重要な要素である。人口数は、その国の軍隊の潜在的な規模を左右する。*25 人口が多いほど、軍隊の規模を大きくすることが可能になるからだ。ところが軍隊を指揮する人間の個性によって政策が大きく異なってくる場合もあり、単純な人口数による比較はあまり有益とは言えない。これは一七八九年から一八一五年にかけてのフランスとそのライバル国の比較の場合にも当てはまる。フランス革命以前のヨーロッパ各国の軍隊の規模は小さく、主に外国からの傭兵や社会のはみ出し者によって構成されていた。フランス革命の結果としてフランスではナショナリズムが強力な力となり、「武装国家」（nation in arms）という新しい概念を生み出すことになった。*26「フランスのために戦う人間は軍に服役しなければならない」というアイディアが採用され、フランスの軍隊に登用できる人間の数が一気に拡大したのだ。ところがオーストリアやロシアはフランスのような武装国家のコンセプトをまだ採用しておらず、軍隊に登用できる人間の割合がフランスよりもはるかに低かった。この結果、フランスはオーストリアやロシアと比べて大規模な軍隊を作り上げることができたのである。[*27]

まずは実質的な軍事力について考えてみよう。一七八九年から一七九二年にかけて、フランスはヨーロッパで最強の軍隊を持っていたわけではなく、潜在覇権国ではなかった。[*28] 数の上だけで考えると、オーストリア、プロイセン、ロシアは、フランスよりも大規模な軍隊を持っていた（表8‐2参照）。フランスよりも軍隊の規模が小さかったのはイギリスだけである。[*29] フランス軍は質の面でもはるかに劣《おと》っていた。革命直後のフランスは社会的に混乱しており、外国からの侵略を防ぐことさえままならないほどだった。[*30] 一七九三年以前のフランスに対しては一度もバランシングが行われず、しかもオーストリアとプロイセンが一七九二年に共同でフランスを攻撃した理由は、当時のフランスの弱さにあったのだ。

一七九二年夏の戦況が悪くなると、フランスは自国の軍隊をヨーロッパ最強にするため軍備再編を始めた。目標は一七九三年の早秋には達成され、この時点でのフランスは明らかに潜在覇権国になっていた。フランス軍は一七九三年から一八〇四年までの期間、ヨーロッパ最強の地位を維持している。しかし「相対的」な規模やその質から考えてみると、フランス軍は四つのライバル国が同盟を結成して対抗しなければならないほど強力だったわけではない。むしろフランスの力に限界があったために、かえってライバル国の間ではバック・パッシングが多く行われることになった。

一七九二年四月に戦争が起こる以前のフランス軍の規模は一五万人だったが、戦争が始まると、同年一一月には四五万人まで増えており（表8‐2参照）、この時点でヨーロッパ最大の軍隊になっている。ところがこの数はすぐに減少し、一七九三年二月には二九万人まで落ち込んだ。これはオーストリアやロシアの軍隊よりもやや少ないくらいだ。ところが有名な「徴兵制令」（levée en masse）が一七九三

表８-２　ヨーロッパ各国の軍隊における兵数の移り変わり（1789〜1815年）

	フランス	オーストリア	イギリス	プロイセン	ロシア
1789	180,000	300,000	45,000	200,000	300,000
1790	130,000				
1791	150,000				
1792	150,000（年頭）				
	450,000（11月）				
1793	290,000（２月）				
	700,000（年末）				
1794	732,474				
1795	484,363		120,000		400,000
1796	396,016				
1797	381,909				
1798	325,000				
1799	337,000				
1800	355,000				
1801	350,000		160,000		
1802	350,000				
1803	400,000				
1804	400,000				
1805	450,000				
1806	500,000				
1807	639,000			42,000	
1808	700,000				
1809	750,000		250,000		
1810	800,000	150,000			
1811	800,000				
1812	1,000,000				
1813	850,000	300,000		270,000	500,000
1814	356,000				
1815	300,000				

年八月二三日に実施されると、軍隊の規模はその年の暮れまでに一気に七〇万人まで膨れ上がり、ヨーロッパ中のどの軍隊よりも大きくなった。フランスはこの規模を維持できず、一七九五年には四八万四〇〇〇人をやや越えるぐらいまでに落ち込んだが、それでもフランス軍はヨーロッパ最大だった。一七九六年から一八〇四年の間、フランス軍は少ない時で三二万五〇〇〇人、多い時では四〇万人ほどを維持し、ロシア軍の数（四〇万）を越えてはいないが、オーストリア軍（三〇万）の数は常に上回っていた。

これらの数字は、全体のほんの一部しか表していない。一七九二年夏に「武装国家」になった時から、フランス軍はライバル国の陸軍と比べて、質の面で明らかに優位に立っていた。[*31] フランスのために戦って死ぬことをためらわない人間が軍隊を構成するようになっただけでなく、以前は指揮官を選出する際の主な基準となっていた「家柄《いえがら》」が、「軍事面の手柄《てがら》」にとって代わることになったのである。愛国心を吹き込まれた市民兵の登用により前例のない新戦術をとり入れることもでき、フランス軍は戦場で有利に立てるようになった。またフランス軍は以前の軍隊や当時のライバルよりはるかに大きな戦略的機動力を手に入れることにもなった。

フランス軍は質的な面で、武装国家というコンセプトに敵意を抱いていた他の国と比べて有利な立場を保ち、一七九三年から一八〇四年の間はヨーロッパで最強の軍隊だったが、実はいくつかの深刻な欠点を抱えていた。兵隊はあまり訓練されておらず、規律も乱れており、隊からの脱走率も高かった。ジェフリー・ベスト（Geoffrey Best）が述べたように、一八〇五年以前のフランス軍は「ハチャメチャで図体だけはデカい軍隊」だったのだ。[*32]

ところが一八〇五年から一八一三年の間、フランス軍とライバル国軍の力の差はかなり広がっていた。この差は、主にナポレオンのおかげである。彼は徴兵制を改良したり、外国人部隊を取り入れて、軍隊の規模を急激に拡大させた。[*33] フランス軍の規模は一八〇五年の四五万人から一八〇八年には七〇万人まで増え、ロシアを侵攻した一八一二年には一〇〇万人になっていた。ロシア侵攻で大失敗した直後の一八一三年の時点でさえ、フランス軍兵士は八五万人もいた。表8-2が示しているように、一八〇五年から一八一三年の間、フランス軍と同じくらい軍の規模を実現させたヨーロッパの国はない。

またナポレオンはフランス軍の質もかなり向上させた。陸軍そのものには極端な変更をしたわけではないが、既存《きぞん》のシステムの多くの「欠点」を修正して、軍隊の調練や規律を改良し、歩兵隊、野砲隊、騎兵隊の間の調整を行った。*34 一八〇五年以降のフランス軍は以前と比べてはるかにプロの集団になり、戦闘能力が高まった。また、ナポレオンは極めて優秀な司令官であり、これによってフランスは敵より優位に立っていた。*35 フランスのライバル国は軍隊に地味な修正しか行っておらず、フランスのように「武装国家」のコンセプトを受け入れて軍隊を根本的に近代化させたのはプロイセンだけだった。*36 しかしそれをしたところで、プロイセン軍が自分たちよりもはるかに規模の大きいフランス軍と一対一で戦うのは無理だった。

一八一三年に四カ国（イギリス・ロシア・プロイセン・オーストリア）が一致団結し、一八一五年にフランスが負けて征服されるまで互いに協力関係を続けていたのは、一八〇五年から一八一三年の間にフランスがライバルに対して維持していた強制力が圧倒的だったことによる。「ではなぜ一八〇六年や一八一〇年などの早い時期からこのようなバランシング同盟が結成されなかったのか」と疑問に思う人もいるだろう。この結成が遅れたのは、ナポレオンの戦場での目覚しい勝利の数々によって、四大国が同盟を結成するのが不可能だったからである。一八〇五年末にナポレオンがオーストリアを侵攻してから一八一三年まで、フランスのライバルである四大国すべてがバランス・オブ・パワーに同時に復活させることはできなかったのである。オーストリアとプロイセンはこの期間のほとんどを通じて「名前だけの大国」でしかなかった。

バック・パッシング戦略における地理の影響についてひと言述べておく。フランスと領土を接していた大国はオーストリアだけであった。オーストリアとフランスは、それぞれイタリアおよび「第三のドイツ」と国境を接しており、この二つの地域は両大国が共に重要な戦略目標としていた場所である。この結果、フランスはオーストリアにとってかなりの脅威となり、バック・パッシングをする選択肢は残されていなかった。オーストリアはバック・キャッチャー（責任転嫁を受ける国）という誰もやりたがらない仕事を押しつけられやすい状況に置かれており、実際にフランスのライバルたちにひどい扱いを受けている。*37 デビッド・チャンドラー（David Chandler）はヨーロッパ大陸におけるフランスのライバル国の状況を分析しているが、オーストリアはこの二三年間のうち一三年半もフランスと戦争をしているのに対し、プロイセンとロシアはそれぞれ五年半しか戦争をしていないと指摘している。*38

ヨーロッパ大陸から海で隔《へだ》てられているイギリスは、フランスの敵国の中ではほとんど侵略を受けていない。ところがイギリスは一七九三年からフランスとほぼ常に戦争状態にあった。チャンドラーは前述の二三年間に、イギリスとフランスは二一年半も戦争を行っていたと計算している。*39 ところがイギリスは大陸の同盟国にバック・パッシングを行っていたため、大陸で戦うための大規模な陸軍を自前で作り上げる必要がなかった。イギリスはスペインなどの周辺地帯に軍隊を派遣して戦い、自国の同盟国に資金援助をしつつ、フランス軍と戦っている。*40 つまり簡単に言えば、イギリスは地理的な事情によってオフショア・バランサーとなることができたのである。

ロシアは、オーストリアとプロイセンをはさんで、フランスの反対側の大陸の端に位置していた。ロシアもバック・パッシングを行うことができ、特に一七九三年から一八〇四年の間、フランスが主に西ヨーロッパにおいて覇権を獲得しようとしていた時期によく行《おこな》った。*41 ロシアはこの期間にフランスと一年足らずしか戦争をしていない。また、プロイセンもかなりバック・パッシングを行っているが、この行動は地理では説明がつかない。プロイセンはヨーロッパの中心に位置し、フランスからはそれほど距離が離れていないからである。プロイセンがバック・パッサーになれたのは、主に隣のオーストリアがバック・キャッチャーとして理想的な立場にあったからである。

まとめると、フランスのライバル国が一七八九年から一八一五年の間に使った〝バランシング〟と〝バック・パッシング〟の戦略は、パワーの分布状況や地理の影響を強調する私の理論によって、かなり説明ができる。

ナポレオン戦争が終了した一八一五年以降の約四〇年間、ヨーロッパは比較的平和で、一八五三年のクリミア戦争まで大国間の戦争は起こっていない。一八五九年にはイタリア統一戦争が始まり、ここではオーストリアとフランスが敵対することになったが、この二つの戦争でもヨーロッパのバランス・オブ・パワーにはほとんど変化が起こらなかった。ビスマルクは一八六〇年代にプロイセンをドイツ帝国にする目的で一連の戦争を始めたが、これはヨーロッパにおけるバランス・オブ・パワーを根本的に変化させることになった。

ビスマルク時代のプロイセン（一八六二〜七〇年）

歴史的背景

プロイセンは一八世紀の半ばまで大国にはなれていない。その地位を手に入れた時から一九世紀の半ばまで、ヨーロッパの大国の中で最も力が弱かった。[*42] プロイセンがこれほどまでに弱かった理由は、主に他の大国と比べて人口が少なかったことにある。一八〇〇年のプロイセンの人口は約九五〇万人であり、オーストリアとフランスはそれぞれ約二八〇〇万人、ロシアが三七〇〇万人であった（表８・１参照）。ところがプロイセンの戦略的なポジションは、一八六四年から一八七〇年の間にビスマルクが三つの戦争に勝利した時から劇的に変化した。独立国としてのプロイセンは一八七〇年に消滅したが、以前よりもはるかに強力になった統一ドイツの中心的な役割を果たすことになったのである。

一八六二年九月にビスマルクがプロイセンの首相に任命されるまで、「ドイツ」という国家は歴史上存在したことはない。ドイツ語を話す自治体の寄せ集めがヨーロッパの中心付近に散らばっていただけで、一八一五年にナポレオンが敗北した後は、非力な政治組織として設立された「ドイツ連邦」としてなんとなくまとまっていただけである。この連邦には二つの大国、オーストリアとプロイセンがあった。また連邦にはババリアやサクソニーのような中規模の王国や、数え切れないほどの小国家や自由都市――本書ではこれらすべてを「第三のドイツ」と呼ぶ――も含まれていた。一八四八年の革命の後に明らかになりつつあったのは、いくつかのドイツ民族の政治組織を組み合わせることによって統一ドイツ国家を形成しようという動きに、ドイツのナショナリズムが強力な役割を果たしていたことである。問題の焦点は、オーストリアとプロイセンのどちらがこの統一国家の中心的な役割を果たすかという点にあり、これは実質上、「第三のドイツ」をどちらの大国が吸収するのかという問題を意味していた。一八六四年、一八六六年、一八七〇〜七一年に行われた戦争によって有利になったのはプロイセンだった。

一八六〇年代当時のヨーロッパには、オーストリアとプロイセン以外に四つの大国が存在していた。イギリス、フランス、イタリア、ロシアである（図8‐2参照）。イタリアは一八六六年にオーストリアと組んでプロイセンと戦ったが、ドイツ統一に関してはあまり影響を与えていない。イタリアはまだできたての新国家であり、他の大国と比べれば力は弱かった。ここで重要なのは、プロイセンをドイツ帝国に変化させたビスマルクの行動に対し、オーストリア、イギリス、フランス、ロシアが、一体どのように反応したのかという点である。この際に最も好まれた戦略は、バック・パッシングだった。もちろんオーストリアとフランスがプロイセンに対して直接バランシングを行うことも何度かあったが、それが行われたのは他に選択の余地が残されていない場合に限られていた。

図8-2　1866年の中央ヨーロッパ

大国の戦略的な行動

ビスマルクの指揮下に行われたプロイセン最初の戦争（デンマーク戦争：一八六四年）は、オーストリアとプロイセンという二つの大国が弱小国デンマークに共同で攻め込むという、大国による集団行動の典型的な例であった。[*43] 狙いは、シュレスヴィヒ公国とホルシュタイン公国をデンマークから奪うことであった。ドイツ連邦の中では「この二つの公国はデンマークではなくドイツに属する」という国民感情が広まっていたが、その理由は、ホルシュタイン公国のほぼ全域とシュレスヴィヒ公国の半分でドイツ語が使われており、ドイツ民族としてとらえられるべきだという考えが一般的になりつつあったことにある。オーストリアとプロイセンが一緒にデンマークを倒すのは簡単だったが、どちらがシュレスヴィヒとホルシュタインを統治するのかという点においては合意はできていない。当時の英仏露は、デンマークが倒されるのを横目で見ていただけで何もしていない。

プロイセンは一八六六年にオーストリアと戦っている（普墺《ふおう》戦争）が、[*44] この時はオーストリアのライバルだったイタリアもプロイセン側についてこの戦いに参加した。この戦争の一因には、シュレスヴィヒとホルシュタインについてのオーストリアとプロイセン間の長年にわたる確執《かくしつ》がからんでいる。しかしさらに重要だったのは、統一ドイツの指導権を握るのはどちらか、という問題だった。ところがプロイセン軍がオーストリア軍を簡単に打ち破ってしまったため、プロイセンは「第三のドイツ」の北部の支配権を獲得した。この時、他のどの大国もオーストリアを助ける目的で政治介入をしていない。次に、プロイセンは、一八七〇年にフランスと戦争（普仏《ふふつ》戦争）を行った。[*45] ビスマルクは軍事的な勝利がドイツ統一の完成につながることを見極めた上で、フランスとの戦争を以前から画策《かくさく》していた。一方フランスがこの戦争を戦った主な狙いは、プロイセンが一八六六年に得た領土を手放させることにあった。戦争の結果、プロイセン軍はフランス軍を決定的に敗北させ、ロレーヌ地方のアルザスをフランスから得ることになった。さらに重要なのは、プロイセンが「第三のドイツ」の南半分を得たことである。これによってビスマルクは、ついにドイツ統一を果たした。フランスがこの戦争で大敗北した時、他のヨーロッパの大国は脇で傍観していただけである。

一八六四年に他のヨーロッパの大国が、オーストリアやプロイセンに対してバランシングを行おうとしなかったのは当然である。この時点ではバランシングによって得られる利益が少なかったからだ。当時のオーストリアもプロイセンも、特に圧倒的な軍事力を持っていたわけではなく、二国のどちらがシュレスヴィヒとホルシュタインを最終的に統治するようになるかもはっきりしていなかった。ところが一八六六年（普墺戦争）と一八七〇年（普仏戦争）の二つの戦争によって、ヨーロッパのバランス・オブ・パワーはプロイセンに有利な状況に変わってしまった。一見すると、一八六六年の時点で英仏露がオーストリア側につきプロイセンに対してバランシングをしたり、一八七〇年の時点でオーストリアと英露がフランス側についてドイツに対抗したりすることもあり得そうな話である。ところが実際にはすべての国がバック・パッシングの戦略を用いたため、一八六六年のオーストリアはたった一国でプロイセンに対処することになり、一八七〇年のフランスも全く同じような立場に置かれることになった。

一八六四年から一八七〇年の間のヨーロッパのバック・パッシング戦略は、二つの異なる理由によって行われている。まずイギリスとロシアであるが、両国はプロイセンが勝利することを歓迎していた。ドイツ統一は自国の戦略的な利益に合致すると考えていたからである。[*46] 英露は「ヨーロッパで一番危険な大国はフランスであり、その玄関口に強力になったドイツが立ちはだかってくれれば、フランスを抑止してくれることになる」と考えていた。つまり英露の狙いは、脅威と思っていなかったプロイセンに対して他国をバランシングに使うことではなく、強力なドイツを誕生させ、彼らが恐れていたフランスに対してバランシングさせることにあった。またイギリスは「ドイツが統一されれば、ロシアは必然的にヨーロッパに関心を向けざるを得なくなり、（英露が激しい競争を行っていた）中央アジアからロシアの関心をそらせてくれることになる」と考えていた。一方ロシアは、「強力なドイツの誕生は（激しいライバル関係になっていた）オーストリアへの抑止になる」と見ていた。つまりこの当時のロシアとイギリスの対外政策の考え方に最も影響を及ぼしていたのは、依然としてフランスだったのだ。

オーストリアとフランスは、それぞれ違う理由でバック・パッシングを行っていた。英露と違って、この二国は自国の目の前で統一されたドイツが誕生することを恐れていた。統一ドイツの誕生は、彼らの国家の存亡《サヴァイバル》をも左右する直接的な脅威になり得るからだ。しかし彼らはプロイセンに対して一致団結したバランシングを行わず、互いにバック・パッシングを行ったため、結局はビスマルクに一国ずつ倒されることになった。しかも一八六六年にオーストリアとプロイセンの間で「瀉血《しゃけつ》」(bloodletting)が起こるのを、フランスが歓迎していた事実もある。[*47] フランスは、オーストリアとプロイセンが互いにつぶし合いをすることにより、「相対的」にパワーを獲得することができると考えていた。オーストリアとフランスの間でバック・パッシングが行われた主な理由は、両国とも「向こうが単独でプロイセン軍を抑さえ、ビスマルクの野望を阻止してくれるだろう」と勝手に思っていたからだ。確かに当時のヨーロッパの軍事的な状況を見てみれば、オーストリアとフランスがそれぞれプロイセンと戦うことになっても勝てるだけの力を持っていると思われていた。[*48] フランスにはナポレオンの伝統があり、当時もクリミア戦争(一八五三~五六年)やイタリア統一戦争(一八五九年)で勝った実績があったからだ。

オーストリアとフランスが、反ドイツのバランシング同盟結成に失敗した理由は他にもある。まず、ビスマルクが外交手腕を駆使して、標的《ターゲット》とした国々をうまく孤立させていたことが挙げられる。また一八五九年にオーストリアとフランスは戦争をしており、一八六〇年代にはこの紛争の影響で、まだ互いに敵対意識が残っていた。[*49] さらにオーストリアは一八七〇年の時点でも「フランスと組んだらロシアが東側から攻めてくるかも知れない」と考えていた。[*50] その上、一八七〇年のオーストリア軍は一八六六年の戦争からまだ完全に立ち直ってはおらず、再びプロイセン軍と満足に戦火を交えることのできる状態ではなかった。これらのことがオーストリアとフランスの間でバック・パッシングを促進したのは確かな事実である。もしフランス（オーストリア）の政策担当者が「プロイセンに対抗するためには、オーストリア（フランス）は自分たちの助けを必要としているはずだ」とわかっていたとしても、結果にそれほどの差はなかっただろう。しかし両国は、本来ならば統一ドイツを作ろうとするビスマルクの動きを、一致団結して阻止すべきだったのである。

パワーの計算

このようにバック・パッシングは一八六〇年代を通じてかなり頻繁に行われているが、大部分はプロイセンがヨーロッパのバランス・オブ・パワーに占めていたポジションによって説明できる。プロイセンはまだ潜在覇権国ではなかったし、その年代に軍事力を強化しつつあったが、ライバルの大国が一致団結してバランシング同盟を結成するほど強力ではなかった。潜在覇権国はその地域にあるどのライバルよりも経済的に豊かで、軍事的にもその地域で最強でなければならない。一九世紀半ばのヨーロッパにおいて最も多くの潜在的な力を持っていたのはイギリスだった。一八六〇年にはイギリスがヨーロッパの富の六八％を支配し、フランスは一四％、プロイセンは一〇％だった（表３-３参照）。一八七〇年になってもイギリスはヨーロッパの工業のほぼ六四％を支配し、ドイツは一六％、フランスは一三％だった。[*51]

一八六〇年代の軍事バランスを見ると、フランスとプロイセンが最も強力な軍隊を持っていたことはほぼ確実だ。一八六〇年から一八六六年にかけてのフランス軍は明らかにヨーロッパ最強であり、英露が（フランスを恐れ）統一ドイツを作ろうとするビスマルクの動きに賛成しているように見えた理由もここにある。プロイセン軍は、一八六〇年代初期の時点ではヨーロッパで最も弱い軍隊だったが、一八六七年までには最強になり、一八七〇年までこの状態を保った。[*52] オーストリアは一八六〇年代前半には強力な軍隊を持っていたが、一八六六年以降は力が衰《おとろ》えてしまった。[*53] ロシアは、規模は大きいが能率の悪い――機動力には欠けるが、他の大国の攻撃から国土を守ることはできる程度の――軍隊を持っていた。[*54] また、イギリスは他のライバル大国に比べてはるかに大きい軍事的潜在力を持っていたにもかかわらず、バランス・オブ・パワーにはあまり影響を与えることのない、小規模で能率の悪い軍隊を持っていた。[*55]

（1862〜70年：ドイツ統一戦争の期間）

1870		1870-71
常備軍	動員後の兵数	合計動員数
252,000	—	—
174,198	—	—
367,850	530,870	1,980,000
319,000	1,183,000	1,450,000
738,000	—	—
214,354	—	—

このような「相対的な」軍事力の弱さのため、イギリスとロシアはビスマルクを抑止する際にほとんど役に立っていない。一八六六年と一八七〇年の時点で最も重要だったのは、オーストリア、フランス、プロイセンの間のパワーの分布状況である。[*56] 一八六六年の統計では、オーストリアの軍隊は明らかにプロイセン軍に対抗できる力を持っていた（表8-3参照[*57]）。オーストリアの常備軍は、プロイセン軍の一・二五倍の大きさで優勢を保っていた。予備軍を計算に入れても、オーストリアは優勢を保っていたはずである。一八六六年七月三日に行われたケーニヒスグレーツの戦いで、二七万人のオーストリア軍は、二八万人のプロイセン軍と対峙することになった。[*58] プロイセン軍は質的な面でオーストリア軍に勝っていた。[*59] プロイセン兵は後装・元込め式のライフルを使用し、銃口から装填《そうてん》する先込め式ライフルのオーストリア軍より有利だった。またプロイセン軍は優秀な参謀組織を持ち、多民族によって構成されたオーストリア軍は、

表8-3 ヨーロッパ各国の兵数の移り変わり

	1862	1864	1866	
	常備軍	常備軍	常備軍	動員後の兵数
オーストリア	255,000	298,000	275,000	460,000
イギリス	200,000	200,000	176,731	—
フランス	520,000	487,000	458,000	—
プロイセン	213,000	212,000	214,000	370,000
ロシア	682,000	727,000	742,000	—
イタリア	185,000	196,100	200,000	—

一八六六年の時点では軍の中の民族問題を解消できていたにもかかわらず、次第に全体的な戦闘力を落としつつあった。一方、オーストリア軍はプロイセン軍よりもはるかに優れた野砲隊と騎兵隊を持っていた。量と質の両方を考えれば、プロイセン軍はオーストリア軍に比べてそれほど差は大きくはないとしても、紛《まぎ》れもなく優位に立っていた。一八六六年の時点ではオーストリアとプロイセンの間にこのような大まかなバランス・オブ・パワーがあったため、これがフランスにバック・パッシングをさせることにつながった。[*60]

フランス軍は一八六六年の時点ではまだヨーロッパ最強であり、オーストリアと組めばビスマルクを封じ込めることができた。ところがフランス軍は、オーストリアやプロイセンと比べるとまだ常備軍に依存した状態であり、予備役《よびえき》の動員にはほとんど関心を示していない。一八六六年におけるフランスの常備軍は四五万八〇〇〇人から三七万人であり、プロイセン常備軍の最大動員数を上回っていたからである。この時点では両軍には質的な差はほとんどなかった。ところが当時はほとんど気づかれなかったが、バランス・オブ・パワーは一八六六年から一八七〇年の間にプロイセン軍に有利に傾いていた。

一八六六年の戦争におけるプロイセンの予備役動員の成功を目の当たりにして、フランスは常備軍の規模を縮小し、独自の予備役システムを作り始めた。フランスは四年もすると、書類上では圧倒的な予備役組織を作り上げた。ところが実際はプロイセンと比べて効率が悪く、それが一八七〇年七月一九日に宣戦布告した際に、大きな力の差となって現れた。[*61] フランスの常備軍はプロイセンのそれより強力だったが、プロイセンは戦争開始から一一八万三〇〇〇人を動員でき、フランスは五三万八七〇〇人しか招集できなかったのである。フランスは最終的に予備役全員を動員し、戦争が始まるとプロイセンよりも五〇万人以上多く動員することができた。それでも一八七〇年における軍隊の質の面では、プロイセンの方にやや分があった。これは、優秀な参謀本部組織と、フランスよりもよく訓練された予備役兵を持っていたことが大きい。[*62] しかしフランスの歩兵はプロイセン軍の持つ元込め式の銃火器によってその差が埋められているにもかかわらず、プロイセンの歩兵より装備状態は良かった。

　すべてを考慮してみると、一八七〇年におけるプロイセン軍はフランス軍より強かったと言える。主な理由は、短期的な動員能力に大きな差があったことにある。この点を考慮すれば、オーストリアはフランスと同盟を組んで、プロイセンに対抗すべきだったことになる。ところがこれは実現しなかった。オーストリアとフランスの政策担当者は、バランス・オブ・パワーの計算を誤《あやま》ったからである。プロイセンのライバルである両国は、フランス軍がプロイセン軍と同じくらいの効率で予備役を動員できると考えていた。[*63] フランスのリーダーたちはプロイセンの予備役動員が難航すると考え、それがフランスにとって軍事的に有利に働くと思っていた。逆にプロイセンの方はフランスの予備役動員が難航し、プロイセン軍が戦場で有利に立てることを正確に知っていた。[*64] その証拠に、ビスマルクは一八七〇年夏に政治的な危機が訪れた時、フランスとの戦争開始を全くためらっていない。

　最後に述べておかなければならないのは、プロイセンに対するバック・パッシングのケースでは、地理がそれほど重要な役割を演じていないことだ。イギリスはプロイセンとイギリス海峡に隔てられて位置しているが、この地理的な事実はイギリスの対プロイセン政策にはほとんど影響を及ぼしていないように見える。イギリスが主に恐れていたのは、むしろフランスだったからだ。ビスマルクの統一ドイツへの動きに対してプロイセンと国境を接している三カ国（墺仏露）がそれぞれ別々の反応をしている事実からもわかる通り、この現象は地理的な理由だけでは説明できない。プロイセンにとって四つの「潜在的な」ライバルたちは、プロイセンの領土内に攻め入ることができる状態にあったし、バランシング同盟を結成することも可能だった。ところが主に一八六二年から一八七〇年の間のヨーロッパのバランス・オブ・パワーの事情により、このような事態は実現しなかったのである。

ヴィルヘルム皇帝時代のドイツ（一八九〇〜一九一四年）

歴史的背景

ビスマルクが一八九〇年三月に首相の座を降りた時、ドイツ帝国は大規模でしかも拡大中の人口、活発な経済、圧倒的な軍隊を持っていたが、まだ潜在覇権国ではなかった。しかしドイツはこのようなさまざまな国家的な資源を持っていたため、一九世紀最後の一〇年間に他のヨーロッパの大国を不安にさせることになった。二〇世紀初頭のドイツは、毎年、相対的なパワーを拡大しつつある潜在覇権国に成長していた。その結果、一九〇〇年から第一次世界大戦の勃発する一九一四年八月まで、ヨーロッパの政治界ではドイツに対する恐怖感が充満することになった。

この期間のヨーロッパには、ドイツ以外に五つの大国が存在していた。オーストリア＝ハンガリー帝国、イギリス、フランス、イタリア、ロシアである（図６‐２参照）。

オーストリア＝ハンガリー、イタリア、ドイツは、「三国同盟」の加盟国であった。中でもオーストリア＝ハンガリー帝国は国力が弱く、国家の先行きも不安であり、[*65] 実際に第一次世界大戦の終了とともに崩壊している。オーストリア＝ハンガリー帝国の弱点は、ナショナリズムにあった。この国は多民族国家であり、主要な民族グループがそれぞれ独立国家を作ろうとしていたからである。オーストリア＝ハンガリー帝国とドイツは、第一次世界大戦の直前まではかなり親しい同盟関係にあった。オーストリア＝ハンガリー帝国は東ヨーロッパやバルカン半島でロシアと深刻な国境紛争を起こしており、ロシア帝国軍から身を守るためにドイツの助けを必要としていた。一方ドイツもオーストリア＝ハンガリー帝国を無傷で保っておくことが国益にかなっていた。ロシアの拡大を防ぐことができるからである。

イタリアもまた国力の弱い大国であった。[*66] イタリアの問題は、工業力と軍隊の弱さにあり、外敵に壊滅的な打撃を受けやすい状況にあった。イギリスのある上級外交官は、一九〇九年に「我々にはイタリアを三国同盟から引き離そうという意図はない。イタリアはフランスやわが国にとって助けになるよりも、悩みの種になるからだ」と発言しているが、これは決して冗談などではない。[*67] イタリアは二〇世紀の初め頃になると、三国同盟からは距離をおき始めた。理由は、ドイツやオーストリアと同盟を組んで対抗していたフランスとの関係がほぼ改善し、逆にオーストリア＝ハンガリー帝国との関係が悪化したことにある。[*68] イタリアは第一次世界大戦前には事実上、中立国となっていた。戦争が始まった時、イタリアは中立を保っており、一九一五年五月に連合国側に加担して、以前は同盟国であったオーストリア＝ハンガリー帝国とドイツに対して戦った。

イギリス、フランス、ロシアは、オーストリア＝ハンガリー帝国やイタリアに比べればはるかに強力であり、ドイツのヨーロッパ覇権確立を阻止する決意を固めていた。ここで重要なのは、この三大国が一八九〇年から一九一四年の間に、ヴィルヘルム皇帝率いるドイツ帝国の増大する力に対してどのように対処したのかということだ。この過程を見ていくと明確になるのが、ドイツのライバルの間ではバック・パッシングがほとんど行われなかったという事実だ。その代わりに英仏露は、第一次世界大戦の七年前にバランシング同盟（三国協商）を結成している。

大国の戦略的な行動

ドイツの国境を西と東にはさんで位置する大陸国家のフランスとロシアは、一八九〇年から一八九四年の間、ドイツ封じ込めを目標とした同盟結成を協議していた。[69] もっとも両国とも、ドイツが近い将来に自国を攻撃してくるとは全く考えていなかった。フランスとロシアはヨーロッパの中でドイツがトラブルを起こさないようにしておきたかった。ドイツさえ封じ込めておけば、ヨーロッパ以外の世界で自分たちの目標を自由に追い求めることができるからだ。英独関係は一八九〇年代の初めに冷え込んでいたが、イギリスはドイツに対抗するために仏露と同盟を組むことまではしていない。[70] イギリスは一八九〇年代を通じて、将来同盟を組まなければならない国々と頻繁に政治紛争を起こしており、一八九八年にはナイル川の都市ファショダをめぐって、フランスと一触即発の危機まで行った。[71]

一八九四年から一九〇四年の間、ドイツの脅威に対する将来の三国協商の参加国の対処の仕方に大きな変化は起こっていない。仏露は同盟国のままであり、ドイツ帝国に対しては、二正面戦争の恐怖を演出することによって封じ込めようとしていた。ドイツが強力な海軍を作り、イギリスの海洋帝国政策を真似《まね》（世界政策《ヴェルトポリティーク》）し始めた一九世紀の終わりから二〇世紀の初め頃にかけて、英独関係はかなり悪化している。ところがイギリスも、一九〇三年から一九〇四年の間にドイツに対する恐怖を共有するようになってからフランスとの関係が改善したにもかかわらず、仏露と組んでドイツに対してバランシングするまでには至っていない。[72] 一九〇四年四月八日に「英仏協商」が締結され、事実上ヨーロッパ以外の地域で行われていた英仏間の競争関係が終結した。この協商によって一九〇五年以降の同盟結成が容易になったのは確かだが、これが隠れた反ドイツ同盟だったわけではない。伝統的にオフショア・バランサーとして行動してきたイギリスは、この協商によってバック・パッシングの戦略をとることになり、ヨーロッパ大陸におけるドイツの拡大抑止を仏露に託《たく》したのである。大陸への関与を拒絶することで強力な陸軍を作らなくてもよいことになり、イギリスは世界で最も強力な海軍力の維持に集中できた。

一九〇五年から一九〇七年の間に、ヨーロッパでは軍事力の構成において劇的な変化が起こり、この変動が落ち着いた時、イギリスは三国協商によって仏露と同盟を結成した。[*73] 一九〇五年頃になるとドイツが潜在覇権国に変化しつつあり、イギリスは大陸への関与を始めなければならなくなったからだ。[*74] イギリスの戦略的な計算に影響を及ぼした要素は他にもある。一九〇五年に日本がロシアに勝利し、ロシアがヨーロッパのバランス・オブ・パワーから事実上消滅してしまい、フランスが同盟国を持たずに孤立してしまったことである。[*75] さらに、ロシアが敗北しつつあるその最中に、ドイツはモロッコをめぐってフランスと大々的な外交危機を起こした。ドイツの狙いは、頼れる同盟国ロシアを失い、まだイギリスとは同盟を組んでいないフランスに、屈辱《くつじょく》を与えて孤立させることにあった。

イギリスの政策担当者たちは、フランス一国ではドイツを封じ込めることが不可能だとわかっていたため、バック・パッシングが効果的な政策ではないことをすぐに理解し、[*76] 一九〇五年の末になると大陸への関与に動き出した。大陸においてフランスと共同してドイツと戦うための小規模の遠征部隊を編成し、英仏軍の参謀レベルで共同作戦などについて意見交換を始めた。[*77] 同時に、イギリスはアジアにおいて緊張が高まっていたロシアとの関係改善にとりかかっている。三国協商の三番目の条約となる「英露協商」は、一九〇七年八月三一日に締結《ていけつ》された。[*78] この協商の目的は、イギリスとロシアがヨーロッパ以外の地域（特に中央アジア）で深刻な紛争を防ぐことにあった。これによって、両国はヨーロッパ内では一致団結してドイツ封じ込めに専念することができるようになった。

英仏露は、一九〇七年夏にドイツに対するバランシング同盟を結成したが、イギリスのバック・パッシングへの欲望は消え去ることはなかった。たとえばイギリスは、ドイツが仏露を攻撃して来た場合でも協力してドイツと戦うという姿勢を明確にはしていない。[*79] つまり三国協商は、冷戦期の「北大西洋条約機構」（NATO）のような正式な同盟関係ではなかったのだ。さらにロシアが日露戦争の痛手《いたで》から回復した一九一一年頃になると、仏露ならイギリスの援助なしでもドイツを抑えられるかも知れないという兆《きざ》しが生まれてきた。英露関係は再びギクシャクし始め、三国協商の結束に多少の動揺が見られるようになった。[*80] しかもイギリスはいざ戦争が始まった場合には、仏露に「強力なドイツを打ち負かす」という重大な責務を押しつけようとしており、自国は脇で傍観しつつ、戦後のために国力を温存しようと考えていた。[*81] このような優柔不断な態度にもかかわらず、イギリスは結局一九〇七年以降も大陸への関与を続け、一九一四年八月初めには仏露とともに第一次世界大戦を始めた。イギリスは西部戦線において大規模な部隊を展開し、強力なドイツ軍を相手に同盟国としての充分な責務を果たしている。

以上をまとめると、第一次世界大戦開始前の二五年間にドイツに対して行われたバランシングは、それなりに効果的であったことがわかる。一八九〇年から一九〇五年の間にフランスとロシアはドイツ抑止を狙った軍事的な協力関係を築き、その間イギリスはバック・パッシングをしていた。一九〇五年以降はイギリスが仏露に加わってドイツ帝国を窮地《きゅうち》に追い込もうとしたため、バック・パッシングはほとんど行われていない。このようなドイツの敵国たちの行動パターンの大部分は、地理的な状況と、一八九〇年から一九一四年の間のヨーロッパのバランス・オブ・パワーにおいてドイツの立場が上昇しつつあったことにより説明できるのだ。

パワーの計算

まず一八九〇年から一九〇五年の期間から見て行くことにしよう。ドイツはこの期間の終わり頃まで潜在覇権国になっていないが、これはイギリスが一九〇三年までドイツよりも多くの「軍事的潜在力」をコントロールしていたことが大きい。イギリスは一八九〇年にはヨーロッパの富の五〇%を支配していたが、一方のドイツは二五%であった（表3-3）。フランスは一三%であり、ロシアは五%である。一九〇〇年の時点でイギリスはドイツよりも優位に立っていたが、その割合は三七%と三四%であった。

(1900〜18年：第一次世界大戦)

1910		1914		1914-18
常備軍	最大動員可能数	常備軍	最大動員可能数	合計動員数
397,132	2,750,000	415,000	1,250,000	8,000,000
255,438	742,036	247,432	110,000	6,211,427
612,424	3,172,000	736,000	1,071,000	8,660,000
622,483	3,260,000	880,000	1,710,000	13,250,000
1,200,000	4,000,000	1,320,00	1,800,000	13,700,000
238,617	600,000	256,000	875,000	5,615,000

ロシアは一〇%まで回復しているが、フランスは一一%まで縮小している。ドイツは豊富な工業力を背景に、潜在覇権国になることができる状態まで急速に成長していた。一九〇三年にはとうとうこの状態を達成し、ヨーロッパにおける富の割合は三六・五%まで届き、三四・五%のイギリスを抜いた。[*82] 二〇世紀初頭にドイツがフランスやロシアよりもはるかに多くの「軍事的潜在力」を持っていたことは、ほぼ疑いのない事実である。

軍事力に関して言えば、一八九〇年から一九〇五年の間、フランスとドイツは明らかにヨーロッパ最強の軍隊を持っていた。デヴィット・ヘルマン（David Herrmann）が述べているように、第一次大戦前の「軍事専門家たちの間で常に話題になっていたのは、フランス軍とドイツ軍の戦力についてだった」のである。[*83] この二つのうちでは、どちらかと言えばドイツ軍の方が強力であった。この期間における仏独の常備軍と最大動員可能数は、ほぼ同程度である（表6-1、表8-4参照）。違いは予備役の使い方であった。ドイツ軍の予備役の大部分は戦闘のために充分訓練されており、ヨーロッパで大規模な戦争が起こった際には必ず参戦することが想定された戦闘単位ごとに組織されていた。フランス軍は、予備役軍を常備軍と一緒に戦わせるた

表8-4　ヨーロッパ各国の兵数の移り変わり

	1900		1905	
	常備軍	最大動員可能数	常備軍	最大動員可能数
オーストリア＝ハンガリー	361,693	1,872,178	386,870	2,580,000
イギリス	231,851	677,314	287,240	742,568
フランス	598,765	2,500,000	580,420	2,500,000
ドイツ	600,516	3,000,000	609,758	3,000,000
ロシア	1,100,000	4,600,000	1,100,000	4,600,000
イタリア	263,684	1,063,635	264,516	1,064,467

めに訓練しておくことを考えていなかった。総動員数ではフランス軍とドイツ軍には大きな違いはないが、ドイツ軍の方が実質的にはかなり多くの戦闘部隊を組織することができた。もし一九〇五年に戦争が起こったとすれば、ドイツ軍は約一五〇万人の兵士を戦闘に参加させることができたが、一方のフランス軍は八四万人ほどであった。[*84] さらにドイツ軍は主に優秀な参謀本部と重砲部隊のおかげで、質的にもフランス軍をやや上回っていた。

ロシアは一八九〇年から一九〇五年にかけてヨーロッパで最大規模の軍隊を持っていたが、数々の深刻な問題が発生したため、独仏に比べてはるか下の、三流程度の軍隊に降格してしまっていた。[*85] 日本軍は一九〇四年から一九〇五年に行われた戦争でこの弱みにつけ込み、ロシア軍に壊滅《かいめつ》的《てき》な打撃を与えた。一九〇五年以前のイギリス軍は、大陸で戦争を行うためには規模が小さすぎ、準備もできていなかったため、バランス・オブ・パワーの計算では重要な役割を演じていない。ヘルマンが記しているように、「パリやベルリン、それにウィーンやローマの軍事参謀たちが編《へん》纂《さん》したヨーロッパの陸軍の強さと装備に関する統計調査において、英軍はその調査対象にさえならなかったことが多い」のである。[*86]

ドイツは第一世界大戦前の一〇年間に、潜在覇権国としての地位を確実に達成していた。軍事的潜在力に関しては、ドイツは一九一三年までにヨーロッパの工業力の四〇％を支配し、イギリスは二八％であった（表３‐３参照）[*87]。この時点でドイツはフランス（一二％）やロシア（一一％）より三倍以上も優位にあった。その上、ドイツ軍は一九〇五年以降でもヨーロッパ最強の軍隊であった。一九一二年初めにはドイツは実際に本格的な軍備拡大計画を始めている。一九一四年に戦争が勃発すると、ドイツは前線の戦闘部隊に一七一万人の兵を動員したが、フランスは一〇七万人だけであった（表８‐４参照）。軍事的潜在力の圧倒的な優位のおかげで、ドイツは戦争開始以降もフランスより多くの兵――一三二五万人 対 八六六万人――を動員することができた。ロシア軍は日露戦争で壊滅的な打撃を受けたために一九一一年までは回復の兆しさえ見せず、回復した後でも仏独軍よりはるかに弱かった。一九〇五年以降の英軍は小規模ではあったが、ロシア軍と比べれば、かなり質の高い戦闘部隊であった。第一次世界大戦前の一〇年間における英軍の強さはヨーロッパ中で第三位であり、ロシア軍は第四位だったはずである。ちなみに一九〇五年以前は、英露の順位は逆だった。

一八九〇年から一九〇五年までの間、ドイツはヨーロッパで最強の国家だったが、一九〇三年にはまだ潜在覇権国になっていなかったため、仏露がドイツに対してバランシングを行っていたにもかかわらず、イギリスだけがバック・パッシングを続けたのは、ある意味で当然のことだ。一九〇五年になるとドイツ帝国は潜在覇権国になっており、ロシアが日露戦争で敗北した後はヨーロッパのバランス・オブ・パワーにとってドイツは深刻な脅威となり始めたため、イギリスはバック・パッシングをやめ、仏露と一緒にドイツに対してバランシングをすることにした。この戦略は、結果的に一九一八年一一月にドイツが第一次世界大戦で敗北するまで続けられた。

ここで重要なのは、ドイツ帝国に対するバランシングが行われる際に、地理的な障壁は問題にならなかったということだ。仏露はドイツと国境を接しており、両国にとってドイツの領土を攻撃したり脅威を与えたりすることは比較的簡単であった。もちろん距離の近さは同時にドイツが仏露を侵攻することも容易にしており、またドイツに対するバランシング同盟を生む明らかな動機ともなっていた。イギリスは海峡によってドイツと離れて位置していたため、仏露に比べるとバック・パッシングの方がはるかに実用的な戦略であった。ところがバック・パッシングを止めて大陸への関与を決心をすると、イギリスはさっそくフランスへ陸軍を派遣し、ドイツに対してプレッシャーを与える準備を始め、一九一四年にはそれが実行されることになった。

ナチス・ドイツ（一九三三〜四一年）

歴史的背景

第一次世界大戦の終わり（一九一八年）からヒトラーがドイツの首相になった一九三三年一月三〇日まで、フランスはヨーロッパ最強の国家だった。フランスは強力な軍隊を保持し、国境の東側にあるドイツの攻撃から身を守ろうと全力を傾けていた（表８‐５参照）。この期間のドイツは、フランスを一度も威嚇していない。ワイマール時代のドイツは自国の防衛もままならず、フランスを攻撃することなど考えられない状態だった。ドイツはヨーロッパで最強の軍隊に必要な人口と富を持っていたが、「ヴェルサイユ条約」（一九一九年）の規制によって戦略的に重要なラインラントは取り上げられて国際的な統治下にあり、強力な軍隊を作ることも禁じられていた。

ソ連も第一次世界大戦後の一五年間は非常に弱い大国であり、一九三三年以前にドイツとソ連がよく協力し合ったのは、まさにソ連の弱さに原因があると言える。*88 ソ連のリーダーたちは第一次世界大戦による破壊、革命、内戦、そしてポーランドとの戦争における敗戦など、一九二〇年代にはさまざまな問題に直面しなければならなかった。彼らが抱えていた最も重大な問題は、後退的な国内経済の状態にあ

表8-5　ヨーロッパ各国の兵数の移り変わり（1920～30年）

	1920	1925	1930
イギリス	485,000	216,121	208,573
フランス	660,000	684,039	522,643
ドイツ	100,000	99,086	99,191
イタリア	250,000	326,000	251,470
ソ連	3,050,000	260,000	562,000

った。なぜならこれによって最高水準の軍事組織を支えることができなくなってしまうからだ。スターリンはこの問題を解消するため、一九二八年に大規模な軍の近代化を始めた。この激しい工業化政策の効果が現れ始めたのは、ナチスがドイツの政権を握った頃であった。イギリスは一九二〇年代を通じて、ヨーロッパ大陸よりもむしろ大英帝国内での戦闘しか想定していない小規模な軍隊しか持っていなかった。また一九二二年からベニート・ムッソリーニの支配下にあったイタリアは、ヨーロッパで最も弱い大国であった。

ヨーロッパのリーダーたちはヒトラーが政権につくと、ドイツがヴェルサイユ条約の制約から自らを解き放ち、バランス・オブ・パワーを自国に有利な状態に持って行こうとしていることをただちに理解した。ところがヒトラーがどの方向にどのくらいのスピードで動き、ナチス・ドイツがどこまで積極的になろうとしているかは、ヒトラーが政権を握った最初の五年間では見通しが立たなかった。状況が見えてきたのは、一九三八年にヒトラーがオーストリアを第三帝国に組み込んでからであり、ナチスは次に、チェコ・スロヴァキアからのズデーテン地方の割譲を英仏に認めさせている。一九三九年に事態はさらに明白となった。一九三九年三月にドイツ国防軍はチェコ・スロヴァキア全土を征服し、これはナチス・ドイツがドイツ民族によって占められていない土地を手に入れた、初めてのケースとなった。六カ月後の九月に、ナチスはポーランドを攻撃して第二次世界大戦を開始している。それから一年もたたない一九四〇年五月にヒトラーはフランスに侵攻し、約一年後の一九四一年六月に、今度はドイツ国防軍をソ連へ向かわせた。

一九一四年以前にワイマール時代のドイツを封じ込めた三大国——英仏露——は、一九三三年から一九四一年の間に再びナチス・ドイツの主要な敵となっている。今回の政治ドラマにおける出演者の性格はほとんど変わっていないが、ヒトラーの相手国は、第三帝国の攻撃的な態度に直面してもバランシング同盟を結成せず、以前のように互いにバック・パッシングをし合っている。

大国の戦略的な行動

ヒトラーは政権を握ってしばらくの間、対外政策において攻撃的な行動をとれる状況にはなかった。まず国内で政治的な基盤を固めなければならなかったし、経済も復活させなければならなかった。前政権から受け継いだドイツ軍は、大規模な戦争を戦えるような状態ではなかった。一九一四年の第一次大戦開始時点で動員されたドイツ軍は、二一五万人の兵士と一〇二個の師団で構成されていたが[89]、一九三三年には一〇万人を少し越える兵士と七個歩兵師団だけになってしまっていた。ヒトラーとその参謀たちは、ヴェルサイユ条約を破棄《はき》して強力な軍事組織を作ろうと決心した。

ドイツ軍を発展させるため、三つの大規模な計画が立てられた[90]。一九三三年一二月にヒトラーは平時のドイツ軍を三倍に増強することを指示し、これで兵力は三〇万人の兵と二一個の歩兵師団になった。新たな予備役部隊も編成され、総動員されれば六三個の歩兵師団ができるはずであった。一九三五年三月には新しい法律が制定され、平時兵力は七〇万の兵と三六個の歩兵師団になった。同時に徴兵制も導入されているが、これは一九三五年一〇月一日までは施行されなかった。同じ月に、ヒトラーは三六個の歩兵師団に加えて三つの機甲師団を創設することを決定した。計画された地上軍のサイズは実際のところはほぼ変わらず、六三から七三個の歩兵師団だった[91]。さらに一九三六年八月の再武装計画は、一九四〇年一〇月までに平時の陸軍を八三万人の兵と約四四個の歩兵師団に増やすことを目標とした。これによって総動員される軍隊は、四六二万人の兵士と一〇二個の歩兵師団によって構成されることになった。一九三九年九月一日に第二次世界大戦が始まった時、ドイツには三七四万人の兵士と一〇二個の歩兵師団があった。

ヒトラーはまた、一九三〇年代を通じて強力な海軍と空軍の組織化を進めている。[*92] 海軍の発展は無計画でパッとしなかったが、ドイツ空軍（ルフトバーフェ Luftwaffe）は別格だった。ドイツはヒトラーが政権を握った一九三三年には、「ヴェルサイユ条約」で空軍を持つことを禁じられていたため、即戦力になる飛行編隊は一つもなかった。しかし一九三九年八月になると、ドイツ空軍は三〇二個の飛行編隊を持つに至っている。ヴィルヘルム・デイスト（Wilhelm Deist）が記しているように、「一九三三年から戦争勃発までの六年間におけるドイツ空軍の目覚しい発展は、国際的な賞賛を集めると同時に、当時の世界の人々の間に不気味な予兆《よちょう》を感じさせた」のだ。[*93]

ドイツが強力な陸軍を手に入れるまで、ヒトラーには脅威や実力行使でヨーロッパの地図を書き換える準備が整わなかった。一九三八年以前のナチスの対外政策が比較的おとなしかったのはそのためである。ヒトラーは一九三三年一〇月にジュネーヴ軍縮会議と国際連盟の両方を脱退しているが、一九三四年一月にはポーランドと一〇年間にわたる不可侵条約を締結し、一九三五年一月にはイギリスと英独海軍協定を結んでいる。ドイツ国防軍はヴェルサイユ条約によって半永久的に非武装化を要求されていたにもかかわらず、一九三六年三月にドイツの土地として広く認められていたラインラントを占領し、再武装化した。[*94] 一九三八年のドイツはあからさまな侵略行為を行っていないが、ヒトラーは二度ほど脅《おど》しを使って新しい領土を手に入れた。ドイツ語を使うオーストリアを一九三八年三月に第三帝国に強制的に組み込み（悪名高い独墺併合である）、その後も九月のミュンヘン会談でイギリスとフランスを怒鳴りつけて脅し、ドイツ語を使うチェコ・スロヴァキアのズデーテン地方をドイツへ割譲させることに成功した。一九三九年になるとヒトラーはついに強力な軍事組織を完成させ、この年からあからさまな侵略行為を始めた。

イギリス、フランス、ソ連の三カ国はナチス・ドイツを恐れ、効果的な封じ込め戦略を生み出そうと必死になっていた。彼らの間には（おそらくソ連を除けば）三国協商の時のように、ドイツを二正面戦争の脅威をちらつかせることによって抑止するバランシング同盟を結成しようという動機がほとんどなく、その代わりにバック・パッシングが行われている。一九三三年から一九三九年三月まで、ヒトラーのライバル大国の間には同盟関係が存在しておらず、イギリスはフランスに対してバック・パッシングをし、フランスはヒトラーの関心を、小国のちらばっている東欧や、できればソ連の方へ追いやろうとしていた。ソ連も英仏に対してバック・パッシングをしていた。イギリスがフランスと組んでドイツ第三帝国に対抗するために参戦したのは一九三九年三月になってからだが、ソ連は公式にはこの同盟に参加していない。ドイツがフランスを敗北させた直後の一九四〇年六月に、イギリスはソ連と同盟を結成しようとして失敗している。ソ連はバック・パッシングをまだ続けたかったからだ。

ヒトラーのライバル国は、反ドイツのバランシング同盟を作ることにあまり関心を寄せず、フランスとソ連の両国とも、一九三〇年代のほとんどの期間をドイツ国防軍に対抗できる陸軍を維持しようと努めていたが、その理由はバック・パッシングを効果的に行うことにあった。それぞれがある程度の軍事力を維持していれば、ヒトラーが攻撃してくる可能性も低くなるからである。また、強力な軍隊を維持することは、以下のような状況が起こった時の保険的な意味合いも持っていた。①思いがけず自国がバック・キャッチャー（責任転嫁を受ける側）になってしまい、ナチスの戦闘部隊と一国だけで立ち向かうことになった場合、②バック・パッシングはうまくいったが、肝心のバック・キャッチャーがドイツ国防軍を封じ込めるのに失敗してしまった場合である。

ヒトラーに対処するためイギリスが最初にとった戦略は、一九三〇年代におそらくヨーロッパ最強の軍事力を持っていたフランスに対してバック・パッシングをするというものであった。[*95] イギリスのリーダーたちは、フランスがソ連からの協力をほとんど得られないことを知っていたし、それでもかまわないと考えていたが、その代わりフランスが東欧の小国（チェコ・スロヴァキア、ポーランド、ルーマニア、ユーゴスラヴィア）と同盟を組み、ヒトラーを封じ込めてくれるはずだと思っていた。当時のイギリスは、ヨーロッパでバック・パッシングをしたいという動機を強く持っていた。アジアでは日本、地中海ではイタリアの脅威に直面し、しかも自国経済は下降気味で、三つの地域（ヨーロッパ、アジア、地中海）でこれ以上本格的な軍事的プレゼンスを保つことができなくなっていたからだ。

危機的な状況に直面したイギリスは、一九三四年に国防費を急激に増加し、一九三八年にはその額が以前の三倍以上になっている。[*96] ところがイギリスは一九三七年一二月一二日に、フランスとのヨーロッパ大陸での共同作戦に使う陸軍を作る計画を破棄している。実際にイギリス内閣は陸軍への予算を削減しているが、この動きはイギリスがとり始めたフランスへのバック・パッシング戦略の方針に沿ったものだ。その代わりにイギリスはドイツ空軍のイギリス本土爆撃を阻止するため、空軍への国防費を増加させている。

一九三八年末頃になると、フランスはナチス・ドイツを封じ込めるためにイギリスの助けがどうしても必要になってきた。ドイツ国防軍が圧倒的な軍事組織になりつつあったということ以外に、独墺併合とミュンヘン会談によって、弱体化していたフランスと東欧の同盟関係はトドメをさされてしまったからだ。イギリスはヒトラーがチェコ・スロヴァキアを侵攻した直後の一九三九年三月になってからようやくバック・パッシングをやめ、フランスとバランシング同盟を結成した。[*97] 同時に、イギリスはフランスでの対独戦争に備えて大規模な陸軍を組織し始めている。イギリスはソ連との同盟結成にそれなりの関心を示してはいたが、結局のところ三国協商の復活はあり得ないことを理解していた。[*98]

英仏は一九三九年九月三日、ドイツ国防軍がポーランドへ侵攻した二日後に、ドイツに対して宣戦布告をした。ところが英仏はヒトラーが西へ進軍してきてフランスを攻撃し始めた一九四〇年春まで、ドイツ軍とは一戦も交えていない。一九四〇年夏になると、ナチス・ドイツの前に立ちはだかっているのはボロボロになったイギリスただ一国であった。イギリスのリーダーたちはヒトラーに対抗するためソ連と同盟を結成しようとしたが、失敗している。失敗の理由は、スターリンがバック・パッシングを続けていたことにある。スターリンは英独を長期的な戦争に突入させ、その間にソ連は脇に退《しりぞ》いて戦闘に巻き込まれないようにしておこうと考えていた。[*99] イギリスとソ連は、ドイツ国防軍がソ連を攻撃した一九四一年六月になって、ようやく同盟を結成した。

フランスもまたバック・パッシングに没頭していた。[*100] ヒトラーが政権を握るはるか以前の一九二〇年代に、フランスは東欧のいくつかの小国と、将来のドイツの脅威を封じ込める目的で同盟を形成していた。これらの同盟関係は一九三三年以降も続いているため、見方によってはフランスはバック・パッシングをしていたのではなく、ナチスに対してバランシング同盟を作っていた、とも考えられる。ところがその実体を見ると、これらの同盟関係は一九三〇年代半ばにはほぼ消滅寸前の状態であり、一九三八年のミュンヘン会談でフランスがチェコ・スロヴァキアを見捨てたことからもわかる通り、フランスにはそもそも同盟国を助けようとする意志がなかったのだ。[*101] 実際、フランスはヒトラーを東側に侵攻させたがっており、ドイツ国防軍が東欧、さらにはソ連との戦争にはまり込んでくれることを願っていた。アーノルド・ウォルファーズ（Arnold Wolfers）が論じているように、「フランスの軍事政策は、ビスワ川やドナウ川まで広範囲にわたって関与しているにもかかわらず、他国に支持を与えるよりも自国が支持を受けることや、小国を保護することよりも自国の領土を守ることが先決であることを証明しがち」なのである。[*102]

フランスのリーダーたちはヒトラーの矛先《ほこさき》を東側に向けさせるため、一九三〇年代のほとんどの期間を通じて第三帝国と良い外交関係を築こうとした。この政策はミュンヘン会談の後まで続き、[*103] ソ連との同盟は真剣に考えていなかった。同盟結成の妨《さまた》げになったのは地理である（図8‐3参照）。ソ連はドイツと国境を接しておらず、ドイツ国防軍がもしフランスを攻撃すれば、ソ連赤軍はポーランドを通ってドイツを攻撃しなければならないことになる。当然、ポーランドはこのアイディアに全面的に反対している。[*104] もっと大きな視点から眺めると、仏露同盟が結成されれば、ドイツよりもむしろソ連を恐れがちな東欧の小国をフランスから引き離すことになり、彼らがヒトラーと組む原因にもなりかねなかった。仏露同盟は、フランスのバック・パッシング戦略にとっては逆効果であった可能性が高い。

またフランスは、「仏露同盟を結成すれば、ナチス・ドイツに対抗する際にイギリスが協力してくれるチャンスをつぶしかねない」と考え、ソ連に近づくのをためらっていた。イギリスのほとんどのリーダーたちは共産主義を見下したり恐れていたりしたためソ連に対して敵意を抱いていたが、それ以上に重要なのは、もしフランスにソ連という頼りがいのある同盟国があればイギリスは必要なくなり、これによってイギリスもフランスに対してバック・パッシングを続けることができるという点だった。[*105] フランスがスターリンと同盟を組まなかった理由はもう一つある。フランスはヒトラーが最初にソ連を攻撃するよう仕向けており、もしそれが現実に起こったとしても、パリ政府はモスクワを助けに行くつもりは初めからなかった。簡潔に言えば、フランスは東ヨーロッパの小国に対して行ったと同じように、ソ連にもバック・パッシングをしていたのである。

フランスのソ連に対するバック・パッシングは、「スターリンがフランスに対してバック・パッシングをしようとしている」という噂《うわさ》が流れていたことから、逆にフランス政府にとっては正当化できるものだった。フランスのリーダーたちは、この噂が起こっていること自体が、そもそもソ連が同盟国のパートナーとしてふさわしくない証拠であるとした。[*106] ソ連の政策担当者も、フランス側がスターリンのバック・パッシングへの誘惑を助長するような動きをしていることを熟知しており、これが逆に「ソ連が自分たちに対してバック・パッシングをしようとしている」というフランスの政策担当者の疑いを証明することもなった。[107] これらすべての要因によって、一九三〇年代のフランスは、ソ連と同盟してヒトラーに対抗することに意欲的にはなれなかったのだ。

イギリスのバック・パッシングにもかかわらず、一九三〇年代を通じてフランスのリーダーたちは、イギリスにフランスの防衛をさせようと懸命な努力を続けた。[108] 彼らは自国のバック・パッシングが成功するかも知れないという期待感から、英仏同盟に対して大きな希望を抱いていた。もし英仏の軍事力が協力することになれば、ドイツが西側に向かって攻めてくる可能性が低くなり、ドイツ国防軍が東側を最初に攻撃する可能性が高くなる。もし万が一バック・パッシングが失敗したとしても、イギリスとともに戦えるのであれば、たった一国でドイツ国防軍に立ち向かうよりはるかに良い。また、フランスはバック・パッシングが失敗した時の保険として、多くの国家資源を使って独自に武装化していた。ヒトラーが一九三三年に政権を握った時のフランスは、ドイツよりもおそらくかなりの多くの軍事力を持っていたため、ヒトラーの政権が始まって最初の二年間は国防費を増やす努力をほとんどしていない。ところが一九三五年からはドイツ国防軍の攻撃を阻止する目的で、国防費の予算額を毎年急激に増加させている。フランスの一九三五年の国防費は七五〇〇万フランだったが、一九三七年には一一二〇万フラン、一九三九年には四四一〇万フランになった。[109]

一九三四年から一九三八年にかけてのソ連の対ナチス・ドイツ政策については、学者たちの間でもさまざまな意見があり、一致した見解はない。ところが一九三九年から一九四一年のスターリンの戦略はかなり明確であり、議論の余地はほとんどない。

一九三〇年代のソ連の対外政策に関しては、三つの学派が別々の見解を主張している。最初の学派は「ヒトラーではなく、スターリンこそがヨーロッパの政治を動かしており、ベイト・アンド・ブリード（誘導出血：bait-and-bleed）戦略を行っていた」という主張である。具体的に言えば、スターリンはドイツの政治に介入してヒトラーを首相にする手助けをしており、「ナチスは英仏と勝手に戦争を始めてくれるため、ソ連にとっては有利に働く」と考えていたと言うのだ。[*110] 二つ目の学派は「スターリンは英仏とバランシング同盟を結成してドイツに対抗しようとしたが、このような集団安全保障体制（collective security）は、西側の大国がスターリンとの協力を拒否したために実現しなかった」という主張だ。[*111] 最後の学派は「スターリンはバック・パッシング戦略をとっており、[*112] その狙いはヒトラーと良好な関係を保っている間にドイツと英仏間の関係を妨害することにあった。これによってヒトラーが最初に英仏側を攻撃するように仕向けていた」という主張である。このようなアプローチは、西側の大国の間でバック・パッシングをしようとする傾向を強め、ヒトラーとスターリンが協力してポーランドのような東欧の小国を蹂躙《じゅうりん》するチャンスを創出することにもつながった、と言うのだ。

確かに当時のスターリンは鋭《するど》い戦略家ではあったが、ベイト・アンド・ブリード（誘導出血）戦略を行っていたと証明できる充分な証拠はない。ところが一九三四年から一九三八年の間に、彼が集団安全保障体制とバック・パッシングの両方を狙っていた証拠はかなりある。[*113] 当時のヨーロッパではヒトラーの登場によって国際政治の状況が急激に変化して混沌としていたことから、この二つが同時に行われていたとしても不思議はない。歴史家のアダム・ウラム（Adam Ulam）は、「恐ろしい危険に直面したため、ソ連はすべての戦略的選択をオープンにしておく必要があり、そのうちのどれかが、実際の戦争への突入を延期させるか妨ぐことになればよいと願っていた」と的確に述べている。[*114]

しかし一九三〇年代中頃についての入手可能なすべての情報を考慮してみると、スターリンがナチス・ドイツに対処する時に最も好んだ戦略は、バック・パッシングであったことがわかる。バック・パッシングは魅力的な戦略であり、イギリス、フランス、ソ連のすべての国が使っていたのも当然だ。[*115] もしこの戦略が計画通り実行できれば、バック・パッサーは侵略者と戦う重責から逃れることができ、パワーポジションを「相対的に」上げることもできる。スターリンのバック・パッシング戦略は最終的には一九四〇年六月にフランスが陥落《かんらく》した時に破綻したが、スターリンは自分が失敗するとは思っていなかったはずだ。当時は誰もが英仏ならドイツ国防軍を抑えることができるだろうと考えていたからである。それにソ連は一九三〇年代を通じてアジアで日本という深刻な脅威に直面していたため、ヨーロッパでバック・パッシングを行うのは魅力的な選択肢だった。[*116]

　また、スターリンは一九三〇年代中頃の情勢により、三国協商の復活は困難であることをよく理解していた。フランス軍にはドイツに対して攻撃作戦を行える力はなく、特にヒトラーが一九三六年三月にラインラントを取り返した後はこれがさらに難しくなっていた。つまり、ヒトラーが最初にソ連を攻撃してきた場合に、フランスの軍事力を頼むわけにはいかなかった。他にもスターリンは英仏がソ連に対してバック・パッシングをしていた証拠をたくさん握っており、このような信頼できない国々と同盟を組むことはできないと感じていた。この問題はモスクワと西側諸国との間に元々あったイデオロギー的な面での根深い敵対関係のおかげで、さらに悪化した。[*117]また、東欧の地理的な状況は、いわゆる「集団安全保障体制」を選択するには障害が多すぎた。

　このため、ソ連もドイツの攻撃から身を守るために国家資源をつぎ込み、バック・パッシングを成功させようとした。スターリンが一九二八年にソ連経済を総動員し始めた理由の一つは、将来ヨーロッパで起こる戦争に備えてのことだった。ソ連赤軍は一九三〇年代を通じてその規模をかなり拡大させており、一九三三年と一九三八年の間で三倍にもなっている（表８‐６を参照）。武器の量や質も格段に上昇している。ソ連は一九三〇年に九五二門の大砲の部品を製造しているが、一九三三年には四三六八門、一九三六年には四三二四門、一九四〇年には一万五三〇〇門に増えている。[*118]また一九三〇年には一七〇台の戦車が作られていたが、一九三三年には三五〇九台、一九三六年には四八〇〇台になっている。一九四〇年には一時的に二七九四台に減ったが、これは一九三七年からソ連が組み立てやすく大量生産しやすい軽量級の戦車に代えて、中量級から重量級の戦車を作り始めたからだ。戦闘部隊の質は高く、一九三〇年代を通じて着実に向上していた。一九三六年までにはソ連赤軍は、世界で最も進んだ機甲部隊

図８－３　1935 年のヨーロッパ

の能力と運用思想を備えていたのである。[*119]ところが一九三七年の夏になるとスターリンの粛清《しゅくせい》は軍内部にも及び、第二次世界大戦の初期に至るまでソ連軍の戦闘能力に深刻な影響を及ぼした。[*120]

一九三九年から一九四一年のスターリンの政策については、学者の間ではほぼ見解が一致している。この時期のスターリンはバック・パッシングを使いつつ、ヒトラーと組んで東欧の小国を搾取するチャンスを明らかに狙っていた。この政策は一九三九年八月二三日に悪名高い「独ソ不可侵条約」(Molotov-Ribbentrop Pact) として公式化され、これによって東欧のほとんどをドイツとソ連が分割し、ソ連が傍観している間にヒトラーが英仏と戦争を行うことがほぼ確実になった。スターリンには、フランスが敗退した一九四〇年の夏以後に、「バック・パッシングをやめてヒトラーと対抗するためにイギリスと組む」という選択肢も残されていた。ところが英仏へのバック・パッシングは相変わらず続けられ、スターリンはイギリスとナチス・ドイツが長期消耗戦に突入するよう仕向けた。このアプローチは一九四一年六月二二日にドイツ国防軍がソ連に侵攻し始めた瞬間に破綻した。イギリスとソ連は第三帝国に対抗するため、この時期になってようやく同盟関係を結んだのだ。

パワーの計算

一九三〇年代にヒトラーの敵国の間で行われたバック・パッシングの行動のほとんどは、ヨーロッパの大国間のパワーの分布と地理の状況によって説明することができる。ドイツは一九三〇年から一九四四年の間、ヨーロッパのどの国よりも軍事的潜在力をコントロールしていた(表3-3参照)。一九三〇年のワイマール時代のドイツはヨーロッパの富の三三%を保持し、イギリスは二七%である。フランスとソ連は二二%と一四%であった。一九四〇年までにドイツの工業力は三六%まで上がったが、最も近いライバルは二八%のソ連で、イギリスは二四%で第三位に落ちていた。

第一次世界大戦前の一九一三年には、ドイツはヨーロッパの富の四〇%をコントロールし、イギリスは第二位の二八%、フランスとロシアは一二%と一一%だった。軍事的潜在力だけで比べてみると、ドイツは一九三〇年代と二〇世紀初めに潜在覇権国になれる絶好の立場にあったことは確実である。また一九三〇年代を通じてソ連がヨーロッパの工業力に占める割合を大幅に上げているが、これはソ連が一九一四年や一九三〇年の頃より一九三〇年代末頃に最も強力な軍隊を作り上げる手段を持っていたことを意味している。[*121]

ドイツは潜在力を多く持つにもかかわらず、一九三九年までは潜在覇権国ではなかった。その年まではヨーロッパ最強の軍隊を持てなかったからである。ヒトラーはワイマール時代の弱体化した軍隊を受け継いでおり、これを他のヨーロッパの大国に攻め込める能力を持ち、統制があり、装備の整った戦闘部隊にするには、まだ時間が必要だった。決定的に重要な役割を果たした一九三六年八月の「再軍備計画」は、一九四〇年一〇月までに実現するとは思われていなかった。この計画のほとんどは一年早く実現（一九三九年の夏）したが、これにはドイツの再武装化が目覚ましいペースで進められたことや、オーストリアとチェコ・スロヴァキアを獲得して手に入れた富が大きな貢献をしている。[*122]ところが急激な再武装化を行ったために多くの組織的な問題が浮上し、ドイツ国防軍は一九三九年になるまで他の大国と戦争をする準備が整わなかった。[*123]一九三八年の「ミュンヘン危機」の間にドイツ軍部のリーダーたちがヒトラーと意見を対立させていた主な理由は、ドイツ軍が準備不足だったことにある。彼らはヒトラーが準備不足のまま勝手に戦争を始めてしまうことを恐れていたのだ。[*124]

一九三三年から一九三九年にかけ、ドイツ国防軍は成長に伴《ともな》う「痛み」を経験している真っ最中であり、フランスとソ連もドイツの軍事強化に対抗して軍隊の規模を拡大していた。一九三七年まではソ連赤軍とフランス軍は、両軍ともドイツ軍より強力であった。ところが彼らの優位は次の二年間で揺らぐことになり、一九三九年の半ば頃にはドイツ軍がヨーロッパ最強の軍隊になっていた。このような理由から、多くの学者たちは「ヒトラーのライバル国がドイツ国防軍と戦うなら、一九三九年よりも一九三

表8-6　ヨーロッパの兵数の移り変わり（1933～38年）

	1933	1934	1935	1936	1937	1938
イギリス	195,256	195,845	196,137	192,325	190,830	212,300
フランス	558,067	550,678	642,875	642,785	692,860	698,101
ドイツ	102,500	240,000	480,000	520,000	550,000	720,000
イタリア	285,088	281,855	1,300,000	343,000	370,000	373,000
ソ連	534,657	940,000	1,300,000	1,300,000	1,433,000	1,513,000

表8-7　動員後のフランスとドイツの兵数の移り変わり
（1938～40年：師団数）

	1938	1939	1940
フランス	100	102	104
ドイツ	71	103	141

八年に始めた方が良かった」と考えている。[*125]

表8-6からも明らかなように、フランス軍は少なくとも一九三七年まではドイツ軍より強力で、また質的にも優位に立っていた。しかしこれはフランス軍の戦闘能力が高かったからではなく（実際はその逆だった）、ドイツ国防軍の急激すぎる拡大がその戦闘能力の質を著《いちじる》しく制限していたからである。一九三八年になるとドイツは平時における軍隊の規模でフランスを越えているが、表8-7からも明らかなように、戦時になればフランスはドイツより多くの数の兵力——フランスが一〇〇個、ドイツが七一個の歩兵師団——を動員できた。一九三九年になるとドイツはフランスの優位をくつがえし、戦時でもフランスとほぼ同数の師団を動員できるようになった。ドイツ軍は質的な面でもフランス軍に勝っており、それを補助する優秀な空軍も持っていた。[*126]ドイツはフランスよりも経済的に豊かで人口も多かったので、一九四〇年には二

国間の軍事力の差が広がってきたのも当然である。

一九三三年から一九三七年にかけて、ソ連赤軍は質・量の両面でドイツ軍よりも優位に立っていた。デビッド・グランツ（David Grantz）は「もしドイツとソ連が一九三〇年代半ばに戦っていたら、ソ連赤軍の方がかなり有利だったであろう」と記しているが、これは正しい。[*127] ところが一九三〇年代後半にはこの状況が変化した。ドイツ軍が強力になりつつあったことだけでなく、スターリンが粛清を行ったことも影響したからだ（表8-8参照）。

ドイツが一九三九年以前には潜在覇権国ではなく、フランス軍とソ連赤軍が一九三八年の段階でそれぞれドイツ軍と戦争が可能だったとしたら、ヒトラーのライバル国にとって一九三九年以前に三国協商のようなバランシング同盟を結成せず、互いにバック・パッシングをし合うというのは妥当な選択だった。また、ヒトラーに対抗するために、英仏が一九三九年三月に同盟を結成したのも納得できる。ドイツ軍がフランス軍よりも優位に立つのは時間の問題だったし、フランス軍にはドイツ国防軍を撃退するために誰かの助けが必要になることは明らかだったからだ。

英仏は結局、ソ連と三国協商を再結成しなかったが、これは英仏が一九三九年のソ連の状態を、第一次世界大戦前のロシアのように、国家の存続《サヴァイバル》そのものが危ぶまれるほど危機的な状況にあるとは考えていなかったからだ。一九一四年以前の英仏には、ロシアと同盟するしか選択肢が残されていなかった。帝政ロシアはドイツの攻撃に対して単独で立ち向かう能力をほとんど持っていなかったからである。ところがソ連は帝政ロシア時代の頃より工業力と軍事力の面ではるかに勝っていたため、英仏はソ連をドイツから守ろうという気にはならなかった。スターリンの方も、英仏がドイツと同じくらい強力であることを知っていたので、彼らにバック・パッシングできると考えていた。[*128] さらに一九三三年から一九三九年九月までドイツとソ連が国境を接していなかった事実も、第三帝国に対する統一戦線を作る際の妨げになった。この状況から考えれば、ソ連よりもナチス・ドイツと国境を接するフランスの方が、バック・パッシングを引き受けるはめになる公算が大きかったのである。

イギリスは一九四〇年六月以降にナチス・ドイツとの戦争に突入しており、戦争に勝つためならソ連と同盟を組んでもかまわないと考えていた。興味深いのは、ソ連がイギリスからの同盟結成の申し出を断って、さらにイギリスに対してバック・パッシングを続けた事実である。そもそもドイツ軍はダンケルク撤退以後の英軍よりはるかに強力であり、イギリスを簡単に打ち破った後に矛先がソ連に向けられることもあり得たのだ。ところがイギリスは海の制止力のおかげで救われており、一方のスターリンもイギリスにバック・パッシングをしておけば充分だと思っていた。イギリス海峡はドイツ国防軍のイギリス侵略をほぼ不可能にしており、これはイギリスがドイツと空や海、それに北アフリカやバルカン半島などの周辺地帯で、長期の持久戦を行う可能性が高いことを意味していた。一九四〇年から一九四五年の間に起こった戦闘は、まさにこのような場所で行われた。スターリンはイギリスと同盟を組む選択肢を魅力的なものとは考えていない。イギリスと同盟を組んでしまうと、ソ連が第三帝国との戦争に巻き込まれることになり、ソ連赤軍がドイツ国防軍との戦闘をほぼ一手に引き受けなければならないことが目に見えていたからだ。そもそもイギリスは、ヨーロッパ大陸に大規模な軍隊を派遣できる状態ではなかった。このような事情をわかっていたにもかかわらず、スターリンは重大な過《あやま》ちを犯していた。ヒトラーはイギリスを決定的に敗北させて西側の情勢を固めるまで、ソ連に攻め入ってこないものと思い込んでしまったからだ。[*129]

第二次世界大戦以前のドイツのライバルたちの対照的な行動について、最後に一言述べて結論としたい。イギリス、フランス、ソ連は、第三帝国に対してはバック・パッシングをする傾向があったが、第一次世界大戦開始までの七年間は、ドイツ帝国に対してバランシング同盟を結成している。この行動の違いは、三つの大きなポイントによって説明できる。まず、一九三九年までナチス・ドイツは圧倒的な軍事的脅威ではなかったのに対し、ドイツ帝国の方は少なくとも一八七〇年から第一次世界大戦の終わ

1941		1939-45
戦闘参加可能数	従軍総数	従軍動員合計数
—	2,292,000	5,896,000
—	—	—
3,050,000	5,200,000	17,900,000
—	—	9,100,000
2,900,000	5,000,000	22,400,000

りまで、ヨーロッパ最強の軍隊であったという点である。ヒトラーのドイツは一九三九年まで潜在覇権国ではなかったが、ヴィルヘルム皇帝時代のドイツは、一九〇三年にはその立場を達成している。二つ目は、一九三〇年代のソ連は、第一次大戦以前の帝政ロシアよりもはるかに多くの軍事的潜在力と軍事力を持っていたという点だ。従って、英仏はソ連という国家の存続《サヴァイバル》を心配しなくて済んだのである。

三つ目は、ドイツとロシアは一九一四年以前には国境を接して隣り合っていたのに対し、一九三九年以前は国境を接していなかったという点だ。この地理的な距離の遠さが、バック・パッシングを助長することになったのである。

冷戦（一九四五～九〇年）

歴史的背景

一九四五年四月にドイツ第三帝国が崩壊すると、ソ連はヨーロッパにおける最強の国家となった。大日本帝国も四カ月後に壊滅し、ソ連は北東アジアにおいても最強の国家になった。強力なソ連赤軍が侵略して覇権を確立するのを阻止できる大国は、ヨーロッパにも北東アジアにも残っていなかった。ソ連の拡大を封じ込めることができる国は、世界でアメリカただ一国だけだった。

ところがアメリカがソ連に対抗してバランシングを行わない可能性もあり得た。アメリカは「ヨーロッパの大国」でも

表8-8　ヨーロッパ各国の兵数の移り変わり（1939～41年）

	1939		1940	
	常備軍	総動員数	戦闘参加可能数	従軍総数
イギリス	237,736	897,000	402,000	1,888,000
フランス	900,000	4,895,000	2,224,000	5,000,000
ドイツ	730,000	3,740,000	2,761,000	4,370,000
イタリア	581,000	—	—	1,600,000
ソ連	1,520,000	—	—	3,602,000

「アジアの大国」でもなかったし、この両地域の同盟関係から逃れようとしてきた長い歴史を持っていたからだ。フランクリン・ルーズベルトは一九四五年二月のヤルタ会談でスターリンに対し、「第二次世界大戦が終わったらヨーロッパにいる米軍は二年以内にすべて撤退させるつもりだ」と語っている。[*130] さらに米ソは一九四一年から一九四五年まで「反ナチス・ドイツ同盟」を組んで戦っていたので、アメリカの政策担当者たちにとっては政策をいきなり一八〇度方向転換して「ソ連は友好国ではなく恐ろしい敵だ」と国民に向かって宣伝し始めるのは困難だった。また、スターリンとハリー・トルーマンには、負けた枢軸国、特にドイツの処理を協力して行わなければならない事情もあった。

ところがこのような事情にもかかわらず、アメリカは戦後すぐにソ連の拡大を阻止するべく動き出し、四五年ほど後にソ連の脅威が完全消滅するまで、圧倒的な封じ込め政策を続けたのである。マーク・トラクテンバーグ（Marc Trachtenberg）は「封じ込め政策と呼ばれるようになったこの政策は、一九四六年初頭に初めて採用されている。これはその言葉が作られる前、つまりこの政策の主な提唱者であるジョージ・ケナンが理論づけして発展させるかなり以前から採用されていた、ということでもある」と鋭く指摘している。[*131] アメリカが敏速かつ効果的に行動できたのは、ヨーロッパと北東アジアへのソ連の支配を阻止することがアメリカの国益だったからであり、一九四〇年代半ばの二極化された世界では、ソ連軍を封じ込めることができる大国が他にいなかったからだ。単純に言えば、アメリカにはバック・パッシングという選択肢は残されておらず、自分でその重責を背負わなければならなかったのである。[*132]

大国の戦略的な行動

冷戦初期にソ連が狙っていた最重要の標的《ターゲット》は、イランとトルコであった。[*133] ソ連は第二次世界大戦中にイラン北部を占領していたが、太平洋での戦争が終わってから六カ月以内に兵を撤退させることを約束していた。ところが一九四六年初めになってもイランから撤退する様子を見せなかったので、アメリカはソ連に約束を守るよう圧力をかけ始めた。ソ連の部隊は一九四六年五月にようやくイランから撤退している。

また、スターリンは地中海東岸への拡大に興味を示していた。主に標的《ターゲット》にしていたのはトルコである。一九四五年夏にスターリンはトルコの東側の領土を要求し、地中海への海上アクセスを確保するため、ダーダネルス海峡に軍事基地を建設する権利を主張した。一九四四年から一九四九年の間にはギリシャで内戦が起こり、共産主義者たちによる暴動の嵐が巻き起こった。スターリンはギリシャの共産主義者を直接的に支援してはいないが、彼らが内戦に勝ってギリシャを支配することになれば利益になることは明らかであった。[*134] アメリカは当初、ソ連の脅威からギリシャとトルコを守る仕事をイギリスに頼っていたが、一九四六年にはイギリスにその力が残っているかどうか怪しくなってきていた。一九四七年二月末、イギリスの経済にはギリシャとトルコに軍事・経済的な援助を与える余裕がないことが明らかになった時、アメリカが急遽《きゅうきょ》その穴を埋める役割を果たすことになった。

トルーマン大統領は一九四七年三月一二日の連邦議会において、有名な「トルーマン・ドクトリン」

を提示し、これ以上ないほどの明確さで「アメリカが地中海だけでなく、全世界において共産主義の脅威に立ち向かう時が来た」と主張した。同時にギリシャとトルコの援助のため、議会に四億ドルの臨時予算を捻出《ねんしゅつ》するよう要請している。アーサー・バンデンバーグ（Arthur Vandenberg）上院議員（共和党ミシガン州選出）は、その直前にトルーマンに向かって、もし臨時予算が必要ならば「議会を完全にビビらせなければダメだ」と助言している。[*135] トルーマンはこのアドバイスを実行し、議会は要請を承諾《しょうだく》した。その後、ギリシャの共産主義者たちは敗北し、ソ連はトルコの領土もダーダネルス海峡の基地も手に入れることはできなかった。最終的にギリシャとトルコは一九五二年二月にＮＡＴＯに参加している。

一九四六年から一九四七年初めの時期にかけてのアメリカの政策担当者たちは、ソ連がヨーロッパをすぐにでも支配してしまうのではないかと恐れていた。彼らの恐れていたのは、ソ連が大西洋へと拡大してくることではなく、モスクワとの強い結びつきのある強力な共産党が、フランスやイタリアなどで政権を握ることであった。これらの国々の経済はひどい状態であり、貧窮《ひんきゅう》する国民たちの不満がかなり高かったからである。アメリカは一九四七年六月初めに有名な「マーシャル・プラン」によってこの問題に取り組み始めたが、これは西ヨーロッパの「飢え、貧困、絶望、混乱」の克服を明確に計画したものであった。[*136]

同時にアメリカは、ドイツの将来についても憂慮《ゆうりょ》していた。第二次世界大戦が終わった時点では、アメリカもソ連もこの問題については明確な展望を持っていなかったようだ。[*137] 冷戦初期の頃、西側諸国ではソ連が武力でドイツを征服することなどはそもそもあり得ないと思われていた。実際、もしイギリス、フランス、アメリカが占領地域を合併させて独立した西ドイツを作らなければ、半永久的に分割されたドイツでも良いとスターリンが考えていた証拠もあるくらいだ。しかしアメリカの政策担当者たちは一九四七年頃から、共産主義を西ヨーロッパ（連合国側が占領していたドイツを含む）から排除するためには、西ヨーロッパの他の国々とも親密な関係を持ち、経済的にも豊かで強力な「西ドイツ」を作ることが必要だ、と徐々に考え始めた。この考えは一九四七年一二月の「ロンドン会議」で事実上採択され、二年以内に計画が実行に移されることになり、一九四九年九月二一日にドイツ連邦共和国（西ドイツ）が誕生した。西ドイツに基礎をおいた強力な防波堤を西ヨーロッパに作ることで、アメリカはソ連の拡大を封じ込めようとしたのである。

ソ連がアメリカのドイツの将来に対する決断を完全な脅威であると感じたのは当然である。メルヴィン・レフラー（Melvyn Leffler）は、「米英政府の決断でクレムリンを一番動揺させたのは、西ドイツの建国であった。西ドイツが自治を行うことはドイツが西側の経済圏に組み込まれることを意味し、これがロシア人を恐れさせた」と記している。[*138] これに対抗して、ソ連は一九四八年二月にチェコ・スロヴァキアで共産主義者によるクーデターを起こし、この国をソ連にとっての西側に対する防波堤にしてしまった。さらにソ連は一九四八年六月末にベルリンを封鎖して政治危機を起こし、ドイツの中で西側が占領している地域へとつながる道路と水路を閉鎖したのだ。

アメリカはソ連の行動に対し、断固とした態度で素早く対処した。チェコ・スロヴァキアのクーデターに続いて、ソ連が将来西ヨーロッパに及ぼしてくる脅威を抑止するため、アメリカは西側諸国で軍事同盟を作ることを考え始めた。[*139] 計画作りは一九四八年五月に本格的に始まり、最終的には一九四九年四月四日のＮＡＴＯ創設につながった。[*140] 西側諸国ではベルリンは戦略的には不利な場所だから撤退した方がよいという意見が多かったが、アメリカはこの包囲された町に対して大規模な空輸作戦を開始している。[*141] このままだとアメリカにやられてしまうと自覚したソ連は、一九四九年五月には封鎖を解いている。

スターリンは冷戦初期に北東アジアにも同じように影響力を拡大しようとしている。[*142] ソ連は第二次世界大戦中に一九四六年二月一日までに満州から撤兵することを公約していたが、期日になっても撤兵は行われず、アメリカはこれに抗議した。ソ連はようやく一九四六年五月初めに撤退している。またアメリカの政策担当者たちは、毛沢東の共産党が蒋介石の国民党を長期化した内戦で打ち倒し、ソ連と同盟を組むというシナリオを恐れていた。毛沢東とスターリンは微妙な関係にあったが、ソ連は中国共産党に対して適切な支援を行っていた。同様に、アメリカも国民党に適度の支援を行っている。一九四九年に蒋介石の軍隊は敗北しており、アメリカは結局、蒋介石を助ける役割をうまく果たせなかった。蒋介石の軍隊があまりにも腐敗していて無能だったからだ。アメリカ国務長官ディーン・アチソン（Dean Acheson）は、一九四九年七月三〇日付けの国務省に宛てた中国に関する有名な「ホワイト・ペーパー」（White Paper）の中で、トルーマン大統領に対し「アメリカがやったことや、持てる力を発揮してやるべきだったことも、結局はこの結末を変えることはできませんでした。アメリカがやり残したことの中にも、これからこの結果に影響を与えられるようなものは何も残っておりません。つまりこの結果は、アメリカが影響を与えようとして失敗した、中国（国民党）軍内部の作用によって生み出されたものなのです」と書いている。[*143]

一九五〇年六月二五日の北朝鮮による韓国侵攻は、その当時はスターリンによって許可され支援されて行われたものだと広く信じられていた。トルーマン政権はこの侵攻に即座に反応し、以降の三年間、北朝鮮と中国を相手に、朝鮮戦争以前の状態を回復するために戦った。この紛争によってもたらされた一つの結果が、アメリカが冷戦期を通じて韓国に大規模な駐留軍を置くということであった。さらに重要なのは、朝鮮戦争が軍事予算の大規模な増額につながり、アメリカがソ連に対して用心深くなり、封じ込めに対して熱心になったという点である。アメリカは一九五〇年から一九九〇年の間、ソ連をヨーロッパ、北東アジア、ペルシャ湾岸などの重要な地域に寄せつけないよう圧倒的な抑止体制を作り上げた。四〇年の間にソ連が拡大できた地域は――そもそも拡大して得《とく》をしたのかさえ怪しく、しかもどこに行ってもアメリカに邪魔されることになったが――第三世界だけであった。[*144]

しかし冷戦の間、アメリカのバック・パッシングへの欲望は完全に消え去ることはなかった。[*145]一九四九年の上院議会においてNATOの条約締結承認を確保するため、アチソン国務長官は「ヨーロッパに大規模な軍隊を長期間にわたって派遣するつもりはない」と強調しなければならなかったほどだ。ドワイト・アイゼンハワー（Dwight Eisenhower）大統領は、米軍をヨーロッパから撤退させて西ヨーロッパ諸国に自分たちの手でソ連の脅威から身を守らせることを、一九五〇年代全般を通じて真剣に検討している。[*146] これは冷戦初期にアメリカがヨーロッパ統合を強力に進めていた動きと一致する。さらに一九六〇年代末から一九七〇年代初めのアメリカ上院議会には、ヨーロッパ大陸への関与政策を——消滅させることは無理だったとしても——減少させようという強い意向があったのは確かだ。レーガン政権の時代でさえ、ヨーロッパ駐留米軍の規模を大幅に縮小しようという声が影響力ある方面から数多く聞かれた。[*147] ところが一九四五年から一九九〇年まで存在した二極構造の世界では、バック・パッシングはアメリカにとって現実的な選択肢とはならなかった。第二次世界大戦の終わりから冷戦の終わりまで、アメリカはソ連に対して強固なバランシング政策を実行しており、目覚ましい成果を上げている。

パワーの計算

第二次世界大戦後のパワーの分布状況を見れば明らかなように、ヨーロッパや北東アジアにおいてソ連の侵攻を食い止めることができる大国や大国の組み合わせは全く存在していなかった。アメリカにはソ連の拡大を直接抑止するしか選択肢が残されていなかったのだ。北東アジアでは日本が非武装化され破壊されており、中国はもともと軍事的潜在力があまりなかったところに加え、激しい内戦の真っ最中であった。ヨーロッパではドイツがソ連軍に決定的な敗北をして破壊されていたため、近い将来に軍隊を作ることなどできるはずがなかった。イタリアの軍隊も崩壊していてすぐに復活する兆しはなく、もし復活したとしても、近代ヨーロッパ史上で最も弱い軍隊のままだったはずだ。フランスは一九四〇年に敗北しており、米英軍に解放された一九四四年の晩夏まではドイツに占領されていた。フランスは一九四五年の春に戦争が終わった時点では小規模な軍隊を持っていたが、一九四〇年以前のような巨大な軍隊を作る力は、経済的にも政治的にも残っていなかった。[*148] イギリスは第二次世界大戦中に大規模な軍隊を作り上げ、ドイツ国防軍を倒す上で重要な役割を果たしているが、検証すると明らかなように、一九四五年以降は経済・軍事面で反ソ連のバランシング同盟をリードするだけの手段を持ち合わせていない。この重大な任務を引き受けることができるのはアメリカだけだったのである。

アメリカ、イギリス、ソ連の第二次世界大戦における軍事組織のサイズを比較してみると、なぜイギリスがソ連やアメリカと同じ立場になれなかったのかがよくわかる。一九三九年から一九四五年にかけて、イギリスは五九〇〇万人の兵を動員したが、アメリカはほぼ一四〇〇万人、ソ連は約二二四〇〇万人を動員している。[*149] 一九四五年に第二次世界大戦が終了した時、イギリスにはほぼ四七〇〇万人の常備軍がおり、アメリカには一二〇〇万人、ソ連は一二五〇万人であった。[*150] 軍隊の規模ではイギリスは第二次世界大戦中に五〇個の歩兵師団を編成していたが、アメリカは九〇個であった。ソ連は米英と比べ師団規模は小さいが、五五〇個の歩兵師団を編成している。[*151]

当然、第二次大戦後には三カ国の軍隊規模は一気に縮小された。戦後の英軍の規模は相変わらずソ連とは比べ物にならないほどに小さく、一九四八年の時点でソ連は二八七万人の常備軍、イギリスはたったの八四万七〇〇〇人であった。アメリカは一三六万人である。[*152] さらに米ソは一九四八年以降、軍の規模を拡大させていたが、イギリスは逆に縮小させていた。[*153] 一九四七年初頭のイギリスの経済はあまりにも弱体化していたため、ギリシャとトルコへの援助さえままならず、アメリカに「トルーマン・ドクトリン」を公表させることになったほどだ。イギリスは明らかにソ連軍から西ヨーロッパを守ることができる立場にはなかった。

ここでのイギリスの問題点は、ソ連の脅威を認識できなかったということや、それを封じ込めようという意志が不足していたということではない。むしろ事実はその逆であり、イギリスのリーダーたちは、アメリカのリーダーたちと同じくらい、ソ連の拡大阻止に乗り気だった。[154] ところがイギリスにはソ連と競い合うだけの物的資源が残されていなかった。一九五〇年のソ連の国民総生産（ＧＮＰ）は一二六〇億ドルで、このうち一五五億ドルを国防費に回していた。同じ年のイギリスのＧＮＰは七一〇億ドルで、国防費は二三億ドルであった。[155] さらに都合の悪いことに、イギリスは国防費を必要とする広大な植民地をまだ保持していた。イギリスのリーダーたちが、冷戦開始の当初から「西側諸国はソ連封じ込めを組織して指導するアンクル・サム（アメリカ）を必要とする」と理解していたのは、別に驚くにはあたらない。

結論

それぞれのケースを検証し終わったところで、結果をまとめてみよう。オフェンシヴ・リアリズムは、「国家がバランス・オブ・パワーに非常に敏感であり、自らのパワーを増加させるか、もしくはライバルたちを弱めるチャンスを常に狙っている」と予測する理論である。実際の例で考えれば、これは国家がある特定のパワーの分布状況によって生まれたチャンスや制約に対応した外交戦略を採用することを意味する。とくにこの理論では「二極システムの世界において脅威を感じた国は、迅速かつ効果的にバランシングを行う」と予測している。国際システムの中に二つの大国しかない時には、バック・パッシングや大国同士のバランシング同盟を実行するのは不可能だからだ。冷戦はこの説が正しいことを証明している。ソ連は第二次世界大戦後にヨーロッパ史上（そして北東アジア史上でも）最強の国家として出現し、これを封じ込めることができるのはアメリカだけだった。

二〇世紀前半にヨーロッパで二つの潜在覇権国――ヴィルヘルム皇帝時代のドイツ帝国とナチス・ドイツ――が登場した時、当初のアメリカの対応は、他のヨーロッパの大国――英仏露――にバック・パッシングをすることだった。ところが冷戦が始まるとヨーロッパでソ連を封じ込めることができる大国はすでになくなっていたため、バック・パッシングは不可能だった。よって第二次世界大戦が終了した直後から、アメリカはソ連に対してバランシングをするため素早く効果的に行動し、冷戦が終了した一九九〇年までこの方針を変えなかったのである。しかしながら、この期間を通じてバック・パッシングをしたいという衝動は、アメリカの中にも明らかに存在していた。

「多極システム」に関して言えば、オフェンシヴ・リアリズムの理論は潜在覇権国の存在しない時にバック・パッシングが最も多く行われると予測するが、同時に、国際システムの中にかなり強力な国家がある時もこれが行われることがあると予測する。この予測も、多くの証拠によって実証されている。過去に存在した四つの多極システムを見ると、潜在覇権国ではなかった侵略的な国家は、ビスマルク時代のプロイセンだけだ。一八六二年から一八六六年の間、フランスはヨーロッパ最強の軍隊を持ち、プロイセンは一八六七年から一八七〇年にかけてヨーロッパ最強の軍隊を持っていた。ところがこの両国はヨーロッパ大陸を全制覇しようとはしていない。私の理論が予測する通り、ヨーロッパの潜在覇権国が絡んでくる他のケースと比較しても、この二国のケースではバック・パッシングがかなり頻繁に行われていた。八年間に三回も戦争に勝っているプロイセンに対し、バランシング同盟は（二国間同盟を勘定に入れたとしても）一つも結成されなかった。イギリスとロシアは、むしろビスマルクが統一ドイツを作ろうとしているのを歓迎したほどだ。ドイツが将来、自分たちのバック・キャッチャーになってくれることを願っていたからである。一方プロイセン軍から直接的な脅威を感じていたオーストリアとフランスが、一致団結してドイツに対してバランシングをするということもあり得たはずである。ところがこの二国は互いにバック・パッシングばかりしており、おかげでビスマルクの軍隊は一八六六年にフランスが傍観している間にオーストリアを叩きのめし、一八七〇年にはオーストリアが傍観している間にフランスを叩きのめすことができたのである。

ナポレオン時代のフランス、ヴィルヘルム時代のドイツ帝国、ナチス・ドイツという潜在覇権国に対しては、確かにバランシング同盟が結成された。それでもバック・パッシングはそれぞれのケースでさまざまな方法によって行われていた。私の理論から言えば「バランス・オブ・パワー」と「地理」という二つの要素によって、これらのケースの違いをそれぞれ説明することができる。具体的に言えば、覇権国になろうとしている国が「相対的」にパワーを獲得すればするほどバック・パッシングは行われなくなるはずであり、国境を接している国同士の間でもバック・パッシングは起こりにくくなる。オフェンシヴ・リアリズムの理論が、これら三つの「不安定な多極システム」のケースで起こったバック・パッシングのパターンをうまく説明できているのは明らかである。

最もバック・パッシングが少なかったのは、ヴィルヘルム皇帝時代のドイツ帝国のケースである。ドイツの封じ込めを狙って英仏露によって構成された「三国協商」は、第一次世界大戦が勃発する約七年前の一九〇七年までにはほぼ結束が固まっていた。仏露は、第一次世界大戦が起こるきっかけとなる危機の生じた二〇年ほど前の一八九〇年代初めに、このバランシング同盟の先駆けとなるものを結成していた。イギリスは当初、仏露にバック・パッシングをしていたが、一九〇五年から一九〇七年の間にかけてこの同盟に参加している。三国協商の結成は、パワーの分布状況の分析によってほぼ説明できる。ドイツは一八九〇年代初めには堂々たる軍隊を持つことになり、これが仏露に同盟を組ませることになったのだ。ところがドイツはこの時点ではまだ潜在覇権国にはなっておらず、仏露の軍隊が協力すれば、ドイツを封じ込めることも可能なように思えたため、イギリスは脇で傍観することができたのである。ところが二〇世紀の最初の五年間でこのような状況は一変してしまった。ドイツが潜在覇権国になり（一九〇三年）、ロシアが日本に大敗北した（一九〇四〜五年）からである。この状況に即応したイギリスはバック・パッシングをやめ、「三国協商」が実現することになった。

ナチス・ドイツに対しては、ヴィルヘルム皇帝時代のドイツの時よりもかなり多くのバック・パッシングが行われている。ヒトラーは一九三三年一月に政権を握った直後から強力な軍隊を作り始めた。第三帝国の主なライバル――英、仏、ソ連――は、ナチス・ドイツに対して一度もバランシング同盟を結成せず、一九三〇年代を通じて互いにバック・パッシングばかり行っていた。英仏がヒトラーに対抗するために団結したのは一九三九年三月になってからだが、ソ連はそれでもバック・パッシングを続けた。ドイツ国防軍が一九四〇年春にフランスを打ち負かし、イギリスがただ一国だけでナチスの戦闘部隊と戦わなければならなくなった時も、スターリンは英独間の戦争を長期化させるように仕向け、自分たちは脇で傍観しようとしていた。結局イギリスとソ連が手を結んだのは、一九四一年夏のドイツ国防軍が行ったバルバロッサ作戦の後であり、一九四一年一二月にはアメリカもこの英露同盟に参加している。この同盟の目的は第三帝国を倒すことであり、同盟関係は三年半ほど続くことになった。

一九三〇年代にバック・パッシングが多く行われたのは、ドイツが一九三九年までは圧倒的な軍隊を作り上げておらず、ヒトラーの敵国たちが団結しなければならないほど危機感を感じていなかったことが大きい。ドイツは一九三九年になってようやく潜在覇権国になったのであり、英仏が同盟を組んだのは、主にイギリスの方が「フランス一国ではドイツ国防軍に対抗できない」ことを理解したからである。ところがイギリスもフランスもこの時点ではソ連とは同盟を組んでいない。ソ連は一九一四年以前のロシアよりもはるかに強力で、英仏の助けを借りなくとも生き残れる可能性が高かったからである。フランスの敗北の後、スターリンは「海の制止力のおかげでドイツがイギリスとの戦いで短期決着をつけるのはかなり難しく、この戦闘が長期化することになれば、ソ連にとって有利に働くことになる」と考え、第三帝国に対抗するためにイギリスと同盟を組むことを拒否している。

バック・パッシングが最も頻繁に行われたのは、フランス革命／ナポレオン戦争時代のフランスのケースである。この当時のフランスには、オーストリア、イギリス、プロイセン、ロシアという四つのライバル大国があった。この戦争が始まって一年後の一七九三年まで、フランスは潜在覇権国になっていない。一七九三年から一八〇四年の間、フランスのライバル国たちは常にバック・パッシングを行っていたが、その理由として、当時のフランスは、まだすべてのライバル国が一致団結してヨーロッパ大陸の制覇を阻止しなければならないほど強力にはなっていなかったという点が挙げられる。ところが一八〇五年には、フランスはヨーロッパ初の覇権国になれるほど強力な軍隊を備えていた。ナポレオンはライバルが団結してバランシング同盟を結成する前に、オーストリアとプロイセンをバランス・オブ・パワーから追い出し、ロシアには戦闘をやめて平和条約を結ぶことを強要している。多極システムにありがちな効率の悪いバランシングのおかげで、ナポレオンは一八〇五年から一八〇九年の間に数々の戦場で鮮やかな勝利をおさめ、ヨーロッパのほとんどを支配することができた。フランスのライバル国たちは、ナポレオンがロシアで大敗北をした一八一二年末に、一時的に解放されている。その後、一八一三年から一八一五年の期間に、彼らはフランスに対して効果的にバランシングを行い、決定的に打ち負かすことができたのである。

また、地理はヴィルヘルム皇帝時代のドイツに対してバック・パッシングを抑える役割を果たしているが、ナチス・ドイツとナポレオン時代のフランスに対しては逆にバック・パッシングを助長する働きをしている。イギリスはこれら三つの潜在覇権国と戦ったが、イギリス海峡を隔てて位置している地理的な状況には全く条件の変化が起こっていない。よって地理はイギリスの分析の考慮からはずすこともできる。ところが反対に、この三つの潜在的覇権国に対してヨーロッパ大陸で起こっていた状況には、地理的条件に大きな違いがある。ヴィルヘルム皇帝時代のドイツはフランスおよびロシアと長い国境線を接して隣り合っており、これが仏露がドイツに対してバック・パッシングを行うのを難しくしていたのと同時に、この両国はドイツに攻め入るには絶好のポジションに位置していたために、バランシング同盟を結成しやすかったのである。フランスはナチス・ドイツと国境を接して隣り合っていたが、ソ連はナチス・ドイツとは一九三〇年代のほとんどを通じてポーランドのような小国を間に挟《はさ》んで地理的に離れていた。このような「バッファーゾーン」(buffer zone：緩衝地帯）にはバック・パッシングを助長する働きがあり、フランスとソ連によるドイツ封じ込めを狙ったバランシング同盟が結成されるのを難しくしていたのである。一七九二年から一八一五年の間、ナポレオンによってヨーロッパの地図は何度も塗り替えられたにもかかわらず、ナポレオンのライバル国たちはフランスと国境を接していることが少なく、このおかげでバック・パッシングが多く行われることになり、フランスに対して効果的なバランシング同盟が結成されることを困難にしていた。

まとめて言えば、脅威を感じた大国が侵略的な国家に対し、「バランシング同盟の結成」をするのか、もしくは「バック・パッシング」を行うのかを判断する際にカギとなるのが、「地理」と「パワーの分布状況」の二つなのである。次章では視点を変え、侵略的な国家がどのように行動するのかを見ていくことになるが、具体的には国家がどのような時に他国と戦争を始めるのか、という点に注目していく。パワーの分布状況は、大国間戦争が勃発するメカニズムを説明する際にさらに重要になってくる。

第九章 ❖ 〈大国間戦争の原因〉

安全保障をめぐる争いは国際システムの中では日常的に起こるが、戦争は違う。安全保障競争が戦争に発展するのはかなり珍しいと言ってよい。本章では、このような致命的な動きをしてしまうメカニズムを解析する「構造理論」(a structural theory)を提示する。これによって、少なくとも大国一国以上が絡《から》んでいるという意味での「大国間戦争」(great -power war)の原因を説明していく。

戦争を起こす構造的な要因は、国際関係におけるアナーキー(無政府状態：anarchy)にあることが考えられよう。他国を攻撃する能力をある程度持ち、しかも敵意ある意図を持つ可能性のある国々によって構成されているアナーキーなシステムの中で自国の存続《サヴァイバル》を確保する最もよい方法は「なるべく多くのパワーを得ること」である。第二章でもすでに説明したように、この論理《ロジック》に従えば、国家は世界権力の分け前を最大化しようとするものであり、これは同時に、ある国家がライバル国家と戦争をするということにもなる。アナーキーが戦争の根本的な原因であることは明らかである。G・ロウズ・ディッキンソンは第一次世界大戦の原因を説明する際に、「ある一定の時間枠で考えれば、戦争を起こす直接的な原因となる国は確かに存在する。しかしすべての国家が共有していて戦争を起こさせる、最も重要で永久不変な要因もある。これこそがアナーキーであり、この状態を続けている責任はすべての国家にある」と鋭《するど》く指摘している。[*1]

ところがアナーキーだけでは、安全保障をめぐる争いがなぜ戦争に発展したり、しなかったりするのかを、うまく説明できない。ここで問題になるのは、アナーキーが常に存在するもの(国際システムは常にアナーキーだ)であるにもかかわらず、戦争は常に存在するものではないという点である。この重大な差を説明するためには、もう一つの構造的な要因——国際システムの中にある主要国家間のパワーの分布状況——を考慮に入れることが必要になってくる。第八章で検討したように、国際システムの中ではパワーは通常、以下の三通りに区別することができる。「二極システム」(bipolarity)、「不安定な多極システム」(unbalanced multipolar system)、「安定した多極システム」(balanced multipolar system)である。戦争が起こるかどうかにパワーの分布状態がどの程度影響しているかを検証するためには、国際システムが「二極システム」なのか、「多極システム」なのか、もし「多極システム」だった場合は「潜在覇権国《ポテンシャル・ヘジェモン》」が存在するかどうかを詳しく知る必要がある。私が主張したいのは「二極システム」が最も平和的であり、「不安定な多極システム」は激しい紛争に最も発展しやすい、ということである。「安定した多極システム」は、この二つのシステムのちょうど中間である。

オフェンシヴ・リアリズムの構造理論は、せいぜい安全保障をめぐる争いが戦争に発展する割合を大まかに予測できるくらいである。この理論は、あるタイプの構造を他のタイプの構造と比べた場合、その中でどれだけ戦争が起こるのかを正確に説明できるわけではない。また、戦争がいつ起こるのかを正確に予測できるわけでもない。オフェンシヴ・リアリズムでは、一九〇〇年代初期にドイツが潜在覇権国として登場したことによってヨーロッパのすべての大国を巻き込んだ戦争が起こる可能性が高まったことは説明できる。しかしこの理論は、なぜ一九一二年や一九一六年ではなく、一九一四年という年に戦争が起こらなければならなかったかを正確には説明できない。[*2]

このようなオフェンシヴ・リアリズムの限界は、国家が戦争をするかしないのかを決定する際に、国際システムの構造以外の要素が時として重要な役割を果たすことがあるという事実によって生じる。国家は常に安全保障的な理由だけで戦争を行うわけではないからだ。たとえばビスマルクは一八六四年から一八七〇年の間にプロイセンを三度も戦争に導いたが、この時の決断はリアリスト的な計算だけではなく、ナショナリズムやその他の国内政治の計算によっても影響されていた。ところがそれでも国際関係の構造の力は、国家の行動に強大な影響力を与える。国家が自国の存亡《サヴァイバル》を本気で考えようとした時、この力の影響を考慮しないわけにはいかない。つまり国際システムの構造に着目するだけでも、大国間戦争の原因についてかなり多くのことがわかるのだ。

国際政治の研究にとって「戦争の原因」というのは重大なテーマであるため、当然数多くの理論が提唱されている。いくつかはその原因として「人間の本性《ヒューマン・ネイチャー》」を挙げ、その他には「政治家個人の性格」「国内政治」「政治的イデオロギー」「資本主義」「経済相互依存状態」「国際システムの構造」を挙げているものがある。[*3] いくつかの理論では、国際紛争を理解する上で重要なのがパワーの分布構造であることが指摘されている。たとえばケネス・ウォルツは、多極システムと比べると二極システムの方が戦争は起こりにくいと主張し、カール・ドイッチェ（Karl Deutsch）とJ・デヴィッド・シンガー（J. David Singer）は、全くその逆であると論じている。[*4] その他の学者たちは国際システムの「極性」（polarity）ではなく、国際システムの中に圧倒的な国家が存在しているかどうかという点に注目している。ハンス・モーゲンソーのような古典的リアリストは、国際システムの中に圧倒的な国家が存在せず、主要国家の間で大まかなバランス・オブ・パワーがとれている時に平和が最も実現されやすいと論じている。対照的に、ロバート・ギルピン（Robert Gilpin）とA・F・K・オルガンスキー（A. F. K. Organski）は、圧倒的な大国の存在こそが国際システムの安定をもたらすと論じている。[*5]

オフェンシヴ・リアリズムは、国際システムの「極性」と同時に主要国家間のバランス・オブ・パワーも考慮に入れ、「二極システムの方が多極システムよりも安定している」という議論には同意するが、さらに「多極システムの中に潜在覇権国《ポテンシャル・ヘジェモン》が存在するかどうか」という点も考慮に入れる。私は大国間戦争の歴史を理解する上では、国際システムにおけるバランスが安定しているのか不安定なのかをしっかり区別することが重要であると主張する。また、オフェンシヴ・リアリズムは「国際システムの中に圧倒的な国家がいない時に平和が実現しやすい」という点では古典的リアリストたちの主張に同意するが、さらに進んで、国際システムの安定は二極システムか多極システムかという点にかかっていることを強調する。

本章ではオフェンシヴ・リアリズムが大国間戦争をどのように説明しているのかを、大きく二段階にわけて解説していく。次の三つのセクションでは、まず私の理論を説明し、それを支えている因果律《いんがりつ》がしっかりとして説得力を持つものであることを示している。その次の二つでは、その理論が一七九二年から一九九〇年までの間の、大国間戦争の発生と比較的平和だった期間についてどれだけ説明できているのかを検証している。とくに私はヨーロッパがそれぞれ「二極システム」、「安定した多極システム」、そして「不安定な多極システム」であったと言われる期間に、大国戦争がどれだけ発生したのかを見ている。最後に私は簡潔なまとめとして、冷戦期に核兵器の存在がこの分析にどれだけ影響を与えたのかを論じている。

構造（structure）と戦争

戦争の主な原因は、国際システムの構造にある。この中で最も重要なのは、システムの中にある大国の数と、それらの大国がパワーをどれくらいコントロールしているか、という点である。国際システムは常に二極システムか多極システムであり、その中の主要国の間ではパワーがほぼ均一に分布されているのが普通である。国際システムの構造の安定度に影響するのが、すべての大国におけるパワーの分布の割合だが、ここでカギを握るのは、システムの中で最も強力な二つの大国の持つパワーの割合である。この二国間のパワーに大きな差がある場合、力を持つ国家の方が潜在覇権国《ポテンシャル・ヘジェモン》になる。[*6] 覇権をとろうとする野心的な国家が存在する国際システムは〝不安定〟であるとされ、逆に野心的な国家が存在しないシステムは〝安定〟したシステムであると言われる。安定したシステムの中では必ずしもすべての主要国家の間でパワーが平等に分布（これは実際にあり得るが）されている必要はない。「安定したシステム」の要件は、トップの二つの国家間のパワーの差が大きく開いていない、ということである。この差が大きければ、システムは「不安定」となる。
この「極性」の違いに二つのパワーの状態を組み合わせると、合計して四つの種類のシステムに区別することができる。

1「不安定な二極システム」（unbalanced bipolarity）
2「安定した二極システム」（balanced bipolarity）
3「不安定な多極システム」（unbalanced multipolarity）
4「安定した多極システム」（balanced multipolarity）

一番目の「不安定な二極システム」というのは、実はあまり有益なカテゴリーではない。この種のシステムが現実に存在することはほとんどないからだ。私の知る限り、近代の歴史にこのようなシステムは存在しない。もちろん二つの大国が覇権を争っていて、片方がもう一方よりはるかに強力であったという例はあったかも知れない。しかしそのようなシステムの構造はすぐ消滅する。定義に従えば、大国がたった二つになる前に、強い国家の方が（他に頼る大国を持たない）弱いライバル国家を征服してしまうことが多いからだ。現実には弱い方の国家が戦わずに降服してしまい、強い方の国家を地域覇権国にしてしまうことがある。簡単に言えば、「不安定な二極システム」というものはあまりにも不安定なために、その状態が長期間続くことはほとんどないのだ。

以上から、主要国家の間ではパワーがほぼ三つのパターンで分布していることがわかる。「二極システム」（つまり「安定した二極システム」の略称であることになる）は二つの大国によって支配されており、二国はほぼ同等の力を持っているか、もしくは片方が決定的に強力ではない。「不安定な多極システム」は三つ以上の大国によって支配されており、そのうちの一国が潜在覇権国である。「安定した多極システム」は三つ以上の大国によって支配され、どの国も覇権国を狙っていない。このシステムでは大国間のパワーの差にばらつきが出ることもあり得るが、基本的に主要二大国の間では軍事力にそれほど大きな差はない。

このようなパワーの分布状況の違いは、戦争が起こったり平和が訪れたりする確率にどのように影響するのだろうか?「二極システム」はこれら三つのシステムのうちでは最も安定しており、大国間戦争は起こりにくく、もし起こったとしても、大国同士の戦いではなく、大国対小国という組み合わせで起こる確率が高い。「不安定な多極システム」は最も危険なパワーの分布状態だが、これは潜在覇権国がシステムの中のすべての大国を相手に戦争を起こすことが多いからであり、戦争は必然的に長期化しやすく、大きな損害を与えるものとなりやすい。「安定した多極システム」はそれらの中間であり、二極システムの場合より大国間戦争は起こりやすいが、「不安定な多極システム」よりは確実に起こりにくい。このシステム内で起こる大国間戦争は、潜在覇権国がいる場合のシステム全体に広がる紛争ではなく、一対一や二対一の形で行われることが多い。

では次に、潜在覇権国が混じっている、いないにかかわらず、なぜ二極システムは多極システムよりも安定しているのかについて見て行くことにしよう。

「二極システム」対「多極システム」

二極システムよりも多極システムで戦争が起こりやすい理由は三つある。[*7] まず一つ目が、多極システムには潜在的に紛争が起こりやすい国家間の組み合わせが多く、戦争の起こるチャンスが多くなるということである。二つ目が、多極化した世界ではパワーの不均衡が多く起こるため、大国にとって戦争で弱い国に勝てるチャンスが増えることになり、これが抑止政策を難しくすると同時に、戦争を起こりやすくするということだ。三つ目が、多極システムでは大国が勘違《かんちが》いを起こす可能性が高くなるという点である。これは、ある国家が他国に何かを強制したり征服したりする力を実際には持っていないにもかかわらず、そのような力を持っていると勝手に考えてしまいやすいということである。

戦争のチャンス

多極システムには、二極システムよりも多くの紛争が起こりやすい条件がある。まず大国の組み合わせを考えてみればわかる。二極システムにおいては、大国はその定義からしてたった二つしかないので、二つの大国を直接巻き込むような紛争の組み合わせは一つしかない。冷戦期にアメリカが「大国間戦争」を戦える相手は、ソ連一国だけであった。一方、三つの大国が存在する多極システムでは、大国間戦争が起こる組み合わせは三つある。A国対B国、A国対C国、B国対C国である。したがって、大国が五つあるシステムでは一〇組の大国の組み合わせができることになる。

また、紛争は大国と小国の組み合わせでも起こる。これを仮定的なシナリオで考えてみる場合は、二極システムと多極システムの両方で、小国を同じ数に設定するとよい。大国の数の大小は、小国の数に特別な影響を与えるわけではないからだ。多極システムには大国が多く存在しているので、当然、大国と小国の組み合わせも多くなる。たとえば、一〇個の小国がある二極システムの世界では、大国と小国の組み合わせは二〇組になるが、小国が同じように一〇個あったとして、大国が五つある多極システムの世界では、大国と小国の組み合わせは五〇組になる。

この二つのシステムにおける大国と小国の組み合わせの数の差は、たいていの場合は二極システムの大国に有利に働く。一般的に二極システムの方が多極システムほど流動的にならないからだ。二極システムはどうしても固まった構造になりやすい。たった二つの大国がシステム全体を支配することになるので、安全保障をめぐる争いの論理《ロジック》から考えれば、この二国がライバルになるのは確実だ。ほとんどの小国にとってみれば、この二極システムの世界においては、どちらの大国にもつかずに中立の立場を貫《つらぬ》き通すことは非常に難しい。なぜなら大国は、常に小国の忠誠を要求するからである。この要求は地政学的な中心地では高まり、周辺地帯では低下する。ある大国が小国を自分の陣営に引き込むと、相手側の大国はこの小国に対して戦争をしかけるのが難しくなる。その結果、潜在的な紛争の数は低下することになる。たとえば冷戦期のアメリカは、ハンガリーやポーランドのような、ソ連と同盟関係を結んでいた小国に対し、軍事力を行使しようとはしていない。以上のようなことを考慮して、我々が仮定する二極システムの世界では、大国と小国の組み合わせは二〇組以下に設定しておくべきだろう。

これとは対照的に、多極システムはそれほど強固な構造ではない。このシステムの内部の組み合わせにはかなり多くのパターンがあり、システム内に存在する大国や小国の数や、これらの国々の地理的な配置によっても違いが出てくる。しかも大国も小国も、同盟を結ぶパートナーの選択肢にはかなりの自由があり、小国は二極システムの場合ほど大国との結びつきが深くなることはない。ところがこのような自律性があることによって、小国は逆に大国から攻撃されやすくなってしまう危険もある。以上のようなことから、我々の仮定する多極システムにおいては大国と小国の組み合わせの数を五〇組とするのが適当であろう。

また念のために記しておくが、ここでは小国の間で行われる戦争はほとんど考慮されていない。本書の目的は、大国間で起こる戦争の理論を構築することにあるからだ。しかし小国間で行われる戦争が大国を戦闘に巻き込むこともある。このような小国間戦争がエスカレートするメカニズムについては本書では扱いきれないが、小国間の戦争に大国が巻き込まれる確率にシステムの構造がどのように影響するのかについては一言述べておかなくてはならない。基本的にこの確率は、二極システムよりも多極システムにおいて高くなる。多極システムでは小国が互いに戦うチャンスが増え、大国がその戦闘に巻き込まれるチャンスも増えるからである。

我々の仮定した二極世界と多極世界で考えてみよう。ここでは双方とも一〇の小国を持つので、それぞれのシステムにおいて小国同士の組み合わせが四五組できる。ところがこの数は二極システムの世界ではかなり減少することになる。二極システム特有の窮屈《きゅうくつ》さによって、小国同士が戦争をすることは難しくなるからだ。特に両大国は、自国の陣営に属する小国同士の戦争や、その戦争のエスカレートを懸念し、相手側の小国が参加してくるような戦争を防ごうとする。小国は多極システムの中ではかなり自由な動きをすることができるので、互いに戦争をするチャンスが増える。たとえばギリシャとトルコは一九二一年と一九二四年に戦争をしているが、当時のヨーロッパは多極システムであった。この二国はヨーロッパが二極システムだった冷戦期には戦争をしていない。アメリカはヨーロッパにある自国の同盟国同士が戦争するのを許すわけがなかった。ソ連と対峙しているＮＡＴＯが弱体化する恐れがあったからである。

パワーの不均衡

大国間のパワーの不均衡は、二極システムよりも多極システムで発生しやすく、パワーの状態が不安定な時は、多極システムの中で強い国を抑止するのは困難になる。パワーの状態が不安定であるのは、強い国にとって戦争に勝てるチャンスが増えることを意味するからだ。[*8] しかし、多極システムの中の大国が軍事力をほぼ同じくらい持っていたと想定した場合でも、紛争につながるパワーの不均衡は、二極システムよりも多極システムの場合に発生しやすいことに変わりはない。

多極システムは不均衡な状態へ向かい、二極システムは均衡な状態へ向かうが、これには重要な理由がある。システムの中の大国の数が多いほど、軍事力の基礎となる経済的な豊かさと人口が不均質に分布する、ということだ。わかりやすくするために、国際システムの中に存在する大国の数に関係なく、二つの大国が五〇％の確率でほぼ同じくらいの軍事的潜在力《レイテント・パワー》を持つ世界を仮に考えてみる。もしこの世界にたった二つの大国しかないということになれば（二極システム）、その二つの大国は五〇％の確率で同じ量の軍事的潜在力《レイテント・パワー》を持つ。ところがもしこの世界に三つの大国が存在しているとすれば（多極システム）、三つの大国の間で軍事力の基礎が均等に分配される確率はたった一二・五％になってしまう。もし大国の数が四つになると、その数は二％以下に減る。

二大国が同じ量の軍事的潜在力《レイテント・パワー》を持つ確率には、他の数値を使ってみることもできる。五〇％の代わりに二五％や六〇％という数字を使うのだ。むろん、それでも基本的なところは変わらない。つまり、軍事的潜在力《レイテント・パワー》の不均衡は多極システムの大国間で多くなり、しかも多極システムの大国の数が増えるほど、軍事的潜在力《レイテント・パワー》が均衡するチャンスが遠のくということだ。これは決して多極システムの中で大国同士が軍事的潜在力《レイテント・パワー》を均等に持つのが不可能だということではなく、二極システムの世界より均等なバランスが発生するチャンスがはるかに少ないということである。そもそもこのような軍事的潜在力《レイテント・パワー》を考慮する理由は、「主要国間において富と人口の規模に大きな格差があることは軍事力の実質的な格差につながりやすい、なぜならそれが国家間の軍拡競争ができる能力の違いに直結してくるから」である。*9

ところがすべての主要大国が同じくらいの強さを持っていたとしても、やはりパワーの不均衡は二極システムよりも多極システムにおいて多く起こる。多極システムの中のトップの二大国は、一緒に第三位の大国を攻撃することもできる。英仏がクリミア戦争（一八五三〜五六年）においてロシアに対して実行したことがまさにこの典型的な例であり、イタリアとプロイセンも一八六六年にオーストリアに対して同じことを行っている。このような「集団攻撃」（ganging up）は、二極システムの世界では不可能である。実質上、このシステムの中でパワーを競っているのは二つの大国だけだからである。多極システムの中の二つの大国の場合は、小国を一緒に征服することもできる。オーストリアとプロイセンが一八六四年にデンマークに対してこれを行っており、ドイツとソ連も一九三九年にポーランドに対して行っている。このような集団攻撃は、二極システムの世界でも理論上は可能ではある。しかし二極システムの二大国が同盟を組んで戦争を行うのはほとんどあり得ないことであり、実現する可能性は極めて少ない。その他、大国は小国を強要したり征服したりする際に、その圧倒的に優位な力を使うこともある。このような行動は、二極システムよりも多極システムの世界で起こりやすい。多極システムでは大国と小国の組み合わせが増えるからだ。

このような議論に対し「バランス・オブ・パワーの力は強力であり、多極システムの中で起こるどんなパワーの不均衡でも、それを均衡状態に戻してしまう」という視点から批判することもできそうだ。もし相手の国々がまとまっている時には、どんなに強力な国でも相手の国を支配することはできないからだ。[*10] これは多極システムが持つ、二極システムよりも有利な点だと見なすことができる。大国が二つしかない二極システムの世界では、大国同士がバランシング同盟を結成することは理論上不可能だからだ。ところが、脅威を感じた国家同士がタイミングよくまとまって侵略的な国家に対して効果的なバランシング同盟を結成することは、そもそも歴史上ほとんど起こったことがない。脅威を感じた国家はバランシングよりもバック・パッシングを好むものであり、このバック・パッシングこそが、強力なバランシング同盟を作り上げようとする努力を台無しにしてしまうからだ。

さらに、多極システムの中で脅威を受けた国々が一致団結してバランシングを行おうとしても、外交がうまく行くとは限らない。バランシング同盟を形成する国家の数が多いほど、この防御的な同盟関係を作るのに時間がかかる。侵略的な国家は、自国に対するバランシング同盟が完成する前に目的を達成することができると考えることが多い。その他、バランシングを行おうとする国家が侵略的な国家に対して本格的な圧力をかけようとする際に、地理的な要素が邪魔をすることもある。たとえば互いが海によって隔《へだ》てられているため、大国がトラブルを起こそうとしている国に対して効果的な軍事的圧力をかけることができない場合がそれだ。[*11]

誤算の可能性

多極システムが持つ究極の問題は、国家の誤算が発生しやすい点にある。多極システムは「ライバル国家の決意の強さ」や「相手側の同盟の強さ」などを国家に過小評価させてしまうことが多いからだ。このシステムの中の国家は、自国が敵に意志を強要するだけの軍事力を持っているとか、それが失敗したとしてもとりあえず戦闘で勝つことができる、と勘違いしてしまいがちなのだ。

　戦争は、ある国家が違う意見を持つ相手側の国家の固い決意を過小評価した時に発生しやすい。国家がこのような勘違いをしたまま自分の意見を相手に押しつけすぎ、そろそろ相手が降参するだろうと思った時には、すでに手遅れで戦争が不可避になっているのだ。誤算は、多極システムの場合にはさらに発生しやすくなる。多極システムでは同盟関係が変化しやすい傾向にあるため、国際秩序の形が流動的になってしまうからだ。その結果、国際的なルールそのものの性質――国家の行動についての規範《きはん》、国際的に合意された領土の権利や、その他の特権など――が常に変化しやすくなる。ある敵対関係とそれによって形作られていたルールは、この関係が友好的なものに変化したとたんに解消されることになるが、今度はこの関係の変化によって以前の友好国や中立国に対して新しいライバル関係が発生することにもなり、そこでまた新たなルール作りが必要になってくるのである。このような状況下では、ある国家が気づかない間に他の国家を政治的に追い詰めてしまうことも起こり得る。なぜならルールには国家の権利や義務のような曖昧《あいまい》なものが含まれているため、相手国の意思を誤算するような問題が多岐にわたって残ってしまうからだ。「国家の行動はかくあるべし」という規範、もしくは不文律《ふぶんりつ》のようなものは（多極システムの中でさえも）すべての国家間で広く理解される。これは一八世紀のヨーロッパの大国間で外交行為の基本的な規範が広く受け入れられるようになったことでもよくわかる。しかし、それぞれの国の権利が及ぶ範囲を明確にする作業は、多極システムの場合のように、国家の数が増えてその関係が流動的になると、ますます難しくなるのである。

　ある国家が敵の属する同盟側の持つ「相対的」なパワーを過小評価している場合も、戦争が発生しやすくなる。敵側の国の数を過小評価したり、自分の味方の国の数を過大評価したりするからである。[*12] このような間違いは、システムに含まれる国の数が多くなるほど起こりやすくなる。なぜなら、両方の同盟国の間のバランス・オブ・パワーを計算するためには、まず最初に敵側の国々の行動を正確に予測しておかなければならないからだ。どの国が味方になってどの国が敵になるのかを正確に知っていたとしても、多くの国で構成された同盟の軍事力を計測するのは、敵となる一つの国の軍事力を分析評価することよりもはるかに難しい。

それに比べて、二極システムの世界では誤算が起こりにくい。二極システムが始まってから時間がたてばたつほど、両陣営は互いに相手側との競争の仕方がわかってくるし、互いの限界もある程度わかるようになり、相手側の意図を誤算する確率も減ってくる。また陣営が二つに分かれているため、敵の同盟国のメンバーを間違えることもなくなる。単純であるということは確実性につながり、この確実性が平和な状態につながるのである。

「安定した多極システム」対「不安定な多極システム」

「不安定な多極システム」は特に戦争を発生させやすいが、その理由は二つある。一つ目は、このシステムにある潜在覇権国《ポテンシャル・ヘジェモン》は他の大国と比べて圧倒的なパワーを持つ場合が多く、弱いライバルたちと戦って勝つ可能性が高いという点だ。このようにパワーの不均衡が大きい場合、むしろ戦争の起こる確率が下がるのではないかと感じる人もいるだろう。潜在覇権国《ポテンシャル・ヘジェモン》が強力であれば、外敵を恐れる必要もなくなり、これ以上戦争によってパワーを獲得する必要性がなくなるからである。この大国は事実上の「現状維持国家《ステータス・クオ・パワー》」になるため、弱小国は安心できるはずで、そもそも潜在覇権国《ポテンシャル・ヘジェモン》の意図がどうであろうと、弱小国がそれに対抗できる軍事的な力を持っていないという事実には変わりがない。よってこの論理《ロジック》から言えば、多極システムの中の潜在覇権国の存在は、平和をもたらすチャンスを広げることになるはずだ。

　ところが実際に潜在覇権国が登場してくると、やはり事情は違ってくる。潜在覇権国は、いくら強力な軍事力を持っても、既存《きぞん》のバランス・オブ・パワーには満足せず、さらにパワーを手に入れようとし、最終的には地域覇権《リージョナル・ヘジェモニー》の獲得を目指さずにはいられないのである。なぜなら安全保障を究極に実現した形が覇権《ヘジェモニー》だからだ。「単極システム」になると、最も支配的な大国に対して安全保障上の脅威を及ぼしてくる国は存在しないことになる。もちろん潜在覇権国には自分の地域を支配したいという強い動機があるし、しかも世界最強になれるだけの能力を持つので、平和を脅《おびや》かす危険な存在にもなり得るのである。

　二つ目は、潜在覇権国が大国間の恐怖のレベルを上昇させることによって戦争を招くこともあるという点だ。[*13] 国際システムの中の大国はもともと互いに恐怖を感じており、危険な世界の中で自国の存続《サヴァイバル》できる可能性を少しでも引き上げようとして競争へと駆り立てられる。潜在覇権国が登場してくると、その他の国々が感じる恐怖のレベルはさらに高まる。彼らはこのパワーの不均衡な状態を元に戻す方法を求め始め、その目的のために少々危険な政策をとり始めることになる。理由は単純だ。ある国がその他の国々を支配しようとしている時、「平和を保つ」という長期的な政策の優先順位は下げられ、代わりに脅威を感じた国々は、自国の安全を確保するためにあえて賭けに出ようとするからである。

　潜在覇権国は、特別な努力もせずに国際システムの中の他の大国の恐怖のレベルを引き上げることができる。その圧倒的な能力を誇示するだけで周辺の大国を恐れさせ、ちょっとした行動だけで、いくつかの国々がまとまってバランシング同盟を結成することもある。そもそも他の国家の意図を正確に判断するのは困難であり、その考えも移ろいやすいものなので、ライバルの大国はこの潜在覇権国が最悪の意図を持つことを想定して備えておこうとするし、さらに脅威を感じた国家の間で「潜在覇権国を封じ込めたい」──という欲求が強まることになれば、この危険な潜在覇権国を弱体化させる方法さえ考え始めるのだ。

このような封じ込め政策を行われる立場の潜在覇権国は、当然のように自分に対抗して形成されるいかなるバランシング同盟も「ライバルたちによる包囲網の形成だ」と考える。その他の大国は純粋に防衛的な目的でこれを行っているのかも知れないが、潜在覇権国がこのように考えてしまうのはある意味で仕方のないことだ。潜在覇権国は脅威を感じ始め、それが結果的に安全保障を確保する行動につながり、今度はそれが近隣の大国をさらに恐怖させることにつながり、彼らは安全保障のためにさらなる手段を講じる。それがまた潜在覇権国を怖がらせ、と続く。簡単に言えば、潜在覇権国はいったん始まればコントロールすることが難しくなる「恐怖のスパイラル」を発生させる。潜在覇権国は通常かなりのパワーを持っているものであり、しかも「戦争を起こすことによって安全保障問題を解決できる」と考える傾向が強いため、問題を悪化させやすいのだ。

まとめ

結果として、二極システムが他の構造と比べて最も安定していることがわかる。理由は四つある。一つ目が、二極システムでは紛争の起こるチャンスが比較的少ないという点。ここでは大国間で紛争の起こる組み合わせが一組しかない。大国が二極システムの中で戦う相手は、ライバル大国よりも小国になることが多い。次に、二極システムでは大国間でパワーが均等に分布されやすいという点。パワーの均等な分布は、システムの安定には欠かせない。さらにこの構造の中では、大国がある国に向かって集団攻撃をしかけたり、小国の弱みにつけ込んだりするチャンスが限られてくる。三つ目が、二極システムには国家の誤算を少なくする働きがあり、大国が戦争を始めるチャンスを減らすという点。四つ目が、世界政治では常に恐怖が働いているにもかかわらず、二極システムはこの不安感を増大させることがあまりない、ということだ。

「安定した多極システム」は、二極システムよりも戦争を発生させやすい。理由は三つある。一つ目は、多極システムが大国間戦争の起こるチャンスを増やしてしまうという点だ。しかし、すべての大国が同時に戦争に巻き込まれるチャンスはそれほど多くない。次に、主要国家の間ではパワーの分布状況が不均等になりやすく、その中でもより多くの軍事力を持つ大国は〝自分たちは戦争に勝てる力を充分持っている〟と勘違《かんちが》いしやすいので、戦争が起こりやすくなるという点である。またこの構造では、大国が集団で第三者の大国を攻撃したり、小国に影響力を行使したり征服したりするチャンスが増える。三つ目が、この構造では誤算が命取りになる確率が高いという点。もっとも安定した多極システムの中の主要国家の間には大きなパワーの格差がないので、大国間で恐怖のレベルが高まることは少なくなる。

「不安定な多極システム」は、最も危険なパワーの分布状態を持つ。なぜなら「安定した多極システム」のすべての問題を共有するのみならず、潜在覇権国を含んでいるために、パワーの不均衡という最悪の状態に苦しめられるからだ。潜在覇権国はトラブルを起こすことのできる大きな力を持ち、他の大国の間に高レベルの恐怖を発生させる。この二つの理由により、「不安定な多極システム」ではシステム内のすべての大国を巻き込み、しかも膨大《ぼうだい》な犠牲を出してしまうような戦争の発生する確率が上昇するのだ。

戦争の原因についての理論はこれで一通り提示できたので、次にこの理論が一七九二年から一九九〇年の間にヨーロッパで起こったことをどこまで説明できるかを、実例に当てはめて検討して行こう。

近代ヨーロッパの大国間戦争（一七九二～一九九〇年）

パワーの分布状態の違いが大国間戦争の起こる確率にどのように作用するのかについてのオフェンシヴ・リアリズムの理論を検証するためには、一七九二年から一九九〇年の間のヨーロッパが二極システムだったのか、それとも多極システムだったのか、そして多極システムだった場合は潜在覇権国があったか否かを、まずしっかりと見極めねばならない。その後、これらの時期に大国間戦争が起こっていたかどうかを確認することが必要になる。

システムの構造は、大国の数とその大国間でパワーがどのように割り当てられているか、という要因によって決まる。ここで論じられる過去二〇〇年間のヨーロッパの大国を列挙すると、オーストリア、イギリス、ドイツ、イタリア、ロシアということになる。[*14] 全期間を通じて大国であり続けたのはロシア一国(一九一七年から一九九〇年まではソヴィエト連邦)だけである。オーストリアは一八七六年にオーストリア=ハンガリー帝国となり、一七九二年から一九一八年に消滅するまで大国の地位を保っていた。ドイツは一八七一年以前にはプロイセンであったが、大国であったのはイギリスと同じく一七九二年から一九四五年までの間である。イタリアが大国だったのは、一八六一年から一九四三年に崩壊するまでの間であった。

ヨーロッパには位置していないが、この期間中に大国になった日本とアメリカはどうだろうか。日本は一八九五年から一九四五年まで大国の位置にあったが、この章では検証していない。日本はヨーロッパの政治で一度も大きな役割を果たすことがなかったからだ。日本は第一次世界大戦の開始と同時にドイツに対して宣戦布告しているが、アジアにあるドイツの領土をいくつか奪《うば》ったことを除けば、本格的に戦争に参加したわけではない。また日本は、ソ連をドイツとの戦争に引き込もうとしていた英仏米とともに、第一次世界大戦の終盤にソ連に派兵している。[*15] しかし日本が主に狙っていたのはロシアの極東領土であり、ヨーロッパの政治にはほとんど関心を持っていなかった。いずれにせよ、日本はこの介入に失敗している。

ところがアメリカは違う。アメリカは西半球に位置しているにもかかわらず、両大戦ではヨーロッパに軍事介入し、一九四五年以降はこの地域に大規模な軍隊を駐留させている。このようにヨーロッパ大陸への関与が強いため、アメリカはヨーロッパのバランス・オブ・パワーにおける主要なプレイヤーの一員として考えることができる。ところが、第七章で検討したように、アメリカはヨーロッパの潜在覇権国であったことは一度もなく、むしろオフショア・バランサーとして行動していたのだ。私は一七九二年から一九九〇年の間の大国間の相対的なパワーの分析、特に潜在覇権国がヨーロッパに存在していたかどうかという重要な問題についての議論をすでに第八章でほとんど行ったつもりだが、それでもまだ足りないと思われる部分を以下で補足する。

主要国家の間のパワーの分布状況を基礎にして考えると、フランス革命の始まった一七九二年から冷戦の終わった一九九〇年までのヨーロッパの歴史は、大まかに七つの時期に分けることができる。

1「ナポレオン時代Ⅰ」：一七九二〜九三年（一年間）：「安定した多極システム」
2「ナポレオン時代Ⅱ」：一七九三〜一八一五年（二二年間）：「不安定な多極システム」
3「一九世紀」：一八一五〜一九〇二年（八八年間）：「安定した多極システム」
4「ドイツ皇帝時代」：一九〇三〜一八年（一六年間）：「不安定な多極システム」
5「両大戦間の時代」：一九一九〜三八年（二〇年間）：「安定した多極システム」
6「ナチス時代」：一九三九〜四五年（六年間）：「不安定な多極システム」
7「冷戦」：一九四五〜九〇年（四六年間）：「二極システム」

以下の時代別の戦争リストは、よく引用されるジャック・レヴィー（Jack Levy）の大国間戦争のデータを参考にしている。[*16] 私はこのデータにやや修正を加えた。たとえばソ連・ポーランド戦争（一九一九〜二〇年）とロシア内戦（一九一八〜二一年）を、レヴィーは同じ戦争の一部だとするのに対し、私は別のものとして区別した。このリストではヨーロッパの大国が少なくとも一国以上絡んでいて、ヨーロッパの国家同士で争われた戦争のみが分析の対象になる。また、ヨーロッパの大国とヨーロッパ以外の地域にある国の間で行われた戦争は除外する。一八一二年の米英戦争、日露戦争(一九〇四〜五年)、ソ連のアフガニスタン介入(一九七九〜八九年)などは、ここでは省略した。[*17] またヨーロッパの小国同士の戦いも除外した。さらに、ソ連の内戦時のような他のヨーロッパの国によるあからさまな介入がない限り、内戦もこの分析には含まれていない。スペイン内戦(一九三六〜三九年)はかなり微妙だが、ここでは省略した。

大国間戦争は、三つのカテゴリーに分けることができる。「中央戦争」(central wars)とは国際システムに存在するほぼすべての大国を巻き込む戦争のことであり、これに参加する国々は途方もない激しさで戦うことになる。[*18]「大国対大国戦争」(great power vs. great power wars)とは、大国同士が一対一、もしくは二対一で戦う戦争のことである。ここで注意すべきなのは、二極システム、もしくは三つの大国がある多極システムの中では、「中央戦争」と「大国対大国戦争」は同じだということである。しかしヨーロッパの近代史ではこのようなケースが発生したことはない。最後が「大国対小国戦争」(great power vs. minor power wars)である。ここで研究の対象になる一九九九年間にわたるヨーロッパの歴史では、合計二四の大国間戦争が起こっており、そのうちの三つが「中央戦争」で、六つが「大国対大国戦争」、そして一五の「大国対小国戦争」がある。

ナポレオン時代(一七九二〜一八一五年)

一七九二年から一八一五年までのヨーロッパでは、五つの大国がひしめき合っていた。オーストリア、イギリス、フランス、プロイセン、ロシアの五カ国である。この期間を通じて最も強力だったのはフランスだが、一七九三年の初秋までは潜在覇権国ではなかった。それ以前はヨーロッパ最強の軍隊を持っていなかったからである。[*19] 一七九二年にオーストリアとプロイセンがフランスに対して戦争を起こしたことからわかるように、フランスは軍事的に弱く、侵攻しやすい相手だと考えられていた。フランスは一七九三年からナポレオンが負けた一八一五年の春まで、潜在覇権国という名誉ある立場を保ち続けている。よって、一七九二年から一七九三年までのヨーロッパは「安定した多極システム」であり、一七九三年から一八一五年までは「不安定な多極システム」だった。

一七九二年から一八一五年までの間、ヨーロッパの国際政治は**フランス革命とナポレオン戦争**によって独占されていた。この一連の紛争が始まった最初の年に起こった戦争は「大国対大国戦争」であった。三つの大国、つまりオーストリア、フランス、プロイセンが関わっていたからだ。イギリスとロシアは一七九二年から一七九三年の初めまで、この紛争に参加していない。それ以降の二二年間の紛争は「中央戦争」に分類される。ヨーロッパの覇権国を目指したフランスは、その組み合わせや戦った時期はそれぞれ異なるが、オーストリア、イギリス、プロイセン、ロシアを相手に戦っていたからである。

また、ナポレオン時代には三つの「大国対小国戦争」があった。**露土戦争**（一八〇六〜一二年）は、基本的にロシアがベッサラビア、モルダビア、ワラキアを、当時オスマン・トルコ帝国と呼ばれていたトルコから奪おうとした戦いであった。戦争の最後の年にロシアは勝利してベッサラビアを手に入れたが、他の二つの地域を奪うことはできなかった。**ロシア・スウェーデン戦争**（一八〇八〜〇九年）はスウェーデンがイギリスと同盟を組んだことに対して、フランスとロシアが不満を感じたことから始まった。ロシアとデンマークは、スウェーデンに対して戦争を起こして勝利し、負けたスウェーデンはフィンランドとオーランド諸島をロシアに明け渡すことになった。**ナポリ戦争**（一八一五年）はオーストリアとナポリの間で起こった戦争だ。ナポレオンがイタリアを離れると、オーストリアはその直後からこの地域での影響力を再び盛り返そうとしたが、そのオーストリアをナポリ軍が排除しようとして起こった。この紛争ではオーストリアが勝利している。

一九世紀（一八一五〜一九〇二年）

ナポレオン率いるフランスの敗戦からヴィルヘルム皇帝時代のドイツの勃興《ぼっこう》に至るこの八八年間に、ヨーロッパでは六つの大国がひしめき合っていた。六カ国の中でもオーストリア／オーストリア＝ハンガリー帝国、イギリス、フランス、プロイセン／ドイツ帝国、ロシアは、この期間の全期を通じて大国の地位を保っている。イタリアが加わったのは一八六一年からだ。一八一五年から一九〇二年の間のヨーロッパには潜在覇権国は存在していない。イギリスはこの期間を通じてヨーロッパで経済的に最も豊かだったが（表3-3参照）、その豊かな富を一度も軍事力に転用していない。その証拠に、イギリスはこの期間のほとんどを通じて、小規模で弱い陸軍しか保持していない。一八一五年から一八六〇年のヨーロッパで大きな陸軍を持っていたのはオーストリア、フランス、ロシアであったが、どの国もヨーロッパ全土を征服可能な規模の軍隊は持ち合わせていなかった（表9-1、表9-2参照[20]）。

プロイセン軍は一八六〇年代に圧倒的な力を持つ軍隊になり、オーストリア軍やフランス軍とヨーロッパ最強の地位をめぐって競い合っていた[21]。フランスは一八六〇年代の前半までヨーロッパ最強だったが、同年代の後半にはその座をプロイセンに譲《ゆず》っている。一八七〇年から一九〇二年の間、ヨーロッパ最強の軍隊を持っていたのはドイツ帝国であることは間違いないが、ドイツ帝国軍がヨーロッパ大陸全土を脅かすほど強力だったわけではない。さらにドイツは潜在覇権国としての充分な富をまだ持っていなかった。よって、一九世紀のヨーロッパは「安定した多極システム」であったと見なすのが妥当《だとう》であろう。

一八一五年と一九〇二年の間には、四つの「大国対大国戦争」が起こっている。**クリミア戦争**（一八五三〜五六年）は当初、ロシアとオスマン・トルコ帝国の間の戦いであり、ロシアがトルコから領土を奪おうとして起こった。ところが後にイギリスとフランスがオスマン・トルコ側について参戦し、ロシアは敗北して小規模な領土を明け渡している。**イタリア統一戦争**（一八五九年）ではフランスがピエモ

表９-１　ヨーロッパ各国の兵数の移り変わり（1820～58年）

	1820	1830	1840	1850	1858
オーストリア	258,000	273,000	267,000	434,000	403,000
イギリス	114,513	104,066	124,659	136,932	200,000
フランス	208,000	224,000	275,000	391,190	400,000
プロイセン	130,000	130,000	135,000	131,000	153,000
ロシア	772,000	826,000	623,000	871,000	870,000

ンテと組んでイタリアからオーストリアを追い出し、イタリア統一国家を作ろうとして起こった。オーストリアはこの戦争で敗北し、直後にイタリアが成立した。**普墺《ふおう》戦争**（一八六六年）ではプロイセンとイタリアが、オーストリアに対抗するために手を組んで戦った。これは事実上、プロイセンとオーストリアのどちらが統一ドイツを支配するのかを決する戦いだったが、その間にイタリアはオーストリアから領土を得ようと狙っていた。結局はオーストリアが敗北し、プロイセンはオーストリアからかなりの広さの領土を獲得している。ところがドイツ統一という大事業はまだ完成しなかった。**普仏《ふふつ》戦争**（一八七〇～七一年）は、表向きはスペインの政治にプロイセンが介入したことによって起こった。ところがビスマルクはドイツ統一を完成させるための戦争をしたがっており、一方のフランスはプロイセンが一八六六年に獲得した領土を取り戻したがっていた。この戦争ではプロイセン軍が決定的な勝利をおさめている。

また、一九世紀には八つの「大国対小国戦争」が起こった。**仏西戦争**（一八二三年）は国王を追放したスペインの内乱をきっかけに起こっている。フランスは平和秩序と君主制を復活させるために軍事介入した。**ナバリノの海戦**（一八二七年）は英仏露が、オスマン・トルコとエジプトを相手に起こした戦争である。この紛争で、大国はギリシャがオスマン・トルコから独立しようとするのを手助けしている。**第四次露土戦争**（一八二八～二九年）では、ロシアが

表９－２　ヨーロッパ各国の兵数の移り変わり（1853 ～ 56 年：クリミア戦争）

	1853	1854	1855	1856
オーストリア	514,000	540,000	427,000	427,000
イギリス	149,089	152,780	168,552	168,552
フランス	332,549	310,267	507,432	526,056
プロイセン	139,000	139,000	142,000	142,000
ロシア	761,000	1,100,000	1,843,463	1,742,000

ギリシャの独立を助けるためにオスマン・トルコと戦うと同時に、オスマン・トルコからコーカサス地方やその他の領土を獲得している。**第一次シュレスヴィヒ・ホルシュタイン戦争**（一八四八～四九年）では、プロイセンがデンマークからシュレスヴィヒとホルシュタインの両公国を奪ってドイツの属州にしようとして失敗した。

サルディニア・オーストリア戦争（一八四八年）は、ピエモンテ・サルディニア王国が、イタリアからオーストリアを追い出して自らの主導の下で統一イタリアを作ろうとして起こった戦いである。このイタリア解放の試みは失敗している。**ローマ共和国戦争**（一八四八年）ではフランスがローマに派兵して教皇制を復活させようとし、ジュセッピ・マッツィーニによって建設されたばかりの共和国と衝突した。**第二次シュレスヴィヒ・ホルシュタイン戦争**（一八六四年）では、オーストリアとプロイセンが共同でデンマークを襲撃し、両公国を奪った。**露土《ろと》戦争**（一八七七～七八年）ではロシアとセルビアがボスニア＝ヘルツェゴヴィナとブルガリアに味方し、オスマン・トルコからの独立を支援して戦っている。

ドイツ皇帝時代（一九〇三～一八年）

一九〇三年以降は大国のメンバーが変わっていない。米軍の部隊がヨーロッパ大陸に大量に到着し始めた一九一八年からアメリカがヨーロッパの主要メンバーに加わったことを除けば、ヨーロッパの政治では相変わらず同じ六つの大国が中心的な存在であった。ヴィルヘルム皇帝率いるドイツ帝国は、この期間を通じて潜在覇権国であった。この地域で最も強力な軍隊と最も豊かな経済をコントロールしていたからである。よって、一九〇三年から一九一八年のヨーロッパは「不安定な多極システム」だった。

この期間のほとんどは**第一次世界大戦**（一九一四～一八年）が起こっていた時期と重なり、この「中央戦争」は、ヨーロッパのすべての大国といくつかの小国を巻き込むことになった。また、この期間には「大国対大国戦争」が一つ起こっている。これは**ロシア内戦**（一九一八～二一年）であり、英仏日米が、内戦の真っ最中にソ連に派兵した。短期間ながらもボリシェビキを相手に激しい戦闘を行ったが、ボリシェビキたちはこの戦いに生き残った。その他、この期間には「大国対小国戦争」が一つだけ起こっている。**伊土戦争**（一九一一～一二年）である。地中海周辺に帝国を築こうとしていたイタリアは、当時オスマン・トルコの一州だったアフリカ北部沿岸にあるトリポリタニアとキレナイカに侵攻して征服した。現在この二つの場所はリビアの一部である。

両大戦間の時代（一九一九～三八年）

二つの世界大戦の間、ヨーロッパには五つの大国が存在していた。第一次世界大戦の終了間際《まぎわ》にオーストリア＝ハンガリー帝国は消滅したが、英仏独伊、そしてソ連は、無傷のまま残っている。この二〇年間、ヨーロッパには潜在覇権国が存在していない。イギリスは第一次大戦直後の何年かはヨーロッパで経済的に最も豊かな国だったが、一九二〇年代後半になるとドイツが再びトップの座に返り咲いている（表３・３参照）。ところがイギリスもドイツも、一九一九年から一九三八年の間はヨーロッパ最強の軍隊を持っていたわけではない。[*22] 両国の軍隊は一九二〇年代から一九三〇年代の初めにかけて、かなり弱体化していた。ドイツ軍は一九三〇年代後半に強力になりつつあったが、一九三九年までヨーロッパ最強にはなっていない。一九四〇年の壊滅的な敗北を考えてみれば信じがたいことだが、この両大戦のほとんどの期間にヨーロッパ最強の軍隊を持っていたのは、フランスだった。ところがフランスは経済的にも人口規模においても潜在覇権国からはほど遠かった。よってこの期間のヨーロッパは「安定した多極システム」であった。

一九一九年から一九三八年の間には「大国対大国戦争」は起こっていないが、「大国対小国戦争」は一度だけ起こっている。**ソ連・ポーランド戦争**（一九一九～二〇年）であり、ポーランドが第一次世界大戦直後の弱体化していたソ連に攻め込み、ベロルシア（現在のベラルーシ）とウクライナをソ連から分離させ、ポーランドの連邦の一部として組み込もうとして起こった。ポーランドはこの目標を達成できなかったが、ベロルシアとウクライナにあった領土をいくつか獲得している。

ナチス時代（一九三九～四五年）

この期間は両大戦の間の時代を支配していた、五つの大国とともに始まった。ところが一九四〇年の春にフランスは大国の地位から転落し、イタリアも一九四三年に同じ運命を辿った。イギリス、ドイツ、ソ連は、一九四五年まで大国であり続けている。またアメリカは一九四一年一二月に第二次世界大戦に参戦してからヨーロッパの政治に深く関わることになった。ナチス・ドイツは一九三九年から一九四五年の春に敗北して崩壊するまでは潜在覇権国だった。よって、この期間のヨーロッパは「不安定な多極システム」である。

第二次世界大戦（一九三九～四五年）は「中央戦争」であり、この期間で明らかに一番大きな紛争であった。この他にも「大国対小国戦争」が一回だけ起こっている。**ソ連・フィンランド戦争**（一九三九～四〇年：冬戦争）である。ナチス・ドイツがソ連を攻撃してくるのを恐れたスターリンは、一九三九年の秋にフィンランドに対して領土の割譲を要求した。フィンランドはこれを拒否し、ソ連赤軍は一九三九年一一月にフィンランドへ攻め込んだ。一九四〇年三月にフィンランドは降服し、ソ連は要求していた領土を獲得した。

冷戦時代（一九四五～九〇年）

第二次世界大戦が終了した時点で、ヨーロッパに残っている大国はただ一国であった——ソ連である。[*23] アメリカはソ連がこの地域を支配するのを防ぐ決意を固め、冷戦を通じてヨーロッパに大量の部隊を駐留させた。アメリカが平時にこれほど大規模な兵をヨーロッパに駐留させたのは史上初めてのことであった。これにより、ヨーロッパは一九四五年から一九九〇年まで「二極システム」だった。

この期間を通じて米ソ二大国同士の戦争は行われなかったが、「大国対小国戦争」は一度だけ起こっている。**ソ連・ハンガリー戦争**（一九五六年）がそれであり、ソ連は軍事介入を行い、ハンガリーで起こった反共産党の暴動（ハンガリー蜂起《ほうき》）の鎮圧《ちんあつ》を成功させている。

分析

これらの情報を元に、ヨーロッパがそれぞれ「二極システム」、「安定した多極システム」、「不安定な多極システム」だった時に、大国間戦争がどれだけ起こったのかについて見ていこう。具体的には、それぞれのシステムにおいて戦争の数、戦争の頻度《ひんど》、戦争の致命度（deadliness）を詳しく見ていくことになる。それぞれの期間の大国戦争の数は、すでに述べられた三種類——「中央戦争」「大国対大国戦争」「大国対小国戦争」——ごとに区別される。戦争の頻度は、それぞれの期間に大国が戦争を行っていた年数によって決定される。この計算では、ある年の一期間に戦争が行われたとしても、その年の全期間で戦争が行われていたと考え、「一戦争年」として数えることとする。たとえばクリミア戦争は一

表９‐３　システムの構造によるヨーロッパで起こった戦争のまとめ
（1792 ～ 1990 年）

	戦争の数			戦争の頻度			戦争の致命度
	中央戦争	大国対大国	大国対小国	構造期間の年数	戦争年数	戦争が行われた年の割合（％）	戦死者数
二極システム（1945～90年）	0	0	1	46	1	2.2％	10,000
安定した多極システム（1792～93、1815～1902、1919～38年）	0	5	9	109	20	18.3％	120万人
不安定な多極システム（1793～1815、1903～18、1939～45年）	3	1	5	44	35	79.5％	2700万人

八五三年一〇月から一八五六年二月まで行われたが、これは「四戦争年」ということになる。致命度は、それぞれの期間の紛争の戦死者の数によって計られる。一般市民の死者数は省略した。

これによると、最も平和的で最も致命度が少ない構造は「二極システム」であることがわかる（表９‐３参照）。ヨーロッパが二極システムだった一九四五年から一九九〇年までの間、大国の間では一度も戦争が行われなかった。「大国対小国戦争」は、一度だけ起こり、一カ月以内で終わっている。よって、二極システムのヨーロッパの四六年間のうち、一年間だけ戦争が起こった計算になる。致命度に関して言えば、この紛争では一万人の戦死者が出ている。

最も戦争を起こしやすく危険なパワーの分布状況を示しているのは「不安定な多極システム」である。ヨーロッパに潜在覇権国があった多極構造の時期――一七九三〜一八一五年、一九〇三〜一八年、一九三九〜四五年――には「中央戦争」が三回起こり、「大国対大国戦争」は一回、「大国対小国戦争」は五回起こっている。この時期の合計四四年間に戦争は三五年間も起こっており、そのうちの一一年間は二つの戦争が同時に起こっていた。この期間の紛争による戦死者数は二七〇〇万人である（第二次世界大戦で死亡した一般市民の数を計算に入れれば、それとほぼ同じくらいの数になるだろう）。

「安定した多極構造」は、この二つのシステムのちょうど中間くらいになる。「中央戦争」は一度も行われず、「大国対大国戦争」が五回、「大国対小国戦争」は九回も行われている。潜在覇権国が存在していなかった期間――一七九二〜九三年、一八一五〜一九〇二年、一九一九〜三八年――がこれに当てはまる。戦争の頻度では、この期間の合計一〇九年間のうち、二〇年間戦争が行われていたことになる。つまり「安定した多極構造」だった期間の一八・三％で戦争が起こっていたことになる。「二極システム」では二・二％、「不安定な多極構造」では実に七九・五％になっている。致命度では、「安定した多極システム」では一二〇万人の戦死者が出ており、これは「不安定な多極システム」の二七〇〇万人よりはるかに少ないが、「二極システム」の一万人よりはかなり多い。

❖結論

以上の結果がオフェンシヴ・リアリズムの理論を強く確証づけるものであることは明らかである。しかしここで注意しておかねばならないことがある。核兵器は一九四五年に初めて実戦配備されたのだが、これはヨーロッパが「二極システム」だった全期間にわたって存在し、それ以前の「多極システム」の期間には存在していなかったことだ。これは私の議論にとって大きな問題となる。核兵器は平和秩序を保つ強力な力となるのであり、一九四五年から一九九〇年までヨーロッパで大国間戦争が行われなかった大きな理由の一つとなるからだ。ところが「二極システム」と「核兵器」が、この長く安定した期間を生み出すにあたってどのように貢献していたのかを特定することは不可能である。

もし核兵器のない状態の「二極システム」と「多極システム」で戦争の起こる確率を教えてくれるような研究が行われているなら、この問題にも対処できるが、あいにくそのような研究は行われていない。歴史の始めから一九四五年まで、ヨーロッパの国家システムは一貫して多極システムであり、多極システムと二極システムの違いを比較することができないのである。古代史の中ではアテネとスパルタ、ローマとカルタゴのように、確かに「二極システム」は存在するが、これらの歴史は史料が不完全なため結論が出せない。

しかし「多極システム」を比較する場合は、このような問題は起こらない。一九四五年以前には核兵器が存在していなかったからである。本書の分析からも明らかなように、多極システムの中に、ナポレオン時代のフランスや、ヴィルヘルム皇帝時代のドイツ、もしくはナチス・ドイツのような、潜在覇権国が含まれていたかどうかは、平和な状態が実現する可能性に大きな影響を与える。多極システムの中に最強の軍隊と最大の富を持つ大国が登場してくると、大国間で徹底的な全面戦争が行われる確率は常に上昇するのである。

最終章となる次章では、中国が経済・政治面で台頭し、これが二一世紀の国際政治にどのような結果をもたらすことになりそうなのかを考察していくことにしよう。

第一〇章 ❖ 〈中国は平和的に台頭できるか？〉

一九八九年の冷戦終結と、その二年後のソ連崩壊によって、アメリカは地球上で最強の国家になった。多くのコメンテーターたちは「我々は人類史上初めて単極世界に生きている」と述べたが、これは「アメリカが国際システムの中の唯一の大国」であることを別の言い方で表したものであるとも言える。もしこの言葉が正しいとすれば、大国政治について議論するのはほとんど意味がないことになる。なぜなら大国は、世界にたった一つだけしかないことになるからだ。

ところが私の考えでは、中国とロシアは大国である。ただしこの二国はアメリカよりははるかに弱く、実質的に挑戦できるような立場にはない。したがって大国同士の交流は、常に複数の圧倒的な大国が競い合っていた一九八九年以前の国際政治の状況とはかなり違ったものになるはずだ。

この点をよりわかりやすくするため、冷戦後の世界と二〇世紀の最初の九〇年間を比較してみよう。二〇世紀のアメリカは、ヴィルヘルム皇帝率いるドイツや、大日本帝国、ナチス・ドイツ、そしてソヴィエト連邦らの潜在的なライバルを封じ込めるために多大な努力を行っており、二つの世界大戦を戦い、世界中でソ連と安全保障競争を繰り広げている。

ところが一九八九年以降のアメリカの政策担当者たちは、ライバルの大国と闘うことをあまり恐れる必要がなくなり、アメリカは他の大国の行動を気にかけることなく、小国に対して自由に戦争を仕掛けていった。その証拠に、アメリカは冷戦終了から六つの戦争を闘っている。その六つの戦争とは、イラク（一九九一年）、ボスニア（一九九五年）、コソボ（一九九九年）、アフガニスタン（二〇〇一～一四年現在）、再びイラク（二〇〇三～一一年）、そしてリビア（二〇一一年）である。また、二〇〇一年九月一一日からは、世界中でテロリストたちとの戦いに没頭している。当然だが、ソ連の脅威が薄れた後に、アメリカは大国政治への興味を失ったと言える。

❖　❖　❖

ところが中国の台頭は、この状況を変えつつあるように見える。その理由は、この流れが国際システムの構造そのものを根本的に変えてしまう可能性を持っているからだ。もし中国経済が今後の数十年にわたって急激な成長を続けるとすれば、アメリカは再び潜在的なライバル国に直面することになり、大国政治が完全に復活することになる。中国経済がこのまま目覚ましい上昇を続けるか、それともその成長率がゆるやかになるのかについてはまだ答えが出ていないのだが、それでもその拡大が目覚ましいものであることは間違いない。このテーマについては知的な議論が行われているが、どれが本当に正しいのかは判断しづらいところだ。[*1]

ところがもし中国の将来について楽観的な主張をしている側の議論が正しいとすれば、中国は巨大な力を持つ国になるため、それはほぼ確実に二一世紀の地政学の話に関係してくるはずだ。ここですべての国の対外政策の担当者たちや国際政治の学徒たちに大いに関わってくる質問は、シンプルだが重大なものだ。それは、「中国は平和的に台頭できるだろうか?」というものであり、本章の狙いはこの質問に答えることにある。

アジアの将来を予測するためには、台頭する大国がどのような行動をして、このシステムの中にいる他の大国がそれに対してどのように反応するのかを説明する国際政治の理論《セオリー》が必要になる。我々が理論に頼らなければならない理由は、将来の多くのことが未知である点にある。我々は未来についての事実をほとんど知らない。トーマス・ホッブズ(Thomas Hobbes)はこの点について、「現在というのは本質的にたった今形成されつつあるものであり、過去の出来事は記憶の中だけに生きているものである。ところが未来の出来事というものは、そもそもまだ存在してもいない」とうまく指摘している。[*2] したがって、我々は国際政治において将来起こることを予測する際に、何かしらの「理論《セオリー》」を使わなければならないのである。

オフェンシヴ・リアリズムは、中国の台頭について重要な示唆《しさ》を与えてくれる。私の議論を簡潔にいえば、「中国がもし経済面で発展を続ければ、アメリカが西半球を支配したのと同じような形でアジアを支配しようとする」というものだ。そしてアメリカは、中国の地域覇権《リージョナル・ヘジェモニー》を阻止しようと多大な努力をするはずだ。インド、日本、シンガポール、韓国、ロシア、そしてベトナムなど、北京の周辺国のほとんどは、アメリカとともに中国の力を封じ込めようとする。結果として、激しい安全保障競争が行われることになり、戦争勃発《ぼっぱつ》の可能性も高まることになる。端的に言えば、中国の台頭は決して穏《おだ》やかなものとはならないはずだ。

ここで強調しておかなければならないことがある。それは、私が中国が直近の未来においてどのような行動をするのかについて分析をしているわけではないという点だ。むしろここでは中国が長期的に見て、今日よりもはるかに強力になった時にどのような行動をするのかを論じているのだ。実際のところ、現在の中国はまだ強力な軍事力を持っていないし、軍備の面ではアメリカよりもはるかに劣っている。北京政府が現在の状態のまま米軍と闘うことを選択してしまえば、大きな間違いを犯《おか》すことになるだろう。言い換えれば、今日の中国は、アメリカにとって明らかに有利なバランス・オブ・パワーの制約を受けている。それ以外にも、アメリカには当然のように多くの同盟国が世界中に存在しており、それに対して中国の同盟国はほぼゼロである。ところが我々の関心があるのはこのような状況ではない。問題は、バランス・オブ・パワーがアメリカにとってかなり不利になった未来の世界像であり、中国が今日よりもはるかに多くの相対的なパワーを制御できていて、米中の経済力と軍事力がほぼ拮抗《きっこう》しているような状況だ。そのエッセンスだけ言えば、我々は中国が今日よりも制限の少ない状態で活動している世界について論じるのだ。

本章の構成は以下の通りだ。まず次節では、第二章でも詳しく論じられた私の理論の核心的な部分を簡単に振り返ってみる。その次に、アメリカの西半球における覇権達成までの様子を紹介する。これは第七章ですでに詳しく議論した通りだ。ここから明白なのは、アメリカがその歴史の大半をオフェンシヴ・リアリズムの教える通りに行動してきたということだ。その後の節では、力を増した中国がどのように行動するようになるのかについて集中的に議論している。そこでも私は「中国は私の理論通りに動く」と主張しており、これは実質的に「中国がアメリカの真似《まね》をする」ということだ。その次に私は、なぜアメリカと中国の周辺国たちが中国を封じ込めるための「バランシング同盟」を結成する可能性が高いのかを説明している。それから米中戦争が勃発する可能性についても検証しており、冷戦期の超大国同士の時よりも、戦争の発生する可能性が高いことを分析している。最後から二番目の節では、私の悲観的な予測に対する二つの主な批判に対して反論を行っている。最後の短い結論で、私は自分の予測が間違っている可能性が社会科学の理論の限界にある可能性を論じている。

オフェンシヴ・リアリズムのまとめ

私の理論を最も簡潔に言えば、「国際システムの基本的な構造によって国家は安全保障を心配するようになり、互いにパワーを争うことになる」というものだ。すべての大国の究極の目標は世界権力の分け前を最大化することであり、最終的にこのシステムを支配することにある。実際の例から見れば、これは「最も強力な国家は、自分のいる地域で覇権を確立しようとする」ということであり、同時に別の地域にあるライバル大国の地域覇権を阻止しようとするということだ。

この理論は世界についての五つの仮説《アサンプション》から始まっており、これらのすべては現実をうまく捉《とら》えてまとめたものである。まず最初に、国家は国際政治における主な行為主体《アクター》であり、彼らを超える権威は存在しない。このシステムの中には、もし国家がトラブルに直面したり助けを求めようとした際に、他に頼ることができる「究極の裁決者」や「リヴァイアサン」は存在しない。これは「アナーキーなシステム」と呼ばれ、階層的なシステムとは正反対のものだ。

次の二つの仮説《アサンプション》は、それぞれ能力と意図についてのものだ。あらゆる国家は、その程度の違いはあるが、攻撃的な軍事力を持っている。能力というのは計測しやすいものだ。なぜならそれらは主に物理的な形をとるものであり、見たり評価したりカウントしたりすることができるからだ。

ところが意図というのは違う。国家は他国の意図というものを確実に知ることはできない。意図というのはリーダーたちの頭の中にあり、それを見たり計測したりすることはほぼ不可能だからだ。とりわけ国家というものは、他国がどの理由から自分に銃口を向けているのかを完全な自信を持って知ることは絶対にできない。国家の意図を確認する際の問題は、とくにその国家の持つ「将来の意図」というものを考えた場合には、さらに深刻になる。なぜなら現在から五年後やそれ以降に、そもそも誰がリーダーになっているのかを予測するのは難しく、さらには彼らが対外政策をどのように考えるのかを予測するのは不可能に近いからだ。

また、この理論は「生き残り《サヴァイバル》」が国家にとって最も重要な目標であると想定している。もちろんこれは「生き残り《サヴァイバル》」が国家にとっての唯一の目標であるというわけではない。国家はそれ以外にも多くの野望を持っているからだ。ところがいざそのような状況になると「生き残り《サヴァイバル》」はその他のすべての目標を越えたものとなる。そしてその理由は、基本的に「そもそも生き残ることができなければその他の目標を追及することもできない」という点にある。「生き残り《サヴァイバル》」とは、もちろんそれは根本的に重要なものではあるが、それでも単に国家の領土の統一性を維持することだけにあるわけではない。それは国家の政策立案プロセスの自律性を維持することも意味する。他にも、この理論では「国家は合理的なアクターである」と想定されており、これはつまり、国家は「生き残り《サヴァイバル》」のチャンスを最大化するためにそれなりに効果的な戦略を計画する存在であるということだ。

これらの仮説が合わさると「国家はある特定の行動をする」という結論が導き出される。とくに他国が邪《よこしま》な意図を持っている可能性――たとえそれが低くても――があり、しかも手強い軍事的な攻撃力を持っている世界では、国家は互いを恐れる傾向を持つのだ。[*3] この恐怖は、私が「一一〇番問題」(9-1-1 problem：アメリカの緊急電話の番号）と呼ぶものによって構成されている。つまり、アナーキーなシステムには、国家がトラブルに直面した時に助けを呼ぶことができる、夜警のようなものが存在しないということだ。したがって、彼らは自分の力で生き残りを図らなければならないと認識し、これを実現するための最適な方法は圧倒的な国力をつけることにある、と自覚しているということだ。

ここでの論理《ロジック》はわかりやすいものだ。国家がライバルたちよりも相対的に強力になれば、その生き残りのリスクは減少するからだ。たとえば西半球のどの国もアメリカを攻撃しようなどとは考えないが、これはアメリカが周辺のどの国よりもはるかに強力だからだ。このような理由から、大国はバランス・オブ・パワーを自分に有利な方へシフトさせるチャンスをうかがうようになり、同時に他国が自分のパワーを獲得しようとするのを阻止するのだ。究極の狙いは唯一の覇権国《ヘジェモン》になることであり、これはつまり国際システムの中の唯一の大国になるということだ。

現在の世界で「覇権《ヘジェモニー》」について語る場合、それはアメリカを意味することになり、「アメリカは世界覇権国だ」と説明されることが多い。ところが私は、アメリカを含むいかなる国も、世界覇権を達成することはできないと考えている。その一つの障害となるのが、距離の遠いところにある大国を征服するのが難しいという点だ。なぜなら遠距離を越えて戦力投射《パワー・プロジェクション》して維持することには多くの問題があり、とくにそれが大西洋や太平洋のような大規模な水域であった場合には、その戦力投射《パワー・プロジェクション》の難しさが増す。この問題は小国と対峙している場合にはそれほど深刻なものとはならないが、それでもナショナリズムの力のため、敵対的な国を占領・統治するのは極めて難しいことになる。大国にとって最大限に望める目標は「地域覇権《リージョナル・ヘジェモニー》」の達成くらいであり、これは自国の存在する地域の支配達成を意味する。たとえばアメリカは西半球における地域覇権《リージョナル・ヘジェモニー》である。ただしアメリカは世界で最も強力な国家でありながら、「世界覇権国《グローバル・ヘジェモン》」ではないのだ。

国家が地域覇権を達成すると、その次には新たな狙いが出てくることになる。それは「他の大国が地域覇権を達成するのを阻止する」というものだ。言い換えれば、地域覇権国《リージョナル・ヘジェモン》はライバルの登場を嫌うのだ。その主な理由は、地域覇権国《リージョナル・ヘジェモン》——その地域で圧倒的な存在——が世界を自由に徘徊《はいかい》でき、世界の他の地域に介入できるからだ。この状況が暗示しているのは「地域覇権国《リージョナル・ヘジェモン》は互いに相手の裏庭でトラブルを起こそうとする」ということだ。したがって、地域覇権《リージョナル・ヘジェモニー》を達成しようとするいかなる国家も、他の大国が同じようなポジションを得るのを不可能にして、自分の周辺に介入してくるのを拒否したいと思うのだ。

アメリカ人のほとんどは考えたこともないと思うが、アメリカが世界中のほぼ全域に基地を置いて政治介入できる最大の理由は、西半球で深刻な脅威に直面していないからだ。もしアメリカが自分の裏庭で危険な敵に直面することになると、距離を越えて世界中を動き回れる能力が、かなり落ちることになる。

ところがもしライバル国家が地域覇権《リージョナル・ヘジェモニー》を達成してしまうと、その目標はその覇権をなるべく早く終わらせることへと切り替わる。その理由は単純だ。すでに地域覇権《リージョナル・ヘジェモニー》を達成した国にとっては、世界の他の地域で複数の大国が存在していて、彼らが互いのことを心配して、距離の離れた自分の裏庭まで手を出してこれないような状態は、とても都合の良いものだからだ。[*4] まとめて言えば、国際的なアナーキーの中で生き残るための最良の方法は、唯一の地域覇権国《リージョナル・ヘジェモン》になることなのだ。

❖アメリカの覇権の追求

アメリカは、近代史における唯一の地域覇権国《リージョナル・ヘジェモン》だ。それ以外の五つの大国——ナポレオン率いるフランス、ヴィルヘルム皇帝のドイツ、大日本帝国、ナチス・ドイツ、そしてソヴィエト連邦——はそれぞれの地域を支配しようとしたが、その試みはすべて失敗している。アメリカが西半球を支配できたのは偶然ではなく、「建国の父」たちとその後継者たちが、南北アメリカ大陸での覇権の達成を意識的に狙っていたからだ。つまり、彼らは実質的にオフェンシヴ・リアリズムの指示通りに行動していたのだ。

一七八三年にイギリスからようやく独立を果たしたばかりのアメリカは比較的力の弱い国であり、その人口のほとんども大西洋沿岸部に集中していた。この新しい国は、周囲を大英帝国とスペイン帝国の植民地に囲まれており、アパラチア山脈からミシシッピ川までのほとんどの地域は、敵対的なアメリカの先住民の部族らによって支配されていた。アメリカ人が非常に危険な場所にいたことは間違いない。

その後の七〇年間に、アメリカはこの危険な状況に対処するため、太平洋へと大陸横断を実行し、その過程で広大かつ強力な国家を作り上げた。いわゆる「明白な天命《マニフェスト・デスティニー》」を実現するために、彼らは莫大な数のアメリカ先住民を殺害して彼らの土地を奪い、スペインからフロリダを購入し（一八一九年）、現在はアメリカ中部となっている場所を、フランスから購入している（一八〇三年）。一八四五年にはテキサスを併合し、翌年の一八四六年にはメキシコと戦争して、現在のアメリカ南西部となる場所を獲得している。彼らはイギリスと交渉して太平洋側の北西部を一八四六年に獲得しており、最終的に一八五三年の「ガズデン購入」でメキシコからさらに領土を入手した。

アメリカは一九世紀を通じてカナダの征服を真剣に考えており、一八一二年には実際にそのことを念頭においてカナダに侵攻している。もしそこに無数の奴隷がいなければ、カリブ諸島のいくつかはアメリカのものになっていた可能性がある。ただし、この時の北部の州は、連邦の中にこれ以上奴隷を抱えたくないと考えていた。事実として指摘しておかなければならないが、「平和を愛する」はずのアメリカは、一九世紀には領土拡大の記録を重ねており、しかもこれは人類史上例を見ないほどの速いペースで行われたのだ。アドルフ・ヒトラーがアメリカの西側への拡大をドイツの一九四一年六月のソ連侵攻の際の理想型だと何度も口にしていたのは当然とも言えよう。彼は「今度は東に向かってアメリカの征服を再現するのだ」と述べている。[*5]

ただしアメリカには地域覇権を達成するための、次の仕事が残っていた。それは西半球からヨーロッパの大国を追い出して、再び入ってくるのを防ぐことだ。これこそが「モンロー・ドクトリン」のエッセンスである。ところがジェームス・モンロー（James Monroe）大統領がこの宣言を行った一八二三年の時点では、アメリカはそれを実行できるほど強い国ではなかった。しかし一九世紀末にはヨーロッパの大国がアメリカ大陸でほぼ影響力を失い、アメリカは極めて安全な立場にある大国として地域覇権を達成したのだ。

ところが地域覇権を達成しても、大国の仕事は終わりではない。そこから他の大国がその地域で同じように支配的になるのを防がなければならないからだ。二〇世紀には地域覇権を目指せるだけの力を持った大国が四つあった。ヴィルヘルム皇帝時代のドイツ（一八九〇～一九一八年）、大日本帝国（一九三七～四五年）、ナチス・ドイツ（一九三三～四五年）、そしてソヴィエト連邦（一九四五～九〇年）である。当然のように、これらの四つの大国は、アメリカがその前世紀に西半球で成功したのと同じことを達成しようとしている。

これに対してアメリカはどのように対処したのだろうか？　アメリカはそれぞれ台頭しつつあった覇権国たちを打ち負かす上で、重要な役割を果たしたのである。

アメリカは一九一七年四月に第一次世界大戦に参戦している。その理由は、当時のヴィルヘルム皇帝のドイツが、戦争に勝ってヨーロッパを支配しそうに見えたからだ。アメリカの兵士たちはドイツ帝国を不利にする上で重要な役割を果たしており、これが一九一八年一一月のドイツ敗戦につながった。一九四〇年代初期にルーズヴェルト大統領はアメリカを第二次世界大戦に参戦させようとして甚大な努力をしており、アジアにおける日本や、とくにヨーロッパにおけるドイツの野望を阻止しようとしていた。一九四一年一二月に参戦してから、アメリカはこの両枢軸国を破壊する手助けをしている。一九四五年以降のアメリカの政策担当者たちは、ドイツと日本の軍事力を制限するために多大な努力をしている。その他にも、アメリカは冷戦期を通じてソ連がユーラシア大陸全体を支配するのを防ぐために一貫した努力を行っており、一九八九年から一九九一年にかけてはソ連を歴史の闇の中に葬《ほうむ》り去る手助けをしている。

冷戦終結の直後からジョージ・ブッシュ（父）政権は、一九九二年にメディアにリークされた有名な「国防ガイダンス」の中で、アメリカは世界唯一の超大国であり、この高い地位を維持する計画であることを大胆に宣言している。[*6] 言い換えれば、アメリカの政策担当者たちは新たなライバル国の登場を許さないということだ。全く同じメッセージは、それと同じくらい有名な、二〇〇二年九月にジョージ・ブッシュ（息子）政権によって発表された「国家安全保障戦略」の中でも繰り返されることになった。[*7] とりわけこの文書が厳《きび》しく批判されたのは、「予防戦争」（preemptive war）の価値を主張していたからであったが、「アメリカが台頭する大国を抑えて世界のバランス・オブ・パワーにおいて支配的な地位を維持すべきだ」と宣言した部分についてはほとんど批判は起きていない。

結局のところ、アメリカは一〇〇年以上にわたって西半球で覇権を獲得しようと必死の努力をしてきたのであり、それは戦略的な合理性のために行われたのである。地域覇権を達成した後のアメリカは、他の大国がアジアやヨーロッパをコントロールするのを阻止するために、それと同じくらいの力を注いでいる。

このアメリカの過去の行動は、中国の台頭について何を教えてくれるのだろうか？　とりわけ今よりも強力になった時に、中国はどのような行動をするようになると予測すべきなのだろうか？　そしてアメリカと中国の周辺国たちは、強力な中国に対してどのような対応をすると予測すべきだろうか？

サムおじさんの後を追って

中国が次の数十年間に劇的な経済成長を続けることができれば、オフェンシヴ・リアリズムの論理《ロジック》の通りに行動するようになるはずだ。これはつまり「中国はアメリカを真似するようになる」ということだ。とくに中国はアメリカが西半球で行ったようにアジアを支配しようとするだろうが、その理由は主にそのような圧倒的な状態が、国際的なアナーキーの中で生き残る《サヴァイバル》際の最適なやり方を提供してくれるからだ。それに加えて、中国はいくつもの領土紛争に巻き込まれており、より強力になれば、これらの紛争を自国にとって有利な形で解決できるようになる。

さらに言えば、強力な中国が現在のアメリカのように世界中で安全保障の利害を持つことになるのは確実であり、これによってアジアを越えた地域まで戦力投射《パワー・プロジェクション》できるような能力の構築に取りかかることになるはずだ。この新しい超大国にとって、ペルシャ湾や西半球は、戦略的優先順位の高い地域になりそうである。実際のところ、中国は西半球でアメリカにとってやっかいな安全保障問題を起こそうとするだろうし、とくにアメリカがアジアにおいて軍事力を行使できないように制限をするようになるだろう。これらの問題についてはさらに詳《くわ》しく論じてみたい。

中国の権力政治

もし私の理論が正しいのであれば、中国は周辺国とのパワーの差を最大化しようとするはずであり、その相手はインドや日本、そしてロシアが対象となる。中国はアジアのどの国も脅しをかける手段を持てないほど強力になろうとするはずだ。もちろん中国は、アジアの国々を征服しまくるために必要な軍事面での優位を追求しているというわけではない。中国とアメリカのケースの大きな違いの一つは、アメリカの方が大西洋沿岸の弱小国という状態から、西半球を支配できるような大規模かつ強力な国になるために、西進・拡大したという点だ。アメリカにとって征服と拡大というのは、地域覇権を達成するために必要だったのだ。ところが中国はすでに大規模な国であり、アメリカと同じように領土をこれ以上拡大して地域覇権を達成する必要はない（図10‐1を参照）。

当然ながら、中国のリーダーたちが「他国を攻撃して地域覇権を達成する必要がある」と判断するような特別な状況が生まれる可能性はある。ところがそれよりも可能性が高いのは、中国が経済成長を追求して強力になり、自分の行動を周辺国に認めさせる許容範囲を広げることであり、こうすることによって「中国のルールに従わない場合には大きな代償を支払うことになる」と明示することだ。結局のところ、アメリカが西半球で行ったのはまさにこのようなことなのだ。例えば一九六二年にケネディ政権はキューバとソ連に対して「キューバに核兵器を配備することは許さない」と明確にしており、一九七〇年にはニクソン政権がこの二国に対して「（キューバの港町である）シエンフエゴスにソ連海軍施設を建設するのは受け入れられない」と知らせている。[*8] さらにワシントン政府はラテンアメリカ諸国の政治に何度も介入しており、反米的と思《おぼ》しきリーダーたちの台頭を防いだり、彼らが権力を握った場合には政権を転覆《てんぷく》したりしている。端的に言えば、アメリカは西半球で高圧的なやり方を実行しているのだ。

また、今よりもはるかに強力になった中国は、アメリカをアジア・太平洋地域から追い出そうとするはずだ。これはアメリカが一九世紀にヨーロッパの大国を西半球から追い出したのと同じ構造だ。中国は日本が一九三〇年代に行ったように（訳注：大東亜共栄圏のこと）、独自の「モンロー・ドクトリン」を作るだろう。実際のところ、我々はすでにこのような政策を陰に陽に目撃している。たとえば中国のリーダーたちは、南シナ海における領土争いにアメリカが介入する権利はないことを明確に表明している。ここは戦略的に重要な海域であり、北京政府はこの全域を実質的にすべて自分のものであると宣言している（図10‐2を参照）。[*9]

また中国は、二〇一〇年七月にアメリカが中国と朝鮮半島の間にある黄海で海軍演習を計画していた

図 10 - 1　アジア広域

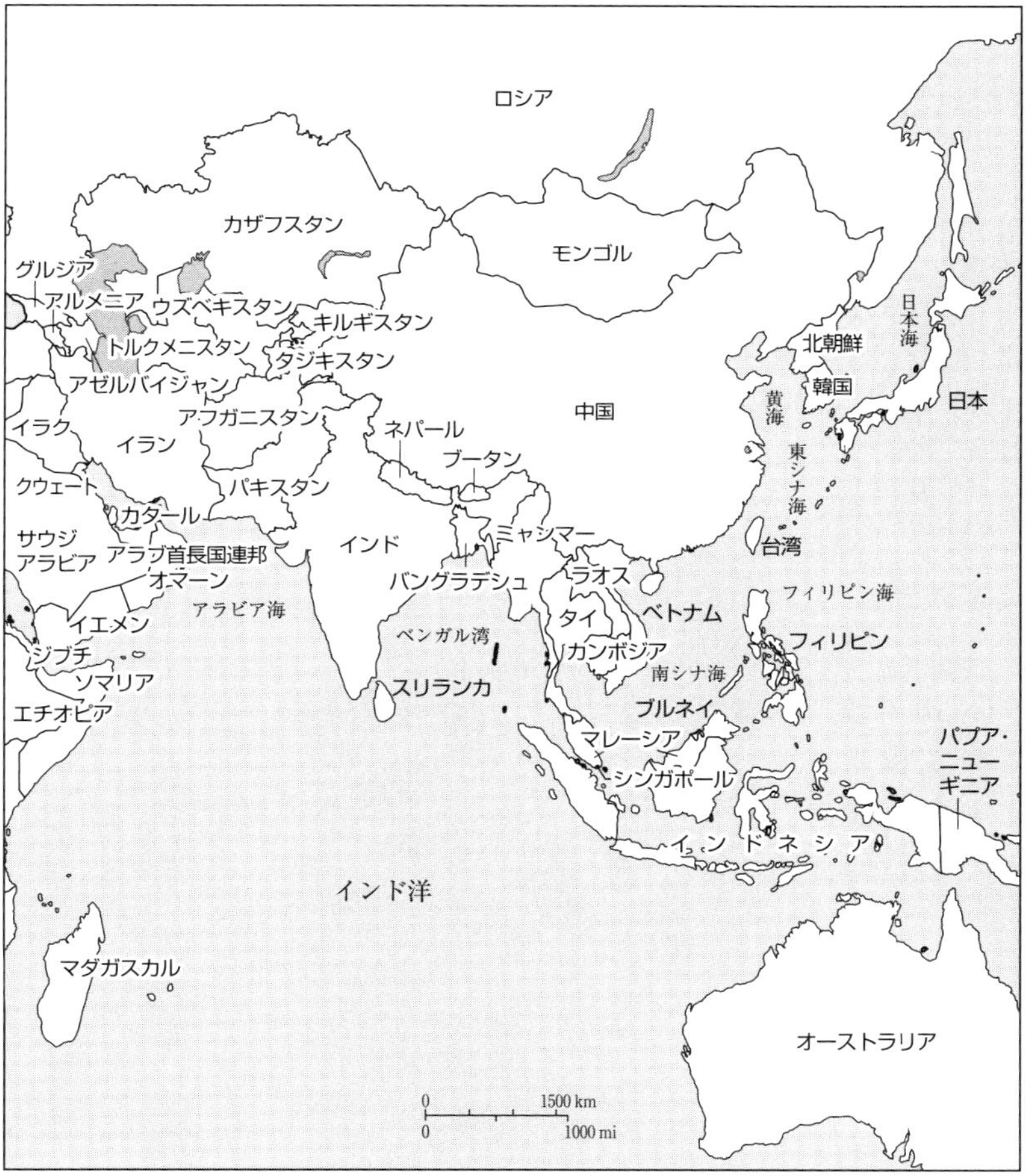
ロシア
カザフスタン
モンゴル
グルジア
アルメニア
ウズベキスタン
キルギスタン
トルクメニスタン
タジキスタン
アゼルバイジャン
アフガニスタン
イラク
イラン
中国
北朝鮮
韓国
日本海
日本
黄海
東シナ海
ネパール
ブータン
クウェート
パキスタン
カタール
サウジアラビア
アラブ首長国連邦
オマーン
インド
ミャンマー
台湾
バングラデシュ
ラオス
フィリピン海
アラビア海
イエメン
タイ
ベトナム
ベンガル湾
フィリピン
ジブチ
カンボジア
南シナ海
ソマリア
スリランカ
エチオピア
ブルネイ
マレーシア
パプア・ニューギニア
シンガポール
インドネシア
インド洋
マダガスカル
オーストラリア
0　1500 km
0　1000 mi

ことに対して反対している（図10 - 3を参照）。米海軍は空母ジョージ・ワシントンを黄海に派遣することを計画していたが、実際はこのような動きは中国に対して行われていたわけではなく、韓国の艦船である「天安」を黄海で撃沈させたと見られる、北朝鮮を念頭において行われたものであった。ところが中国からの激しい抗議によって、オバマ政権は黄海上での演習の場を日本海へと移している。中国側の報道官は、まるでモンロー大統領のような口調で「我々は黄海やその周辺の中国に接した海域において、我々の安全や権益に影響を与える活動を行うような外国の軍艦や航空機の侵入に断固反対する」と北京政府の立場を表明している[*10]。

さらに全般的に見ても、中国のリーダーたちは米海軍を「第一列島線」の外に押し出せるような軍事力の開発を行おうとしている証拠がいくつも上がっている。「第一列島線」とはスンダ列島、日本、フィリピン、そして台湾を含むものだと考えられている[*11]。もしこれが本当だとすれば、中国は東シナ海や南シナ海、そして黄海を封鎖できるようになり、いざ戦争が勃発した際には、米海軍が朝鮮半島に到達するのがほぼ不可能になってしまう。中国では最終的に米海軍を「第二列島線」の外まで押し出してしまおうという議論も行われている。これは日本の東側の沿岸からグアムを通って、モルッカ諸島まで延びた線だ。また、これには小笠原群島やカロリン諸島、そしてマリアナ諸島も含まれると言われている。もし中国がこれに成功すれば、日本とフィリピンは米海軍の支援を受けられなくなってしまう（図10 - 4を参照）。

このような野心的な目標は、中国にとって戦略的にかなり合理的なものである（もちろんこれは中国がこれらを絶対に達成できることを意味するわけではないが）。北京政府はインド、日本、そしてロシアのような周辺国を軍事的に弱い状態に保っておきたいと思うはずであり、これはアメリカが、国境を接するカナダとメキシコを軍事的に弱い状態に置いておきたいと考えたのと一緒である。まともな考えを持った国ならば、自分のいる地域で強力な国が存在することを望むわけがないのだ。すべての中国人

図10-2　南シナ海の領有権争い

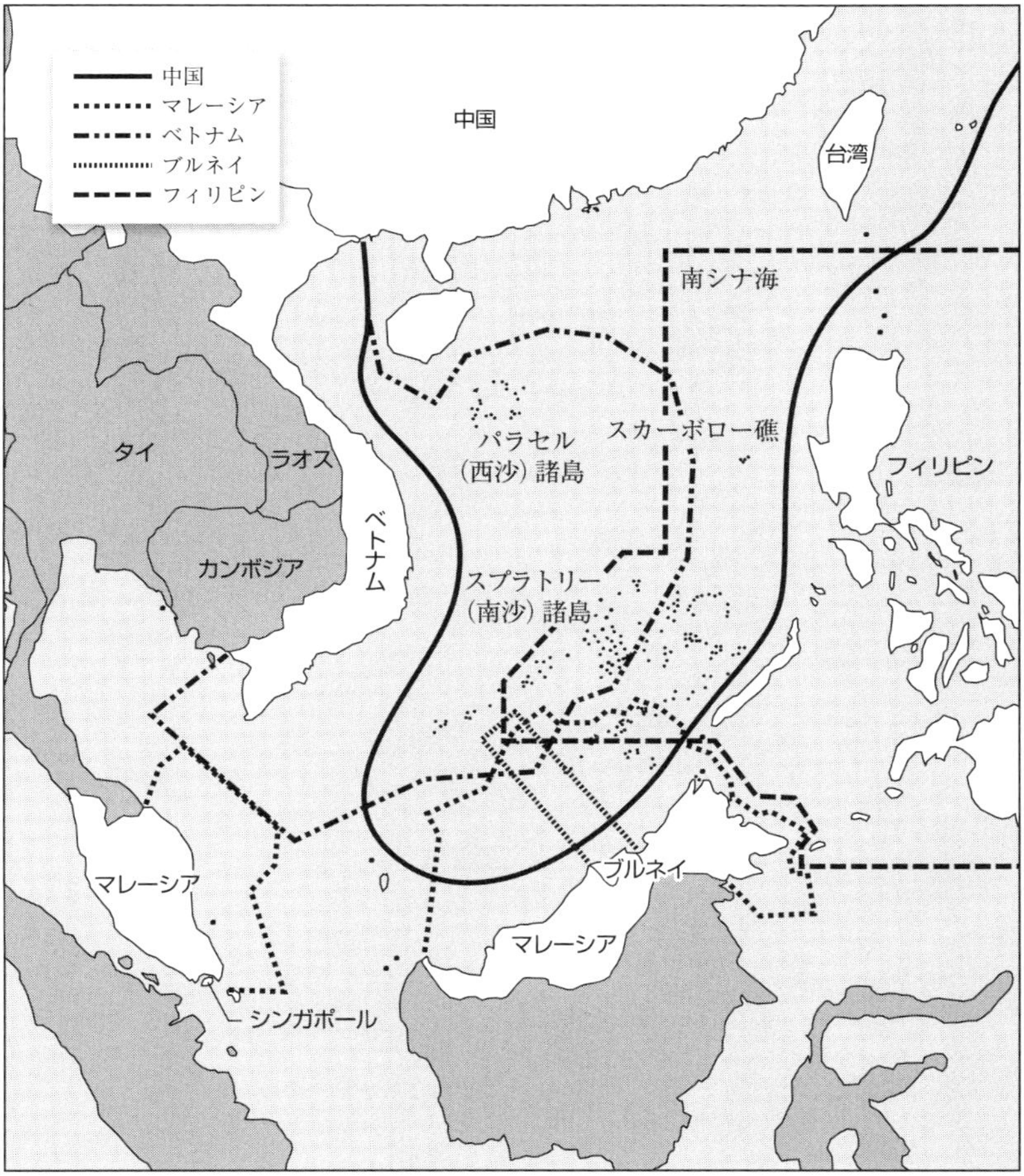

は、日本が強くて中国が弱かった二〇世紀に何が起こったのかをよく覚えているのである。

さらに言えば、強力になった中国には、わざわざ米軍が自分の裏庭で活動することを受け入れなければならない理由は何もない。アメリカの政策担当者たちは、西半球に他の大国が軍隊を送り込むことには反対するが、これは彼らがこのような外国の軍隊のことを「アメリカの安全保障にとって潜在的な脅威である」と見なしているからだ。同じ論理《ロジック》は中国にも当てはまるだろう。中国は、米軍が眼と鼻の先にいるのにどうして安心できるというのだろうか？　モンロー・ドクトリンの論理《ロジック》に従えば、中国の安全保障も、米軍をアジア太平洋地域から追い出すことによって実現するのではないだろうか。すべての中国人は、アメリカとヨーロッパの大国たちが弱い中国につけこんで主権を侵害しただけでなく、数々の不平等条約を押し付けて経済的に搾取《さくしゅ》をした、第一次アヘン戦争（一八三九〜四二年）から第二次世界大戦の終わり（一九四五年）までの一〇〇年間に、一体何が起こったのかをよく覚えているのだ。

中国にアメリカと違う行動を期待するのは的外《まとはず》れではないだろうか？　中国はアメリカと比べて強い道徳観念を持っているのだろうか？　ナショナリズムが弱いのだろうか？　生き残り《サヴァイバル》についてそれほど懸念を持たないのだろうか？　これらの疑問は、当然ながらすべて「ノー」である。だからこそ中国はリアリストの論理《ロジック》に従い、アジアで地域覇権を目指すことになるのだ。

確かに中国のアジア支配の主な理由は「生き残り《サヴァイバル》の確率の最大化」にあるのかも知れないが、そこにはもう一つの別の理由も存在する。そしてこれは、北京政府と周辺諸国との領土紛争にも関係したものだ。テイラー・フラヴェル（Taylor Fravel）が指摘しているように、中国は確かに一九四九年以降の国境紛争のほとんど――二三件のうちの一七件――を解決しており、いくつかのケースでは相手側に大幅な譲歩《じょうほ》をするほど積極的な姿勢を見せている。[*12]ところが中国にはまだ六件の大きな紛争が残されており、これらが少なくとも――現時点においては――外交的に上手く解決できるような見通しはほとんど立っていない。

図 10－3　東シナ海

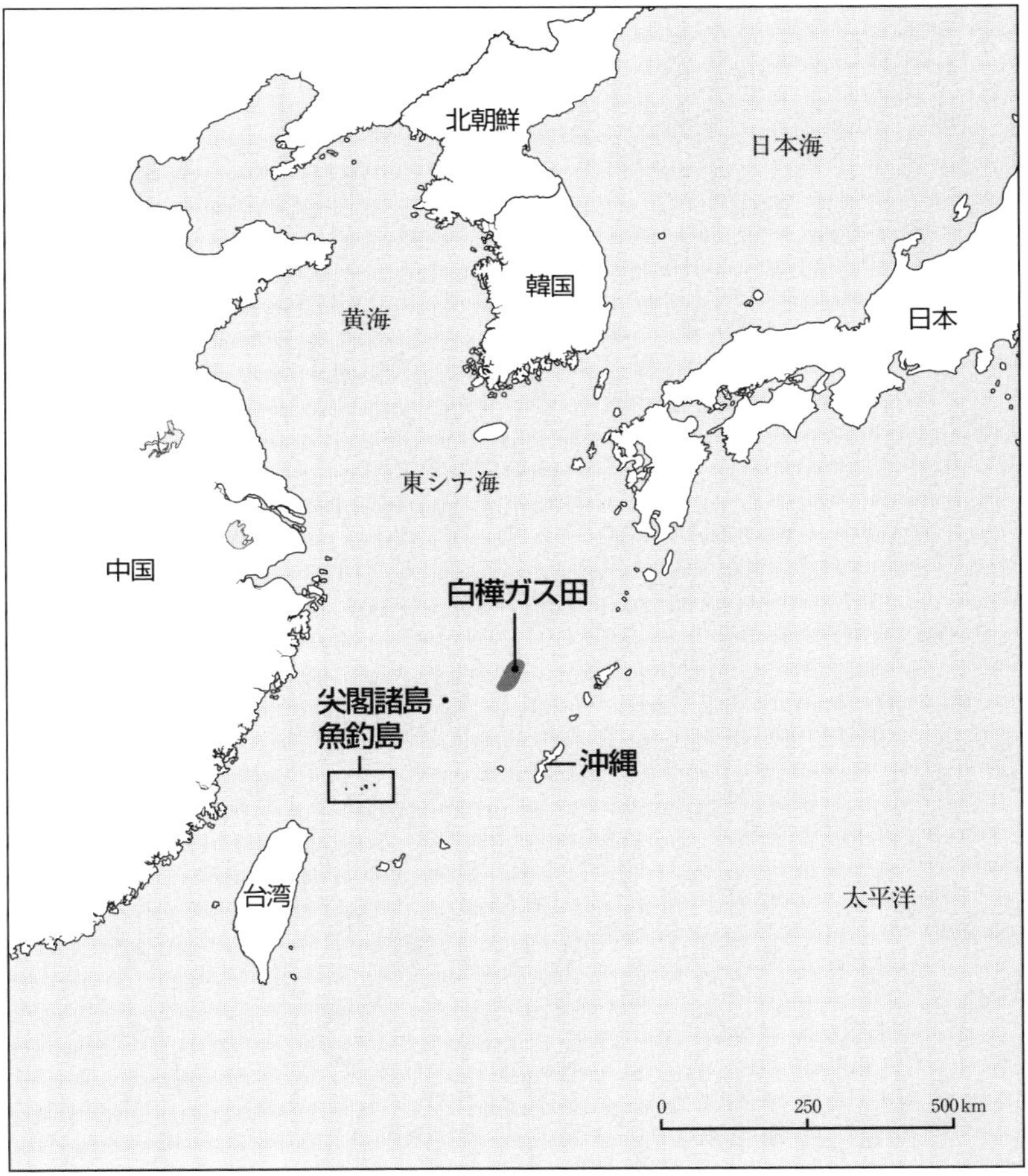

中国にとっておそらく最も重要な紛争は台湾をめぐるものであり、北京はここを併合して領土を統一することを本気で考えている。[*13] ところが現在の台湾の政権は、自分たちが主権を持った独立国であると考えており、中国に再び統合されたいとは全く考えていない。台湾のリーダーたちは、中国の台湾侵攻を誘発したくないので、わざわざ独立状態を喧伝《けんでん》してはいない。さらに、中国はベトナムと南シナ海のパラセル（西沙）諸島の統治を巡って領土争いを繰り広げており、同海のスプラトリー（南沙）諸島を巡ってはブルネイ、マレーシア、フィリピン、台湾、そしてベトナムと争っている（図10‐2を参照）。

さらに大きく言えば、中国は南シナ海全域の主権を主張しており、これは周辺国だけでなく、アメリカからも批判されている。そのはるか北方の東シナ海では、北京政府は日本側が尖閣諸島（中国側は釣魚島）と呼ぶ小さな島々を巡って、激しい論争を繰り広げている（図10‐3を参照）。

他にも、中国はブータンやインドと陸上の国境紛争を抱えている。実際のところ、中国とインドは一九六二年にこの領域をめぐって戦争をしており、それ以降も両者は互いに何度も挑発的な行動をしている（図10‐4を参照）。たとえばニューデリー政府は、二〇一二年度だけでインドが実効支配している区域に中国側が四〇〇回も侵入したと主張している。そして二〇一三年四月半ばには、一九八六年以来初めて、中国兵をインドの実効支配線の内側から中国側に撤収させるのを拒否しているのだ。この動きは、インド側の派兵が増加し、それと共にインフラ関連の施設が増加していることに対する、中国側の対抗措置だと見られている。[*14]

中国にとってのこれらの領土紛争の重要度や、それらが（互いに取引を行う形の）外交交渉によって解決するのが困難であるように見えることを考えれば、中国にとって有利な形で紛争解決を図る最適な手段は、おそらく強制力を伴《ともな》ったものになるだろう。とくに中国が周辺国と比較して今よりもはるかに強力になることができれば、軍事的な脅しを使って自分にとって都合のよい状態で紛争を解決するのが容易になるのだ。そしてもしその脅しが効かないとすれば、中国はいつでも刀を引き抜いて戦争を開始

図 10-4　第一・第二列島線

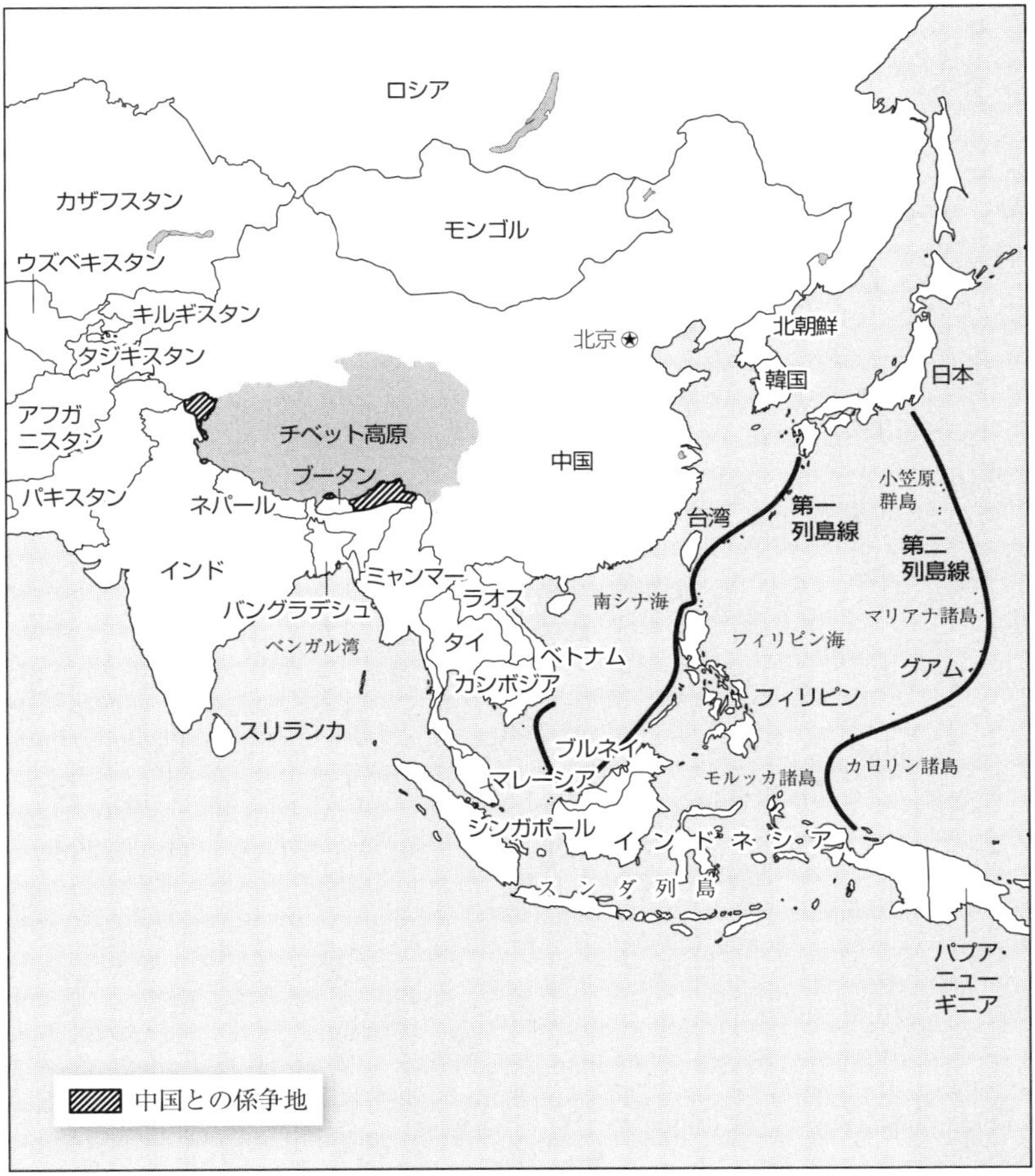

し、自らの言い分を通すことができるのである。強制や実際の軍事力の行使というのは、中国が台湾を獲得するために実行可能な、唯一の方法のように見える。端的に言えば、中国がいくつもの領土争いを自分に有利な形で解決する最も良い方法は、地域覇権国になることなのだ。

ここで指摘しておくべきことは、これらの領土争いに加えて、中国は周辺国と水資源をめぐる争いに巻き込まれる可能性もあるということだ。中国の国境内に位置しているチベット高原は、北極海と南極につぐ、世界第三位の淡水の貯蔵地だ（図10 - 4を参照）。その証拠に、チベット高原は「第三の極地である」と言われることもある。ここは実際にアジアの多くの川の水源になっており、それにはブラマプトラ川やイラワジ川、メコン川、サルウィン川、サトレジ川、そして揚子江《ようすこう》や黄河《こうが》などが含まれる。これらのほとんどの川は周辺国に流れ出ており、これらの国々の何百万人もの住民たちの生活にとって不可欠な存在となっている。[*15]

近年になって、北京政府がこれらの川の流れを変えて人口の多い中国の東部や北部に流す計画を真剣に考えていることが明らかになっている。この目標のために、中国は運河やダム、灌漑《かんがい》システム、それにパイプラインなどを建設をしている。もちろんこのような計画は初期段階であり、まだ川の流れをほとんど変えたわけではないのだが、これがもたらすトラブルの潜在性は高い。なぜならそれらの川の下流に位置する周辺国は、時間の経過とともに水の流入量の大きな低下に直面する可能性が高く、これによって経済・社会面で破壊的な被害が出るかも知れないからだ。たとえば中国側はブラマプトラ川の流れを、枯渇しつつある黄河のある北方に迂回《うかい》させることを考えている。もしこれが本当に実行されれば、インドや、とりわけバングラデシュにとって、大問題となるはずだ。また、中国はメコン川の水の流れを変えようとしているが、これはカンボジアやラオス、タイ、そしてベトナムのような、東南アジアの国々と大きな問題を生み出すことになるのはほぼ確実である。

チベット高原から出てくる川の流れを変えるプロセスにおいて、中国はこの問題を管理する際に役立つような国際制度の制定にはほとんど関心を持っておらず、常に独断的に行動している。アジアにおいて水資源が段々と枯渇《こかつ》しつつあることを考えると、この問題は時間の経過とともに悪化することが見込まれており、そこに関わる利害の大きさから、中国と周辺国との戦争につながる可能性もある。

地域覇権の追及の他にも、台頭する中国はアジア以外の地域における戦略的利益を追及することになるだろう。これはアメリカが、西半球以外の地域で重要な利害を持っていることと同じである。オフェンシヴ・リアリズムが教える通り、中国は南北アメリカの政治に介入して、ワシントン政府が被《こうむ》るようなトラブルを起こし、これによって米軍が世界で自由に活動するのを困難にさせようとしてくることも考えられる。

冷戦期にはソ連がキューバと密接な同盟関係を結んだが、これはその目的の中に、アメリカの裏庭に介入する狙いがあったことは間違いない。[*16] 将来においてはアメリカとブラジルのような国との関係が悪化するかもしれず、そのために中国がブラジルと密接な関係を構築して、西半球に軍隊を駐留させるチャンスが生まれるかも知れない。さらに言えば、中国はカナダやメキシコとの関係を強化し、「北米大陸におけるアメリカの圧倒的な立場を崩そうとするためには何でもする」という動機を持つことになるかも知れない。その狙いは、アメリカ本土を直接脅すことにあるのではなく、むしろアメリカの注目を海外ではなく、自国の周辺に移させることにあるのだ。

このようなシナリオは、現時点で考えると荒唐無稽《こうとうむけい》なものに聞こえるかも知れない。ところがソ連が一九六二年にキューバに核弾頭付きのミサイルを設置しようとしたことや、同じ年にキューバに四万人以上の兵を駐留させ、なおかつキューバに対してさまざまな先進的な通常兵器を供給していたことを思い出してほしい。[*17] また、アメリカがすでに中国の裏庭に巨大な軍事的プレゼンスを維持していることも忘れてはならない。

地域覇権の達成の見込みを上げるために、中国は明らかにアメリカのアジアへの戦力投射能力《パワー・プロジェクション》を制限したいと考えている。ところが、この他にもアメリカを西半球にかかりきりにしておきたい理由がある。とくに中国は、アフリカの経済・政治面で大きな権益を持っており、しかもこれは将来的にはますます重要度を増すことになると見られているからだ。さらに重要なのは、中国がペルシャ湾地域の石油に大きく依存しており、この依存状態が時間の経過とともに増えると見られていることだ[*18]。アメリカと同様に、中国がペルシャ湾を戦略的重要地域と見なすようになるのはほぼ確実であり、これは冷戦期の米ソ両国のように、米中両政府がこの地域で激しい安全保障競争に突入することを意味する。西半球でトラブルを起こすことで、中国はアメリカのペルシャ湾やアフリカへの戦力投射《パワー・プロジェクション》能力を制限できるようになるからだ。

この分析をさらに進めてみると、中国の石油の輸入のほとんどはペルシャ湾から海上輸送で行われていることがわかる。これらの石油を、ミャンマーとパキスタンを通ったパイプラインと鉄道で運搬するという計画もあるのだが、海上輸送の方がはるかに容易で安価であるという事実は残る[*19]。それでもペルシャ湾やアフリカから海を越えて中国東岸の主要な港まで運搬するためには、それを運搬する船が、東南アジアのいくつもの国々にまたがっている南シナ海とインド洋を通過しなければならない（図10－1を参照）。中国の船がこの二つの大きな海域を通過するには、三つの主要な航路を通る必要がある。とくにマラッカ海峡は、インドネシア、マレーシア、そしてシンガポールに囲まれており、さらに南のロンボク海峡やスンダ海峡を通る場合は、インドネシアの間を通過して、オーストラリアの北西部に近いインド洋の外洋に出なければならないのだ（図10－5を参照[*20]）。

中国の船はインド洋とアラビア海を横切ってペルシャ湾まで行かなければならない[*21]。さらに、それらの船は同じルートを通って中国に帰ってこなければならないのだ。中国のリーダーたちは、まさにアメリカが主要な海路をコントロールすることの重要性を強調するように、これらの海上交通路（sea lines

図 10－5　東南アジアの主な地域

of communications：SLOCs）をコントロールしたいと考えるはずだ。したがって、中国国内では外洋海軍の建造が広く支持されているのは当然と言える。こうすることによって、中国は世界中に戦力投射できるようになり、主なＳＬＯＣｓをコントロールできるようになるからだ。[*22]

まとめて言えば、中国がもし急激な経済成長を続けることができれば、ほぼ確実に超大国となり、これはつまり世界中でアメリカと競うために必要となる、戦力投射能力《パワー・プロジェクション》を備えることになることを意味する。アフリカは北京政府にとってかなり重要な場所となりそうだが、それでも彼らが関心を集中させそうな地域は、西半球とペルシャ湾だ。それに加えて、中国はアメリカが海のコントロールを追及したのと同じような形で、距離の離れた場所に到達できるような軍事力と海軍部隊を建設するのは明らかなのだ。

なぜ中国の台頭は目立ってしまうのか

もちろん「中国はアジアを支配しようとしているが、その目標を平和的に達成するための賢明な戦略を追及することも可能だ」と論じることもできるだろう。これは鄧小平《とうしょうへい》（Deng Xiaoping）の「中国は目立たないようにしながら国際紛争になるべく巻き込まれないようにするべきだ」という有名な格言に沿ったものだ。彼の実際の言葉を引用すると、「韜光養晦《とうこうようかい》、有所作為」、つまり「才能を隠《かく》して控《ひか》えめにふるまい、成すべき事は成す」ということになる。[*23]中国にとって時が来るのを待つべき理由は、「余計なトラブルを避けて経済発展の継続に集中すれば、最終的には強力になってアジアで思うようにふるまえるようになる」という点にある。そうすれば覇権状態は、意識せずとも既成事実《きせいじじつ》となるからだ。ところが経済発展に失敗し、結局は覇権を達成して未解決の紛争を解決するために軍事力を行使したり、その脅しを使うことになったとしても、ある程度経済的な力を蓄《たくわ》えておけば、周辺国やアメリカに圧力をかける際に、それなりに有利な立場を得ることにはなるだろう。

今の時点から戦争や深刻な安全保障競争を始めてしまうのは、北京政府にとっても都合が悪い。紛争には中国経済に悪影響を及ぼすリスクがあり、さらに言えば、現在の中国軍はアメリカとその同盟国たちの軍隊とは対峙できるような状態にはない。つまり中国にとっては、国力が十分増加して米軍と対峙できるようになるまで待つ方がよいことになる。単純に言えば、時間は中国に味方しているのであり、それは「周辺国が警戒しないような控えめな対外政策を追及すべきである」ということを意味する。

これを現実の政策に置き換えてみると、中国はその意図に悪意はなく、圧倒的かつ脅威的な軍隊を作り上げる考えはないことを、世界に努めて発信していかなければならないことを意味する。レトリックの面でも、中国のリーダーたちは平和的な意図しかないことを常に強調すべきであり、豊かな儒教の文化もあるために、平和的な台頭が中国にとって合理的であることを訴えるべきなのだ。同時に彼らは、政府高官がアメリカやその他のアジアの国々に対して激しい言葉を使ったり、脅しのような声明を使用するのを控えるよう必死の努力をすべきである。

実際の行動に関して言えば、中国は周辺国やアメリカとの危機を発生させてはいけないし、他国が中国との危機を起こそうとして挑発してきた場合でも、それらを煽《あお》らないようにすべきであることになる。たとえば北京政府は南シナ海や尖閣諸島における領有権争いを避けるよう尽力すべきであり、また国防費の増大を制限して脅威的な存在として見なされないようにしつつ、周辺国やアメリカと経済的な結びつきを深めるべきであろう。この論理《ロジック》に従えば、中国のリーダーたちにとっては「中国がますます経済的に発展して経済的な結びつきが高まれば、世界全体にとっても良いことになる。なぜならこのような発展は、平和を作り出す強力な力となるからだ」と強調すべきである。結局のところ、経済的な結びつきの強い世界で戦争を始めてしまうことは、金の卵を生むガチョウを殺してしまうようなものだと広く信じられているからだ。その他にも、中国は多くの国際制度機関において、できるだけ積極的かつ協力的な役割を果たすべきであり、たとえばアメリカとともに北朝鮮の問題に対処すべきであろう。

このようなアプローチは、一見すると確かに魅力的ではあるが、実際には上手くいかないだろう。その証拠に、我々はすでに鄧小平の示した対外政策を中国が長期的には守れていないことを知っている。二〇〇九年までの中国は、確かに控えめに行動しており、周辺国やアメリカに恐怖心を発生させなかった。ところがそれ以降の中国は、数多くの領土紛争を起こし、アジアの国々から増々深刻な脅威だと見なされるようになっている。[*24]

この他国との関係悪化の原因の一つは、北京政府がどれほど良い意図があることを発信しても、他国が本当の意図を確信できないことにあり、将来の意図を知るのはさらに不可能であるという事実にある。実際のところ、我々は中国の対外政策を将来誰が担《にな》うことになるのかわからないし、同地域での他国やアメリカに対する意図がどのようなものになっているかについては、さらにわからないのだ。それに加えて、そもそも中国は多くの周辺国と深刻な領土紛争を抱えている。したがって、中国の周辺国は、すでに北京政府が持つ能力の方に注目している。これはつまり、彼らが中国の急速に拡大する経済力や、増々圧倒的になる軍事力の方を見ているということだ。そして当然のように、アジアの多くの国々は、強い懸念を抱くようになる。なぜなら彼らは将来のいつかの時点で、自分たちに対して悪意を持った超大国の隣《となり》で生きるはめになるかも知れないからだ。

この問題は「安全保障《セキュリティー》ディレンマ」(security dilemma) によってさらに悪化する。これは、国家が自分の安全を確保しようとしてとる手段が他国の安全を減少させることを教える概念だ。ある国が「防御的だ」と考える政策や兵器の開発を採用したとしても、潜在的なライバルたちは必然的にこのような動きを実質的に「攻撃的なものだ」と考えることになる。たとえばアメリカが台湾海峡に空母を派遣——一九九六年に実行したが——したり、もしくは西太平洋に潜水艦を再配備したりする際に、アメリカのリーダーたちは心の底からこのような動きを防御的《ディフェンシヴ》なものであると考える。ところが中国側にとっては、これが「包囲」という攻撃な戦略として映ることになり、「封じ込め《コンテインメント》」という防御的《ディフェンシヴ》な戦略であるとは見なさないのだ。[*25] したがって、二〇〇九年のエコノミスト誌が「中国の退役した提督たちは、米海軍をまるで家族の住む家の玄関のすぐ外を徘徊している、犯罪歴を持った男にたとえた」と報じたのは、別に驚くべきことではない。[*26]

ここから言えるのは、中国が軍事力を強化しようとするいかなる動きも、北京側からすれば「防御的なもの」として見えているが、東京、ハノイ、そしてワシントン政府では、それが攻撃的《オフェンシヴ》なものに映るということだ。そしてこれは、中国側のいかなる軍事力強化の動きをも「北京が攻撃力を備えようとしているだけでなく、攻撃的な意図も持っている」という中国の周辺国たちの解釈につながることを意味する。これには、中国が単に周辺国やアメリカの動きに反応する形で起こした行動が「戦闘力の強化のため」と解釈されてしまうような例も含まれる。このような解釈がされるため、中国のリーダーたちが鄧小平の教えた賢明な対外政策を実行するのはほぼ不可能になってしまう。

さらに中国の周辺国は、時間が自分たちの味方をしておらず、バランス・オブ・パワーは自分たちやアメリカに対して不利になりつつあることを理解している。したがって、彼らには中国が超大国になるのを待つよりは、まだ中国が弱い現在の時点で領土紛争の危機を起こしておきたい、というインセンティブを持つことになる。北京が近年における周辺国との危機を挑発していないことは明確であるように見える。中国のトップの外交官の一人である崔天凱《さいてんがい》（Cui Tiankai）は「我々は何も挑発的な行動を行っていない。我々はまだ〝平和的発展〟から道を外していない。ここ数年間で何が起こったのかをよく見てみると、他国がすべての紛争を開始したことがわかるはずだ」と述べている。[*27] 彼は実質的に正しいことを言っている。近年のほとんどのトラブルを起こしたのは、北京政府ではなく、周辺国の方だからだ。

ところが周辺国やアメリカに対して、二〇〇九年以降の中国を「警戒すべき存在」として知らしめることになったは、主にこれらの危機に対する中国側の反応である。とくに中国のリーダーたちは、強く、時としてかなり激しい反応をせざるを得ないように見える。なぜならその紛争が「中国の主権と領土の保全に関わっており、これらの問題についての国民の強い関心がある」からだ。[*28] 趙穂生《ちょうすいせい》(Suisheng Zhao) が指摘するように、二〇〇八年以降の中国政府は「大衆ナショナリズムに訴えかけるような表現を抑制することには関心を持たなくなっており、ナショナリスト的な国民の声に答える形で、西洋諸国や周辺国と衝突するような姿勢をとるようになった」のである。[*29]

これは実践面で見ると、北京が声高《こわだか》に主張をし始めたということであり、そこに妥協の余地がないことだけでなく、自ら中国の主権の及ぶ領土だと考える土地を守るために闘うことを強調し始めたということだ。いくつかのケースでは、中国側は自らの立場をこれ以上ないほど明確にするために、軍隊や準軍事的な部隊を派遣しなければならないという焦《あせ》りにかられており、二〇一二年四月には実際に南シナ海の小規模な島であるスカーボロー礁の統治を巡るフィリピンとの危機の際に、これを実行している(図10 - 2を参照のこと)。同年九月にも日本と争っている尖閣諸島において同じような種類の行動が見られた。中国政府はライバル国に対する経済制裁の脅しやその実際の使用についても、ほとんど遠慮を見せていない。そのため、このような断固とした態度の表明は危機を煽ることになり、中国の控えめな対外政策の追及を無駄にしてしまうことになる。

他にも、最も根本的なレベルの話として、アメリカと中国の周辺国のほぼすべてが「中国の台頭を阻止したい」と考えるだけの強力なインセンティブを持っている。これはつまり、彼らがその成長を慎重に見極め、後に手遅れになるよりも先に阻止するような動きをするということだ。ではアメリカとアジアの他の国々が中国の台頭に対して後にどのような反応をするのかという点について、さらに詳《くわ》しく見ていくことにしよう。

❖来たるべきバランシング同盟

歴史の記録から明らかなのは、もし中国がアジアを支配しようとしたら、アメリカの政策担当者たちはどのような反応を示すのかということだ。大国になってからというもの、アメリカはライバル大国の出現を絶対に許しておらず、二〇世紀を通じて見てもわかるように、アメリカは「世界唯一の地域覇権国」という立場を決して譲ろうとしていない。したがって、アメリカは中国封じ込めのために多大な努力をするだろうし、中国のアジア支配を不可能にするためには何でもやるだろう。そのエッセンスから言えば、アメリカは冷戦期にソ連に対して行動したような形で中国に対抗する可能性が高いということだ。[*30]

中国の周辺国もその台頭を恐れるだろうし、彼らも中国の地域覇権の阻止のためには何でもするだろう。実際のところ、インドや日本、そしてロシアなどの国々や、シンガポール、韓国、そしてベトナムのようなやや小規模な国家までが、中国の勃興を懸念して封じ込めの方法を求めていることを示す多くの証拠が存在する。最終的に、彼らはアメリカ主導の「バランシング同盟」(balancing coalition) に参加して中国の台頭を牽制《けんせい》するはずであり、これは冷戦期にソ連を封じ込めるために、イギリス、フランス、ドイツ、イタリア、日本、そして最後は中国までがアメリカと力を合わせたやり方と似たような形になるはずだ。

サムおじさん vs. ドラゴン

中国は、地域覇権を達成できるだけの軍事力を備えるところからはまだほど遠いところにある。しかしだからといって、これが今日において台湾や南シナ海の問題から紛争が勃発する可能性があることを否定するものではない。[*31]アメリカに「中国の地域覇権達成の阻止」という重大な利益があることは明らかだ。当然だが、これは致命的に重要な問題に突き当たることになる。それは「アメリカにとって、中国のアジア支配を阻止するための最高の戦略とはどのようなものか?」というものだ。

台頭する中国に対処する最適な戦略は、「封じ込め《コンテインメント》」(containment)である。これが教えているのは、「アメリカは北京政府が領土を侵略したり、またはアジアにおいて影響力を拡大するために軍事力を行使するのを牽制することに集中すべきである」ということだ。この目標のために、アメリカの政策担当者たちは中国周辺のなるべく多くの数の国々を巻き込んで、バランシング同盟の結成を狙って動くことになる。そこでの究極の狙いは、北大西洋条約機構(NATO)のような形の同盟関係を構築することにある。冷戦期のNATOは、ソ連の封じ込めという意味ではかなり効果的な制度だったからだ。また、アメリカは世界の海の支配を維持することに努めなければならず、これによって中国がペルシャ湾や、とりわけ西半球のように、離れた地域に戦力投射《パワー・プロジェクション》するのを困難にさせなければならない。

「封じ込め《コンテインメント》」というのは、本質的には防御的《ディフェンシヴ》な戦略である。中国に対して戦争を起こすことを求めるようなものではないからだ。実際のところ、「封じ込め《コンテインメント》」は台頭する中国に対する戦争の代替案である。それでも戦争が起こる可能性は常にある。だがアメリカが「封じ込め《コンテインメント》」戦略を実行しつつも、中国と経済的に密接なつながりを持てない理由はどこにも存在しない。結局のところ、イギリス、フランス、ロシアは、ドイツ封じ込めの目的で「三国協商」を結成していたのだが、第一次世界大戦前の二〇年間はヴィルヘルム皇帝のドイツと貿易を行っていたのだ。もちろん国家安全保障の面を考えれば、貿易にいくらかの制限がかかることはあってもおかしくない。より一般的に言えば、中国とアメリカは、二国間の関係が根本的に競争的で、「封じ込め《コンテインメント》」が行われているような状況でも、さまざまな面で協力することはできるのだ。

「オフショア・バランサー」として豊富な歴史を持つアメリカにとって理想的な戦略というのは、なるべく背後にいて、中国の周辺国たちに中国封じ込めのほとんどの重荷を負わせるというものだ。つまりアメリカは、実質的に中国を恐れるアジアの国々に「バック・パッシング」をすべきだということだが、これは以下の二つの理由から、実際には行われないだろう。最も重要なのは、中国の周辺国が中国を抑え切れるほど強力ではないという点だ。したがって、アメリカには反中勢力をリードするしか選択肢は残されておらず、その強力な力のほとんどをリードすることに傾けることになるはずだ。さらに、中国に対抗するためのバランシング同盟に参加するアジアの多くの国々の間には、物理的にも大きな距離があり、これはインド、日本、そしてベトナムの例を考えてみても明白だ。したがって、ワシントン政府には彼らの間の協力関係を取り持ち、効果的な同盟体制を形成する必要が出てくる。もちろんアメリカは冷戦時代に似たような状況にあったわけであり、ヨーロッパと北東アジアでは、自身がソ連を封じ込める重荷を背負う他に選択肢はなかった。現地の国々が潜在覇権国を自分たちの力で封じ込められない場合には、沖合に位置しているオフショア・バランサーというのは、実質的にオンショア、つまり岸に上がらなければならなくなるのだ。

「封じ込め《コンテインメント》」の代わりとなる戦略は三つある。最初の二つでは、予防戦争を起こしたり、中国経済の発展を遅くするような政策を採用することによって、中国の台頭を阻止することが狙われている。ところがこの二つのどちらも、アメリカにとっては実行可能な戦略とはならない。三つ目の戦略は「巻き返し」(rollback)であるが、これは実行可能でありながら、その利益はほとんどない。

「予防戦争」(preventive war)が実行不可能な理由は、単純に中国が核抑止力を持っているからだ。アメリカは自国、もしくは同盟国に対して報復可能な国の本土に対して、破壊的な攻撃を仕掛けることはできない。また、中国が核兵器を持っていなかったとしても、アメリカの大統領が中国に対して「予防戦争」を仕掛けることは想像しづらい。[*32] アメリカが莫大な陸軍を持つ中国に侵攻することはほぼありえないし、中国を大規模な爆撃によって破壊しようとすれば、核の使用が必要になってくる。これは中国を「煙の充満した放射能だらけの廃墟」にするということだ。ちなみにこの言葉は、米空軍がソ連との核戦争になった場合に実現を目指した状況を言い表した、冷戦時代の表現である。[*33]このような攻撃によって生まれる放射性降下物（死の灰）を考えただけで、この戦略には成功の見込みがないことがわかる。さらに、中国がこのまま急激な経済成長を続けることができるのか、そして最終的にアジアを支配しようとして脅威となるのかは、誰にも確実なことが言えないのだ。この未来の不確実性も、「予防戦争」を見込みのないものにしている。

「中国の経済成長を遅くする」（slowing down Chinese economic growth）というのは、核戦争に比べれば確かに魅力的な選択肢ではあるが、これもまた実行不可能だ。この場合に一番の問題となるのは、アメリカ経済にダメージを与えずに中国経済を鈍化させる実際的な方法が存在しないという点だ。もちろん「中国経済の方がより大きなダメージを受けるはずだから、相対的にアメリカ経済の立場が上がる」という議論もできるだろう。ところがこれが実現できるのは、アメリカが中国以外の貿易相手を見つけることができて、中国側は見つけられない、という二つの条件が合わさった場合だけだ。[*34]

あいにくだが、世界中の多くの国々は、中国と経済的な結びつきを深めたいと考えており、ワシントン政府が中国との貿易と投資を断絶するために作り出した真空状態は、それらの国々によって埋められることになる。たとえばヨーロッパの国々というのは、中国から深刻な脅しを受けることがないため、貿易相手としてアメリカの立場に取って代わる最有力候補であり、彼らが中国経済の発展を引き続き促《うなが》すことになるはずだ。[*35]端的に言えば、中国を経済的に孤立させることはできないため、アメリカはその経済に対する損害をあまり与えることができない。[*36]

イギリスは第一次世界大戦の前のドイツの台頭の時に、全く同じ問題に直面している。イギリスのエリート層で広く認識されていたのは、ドイツ経済が自国の経済よりも早いペースで成長しており、これによってバランス・オブ・パワーがドイツに有利な方へシフトしているということであった。イギリス国内では、経済的な結びつきを断つことによってドイツ経済を鈍化させるべきかどうか、激しい議論が巻き起こった。イギリスの政策担当者たちは、これを実行すればドイツよりもイギリス側のダメージの方が大きいと結論づけた。その主な理由は、ドイツがイギリスに輸出するものや、その逆にイギリスから輸入するほとんどのものを他国に振り分けることができるからであった。同時に、イギリス経済は代替できないドイツからの輸入を失うことによって、大打撃を受けると思われたからだ。結果として、ドイツがイギリスからパワーを奪うことになることをわかっていながら、イギリスはドイツとの貿易を続けることになった。なぜならそれが、悪い手の中でも最もましな選択肢だったからだ[*37]。

封じ込めに代わる三つ目の戦略は「巻き返し《ロールバック》」であるが、これにはアメリカが中国の弱体化を狙ってその友好国の政権の体制転換《レジーム・チェンジ》をしたり、さらには中国国内でトラブルを起こしたりすることが含まれる[*38]。たとえばパキスタンが中国側と密接な関係を結んでいる（これは将来確実に実現しそうなことだが）とすれば、ワシントン政府はイスラマバード政府の体制転換《レジーム・チェンジ》をして、その首を親米派のリーダーにすげ替えようとする。もしくはアメリカは新疆《しんきょう》ウイグル自治区やチベットなどで独立派を支援するなどして、政情不安を煽ることもできる。

アメリカは冷戦時代にソ連に対して主に「封じ込め《コンテインメント》」を実行していたが、現在わかっているのは、いくつかの面で同時に「巻き返し《ロールバック》」を行っていたということだ[*39]。アメリカは一九四〇年代後半から五〇年代前半にかけて、ソ連国内で反乱工作をしかけていただけでなく、親ソ派と思しき世界中の無数の政府のリーダーたちを次々と追放していった。実際にもワシントン政府は、一九五〇年代から六〇年代にかけて中国に対していくつかの隠密工作《おんみつこうさく》を直接仕掛けている[*40]。このような「巻き返し《ロールバック》」工作は、超大国の間のバランス・オブ・パワーにはわずかな影響しか与えておらず、ソ連崩壊を早めることにはつながらなかったと言える。それでもアメリカのリーダーたちはあらゆるところで「巻き返し《ロールバック》」を実行しており、ワシントン政府の政策担当者たちが将来強力になった中国に対してこの政策を絶対に使わないとは言えないのだ。それでもアメリカにとっても最も効果を発揮する戦略が、今後も「封じ込め《コンテインメント》」である事実は変わらない。

アメリカが同地域に軍隊を駐留させ続けているにもかかわらず、中国が最終的に強力になりすぎて、「封じ込め《コンテインメント》」やアジアの支配を阻止できなくなる可能性も、わずかに残っている。中国はいつかの時点で、アメリカが二〇世紀に直面した四つの潜在覇権国よりもはるかに大きな潜在的なパワーを持つかも知れないからだ。軍事力の基礎となる人口と経済の規模において、ヴィルヘルム皇帝のドイツ、大日本帝国、ナチス・ドイツ、そしてソ連でさえも、アメリカと肩を並べることはできなかった。ところが中国は現時点でも人口がアメリカの四倍であり、二〇五〇年にはさらにこれが三倍増えると見込まれているため、北京政府は一人当たりの国内総所得（ＧＮＩ）で香港や韓国並みの数値を達成できれば、潜在的なパワーの面においてはアメリカよりも大きな優位を得ることになる。[*41]

これらの潜在的パワーによって、中国はアジアの主要なライバルたちと比較して決定的な軍事的優位を得ることが可能になる。これは中国が自分の裏庭で活動している時に、アメリカがカリフォルニア州から九六〇〇キロメートル以上の距離を越えて作戦を行わなければならないことを考えれば、事態はなおさら深刻である。こう考えると、アメリカが中国の地域覇権《リージョナル・ヘジェモニー》の達成を阻止できるかどうかは極めて厳しいものであることが理解できるはずだ。さらに言えば、中国は世界中で繰り広げる競争の後で、おそらくアメリカよりも圧倒的な超大国となる可能性があるのだ。

ところがＧＮＩがそのレベルまで上がらなかったとしても、そしてアメリカほどの潜在的パワーを持てなかったとしても、中国はアジアで覇権を狙うには十分なポジションを獲得することができそうだ。これらすべてからわかるのは、アメリカにとって将来の中国経済の大きな鈍化を促すのが、大きな利益となるということである。もちろんこれはアメリカの経済や、さらには世界経済にとっても良いことではないかも知れないが、それでもアメリカにとって最も重要な「安全保障」には良いことなのだ。

周辺国たちは何をする？

中国の周辺国に関して言えば、最も重要な問題は、アメリカと組んで中国と対抗するか、それとも台頭する中国と「バンドワゴン」をすべきかということだ。専門家の中には第三の選択肢として「脇で傍《ぼう》観《かん》しながら中立を保つ方法がある」と論じる人もいるが、アジアの国々にとって米中の対立関係から逃れることは不可能であろう。この場合、ほぼすべての国家がどちらかの立場をとらざるを得なくなるが、これは単に北京とワシントンの両政府が彼らにどちらの立場をとるのか大きく迫るようになるだけでなく、これらの国々のほとんど——彼らのほとんどは米中両国よりもはるかに弱い——が、自国の安全を脅《おびや》かされそうになった場合に、強力な保護者を求めようとする合理的な動機を持つからだ。

生き残り《サヴァイバル》の必要性から考えれば、中国周辺のほとんどの国々は、中国に対してバランシングを選ぶことになるはずであり、これは北東アジアやヨーロッパのほとんどの国には選択肢があったにもかかわらず、ソ連に対抗するためにアメリカ側につくことを選んだことと似ている。[*42] 理由は単純だ。中国はアジアのほとんどの国にとってアメリカよりも深刻な脅威であり、彼らは最も危険な敵に対してはバンドワゴンではなく、バランシングを行おうとするからだ。[*43] 中国は主に地理的な理由から、脅威を感じさせる度合いがより高いのだ。とくに中国はアジアの地元の勢力であり、彼らのすぐ隣か、すぐに攻撃されてしまう距離に位置している。冷戦時のソ連も全く同じだった。ヨーロッパや北東アジアの他の国々の中でも、とりわけ西ドイツや日本にとって、ソ連は侵略してくる直接的な脅威だったからだ。

ところがアメリカは、中国の周辺国たちにとってそれほど脅威を及ぼす存在ではない。確かにアメリカはアジア太平洋地域で最も強力なプレイヤーであることは明らかであり、しばらくはこの状態が続くはずであるが、アメリカは遠く離れた場所にある大国であり、アジアやヨーロッパで本格的に領土侵攻を行おうとしたことはない。この主な理由は、これらの地域で征服をするには距離が遠すぎるからだ。アメリカは戦力投射《パワー・プロジェクション》の際に長大な距離を移動し、しかも戦略的に重要な地域に到達するまでに、太平洋と大西洋という広大な水域を最初に越えなければならない。したがってユーラシアの国々が、アメリカに占領されて支配されてしまうという危険は少ないのであり、これは一九四五年から一九九〇年までのソ連が相手の時と同じく、中国がさらに強力になった場合でも変わらない。

もちろんこれは、アメリカがアジアやヨーロッパのさまざまな国に対して軍事力を使った事実を否定するものではない。結局のところ、アメリカは冷戦期にアジアで二つの大規模な戦争（朝鮮戦争とベトナム戦争）を戦っている。ところがここでカギとなるのは、米軍はこれらの国を征服したり従属化させてはいないという点であり、中国は逆にそれを行う可能性を持っているという点だ。

アメリカがアジアで中国よりも脅威的ではない理由はもう一つある。それは、アメリカが遠くに位置している大国であるために、軍事的プレゼンスを大きく減少させる選択肢を持っており、その気になればこの地域の部隊を撤退させることも可能だからだ。ところが中国にはそのような選択肢はない。実際に中国の周辺国がアメリカに対して持っている恐怖感というのは、危機の際にアメリカがいてくれないかも知れないというところにあり、アメリカが攻撃して征服するかも知れないという点ではないのだ。オバマ政権が二〇一一年秋に「アジアへの軸足移動《ピボット》」（pivot to Asia）を宣言した主な理由はここにあり、これはこの地域のプレゼンスを増加する用意があることを簡潔に述べたものと言える。[*44] ワシントン政府はこうすることによって、アジアの同盟国たちを安心させようとしたのであり、アメリカは中東の方にはるかに集中して九・一一連続テロ事件以降の「テロとの戦争」に関与しているにもかかわらず、彼らの背後をしっかりと守ることを約束しようとしたのだ。

中国は周辺国の何カ国かを、アメリカとのバランシング同盟ではなく、北京政府とバンドワゴンをするように寝返らせるための「切り札」を持っている、と論じることも可能だ。実際のところ、オーストラリア、日本、韓国、そして台湾をはじめとするアジアの国々は、中国との貿易や投資を活発に行っている。よって彼らの経済面での繁栄は、中国との友好関係を維持できるかどうかに左右されるものであり、この状況のおかげで中国は貿易相手国に対して経済的な影響力を駆使《くし》することができることになり、もし彼らがアメリカ主導のバランシング同盟に参加するとしたら、北京政府は経済的な結びつきを断絶させてダメージを与えることができるようになるというのだ。[*45]

ところがこのような話で重要なのは、もし中国がこれらの何カ国かと経済的な結びつきを激減させたり断絶したとしても、実は中国経済には深刻なダメージが及ばないという点だ。言い換えれば、これは経済相互依存の理論の元となる、「相互的な脆弱性《ぜいじゃくせい》」を支持しているようなケースとはならない。この理論については本章の後半でも議論することになるが、ここでは一方だけが脆弱性を抱えることになり、これによって北京政府は周辺国にブラックメール（脅迫）を行えるようになり、そのためにアメリカが組織しようとする反中バランシング同盟がどのようなものであっても、それにダメージを与えたり大きく弱体化させたりできるということを指摘しておくだけで十分であろう。

　実質的に、これは「経済」と「政治・軍事」の懸念が衝突するような状況のことだ。そこで重要な問題が出てくる。それは、「どちらの要因が最終的に勝つことになるのか？」というものだ。私の主張は、安全保障の要素の方がほぼ常に経済面の考慮に勝るということであり、国家は二つのどちらかの戦略を選ばなければならなくなった場合は、バンドワゴンよりもバランシングの方を選ぶというものだ。[*46] 私の立場の前提となっている論理《ロジック》についてはもうお分かりいただけたと思う。国家が強力なライバルたちにバランシングを行うのは、それが生き残り《サヴァイバル》の確率を最大化する上で最も良い戦略だからだ。生き残り《サヴァイバル》が国家にとって最上級の目標であることは言うまでもない。その反対に、より強力な国とバンドワゴンを行うことは、それを実行する側の生き残り《サヴァイバル》の見込みを下げてしまうことになる。なぜならこうすることによって、ただでさえ圧倒的な側の国を、さらに強力で、より危険な存在にしてしまうからだ。

　ところが経済による強制についての議論には、異なる論理《ロジック》が存在する。そこでは生き残り《サヴァイバル》よりも経済の繁栄の方を強調するからだ。その核心にあるのは「大きなマーケット力を持つ国家は相手の国に対して経済的なダメージを与えることができるし、経済的な懲罰《ちょうばつ》の脅しは、脆弱性を抱《かか》えた国を強力な国側にバンドワゴンさせるよう十分強制できる」という考え方だ。もちろん厳しい経済的なダメージというのは恐怖感を与えるものだが、生き残り《サヴァイバル》の不安ほど大きな危機感をもたらすものはない。言い換えれば、生き残り《サヴァイバル》というのは、経済的な繁栄よりも強力な動機を生み出すのだ。リアリストの論理《ロジック》が経済的な強制を常に上回り、中国の周辺国が中国にバランシングを行おうとする理由はまさにここにある。[*47]

すでにインドや日本、そしてロシアなどのような国や、シンガポール、韓国、そしてベトナムのような小規模な国が、共に中国の台頭を心配して、封じ込めの方法を模索《もさく》し始めた証拠がかなりある。たとえばインドと日本は二〇〇八年一〇月に「日本国とインドとの間の安全保障協力に関する共同宣言」を締結しているが、これは主に彼らが中国のパワーの発展を心配したからである。[*48] インドとアメリカは冷戦期を通じて緊張感のある関係であったが、ここ一〇年間では良い関係になっている。そしてこの原因の多くは、両国が共に中国を恐れているからだ。二〇一〇年七月には世界に対して人権の重要性を訴えかけるような人々が集っているオバマ政権が、人権侵害を行ってきたことで有名なインドネシアのエリート特殊部隊との交流を復活させると宣言している。この変化の最大の理由は、中国が段々と強くなっている状況下で、ワシントン政府がインドネシアに味方になってもらいたいと考えたからである。そしてニューヨーク・タイムズ紙が報じたように、インドネシアの政府高官は「もしアメリカ側の禁止令が緩和《かんわ》されないのであれば、中国軍との関係構築を探ると示唆した」のである。[*49]

致命的に重要なマラッカ海峡のそばに位置しており、しかも中国の国力の増加を心配しているシンガポールは、すでに親密なアメリカとの関係をさらに強化したいと考えている。そのため、シンガポールはチャンギ軍港に大水深港湾を建設し、これによって必要な時に米海軍が空母を着岸できるようにしたほどだ。[*50] 二〇一〇年半ばに日本が行った沖縄の米軍海兵隊の駐留延長の決定の理由の一部は、日本政府が中国の強まる自己主張や、アメリカによる「安全保障の傘」がしっかりと日本にかかっていることを確実にしたいと憂慮《ゆうりょ》したことにある。[51] 中国がさらに強力になるにつれて、その周辺国同士の関係はますます密接になり、彼らのアメリカとの関係も近づくのだ。[52]

台湾の将来についても述べておくべきであろう。東アジアのシーレーンのコントロールにおける台湾の重要性を考えれば、アメリカには台湾を中国に奪取《だっしゅ》されるのを阻止すべき強烈なインセンティブがあることがわかる。[53] さらに言えば、アメリカの政策担当者たちは自国の信頼性や評判を非常に気にかけているため、アメリカが台湾を手放すとはますます考えにくい。[54] もちろんこれは、中国が最終的に強力になりすぎて米軍が台湾を守れなくなる可能性を否定するものではない。それでも台湾はアメリカが主導している中国を狙ったバランシング同盟に参加するであろうし、これによってあらゆる階層の中国人を怒らせることになるのは確実だ。北京とワシントンの間では、安全保障競争が激化するだろう。

まとめて言えば、私の理論《セオリー》が示しているのは「もし中国が劇的な経済成長を今後の数十年間続けられれば、アメリカや周辺国との激しい安全保障競争を展開するようになる」ということだ。私は本章で、関係各国が採用すると見られる具体的な政策について多くの議論を行ってきた。たとえばここから予測されるのは、中国が独自の「モンロー・ドクトリン」を宣言することや、アジア太平洋地域からアメリカを追い出そうと動き始めるということだ。そして我々は、中国の周辺国のほとんどが、北京を牽制するためのアメリカ主導のバランシング同盟に参加すると予測すべきだ。

ところが米中間の安全保障競争がどのようなものになるのかについては、さらに議論をすべきだ。とくに我々は、将来にわたって私の予測が正しかったかどうかを判断する際に注目する要素が、一体どのようなものであるかを知る必要がある。

安全保障競争はどのような形で展開される？

もし米中間の安全保障が本格化してくると、そこには一二個の要因がからんでくることになるだろう。

まずは「**危機**」(crisis)の発生である。これは米中での戦争勃発の深刻な脅しが存在する中での、大規模な紛争である。「危機」はそれほど頻発《ひんぱつ》しないかも知れないが、全く起こらなかったり長期間発生しないというのはあり得ない。「**軍拡競争**」(arms races)も、このライバル関係が示すもう一つの中心的な姿である。両超大国や中国の周辺国たちは、相手側より有利になろうとして、国防費に多額の資金を投入するようになるはずだ。

「**代理戦争**」(proxy wars)の発生もあり得るだろう。これは米中それぞれの同盟国同士が、それぞれの保護者の支援を受けて戦うものだ。また、米中両政府は、世界中にある他の陣営と緊密な国の「**政権転覆**」(over-throw regimes)しようとするだろう。これらのほとんどの工作は隠密的《おんみつてき》なものであるが、いくつかはあからさまに行われるかも知れない。また、我々は両陣営が他方をわざと犠牲の多い戦争に誘い込むような、いわゆる「**誘導出血**《ゆうどうしゅっけつ》」(bait-and-bleed)戦略を追求している証拠を見ることも予測できる。そして誘導がない場合でも、一方が長期戦に巻き込まれた場合に他方がそれをなるべく長期化させようとする「**瀉血**《しゃけつ》」(bloodletting)戦略を追及することもあるだろう。

戦場以外では、我々は米中両政府の高官たちが互いを「**最大の脅威**」(number one threat)と見做《みな》し始めることを目撃するようになる。軍事戦略を説明した文書では、それが公開か非公開かにかかわらず、相手側は「対抗する必要のある危険な敵である」と明確に指摘されることになるだろう。さらに米中両国の安全保障関連の問題を研究しているシンクタンクでは「**相手国の詳細な分析**」(scrutinizing)や、「**脅威を及ぼす敵として描くこと**」(portraying)に多くのエネルギーが費やされることになる。もちろん両国の中にはこのような紛争的アプローチを拒否して、相手側と密接な協力関係を築こうと提案し、いくつかの問題では相手側に宥和《ゆうわ》しようとする人々も出てくるだろう。ところが我々はこのような人々が、時間の経過とともに政策関連の議論において端に追いやられていくことを目撃するはずだ。

米中両政府は、冷戦時代の米ソが行ったように、相手国からの訪問者の「**渡航制限**」(travel restrictions)

も予測される。また、アメリカは兵器の開発やその他の両国のバランス・オブ・パワーに影響を与える可能性のあるテクノロジーを研究するアメリカの大学で「**中国からの留学生の受け入れ禁止**」（bar Chinese students from studying）を実行することになるかも知れない。それに関連した動きとして、両国は国家の安全保障に関わるような「**製品やサービスの輸出の選択的制限**」（selected export controls）も確実に予測できる。アメリカにとって参考になるのは対共産圏輸出統制委員会（ココム）であり、これは冷戦期にソ連に対して重要なテクノロジーの輸出に制限をかけるために設立されたものである。[*55]

これらのすべては、安全保障競争が行われている間にも米中間で莫大な経済的取引が行われる可能性を否定するものではない。また、これらはこの二国が多くの問題で協力することを否定するものでもないのだ。ところがここで重要なのは、米中間の関係が根本的に紛争的になり、その紛争がここで述べたような形で表面化してくるということだ。当然ながら、私の議論は「激しい安全保障競争が行われる」というだけでなく、「米中間には深刻な戦争が発生する可能性がある」ということも意味している。では次に、中国の台頭が実際の戦争の勃発に至る可能性について詳しく検討してみよう。

❖ 戦争は起こるか？

幸いなことに、アメリカとソ連は冷戦期に一度も戦火を交《まじ》えなかった。もちろん両国はそれぞれ小国に対して戦っており、そのうちの何カ国かは、相手側の国と同盟関係にあった。米ソが直接戦わなかった主な理由は、両国が莫大な数の核弾頭で武装していたという事実にあるのかも知れない。結局のところ、核兵器というのは平和を作る大きな力となるのであり、その理由は、それが単純に大量破壊兵器であるからだ。これらの使用から生まれる結果はあまりにも恐ろしいものであるため、政策担当者たちは紛争においてそれが使用される可能性がわずかでも存在するという事実のおかげで、極めて慎重にならならざるを得ないのだ。

冷戦史や、米中両国が核武装をしているという事実から考えれば、予見できる将来において、この二国が互いに戦争を仕掛ける可能性は低いと推察すべきなのかも知れない。ところがこの結論は間違いだ。核兵器の存在は確かに戦争を避けようとする強力なインセンティブにはなるが、アジアにおける将来の米中間の競争は、冷戦期のヨーロッパの場合よりも戦争の起こりやすい状況の中で行われることになるからだ。とくに地理とパワーの分布状況は冷戦期と異なっており、これが米中間の戦争をさらに起こりやすいものにしている。

当然だが、米中戦争の可能性を高い確信を持って予測することは誰にもできないが、それでも状況をよく理解した上で推測することは可能だ。

アジアの地理

確かに米ソ間のライバル関係は世界中で展開されていたが、それでもその重心はヨーロッパ大陸にあったのであり、莫大な陸軍と核武装した空軍が、この地で睨《にら》み合っていた。米ソ両国とも、北東アジアとペルシャ湾という二つの地域を非常に気にかけていたが、彼らが最も懸念《けねん》していたのは、ヨーロッパにおけるバランス・オブ・パワーだった。その証拠に、米ソの軍事力の主力は、ヨーロッパ中心部の「中央戦線」（the Central Front）と呼ばれた場所の近くに展開されていた。そして当然のように、米国防総省が大規模な超大国戦争のシミュレーションを行う時には、ヨーロッパでの戦いを中心に想定した形で行われたのだ。

冷戦が始まる前の三〇年間のヨーロッパは、極めて危険な地域であった。実のところ、アメリカとソ連（一九一七年以前はロシア）は両大戦で同じ側に立って戦っていた。ところが一九四五年以降はヨーロッパで戦争は起こっておらず、ベルリンでは何度か危機が起こっているが、それも実際の武力行使にはつながっていない。この主な理由は、ヨーロッパの中央部で戦争が起こると、核兵器の使われる「第三次世界大戦」が起こる可能性があったからだ。しかもここには誰も望んでいないのに核戦争へとエスカレートしてしまう深刻な危険性があった。どちらの側の政策担当者にも、自国が壊滅してしまう可能性のある紛争をわざわざ承認しようと考える人はいない。冷戦期になぜヨーロッパがこれほど安定していたのか、そして米ソ両軍がなぜ衝突しなかったのかは、このような恐るべき見込みの存在によって説明できる。

アジアの地理は、冷戦期のヨーロッパのそれとは根本的に違う。最も重要なのは、中国がますます強力になる状況下で、安定を生み出す「中央戦線」のようなものがアジアには存在しないことだ。アジアには戦闘が勃発しそうな場所が無数にあるが、冷戦期のヨーロッパのように、個別の戦争が大きくなりそうな場所は存在しない。この理由の大部分は、これらの潜在的な紛争における核戦争へのエスカレートの可能性が、冷戦期のヨーロッパのものよりもはるかに低いからだ。そもそも当時のヨーロッパには何千発もの核弾頭が配備されており、それらは冷戦期を通じてＮＡＴＯの公式の政策と軍事ドクトリンの全体の一部を構成していた。さらに言えば、ヨーロッパの紛争における開始直後の戦闘においてどちらかが勝利すると、それが世界のバランス・オブ・パワーを大きく変化させることになると広く信じられていたことも挙げられる。このような確信のせいで、形勢が悪くなった方には状況を逆転させようとして核兵器を使おうとする、強いインセンティブが発生していた。ただしアジアの潜在的な紛争地点では、ここまで核兵器が重要な役割を果たすことはないだろう。これは実質的に、アジアにおけるあらゆる戦争におけるコストは、冷戦期にヨーロッパ中央部で起こる可能性のあった戦争のコストと比べるとかなり低くなることを意味する。「戦争にかかる潜在的なコストが減少すると、戦争発生の可能性が高まる」という事実から考えれば、米中戦争は米ソ戦争の場合よりも発生する可能性は高まるのだ。

「アジアの潜在的な戦争で争われる利害関係の重要度はそれほど高くなく、中国とアメリカが互いに戦うインセンティブは少ないため、戦争のリスクは低い」と論じることも可能だ。ところがすでに論じたように、米中間の安全保障競争で争われる利害というのは莫大なものになる。アメリカは現在のアジアにおけるポジションを維持することに大きな利害を持っているのだが、もし中国がアメリカをアジアから追い出して地域覇権を確立することができれば、中国の安全は大いに高まるのだ。したがって、両者ともに、ほぼすべての危機における自分たちの評判に敏感《びんかん》にならざるを得ないはずであり、容易に相手に譲《ゆず》ることはできなくなる。

実質的にリーダーたちは「アジアでの戦争は〝中央戦線〟の場合と比べて小規模なものになる」と考えがちだが、それでもこれらすべての紛争の間には密接な関連があるため、いざ危機が起こったら相手側に勝利させてはならないという危機感を発生させることになる。同時に、両陣営は軍事力の行使のコストは比較的低いものであると見做すはずだ。この状況は、この地域の平和と安定にとって望ましいものではない。

朝鮮半島の状況を考えてみよう。ここはおそらく中国とアメリカが通常兵器による陸上戦を戦うこととなる、唯一の場所である。もちろんこの紛争の可能性は低いのだが、それでもヨーロッパにおける米ソ間の戦争よりは高くなるはずだ。実際のところ、韓国と北朝鮮が戦争に巻き込まれるシナリオを想像するのはそれほど難しくない。なぜなら中国とアメリカ——韓国に一万九〇〇〇人の兵を駐留《ちゅうりゅう》させている——は、過去にここで戦ったことがあるのだ。結局のところ、一九五〇年に起こったのはまさにこれであり、米中両国はほぼ三年間にわたって戦いを繰り広げた。さらに言えば、将来の朝鮮半島における戦争の規模は、NATOとワルシャワ条約機構が行うと考えられていたものよりも小さいはずであり、これこそがアジアでの戦争をより実現可能なものにしている。

米中が戦う場所としては、朝鮮半島以外には台湾、南シナ海、ペルシャ湾などのケースが考えられる。これらの潜在的な紛争にかかるコスト（朝鮮半島のケースも含む）は、冷戦期のヨーロッパ中央部で起こるとされていた米ソ間の戦争にかかるコストよりははるかに少ないはずだ。また、海で行われる戦い――ここでの核戦争のリスクは低い――を含む潜在的な紛争のシナリオの数は多いため、逆に米中間での戦争の勃発は、ＮＡＴＯとワルシャワ条約機構の間のものよりも想像しやすい。またここで特筆すべきなのは、ベルリンを含む超大国間の領土争いは、中国にとっての台湾ほどナショナリズムを掻《か》き立てるものではなかったということだ。そのため、台湾をめぐって戦争が勃発するシナリオは――その確率は低いとはいえ――想像に難くないのである。

核兵器について最後に一つ述べておかなければならない。これまでの議論は、冷戦期のヨーロッパに比べてアジアで戦争が起こりやすいことを強調するものであった。その理由の一端は、核レベルまで紛争がエスカレートするリスクが抑《おさ》えられていたからだ。ところが将来のアジアでの戦争で核兵器が意図しない形で使用されてしまうチャンスは常に存在するのであり、この可能性が、危機における安定を下支えすることになるはずだ。[*56] 言い換えれば、我々は「アジアでは核兵器は抑止力とはならない」とは考えるべきではないということだ。実際のところ、これらの武器がアジアの重要な地域に配備されているという事実だけで、将来の危機における関係国のリーダーたちの考えや行動に大きなインパクトを与えることになる。それでもエスカレートやその結果の可能性は、ＮＡＴＯとワルシャワ条約機構の紛争の場合よりもはるかに低いはずであり、したがって米中間で行われる将来の通常兵器による戦争が起こる可能性は、飛躍的に高まるのだ。

「極」の数と戦争

アジアが冷戦期のヨーロッパよりも戦争に巻き込まれる可能性が高い二つ目の理由は、両方のケースを比べた場合の、パワーの分布の違いだ。ヨーロッパは二極状態であり、ソ連が大陸の東半分を支配していて、アメリカは西半分を支配していた。もし中国が台頭し続けることになれば、アジアは米中の二極システムになる。ところがこれは実現しそうもない。なぜなら、アジアには他にも大国が存在するからだ。ロシアはすでに大国であり、日本も核武装をすれば大国の資格を得ることになる。インドもすでに核武装しており、大国と見做されるのも遠い将来の話ではないだろう。これはつまり「アジアが多極システムになる」ということだ。ところがその実態は「不安定な多極システム」であり、中国が他のアジアの大国よりもはるかに強力になる可能性が高いからだ。ようするに中国は潜在覇権国《ポテンシャル・ヘジェモン》になるのである。

　戦争は二極システムよりも多極システムで勃発の可能性が高まるのだが、この原因の一端は、多極システムにはより多くの大国が存在し、大国同士が戦ったり小国たちと戦うチャンスが増えるからだ。それに加えて、多極システムでは、パワーの不均衡がより頻繁《ひんぱん》に発生する。その理由は、多極システムでは国家の数が増えてしまうため、軍事力の基盤が均等に分布しないチャンスが増えてしまうからだ。そしてパワーの非対称性が実現すると、パワーを持った強い国が侵略を決心してきた場合に、それを抑止するのは難しくなる。他にも、多極システムでは計算違いの確率が高まることになる。相手国の覚悟や、ライバル関係にある同盟国たちの強さを読み違えてしまうからだ。これは多極世界における国際政治の流動的な性質によるところが大きく、同盟関係が変化したり、国家が互いにバックパッシングを行う確率が高まるからである。

　さらに都合の悪いのは、「不安定な多極システム」は最も危険なパワーの分布状態であるという事実だ。これには潜在覇権国《ポテンシャル・ヘジェモン》が含まれており、この国は地域のどの国よりも大きな力を持っているだけなく、覇権を獲得するために軍事力を使おうとする強いインセンティブを持つものだ。さらに言えば、潜在覇権国《ポテンシャル・ヘジェモン》というのは、ライバルとなる国々の間で恐怖のレベルを上昇させ、彼らに戦争につながる可能性の高い、リスクの大きな戦略を追及させることもある。

　端的に言えば、冷戦期の二極システムは、中国経済がこのまま急激な成長を続けた場合に出現する

「不安定な多極システム」よりも平和的なパワーの構成だった。それに加えて、「中央戦線」の地理は、アジアの地理よりも平和につながりやすいものであった。もちろん「これらの二つの要因を考えたら米中戦争が必ず起こる」ということにはならないのだが、それでもそれは、冷戦期より戦争の可能性が高いことを教えている。

共産主義とナショナリズム

もちろん「冷戦にはイデオロギー的な側面があり、これが対立――共産主義vs.リベラル資本主義――をとりわけ危険なものにしていたわけだが、米中の増加するライバル関係にはこれが存在しない」と論じることもできよう。たとえば現代のシンガポールの建国の父であるリー・クワン・ユー（Lee Kuan Yew）は、「冷戦時の米ソ関係とは違って、アメリカと中国の間には妥協《だきょう》できないようなイデオロギー的な対立があるわけではない。中国も熱心にマーケットというものを信奉しているからだ。米中関係は協力的であると同時に競合的でもある。この二国間の競争は不可避だが、それでも紛争が不可避であるというわけではない」[*57]と述べている。

もちろん私の国際政治のリアリスト的な理論《セオリー》ではイデオロギーという要素は取り扱っていないのだが、これについてあえて触れておくのは有益だと言える。なぜならイデオロギーは副次的な存在ではあったが、それでも冷戦を激化させる際に、明らかに一つの役割を果たしたからだ。この紛争は主にバランス・オブ・パワーに関する戦略的計算によって動かされたのであり、これは超大国間の明確なイデオロギーの違いによってさらに強化されていた。さらに言えば、この強力なイデオロギー的な違いが、米中両国の将来の関係に大きな影響を与えるとは全く思えない。結局のところ、現在の中国は資本主義に夢中なのであり、共産主義思想は中国の国内でも国外でも、ほとんどその魅力を保てていない。したがって、このイデオロギー面からの米中の安全保障競争に与える影響は、米ソの時と比べれば恐れるに足らないものに見える。

これは良いニュースである。ところが悪いニュースは、それとは違うイデオロギー、つまりナショナリズムが、米中間や中国とその周辺国のライバル関係をヒートアップさせることになりそうなことだ。ナショナリズムは地球上で最も強力な政治イデオロギーであり、これは現代の世界を「民族」という、それぞれが独自の国家を持とうとする特徴的な社会グループの集団に分けているものだ。もちろんこれは「すべての民族が独自の国家を持てる」という意味ではなく、また多くの国家の中に複数の民族が住んでいることを否定するものでもない。

それぞれの民族は集団への強い帰属感覚を持っており、実際のところ、これがあまりにも強いために、それ以外のアイデンティティをすべて超越《ちょうえつ》してしまうことが多い。ほとんどのメンバーが、優れた個人や特徴的なエピソードあふれる、勝利と失敗の豊かな歴史を持っている排他的なコミュニティーに属していると考えるものだ。ところが彼らはただ単に自分たちの民族にプライドを持つだけでなく、自分以外の民族と比較もするのであり、とくにこれは接触が多く、よく知っている民族に対して行われる。熱狂的愛国主義《ショービニズム》が台頭するのは、ほとんどの人々が「自分の民族が他の民族よりも優れており、特別な認知を得るべきだ」という考えを持った時である。このような「自分たちは特別である」という感覚は、自分たちが「選ばれた」民族であるという結論につながることになる。しかもこれは、他の国々と比べて、とりわけ中国とアメリカで伝統的に強いものだ。

時として民族は「他民族よりも優れている」という感覚を越えて、他民族を嫌悪《けんお》し始めることもある。私はこの現象を「ハイパーナショナリズム」(hypernationalism)と呼んでいるが、これは単に他の民族が劣っているだけでなく、危険な存在であり、彼らに対しては無慈悲とは言えないまでも、厳しく対処すべきであるということになる。このような状況では、「他者」に対する軽蔑と憎悪《ぞうお》が充満し、これによってこの民族は脅威の除去のために暴力の使用を求める強力なインセンティブを持つことになる。言い換えれば、ハイパーナショナリズムは戦争の強力な原因となる可能性があるのだ。

ハイパーナショナリズムの主な原因は、強烈な安全保障競争にある。そしてこれは相手の国家を悪魔化することにもつながる。リーダーたちは脅威を煽《あお》る戦略を、そのままでは国民に気づかれない可能性のある危険を知らしめるために、部分的に使うのだ。また、ハイパーナショナリズムは民衆側から盛り上げられることもあり、これは主に安全保障競争に付随《ふずい》する基本的な悪意が、ある国の一般市民にライバル国家のほぼすべてのことを軽蔑させることにつながることが多いからだ。そしてこれが大きな危機という火に、さらに油を注ぐことにもなる。

現在の中国では、ハイパーナショナリズムが沸き上がっている。[*58] 一九四九年に毛沢東が国民党を打破して一九七六年に死ぬまでに、共産主義とナショナリズムは、中国のあらゆる生活を形成する強力な力として作用することになった。ところが毛沢東の死去や、一九八九年の天安門での軍事介入のせいで、共産主義は中国の大衆の中では正統性《レジティマシー》のほとんどを失っている。その代わりに中国のリーダーたちは、政権についての大衆からの支持を得る上で、ナショナリズムに大きく頼るようになったのだ。[*59]

ところがこのナショナリズムを、「指導者層が国民の国家への帰属感を保つために使う、単なるプロパガンダ（政治宣伝）だ」と捉《とら》えるのは間違いだ。実際のところ、中国の多くの市民は、自分たちの意志でナショナリズム的なアイディアを信奉している。ピーター・グリーズ（Peter Gries）が述べているように、「中国では一九九〇年代に本物の大衆ナショナリズムの台頭が見られたのであり、しかもこれは国家や政府が主導したものとは言い切れないもの」であった。[*60] 現代の中国においてナショナリズムが強力な力となっているのは、それがトップ・ダウンであると同時に、ボトム・アップの現象でもあるという点だ。

近年の中国では、ナショナリズムが強力な勢いを増してきただけでなく、その中身も大きく変わってきた点に特徴がある。たとえば毛沢東時代には、「偉大な敵に立ち向かう中華人民の強さ」というものが強調されていた。彼らは英雄的な人物として描かれており、大日本帝国に立ち向かい、最終的に倒したとされていた。グリーズによれば「国家の物語の中にあるこの英雄、もしくは勝者という考え方は、一九三〇年代から四〇年代にかけて共産革命を主導した人々には必須のものとして最初に使われたのだが、後に一九五〇年代、六〇年代、そして七〇年代には、中華人民共和国の国家建設の目標としても使われている……新しい中国には英雄が必要だった」と説明している。[*61]

ところがこのような誇り高き物語は、ここ二五年間でほぼ姿を消しており、その代わりに使われるようになったのは「中国が世界の列強による侵略の犠牲になった」という話だ。そこで特に強調されるのは「恥辱《ちじょく》の世紀」という概念であり、これは第一次アヘン戦争（一八三九〜四二年）から第二次世界大戦の終わり（一九四五年）まで続くものだ。[*62]この期間の中国は「弱体化しているが高貴な国」として描かれ、強欲な大国に弄《もてあそ》ばれて、その結果として苦難を被《こうむ》ることになったという。その「外国の敵」が日本とアメリカであり、彼らはあらゆる面で中国を搾取したとされる。

もちろん「無力な犠牲者」というイメージだけが、中国のナショナリズムの要素ではない。そこには無数のポジティブな話もある。たとえばあらゆる階層の中国人たちは、儒教文化の優越性というものに大いなる誇りを持っている。ところが現在の中国のナショナリズムの考えは「恥辱の世紀」を強調したものに立脚しているため、グリーズよれば、これが「中国と西洋諸国との交流の仕方の基盤となっている」のである。[*63]その証拠に「中国軍にとって、恥辱の恨みを晴らすことが、いまだに重要な目標の一つとして残っている」のだ。[*64]

我々は中国の日米に対する潜在的な怒りと不満が、いかに危機を悪化させ、この二国との関係に深刻なダメージを与えるのかについて見てきた。一九九九年のコソボ紛争におけるベルグラードの中国大使館の米空軍による誤爆は、ほとんどの中国人にとって「強力な国家が中国を搾取して恥をかかせた」実例として映ったのであり、中国国内で米国に対する大規模なデモや怒りを巻き起こすことになった。二

○○一年に南シナ海で中国軍機がアメリカ側の偵察機に空中接触した時にも、中国人は同じような反応を見せている。そして中国と日本は、二〇一二年から一三年にかけて尖閣諸島／釣魚島の領有権を巡って小競り合いを行っており、これが中国国内で反日抗議集会を頻発させ、そのうちのいくつかは暴力事件に発展している。

将来起こると見られる安全保障競争は、日本やアメリカとの敵対心を煽るだけであり、これがハイパーナショナリズムの激しく燃え上がるケースへと発展しそうだ。[*65] もちろんこれは結果として安全保障競争をさらに激化させることになり、戦争の可能性を高めることになるだろう。実質的に将来のアジアでは、冷戦期と同じくらいにイデオロギーが重要になってくるはずだ。ところがその内容は、中国やその周辺国においてはハイパーナショナリズムに変わるという意味で異なるものになるはずであり、共産主義とリベラルな資本主義の間で行われていた議論に取って代わることになる。つまり、数十年先の米中関係を動かす主な原因は、リアリストの論理《ロジック》であり、イデオロギーではないということだ。

平和的台頭の希望

「中国は平和的に台頭できない」という私の主張に対しては、さまざまな反論がある。その中でも実際によく聞く、米中関係の将来についての楽観的な主張が二つある。一つは文化的な理論であり、これを主張する人々は、「儒教文化の影響によって、中国は急激に発展しても、周辺国やアメリカとの激しい安全保障競争を避けることができる」というもの。もう一つの主張は、よく知られている経済相互依存という、リベラリズムの理論を基《もと》にしたものだ。具体的に言えば、アジアの主要国——とアメリカ——は経済的な結びつきを強めているため、もし戦争を起こそうとしても、それはすべての関係国にとって非常に重要である経済関係を壊すことになるために、紛争は起こりづらくなるという。ところが詳しく見ていくと、この二つの理論は、アジアにおける将来のトラブルを避けるための、見込みのある論拠を提供してはいないことがわかる。

儒教の平和主義

中国人の間でとくに人気のある主張が、「中国では儒教が浸透しているために平和的に台頭できる」というものだ。彼らによれば、儒教は倫理面の徳や調和を推進するだけでなく、周辺国に対する侵略的な行動を明確に不可能にし、代わりに正当防衛が強調されることになる。そして「中国は歴史的に儒教の教える通りに行動してきた」ということになり、ヨーロッパの大国や日本やアメリカのように、覇権を追求したり、リアリズムの理論通りの攻撃的な戦争は仕掛けていないというのだ。中国は他国に対してはるかに慈愛的に振る舞っており、侵略を避け、「覇権的な権威」ではなく「徳のある権威」を追求してきたということになる。[*66]

このような見解は、中国の学者や政策担当者の間でも一般的なものだ。中国の多くの学者たちも、「中国の例外的な文化を無視しているヨーロッパ中心主義の思想を持った主な国際関係論の、代替案になる」として、このような見方を好んでいる。たとえば李鑫《シン・リー》（Xin Li）とヴェルナー・ウォーム（Verner Worm）は「中国の文化は、軍事力の代わりに徳の強さを提唱するものであり、覇権的な統治よりも王道的な支配を賛美しており、徳によって説得することを強調している」と記している。[*67] 中国の国際関係論の理論家として西洋で最も有名な閻学通《えんがくつう》（Yan Xuetong）は、「中国の台頭は世界をさらに文明的なものにするはずだ……儒教の中心にあるのは〝仁〟であり……この概念が中国の支配者に覇権的な統治ではなく、慈愛的な統治を促している……中国の〝仁〟という概念は、国際的な規範《きはん》に影響を与え、国際社会をさらに文明化する」と主張している。[*68]

中国の政策担当者たちも、これと同じような議論を行っている。たとえば前首相の温家宝《おんかほう》（Wen

Jiabao）は二〇〇三年にハーバード大学で行った講演で、「中国では長年にわたって平和への愛を実践してきました」と述べている。その一年後に胡錦濤《こきんとう》（Hu Jintao）国家主席も「中国は古代から周辺国に対して誠実、慈愛、親切、そして信頼を示すという、素晴らしい伝統を受け継いでいます」と宣言している。[*69] これらのコメントから明示されているのは、中国が他の歴史上の大国とは違って、世界の舞台で理想的な国家のモデルとして行動してきたということだ。

　この「儒教理論」には二つの問題点がある。第一に、これは中国のエリートたちが長年にわたって国際政治について考えてきたことや、実際に語ってきたこととは違うという点だ。言い換えれば、これは中国が数世紀にわたって示してきた戦略文化を正確に反映していない。さらに重要なのは、中国が儒教の教えに従って行動してきたという歴史的な証拠はほとんどないことだ。それとは反対に、中国はまさに他の大国と同じように行動してきたのであり、これはつまり周辺国に対して、侵略的かつ残虐的に行動してきた歴史を豊富に持っているということだ。

　もちろん中国の文化には、二〇〇〇年以上の伝統を誇る儒教の伝統が色濃く染み付いているのは疑いのないところだ。ところがアラステア・イアン・ジョンストン（Alastair Iain Johnston）が指摘しているように、中国の国際政治についての考えの中には、第二の、より強力な要因が働いている。彼はそれを「戦闘的なパラダイム」（parabellum paradigm）と呼んでおり、中国では「安全保障関連の紛争を解決する際に、純粋な暴力の使用については高い価値が置かれている」と指摘している。[*70] 彼はこのパラダイムからは「シンプルな構造的権力政治モデルから導き出される行動の予測と変わらないもの」が出てくると述べている。だからこそ彼は「戦闘的なパラダイム」という言葉を「文化的リアリズム」（cultural realism）という言葉と交互に使っているのであり、これは彼の本のタイトルにも使われている。ここで極めて重要なのは、儒教と文化的リアリズムは「別々のものであるとは主張できず、むしろ伝統的な中国の戦略思想と同じ立場にあるものだ。そして戦闘的なパラダイムの方が、ほとんどの場合はより支配的だ」というジョンストンの主張だ。[*71]

ここまでの議論では「儒教が実質的に平和的なものであり、いかなる理由があっても戦争を主張するものではない」ということが想定されていた。ところがこの想定は真実でない。闇学通《えんがくつう》が明確にしているように、崇高な儒教の教えでも、国家の道具としての戦争の使用は否定されているわけではないからだ。実際のところ、中国のリーダー側が他国の行動を非道徳的であると見做した時は、正義に則《のっと》った戦争を行うべきであると述べている。闇学通《えんがくつう》は「孔子と孟子は不戦を提唱してあらゆる戦争に反対している、と論じる人もいるが、実際はすべての戦争に反対しているわけではなく、不正な戦争に反対しているだけだ。彼らは正しい戦争についていては支持している」と記している。[*72]彼はさらに「孔子はただ仁や正義の規範を説教することだけに頼ってはならないと考えていた。したがって彼は、戦争は、仁や正義に反する君主に対して懲罰《ちょうばつ》を与えるために行われるものでなければならないと考えた」と述べている。[*73]

もちろんこのような戦争の正当化の仕方は、かなり柔軟性のあるものだ。国際政治の学徒であればほぼ全員が知っているように、あらゆる種類の政治のリーダーたちや政策担当者たちは、ライバル国の行動が不正で道徳的に腐敗しているように描き出す巧妙なやり方を心得ている。したがって、優れた広報官がいれば、それが侵略的・防御的な行動かにかかわらず、儒教のレトリックはそれを正当化するために使えるのだ。アメリカのリベラリズムのように、儒教は中国のリーダーたちにとって、理想主義者のように語りながらリアリストのように行動することを容易にしてくれるものだ。[*74]

さらに、中国がその長い歴史において、可能な限り周辺国に対して侵略的な行動を行ってきたという証拠も豊富にある。歴史家のウォーレン・コーエン（Warren Cohen）は、中国の対外政策を紀元前二世紀の時点から検証しており、「中国人が帝国を創設する際には、ヨーロッパや日本、もしくはアメリカが帝国を作り上げてきた時と比べても、傲慢・無慈悲ではなかったとは言い難い」と記している。[*75]さらに加えて、「歴史的に、強い中国というのは弱い側を残酷に扱ってきており、将来もこのような行動、つまり過去の他の大国よりも良い行動するとは言えない」と述べている。[*76] 政治学者のヴィクトリア・ティンボー・フイ（Victoria Tin-bor Hui）によれば、中国の対外政策を長期的な視点で見ていった時に気づくのが「人徳のある権威よりも冷酷な力の優位」であるという。[*77] 彼女は「中国史における軍事紛争の蔓延《まんえん》は、儒教の思想という観点だけでは説明がつかない」と記している。[*78]

多くの他の学者たちも似たような議論を行っている。たとえばユアンカン・ウォン（Yuan-Kang Wang）は「儒教文化は、中国人に軍事力の行使を抑制したわけではない。中国は何世紀にもわたってレアルポリティーク（現実政治）の実践者であり、世界史に現れた過去の他の大国とほぼ同じような行動を行っている……中国のリーダーたちは、外部からの中国の安全保障の脅威に対抗する際には軍事力を好んで使用しており、国力を高めるにしたがって攻撃的な態度をとるようになり、体制的、もしくは軍事面での制限がなければ、拡大的な戦争を目指すようになっている」と記している。[*79] 他にも歴史家のハンス・ヴァン・デ・ヴェン（Hans J. van de Ven）は、「中国の歴史にそれほど興味を持っていない人でさえ、中国がここ数百年間でどれほど戦争を行ってきたのかに気づかないわけにはいかない……実際の中国の歴史は、少なくともヨーロッパのそれと同じくらい暴力的であるのは明白だ」と記している。[*80]

中国が儒教文化の良さをやや誇張しすぎていることを認めつつも、近年になってその成果が現れはじめ、現在の中国はバランス・オブ・パワーの論理《ロジック》を拒否して平和的な世界観を支持していると論じることもできるだろう。ところがこのような変化が実際に起こったという証拠はほとんどない。実のところ、中国専門家たちが中国でリアリズムが活用されていることを指摘するのは珍しいことではない。たとえばトーマス・クリステンセン（Thomas Christensen）は「中国は冷戦後の世界において、レアルポリティークの真価を最も発揮している存在かも知れない」と主張している。アヴェリー・ゴールドスティン（Avery Goldstein）は「中国の現在のリーダーたちは帝国時代のリーダーたちと同じように、レアルポリティークの実践を重んじている」と述べている。[*81]

まとめて言えば、中国がリアリストの論理《ロジック》から逃れて儒教の平和主義の原則に従って行動する「例外的な大国」であるという主張の根拠は薄い。入手可能なすべての証拠が示しているのは、中国はその相対的なパワーを最大化しようしてきた歴史を豊富に持っているということだ。さらに言えば、「将来の中国がこれまでと異なる行動をする」と考えるだけの良い理由も見当たらない。

戦争ではなく金儲けをせよ

中国の台頭が平和的なものになるという議論に加えて、おそらく最もよく聞かれる議論の一つは、経済相互依存（economic interdependence）の理論をベースとしたものだ。この視点には二つの構成要素がある。一つ目は、中国経済が、日本やアメリカを含む潜在的なライバル国の経済と切り離せないほど結びつきが深まるというものだ。このつながりが意味しているのは、中国とその貿易相手国は経済面での繁栄のために互いに依存しているだけでなく、その繁栄が彼らの間の平和的な関係にも左右されるということだ。彼らを巻き込む戦争は、すべての参戦国の経済を破壊するものであることになる。これは経済レベルにおける相互確証破壊（ＭＡＤ）と等しいということだ[*82]。

二つ目の要素は、経済の繁栄が近代国家の主な目標であるというものだ。現代の国民というものはリーダーたちに経済発展を期待するものであり、もし失敗すれば、彼らは政権を追われることになる。それが深刻な政情不安につながることもあり、国家の体制そのものが危うくなることもある。国を豊かにしなければならないという義務感によって、まともな国家のリーダーだったらわざわざ戦争を起こそうとは思わなくなるというのだ。実際に、関係各国で安全保障競争がそれほど激しいものにならない場合には、単にリーダーたちが自分たちの国の富の最大化に集中しているだけでなく、激しいライバル関係が戦争につながる危険を知っているからだということになる。経済的に相互依存が実現している状態にある国々のリーダーたちは、明らかに紛争を嫌うことになる。なぜならこれが経済の繁栄の終わりだけでなく、自身の政治キャリアの終わりになることを恐れるからだ。

もちろん「経済相互依存は平和に全くつながらない」という議論は間違いであろう。リーダーたちは自国の経済の繁栄を気にかけるものであるし、状況によっては戦争開始への熱狂を冷ます手助けとなることがあるからだ。ところがここで重要になるのは、「この計算は、さまざまな状況下では政策担当者に決定的な影響を与えるのか？」ということだ。言い換えれば、「経済相互依存のインパクトというのは、中国とその潜在的なライバルたちの間の平和を長期的に保つための確固たる基礎になるほど効果が大きいものなのか？」ということだ。私は「相互依存状態によって中国のさらなる強大化に直面したアジアの平和を保つことができる」という主張を疑うべき十分な理由が存在すると考えている。

最も基本的なレベルでは、いざ紛争に関係することになると、政治的な計算が経済面の計算を上回ることが多々あると指摘できる。これはとくに国家の安全保障が関わってくる場合には正しい。なぜなら生き残り《サヴァイバル》についての懸念というのは、安全保障の分野において必然的に大きな利害を占めることになり、それらは経済的な繁栄についての心配よりも重要なものだからだ。すでに強調したように、生き残れ《サヴァイバル》なければそもそも経済的な繁栄も存在しないのだ。この点について言えば、第一次世界大戦前のヨーロッパの大国の間で、かなりのレベルの経済相互依存状態や経済面での繁栄が存在したことを指摘しておくべきであろう。それでも第一次世界大戦は始まったのであり、この紛争の最大の原因となったドイツは、ロシアがさらに強力になることを阻止し、同時にヨーロッパにおける覇権国を目指そうとしたのだ。この重要なケースでは、政治が経済を圧倒したのである。

また、紛争の問題にナショナリズムがからんでくると、政治は経済の繁栄についての懸念を圧倒してしまうことが多い。これについては北京政府の台湾についての立場を考えてみてほしい。中国のリーダーたちは、もし台湾が独立を宣言すれば、その紛争が中国経済にダメージを与えるのが確実だとわかっていても戦争を始めることを強調している。もちろん台湾問題の核心にはナショナリズムがあり、この島は彼らに「聖なる土地」だと考えられている部分もある。また、歴史に残る数々の内戦は、そのほとんどが戦闘開始前には経済相互依存の状態にあった者同士によって戦われたものばかりだ。そして最終的には、政治的計算の方が大きな影響を持っていたことが証明されている。

「相互依存状態によって、中国のさらなる強大化に直面したアジアの平和を保つことができる」という主張だが、これを疑うべき理由が三つある。この理論は「経済の繁栄が永続する」という前提に立っているのだが、この前提を覆《くつがえ》すような貿易戦争や、大規模な経済危機が将来起こらない保証は全くないのだ。[*83] たとえば現在進行中のユーロ危機が、多くのヨーロッパの国々にどれほど深刻なダメージを与えているのかを考えてみてほしい。さらに深刻な世界経済不況が起こらなくても、どこか特定の国家が大きな経済問題を起こすこともあり得るのであり、このために戦争を始めても経済的に何も失うことはなく、むしろ得ることがあるような立場に置かれることもある。たとえば一九九〇年八月にイラクがクウェートを侵攻——経済的に密接な関係にあったにもかかわらず——した大きな理由の一つのは、クウェートが当時の石油輸出国機構（ＯＰＥＣ）の割り当て量を超える原油を生産しており、これが経済的に余裕のないイラクの石油からの収入に打撃を与えていたからだ。

　経済相互依存の理論に疑問を抱かざるを得ないもう一つの理由は、戦争の勝利によって莫大な経済・戦略面での利益が得られ、しかも予期される利益が、相互依存の損害から予期される損失よりも大きくなると考えられる場合に、国家が戦争を始めることがあるという点だ。たとえば南シナ海の海底には、豊富な天然資源が存在すると広く信じられていることが挙げられる。ところが中国とその周辺国たちは、この広大な水域（図10-2）を誰がコントロールするのかという点について、ほとんど合意できていない。これはあり得ない話かも知れないが、それでも今後さらに強力になった中国が軍事力を使って南シナ海のコントロールを獲得し、これによってその海底を活用して、中国経済の発展に役立たせようとする動きを想像することも可能だ。

この平和の理論を疑うべき最後の理由は、経済的に相互依存関係にある国同士が、戦争を戦いながらも、莫大な経済的なコストを避けることが可能だという点だ。たとえば国家というのは、たった一つのライバル国を選び出し、優れた軍事戦略を編み出し、そしてこの相手に迅速《じんそく》かつ決定的な勝利を達成することも可能だ。実際のところ、ほとんどの国家は、思った通りにはならないにもかかわらず、それでも「素早い勝利を達成できるはずだ」と考えて戦争を開始するものだ。[*84] ところが本当にこれを達成できてしまうと、ライバル一国だけとの戦闘や、迅速な勝利のおかげで、経済的なコストが抑えられることもある。[*85]

戦争の経済的なコストは、国家が複数の国と長期戦を戦うことになった場合に最大になることが多く、これは第二次世界大戦で実際に起こった通りだ。ところが国家のリーダーたちは、自国がこのような結末を迎えることになることを予期しながら戦争を始めるわけではなく、むしろこれを避けようとするものだ。さらに言えば、すでに議論したように、核兵器の存在のおかげで中国が第二次世界大戦の時のような通常兵器による大規模な紛争を戦うことになるとは極めて考えにくくなっている。その証拠に、アジアにおいて勃発する戦争は、目標と手段の両方の面からも限定的なものになると見られる。このような場合の戦闘にかかる経済的なコストは限定的になるはずであり、したがって参戦国の経済状態に大きな脅威をもたらすことにはならない。小規模な戦争での勝利は、国家に経済的繁栄をもたらすものであり、これは中国が南シナ海のコントロールを獲得できたら実現するかも知れないのだ。

さらに言えば、戦争を行っている国同士が、経済的な関係を断絶しない証拠も豊富に存在する。言い換えれば、国家は戦時にも敵と貿易を行うのであり、この主な理由は、両者とも、そこから利益を得られるはずだと考えるからだ。このテーマについての世界的な権威であるジャック・レヴィーとキャサリン・バービエリ（Katherine Barbieri）は「戦争は戦っている国同士の貿易を体系的かつ大きく阻害するものであるとする我々の常識感覚とは明らかに矛盾するほど、実は敵との貿易は頻繁《ひんぱん》に行われている」と記している。さらに加えて、彼らは「敵国との貿易は、独立戦争や世界覇権を目指した総力戦だけでなく、より限定的な軍事的な交戦の合間にも行われている」と述べている。[*86] 端的に言えば、ある国が経済的に相互依存状態にありながら、その経済に脅威を及ぼさないライバル国と戦うことは可能なのだ。

これらの理由から、「経済相互依存の状態は、これから数十年先のアジアの平和を守るための確固とした土台となる」と自信を持って言い切ることは難しい。もちろんこれは、ある特定の状況下で経済相互依存が戦争のブレーキの役割を果たす可能性があることを否定するものではない。

結論

もし中国が台頭しつづけたらどうなるのかという未来像についての私の見通しは、あまり喜ばしいものではない。実際のところ、それはむしろ完全に気の滅入るものである。アジアの平和の展望についてもっと希望にあふれる話をできればよいのだが、国際政治というのは危険なビジネスであり、いくら良い願いを集めても、野心的な覇権国がヨーロッパやアジアで登場してきた時には、激しい安全保障競争の発生は避けられなくなってしまう。そして、中国が最終的に地域覇権を目指すことを否定できるような理由も存在しない。

ところが社会科学というものが、とても複雑な我々の住む世界を理解する上で大きな助けになるものでありながら、それでもまだ未熟な道具であるという事実を、私はここで指摘しておくべきであろう。我々が持つ最高の理論《セオリー》をもってしても、そこから過去を説明して将来を予測できる力は限定的なものだ。これはつまり、「あらゆる理論《セオリー》は、それが主に導き出している予測と矛盾するようなケースに直面する」ということだ。私が描いた未来像は厳しいものだが我々が、願うべきことは、もし中国がとりわけ強力な国になったとしても、実際の流れは私の理論《セオリー》と矛盾して、その間違いを証明してくれることである。

原注

【改訂版のまえがき】

1. “America’s Global Image Remains More Positive Than China’s: But Many See China Becoming World’s Leading Power,” Pew Research Global Attitudes Project, Washington DC, July 18, 2013.
2. このディベートについては、Zbigniew Brzezinski and John J. Mearsheimer, “Clash of the Titans,” *Foreign Policy*, No. 146 (January–February 2005), pp. 46–49.

【はじめに】

1. C. Wright Mills, *The Sociological Imagination* (New York: Oxford University Press, 1959), p. 221.

【第１章】

1. 「永久平和」（Perpetual Peace）という言葉はイマヌエル・カントが有名にしたもの。この論文については以下の文献を参照。Hans Reiss, ed., *Kant’s Political Writings*, trans. H. B. Nisbet (Cambridge: Cambridge University Press, 1970), pp. 93–130. 他にも以下の文献を参照。John Mueller, *Retreat from Doomsday: The Obsolescence of Major War* (New York: Basic Books, 1989); Michael Mandelbaum, “Is Major War Obsolete?” *Survival* 40, No. 4 (Winter 1998–99), pp. 20–38; and Francis Fukuyama, “The End of History?” *The National Interest*, No. 16 (Summer 1989), pp. 3–18. この論文は後に以下の本としてまとめられた。Francis Fukuyama, *The End of History and the Last Man* (New York: Free Press, 1992).［フランシス・フクヤマ著『歴史の終わり：歴史の「終点」に立つ最後の人間』上下巻、三笠書房、二〇〇五年］
2. Charles L. Glaser, “Realists as Optimists: Cooperation as Self-Help,” *International Security* 19, No. 3 (Winter 1994–95), pp. 50–90.
3. 「バランス・オブ・パワー」は実に様々な意味を持つ概念である。これについては以下の文献を参照。Inis L. Claude, Jr., *Power and International Relations* (New York: Random House, 1962), chap. 2; and Ernst B. Haas, “The Balance of Power:

Prescription, Concept, or Propaganda?" *World Politics* 5, No. 4 (July 1953), pp. 442–77. 私は国際システムの中の大国間の、実際の軍事資産の分布状況を意味するものとして使っている。

4. 引用は以下の文献を参照。Lothar Gall, *Bismarck: The White Revolutionary*, vol. 1, *1851–1871*, trans. J. A. Underwood (London: Unwin Hyman, 1986), p. 59.

5. ただし、この理論は程度の差はあれ、小国にも関連性を持つものだ。ケネス・ウォルツは「国際政治の一般的理論は……いったん構築されれば、システムにおける大国が小国に無関心であったり、通信・交通が困難であったりするために、小国間の相互作用が大国の介入から隔離されている限りは、それらの小国にも当てはまるものとなるのである」と記している。Kenneth Waltz, *Theory of International Politics* (Reading, MA: Addison-Wesley, 1979), p. 73.［ケネス・ウォルツ著『国際政治の理論』勁草書房、二〇一〇年］。

6. その他の大国の定義については以下の文献を参照。Jack S. Levy, *War in the Modern Great Power System, 1495–1975* (Lexington: University Press of Kentucky, 1983), pp. 10–19.

7. 一七九二年から一九九〇年までどの国が大国の資格を持っていたのかについては学者たちの間ではそれほど大きな意見の違いはない。これについては以下の文献を参照。Levy, *War*, chap. 2; and J. David Singer and Melvin Small, *The Wages of War, 1816–1965: A Statistical Handbook* (New York: Wiley, 1972), p. 23. 私は従来の一般常識的な知識を採用している。なぜならそれが私の大国の定義にほぼ当てはまるものであるし、潜在的な大国を分析する際には「それをケースごとに行うのは時間と資源の無駄であり、結局そこから生まれる違いもわずかなものでしかない」からだ。Levy, *War*, p. 26. ロシア（一九一七年〜九一年はソ連）はこの期間を通じて大国でありつづけた唯一の存在であり、イギリスとドイツ（一八七〇年以前はプロイセン）は一七九二年から一九四五年まで大国であった。フランスは一七九二年から一九四〇年にナチス・ドイツに敗れるまで大国だった。専門家の中には一九四五年以降のイギリス、フランス、ドイツを大国に分類し、ソ連とアメリカをそれよりも遥かに強力な「超大国」と分類する人々もいるが、私はこのような区別を有益だとは思っていない。私はアメリカとソ連を超大国と呼ぶことがあるが、この二国は冷戦期の国際システムにおける大国であり、イギリス、フランス、ドイツ（そして中国と日本）には大国としての軍事力が欠けていた。イタリアは一八六一年から一九四三年の第二次大戦敗北まで大国であったが、オーストリア＝ハンガリー（一八六七年以前はオーストリア）は一七九二年から一九一八年の崩壊まで大国であった。日本は一八九五年から一九四五年まで大国であったと考えられる。アメリカは一八九八年から一九九〇年まで大国であるとされている。一九九一年から二〇〇〇年までの期間の中国（一九九一年以降は大国）とロシア、そしてアメリカは、第一〇章で論じられる理由から大国とみなされている。

8. 引用は以下の文献を参照。 Stephen Van Evera, *Causes of War: Power and the Roots of Conflict* (Ithaca, NY: Cornell University Press, 1999), p. 2.

9. William J. Clinton, “Commencement Address,” United States Military Academy, West Point, NY, May 31, 1997. 他にも以下の文献を参照。 *A National Security Strategy of Engagement and Enlargement* (Washington, DC: The White House, February 1996).

10. Strobe Talbott, “Why NATO Should Grow,” *New York Review of Books*, August 10, 1995, pp. 27–28. 他にも以下の文献を参照。 Strobe Talbott, “Democracy and the National Interest,” *Foreign Affairs* 75, No. 6 (November– December 1996), pp. 47–63.

11. Madeleine Albright, “A Presidential Tribute to Gerald Ford,” speech at Ford Museum Auditorium, Grand Rapids, MI, April 16, 1997. 他にも以下の文献を参照。 Madeleine Albright, “Commencement Address,” Harvard University, Cambridge, MA, June 5, 1997; and Richard Holbrooke, “America, A European Power,” *Foreign Affairs* 74, No. 2 (March–April 1995), pp. 38–51.

12. 良い理論を構成する要件については、以下の文献を参照。 Stephen Van Evera, *Guide to Methods for Students of Political Science* (Ithaca, NY: Cornell University Press, 1997), pp. 17–21.［スティーブン・ヴァン・エヴェラ著『政治学のリサーチ・メソッド』勁草書房、二〇〇九年］

13. この分野の重要な研究については以下の文献を参照。 Marc Trachtenberg, *A Constructed Peace: The Making of the European Settlement, 1945–1963* (Princeton, NJ: Princeton University Press, 1999).

14. もちろんＮＡＴＯは冷戦期を通じてワルシャワ条約機構に対して防御的な戦略を使っていたわけだが、サミュエル・ハンチントンはこれを攻撃的な戦略であると論じて、安全保障関係者の間で物議を醸《かも》したことがある。これについては以下の文献を参照。 Samuel P. Huntington, “Conventional Deterrence and Conventional Retaliation in Europe,” *International Security* 8, No. 3 (Winter 1983–84), pp. 32–56.

15. この点については以下の文献で明確にされている。 Michael W. Doyle, *Ways of War and Peace: Realism, Liberalism, and Socialism* (New York: Norton, 1997); and Brian C. Schmidt, *The Political Discourse of Anarchy: A Disciplinary History of International Relations* (Albany: State University of New York Press, 1998).

16. E. H. Carr, *The Twenty Years' Crisis, 1919–1939: An Introduction to the Study of International Relations*, 2d ed. (London: Macmillan, 1962; the first edition was published in 1939)［E・H・カー著『危機の二十年：理想と現実』岩波書店、二〇一一年］; Hans Morgenthau, *Politics among Nations: The Struggle for Power and Peace*, 5th ed. (New York: Knopf, 1973; the first edition was published in 1948)［ハンス・モーゲンソー著『国際政治：権力と平和』上中下巻、岩波書店、二〇一三年］; and Waltz, *Theory of International Politics*.［ウォルツ著『国際政治の理論』］

17. Carr, *Twenty Years' Crisis*, chap. 4［カー著『危機の二十年』］; Kenneth Waltz, "The Myth of National Interdependence," in Charles P. Kindelberger, ed., *The International Corporation* (Cambridge, MA: MIT Press, 1970), pp. 205–223; and Waltz, *Theory of International Politics*, chap. 7.［ウォルツ著『国際政治の理論』］

18. これについては以下の文献を参照。Morgenthau, *Politics among Nations*, chaps. 14, 21［モーゲンソー著『国際政治』］and Kenneth N. Waltz, "The Stability of a Bipolar World," *Daedalus* 93, No. 3 (Summer 1964), pp. 881–909.

19. この違いについてのさらなる証拠については以下の文献を参照。*Security Studies* 5, No. 2 (Winter 1995–96, special issue on "Roots of Realism," ed. Benjamin Frankel); and *Security Studies* 5, No. 3 (Spring 1996, special issue on "Realism: Restatements and Renewal," ed. Benjamin Frankel).

20. これについては以下の文献を参照。F. H. Hinsley, *Power and the Pursuit of Peace: Theory and Practice in the History of Relations between States* (Cambridge: Cambridge University Press, 1967), pt. I; Torbjorn L. Knutsen, *A History of International Relations Theory: An Introduction* (New York: Manchester University Press, 1992), chap. 5; and F. Parkinson, *The Philosophy of International Relations: A Study in the History of Thought* (Beverly Hills, CA: Sage Publications, 1977), chap. 4.

21. これについては以下の文献を参照。Andrew Moravcsik, "Taking Preferences Seriously: A Liberal Theory of International Politics," *International Organization* 51, No. 4 (Autumn 1997), pp. 513–53.

22. これについては以下の文献を参照。Michael Howard, *War and the Liberal Conscience* (New Brunswick, NJ: Rutgers University Press, 1978).［マイケル・ハワード著『戦争と知識人：ルネッサンスから現代へ』原書房、一九八二年］

23. これについてはとりわけ以下の文献を参照。Norman Angell, *The Great Illusion: A Study of the Relation of Military Power in Nations to Their Economic and Social Advantage*, 3d rev. and enl. ed. (New York: G. P. Putnam's, 1912); Thomas L. Friedman, *The Lexus and the Olive Tree: Understanding Globalization* (New York: Farrar, Straus and Giroux, 1999)［トマス・フリードマン著『レクサスとオリーブの木：グローバリゼーションの正体』上下巻、草思社、二〇〇〇年］; Edward D. Mansfield, *Power, Trade, and War* (Princeton, NJ: Princeton University Press, 1994); Susan M. McMillan, "Interdependence and Conflict," *Mershon International Studies Review* 41, Suppl. 1 (May 1997), pp. 33–58; and Richard Rosecrance, *The Rise of the Trading State: Commerce and Conquest in the Modern World* (New York: Basic Books, 1986).［リチャード・ローズクランス著『新貿易国家論』中央公論社、一九八七年］

24. 民主的平和論の重要文献は以下の通り。Michael E. Brown, Sean M. Lynn-Jones, and Steven E. Miller, eds., *Debating the Democratic Peace* (Cambridge, MA: MIT Press, 1996), pts. I and III; Michael Doyle, "Liberalism and World Politics," *American*

Political Science Review 80, No. 4 (December 1986), pp. 1151–69; Fukuyama, "End of History?"; John M. Owen IV, *Liberal Peace, Liberal War: American Politics and International Security* (Ithaca, NY: Cornell University Press, 1997); James L. Ray, *Democracy and International Conflict: An Evaluation of the Democratic Peace Proposition* (Columbia: University of South Carolina Press, 1995); and Bruce Russett, *Grasping the Democratic Peace: Principles for a Post–Cold War World* (Princeton, NJ: Princeton University Press, 1993).［ブルース・ラセット著『パクス・デモクラティア：冷戦後世界への原理』東京大学出版会、一九九六年］。敵側の政体を問わず、とにかく民主制は非民主制よりも平和的だと論じる専門家もいるが、この主張の根拠は薄い。証拠が示しているのは、平和的な効果というのは民主制国家同士の関係に限られるというものだ。

25. これについてはとりわけ以下の文献を参照。David A. Baldwin, ed., *Neorealism and Neoliberalism: The Contemporary Debate* (New York: Columbia University Press, 1993); Robert O. Keohane, *After Hegemony: Cooperation and Discord in the World Political Economy* (Princeton, NJ: Princeton University Press, 1984)［ロバート・コヘイン著『覇権後の国際政治経済学』晃洋書房、一九九八年］*International Organization* 36, No. 2 (Spring 1982, special issue on "International Regimes," ed. Stephen D. Krasner); Lisa L. Martin and Beth A. Simmons, "Theories and Empirical Studies of International Institutions," *International Organization* 52, No. 4 (Autumn 1998), pp. 729–57; and John G. Ruggie, *Constructing the World Polity: Essays on International Institutionalization* (New York: Routledge, 1998), chaps. 8–10. レジームと国際法も制度と同義である。なぜならこれらはすべて基本的に国家同士が交渉するときのルールのことを示しているからだ。

26. Carr, *Twenty Years' Crisis*, p. 10.［カー著『危機の二十年』］

27. リアリストたちは国際システムが大国の外的な行動の仕方にはあまり多様性をもたらさないと考えているが、それでも政府の自国民に対する対処の仕方には大きな違いがあることを認めている。たとえば冷戦期のソ連とアメリカは互いに同じような行動をしているが、両国のリーダーたちが自国民を根本的に異なるやり方で扱っていたことは明白だ。したがって、内的なやり方を見れば政体の善悪を判断するのは非常に簡単だ。ところがこのような区別は国際政治については比較的少数のことしか教えてくれないものだ。

28. モーゲンソーはこの二番目の考えについての例外的な存在だと言える。他のリアリストたちと同様に、彼は国家の善悪は問わないし、外部環境が国家の行動を形成することを明らかに認識している。ところが彼の考える国家の行動の主な動機となっている「パワーへの欲望」は、国家が内的にかかえている性質によるものなのだ。

29. Carl von Clausewitz, *On War*, trans. and ed. Michael Howard and Peter Paret (Princeton, NJ: Princeton University Press, 1976), esp. books 1, 8.［カール・フォン・クラウゼヴィッツ著『戦争論』中央公論新社、上下巻、二〇〇一年］他にも以下の文

献を参照。Richard K. Betts, "Should Strategic Studies Survive?" *World Politics* 50, No. 1 (October 1997), pp. 7–33, esp. p. 8; and Michael I. Handel, *Masters of War: Classical Strategic Thought*, 3d ed. (London: Frank Cass, 2001).

30. Michael J. Smith, *Realist Thought from Weber to Kissinger* (Baton Rouge: Louisiana State University Press, 1986)［マイケル・スミス著『現実主義の国際政治思想：M・ウェーバーからH・キッシンジャーまで』垣内出版、一九九七年］の中で、著者のマイケル・スミスは、カーが「なぜ政治が常にパワーに関するものになるのかを説明していない。この説明は、秩序だった社会の存在のために合致するあらゆるパワーの行使に注意を向けるものとして必須なものだからだ。ニーバーやモーゲンソーの言うように、パワーというのは人間の本質に備わったものなのだろうか？……それとも安全保障のディレンマの結果なのだろうか？」と論じている (p. 93).

31. George F. Kennan, *American Diplomacy, 1900–1950* (Chicago: University of Chicago Press, 1951).［ジョージ・ケナン著『アメリカ外交50年』岩波書店、二〇〇〇年］。スミスによれば、「ケナンは自身の国際関係や、より全般的には政治哲学のアプローチについて、体系的な説明をまったく行っていない。彼は外交官から歴史学者になった人間であり、神学者や哲学的な理論家ではなく、人間の本性についての教義や国際政治に繰り返し起こる真実を、半分教義のような形で提示するようなことはしていない」と記している。Smith, *Realist Thought*, p. 166.

32. 「人間性リアリズム」は一九七〇年代初期に多くの理由からその魅力の大部分を失ってしまった。ベトナム戦争での敗北がこの原因の一端であることは確かである。一九七〇年までには軍事力の追及が国家にとって不可避であるというかなる理論も大学では不人気となっていた。［皮肉なことに、モーゲンソーはその当初からベトナム戦争に大声で反対した人物の一人であった。これについては以下の文献を参照。Hans J. Morgenthau, *Vietnam and the United States* (Washington, DC: Public Affairs, 1965); and "Bernard Johnson's Interview with Hans J. Morgenthau," in Kenneth Thompson and Robert J. Myers, eds., *Truth and Tragedy: A Tribute to Hans J. Morgenthau* (New Brunswick, NJ: Transaction Books, 1984), pp. 382–84］さらに一九七一年のブレトン・ウッズ体制の崩壊、一九七三年のオイルショック、そして多国籍企業の力の台頭などによって、多くの人々は経済問題が安全保障よりも重要になったと感じるようになっていたが、モーゲンソーのブランドのリアリズムは、国際政治経済の問題についてほとんど論じていなかったのである。一九七〇年代初期には多国籍企業や越境的な力が国家の存在そのものにとって脅威となっていると論じる者もいた。当時よく使われたのは「国家主権の危機」という言葉であった。他にも、人間性リアリズムは一九七〇年代初期に国際政治の研究を席巻《せっけん》した行動科学革命から取り残された哲学理論であったことも挙げられる。モーゲンソーは社会科学の理論を激しく嫌っていたが、アイディアをめぐる争いでは完全に少数派となっており、彼の理論はその正統性のほとんどを失ってしまっていた。モーゲンソーの社会科学についての見解については以下の文献を参照。Hans J. Morgenthau, *Scientific Man vs. Power Politics* (Chicago: University of Chicago Press, 1946). 近年の人間性リアリズムの珍しい例としては以下の文献を参照。Samuel P. Huntington, "Why International Primacy Matters," *International Security* 17, No. 4 (Spring 1993), pp. 68–71. 他にも以下の文献を参照。Bradley A. Thayer, "Bringing in Darwin: Evolutionary Theory, Realism, and International Politics," *International Security* 25, No. 2 (Fall 2000), pp. 124–51.

33. これについては以下の文献を参照。Morgenthau, *Politics among Nations*［モーゲンソー著『国際政治』］; and Morgenthau, *Scientific Man*. 最も有名な人間性リアリストはやはりモーゲンソーなのだが、ラインホールド・ニーバーはこの学派の主な原動力であった。これについては以下の文献を参照。Niebuhr's *Moral Man and Immoral Society* (New York: Scribner's, 1932)［ラインホールド・ニーバー著『道徳的人間と非道徳的社会』白水社、一九九八年］. フリードリッヒ・マイネッケもモーゲンソーが一九四〇年代に国際政治についての見解を出版するはるか以前に、人間性リアリズムを支持する膨大な著作を記している。これについては以下の文献を参照。Friedrich Meinecke, *Machiavellism: The Doctrine of Raison d'Etat and Its Place in Modern History*, trans. Douglas Scott (Boulder, CO: Westview, 1984).［フリードリヒ・マイネッケ著『近代史における国家理性の理念』白水社、一九八九年］この本は一九二四年にドイツで出版されたが、一九五七年まで英訳されていない。モーゲンソーの生徒であったケネス・トンプソンによれば、モーゲンソーはドイツで教育を受けたおかげでこの本についてよく知っていたという。Correspondence with author, August 9, 1999. 他にも以下の文献を参照。Christoph Frei, *Hans J. Morgenthau: An Intellectual Biography* (Baton Rouge: Louisiana State University Press, 2001), pp. 207–26.

34. Morgenthau, *Scientific Man*, p. 194. 他にも以下の文献を参照。Morgenthau, *Politics among Nations*, p. 208.［モーゲンソー著『国際政治』］

35. Morgenthau, *Scientific Man*, p. 192. 彼自身は「パワーを最大化しようとする欲望は普遍的なものだ」と記しているにもかかわらず (*Politics among Nations*, p. 208)、モーゲンソーは現状維持国家と修正主義国家を自身の著作のなかで区別している (pp. 40–44, 64–73)。ここには明確な問題がある。もしすべての国家が「限界のないパワーへの欲望」(p. 208) を持っているとすれば、なぜ世界には現状維持国家があるのだろうか？　さらにいえば、モーゲンソーがパワーへの動機が人間の本性の中にあると強調しているにもかかわらず、同時に国際システムの構造が国家を攻撃に突き動かす強力なインセンティブを与えていると記しているのだ。たとえば彼は、「すべての国家が常にライバルたちに出し抜かれるという恐怖の中で生きており、自国が最もやられたくないことを自分から行う絶好のチャンスが到来することを期待しているのだ」(p. 208)と書いている。ところがもしすべての国家がチャンスがあるときに互いに相手を蹴落《けお》とそうとする動機を持っているとすれば、なぜこのシステムの中に現状維持国家が存在するのであろうか？　実際のところ、このような構造の中では現状維持で満足するような国家は存在できないように見える。モーゲンソーはここでもこの明白な矛盾について何も説明していない。アーノルド・ウォルファーズも、モーゲンソーの著作の中のこの矛盾について指摘している。これについては以下の文献を参照。Arnold Wolfers, *Discord and Collaboration: Essays on International Politics* (Baltimore, MD: Johns Hopkins University Press, 1962), pp. 84–86.

36. ウォルツのリアリズムに関する他の研究については以下のものがある。*Man, the State, and War: A Theoretical Analysis* (New York: Columbia University Press, 1959)［ケネス・ウォルツ著『人間、国家、戦争：国際政治の３つのイメージ』勁草書房、二〇一三年］；“Theory of International Relations,” in Fred I. Greenstein and Nelson W. Polsby, eds., *The Handbook of Political Science*, vol. 8, *International Politics* (Reading, MA: Addison-Wesley, 1975), pp. 1–85; “The Origins of War in Neorealist Theory,” in Robert I. Rotberg and Theodore K. Rabb, eds., *The Origin and Prevention of Major Wars* (Cambridge: Cambridge University Press, 1989), pp. 39–52; and “Reflections on Theory of International Politics: A Response to My Critics,” in Robert Keohane, ed., *Neorealism and Its Critics* (New York: Columbia University Press, 1986), pp. 322–45. モーゲンソーの『国際政治』とは違って、ウォルツの『国際政治の理論』は現代の社会科学の著作としても明らかに通用するものだ（とくに第一章）。

37. 構造理論では、国際システムの仕組みが大国の行動を制約して、同じような行動をとらせるように強制していることを強調している。したがって、アナーキーな世界では大国の行動に共通したパターンがあることがわかる。それでもアナーキーなシステムそのものは異なる様相をとることがあり、たとえば大国の数やその中でパワーがどのように分布しているかによって左右される。次章以降でも論じられるように、このような構造面での違いは、国家の行動に重要な違いをもたらすことがある。

38. Waltz, *Theory of International Politics*, p.126.［ウォルツ著『国際政治の理論』］。他にも以下の文献を参照。ibid., pp.118, 127; and Joseph M. Grieco, “Anarchy and the Limits of Cooperation: A Realist Critique of the Newest Liberal Institutionalism,” *International Organization* 42, No. 3 (Summer 1988), pp. 485–507. この論文は「国家は世界権力の分前を維持することに主な関心を持っている」とするウォルツの主張を基本として理論を構築している。

39. Randall L. Schweller, “Neorealism’s Status-Quo Bias: What Security Dilemma? ” *Security Studies* 5, No. 3 (Spring 1996, special issue), pp. 90–121. 他にも以下の文献を参照。Keith L. Shimko, “Realism, Neorealism, and American Liberalism,” *Review of Politics* 54, No. 2 (Spring 1992), pp. 281–301.

40. Waltz, *Theory of International Politics*, chaps. 6, 8.［ウォルツ著『国際政治の理論』］国家が侵略的な相手に対してバランシングを行おうとする傾向が強いことを強調した著作としては以下のものがある。Stephen M. Walt, *The Origins of Alliances* (Ithaca, NY: Cornell University Press, 1987).

41. これについては以下の文献を参照。Waltz, *Theory of International Politics*, chap. 8; and Waltz, "Origins of War."

42. Waltz, "Origins of War," p. 40.

43. このテーマを扱った主要な著作については以下のものを参照のこと。Robert Jervis, "Cooperation under the Security Dilemma," *World Politics* 30, No. 2 (January 1978), pp. 167–214; Jack L. Snyder, *Myths of Empire: Domestic Politics and International Ambition* (Ithaca, NY: Cornell University Press, 1991), esp. chaps. 1–2; and Van Evera, *Causes of War*, esp. chap. 6. 他にも以下の文献を参照。Glaser, "Realists as Optimists"; and Robert Powell, *In the Shadow of Power: States and Strategies in International Politics* (Princeton, NJ: Princeton University Press, 1999), esp. chap. 3. George Quester, *Offense and Defense in the International System* (New York: Wiley, 1977). クエスターはディフェンシヴ・リアリストには分類されていないが、この著作は「攻撃・防御理論」についての重要な著作であると考えられている。このテーマについての概観的な著作については以下の文献を参照。Sean M. Lynn-Jones, "Offense-Defense Theory and Its Critics," *Security Studies* 4, No. 4 (Summer 1995), pp. 660–91.

44. ジャーヴィスはこの点について、スナイダーやヴァン・エヴェラたちよりも論じる価値のある視点を持っている。これについては以下の文献を参照。Snyder, *Myths of Empire*, pp. 22–24; Van Evera, *Causes of War*, pp. 118, 191, 255.

45. Grieco, "Anarchy and the Limits of Cooperation," p. 500.

46. 何人かのディフェンシヴ・リアリストたちは、大国が相対的なパワーではなく安全を最大化させることを狙っていると強調している。ウォルツは「国家の究極の懸念はパワーではなく、安全だ」と記している。Waltz, "Origins of War," p. 40. もちろん大国が安全を最大限拡大しようとすることについて疑いはない。しかしその主張そのものは不明確であり、実際の国家の行動についてほとんど示唆《しさ》を与えてくれない。最も重要な疑問は、国家がどのように安全を最大化しようとするのか？ということだ。私の答えは「世界権力の分前を最大化することによって」というものだ。それに対してディフェンシヴ・リアリストたちの答えは「既存のバランス・オブ・パワーを維持することによって」という。スナイダーはこの点について *Myths of Empire* という本の中でうまく書いている。彼によれば、オフェンシヴ・リアリストとディフェンシヴ・リアリストの両方とも、「安全が国際的なアナーキーの中で最大の動機であることについては同意する。ところが両者はそれを達成する最も効果的なやり方については正反対の視点を持っている」(pp. 11–12) という。

47. G. Lowes Dickinson, *The European Anarchy* (New York: Macmillan, 1916). 他にも以下の文献を参照。G. Lowes Dickinson, *The International Anarchy, 1904–1914* (New York: Century Company, 1926), esp. chap. 1.

48. Dickinson, *European Anarchy*, pp. 14, 101.

49. エリック・ラブス、ニコラス・スパイクマン、そしてマーティン・ワイトたちも著作の中でオフェンシブ・リアリズムを支持しているが、その三人の誰も理論を細かく展開していない。これについては以下の文献を参照。Eric J. Labs, "Offensive Realism and Why States Expand Their War Aims," *Security Studies* 6, No. 4, pp.1–49; Nicholas J. Spykman, *America's Strategy in World Politics: The United States and the Balance of Power* (New York: Harcourt, Brace, 1942), introduction and chap. 1［ニコラス・スパイクマン著『スパイクマン地政学〝世界政治と米国の戦略〟』芙蓉書房出版、二〇一七年］; and Martin Wight, *Power Politics*, eds. Hedley Bull and Carsten Holbraad (New York: Holmes and Meier, 1978), chaps. 2, 3, 9, 14, 15. これと同じ理論は以上の文献でもかいま見ることができる。Herbert Butterfield, *Christianity and History* (New York: Scribner's, 1950), pp. 89–91; Dale C. Copeland, *The Origins of Major War* (Ithaca, NY: Cornell University Press, 2000), passim; Robert Gilpin, *War and Change in World Politics* (Cambridge: Cambridge University Press, 1981), pp. 87–88; John H. Herz, "Idealist Internationalism and the Security Dilemma," *World Politics* 2, No. 2 (January 1950), p. 157; John H. Herz, *Political Realism and Political Idealism* (Chicago: University of Chicago Press, 1951), pp. 14–15, 23–25, 206; A.F.K. Organski, *World Politics*, 2d ed. (New York: Knopf, 1968), pp. 274, 279, 298; Frederick L. Schuman, *International Politics: An Introduction to the Western State System* (New York: McGraw- Hill, 1933), pp. 512–19; and Fareed Zakaria, *From Wealth to Power: The Unusual Origins of America's World Role* (Princeton, NJ: Princeton University Press, 1998), passim. ランドール・シュウェラーの著作の中にはオフェンシヴ・リアリズムに沿ったものがある。これについては以下の文献を参照。Schweller, "Neorealism's Status-Quo Bias"; Randall L. Schweller, "Bandwagoning for Profit: Bringing the Revisionist State Back In," *International Security* 19, No. 1 (Summer 1994), pp. 72–107; and Randall L. Schweller, *Deadly Imbalances: Tripolarity and Hitler's Strategy of World Conquest* (New York: Columbia University Press, 1998). ところがギデオン・ローズが明確にしているように、シュウェラーをオフェンシヴ・リアリストと分類するのは困難である。これについては以下の文献を参照。Gideon Rose, "Neoclassical Realism and Theories of Foreign Policy," *World Politics* 51, No. 1 (October 1998), pp. 144–72.

50. これについては以下の文献を参照。Inis L. Claude, *Power and International Relations* (New York: Random House, 1962); August Heckscher, ed., *The Politics of Woodrow Wilson: Selections from His Speeches and Writings* (New York: Harper, 1956); and James Brown Scott, ed., *President Wilson's Foreign Policy: Messages, Addresses, Papers* (Oxford: Oxford University Press, 1918).

51. 引用は以下の文献を参照。Wight, *Power Politics*, p. 29.

52. William J. Clinton, “American Foreign Policy and the Democratic Ideal,” campaign speech, Pabst Theater, Milwaukee, WI, October 1, 1992.

53. “In Clinton’s Words: ‘Building Lines of Partnership and Bridges to the Future,’ “ *New York Times*, July 10, 1997.

54. これについては以下の文献を参照。Shimko, “Realism, Neorealism, and American Liberalism.”

55. これについては以下の文献を参照。Seymour Martin Lipset, *American Exceptionalism: A Double-Edged Sword* (New York: Norton, 1996), pp. 51–52, 237. 他にも以下の文献を参照。Gabriel A. Almond, *The American People and Foreign Policy* (New York: Praeger, 1968), pp. 50–51.

56. Alexis de Tocqueville, *Democracy in America, vol. II, trans. Henry Reeve* (New York: Schocken Books, 1972), p. 38.［アレクシス・ド・トクヴィル著『アメリカのデモクラシー』岩波書店、二〇〇五年］

57. Morgenthau, *Scientific Man*, p. 201.

58. これについては以下の文献を参照。Reinhold Niebuhr, *The Children of Light and the Children of Darkness: A Vindication of Democracy and a Critique of Its Traditional Defense* (New York: Scribner’s, 1944), esp. pp. 153– 90.［ラインホールド・ニーバー著『光の子と闇の子：デモクラシーの批判と擁護』聖学院出版会、一九九四年］

59. Lipset, *American Exceptionalism*, p. 63.

60. これについては以下の文献を参照。Samuel P. Huntington, *The Soldier and the State: The Theory and 10 Practice of Civil-Military Relations* (Cambridge, MA: Harvard University Press, 1957).［サミュエル・ハンチントン著『軍人と国家』上下巻、原書房、二〇〇八年］

61. たとえば冷戦初期の一次資料の文献にあたった研究から明らかなのは、アメリカの政策家たちがソ連に対処する際に、イデオロギーではなく、主に権力政治の観点からものごとを考えていたということだ。これについては以下の文献を参照。H. W. Brands, *The Specter of Neutralism: The United States and the Emergence of the Third World, 1947– 1960* (New York: Columbia University Press, 1989); Thomas J. Christensen, *Useful Adversaries: Grand Strategy, Domestic Mobilization, and Sino-American Conflict, 1947–1958* (Princeton, NJ: Princeton University Press, 1996); Melvyn P. Leffler, *A Preponderance of Power: National Security, the Truman Administration, and the Cold War* (Stanford, CA: Stanford University Press, 1992); and Trachtenberg, *Constructed Peace.* 他にも以下の文献を参照。 Keith Wilson, “British Power in the European Balance, 1906–14,” in David Dilks, ed., *Retreat from Power: Studies in Britain’s Foreign Policy of the Twentieth Century*, vol. 1, *1906–1939* (London: Macmillan, 1981),

pp. 21–41. この文献はイギリスの政策家たちがプライベートの場では「バランス・オブ・パワーの概念を定期的かつ恒常的に使っていた」(p. 22) が、公式発言ではより観念論的なレトリックを使っていたと記している。

62. Kennan, *American Diplomacy*, p. 82.［ケナン著『アメリカ外交50年』］。他のリアリストたちがこのテーマについて強調している例については以下の文献を参照。Walter Lippmann, *U.S. Foreign Policy: Shield of the Republic* (Boston: Little, Brown, 1943); Hans Morgenthau, *In Defense of the National Interest: A Critical Examination of American Foreign Policy* (New York: Knopf, 1951); Norman A. Graebner, *America as a World Power: A Realist Appraisal from Wilson to Reagan* (Wilmington, DE: Scholarly Resources, 1984); and Norman A. Graebner, *Cold War Diplomacy: American Foreign Policy, 1945–1975*, 2d ed. (New York: Van Nostrand, 1977).

63. Carr, *Twenty Years' Crisis*, p. 79.［カー著『危機の二十年』］このような偽善がアングロサクソンだけに限らないという証拠については、以下の文献を参照。Markus Fischer, "Feudal Europe, 800–1300: Communal Discourse and Conflictual Practices," *International Organization* 46, No. 2 (Spring 1992), pp. 427–66.

64. この分野についての重要文献は以下の通り。Ido Oren, "The Subjectivity of the 'Democratic' Peace: Changing U.S. Perceptions of Imperial Germany," *International Security* 20, No. 2 (Fall 1995), pp. 147–84. ここと次のパラグラフで使われているさらなる論拠の例としては以下の文献を参照。Konrad H. Jarausch, "Huns, Krauts, or Good Germans? The German Image in America, 1800–1980," in James F. Harris, ed., *German-American Interrelations: Heritage and Challenge* (Tubingen: Tubingen University Press, 1985), pp. 145–59; Frank Trommler, "Inventing the Enemy: German-American Cultural Relations, 1900–1917," in Hans-Jurgen Schroder, ed., *Confrontation and Cooperation: Germany and the United States in the Era of World War I, 1900–1924* (Providence, RI: Berg Publishers, 1993), pp. 99–125; and John L. Gaddis, *The United States and the Origins of the Cold War, 1941–1947* (New York: Columbia University Press, 1972), chap. 2. イギリスの政策担当者たちが両大戦中にロシアのイメージをいかに上げようと努力していたかについては以下の文献を参照。Keith Neilson, *Britain and the Last Tsar: British Policy and Russia, 1894–1917* (Oxford: Clarendon, 1995), pp. 342–43; and P.M.H. Bell, *John Bull and the Bear: British Public Opinion, Foreign Policy and the Soviet Union, 1941–1945* (London: Edward Arnold, 199)).

65. アメリカの思想におけるリベラル的なアイディアが大きなインパクトを持っていたことについての古典的な研究は以下のものを参照。Louis Hartz, *The Liberal Tradition in America: An Interpretation of American Political Thought since the Revolution* (New York: Harcourt, Brace and World, 1955).

【第1章】

1. ほとんどのリアリスト系の学者は、自分たちの理論の中で覇権国ではない現状維持国家を想定している。彼らの議論によれば、少なくともいくつかの国家はバランス・オブ・パワーに満足するはずであり、それを変えようとするインセンティブを持たないものもあるという。これについては以下の文献を参照。Randall L. Schweller, "Neorealism's Status-Quo Bias: What Security Dilemma?" *Security Studies* 5, No. 3 (Spring 1996, special issue on "Realism: Restatements and Renewal," ed. Benjamin Frankel), pp. 98–101; and Arnold Wolfers, *Discord and Collaboration: Essays on International Politics* (Baltimore, MD: Johns Hopkins University Press, 1962), pp. 84–86, 91–92, 125–26.

2. Milton Friedman, *Essays in Positive Economics* (Chicago: University of Chicago Press, 1953), p. 14. 他にも以下の文献を参照のこと。Kenneth N. Waltz, *Theory of International Politics* (Reading, MA: Addison-Wesley, 1979), pp. 5–6, 91, 119.［ウォルツ著『国際政治の理論』］

3. テリー・モー（Terry Moe）は現実を単純化するための想定（例えば現実的で不必要な枝葉を省略したもの）と、現実に全く反するような想定（たとえばすでに評価の定着した真実に真っ向から反対するもの）を区別する有益なやり方を提案している。これについては以下の文献を参照。Terry Moe, "On the Scientific Status of Rational Models," *American Journal of Political Science* 23, No. 1 (February 1979), pp. 215–43.

4. アナーキーという概念とそれが国際政治に及ぼす影響を最初に書いたのはディッキンソンである。G. Lowes Dickinson, *The European Anarchy* (New York: Macmillan, 1916). アナーキーについての近年のより精緻化した議論については以下のものを参照のこと。Waltz, *Theory of International Politics*, pp. 88–93.［ウォルツ著『国際政治の理論』］。また、以下も参照のこと。Robert J. Art and Robert Jervis, eds., *International Politics: Anarchy, Force, Imperialism* (Boston: Little, Brown, 1973), pt. 1; and Helen Milner, "The Assumption of Anarchy in International Relations Theory: A Critique," *Review of International Studies* 17, No. 1 (January 1991), pp. 67–85.

5. 本書の焦点は国家システムにあるのだが、リアリストの論理は他のアナーキーのシステムにも応用可能だ。結局のところ、パワーを求めて競争する原因は中央政府が不在である点にあり、国家の特殊な性質にあるわけではないからだ。たとえばマークス・フィッシャーはこの概念を、国家システムが一六四八年に登場してくる前の、中世ヨーロッパのケースに応用している。以下のものを参照のこと。Markus Fischer, "Feudal Europe, 800–1300: Communal Discourse and Conflictual Practices," *International Organization* 46, No. 2 (Spring 1992), pp. 427–66. この理論は、個人の行動を説明する際にも使える。この点について最も重要な著作は以下のもの。Thomas Hobbes, *Leviathan*, ed. C. B. Macpherson (Harmondsworth, UK: Penguin, 1986).［T・ホッブズ著『リヴァイアサン』全四巻、岩波書店、一九九二年ほか］以下も参照のこと。Elijah Anderson, "The Code of the Streets," *Atlantic Monthly*, May 1994, pp. 80–94; Barry R. Posen, "The Security Dilemma and Ethnic Conflict," *Survival* 35, No. 1 (Spring 1993), pp.27–47; and Robert J. Spitzer, *The Politics of Gun Control* (Chatham, NJ: Chatham House, 1995), chap. 6.

6. Inis L. Claude, Jr., *Swords into Plowshares: The Problems and Progress of International Organization*, 4th ed. (New York: Random House, 1971), p. 14.

7. 「国家は控えめな意図を持っている」という想定は、単なる出発点でしかない。私はそこからこの理論の五つの想定を組み合わせて、国家が互いに敵対的な意図を持たざるをえなくなる立場に追い込まれると論じている。

8. 私の理論が究極的に論じているのは「大国が互いに攻撃的に振る舞うのだが、それはそうすることがアナーキーの世界で彼らが安全を確保するための最適なやり方だからだ」ということだ。ところがここでの想定は、安全以外にも国家が互いに侵略的に行動する理由が多いということだ。たとえば安全保障以外の戦争の原因が作用するのかわからないことが、大国に生き残りを心配させて攻撃的に振る舞わせるようになるのだ。安全保障面での懸念だけが大国を侵略的に行動させるわけではない。少なくとも一国が安全保障以外の計算によって動機づけられる可能性が存在するという事実だけでも、オフェンシヴ・リアリズムや、それ以外の安全保障競争を予測する国際政治の構造理論の必要条件となる。この点についてシュウェラーは「もし国家が自分たちの生き残り以外のものを追及しないのであれば、彼らは脅威を感じる必要がないはずだ。彼らはなぜバランシング的な行動をするのであろうか？　犯罪を全く経験したことがないという仮想的な世界では安全保障の概念は無意味である」と鋭く指摘している。Schweller, "Neorealism's Status-Quo Bias," p. 91. ハーバート・バターフィールドもほぼ同じことを指摘しており、「すべての人間が互いに全く競わないようなキリスト教の聖人であれば、おそらく自己批判の場合を除けば、戦争はほとんど起こらないだろう」と記している。C. T. McIntire, ed., *Herbert Butterfield: Writings on Christianity and History* (Oxford: Oxford University Press, 1979), p. 73. これについては以下も参照のこと。Jack Donnelly, *Realism and International Relations* (Cambridge: Cambridge University Press, 2000), chap. 2.

9. 以下からの引用。Jon Jacobson, *When the Soviet Union Entered World Politics* (Berkeley: University of California Press, 1994), p. 271.

10. 以下を参照のこと。Elizabeth Pond, *Beyond the Wall: Germany's Road to Unification* (Washington, DC: Brookings Institution

Press, 1993), chap. 12; Margaret Thatcher, *The Downing Street Years* (New York: HarperCollins, 1993), chaps. 25–26［マーガレット・サッチャー著『サッチャー回顧録：ダウニング街の日々』上下巻、日経、一九九三年］: and Philip Zelikow and Condoleezza Rice, *Germany Unified and Europe Transformed: A Study in Statecraft* (Cambridge, MA: Harvard University Press, 1995), chap. 4.

11. 自助の概念を紹介したのはフレデリック・シューマンである。Frederick Schuman, *International Politics: An Introduction to the Western State System* (New York: McGraw-Hill, 1933), pp. 199–202, 514. ただしこの概念を有名にしたのはウォルツだ。Waltz, *Theory of International Politics*, chap. 6.［ウォルツ著『国際政治の理論』］。リアリズムと同盟については以下の文献を参照のこと。Stephen M. Walt, *The Origins of Alliances* (Ithaca, NY: Cornell University Press, 1987).

12. 以下からの引用。Martin Wight, *Power Politics* (London: Royal Institute of International Affairs, 1946), p. 40.

13. もしある国家が覇権を達成してしまうと、国際システムはアナーキーではなくなり、階層的なものになる。国際的なアナーキーを想定しているオフェンシヴ・リアリズムでは、階層的な政治については想定していない。ただし後に論じられるように、地域覇権は可能だとしても、グローバル覇権を達成することはほとんど不可能だ。したがって、リアリズムは（覇権が達成されている地域の中で起こることは除くが）予見できる将来においては世界政治についての重要な示唆《しさ》を与え続ける可能性が高い。

14. 大国は侵略的な意図を持っているが、常に侵略者であるというわけではない。その主な理由は、彼らが常に攻撃的に振る舞える能力を持っているわけではないからだ。私は本書の中で「侵略者」（aggressor）という言葉を使っているが、これは大国の中でも侵略的な意図を行動に移せるだけの物理的な手段を持つものを差している。

15. ケネス・ウォルツは、大国は覇権を目指すべきではなく、その代わりに世界権力の「適切」な量をコントロールすることを狙うべきだと説いている。これについては以下を参照のこと。Kenneth Waltz, "The Origins of War in Neorealist Theory," in Robert I. Rotberg and Theodore K. Rabb, eds., *The Origin and Prevention of Major Wars* (Cambridge: Cambridge University Press, 1989), p. 40.

16. たとえば以下の仮定的な例は、この点をよくあらわしている。たとえばアメリカの政策家たちが西半球において二つの異なるパワーバランスを選ばなければならなくなったとしよう。一つ目は現在のようにアメリカが覇権国である状態で、この地域では軍事的に対抗してこようとする国がない状態だ。二つ目は中国がカナダ、ドイツがメキシコの場所に移ってくるというものだ。もちろんアメリカは中国やドイツよりも軍事的にははるかに勝っているが、アメリカの政治家でこのシナリオを西半球における現在の米国の覇権状態の代わりに選ぶような状況は考えにくい。

17. John H. Herz, “Idealist Internationalism and the Security Dilemma,” *World Politics* 2, No. 2 (January 1950), pp. 157–80. ディッキンソンは「安全保障のディレンマ」という言葉は使っていないが、その論理は以下の文献 で明示されている。Dickinson, *European Anarchy*, pp. 20, 88.
18. Herz, “Idealist Internationalism,” p. 157.
19. 以下を参照のこと。Joseph M. Grieco, “Anarchy and the Limits of Cooperation: A Realist Critique of the Newest Liberal Institutionalism,” *International Organization* 42, No. 3 (Summer 1988), pp. 485–507; Stephen D. Krasner, “Global Communications and National Power: Life on the Pareto Frontier,” *World Politics* 43, No. 3 (April 1991), pp. 336–66; and Robert Powell, “Absolute and Relative Gains in International Relations Theory,” *American Political Science Review* 85, No. 4 (December 1991), pp. 1303–20.
20. 以下を参照のこと。Michael Mastanduno, “Do Relative Gains Matter? America’s Response to Japanese Industrial Policy,” *International Security* 16, No. 1 (Summer 1991), pp. 73–113.
21. ウォルツは、モーゲンソーの理論では国家がパワーを目的そのものとして追及しており、彼らは相対的ではなく、絶対的な量を考えていると指摘している。これについては以下を参照のこと。Waltz, “Origins of War,” pp. 40–41; and Waltz, *Theory of International Politics*, pp. 126–27.［ウォルツ著『国際政治の理論』］。モーゲンソーはウォルツからの批判を受け入れるような発言をすることがあるが、それでも国家は主に相対的な量の増大を狙っていると述べている箇所が豊富にある。Hans Morgenthau, *Politics among Nations: The Struggle for Power and Peace*, 5th ed. (New York: Knopf, 1973)［モーゲンソー著『国際政治』］
22. 以下からの引用。MarcTrachtenberg, *A Constructed Peace: The Making of the European Settlement, 1945– 1963* (Princeton, NJ: Princeton University Press, 1999), p. 36.
23. 端的にいえば、オフェンシヴ・リアリズムを評価するための基準は、国家が他国を常に侵略しようとして国防費にすべてをつぎ込もうとしているかどうかではなく、国家がライバルたちを出し抜いてパワーを獲得するチャンスを得ようとしているかどうかという点にある。
24. 以下を参照のこと。Richard K. Betts, *Surprise Attack: Lessons for Defense Planning* (Washington, DC: Brookings Institution Press, 1982); James D. Fearon, “Rationalist Explanations for War,” *International Organization* 49, No. 3 (Summer 1995), pp. 390–401; Robert Jervis, *The Logic of Images in International Relations* (Princeton, NJ: Princeton University Press, 1970); and Stephen Van Evera, *Causes of War: Power and the Roots of Conflict* (Ithaca, NY: Cornell University Press, 1999), pp. 45–51, 83, 137–42.
25. 以下を参照のこと。Joel Achenbach, “The Experts in Retreat: After-the-Fact Explanations for the Gloomy Predictions,”

Washington Post, February 28, 1991; and Jacob Weisberg, "Gulfballs: How the Experts Blew It, Big-Time," *New Republic*, March 25, 1991.

26. ジャック・スナイダーとスティーブン・ヴァン・エヴェラは、この議論を最も大胆に行っている。以下の文献を参照のこと。Jack Snyder, *Myths of Empire: Domestic Politics and International Ambition* (Ithaca, NY: Cornell University Press, 1991), esp. pp. 1, 307–8; and Van Evera, *Causes of War*, esp. pp. 6, 9.

27. 遅ればせながら、ディフェンシブ・リアリストたちの中には安全保障のディレンマについて「国家が安全を高めるためにとる攻撃的な手段によってライバルが対抗手段をとることは、互いに何もしない場合よりも状況を悪化させることがある」と解釈するものが出てきた。これについては以下の文献を参照のこと。Charles L. Glaser, "The Security Dilemma Revisited," *World Politics* 50, No. 1 (October 1997), pp. 171–201. 安全保障のディレンマについてのこのような解釈では、合理的な国家の間では安全保障競争は行われないことになる。なぜならライバル国家よりもパワーを得ようとすることは無意味であったり非生産的であることになるからだ。実際のところ、なぜ侵略的な行動が自己破滅的な行動を意味する世界で国家が「安全保障のディレンマ」に直面するのかは理解できないことになる。そうなるとすべての国家は戦争をあきらめて平和に生きればよいことになる。ところがハーツは一九五〇年にこの概念を発表した時に、安全保障のディレンマをこのような形で紹介したわけではない。すでに述べたように、彼が最初に提案した概念はオフェンシヴ・リアリズムの理論をうまくまとめていたのだ。

28. もちろん侵略者から脅威を感じた国家が効果的にバランシングを行うこともあるが、そのような状況は例外であるため、侵略側の攻撃を成功させてしまうチャンスが増える。この点については第八章と第九章で詳細に論じる。スナイダーはこの問題に気付いているようであり、「国家は大抵の場合、バランシング同盟を形成する」という主張に、「少なくとも長期的には」という言葉を加えている。この引用は以下を参照のこと。*Myths of Empire*, p. 11. ところが侵略者というのは短期的な勝利を狙うことが多く、この成功を使って長期的な優位につなげていきたいと考えるのだ。「攻撃・防御バランス」について言えば、これは学者や政策家たちにとってもきわめて計測することが難しい、とらえどころのない概念だ。これについては以下を参照のこと。"Correspondence: Taking Offense at Offense-Defense Theory," *International Security* 23, No. 3 (Winter 1998–99), pp. 179–206; Jack S. Levy, "The Offensive/Defensive Balance of Military Technology: A Theoretical and Historical Analysis," *International Studies Quarterly* 28, No. 2 (June 1984), pp. 219–38; Kier A. Lieber, "Grasping the Technological Peace: The Offense-Defense Balance and International Security," *International Security* 25, No. 1 (Summer 2000), pp. 71–104; Sean M. Lynn-Jones, "Offense-Defense Theory and Its Critics," *Security Studies* 4, No. 4 (Summer 1995), pp. 672–74;

John J. Mearsheimer, *Conventional Deterrence* (Ithaca, NY: Cornell University Press, 1983), pp. 24–27; and Jonathan Shimshoni, "Technology, Military Advantage, and World War I: A Case for Military Entrepreneurship," *International Security* 15, No. 3 (Winter 1990–91), pp. 187–215. さらに重要なのは、防御側が攻撃側よりも明らかに優位だという証拠がほとんどないという点だ。この段落の残りでも議論したように、国家というのは時として攻撃して勝つこともあれば、負けることもある。

29. John Arquilla, *Dubious Battles: Aggression, Defeat, and the International System* (Washington, DC: Crane Russak, 1992), p. 2. 以下も参照のこと。Bruce Bueno de Mesquita, *The War Trap* (New Haven, CT: Yale University Press, 1981), pp. 21–22; and Kevin Wang and James Ray, "Beginners and Winners: The Fate of Initiators of Interstate Wars Involving Great Powers since 1495," *International Studies Quarterly* 38, No. 1 (March 1994), pp. 139–54.

30. スナイダーとヴァン・エヴェラは、侵攻にはほとんど利益がないとしながら、侵攻が成功することがあることを暗黙的に認めている。たとえばスナイダーは、拡大（成功した攻撃）と過剰拡大（失敗的な攻撃）を区別しており、この違いを説明しようとしている。たとえば以下の一八六八年から一九四五年までの日本の拡大についての議論を参照のこと。Snyder, *Myths of Empire*, pp. 114–16. ヴァン・エヴェラも攻撃・防御バランスに様々な種類があることを認めており、侵攻が実行可能であった時代についても述べている。以下の文献を参照のこと。*Causes of War*, chap. 6. もちろん侵攻の成功を認めてしまうことは彼らのメインの議論である「攻撃はほとんど成功しない」という主張と矛盾してしまうことになる。

31. 以下を参照のこと。 Robert Gilpin, *War and Change in World Politics* (Cambridge: Cambridge University Press, 1981), p. 29; and William C. Wohlforth, *The Elusive Balance: Power and Perceptions during the Cold War* (Ithaca, NY: Cornell University Press, 1993), pp. 12–14.

32. 本章以降では、大規模な水域によって出てくる戦力投射の問題は、パワーの分布の問題の計測を行う際に取り上げる（第四章を参照のこと）。この二つの要因は、ここでは別々の問題として扱っている。その理由は、単純に海洋が大国の行動に顕著《けんちょ》な影響を与えているからだ。

33. これとは反対の視点については以下を参照のこと。David M. Edelstein, "Choosing Friends and Enemies: Perceptions of Intentions in International Relations," Ph.D. diss., University of Chicago, August 2000; Andrew Kydd, "Why Security Seekers Do Not Fight Each Other," *Security Studies* 7, No. 1 (Autumn 1997), pp. 114–54; and Walt, *Origins of Alliances*.

34. 本章の注8を参照のこと。

35. Jacob Viner, "Power versus Plenty as Objectives of Foreign Policy in the Seventeenth and Eighteenth Centuries," *World Politics* 1,

No. 1 (October 1948), p. 10.

36. 以下を参照のこと。Mark Bowden, *Black Hawk Down: A Story of Modern War* (London: Penguin, 1999); Alison Des Forges, *"Leave None to Tell the Story": Genocide in Rwanda* (New York: Human Rights Watch, 1999), pp. 623– 25; and Gerard Prunier, *The Rwanda Crisis: History of a Genocide* (New York: Columbia University Press, 1995), pp.274–75.

37. 以下を参照のこと。Scott R. Feil, *Preventing Genocide: How the Early Use of Force Might Have Succeeded in Rwanda* (New York: Carnegie Corporation, 1998); and John Mueller, "The Banality of 'Ethnic War,' " *International Security* 25, No. 1 (Summer 2000), pp. 58–62. アメリカがルワンダに介入していたらどれほど多くの命を救ったのかという残虐性の少ない議論については以下の文献を参照のこと。Alan J. Kuperman, "Rwanda in Retrospect," *Foreign Affairs* 79, No. 1 (January–February 2000), pp. 94–118.

38. 以下を参照のこと。David F. Schmitz, *Thank God They're on Our Side: The United States and Right-Wing Dictatorships, 1921–1965* (Chapel Hill: University of North Carolina Press, 1999), chaps. 4–6; Gaddis Smith, *The Last Years of the Monroe Doctrine, 1945–1993* (New York: Hill and Wang, 1994); Tony Smith, *America's Mission: The United States and the Worldwide Struggle for Democracy in the Twentieth Century* (Princeton, NJ: Princeton University Press, 1994); and Stephen Van Evera, "Why Europe Matters, Why the Third World Doesn't: American Grand Strategy after the Cold War," *Journal of Strategic Studies* 13, No. 2 (June 1990), pp. 25–30.

39. 以下からの引用。John M. Carroll and George C. Herring, eds., *Modern American Diplomacy*, rev. ed. (Wilmington, DE: Scholarly Resources, 1996), p. 122.

40. ニキータ・フルシチョフは、第二次大戦中に蔣介石に対するスターリンの政策について似たような意見を述べている。「彼が中国共産党と紛争を起こしているにもかかわらず、蔣介石は日本の帝国主義と戦っていた。したがって、スターリン――そしてソ連政府――は蔣介石のことを進歩的な勢力であるととらえていた。日本は東アジアにおけるわれわれにとっての最大の敵であり、蔣介石を支持するのはわれわれの国益にもかなっていた。当然ながら、われわれは彼が日本に負けて欲しくなかったために彼を支持したわけだが、これはわれわれが建国した時から敵であるチャーチルの立場と同じことだ。彼はヒトラーとの戦いにおいてわれわれを支援するだけの感覚をもっていたからだ」。*Khrushchev Remembers: The Last Testament*, trans. and ed. Strobe Talbott (Boston: Little, Brown, 1974), pp. 237–38.

41. 以下を参照のこと。Walt, *Origins of Alliances*, pp. 5, 266–68.

42. Adam Smith, *An Inquiry into the Nature and Causes of the Wealth of Nations*, ed. Edwin Cannan (Chicago: University of Chicago

Press, 1976), Vol. 1, p. 487.［アダム・スミス著『国富論』上下巻、日経新聞社、二〇〇七年］この段落のすべての引用はこの本の pp. 484–87 から。

43. 英蘭間の競争関係の概観ついては以下を参照のこと。Jack S. Levy, "The Rise and Decline of the Anglo-Dutch Rivalry, 1609–1689," in William R. Thompson, ed., *Great Power Rivalries* (Columbia: University of South Carolina Press, 1999), pp. 172–200; and Paul M. Kennedy, *The Rise and Fall of British Naval Mastery* (London: Allen Lane, 1976), chap. 2. この例は前述したパワーの絶対量と相対量の議論にもつながってくる。海洋法がなければ、イギリスとオランダの両国はよりオープンな貿易体制によっておそらくより大きな絶対量のパワーを得たはずだ。ところがイギリスはオランダに対して相対的なパワーは得ることができなかったはずである。海洋法のおかげでイギリスはオランダに比べてかなりの量の相対的なパワーを得たが、両国とも絶対量はそれほど得ていない。結果として、相対的なパワーの考慮が大国の行動を動かすということになる。

44. William J. Clinton, "Address by the President to the 48th Session of the United Nations General Assembly," United Nations, New York, September 27, 1993. 他にも以下を参照のこと。George Bush, "Toward a New World Order: Address by the President to a Joint Session of Congress," September 11, 1990.

45. ブラッドリー・セイヤーは、勝利した側の国が戦後（ナポレオン戦争、第一大戦、第二次大戦）に安定した秩序を作って維持できるのかどうか、もしくはリアリズムが予測するようにパワーを巡って争いはじめるのかという点について検証している。とくに彼は「ヨーロッパ協調」や国際連盟、そして国連のような、リアリスト的な行動を制限するように意図された制度機関を見ている。セイヤーの結論は、勝利した側の国家のレトリックにもかかわらず、常に互いからパワーを獲得しようと行動しているということだ。これについては以下の文献を参照のこと。Bradley A. Thayer, "Creating Stability in New World Orders," Ph.D. diss., University of Chicago, August 1996. 他にも以下を参照のこと。Korina Kagan, "The Myth of the European Concert," *Security Studies* 7, No. 2 (Winter 1997–98), pp. 1–57. 彼女は「ヨーロッパ協調」が「大国の行動にほとんど影響を及ぼさない、弱くて効果のない体制であった」と結論づけている (p. 3)。

46. これについては以下を参照のこと。Melvyn P. Leffler, *A Preponderance of Power: National Security, the Truman Administration, and the Cold War* (Stanford, CA: Stanford University Press, 1992).

47. ソ連の東欧のコントロールを低下させようとするアメリカ側の働きかけについての議論に関しては以下を参照のこと。Peter Grose, *Operation Rollback: America's Secret War behind the Iron Curtain* (Boston: Houghton Mifflin, 2000); Walter L. Hixson, *Parting the Curtain: Propaganda, Culture, and the Cold War, 1945–1961* (New York: St. Martin's, 1997); and Gregory

Mitrovich, *Undermining the Kremlin: America's Strategy to Subvert the Soviet Bloc, 1947–1956* (Ithaca, NY: Cornell University Press, 2000).

48. 一九八〇年代後半のアメリカの対ソ戦略を概観して主な論点を引用している議論については以下の文献を参照のこと。Randall L. Schweller and William C. Wohlforth, "Power Test: Evaluating Realism in Response to the End of the Cold War," *Security Studies* 9, No. 3 (Spring 2000), pp. 91–97.

49. ヴェルサイユ条約についての著名な研究書の編集者たちは、「本書で行った最終的な分析結果によると、パリ会議の新たな学術的視点を得ることになった。ここではアメリカと連合国たちの間で別々の狙いがあり、この条約そのものもまだ発展途上の段階にあると考えられていたということが判明している」と述べている。これについては以下の文献を参照のこと。Manfred F. Boemeke, Gerald D. Feldman, and Elisabeth Glaser, eds., *The Treaty of Versailles: A Reassessment after 75 Years* (Cambridge: Cambridge University Press, 1998), p. 1.

50. この段落は以下の文献から多く依拠している。Trachtenberg, *Constructed Peace*; and Marc Trachtenberg, *History and Strategy* (Princeton, NJ: Princeton University Press, 1991), chaps. 4–5. 他にも以下を参照のこと。G. John Ikenberry, "Rethinking the Origins of American Hegemony," *Political Science Quarterly* 104, No. 3 (Autumn 1989), pp. 375–400.

51. 冷戦初期のアメリカの政策家たちがヨーロッパにおける安全保障構想がどこに向かうのかを理解できていなかったという点については、トラクテンバーグのコメントにまとめられている。彼は「このような体制が登場すること、そしてこれが長期にわたる安定をもたらすとは一体誰が予測していただろうか？」と問いかけている。そしてそれについての彼の答えは「予測されたものは法則化していると言えるほど間違っていた。たとえばドイツはいつまでも押さえつけていられるわけではないという予測や、西ドイツは究極的に自ら核武装を求めるということ、そして米軍はヨーロッパにいつづけるわけではないという予測など……これらのすべての予測が、後に間違っていたことが判明したのである」Trachtenberg, *History and Strategy*, pp. 231–32. 他にも以下を参照のこと。Trachtenberg, *Constructed Peace*, pp. vii–viii.

52. 集団安全保障の危険に関するさらなる議論については以下を参照のこと。John J. Mearsheimer, "The False Promise of International Institutions," *International Security* 19, No. 3 (Winter 1994–95), pp. 26–37.

53. 以下を参照のこと。Grieco, "Anarchy and the Limits of Cooperation," pp. 498, 500.

54. 相対的なゲインについての考慮が国家間の協力関係を阻害するという証拠については以下の文献を参照のこと。Paul W. Schroeder, *The Transformation of European Politics, 1763–1848* (Oxford: Clarendon, 1994), chap. 3.

55. Charles Lipson, "International Cooperation in Economic and Security Affairs," *World Politics* 37, No. 1 (October 1984), p. 14.

56. 以下を参照のこと。Randall L. Schweller, "Bandwagoning for Profit: Bringing the Revisionist State Back In," *International Security* 19, No. 1 (Summer 1994), pp. 72–107. また本章の注59の著作も参照のこと。

57. 以下を参照のこと。Misha Glenny, *The Fall of Yugoslavia: The Third Balkan War*, 3d rev. ed. (New York: Penguin, 1996), p. 149; Philip Sherwell and Alina Petric, "Tudjman Tapes Reveal Plans to Divide Bosnia and Hide War Crimes," *Sunday Telegraph* (London), June 18, 2000; Laura Silber and Allan Little, *Yugoslavia: Death of a Nation*, rev. ed. (New York: Penguin, 1997), pp. 131–32, 213; and Warren Zimmerman, *Origins of a Catastrophe: Yugoslavia and Its Destroyers—America's Last Ambassador Tells What Happened and Why* (New York: Times Books, 1996), pp. 116–17.

58. 以下を参照のこと。John Maynard Keynes, *The Economic Consequences of the Peace* (New York: Penguin, 1988), chap. 2; and J. M. Roberts, *Europe, 1880–1945* (London: Longman, 1970), pp. 239–41.［ケインズ著『ケインズ全集　第二巻　平和の経済的帰結』東洋経済新報社、一九七七年］

59. 一九三九年八月の独ソ不可侵条約（the Molotov-Ribbentrop Pact）とその後の両国の協力関係については以下の文献を参照のこと。Alan Bullock, *Hitler and Stalin: Parallel Lives* (London: HarperCollins, 1991), chaps. 14– 15; I.C.B. Dear, ed., *The Oxford Companion to World War II* (Oxford: Oxford University Press, 1995), pp. 780–82; Anthony Read and David Fisher, *The Deadly Embrace: Hitler, Stalin, and the Nazi-Soviet Pact, 1939–1941* (New York: Norton, 1988); Geoffrey Roberts, *The Unholy Alliance: Stalin's Pact with Hitler* (Bloomington: Indiana University Press, 1989), chaps. 8–10; and Adam B. Ulam, *Expansion and Coexistence: Soviet Foreign Policy, 1917– 1973*, 2d ed. (New York: Holt, Rinehart, and Winston, 1974), chap. 6.

60. ウォルツは構造理論で国際的な動き――戦争が二極システムと多極システムのどちらで起こりやすいのかなど――を説明できると主張しつづけているが、特定の国の対外政策は説明できないとしている。彼によれば、そのためにはそれとは別の「対外政策の理論」が必要となるという。これについては以下の文献を参照。*Theory of International Politics*, pp. 71–72, 121–23.［ウォルツ著『国際政治の理論』］コリン・エルマンはウォルツのこの点について批判しており、構造理論が対外政策の理論に使えないという論理的な根拠がないことを指摘している。エルマンが言うように、ここでの問題は、特定の構造理論が国家がつくり上げる対外政策を理解する助けになるのかどうかという点だ。私はオフェンシヴ・リアリズムが個別の国の対外政策や国際的な動きを説明する際にも使えることを証明しようとしている。これについては以下の論文を参照のこと。Colin Elman, "Horses for Courses: Why Not Neorealist Theories of Foreign Policy?"; Kenneth N. Waltz, "International Politics Is Not Foreign Policy"; and Colin Elman, "Cause, Effect, and Consistency: A Response to Kenneth Waltz," in *Security Studies* 6, No. 1 (Autumn 1996), pp. 7–61.

【第三章】

▼表3－1

［出典］：GNPの数値は一九六〇年のアメリカのドルと価格を元にしたものだ。これらは以下の文献から。Paul Bairoch, "Europe's Gross National Product: 1800–1975," *Journal of European Economic History* 5, No. 2 (Fall 1976), p. 281. 世界の工業生産高のシェアの割合については以下の文献から。Paul Bairoch, "International Industrialization Levels from 1750 to 1980," *Journal of European Economic History* 11, No. 2 (Fall 1982), p. 296. 全潜在的工業力の数値は一九〇〇年のイギリスを基準としており、以下の箇所を参照。ibid., p. 292. エネルギー消費量と鉄鋼生産量、そして人口数については以下を参照のこと。J. David Singer and Melvin Small, *National Material Capabilities Data, 1816–1985* (Ann Arbor, MI: Inter-University Consortium for Political and Social Research, February 1993). ヨーロッパ諸国の数値の比較については表3－3を参照のこと。

▼表3－2

［注］：「ドイツ」となっているが、一八三〇年と一八六〇年の数値はプロイセン時代のもの。それ以降はドイツのもの。

［出典］：表3－1と同じ。

▼表3－3

［注］：ここでの「富」（Wealth）というのは、鉄鋼の生産量とエネルギー消費量を同等にとらえた明快な複合指標である。私はとりわけ年ごとにすべての大国の鉄鋼生産量を決定して、その合計をそれぞれの大国の割合をパーセントに置き換えている。私はエネルギーの消費量についても同じような計算を行った。その次に各国家の鉄鋼生産量とエネルギー消費量のパーセントを平均化している。ところが一八三〇年から五〇年にかけての時期は鉄鋼生産量だけを参考にしている。エネルギー消費量についてのデータが入手できなかったからだ。ここで明記しておきたいのは、ここで（本書を通じて）使われたヨーロッパの富についての計算は考慮の対称になっている大国だけのものであり、ベルギーやデンマークのような小国は含まれていないということだ。他にも、一八七〇年以前のドイツはプロイセンであったことに注意していただきたい。

［出典］：すべてのデータは以下の文献から。Singer and Small, *National Material Capabilities Data.*

▼表3－4

［注］：ここでの「富」は表3－3の時に使われた複合的なものと同じ。ただし私はここでエネルギー消費量ではなく、

エネルギー生産量を使っている。アメリカはヨーロッパの大国ではないが、この表では第二次大戦でのヨーロッパでの戦闘に深く関わっていたために含めている。

［出典］：アメリカのエネルギーと鉄鋼についての数値は以下の文献から。B. R. Mitchell, *International Historical Statistics: The Americas, 1750–1988*, 2d ed. (New York: Stockton Press, 1993), pp. 356, 397. イギリスとイタリアの数値については以下の文献から。B. R. Mitchell, *International Historical Statistics: Europe, 1750–1988*, 3d ed. (New York: Stockton Press, 1992), pp. 457–58, 547. ソ連の数値については以下の文献から。Mark Harrison, *Soviet Planning in Peace and War, 1938–1945* (Cambridge: Cambridge University Press, 1985), p. 253. ドイツの数値については説明が必要となる。なぜなら使う数値というのは、どの領土をドイツと見なすかという点で変わってくるからだ。ここではおよそ三つの選択肢がある。①古いドイツ：これは一九三八年以前の国境をカバーしている。②「大ドイツ」：オーストリア、ズデーテンラント、そして戦時中に征服されて「第三帝国」の一部となったアルザス＝ロレーヌやポーランドのオルサやドンブロワ地方など。③「大ドイツ＋占領地」：これはドイツが利益を得ようと獲得した地域全体のこと。この分類については以下を参照のこと。United States Strategic Bombing Survey (USSBS), *The Effects of Strategic Bombing on the German War Economy*, European War Report 3 (Washington, DC: USSBS, October 31, 1945), p. 249. 他にも以下の文献を参照のこと。Patricia Harvey, “The Economic Structure of Hitler’s Europe,” in Arnold Toynbee and Veronica M. Toynbee, eds., *Hitler’s Europe* (Oxford: Oxford University Press, 1954), pp. 165–282. ドイツの一九四一年から四五年にかけての鉄鋼生産量については、私は上の三番目の分類を使っている。USSBS, *Effects of Strategic Bombing*, p. 252. ただし第二次大戦中のドイツのエネルギー生産量についての信頼に足る数値は探すのが難しい。以下を参照のこと。ibid., p. 116. ジョナサン・エイデルマン（Jonathan Adelman）はソ連の資料を使って第二次大戦中のドイツとソ連の電気と鉄鋼の生産量全体を推測している。Adelman, *Prelude to the Cold War: The Tsarist, Soviet, and U.S. Armies in the Two World Wars* (Boulder, CO: Lynne Rienner, 1988), p. 219. ドイツの鉄鋼生産についてのエイデルマンの数値（一億三三七〇万トン）は私の推測値（一億二七〇〇トン）と近く、彼の電力の数値はおそらく信頼できるものであろう。毎年ごとにエネルギーの量を割り当てるために、私はあえて鉄鋼の率にも応用してみた。たとえば戦時中の一九四三年にドイツの鉄鋼の二七％が生産されたとすると、私はすべての電力の二七％がその年にも生産されたと想定した。

▼表３－５

［注］：一九四五、一九五〇年、一九五五年の数値については表３－３で使用した複合指標を元にしている。

［出典］：一九四五～五五年のすべてのデータは以下の文献から。Singer and Small, *National Material Capabilities Data*. 一

九六〇～九〇年までの数値は国民総生産（GNP）についての以下の文献のものを参考にした。the U.S. Arms Control and Disarmament Agency, *World Military Expenditures and Arms Transfer Database*. ただし専門家の中でも一九四五～九一年のソ連のＧＮＰの実際の規模についてはいまだに意見がわかれている。ただし私から見れば、これが入手可能なものの中では最も優れたものであると思う。

1. パワーの定義には様々なものがあり、どの定義に関しても疑問を持つことは正しいことだ。実際のところ、学者の理論には適切な定義が必要とされるのだ。私の定義が合理的なものかどうかは、オフェンシヴ・リアリズムが国際政治をどこまでうまく説明できるかにかかっている。
2. この二つのパワーについての考え方をさらに掘り下げたものとしては以下の文献を参照のこと。Bruce Russett and Harvey Starr, *World Politics: The Menu for Choice* (New York: Freeman, 1989), chap. 6; and William C. Wohlforth, *The Elusive Balance: Power and Perceptions during the Cold War* (Ithaca, NY: Cornell University Press, 1993), pp. 3–5. さらにいえば、（ウォールフォースをはじめとする）学者の中には、政策担当者たちが認識するパワーのバランスと、実際のパワーバランスを区別すべきだと主張する人々もいて、国際政治にとって重要なのは政治家の頭の中にある図を理解することだという。私はこのような議論には反対だ。以降の章でも判明していくが、政策家たちは実際のバランス・オブ・パワーについて間違えることも時としてあるが、それでも大抵は正確な認識を持っているからだ。したがって、国家の行動を説明する際にはパワーの認識について注目する必要はない。
3. Robert Dahl, "The Concept of Power,"*Behavioral Science* 2, No.3 (July1957), pp. 202–3. また以下の文献を参照のこと。David A. Baldwin, *Paradoxes of Power* (New York: Basil Blackwell, 1989); and Karl W. Deutsch, *The Analysis of International Relations* (Englewood Cliffs, NJ: Prentice-Hall, 1988), chap. 3.
4. この分野の典型的なものとしては以下の文献を参照のこと。A. F. K. Organski and Jacek Kugler, *The War Ledger* (Chicago: University of Chicago Press, 1980), chap. 3. また以下の文献も参照。Jacek Kugler and William Domke, "Comparing the Strength of Nations," *Comparative Political Studies* 19, No. 1 (April 1986), pp. 39–70; and Jacek Kugler and Douglas Lemke, eds., *Parity and War: Evaluations and Extensions of the War Ledger* (Ann Arbor: University of Michigan Press, 1998).
5. Geoffrey Blainey, *The Causes of War* (New York: Free Press, 1973), chap. 8. 引用箇所はp. 119. また以下の文献を参照のこと。James D. Fearon, "Rationalist Explanations for War," *International Organization* 49, No. 3 (Summer 1995), pp. 379–414.
6. 以下の文献を参照のこと。Zeev Maoz, "Power, Capabilities, and Paradoxical Conflict Outcomes," *World Politics* 41, No. 2

(January 1989), pp. 239–66. 次章でも議論されるが、軍事力は兵力の数だけでなく質のほうも要素として入れられる。

7. John J. Mearsheimer, *Conventional Deterrence* (Ithaca, NY: Cornell University Press, 1983), pp. 33–35, 58–60. また以下の文献を参照のこと。Mark Harrison, "The Economics of World War II: An Overview," in Mark Harrison, ed., *The Economics of World War II: Six Great Powers in International Comparison* (Cambridge: Cambridge University Press, 1998), pp. 1–2.

8. 以下の文献を参照のこと。Mearsheimer, *Conventional Deterrence*; T. V. Paul, *Asymmetric Conflicts: War Initiation by Weaker Powers* (Cambridge: Cambridge University Press, 1994); and Dan Reiter, "Military Strategy and the Outbreak of International Conflict," *Journal of Conflict Resolution* 43, No. 3 (June 1999), pp. 366–87.

9. Brian Bond, *France and Belgium, 1939–1940* (London: Davis-Poynter, 1975); Phillip A. Karber et al., *Assessing the Correlation of Forces: France 1940*, Report No. BDM/W-79-560-TR (McLean, VA: BDM Corporation, June 18, 1979); and Barry R. Posen, *The Sources of Military Doctrine: France, Britain, and Germany between the World Wars* (Ithaca, NY: Cornell University Press, 1984), pp. 82–94.

10. シュリーフェン・プランの詳細については以下の文献を参照のこと。Gerhard Ritter, *The Schlieffen Plan*, trans. Andrew and Eva Wilson (London: Oswald Wolff, 1958). 最初のシュリーフェン・プランだったら成功していたかもしれないという議論については以下の文献を参照のこと。Gordon Craig, *The Politics of the Prussian Army, 1640–1945* (Oxford: Oxford University Press, 1975), pp. 279–80; Walter Goerlitz, *History of the German General Staff, 1657–1945*, trans. Brian Battershaw (New York: Praeger, 1953), p. 135; and L.C.F. Turner, "The Significance of the Schlieffen Plan," *Australian Journal of Politics and History* 8, No. 1 (April 1967), pp. 52–53, 59–63.

11. 冷戦期の後半にヨーロッパでは通常兵器のバランスに関する総合評価（net assessments）が頻繁《ひんぱん》に行われるようになり、ワルシャワ条約機構がＮＡＴＯ軍に対して迅速な勝利を獲得できるのかどうかを調べることが行われた。当時の分析官たちは両陣営が使用可能な物理的な資産ばかりに注目して、どのような戦略が使用されるのかという点はあまり強調しなかった。ここでの土台となる前提は「バランス・オブ・パワーだけで結果が判明する」ということであった。ところがＮＡＴＯとワルシャワ条約機構との戦争の結果は、数だけでなく戦略にも左右されるものであった。したがって、ヨーロッパのバランスは、戦略と物理的資産の両方を考慮に入れるべきであった。これについては以下の文献を参照のこと。John J. Mearsheimer, "Numbers, Strategy, and the European Balance," *International Security* 12, No. 4 (Spring 1988), pp. 174–85.

12. このナポレオン遠征についての議論は、主に以下の文献を参照のこと。David G. Chandler, *The Campaigns of Napoleon* (New York: Macmillan, 1996), pts. 13–14［デイヴィッド・ジェフリー・チャンドラー著『ナポレオン戦争』全五巻、信山

社、二〇〇五年］; Christopher Duffy, *Borodino and the War of 1812* (New York: Scribner's, 1973); Vincent J. Esposito and John R. Elting, *A Military History and Atlas of the Napoleonic Wars* (New York: Praeger, 1965); and Georges Lefebvre, *Napoleon: From Tilsit to Waterloo, 1807–1815*, trans. J. E. Anderson (New York: Columbia University Press, 1990), chap. 9.

13. この段落の数値は以下の文献から。Chandler, *Campaigns of Napoleon*, pp. 750, 754–55, 852–53. フランスとロシアの軍の規模については本書の第八章の表８－２を参照のこと。

14. ロシアの戦略は意図して行われたものではなく、作戦が進むにつれてそのような状況に追い込まれた結果なのかもしれない。これについては以下の文献を参照のこと。Chandler, *Campaigns of Napoleon*, pp. 764–65, 859［チャンドラー著『ナポレオン戦争』］; and Lefebvre, *Napoleon*, p. 313. その背景にあった理由がなんであれ、ロシアの戦略は最高の効果を発揮したといえる。

15. ナポレオン軍崩壊についての優れた統計については以下の文献を参照のこと。Edward R. Tufte, *The Visual Display of Quantitative Information* (Cheshire, CT: Graphics Press, 1983), pp. 41, 176.

16. 以下の文献を参照のこと。Jonathan Kirshner,"Rationalist Explanations for War?" *Security Studies* 10, No. 1 (Autumn 2000), pp. 153–61. また以下の文献も参照。Alan Beyerchen, "Clausewitz, Nonlinearity, and the Unpredictability of War," *International Security* 17, No. 3 (Winter 1992–93), pp. 59–90. この文献は勝者を予測することの難しさを強調しすぎているが、それでもいくつかの重要な点を指摘している。

17. 以下の文献を参照のこと。Kenneth N. Waltz, *Theory of International Politics* (Reading, MA: Addison-Wesley, 1979), pp. 191–92［ウォルツ著『国際政治の理論』］; and Wohlforth, *Elusive Balance*, p. 4.

18. 以下の文献を参照のこと。Klaus Knorr, *The War Potential of Nations* (Princeton, NJ: Princeton University Press, 1956); and Klaus Knorr, *Military Power and Potential* (Lexington, MA: D. C. Heath, 1970).

19. 人口と軍事力についての最もすぐれた研究については以下のものがある。Kingsley Davis, "The Demographic Foundations of National Power," in Morroe Berger, Theodore Abel, and Charles H. Page, eds., *Freedom and Control in Modern Societies* (New York: Van Nostrand, 1954), pp. 206–42; Katherine Organski and A.F.K. Organski, *Population and World Power* (New York: Knopf, 1961); and Michael S. Teitelbaum and Jay M. Winter, *The Fear of Population Decline* (Orlando, FL: Academic Press, 1985).

20. 人口データは以下の文献から。*The World Factbook, 2013–14*. Washington, DC: Central Intelligence Agency, 2013. https://www.cia.gov/library/publications/the-world-factbook/index.html

21. Simon Kuznets, *Modern Economic Growth: Rate, Structure, and Spread* (New Haven, CT: Yale University Press, 1966), chap. 2.

22. 軍事的な力における富の重要性については以下の文献を参照のこと。Robert Gilpin, *War and Change in World Politics* (Cambridge: Cambridge University Press, 1981); Paul M. Kennedy, *The Rise and Fall of British Naval Mastery* (London: Allen Lane, 1976); Paul M. Kennedy, *The Rise and Fall of the Great Powers: Economic Change and Military Conflict from 1500 to 2000* (New York: Random House, 1987)［ポール・ケネディ著『決定版 大国の興亡　一五〇〇年から二〇〇〇年までの経済の変遷と軍事闘争』上下巻、草思社、一九九三年］; A. F. K. Organski, *World Politics*, 2d ed. (New York: Knopf, 1968); and Organski and Kugler, *War Ledger*.

23. 第一次世界大戦にかかった費用については以下の文献を参照のこと。Ernest L. Bogart, *Direct and Indirect Costs of the Great World War* (Oxford: Oxford University Press, 1919), p. 299; Roger Chickering, *Imperial Germany and the Great War, 1914–1918* (Cambridge: Cambridge University Press, 1998) p. 195; Niall Ferguson, *The Pity of War* (New York: Basic Books, 1999), pp. 322–23; and Gerd Hardach, T*he First World War, 1914–1918* (Berkeley: University of California Press, 1977), p. 153. 英国際戦略研究所（IISS）は一九九五年のドル換算で、第一次大戦に四兆五〇〇〇億ドル、第二次大戦は一三兆ドルかかったとしている。これについては以下の文献を参照のこと。"The 2000 Chart of Armed Conflict," insert to IISS, *The Military Balance, 2000/2001* (Oxford: Oxford University Press, October 2000).

24. 一九四〇年のアメリカのＧＮＰは一〇一〇億ドルであった。これらの数値は以下の文献から。I. C. B. Dear, ed., *The Oxford Companion to World War II* (Oxford: Oxford University Press, 1995), pp. 1059, 1182. 第二次大戦の全般的なコストの問題については以下の文献を参照のこと。Alan S. Milward, *War, Economy, and Society, 1939–1945* (Berkeley: University of California Press, 1979), chap. 3.

25. この問題の対処法として一人あたりのＧＮＰに頼るという方法もある。これによって国家間の人口の規模の違いから出てくる影響を相殺できるからだ。ところが人口を入れることは潜在力を計測するという意味で必須のこととなる。たとえば一人あたりのＧＮＰに頼ってしまうと、今日ではシンガポールのほうが中国よりも潜在力を持っていることになってしまう。シンガポールは中国よりもはるかに高い数値を持っているからだ。そしてこの結果は明らかに意味をなさないものだ。

26. 以下の文献を参照のこと。Bernard Brodie, "Technological Change, Strategic Doctrine, and Political Outcomes," in Klaus Knorr, ed., *Historical Dimensions of National Security Problems* (Lawrence: University Press of Kansas, 1976), pp. 263–306; Karl Lautenschlager, "Technology and the Evolution of Naval Warfare," *International Security* 8, No. 2 (Fall 1983), pp. 3–51; William H. McNeill, *The Pursuit of War: Technology, Armed Force, and Society since AD 1000* (Chicago: University of Chicago Press, 1982),

chaps. 6–10［ウィリアム・マクニール著『戦争の世界史』上下巻、中央公論新社、二〇一四年］; and Merritt Roe Smith, ed., *Military Enterprise and Technological Change: Perspectives on the American Experience* (Cambridge, MA: MIT Press, 1987). 工業力の違いは潜在力のバランスに影響を与える別の要素となる場合がある。先進工業国は大規模な軍隊を支えるロジスティクス面の能力（道路、鉄道、貨物船、輸送機）を持つことが可能だからだ。後進国は必然的にこのような軍事的成功に必要な要素をつくり上げることができない。また、現代の工業国は準工業国よりも教育程度の高い国民を持つ可能性が高く、高い教育水準は軍事的にもよいパフォーマンスを生み出すことが多い。他にも、現代の軍事組織は管理が大変な大規模かつ複雑な組織となっており、参謀本部の役割は欠かせないものとなっている。工業化が進んだ国家は大規模な組織を運用する能力に長けており、その理由は大規模な経済機関が多数存在するからだ。たとえば第一次大戦の時に準工業国であったロシアはロジスティクス面で大混乱に陥っており、教育程度の低い兵士と不適切な参謀組織を抱えていた。その反対に工業化の進んだドイツはロジスティクス面でも優秀で、兵士の教育水準も高く、参戦国の中でも最高の参謀システムを持っていた。

27. *The War Ledger* の問題は、著者のオルガンスキーとクグラーがＧＮＰを一九世紀後半から二〇世紀前半にかけてのパワーの数値として使っていることである。これについては以下の文献を参照のこと。William B. Moul, “Measuring the ‘Balances of Power’: A Look at Some Numbers,” *Review of International Studies* 15, No. 2 (April 1989), pp. 107–15. また、彼らが問題なのは、常に同じではないのにもかかわらず、潜在軍事力と軍事力を同等視していることだ。この問題について本章の中でも後ほど議論する。

28. この時期のイギリスは経済的に超大国であったが、圧倒的な軍事力を構築していなかった。この理由については本章の後半でも論じられる。

29. 以下の文献を参照のこと。William C. Fuller, Jr., *Strategy and Power in Russia, 1600–1914* (New York: Free Press, 1992), chaps. 6–9.

30. この段落で引用されている数値は以下から。*The World Factbook, 2013–14*, https://www.cia.gov/library/publications/the-world-factbook/fields/2012.html; and World Bank, *Knowledge for Development: World Development Report 1998/1999* (Oxford: Oxford University Press, 1998), p. 212. 一九八〇年の国内総生産（ＧＤＰ）は、これらの三つのケースではＧＮＰとほぼ同じだ。

31. エネルギーが富の指標として重要であるという点については以下の文献を参照のこと。Oskar Morgenstern, Klaus Knorr, and Klaus P. Heiss, *Long Term Projections of Power: Political, Economic, and Military Forecasting* (Cambridge, MA: Ballinger,

1973), esp. chap. 6. 鉄鋼に関しては以下の文献を参照のこと。Ray S. Cline, *World Power Assessment, 1977: A Calculus of Strategic Drift* (Boulder, CO: Westview, 1977), pp. 68–69.

32. 潜在力の指標を変更するのは奇妙に思えるかもしれないが、モウルが述べているように、「潜在力は様々な歴史の例や現在の状況に照らし合わせて理論を検証するために、全く同じではないが同等な指標を使うことが必要である」と述べている。Moul, "Measuring," p. 103.

33. 以下の文献を参照のこと。William T. Hogan, *Global Steel in the 1990s: Growth or Decline?* (Lexington, MA: Lexington Books, 1991); Paul A. Tiffany, "The American Steel Industry in the Postwar Era: Dominance and Decline," in Etsuo Abe and Yoshitaka Suzuki, eds., *Changing Patterns of International Rivalry: Some Lessons from the Steel Industry* (Tokyo: University of Tokyo Press, 1991), pp. 245–65. 注目すべきなのは、クラインが一九九〇年代初頭に *World Power Assessment, 1977* の改訂版を出した時、鉄鋼は経済力の指標としてはもう考慮されていなかった点だ。これについては以下の文献を参照のこと。Ray S. Cline, *The Power of Nations in the 1990s: A Strategic Assessment* (Lanham, MD: University Press of America, 1994), pp. 51–68.

34. 冷戦全期間にわたってアメリカとソ連のＧＮＰを毎年比較した良いデータはない。私が使用したデータは、一九六〇年に始まって冷戦最後まで続いているものだ。アメリカ軍備管理・軍縮庁（ACDA）の発行していた、世界軍事費・兵器取引データベース（the World Military Expenditures and Arms Transfers Database）のものである。冷戦後のデータについては、世界銀行のＧＮＰの数値を使っている。

35. 一九六〇年から指標を変えても私の超大国同士の潜在力の比較についての分析は変わらない理由はいくつもある。一九六八年と一九七六年に米連邦議会統合経済評議会 (the Joint Economic Committee of Congress) は冷戦期の間のアメリカとソ連のＧＮＰの比較データを発表している、一九六八年版では一九五〇年、一九五五年、一九六一年、そして一九六五年のＧＮＰのデータを公表しており、一九七五年版は一九四八年、一九五〇年、一九五五年、一九六〇年、一九六五年、一九七〇年、そして一九七五年について発表している。その両年度版でも、アメリカとソ連のＧＮＰのシェアは表３－５の数値とほとんど変わっていない。以下の文献を参照のこと。U.S. Congress, Joint Economic Committee, *Soviet Economic Performance, 1966–67*, 90th Cong., 2d sess. (Washington, DC: U.S. Government Printing Office, May 1968), p. 16; U.S. Congress, Joint Economic Committee, *Soviet Economy in a New Perspective*, 94th Cong., 2d sess. (Washington, DC: U.S. Government Printing Office, October 14, 1976), p. 246.

36. 以下の文献を参照のこと。J. David Singer and Melvin Small, *National Material Capabilities Data, 1816–1985* (Ann Arbor,

MI: Inter-University Consortium for Political and Social Research, February 1993), pp. 108-1, 132-1.

37. ibid., p. 132-1.

38. Steven T. Ross, *European Diplomatic History, 1789–1815: France against Europe* (Garden City, NY: Anchor Books, 1969), chap. 11.

39. ナポレオンが一八一二年六月にロシア侵攻をした瞬間にも、およそ二〇万のフランスの部隊がスペインで戦っていた。ところがナポレオンにはまだロシア攻撃のための六七万四〇〇〇の余剰兵力があった。これについては以下の文献を参照のこと。Chandler, *Campaigns of Napoleon*, pp. 754–55.［チャンドラー著『ナポレオン戦争』］。一九四一年六月にはドイツの全軍の七〇％の師団が東部戦線に投入されており、そこには国防軍の最強の部隊も含まれていた。この割合は一九四三年後半までほとんど変わらず、ドイツが一九四四年六月六日に実行されたフランス沿岸へのノルマンディー上陸作戦を予期した時からはじめてそちらに注力しはじめている。以下の文献を参照のこと。Jonathan R. Adelman, *Prelude to the Cold War: The Tsarist, Soviet, and U.S. Armies in the Two World Wars* (Boulder, CO: Lynne Rienner, 1988), pp. 130–31; and Jonathan R. Adelman, *Revolution, Armies, and War: A Political History* (Boulder, CO: Lynne Rienner, 1985), pp. 71–72.

40. Adelman, *Prelude*, p. 40; and Adelman, *Revolution*, pp. 69–70. もちろん「この分析はオーストリア＝ハンガリーの軍隊がドイツと共に第一次大戦で一緒に戦い、第二次大戦では戦わなかったという事実を考慮していない」と批判することも可能であろう。ところが第一次大戦の戦場で明らかになったように、弱いオーストリア＝ハンガリー軍はドイツ側にとって資産というよりも負担になっていた可能性が高いのだ。これについては以下の文献を参照のこと。Holger H. Herwig, *The First World War: Germany and Austria- Hungary, 1914–1918* (New York: Arnold, 1997). さらにいえば、かなりの数のフィンランド、ハンガリー、イタリア、そしてルーマニアの兵隊が、ドイツと共に第二次大戦の東部戦線で戦っていた。以下の文献を参照のこと。Adelman, *Revolution*, pp. 71–72.

41. Norman Davies, *White Eagle, Red Star: The Polish-Soviet War, 1919–20* (New York: St. Martin's, 1972); Thomas C. Fiddick, *Russia's Retreat from Poland, 1920* (New York: St. Martin's, 1990); Piotr S. Wandycz, *Soviet-Polish Relations, 1917– 1921* (Cambridge, MA: Harvard University Press, 1969); and Adam Zamoyski, *The Battle for the Marchlands*, Eastern European Monograph No. 88 (New York: Columbia University Press, 1981).

42. 以下の文献を参照のこと。Francois Crouzet, "Wars, Blockade, and Economic Change in Europe, 1792–1815," *Journal of Economic History* 24, No. 4 (December 1964), pp. 567–90; and Patrick O'Brien and Caglar Keyder, *Economic Growth in Britain and France 1780–1914: Two Paths to the Twentieth Century* (London: Allen and Unwin, 1978), chap. 3. また、一八一六年の数値につ

いては表３－３を参照のこと。

43. 以下の文献を参照のこと。Paul Bairoch, “International Industrialization Levels from 1750 to 1980,” *Journal of European Economic History* 11, No. 2 (Fall 1982), pp. 281, 292, 294, 296（後のいくつかのデータはケネディの本でも使用されている。Kennedy, *Great Powers*, p. 149［ケネディ『大国の興亡』]）; Fuller, *Strategy and Power*, pp. 151–53; Arcadius Kahan, *The Plow, the Hammer, and the Knout: An Economic History of Eighteenth-Century Russia* (Chicago: University of Chicago Press, 1985); and W. W. Rostow, “The Beginnings of Modern Growth in Europe: An Essay in Synthesis,” *Journal of Economic History* 33, No. 3 (September 1973), p. 555.

44. 以下の文献を参照のこと。David R. Jones, “The Soviet Defense Burden through the Prism of History,” in Carl G. Jacobsen, ed., *The Soviet Defense Enigma: Estimating Costs and Burdens* (Oxford: Oxford University Press, 1987), pp. 154– 61; Walter M. Pintner, “Russia as a Great Power, 1709–1856: Reflections on the Problem of Relative Backwardness, with Special Reference to the Russian Army and Russian Society,” Occasional Paper No. 33 (Washington, DC: Kennan Institute for Advanced Russian Studies, July 18, 1978); and Walter M. Pintner, “The Burden of Defense in Imperial Russia, 1725–1914,” *Russian Review* 43, No. 3 (July 1984), pp. 231–59.

45. D. N. Collins, “The Franco-Russian Alliance and Russian Railways, 1891–1914,” *Historical Journal* 16, No. 4 (December 1973), pp. 777–88.

46. 第一次大戦前のロシア経済の弱さについては以下の文献を参照のこと。Raymond W. Goldsmith, “The Economic Growth of Tsarist Russia, 1860–1913,” *Economic Development and Cultural Change* 9, No. 3 (April 1961), pp. 441–75; Paul R. Gregory, *Russian National Income, 1885–1913* (Cambridge: Cambridge University Press, 1982), chap. 7; Alec Nove, *An Economic History of the USSR, 1917–1991*, 3d ed. (New York: Penguin, 1992), chap. 1; and Clive Trebilcock, *The Industrialization of the Continental Powers, 1780–1914* (New York: Longman, 1981), chaps. 4, 7.

47. この段落の引用や数値などはすべて以下の文献を参照。Adelman, *Revolution*, pp. 88–92. 他にも以下の文献を参照のこと。ibid., pp. 85–86; Adelman, *Prelude*, pp. 32–37, 44–45; and Peter Gatrell and Mark Harrison, “The Russian and Soviet Economies in Two World Wars: A Comparative View,” *Economic History Review* 46, No. 3 (August 1993), pp. 425–52.

48. スターリンの経済政策の効果を鮮やかに表したものとしては以下の文献の中にある表を参照のこと。“Soviet Heavy Industry Output, 1928–1945,” in Mark Harrison, *Soviet Planning in Peace and War, 1938–1945* (Cambridge: Cambridge University Press, 1985), p. 253. さらに一般的な議論については以下の文献を参照のこと。R. W. Davies, Mark Harrison, and S. G.

Wheatcroft, eds., *The Economic Transformation of the Soviet Union, 1913–1945* (Cambridge: Cambridge University Press, 1994).

49. これらの数は以下の文献から。Adelman, *Revolution*, p.92; エイデルマンはやや異なる数値を以下の文献で使用している。Prelude, p. 219. 他にも以下の文献を参照のこと。David M. Glantz and Jonathan M. House, *When Titans Clashed: How the Red Army Stopped Hitler* (Lawrence: University Press of Kansas, 1995), p. 306; Harrison, "Economics of World War II," pp. 15–17; and Richard J. Overy, *Why the Allies Won* (New York: Norton, 1996), pp. 331–32.

50. ソ連はナチス・ドイツを倒したが、それはより多くの武器を作ったからではない。一九四一年から四五年にかけてソ連赤軍の戦闘スキルはかなりアップしており、たとえば戦争の最初の二年間にはソ連は七対一の割合でドイツの機甲部隊に負けていた。ところがその割合は一九四四年の秋にはほぼ対等になっている。これについては以下の文献を参照のこと。Overy, *Why the Allies Won*, p. 212. 他にも以下の文献を参照のこと。Glantz, *When Titans Clashed*, esp. pp. 286–89; and F. W. von Mellenthin, *Panzer Battles: A Study of the Employment of Armor in the Second World War*, trans. H. Betzler (New York: Ballantine, 1976), pp. 349–67.

51. ソ連にとっての唯一のライバルはイギリスであった。イギリスは一九四六年から五〇年まで、ソ連よりも鉄鋼の生産量とエネルギーの消費量が毎年少なかった。これについては以下の文献を参照のこと。Singer and Small, *National Material Capabilities Data, 1816–1985*, pp. 91-1, 188-1. 他にも本書の第八章を参照のこと。

52. 一九五六年一一月一八日にフルシチョフは西側の外交官に対して「あなたがたが好むと好まざるにかかわらず、歴史はわれわれに味方している。われわれはあなたがた方を葬《ほうむ》り去るでしょう」と述べている。以下からの引用。William J. Tompson, *Khrushchev: A Political Life* (New York: St. Martin's, 1995), p. 171.

53. Gus Ofer, "Soviet Economic Growth: 1928–1985," *Journal of Economic Literature* 25, No. 4 (December 1987), pp. 1767–833.

54. William E. Odom, "Soviet Force Posture: Dilemmas and Directions," *Problems of Communism* 34, No. 4 (July–August 1985), pp. 1–14; and Notra Trulock III, "Emerging Technologies and Future War: A Soviet View," in Andrew W. Marshall and Charles Wolf, eds., *The Future Security Environment*, report submitted to the Commission on Integrated Long-Term Strategy (Washington, DC: U.S. Department of Defense, October 1988), pp. 97–163. 冷戦後にはソ連の効率性の悪さを強調する研究が多くなったし、それは確かに正しいと言える。しかし忘れてはならないのが、スターリンが一九三〇年代に証明したように、ソ連が未使用の資源を大胆な方策によって活用するのがうまかったという点であり、一九四一年から四五年の間のように、緊急時の資源の動員もうまくこなしていたということである。

55. この点については以下の以下の文献でも指摘されている。Stephen M. Walt, *The Origins of Alliances* (Ithaca, NY: Cornell

University Press, 1987), pp. 273–81.

56. 政治経済学の研究者たちは一九世紀のイギリスを覇権国と呼ぶことがある。これについては以下の文献を参照のこと。Stephen D. Krasner, "State Power and the Structure of International Trade," *World Politics* 28, No. 3 (April 1976), pp. 317–47. ところがこれは経済の問題だけに注目し、軍事力をほとんど考慮していない。その一方で、安全保障競争の重要性を強調する研究者たちは、一八〇〇年代のヨーロッパのことを多極システムとして描くことが多い。

57. 以下の文献を参照のこと。J. M. Hobson, "The Military-Extraction Gap and the Wary Titan: The Fiscal-Sociology of British Defence Policy, 1870–1913," *Journal of European Economic History* 22, No. 3 (Winter 1993), pp. 461–503; Paul M. Kennedy, "The Costs and Benefits of British Imperialism, 1846–1914," *Past and Present*, No. 125 (November 1989), pp. 186– 92; Jacek Kugler and Marina Arbetman, "Choosing among Measures of Power: A Review of the Empirical Record," in Richard J. Stoll and Michael D. Ward, eds., *Power in World Politics* (Boulder, CO: Lynne Rienner, 1989), p. 76; and Quincy Wright, *A Study of War*, vol. 1 (Chicago: University of Chicago Press, 1942), pp. 670–71.

58. 二〇世紀初頭のドイツの主要な学者の中（たとえばHans Delbruck and Otto Hintze）にはヴィルヘルム皇帝率いるドイツがイギリスに対するバランシング同盟を主導するべきだと誤って信じていた人々がいる。イギリスはとくに豊かであり、強力な海軍を持っていたからだ。ところがイギリス、フランス、そしてロシアは、ドイツに対抗するために同盟を組んだのだ。以下の文献を参照のこと。Ludwig Dehio, *Germany and World Politics in the Twentieth Century, trans. Dieter Pevsner* (New York: Norton, 1967), pp. 45–47, 51–55. 本章でも後に議論するが、ヨーロッパの大国たちはイギリスではなく、ドイツに対してバランシングを行った。その理由は、ドイツが大規模な陸軍を備えた攻撃力を持っていたからであり、その反対にイギリスは小規模な陸軍しかもっておらず、大国戦争を戦うだけの攻撃力を持っていなかったからだ。

59. ポール・ケネディの『大国の興亡』（*Great Powers*）には様々な表（pp. 149, 154, 199–203, 243）があり、これらからはアメリカが一九世紀後半に莫大な富を持っていたにもかかわらず、弱い軍備しか持っていなかったことがわかる。これ以外にも以下の文献を参照のこと。Hobson, "The Military-Extraction Gap," pp. 478–80; さらに本書の表６－２を参照。

60. R.A.C. Parker, "Economics, Rearmament, and Foreign Policy: The United Kingdom before 1939—A Preliminary Study," *Journal of Contemporary History* 10, No. 4 (October 1975), pp. 637–47; G. C. Peden, *British Rearmament and the Treasury: 1932–1939* (Edinburgh: Scottish Academic Press, 1979); and Robert P. Shay, Jr., *British Rearmament in the Thirties: Politics and Profits* (Princeton, NJ: Princeton University Press, 1977).

61. Robert R. Bowie and Richard H. Immerman, *Waging Peace: How Eisenhower Shaped an Enduring Cold War Strategy* (Oxford:

Oxford University Press, 1998), esp. chaps. 4, 6; Aaron L. Friedberg, *In the Shadow of the Garrison State: America's Anti- Statism and Its Cold War Grand Strategy* (Princeton, NJ: Princeton University Press, 2000), pp. 93–98, 127–39; John L. Gaddis, *Strategies of Containment: A Critical Appraisal of Postwar American National Security Policy* (Oxford: Oxford University Press, 1982), chaps. 5–6; and Glenn H. Snyder, "The 'New Look' of 1953," in Warner R. Schilling, Paul Y. Hammond, and Glenn H. Snyder, *Strategy, Politics, and Defense Budgets* (New York: Columbia University Press, 1962), pp. 379–524.

62. アメリカの中央情報局（CIA）の推測では、ソ連はアメリカと比較して国防費に三倍のＧＮＰをつぎ込んでいたという。ところがこの数は何人かの専門家から低すぎる、もしくは高すぎると批判されている。それでもほぼすべての専門家たちが合意しているのは、ソ連がアメリカよりも高い割合のＧＮＰを国防費につぎ込んでいたという点だ。

63. 以下の文献を参照のこと。Walt, *Origins of Alliances*, pp. 289–91.

64. 一九七九年の日本のＧＮＰは二兆六七〇〇億ドルであり、同じくソ連は二兆四四五〇億ドルであった。日本はその後の七年間で追いつき、一九八七年には二兆七七二〇億ドルを達成し、ソ連は二兆七五〇〇億ドルになった。これらの数値はすべて ACDA's World Military Expenditures と Arms Transfers Database からのもの。

65. Peter Liberman, *Does Conquest Pay? The Exploitation of Occupied Industrial Societies* (Princeton, NJ: Princeton University Press, 1996), chap. 3; and Milward, *War, Economy, and Society*, chap. 5.

66. Harrison, *Soviet Planning*, pp. 64, 125. 他にも以下の文献を参照のこと。Overy, *Why the Allies Won*, pp. 182–83.

67. Mark Harrison, "Resource Mobilization for World War II: The USA, UK, USSR, and Germany, 1938–1945," *Economic History Review* 2d Ser., Vol. 41, No. 2 (May 1988), p. 185. 他にも以下の文献を参照のこと。Dear, ed., *Oxford Companion to World War II*, p. 1218.

68. Overy, *Why the Allies Won*, p. 332.

69. Adelman, *Revolution*, pp. 106–7. これらの数値はおおよそのものであると捉えるべきだ。実際のところ、エイデルマンは *Prelude* (p. 174) の中で、ソ連が一九四五年一月までに四八八個師団を持っていたと推測している。さらに言えば、少なくとも二つの文献でドイツが一九四五年初頭までに三〇〇個を少し越える数の師団を持っていたとしている。これについては以下の文献を参照。Dear, ed., *Oxford Companion to World War II*, p. 471; and N. I. Anisimov, *Great Patriotic War of the Soviet Union, 1941–1945: A General Outline* (Moscow: Progress Publishers, 1970), p. 437. 師団の間の兵器の違いについては以下の文献を参照。R. L. DiNardo, *Mechanized Juggernaut or Military Anachronism? Horses and the German Army of World War II* (Westport, CT: Greenwood, 1991).

70. Harrison, "Economics of World War II," p. 21.
71. よく引用されるソ連についての研究では、レンドリース法はソ連の戦時の生産力の四%に達していたとされている。ところがその数値はあまりにも低すぎるとして、エイデルマンは一〇%ではないかと見ている。これについては以下を参照。Adelman, *Prelude*, pp. 223–24; Mark Harrison, "The Second World War," in Davies et al., eds., *Economic Transformation*, pp. 250–52; and Boris K. Sokolov, "The Role of Lend-Lease in Soviet Military Efforts, 1941–1945," trans. David M. Glantz, *Journal of Slavic Military Studies* 7, No. 3 (September 1994), pp. 567–86.
72. 以下の文献を参照のこと。Werner Abelshauser, "Germany: Guns, Butter, and Economic Miracles," in Harrison, ed., *Economics of World War II*, pp. 151–70; Alfred C. Mierzejewski, *The Collapse of the German War Economy, 1944–1945: Allied Air Power and the German National Railway* (Chapel Hill: University of North Carolina Press, 1988), chap. 1; Richard J. Overy, *War and Economy in the Third Reich* (Oxford: Clarendon, 1994); and Overy, *Why the Allies Won*, chaps. 6–7.
73. 以下の文献を参照のこと。Wright, *A Study of War*, vol. 1, pp. 670–71, tables 58, 59. すでに述べたように、イギリスは大陸のライバルたちと比べて国防費にかける予算の割合が低かった。大規模な水域によって大陸から離れて位置していたからである。
74. 以下の文献からの引用。Hobson, "The Military-Extraction Gap," p. 495. 一八七〇年から一九一四年までのイギリス軍全般についての議論については以下の文献を参照のこと。Correlli Barnett, *Britain and Her Army, 1509–1970: A Military, Political, and Social Survey* (Harmondsworth, UK: Penguin Books, 1974), chaps. 13–15; David French, *The British Way in Warfare, 1688–2000* (London: Unwin Hyman, 1990), chaps. 5–6; and Edward M. Spiers, *The Late Victorian Army, 1868–1902* (New York: Manchester University Press, 1992). また以下の文献も参照のこと。A. J. P. Taylor, *The Struggle for Mastery in Europe, 1848–1918* (Oxford: Clarendon, 1954), introduction.

【第四章】

1. Alfred T. Mahan, *The Influence of Sea Power upon History, 1660–1783*, 12th ed. (Boston: Little, Brown, 1918). ［アルフレッド・T・マハン著『海上権力史論』原書房、二〇〇八年ほか］
2. Giulio Douhet, *The Command of the Air*, trans. Dino Ferrari (New York: Coward-McCann, 1942). ［瀬井勝公著、戦略研究学会編『戦略論大系 6 ドゥーエ』芙蓉書房、二〇〇二年など］

3. これは冷戦期のほとんどの期間を通じてアメリカとその同盟国たちがヨーロッパで圧倒的な数の地上部隊を維持しなかったと言いたいわけではない。だからこそ北大西洋条約機構（NATO）はソ連の通常兵力による攻撃を阻止する可能性が高かったのである。これについては以下の文献を参照のこと。John J. Mearsheimer, "Why the Soviets Can't Win Quickly in Central Europe," *International Security* 7, No. 1 (Summer 1982), pp. 3–39; and Barry R. Posen, "Measuring the European Conventional Balance: Coping with Complexity in Threat Assessment," *International Security* 9, No. 3 (Winter 1984–85), pp. 47–88. それでもソ連軍とは違って、アメリカ軍は決してヨーロッパを占領できるような立場にはなかった。その証拠に、米陸軍はヨーロッパ大陸において、ソ連軍とドイツ軍につづく第三位の規模だったからだ。冷戦の中央戦線やその近くにはソ連軍が二六個師団、西ドイツ軍が一二個師団、そして六個師団弱の米軍が配備されていた。米軍の師団というのはソ連や西ドイツのものよりははるかに圧倒的であったが、この違いを考慮したとしても米軍はヨーロッパで三位であったという事実はかわらない。この三カ国の軍の潜在的な戦闘能力については以下の文献を参照のこと。William P. Mako, *U.S. Ground Forces and the Defense of Central Europe* (Washington, DC: Brookings Institution Press, 1983), pp. 105–25.

4. そして海兵隊というのは、名前こそ違うが、実質的には小規模な米陸軍のことだ。

5. Julian S. Corbett, *Some Principles of Maritime Strategy* (1911; rpt., Annapolis, MD: U.S. Naval Institute Press, 1988), p. 16.［ジュリアン・スタンフォード・コーベット著『コーベット　海洋戦略の諸原則』原書房、二〇一六年］。他にもコーベットは「海軍の行動だけで戦争を決することができるなどということはほぼ不可能であるということは言うまでもないことだ」と書いている (p. 15)。

6. 以下の文献を参照のこと。John J. Mearsheimer, *Conventional Deterrence* (Ithaca, NY: Cornell University Press, 1983), esp. chap. 2.

7. 制海権については以下の文献を参照のこと。Corbett, *Principles of Maritime Strategy*, pp. 91–106.［コーベット著『コーベット　海洋戦略の諸原則』］。海軍戦略の数々をよくまとめたものとしては以下の文献を参照のこと。Geoffrey Till et al., *Maritime Strategy and the Nuclear Age* (New York: St. Martin's, 1982).

8. また、国家は敵からの本土への攻撃を防ぐために、海と空で優勢な状態を狙うものだ。

9. 独立シーパワーの強固な提唱者であったマハンは、当然のごとく水陸両用作戦を嫌っていた。海軍が陸軍を補助する必要が出てくるからだ。これについては以下の文献を参照のこと。Jon T. Sumida, *Inventing Grand Strategy: The Classic Works of Alfred Thayer Mahan Reconsidered* (Baltimore, MD: Johns Hopkins University Press, 1997), p. 45.

10. この水陸両用強襲と水陸両用上陸の区別の仕方は、以下の文献を参考にした。Jeter A. Isely and Philip A. Crowl, *The U.S.*

Marines and Amphibious War: Its Theory and Its Practice in the Pacific (Princeton, NJ: Princeton University Press, 1951), p. 8. ただし私は彼らとは少し異なるやり方で定義している。

11. 急襲（raids）は水陸両用作戦の四つ目の種類のものだ。これは海軍が敵沿岸に特定の標的の破壊のために一時的に部隊を送り込むもので、任務が終わったら（失敗しても）すぐに引き返すというものだ。一九四二年のフランス沿岸への連合国による壊滅的な上陸作戦であるディエップの戦いは、この急襲の一例だ。これについては以下の文献を参照のこと。Brian L. Villa, *Unauthorized Action: Mountbatten and the Dieppe Raid* (Oxford: Oxford University Press, 1990). 別の例としてはイギリスが一九一八年四月に行ったゼーブルッヘ襲撃が挙げられる。これ については以下の文献を参照のこと。Paul G. Halpern, *A Naval History of World War I* (Annapolis, MD: U.S. Naval Institute Press, 1994), pp. 411–16. 私は急襲をほぼ無視した。その理由は、それが大抵失敗するからではなく、戦争の結末にほとんど影響を与えない些細《ささい》な作戦であるからだ。

12. Richard Harding, *Amphibious Warfare in the Eighteenth Century: The British Expedition to the West Indies, 1740–1742* (Woodbridge, UK: Boydell, 1991), p. 81.

13. 以下の文献からの引用。Brian R. Sullivan, "Mahan's Blindness and Brilliance," *Joint Forces Quarterly*, No. 21 (Spring 1999), p. 116.

14. レーガン政権で海軍長官をつとめたジョン・リーマン (John Lehman) は、ソ連との戦争が勃発《ぼっぱつ》したら、空母がソ連の本土（とくにコラ半島）に近づいて、重要な軍事施設を攻撃すると何度も主張している。ところがこの提督のアイディアを支持する人はほとんどいなかった。スタンフィールド・ターナー提督 (Adm. Stansfield Turner) は、リーマンが「米海軍の目指す機動、先制、攻撃という戦略を代弁しているのだろう。おそらくこれは彼の主張してきた、米海軍がソ連の本土の基地の近くで戦争を遂行する能力を持っているという主張を再確認していたのであろう。たしかにこれは興奮した愛国的なものに聞こえる。ところがここでの唯一の問題は、彼以外のどの提督も米海軍がこれを本気で実行するとは考えてはいなかったという点だ」と書いている。Letter to the editor, *Foreign Affairs* 61, No. 2 (Winter 1982–83), p. 457. ところが潜水艦は核ではない通常弾頭の巡航ミサイルで、比較的無難な形で敵国本土を攻撃できる。これについては以下の文献を参照のこと。Owen R. Cote, Jr., *Precision Strike from the Sea: New Missions for a New Navy*, Security Studies Program Conference Report (Cambridge: MIT, July 1998); and Owen R. Cote, Jr., *Mobile Targets from under the Sea: New Submarine Missions in the New Security Environment*, Security Studies Program Conference Report (Cambridge: MIT, April 2000).

15. 以下の文献からの引用。Paul M. Kennedy, *The Rise and Fall of British Naval Mastery* (London: Allen Lane, 1976), p. 253. こ

れについては以下の文献も参照。Sumida, *Inventing Grand Strategy*, pp. 45–47; and Allan Westcott, *Mahan on Naval Warfare: Selections from the Writings of Rear Admiral Alfred T. Mahan* (London: Sampson Low, Marston, 1919), pp. 91–99, 328–41. コーベットの海上封鎖の考えについては以下の文献を参照のこと。*Principles of Maritime Strategy*, pp. 95–102, 183–208.［コーベット著『コーベット　海洋戦略の諸原則』］。マハンはランドパワーではなく独立シーパワーが軍事的な決定力であると論じているが、この彼の分析が決定的に間違っていることは広く知られている。これについては以下の文献を参照のこと。Philip A. Crowl, “Alfred Thayer Mahan: The Naval Historian,” in Peter Paret, ed., *Makers of Modern Strategy: From Machiavelli to the Nuclear Age* (Princeton, NJ: Princeton University Press, 1986), pp. 444–77［ピーター・パレット編著『現代戦略思想の系譜：マキャヴェリから核時代まで』ダイヤモンド社、一九八九年］; Gerald S. Graham, *The Politics of Naval Supremacy: Studies in British Maritime Ascendancy* (Cambridge: Cambridge University Press, 1965); and Kennedy, *British Naval Mastery*, esp. introduction and chap. 7.

16. 別の二つのケースは、海上封鎖に関する文献ではほとんど触れられていない。ところがこのリストには、ドイツが両大戦で地理的な優位を使って、ロシア・ソ連の海外貿易を阻止しようとしたことが含まれる。ところが私はこの二つのケースを使っていない。ドイツはこの二つのケースでもロシア孤立のためには小規模な努力しか行っていないからだ。ドイツの海上封鎖は両大戦でも戦争の結果にはほとんど影響をあたえていないため、私の「独立シーパワーには限定的な力しかない」とする主張の論拠としてはかかわらない。

17. 大陸封鎖令についての優れた研究については以下の文献を参照のこと。Geoffrey Ellis, *Napoleon's Continental Blockade: The Case of Alsace* (Oxford: Clarendon, 1981); Eli F. Heckscher, *The Continental System: An Economic Interpretation*, trans. C. S. Fearenside (Oxford: Clarendon, 1922); Georges Lefebvre, *Napoleon*, vol. 2, *From Tilsit to Waterloo, 1807–1815*, trans. J. E. Anderson (New York: Columbia University Press, 1990), chap. 4; and Mancur Olson, Jr., *The Economics of the Wartime Shortage: A History of British Food Supplies in the Napoleonic War and in World Wars I and II* (Durham, NC: Duke University Press, 1963), chap. 3.

18. 一七九二年と一八一五年まで行われたイギリスのフランスに対する海上封鎖については以下の文献を参照のこと。Francois Crouzet, “Wars, Blockade, and Economic Change in Europe, 1792–1815,” *Journal of Economic History* 24, No. 4 (December 1964), pp. 567–90; Kennedy, *British Naval Mastery*, chap. 5; and Herbert W. Richmond, *Statesmen and Seapower* (Oxford: Clarendon, 1946), pp. 170–257. 一八世紀のフランスとの数々の戦いでも、イギリスはフランスの海外との貿易を遮断することによって降参させようとしていない。これについては以下の文献を参照のこと。Graham, *Politics of Naval Supremacy*,

pp. 19–20. ところがグラハムが記しているように、「植民地貿易の拒否によって物理的にフランスの大陸における立場が変化したことを示す証拠は存在しない」のである(p. 19)。これについては以下の文献も参照。Michael Howard, *The British Way in Warfare: A Reappraisal*, 1974 Neale Lecture in English History (London: Jonathan Cape, 1975), pp. 15–20.

19. フランスがプロイセンに対して行っていた海上封鎖については以下の文献を参照のこと。Michael Howard, *The Franco-Prussian War: The German Invasion of France, 1870–1871* (London: Dorset Press, 1961), pp. 74–76; and Theodore Ropp, *The Development of a Modern Navy: French Naval Policy,1871–1904*, ed. Stephen S. Roberts (Annapolis, MD: U.S. Naval Institute Press, 1987), pp. 22–25.

20. 第一次大戦時のドイツがイギリスに対して行った海上封鎖についての優れた文献は以下の通り。Olson, *Economics of the Wartime Shortage*, chap. 4; E. B. Potter and Chester W. Nimitz, *Sea Power: A Naval History* (Englewood Cliffs, NJ: Prentice-Hall, 1960), chap. 25; John Terraine, *The U-Boat Wars, 1916–1945* (New York: Putnam, 1989), part 1; and V. E. Tarrant, *The U-Boat Offensive, 1914–1945* (Annapolis, MD: U.S. Naval Institute Press, 1989), pp. 7–76.

21. 第一次大戦時のドイツとオーストリアに対する連合国側が行った海上封鎖については以下の文献を参照のこと。A. C. Bell, *A History of the Blockade of Germany, Austria-Hungary, Bulgaria, and Turkey, 1914–1918* (1937; rpt., London: Her Majesty's Stationery Office, 1961); Louis Guichard, *The Naval Blockade, 1914–1918*, trans. Christopher R. Turner (New York: Appleton, 1930); Holger H. Herwig, *The First World War: Germany and Austria- Hungary, 1914–1918* (London: Arnold, 1997), pp. 271–83; and C. Paul Vincent, *The Politics of Hunger: The Allied Blockade of Germany, 1915–1919* (Athens: Ohio University Press, 1985). これについては以下の文献も参照。Avner Offer, *The First World War: An Agrarian Interpretation* (Oxford: Oxford University Press, 1989), pp. 23–78. この文献は海上封鎖についての詳細な分析を行っているが、それが戦争の結末に影響を与えたとする点については誇張しすぎている。

22. 第二次大戦時にドイツがイギリスに対して行った海上封鎖については以下の文献を参照のこと。Clay Blair, *Hitler's U-Boat War: The Hunters, 1939–1942* (New York: Random House, 1996); Clay Blair, *Hitler's U-Boat War: The Hunted, 1942–1945* (New York: Random House, 1998); Jurgen Rohwer, "The U-Boat War against the Allied Supply Lines," in H. A. Jacobsen and J. Rohwer, eds., *Decisive Battles of World War II: The German View*, trans. Edward Fitzgerald (New York: Putnam, 1965), pp. 259–312; Tarrant, *U-Boat Offensive*, pp. 81–144; and Terraine, *U-Boat Wars*, pt. 3.

23. 第二次大戦時のドイツとイタリアに対して連合国側が行った海上封鎖についての議論は、以下の文献を参照のこと。Kennedy, *British Naval Mastery*, chap. 11; W. N. Medlicott, *The Economic Blockade*, 2 vols. (London: Her Majesty's Stationery

Office, 1952, 1959); and Alan S. Milward, *War, Economy, and Society, 1939–1945* (Berkeley: University of California Press, 1979), chap. 9.

24. アメリカの南北戦争に関しては以下の文献を参照のこと。Bern Anderson, *By Sea and by River: The Naval History of the Civil War* (New York: De Capo, 1989), pp. 26, 34–37, 65–66, 225–34; Richard E. Beringer et al., *Why the South Lost the Civil War* (Athens: University of Georgia Press, 1986), chap. 3; and Potter and Nimitz, *Sea Power*, chaps. 13–17.

25. アメリカが日本に対して行った海上封鎖についての優れた分析については以下の文献を参照のこと。Clay Blair, *Silent Victory: The U.S. Submarine War against Japan* (New York: Lippincott, 1975); U.S. Strategic Bombing Survey (USSBS), *The War against Japanese Transportation, 1941–1945*, Pacific War Report 54 (Washington, DC: U.S. Government Printing Office, 1947); and Theodore Roscoe, *United States Submarine Operations in World War II* (Annapolis, MD: U.S. Naval Institute Press, 1956).

26. 日本の降伏の決断についての分析は以下の文献に頼るところが大きい。Robert A. Pape, *Bombing to Win: Air Power and Coercion in War* (Ithaca, NY: Cornell University Press, 1996), chap. 4. ただし私はペイプよりも二つの原爆投下については影響が大きいと見ている。これについては部分的に以下の文献も参照にした。Barton J. Bernstein, "Compelling Japan's Surrender without the A-bomb, Soviet Entry, or Invasion: Reconsidering the US Bombing Survey's Early-Surrender Conclusions," *Journal of Strategic Studies* 18, No. 2 (June 1995), pp. 101–48; Richard B. Frank, *Downfall: The End of the Imperial Japanese Empire* (New York: Random House, 1999); and Leon V. Sigal, *Fighting to a Finish: The Politics of War Termination in the United States and Japan, 1945* (Ithaca, NY: Cornell University Press, 1988).

27. 以下の文献を参照のこと。Olson, *Economics of the Wartime Shortage.* これについては以下の文献も参照。L. Margaret Barnett, *British Food Policy during the First World War* (Boston: Allen and Unwin, 1985); Gerd Hardach, *The First World War, 1914–1918* (Berkeley: University of California Press, 1977), chap. 5; and Milward, *War, Economy, and Society*, chap. 8.

28. 以下の文献を参照のこと。Milward, *War, Economy, and Society*, p. 179. 29. この引用と次の段落の引用は以下の文献を参照。Olson, *Economics of the Wartime Shortage*, pp. 132–33 and 142.

30. Pape, *Bombing to Win*, pp. 21–27.

31. Pape, *Bombing to Win*, p. 25.

32. 以下の文献を参照のこと。Pape, *Bombing to Win*, chap. 4; and USSBS, *The Effects of Strategic Bombing on Japanese Morale*, Pacific War Report 14 (Washington, DC: U.S. Government Printing Office, June 1947).

33. この基本的な論理《ロジック》については以下の文献を参照のこと。Hein E. Goemans, *War and Punishment: The 40 Causes of War*

Termination and the First World War (Princeton, NJ: Princeton University Press, 2000).

34. 以下の文献を参照のこと。Wesley F. Craven and James L. Cate, *The Army Air Forces in World War II*, 7 vols. (Washington, DC: Office of Air Force History, 1983), Vol. 2, pp. 681–87, 695–714; Thomas M. Coffey, *Decision over Schweinfurt: The U.S. 8th Air Force Battle for Daylight Bombing* (New York: David McKay, 1977); and John Sweetman, *Schweinfurt: Disaster in the Skies* (New York: Ballantine, 1971).

35. 以下の文献を参照のこと。Trevor N. Dupuy, *Elusive Victory: The Arab-Israeli Wars, 1947–1974* (New York: Harper and Row, 1978), pp. 550–53, 555–56; Insight Team of the London Sunday Times, *The Yom Kippur War* (Garden City, NY: Doubleday, 1974), pp. 184–89; Chaim Herzog, *The War of Atonement, October 1973* (Boston: Little, Brown, 1975), pp. 256–61; Edward Luttwak and Dan Horowitz, *The Israeli Army* (London: Allen Lane, 1975), pp. 347–52, 374; and Eliezer Cohen, *Israel's Best Defense: The First Full Story of the Israeli Air Force*, trans. Jonathan Cordis (New York: Orion, 1993), pp. 321–68, 386, 391.

36. 敵の前線からはるかに奥で作戦行動を行う航空阻止と戦略爆撃は、明確に区別のつかないことがある。また、空軍は海上封鎖の遂行のために海軍を助けることもできる。

37. Carl H. Builder, *The Icarus Syndrome: The Role of Air Power Theory in the Evolution and Fate of the U.S. Air Force* (New Brunswick, NJ: Transaction, 1994), passim; Morton H. Halperin, *Bureaucratic Politics and Foreign Policy* (Washington, DC: Brookings Institution Press, 1974), pp. 28–32, 43–46, 52; and Perry M. Smith, *The Air Force Plans for Peace, 1943–1945* (Baltimore, MD: Johns Hopkins University Press, 1970), chaps. 1–3.

38. 海上封鎖と戦略爆撃には二つの違いがある。一つ目は、海上封鎖が敵のすべての輸出入を阻止するという意味で無差別的であるという点だ。ところがすでに述べたように、戦略爆撃はターゲットを選択することができるのであり、特定の産業を狙って別のものを無視することもできる。二つ目は、もしその狙いが敵国の市民であれば、海上封鎖は敵国の経済を崩壊させてから痛めつけるという間接的な働きかけしかできない。ところがエアパワーでは敵の国民に直接害を与えることができるのだ。

39. たとえば以下の文献を参照。John A. Warden III, "Employing Air Power in the Twenty-first Century," in Richard H. Schultz, Jr., and Robert L. Pfaltzgraff, Jr., eds., *The Future of Air Power in the Aftermath of the Gulf War* (Maxwell Air Force Base, AL: Air University Press, July 1992), pp. 57–82.

40. 一九四五年以来戦略爆撃がどのように変化してきたのかという興味深い議論については以下の文献を参照のこと。Mark J. Conversino, "The Changed Nature of Strategic Attack," *Parameters* 27, No. 4 (Winter 1997–98), pp. 28–41. これについて

は以下の文献も参照。Phillip S. Meilinger, "The Problem with Our Airpower Doctrine," *Airpower Journal* 6, No. 1 (Spring 1992), pp. 24–31.

41. 第一次大戦については以下の文献を参照のこと。H. A. Jones, *The War in the Air*, vol. 3 (Oxford: Clarendon, 1931), chaps. 2–3; H. A. Jones, *The War in the Air*, vol. 5 (Oxford: Clarendon, 1935), chaps. 1–2; and George H. Quester, *Deterrence before Hiroshima: The Airpower Background of Modern Strategy* (New York: John Wiley, 1966), chap. 3. 第一次大戦末期に連合国側はドイツに対して小規模な爆撃を行ったが戦略的な成果は何も生まなかった。これについては以下の文献を参照のこと。H. A. Jones, *The War in The Air*, vol. 6 (Oxford: Clarendon, 1937), chaps. 1–4; and Quester, *Deterrence before Hiroshima*, chap. 4. 第二次世界大戦については以下の文献を参照のこと。Matthew Cooper, *The German Air Force, 1933–1945: An Anatomy of Failure* (London: Jane's, 1981), chaps. 5–6; and John Terraine, *The Right of the Line: The Royal Air Force in the European War, 1939–1945* (London: Hodder and Stoughton, 1985), chaps. 16–25, 77.

42. Richard J. Overy, *Why the Allies Won* (New York: Norton, 1996), p. 124.

43. 以下の文献を参照のこと。Paul Kecskemeti, *Strategic Surrender: The Politics of Victory and Defeat* (Stanford, CA: Stanford University Press, 1958), pp. 72–73; Barrie Pitt, *The Crucible of War: Western Desert 1941* (London: Jonathan Cape, 1980), passim; and Jonathan Steinberg, *All or Nothing: The Axis and the Holocaust, 1941–1943* (New York: Routledge, 1990), pp. 15–25.

44. これらの数値は以下の文献を参照。Pape, *Bombing to Win*, pp. 254–55. ペイプのもの (chap. 8) 以外には以下の文献を参照のこと。Craven and Cate, *Army Air Forces*, vol. 3, chaps. 20–22; Max Hastings, *Bomber Command* (New York: Touchstone, 1989); Ronald Schaffer, *Wings of Judgement: American Bombing in World War II* (Oxford: Oxford University Press, 1985), chaps. 4–5; and Charles Webster and Noble Frankland, *The Strategic Air Offensive against Germany, 1939–1945*, vols. 1–4 (London: Her Majesty's Stationery Office, 1961).

45. 以下の文献を参照のこと。Earl R. Beck, *Under the Bombs: The German Home Front, 1942–1945* (Lexington: University Press of Kentucky, 1986).

46. 以下の文献を参照のこと。Craven and Cate, *Army Air Forces*, vol. 2, sec. 4, and vol. 3, secs. 1, 2, 4–6; Haywood S. Hansell, Jr., *The Strategic Air War against Germany and Japan: A Memoir* (Washington, DC: Office of Air Force History, 1986), chaps. 2–3; Alfred C. Mierzejewski, *The Collapse of the German War Economy, 1944– 1945: Allied Air Power and the German National Railway* (Chapel Hill: University of North Carolina Press, 1988); and USSBS, *The Effects of Strategic Bombing on the German War Economy*, European War Report 3 (Washington, DC: U.S. Government Printing Office, October 1945).

47. オヴァリーが強調したのは、ナチス・ドイツを倒す際にエアパワーが重要な役割を果たしたという点だ。この時にヒトラーは貴重な資源を連合軍、とりわけソ連赤軍との地上戦から引き抜かざるを得なかったからだ。これについては以下の文献を参照のこと。Overy, *Why the Allies Won*, pp. 20, 127–33. ところが連合軍は航空戦のために地上戦に使う資源を大量に割かなければならなかった。以下の文献を参照のこと。*General Marshall's Report: The Winning of the War in Europe and the Pacific*, Biennial Report of the Chief of Staff of the United States Army to the Secretary of War, July 1, 1943, to June 30, 1945 (New York: Simon and Schuster, 1945), pp. 101–7. 連合国がドイツよりも少ない資源を航空戦に割いたという証拠はない。実際のところ、私は連合国側のほうがドイツよりも多くの割合の資源を航空戦に割いたのは確実だと考えている。

48. Craven and Cate, *Army Air Forces*, vol. 2, chaps. 13–17; Kecskemeti, *Strategic Surrender*, chap. 4; Pape, *Bombing to Win*, pp. 344–45; Philip A. Smith, "Bombing to Surrender: The Contribution of Air Power to the Collapse of Italy, 1943," thesis, School of Advanced Airpower Studies, Air University, Maxwell Air Force Base, AL, March 1997; and Peter Tompkins, *Italy Betrayed* (New York: Simon and Schuster, 1966).

49. 連合国の航空部隊はイタリア軍に対して航空阻止作戦を行うことにより、前線の部隊を支える兵站のネットワークを破壊してその行動を困難に陥《おとしい》れている。

50. 以下の文献を参照のこと。Craven and Cate, *Army Air Forces*, vol.5, pp.507–614; Hansell, *Strategic Air War*, chaps. 4–6; and Schaffer, *Wings of Judgement*, chap. 6.

51. 以下の文献を参照のこと。Martin Caidin, *A Torch to the Enemy: The Fire Raid on Tokyo* (New York: Ballantine, 1960); Craven and Cate, *Army Air Forces*, Vol. 5, chaps. 1–5, 17–23; Schaffer, *Wings of Judgement*, chaps. 6–8; and Kenneth P. Werrell, *Blankets of Fire: U.S. Bombers over Japan during World War II* (Washington, DC: Smithsonian Institution Press, 1996).

52. 米戦略爆撃調査報告書によれば、空襲作戦全体（原爆も含む）で日本の六六の都市の四三％を破壊し、およそ九〇万人を殺害し、八五〇万人以上の人々を都市部から郊外へと疎開させたという。USSBS, *Japanese Morale*, pp. 1–2. この六六の都市のうちの二つ（広島と長崎）は、通常兵器ではなく原爆で破壊されている。さらにいえば、一一万五〇〇〇人の民間人が二つの核攻撃で死んでいる。Pape, *Bombing to Win*, p. 105. 焼夷弾爆撃も日本経済に害を及ぼしているが、空襲で日本の都市に火がつき始めるまでには、日本経済はすでに海上封鎖によって実質的に破壊されていた。

53. Angelo Del Boca, *The Ethiopian War*, 1935–1941, trans. P. D. Cummins (Chicago: University of Chicago Press, 1969); J. F. C. Fuller, *The First of the League Wars: Its Lessons and Omens* (London: Eyre and Spottiswoode, 1936); and Thomas M. Coffey, *Lion by the Tail: The Story of the Italian-Ethiopian War* (London: Hamish Hamilton, 1974).

54. Takejiro Shiba, "Air Operations in the China Area, July 1937–August 1945," in Donald S. Detwiler and Charles B. Burdick, eds., *War in Asia and the Pacific, 1937–1949*, Vol. 9 (New York: Garland, 1980), pp. 1–220; and H. J. Timperley, ed., *Japanese Terror in China* (New York: Modern Age, 1938), chaps. 6–7.

55. Mark Clodfelter, *The Limits of Air Power: The American Bombing of North Vietnam* (New York: Free Press, 1989), chaps. 2–4; and Pape, *Bombing to Win*, pp. 176–95.

56. Scott R. McMichael, Stumbling Bear: *Soviet Military Performance in Afghanistan* (London: Brassey's, 1991), chap. 9; Denny R. Nelson, "Soviet Air Power: Tactics and Weapons Used in Afghanistan," *Air University Review*, January–February 1985, pp. 31–44; Marek Sliwinski, "Afghanistan: The Decimation of a People," *Orbis* 33, No. 1 (Winter 1989), pp. 39–56; and Edward B. Westermann, "The Limits of Soviet Airpower: The Bear versus the Mujahideen in Afghanistan, 1979–1989," thesis, School of Advanced Airpower Studies, Air University, Maxwell Air Force Base, AL, June 1997.

57. Eliot A. Cohen et al., *Gulf War Air Power Survey*, 5 vols. (Washington, DC: U.S. Government Printing Office, 1993); and Pape, *Bombing to Win*, chap. 7. 戦略爆撃はイラクにおいてはバグダッドのような都市をターゲットとして行われており、これはクウェートに侵入していたイラク軍に対するものとは区別されるべきものだ。後者の作戦はイラク軍に対して大きな被害を与え、一九九一年二月末に多国籍軍の地上部隊が迅速な勝利を収める時に大きな助けとなっている。

58. 米空軍自身の調査によれば、「これらの攻撃の結果は、何人かの空軍の人間たちの提唱していた当初の野心的な狙いを達成できなかったことを明らかにしている。つまりリーダーシップと指揮統制通信のカテゴリーのターゲットを爆撃すれば政権に圧力をかけて転覆させ、軍との通信を完全に遮断するという狙いは達成できなかったのだ。これについては以下の文献を参照。Thomas A. Keaney and Eliot A. Cohen, *Gulf War Air Power Survey Summary Report* (Washington, DC: U.S. Government Printing Office, 1993), p. 70. これについては以下の文献も参照のこと。Pape, *Bombing to Win*, pp. 221–23, 226–40, 250–53.

59. Allen F. Chew, *The White Death: The Epic of the Soviet-Finnish Winter War* (East Lansing: Michigan State University Press, 1971), chap. 5; Eloise Engle and Lauri Paananen, *The Winter War: The Russo-Finnish Conflict, 1939–40* (New York: Scribner's, 1973), chaps. 3, 7, 8; and William R. Trotter, *A Frozen Hell: The Russo-Finnish Winter War of 1939–1940* (Chapel Hill, NC: Algonquin, 1991), chap. 15.

60. このケースについての最も優れた分析は以下を参照。Pape, *Bombing to Win*, chap. 5. 爆撃作戦についての詳細な説明については以下の文献を参照のこと。Conrad C. Crane, *American Airpower Strategy in Korea, 1950– 1953* (Lawrence: University

Press of Kansas, 2000); and Robert F. Futrell, *The United States Air Force in Korea, 1950–1953*, rev. ed. (Washington, DC: Office of Air Force History, 1983).

61. Clodfelter, *Limits of Air Power*, chaps. 5–6; Pape, *Bombing to Win*, pp. 195–210.

62. John E. Mueller, "The Search for the 'Breaking Point' in Vietnam: The Statistics of a Deadly Quarrel," *International Studies Quarterly* 24, No. 4 (December 1980), pp. 497–519.

63. コソボにおける空爆についての入手可能な説明としては、米空軍の公式な分析のものがある。これについては以下の文献を参照のこと。*The Air War over Serbia: Aerospace Power in Operation Allied Force*, Initial Report (Washington, DC: U.S. Air Force, 2001). ＮＡＴＯ空軍も一九九五年の晩夏にボスニアのユーゴスラビアの地上軍を攻撃しているが、これは戦略爆撃ではなかった。以下の文献を参照のこと。Robert C. Owen, ed., *Deliberate Force: A Case Study in Effective Air Campaigning* (Maxwell Air Force Base, AL: Air University Press, January 2000).

64. これについて入手可能な資料としては以下の文献を参照のこと。Daniel A. Byman and Matthew C. Waxman, "Kosovo and the Great Air Power Debate," *International Security* 24, No. 4 (Spring 2000), pp. 5–38; Ivo H. Daalder and Michael E. O'Hanlon, *Winning Ugly: NATO's War to Save Kosovo* (Washington, DC: Brookings Institution Press, 2000); Doyle McManus, "Clinton's Massive Ground Invasion That Almost Was; Yugoslavia: After 71 Days of Air War, White House Had in Place a Memo to Send in 175,000 NATO Troops," *Los Angeles Times*, June 9, 2000; and Barry R. Posen, "The War for Kosovo: Serbia's Political-Military Strategy," *International Security* 24, No. 4 (Spring 2000), pp. 39–84.

65. William H. Arkin, "Smart Bombs, Dumb Targeting?" *Bulletin of the Atomic Scientists* 56, No. 3 (May–June 2000), p. 49. ユーゴスラビア政府は市民の犠牲者の数は二〇〇〇人だったと主張している。これについては以下の文献を参照のこと。Posen, "War for Kosovo," p. 81.

66. Pape, *Bombing to Win*, p. 68. 空爆がなぜ失敗することが多いのかについての議論は以下の文献を参照のこと。ibid., pp. 21–27; Stephen T. Hosmer, *Psychological Effects of U.S. Air Operations in Four Wars, 1941–1991: Lessons for U.S. Commanders*, RAND Report MR-576-AF (Santa Monica, CA: RAND Corporation, 1996); and Irving L. Janis, *Air War and Emotional Stress: Psychological Studies of Bombing and Civilian Defense* (New York: McGraw-Hill, 1951).

67. 一九九九年にユーゴスラビアで斬首戦略が使われたという公式的な証拠もある。とりわけＮＡＴＯが攻撃したターゲット（テレビ局、ミロシェビッチの家、政府の主要なビル、党本部、そして軍上層部の施設のミロシェビッチの友人たちのビジネス関連施設など）は、彼を殺害するか、クーデターを発生させようとしたものだ。ところがこの戦略が効果を発揮したという証拠は何もない。

68. 以下の文献を参照のこと。Pape, *Bombing to Win*, pp. 79–86.

69. 以下の文献を参照のこと。Beck, *Under the Bombs*; Jeffrey Herf, *Divided Memory: The Nazi Pastinthe Two Germanys* (Cambridge, MA: Harvard University Press, 1997); and Ian Kershaw, *The 'Hitler Myth': Image and Reality in the Third Reich* (Oxford: Oxford University Press, 1987).［イアン・カーショー著『ヒトラー神話：第三帝国の虚像と実像』刀水書房、一九九三年］

70. この一般的な議論については以下の文献を参照のこと。Kennedy, *British Naval Mastery*, chap. 7; Robert W. Komer, *Maritime Strategy or Coalition Defense* (Cambridge, MA: Abt Books, 1984); Halford J. Mackinder, "The Geographical Pivot of History," *Geographical Journal* 23, No. 4 (April 1904), pp. 421–37; Halford J. Mackinder, *Democratic Ideals and Reality: A Study in the Politics of Reconstruction* (New York: Henry Holt, 1919［ハルフォード・ジョン・マッキンダー著『マッキンダーの地政学：デモクラシーの理想と現実』原書房、二〇〇八年］; and Martin Wight, *Power Politics*, eds. Hedley Bull and Carsten Holbraad (New York: Holmes and Meier, 1978), chap. 6.

71. コーベットはトラファルガーの海戦について「世界的に見てもトラファルガーは海の決戦としては上位に入るものだ。ところが偉大な勝利の数々の中でもこれほど直近の結果を生み出さなかったという意味で不毛だったものはない。たしかに歴史上でこれほどまでに複雑な海戦に劇的な勝利をもたらしたものはないのだが、それでもこれは戦争の一端でしかなく、その結果はそれほど明確なものではない。これはイギリスに海の支配をもたらしてくれたが、ナポレオンはヨーロッパ大陸の支配者のままであった。あまりにも不可解なのは、その不毛さがゆえにこの海戦がイギリスを侵略から救ったという神話につながったということだ」と記している。Julian S. Corbett, *The Campaign of Trafalgar* (London: Longmans, Green, 1910), p. 408. これについては以下の文献も参照。Edward Ingram, "Illusions of Victory: The Nile, Copenhagen, and Trafalgar Revisited," *Military Affairs* 48, No. 3 (July 1984), pp. 140–43.

72. 私は二四〇〇万のソ連の人間がナチス・ドイツとの戦いで命を落としたと推測している。この合計のうち、一六〇〇万は民間人で、八〇〇万が軍人だ。軍人のうちの三三〇万は捕虜として捉えられて収容所で死んでいる。残りの四七〇万は戦闘中かその時の負傷で亡くなったものだ。ソ連の犠牲者についての優れたデータについては以下のものを参照のこと。Edwin Bacon, "Soviet Military Losses in World War II," *Journal of Slavic Military Studies* 6, No. 4 (December 1993), pp. 613–33; Michael Ellman and S. Maksudov, "Soviet Deaths in the Great Patriotic War: A Note," *Europe-Asia Studies* 46, No. 4 (1994), pp. 671–80; Mark Harrison, *Accounting for War: Soviet Production, Employment, and the Defence Burden, 1941–1945* (Cambridge: Cambridge University Press, 1996), pp. 159–61; and Gerhard Hirschfeld, ed., *The Policies of Genocide: Jews and Soviet Prisoners*

of War in Nazi Germany (Boston: Allen and Unwin, 1986), chaps. 1–2. ドイツの東部戦線での犠牲者の数は、おそらく他の前線の全部と比べても三倍の規模であろう。これについては以下の文献を参照のこと。Jonathan R. Adelman, *Prelude to the Cold War: The Tsarist, Soviet, and U.S. Armies in the Two World Wars* (Boulder, CO: Lynne Rienner, 1988), pp. 128–29, 171–73; and David M. Glantz and Jonathan M. House, *When Titans Clashed: How the Red Army Stopped Hitler* (Lawrence: University Press of Kansas, 1995), p. 284.

73. 以下の文献を参照のこと。Lincoln Li, *The Japanese Army in North China, 1937–1941: Problems of Political and Economic Control* (Oxford: Oxford University Press, 1975).

74. 以下の文献を参照のこと。Potter and Nimitz, *Sea Power*, chap. 19; そしてこの文献は本書の第六章の脚注18でも引用されている。

75. レーガン政権の「海洋戦略《マリタイム・ストラテジー》」には、米海軍を欧州の中央戦線での事態に影響を与えることが含まれていたが、これには主に戦略核のバランスをソ連に対して優位にすることが狙われていた。もちろん米海軍は戦時の制海権を握ることにも気をかけており、大西洋を越えて部隊を運搬して供給できるようにしていた。これについては以下の文献を参照のこと。John J. Mearsheimer, "A Strategic Misstep: The Maritime Strategy and Deterrence in Europe," *International Security* 11, No. 2 (Fall 1986), pp. 3–57; and Barry R. Posen, *Inadvertent Escalation: Conventional War and Nuclear Risks* (Ithaca, NY: Cornell University Press, 1991), chaps. 4–5.

76. これは海軍戦略として顕著なものとして広く認められているものだ。たとえばハーバート・リッチモンド提督（Adm. Herbert Richmond）という二〇世紀前半を代表するイギリスの海軍思想家の一人は、「近代の軍事国家に対する海からの侵攻は、たとえ海において抵抗を受けなかったとしても、実行不可能なものとして排除することができるだろう。海を越えて運搬される兵隊の数は、いかなる大国の軍事力に対するものであっても十分な量は揃《そろ》えられないものだ」と書いている。Herbert Richmond, *Sea Power in the Modern World* (London: G. Bell, 1934), p. 173.

77. 大規模な水を越えて戦力投射する場合の問題は、ただ単に長距離を移動するという点だけにあるのではない。兵力を移動させる場合、陸上と海上とでは根本的な違いが出てくる。敵国と陸続きでつながっている大国は相手の国土を侵攻して占領できるし、その後にその国の向こう側の国境のそばまで陸軍と空軍を移動させてから大規模な侵攻を別の国にしかけることもできるのだ（これについてはナポレオンが一八〇〇年代初期にロシアの間の国々を侵攻した後の一八一二年になってからロシア自身に侵攻したことが挙げられる）。ところが大国は水域に侵攻して占拠することはできない。コーベットが述べているように、海は「所有権を許すようなものではなく……敵の国土を占領するように軍隊を置くことはできない」と書いている。これについては以下の文献を参照のこと。Corbett, *Principles of Maritime Strategy*, p. 93.［コーベット著『コーベット 海洋戦略』］。ちなみにナポレオンはイギリス海峡を獲得して占領することはできなかったのであり、これこそがイギリスを侵攻できなかった原因の一つであると説明できる。したがって海軍が敵を攻撃するためには、海を越えて攻撃しなければならない。ところが海軍は、敵の領土に対して大規模で強力な陸軍を送り込むことはできない。したがって海上からの侵攻による攻撃力というのは厳しく制限されることになる。

78. 以下の文献を参照のこと。Piers Mackesy, "Problems of an Amphibious Power: Britain against France, 1793– 1815," *Naval War College Review* 30, No. 4 (Spring 1978), pp. 18–21. これについては以下の文献も参照。Richard Harding, "Sailors and Gentlemen of Parade: Some Professional and Technical Problems Concerning the Conduct of Combined Operations in the Eighteenth Century," *Historical Journal* 32, No. 1 (March 1989), pp. 35–55; and Potter and Nimitz, *Sea Power*, p. 67.

79. ところが急襲（raid）のほうは帆船時代の大国間戦争では頻繁《ひんぱん》に行われた。たとえばイギリスは七年戦争の最中の一七七八年に、フランスの港湾都市に四回も強襲をしかけている。これについては以下の文献を参照のこと。Potter and Nimitz, *Sea Power*, p. 53. イギリスは急襲を好んで実行したが、結局は失敗することのほうが多かった。たとえばリスボン（一五八九年）、カディス（一五九五年と一六二六年）、ブレスト（一六九六年）、トゥーロン（一七〇七年）、ロリアン（一七四六年）、ロシュフォール（一七五七年）、そしてワルヘレン島（一八〇九年）などの例がある。これについてマイケル・ハワードは、「それにかかった金額と失敗の恥の度合いについては今後も破られることのない記録だ」としている。Howard, *British Way in Warfare*, p. 19. ところが成功した急襲でもバランス・オブ・パワーにほとんど影響を与えていない。

80. 工業化が海軍に与えた影響の概観については以下の文献を参照のこと。Bernard Brodie, *Sea Power in the Machine Age*, 2d ed. (Princeton, NJ: Princeton University Press, 1943); Karl Lautenschlager, "Technology and the Evolution of Naval Warfare," *International Security* 8, No. 2 (Fall 1983), pp. 3–51; and Potter and Nimitz, *Sea Power*, chaps. 12, 18.

81. 以下の文献からの引用。Brodie, *Sea Power*, p. 49.

82. 戦争における鉄道のインパクトについては以下の文献を参照のこと。Arden Bucholz, *Moltke, Schlieffen, and Prussian War Planning* (New York: Berg, 1991); Edwin A. Pratt, *The Rise of Rail- Power in War and Conquest, 1833–1914* (London: P. S. King, 1915); Dennis E. Showalter, *Railroads and Rifles: Soldiers, Technology, and the Unification of Germany* (Hamden, CT: Archon, 1975); George Edgar Turner, *Victory Rode the Rails: The Strategic Place of the Railroads in the Civil War* (Lincoln: University of Nebraska Press, 1992); and John Westwood, *Railways at War* (San Diego, CA: Howell-North, 1981).

83. 以下の文献を参照のこと。Arthur Hezlet, *Aircraft and Sea Power* (New York: Stein and Day, 1970); and Norman Polmar, *Aircraft Carriers: A Graphic History of Carrier Aviation and Its Influence on World Events* (Garden City, NY: Doubleday, 1969).

84. 以下の文献を参照のこと。USSBS, *Air Campaigns of the Pacific War*, Pacific War Report 71a (Washington, DC: U.S. Government Printing Office, July 1947), sec. 10.

85. I. C. B. Dear, ed., *The Oxford Companion to World War II* (Oxford: Oxford University Press, 1995), pp. 46–50. これについては以下の文献も参照。B. B. Schofield, *The Arctic Convoys* (London: Macdonald and Jane's, 1977); and Richard Woodman, *The Arctic Convoys, 1941–1945* (London: John Murray, 1994).

86. 潜水艦が戦争に与えた影響については以下の文献を参照のこと。Arthur Hezlet, *The Submarine and Sea Power* (London: Peter Davies, 1967); and Karl Lautenschlager, "The Submarine in Naval Warfare, 1901–2001," *International Security* 11, No. 3 (Winter 1986–87), pp. 94–140.

87. Halpern, *Naval History of World War I*, p. 48.

88. 機雷とそれが戦争の流れにどのような影響を与えるのかについての議論は以下の文献を参照のこと。Gregory K. Hartmann and Scott C. Truver, *Weapons That Wait: Mine Warfare in the U.S. Navy*, 2d ed. (Annapolis, MD: U.S. Naval Institute Press, 1991).

89. Hartmann and Truver, *Weapons That Wait*, p. 15.

90. 以下の文献を参照のこと。U.S. Department of Defense, *Conduct of the Persian Gulf War*, Final Report to Congress (Washington, DC: U.S. Government Printing Office, April 1992), chap. 7; and Michael R. Gordon and Bernard E. Trainor, *The Generals' War: The Inside Story of the Conflict in the Gulf* (Boston, MA: Little, Brown, 1995), pp. 292–94, 343–45, 368–69.

91. ナポレオン戦争の頃のイギリスの対仏戦略について、ピエール・マクシー（Piers Mackesy）は「西ヨーロッパでは、東部方面での戦線が活発でフランス軍を釘付けにしておいてくれない限り、大規模な上陸作戦は全く考慮されなかった」と述べている。これについては以下の文献を参照。Mackesy, "Problems of an Amphibious Power," p. 21.

92. 一九四四年末にアメリカが太平洋の空を支配しているさなかに日本がフィリピンに支援を送ろうとした例は、航空優勢の無い時に水上艦艇に何が起こるのかをよく示している。アメリカの航空機は日本側の艦隊を殲滅させた。これについては以下の文献を参照のこと。M. Hamlin Cannon, *Leyte: The Return to the Philippines* (Washington, DC: U.S. Government Printing Office, 1954), pp. 92–102. 当然ながら、海洋を航行しようとする海軍も制海権を持たなければならない。水陸両用作戦におけるシーコントロールの重要性については以下の文献を参照のこと。P. H. Colomb, *Naval Warfare: Its Ruling*

Principles and Practice Historically Treated (London: W. H. Allen, 1891), chaps. 11–18.

93. 以下の文献を参照のこと。Alfred Vagts, *Landing Operations: Strategy, Psychology, Tactics, Politics, from Antiquity to 1945* (Harrisburg, PA: Military Service Publishing Company, 1946), pp. 509–16; and Samuel R. Williamson, Jr., *The Politics of Grand Strategy: Britain and France Prepare for War, 1904–1914* (Cambridge, MA: Harvard University Press, 1969), pp. 43–45.

94. Corbett, *Principles of Maritime Strategy*, p. 98.［コーベット著『コーベット 海洋戦略』］

95. 以下の文献からの引用。Kennedy, *British Naval Mastery*, p. 201.

96. 以下の文献を参照のこと。Mearsheimer, "A Strategic Misstep," pp. 25–27.

97. 一九四五年から一九五〇年までのアメリカの戦争計画を評して、スティーヴン・ロス（Steven Ross）は「したがって、初期のものはヨーロッパからの早期撤退を求めており、第二のノルマンディー上陸作戦のようなものは含んでいなかった。強力なソ連赤軍に対しては直接攻撃をしかけて成功する見込みはほとんどなかったからだ」と記している。以下の文献を参照のこと。Steven Ross, *American War Plans, 1945–1950* (New York: Garland, 1988), pp. 152–53.

98. 以下の文献を参照のこと。Piers Mackesy, *Statesmen at War: The Strategy of Overthrow, 1798–1799* (New York: Longman, 1974); and A. B. Rodger, *The War of the Second Coalition, 1798 to 1801: A Strategic Commentary* (Oxford: Clarendon, 1964).

99. 以下の文献を参照のこと。David Gates, *The Spanish Ulcer: A History of the Peninsular War* (New York: Norton, 1986), chaps. 5–7; and Michael Glover, *The Peninsular War, 1807–1814: A Concise Military History* (Hamden, CT: Archon, 1974), chaps. 4–6.

100. イギリスはポルトガルに小規模な分遣隊を派遣しており、イギリスが侵攻した直後に主権を回復させている。英海軍は一八〇九年に友好国となったポルトガルにさらに部隊を送り、ウェリントン卿の指揮するこれらの部隊はイベリア半島での戦いに勝利する上で重要な役割を果たした。

101. 以下の文献を参照のこと。Piers Mackesy, *British Victory in Egypt, 1801: The End of Napoleon's Conquest* (London: Routledge, 1995); Potter and Nimitz, *Sea Power*, chap. 7; and Rodger, *War of the Second Coalition*, chaps. 1–9, esp. chap. 16. イギリスとフランスも、ナポレオン戦争の合間に西インド諸島において小規模の水陸両用作戦をいくつも実行している。これについては以下の文献を参照のこと。Michael Duffy, *Soldiers, Sugar, and Seapower: The British Expeditions to the West Indies and the War against Revolutionary France* (Oxford: Clarendon, 1987).

102. クリミア戦争についての優れた著作は以下の通り。Winfried Baumgart, *The Crimean War, 1853–1856* (London: Arnold, 1999); John S. Curtiss, *Russia's Crimean War* (Durham, NC: Duke University Press, 1979); David M. Goldfrank, *The Origins of the Crimean War* (New York: Longman, 1994); Andrew D. Lambert, *The Crimean War: British Grand Strategy, 1853–1856* (New York:

Manchester University Press, 1990); Norman Rich, *Why the Crimean War? A Cautionary Tale* (Hanover, NH: University Press of New England, 1985); and Albert Seaton, *The Crimean War: A Russian Chronicle* (London: B. T. Batsford, 1977).

103. この段落に出てくる数値は以下の文献からの引用。Potter and Nimitz, *Sea Power*, p. 234; and Hew Strachan, "Soldiers, Strategy and Sebastopol," *Historical Journal* 21, No. 2 (June 1978), p. 321.

104. 以下からの引用。Vagts, *Landing Operations*, p. 411.

105. ガリポリ作戦についての優れた著作は以下の通り。C. F. Aspinall-Oglander, *Military Operations: Gallipoli*, 2 vols., Official British History of World War I (London: Heinemann, 1929); Robert R. James, *Gallipoli* (London: B. T. Batsford, 1965); and Michael Hickey, *Gallipoli* (London: John Murray, 1995). また、ロシアも黒海地域でトルコに対して小規模な水陸両用作戦を実行している。以下の文献を参照のこと。Halpern, *Naval History of World War I*, pp. 238–46.

106. ヨーロッパで有名なもう二つの水陸両用作戦は、大国の領土に対して行われたものではない。ドイツは一九四〇年四月にノルウェイ（小国）に侵攻して占領しており、アメリカはフランスが支配してた北アフリカに一九四二年一一月に上陸を成功させている。フランスは一九四〇年の春にナチス・ドイツに完全に敗北しており、大国ではなく、さらには主権国家でさえなかった。ノルウェイについては以下の文献を参照のこと。Jack Adams, *The Doomed Expedition: The Norwegian Campaign of 1940* (London: Leo Cooper, 1989); and Maurice Harvey, *Scandinavian Misadventure* (Turnbridge Wells, UK: Spellmount, 1990). 北アフリカについては以下の文献を参照のこと。George F. Howe, *Northwest Africa: Seizing the Initiative in the West* (Washington, DC: U.S. Government Printing Office, 1991), pts. 1–3. さらにドイツや、とりわけソ連は、無数の小規模な水陸両用作戦をバルト海や黒海の反対側の領土に対して行っている。以下の文献を参照のこと。W. I. Atschkassow, "Landing Operations of the Soviet Naval Fleet during World War Two," in Merrill L. Bartlett, ed., *Assault from the Sea: Essays on the History of Amphibious Warfare* (Annapolis, MD: U.S. Naval Institute Press, 1983), pp. 299–307; and "Baltic Sea Operations," and "Black Sea Operations," in Dear, ed., *Oxford Companion to World War II*, pp. 106–8, 135–36. ある研究によれば水陸両用作戦による侵攻を一九四一年から四五年の間に一一三回行ったという。以下の文献を参照のこと。Atschkassow, "Landing Operations," p. 299. これらの多くは失敗したが、より重要なのは、これがソ連赤軍とドイツ国防軍の主戦場から離れた周辺部で行われていたという点だ。結果としてそれらは戦争の結末にほとんど影響を与えていない。他にも、ソ連は小規模な水陸両用作戦をフィンランドが支配していた領土に対して一九四四年に二度ほど行っているが、その内の一回は失敗した。これについては以下の文献を参照のこと。Waldemar Erfurth, *The Last Finnish War* (Washington, DC: University Publications of America, 1979), p. 190.

107. On Sicily, 以下の文献を参照のこと。 Albert N. Garland and Howard M. Smyth, *Sicily and the Surrender of Italy* (Washington, DC: U.S. Government Printing Office, 1965), chaps. 1–10. イタリア本土については、以下の文献を参照のこと。Martin Blumenson, *Salerno to Cassino* (Washington, DC: U.S. Government Printing Office, 1969), chaps. 1–9.

108. アンツィオについては以下の文献を参照のこと。Blumenson, *Salerno to Cassino*, chaps. 17–18, 20, 22, 24.

109. ノルマンディー上陸作戦については以下の文献を参照のこと。Gordon A. Harrison, *Cross-Channel Attack* (Washington, DC: U.S. Government Printing Office, 1951). 南フランスについては以下の文献を参照のこと。Jeffrey J. Clarke and Robert R. Smith, *Riviera to the Rhine* (Washington, DC: U.S. Government Printing Office, 1993), chaps. 1–7.

110. 一九四三年半ばに連合国がシチリア島を侵攻した時に、イタリアはまだ名目上は「大国」であった。そしてイタリアとドイツの両軍の兵士はこの島に駐留していた。ところがすでに述べたように、イタリア軍はほぼ壊滅状態にあって連合軍と戦える状態ではなかった。その証拠に、この当時のシチリア島の防衛はほぼドイツ軍が担っていたのである。イタリアは連合軍がイタリア本土やアンツィオを侵攻した時にはすでに戦争遂行能力を失っていた。

111. 以下の文献を参照のこと。Paul Kennedy, *Pacific Onslaught: 7th December 1941–7th February 1943* (New York: Ballantine, 1972); and H. P. Willmott, *Empires in the Balance: Japanese and Allied Pacific Strategies to April 1942* (Annapolis, MD: U.S. Naval Institute Press, 1982).

112. Hezlet, *Aircraft and Sea Power*, chap. 8; Isely and Crowl, *U.S. Marines and Amphibious War*, pp. 74, 79; and Hans G. Von Lehmann, "Japanese Landing Operations in World War II," in Bartlett, ed., *Assault from the Sea*, pp. 195–201.

113. "Major U.S. Amphibious Operations—World War II," memorandum, U.S. Army Center of Military History, Washington, DC, December 15, 1960. この五二回の上陸を行ったそれぞれの部隊は、少なくとも連隊戦闘団くらいの規模はあった。それより小規模の部隊の作戦についてはここでは数えていない。またオーストラリア軍は日本の部隊に対して一九四五年五月から七月にかけて、ボルネオ島での水陸両用作戦を三回しかけている。これらの掃討作戦が成功したのは、アメリカが成功した理由と実質的に同じだ。これについては以下の文献を参照のこと。Peter Dennis et al., *The Oxford Companion to Australian Military History* (Oxford: Oxford University Press, 1995), pp. 109–16.

114. USSBS, *Air Campaigns of the Pacific War*, p. 19.

115. ガダルカナルとフィリピンだけはこのルールの例外だ。以下の文献を参照のこと。George W. Garand and Truman R. Strobridge, *Western Pacific Operations: History of U.S. Marine Corps Operations in World War II*, vol. 4 (Washington, DC: U.S. Government Printing Office, 1971), pp. 320–21; and Isely and Crowl, *U.S. Marines and Amphibious War*, p. 588.

116. USSBS, *Air Campaigns of the Pacific War*, p. 61.

117. この紛争の概観として優れているのは以下の通り。Paul S. Dull, *A Battle History of the Imperial Japanese Navy, 1941–1945* (Annapolis, MD: U.S. Naval Institute Press, 1978); Isely and Crowl, *U.S. Marines and Amphibious War*; Potter and Nimitz, *Sea Power*, chaps. 35–43; and Ronald H. Spector, *Eagle against the Sun: The American War with Japan* (New York: Free Press, 1985).

118. 日本とアメリカの経済規模の差については表６－２を参照のこと。他にも以下の文献を参照のこと。Adelman, *Prelude*, pp. 139, 202–3; and Jonathan R. Adelman, *Revolution, Armies, and War: A Political History* (Boulder, CO: Lynne Rienner, 1985), pp. 130–31.

119. 一九四五年半ばまでに日本の本土には二〇〇万の兵士がいた。Dear, ed., *Oxford Companion to World War II*, p. 623. 同時に中国にはおよそ九〇万、朝鮮には二五万、満州には七五万、そして東南アジアには六〇万の日本の兵士がいた。これらの数値は以下の文献から。Adelman, *Revolution*, p. 147; Saburo Hayashi and Alvin D. Coox, *Kogun: The Japanese Army in the Pacific War* (Quantico, VA: Marine Corps Association, 1959), p. 173; and Douglas J. MacEachin, *The Final Months of the War with Japan: Signals Intelligence, U.S. Invasion Planning, and the A-Bomb Decision* (Langley, VA: Center for the Study of Intelligence, Central Intelligence Agency, December 1998), attached document no. 4.

120. たしかにアメリカはこの後に日本を確実に侵攻できたかもしれないが、それを実行していれば大きな被害を受けたはずだ。これについては以下の文献を参照のこと。Frank, *Downfall*; and MacEachin, *Final Months*.

121. ところが島国家は敵国が島国家の背後に位置する小国の領土に対して軍を派遣した場合、ライバルの大国に陸から攻撃される可能性もある。次章でも議論されるように、島国家というのはこの可能性を恐れるものであり、これが決して実現しないように動くものだ。

122. 以下の文献を参照のこと。Frank J. McLynn, *Invasion: From the Armada to Hitler, 1588–1945* (London: Routledge and Kegan Paul, 1987); and Herbert W. Richmond, *The Invasion of Britain: An Account of Plans, Attempts and Counter-measures from 1586 to 1918* (London: Methuen, 1941).

123. 以下の文献を参照のこと。Felipe Fernández-Armesto, *The Spanish Armada: The Experience of War in 1588* (Oxford: Oxford University Press, 1988); Colin Martin and Geoffrey Parker, *The Spanish Armada* (London: Hamish Hamilton, 1988); Garrett Mattingly, *The Armada* (Boston: Houghton Mifflin, 1959); and David Howarth, *The Voyage of the Armada: The Spanish Story* (New York: Viking, 1981).

124. ナポレオンについては以下の文献を参照のこと。Richard Glover, *Britain at Bay: Defence against Bonaparte, 1803–14*

(London: Allen and Unwin, 1973); J. Holland Rose and A. M. Broadley, *Dumouriez and the Defence of England against Napoleon* (New York: John Lane, 1909); and H. F. B. Wheeler and A. M. Broadley, *Napoleon and the Invasion of England: The Story of the Great Terror* (New York: John Lane, 1908). ヒトラーについては以下の文献を参照のこと。Frank Davis, "Sea Lion: The German Plan to Invade Britain, 1940," in Bartlett, ed., *Assault from the Sea*, pp. 228–35; Egber Kieser, *Hitler on the Doorstep, Operation 'Sea Lion': The German Plan to Invade Britain, 1940*, trans. Helmut Bogler (Annapolis, MD: U.S. Naval Institute Press, 1997); and Peter Schenk, *Invasion of England 1940: The Planning of Operation Sealion*, trans. Kathleen Bunten (London: Conway Maritime Press, 1990).

125. 傑出したドイツの将校であったハンス・フォン・ゼークト将軍（Gen. Hans von Seeckt）は、一九一六年に「われわれはテクノロジーが十分発展するまでアメリカを攻撃できない。イギリスさえ攻撃できない」と述べている。この引用は以下の文献から。Vagts, Landing Operations, p. 506.

126. イギリスは一八九〇年代後半までアメリカを侵攻する計画を準備していたが、その後にあきらめている。これについては以下の文献を参照のこと。Aaron Friedberg, *The Weary Titan: Britain and the Experience of Relative Decline, 1895–1905* (Princeton, NJ: Princeton University Press, 1988), pp. 162–65.

127. すでに述べたように、連合軍は一九四四年六月にフランスの北西部、一九四四年八月にはフランス南部に侵攻している。ところがこの当時のフランスは主権国家ではなく、ナチスの帝国の一部だったのだ。

128. 重要なケースがひとつ漏《も》れている。第一次大戦末期に、イギリス、カナダ、フランス、イタリア、日本、そしてアメリカの軍隊が、建国されたばかりのソ連のアルハンゲリスク（一九一八年四月二日）、バクー（一九一八年八月四日）、ムルマンスク（一九一八年三月六日と六月二三日）、そしてウラジオストク（一九一八年四月五日と八月三日）にそれぞれ侵入している。これらの部隊は最終的にボルシェビキの軍隊と何度か戦っている。ところがこれらのケースは連合国にとって侵攻と言えるほど意味があったわけではないので除外した。ソ連はドイツに決定的に敗北したばかりであり、内戦のまっただ中だったからだ。結果として、ボルシェビキ軍は連合軍の到来に対して抵抗したとはいえない。その証拠に、連合軍はバクーとアルハンゲリスクで歓迎されたからだ。以下の文献を参照のこと。John Swettenham, *Allied Intervention in Russia, 1918–1919* (Toronto: Ryerson, 1967); and Richard H. Ullman, *Intervention and the War* (Princeton, NJ: Princeton University Press, 1961).

129. 以下の文献を参照のこと。William Daugherty, Barbara Levi, and Frank von Hippel, "The Consequences of 'Limited' Nuclear Attacks on the United States," *International Security* 10, No. 4 (Spring 1986), pp. 3–45; and Arthur M. Katz, *Life after Nuclear War:*

The Economic and Social Impacts of Nuclear Attacks on the United States (Cambridge, MA: Ballinger, 1982).

130. 一九五四年三月一八日に戦略航空軍団（SAC）のブリーフィングを聞いた後、米海軍のある艦長はこの言葉を使って、戦時になったらSACがソ連に対して何をしようと計画しているのかを説明している。これについては以下の文献を参照のこと。David Alan Rosenberg, "'A Smoking Radiating Ruin at the End of Two Hours': Documents on American Plans for Nuclear War with the Soviet Union, 1954–1955," *International Security* 6, No. 3 (Winter 1981– 82), pp. 11, 25.

131. 「目覚ましい第一撃」（splendid first strike）はハーマン・カーン（Herman Kahn）によって有名になった言葉だが、これは「相手を武装解除するための先制攻撃」という意味だ。以下の文献を参照のこと。Herman Kahn, *On Thermonuclear War: Three Lectures and Several Suggestions*, 2d ed. (New York: Free Press, 1969), pp. 36–37.

132. 以下の文献を参照のこと。Charles L. Glaser, *Analyzing Strategic Nuclear Policy* (Princeton, NJ: Princeton University Press, 1990), chap. 5.

133. 以下の文献を参照のこと。Benjamin Frankel, "The Brooding Shadow: Systemic Incentives and Nuclear Weapons Proliferation," *Security Studies* 2, Nos. 3–4 (Spring–Summer 1993), pp. 37–78; and Bradley A. Thayer, "The Causes of Nuclear Proliferation and the Utility of the Nuclear Nonproliferation Regime," *Security Studies* 4, No. 3 (Spring 1995), pp. 463–519.

134. 以下の文献を参照のこと。Harry R. Borowski, *A Hollow Threat: Strategic Air Power and Containment before Korea* (Westport, CT: Greenwood, 1982); David A. Rosenberg, "The Origins of Overkill: Nuclear Weapons and American Strategy, 1945–1960," *International Security* 7, No. 4 (Spring 1983), pp. 14–18; and Ross, *American War Plans*, passim, esp. pp. 12–15. 冷戦全期にわたる毎年ごとの米ソ両国が保有していた核弾頭の数については以下の文献にある。Robert S. Norris and William M. Arkin, "Nuclear Notebook: Estimated U.S. and Soviet/Russian Nuclear Stockpile, 1945–94," *Bulletin of the Atomic Scientists* 50, No. 6 (November–December 1994), p. 59. これについては以下の文献も参照。Robert S. Norris and William M. Arkin, "Global Nuclear Stockpiles, 1945–2000," *Bulletin of the Atomic Scientists* 56, No. 2 (March–April 2000), p. 79.

135. 冷戦期に何人かの専門家は、MADの世界でも核兵器優越状態を達成することが可能だと論じている。とりわけ彼らは超大国にとって、対兵力兵器（都市ではなく、相手の核兵器を破壊するための核兵器）によって、相手に対する確証破壊を維持しながら限定核戦争を戦うことは可能であると論じていた。そして米ソ両国は相手国の民間人の死者を最小限に抑えようとするという。この限定核戦争の後に登場してくる対兵力兵器で有利な唯一の超大国が勝者となり、敗者に対して相当な強制力を持つことになるというのだ。これについては以下の文献を参照のこと。Colin S. Gray, "Nuclear Strategy: A Case for a Theory of Victory," *International Security* 4, No. 1 (Summer 1979), pp. 54–87; and Paul Nitze, "Deterring Our

Deterrent," *Foreign Policy*, No. 25 (Winter 1976–77), pp. 195–210. ところがこれらの限定核オプションというのは二つの点に間違いがある。第一に、そのような戦争が限定的なままで進むわけがないという点だ。両国の破壊は莫大なものとなるはずであり、限定的な対兵力攻撃と全面攻撃を区別することが難しくなる。さらにいえば、われわれは核戦争におけるエスカレーションの動きがどのようなものになるのか、とくに指揮系統が核攻撃の中でどのような働きをできるのかについて何も知らないのだ。第二に、限定核戦争を戦って犠牲者の数を最小限に抑えることができたとしても、対兵力兵器に優れている側でも、以下のような例から分かる通り、実りのある勝利を得ることはできないという点だ。まずソ連が対兵力攻撃の面でアメリカに勝ったとしよう。ソ連に五〇〇発の対兵力核弾頭が残って、アメリカが〇発だ。この中で、両国は五〇万人の犠牲者を出しており、彼らの確証破壊能力はそのまま残っているとするとする。ソ連は五〇〇対〇で勝者となるわけだが、この優位は無意味となる。アメリカにはもうソ連が攻撃できる目標がなくなっており、ソ連は五〇〇発の対兵力兵器を、その合間に殲滅される覚悟があれば、アメリカの都市や確証破壊に使うことができたのである。端的にいえば、両国にとってのこの限定核戦争の結果は同じような犠牲者を出すだけということであり、両者とも確証破壊能力を維持しつつ、ソ連がほぼ使用不可能で軍事的にもほとんど意味のない、五〇〇発の対兵力兵器を持った状態になるということだ。これは無意味な勝利だ。このような限定核オプションを批判したものとしては以下のような文献がある。Glaser, *Analyzing Strategic Nuclear Policy*, chap. 7; and Robert Jervis, "Why Nuclear Superiority Doesn't Matter," *Political Science Quarterly* 94, No. 4 (Winter 1979–80), pp. 617–33.

136. Robert S. McNamara, "The Military Role of Nuclear Weapons: Perceptions and Misperceptions," *Foreign Affairs* 62, No. 1 (Fall 1983), p. 79.

137. 「核レベルにおける強固な安定が通常兵器のレベルの不安定をもたらす」というアイディアは「安定・不安定パラドックス」（stability-instability paradox）と呼ばれることがある。これについては以下の文献を参照のこと。Glenn H. Snyder, "The Balance of Power and the Balance of Terror," in Paul Seabury, ed., *Balance of Power* (San Francisco: Chandler, 1965), pp. 184–201. これについては以下の文献も参照。Robert Jervis, *The Meaning of the Nuclear Revolution: Statecraft and the Prospect of Armageddon* (Ithaca, NY: Cornell University Press, 1989), pp. 19–22.

138. 偶発的な核のエスカレーションについては以下の文献を参照のこと。Bruce G. Blair, *The Logic of Accidental Nuclear War* (Washington, DC: Brookings Institution Press, 1993); and Scott D. Sagan, *The Limits of Safety: Organizations, Accidents, and Nuclear Weapons* (Princeton, NJ: Princeton University Press, 1993). 故意ではない核のエスカレーションについては以下の文献を参照のこと。Posen, *Inadvertent Escalation*. 意図的な核のエスカレーションについては以下の文献を参照のこと。

Herman Kahn, *On Escalation: Metaphors and Scenarios*, rev. ed. (Baltimore, MD: Penguin, 1968); and Thomas Schelling, *Arms and Influence* (New Haven, CT: Yale University Press, 1966), chaps. 2–3. エスカレーション全般についての優れた著作は以下の通り。Richard Smoke, *War: Controlling Escalation* (Cambridge, MA: Harvard University Press, 1977). ただしこの文献は通常戦から核レベルまでのエスカレーションや、核戦争の中でのエスカレーションについてはほとんど論じていない。

139. この見方の最も強力な提唱者は、おそらくロバート・ジャーヴィスであろう。彼は「相互第二攻撃能力が示していることは多く、そして困難なものばかりだ。もし核兵器が核革命が示しているような本物の影響力を持っているとすれば、超大国間では平和が生まれ、危機はほとんど発生せず、両者ともに極限まで交渉力を試す必要もなく、現状維持状態は比較的容易に実現し、政治的な結末は核や通常兵器などのバランスとは関係なくなっていく。その証拠は曖昧《あいまい》ではあるが、これは基本的に裏付けのあるものだ」と述べている。Jervis, *Meaning of the Nuclear Revolution*, p. 45. これについては以下の文献も参照。McGeorge Bundy, *Danger and Survival: Choices about the Bomb in the First Fifty Years* (New York: Random House, 1988).

140. たとえばメキシコが残存可能な核抑止を持った大国になったとしよう。そしてメキシコがアメリカの南西部で広大な領土を拡大するのではなく、そのような欲を失ったと仮定してみよう。メキシコの政策担当者たちは、アメリカに核戦争を起こさせずに限定的な狙いを達成できると考えるかもしれず、実際にそうなったときに彼らはそれが正しいことを証明するかもしれないのだ。ところがアメリカの政策家たちは、もしメキシコがアメリカに対して決定的な敗北を与えようとしてきた時には核兵器を使う可能性が高い。シャイ・フェルドマン（Shai Feldman）はこれと同じ決定が、核武装をしていた一九七三年のエジプトとシリアの攻撃によってなされたとしている。アラブの政策家たちはイスラエルが核兵器を使わないと考えていたとしており、その理由はアラブ側にはイスラエルを侵攻する気がなく、ただ単に一九六七年の戦争の時に失った領土を取り返すことしか狙っていなかったからだとしている。Feldman, *Israeli Nuclear Deterrence: A Strategy for the 1980s* (New York: Columbia University Press, 1982), chap. 3. ところがフェルドマンが指摘しているように、少しでも領土を失った国家というのは「勝者がさらに領土を欲しがってくる」と考えるものであり、このような「サラミ戦術」（salami tactics）は最終的な破壊につながるはずなのだ。Ibid., pp. 111–12. このような結末を避けるための最適な方法は、最初の攻撃を抑止できるだけの強力な通常兵力を備えることであり、ここでまたランドパワーの重要性が輝きをましてくる。

141. たとえばアメリカは一九八〇年代前半に、核兵力よりも通常兵器のほうにおよそ五倍もの資金を投入していた。それが一九八〇年代なかばには四倍になっている。これについては以下の文献を参照のこと。Harold Brown, *Department*

of Defense Annual Report for Fiscal Year 1982 (Washington, DC: U.S. Department of Defense, January 19, 1981), pp. C-4, C-5; and William W. Kaufmann, *A Reasonable Defense* (Washington, DC: Brookings Institution Press, 1986), pp. 21, 27. 冷戦全期を通じて約二五％の国防費が核兵力に使われている。これについては以下の文献を参照のこと。Steven M. Kosiak, *The Lifecycle Costs of Nuclear Forces: A Preliminary Assessment* (Washington, DC: Defense Budget Project, October 1994), p. ii. 別の研究では一九四〇年から九六年の間では二九％が核兵力につぎ込まれたとしている。以下の文献を参照のこと。Stephen I. Schwartz, ed., *Atomic Audit: The Costs and Consequences of U.S. Nuclear Weapons since 1940* (Washington, DC: Brookings Institution Press, 1998), p. 3. ヨーロッパにおけるアメリカの通常兵力の相対的な重要性については、一九八六年度の国防予算（三一三〇億ドル）がどのように分配されたのかを考えてみるとわかる。およそ一三三〇億ドルがヨーロッパの通常兵力、五四七億ドルが核兵力、三四六億ドルが太平洋の通常兵力、そして二〇九億ドルがペルシャ湾の通常兵力、そして一六二億ドルがパナマと米本土の通常兵力のために費やされたのだ。これらの数値は以下の文献から。Kaufmann, *Reasonable Defense*, p. 14. この文献については本書の第六章の注177でも引用されている。

142. 以下の文献を参照のこと。Feldman, *Israeli Nuclear Deterrence*, pp. 106–12, esp. p. 109.

143. 以下の文献を参照のこと。Thomas W. Robinson, “The Sino-Soviet Border Conflict,” in Stephen S. Kaplan, ed., *Diplomacy of Power: Soviet Armed Forces as a Political Instrument* (Washington, DC: Brookings Institution Press, 1981), pp. 265–313; Harrison E. Salisbury, *War between Russia and China* (New York: Norton, 1969); and Richard Wich, *Sino-Soviet Crisis Politics: A Study of Political Change and Communication* (Cambridge, MA: Harvard University Press, 1980), chaps. 6, 9.

144. 以下の文献を参照のこと。Sumantra Bose, “Kashmir: Sources of Conflict, Dimensions of Peace,” *Survival* 41, No. 3 (Autumn 1999), pp. 149–71; Sumit Ganguly, *The Crisis in Kashmir: Portents of War, Hopes of Peace* (Cambridge: Cambridge University Press, 1999); and Devin T. Hagerty, “Nuclear Deterrence in South Asia: The 1990 Indo-Pakistani Crisis,” *International Security* 20, No. 3 (Winter 1995–96), pp. 79–114.

145. 本書の第三章の注11で述べたように、二つの軍隊の力を完全に計測して比較するためには、その規模と質だけを調べるだけでは十分ではない。両者が使う戦略や、実際に戦争に突入した時にどのようなことが起こりうるのかを知る必要がある。

146. 以下の文献を参照のこと。Mako, *U.S. Ground Forces*, pp. 108–26; and *Weapons Effectiveness Indices/Weighted Unit Values III (WEI/WUV III)* (Bethesda, MD: U.S. Army Concepts Analysis Agency, November 1979). これについては以下の文献も参照。Phillip A. Karber et al., *Assessing the Correlation of Forces: France 1940*, Report No. BDM/W-79-560-TR (McLean, VA: BDM

Corporation, June 18, 1979). この文献ではこのメソッドを一九四〇年春のドイツと連合軍の軍事力のバランスを測るために使っている。

147. Posen, "Measuring the European Conventional Balance," pp. 51–54, 66–70.

148. この種の分析のやり方については以下の文献を参照のこと。Joshua Epstein, *Measuring Military Power: The Soviet Air Threat to Europe* (Princeton, NJ: Princeton University Press, 1984); and Posen, *Inadvertent Escalation*, pp. 101–6.

149. もしどちらかの国が人種的に統一されている場合は平和の可能性は高まる。なぜならこれによって民族間の内戦の可能性がなくなるからだ。

【第五章】

1. 読者諸氏に申し上げたいのは、本書で使われる「侵攻者」という言葉が示しているのは、大国がさらなるパワーの獲得を目指す動機と手段を持っているということだ。第二章でも強調されたように、あらゆる大国は侵略的な意図を持つものでありながら、すべての国家がそれを実行に移すだけの能力を持っているわけではない。

2. これについては以下の文献を参照のこと。Stephen M. Walt, *The Origins of Alliances* (Ithaca, NY: Cornell University Press, 1987); and Kenneth N. Waltz, *Theory of International Politics* (Reading, MA: Addison-Wesley, 1979).［ウォルツ著『国際政治の理論』］また、以下の文献を参照のこと。Robert Powell, *In the Shadow of Power: States and Strategies in International Politics* (Princeton, NJ: Princeton University Press, 1999), chap. 5. パウエルの文書はバンドワゴニングとバランシングの違いを強調しているが、ウォルトやウォルツと異なり、脅威を感じた国家は敵に対して、バランシングよりもバンドワゴンを行う可能性が高いことを主張している。

3. 私のポイントを支持する論拠としては、一九三〇年代のナチス・ドイツの同盟政策についてのロバート・カウフマン（Robert Kaufman）とスティーブン・ウォルトの論戦を参照のこと。彼らの議論はバランシングとバンドワゴニングという二つの概念の枠組みの中だけで行われており、この比較はウォルトが有名にしたものだ。ただし彼らの議論を詳しく見てみると明らかになるのは、両者の言葉使いにもかかわらず、連合国側が直面していたのはバランシングとバンドワゴニングではなく、バランシングとバックパッシングであったということだ。以下の文献を参照のこと。Robert G. Kaufman, "To Balance or to Bandwagon? Alignment Decisions in 1930s Europe," *Security Studies* 1, No. 3 (Spring 1992), pp. 417–47; and Stephen M. Walt, "Alliances, Threats, and U.S. Grand Strategy: A Reply to Kaufman and Labs," *Security Studies* 1, No.

3 (Spring 1992), pp. 448–82.

4. これについては以下の文献を参照のこと。Steven J. Valone, "'Weakness Offers Temptation': Seward and the Reassertion of the Monroe Doctrine," *Diplomatic History* 19, No. 4 (Fall 1995), pp. 583–99. 第七章でも論じているが、アメリカは建国から現在に至るまで、遠方の大国が西半球において勝手に同盟国を獲得するのを恐れつづけている。これについては以下の文献も参照のこと。Alan Dowty, *The Limits of American Isolation: The United States and the Crimean War* (New York: New York University Press, 1971); and J. Fred Rippy, *America and the Strife of Europe* (Chicago: University of Chicago Press, 1938), esp. chaps. 6–8.

5. この言葉はウェーバーのものではなく、ウェーバーの視点をまとめたウォルフガング・モムゼン（Wolfgang J. Mommsen）のものである。これについては以下の文献を参照のこと。Mommsen, *Max Weber and German Politics, 1890–1920*, trans. Michael S. Steinberg (Chicago: University of Chicago Press, 1984), p. 39.

6. Paul M. Kennedy, *The Rise of the Anglo-German Antagonism, 1860–1914* (London: Allen and Unwin, 1980), chaps. 16, 20.

7. これについては以下の文献を参照のこと。Stephen Van Evera, "Why Europe Matters, Why the Third World Doesn't: American Grand Strategy after the Cold War," *Journal of Strategic Studies* 13, No. 2 (June 1990), pp. 1–51; and Stephen M. Walt, "The Case for Finite Containment: Analyzing U.S. Grand Strategy," *International Security* 14, No. 1 (Summer 1989), pp. 5–49. 元々富がそれほど関係のない分野でも戦略的に重要になることがあるという議論については以下の文献を参照のこと。Michael C. Desch, *When the Third World Matters: Latin America and United States Grand Strategy* (Baltimore, MD: Johns Hopkins University Press, 1993). その反対に以下の文献も参照のこと。Steven R. David, "Why the Third World Matters," *International Security* 14, No. 1 (Summer 1989), pp. 50–85; and Steven R. David, "Why the Third World Still Matters," *International Security* 17, No. 3 (Winter 1992–93), pp. 127–59.

8. これについては以下の文献を参照のこと。Barry R. Posen and Stephen Van Evera, "Defense Policy and the Reagan Administration: Departure from Containment," *International Security* 8, No. 1 (Summer 1983), pp. 3–45.

9. Charles L. Glaser, *Analyzing Strategic Nuclear Policy* (Princeton, NJ: Princeton University Press, 1990); Robert Jervis, *The Illogic of American Nuclear Strategy* (Ithaca, NY: Cornell University Press, 1984); Robert Jervis, *The Meaning of the Nuclear Revolution: Statecraft and the Prospects of Armageddon* (Ithaca, NY: Cornell University Press, 1989); and Stephen Van Evera, *Causes of War: Power and the Roots of Conflict* (Ithaca, NY: Cornell University Press, 1999), chap. 8.

10. Norman Angell, *The Great Illusion: A Study of the Relation of Military Power in Nations to Their Economic and Social Advantage*,

3d rev. and enl. ed. (New York: Putnam, 1912). また、以下の文献を参照のこと。Norman Angell, *The Great Illusion 1933* (New York: Putnam, 1933). 初期のエンジェルに対する批判については以下の文献を参照のこと。J. H. Jones, *The Economics of War and Conquest: An Examination of Mr. Norman Angell's Economic Doctrines* (London: P. S. King, 1915).

11. これについては以下の文献を参照のこと。Robert Gilpin, *War and Change in World Politics* (Cambridge: Cambridge University Press, 1981); and Paul M. Kennedy, *The Rise and Fall of the Great Powers: Economic Change and Military Conflict from 1500 to 2000* (New York: Random House, 1987).［ケネディ著『大国の興亡』］

12. たとえば以下の文献を参照のこと。Klaus Knorr, *On the Uses of Military Power in the Nuclear Age* (Princeton, NJ: Princeton University Press, 1966), pp. 21–34; Richard Rosecrance, *The Rise of the Trading State: Commerce and Conquest in the Modern World* (New York: Basic Books, 1986), pp. 34–37［ローズクランス著『貿易国家の台頭』］; and Van Evera, *Causes of War*, chap. 5.

13. ヴァン・エヴェラはこの点について以下の文献で議論している。*Causes of War*, p. 115.

14. これについては以下の文献を参照のこと。Ethan B. Kapstein, *The Political Economy of National Security: A Global Perspective* (Columbia: University of South Carolina Press, 1992), pp. 42–52.

15. これについては本書の第三章、注57の文献を参照のこと。

16. たとえば多くの研究では、ソ連の体制が柔軟さに欠ける経済の中央集中統制を行っていたことがイノベーションと成長拡大の最大の阻害要因になっていたと指摘されている。これについては以下の文献を参照のこと。Tatyana Zaslavskaya, "The Novosibirsk Report," *Survey* 28, No. 1 (Spring 1984), pp. 88–108; Abel Aganbegyan, *The Economic Challenge of Perestroika*, trans. Pauline M. Tiffen (Bloomington: Indiana University Press, 1988); Padma Desai, *Perestroika in Perspective: The Design and Dilemmas of Soviet Reform* (Princeton, NJ: Princeton University Press, 1989); and Anders Aslund, *Gorbachev's Struggle for Economic Reform*, rev. ed. (Ithaca, NY: Cornell University Press, 1991). また、以下の文献を参照のこと。Peter Rutland, *Politics of Economic Stagnation in the Soviet Union: The Role of Local Party Organs in Economic Management* (Cambridge: Cambridge University Press, 1993). この文献はソ連経済の停滞の原因が共産党にあるとしている。

17. これについては以下の文献を参照のこと。Peter Liberman, *Does Conquest Pay? The Exploitation of Occupied Industrial Societies* (Princeton, NJ: Princeton University Press, 1996); and Peter Liberman, "The Spoils of Conquest," *International Security* 18, No. 2 (Fall 1993), pp. 125–53. また、以下の文献を参照のこと。David Kaiser, *Politics and War: European Conflict from Philip II to Hitler* (Cambridge, MA: Harvard University Press, 1990), pp. 219–22, 246–55; and Alan S. Milward, *War, Economy, and Society, 1939–1945* (Berkeley: University of California Press, 1977), chap. 5.

18. これらの引用は以下の文献からの引用。Liberman, *Does Conquest Pay?* p. 28; and Lieberman, "Spoils of Conquest," p. 126. 情報テクノロジーのオーウェル的な面については以下の文献を参照のこと。Jeffrey Rosen, *The Unwanted Gaze: The Destruction of Privacy in America* (New York: Random House, 2000). 他国の占領が利益をもたらすものであるのかどうかについて、スティーブン・ブルックス（Stephen Brooks）はリーバーマンの「弾圧的な侵略者は大衆の反抗を抑えこんだり、情報テクノロジーも屈服させてしまう潜在力を持っている」という主張が説得力のあるものだと結論づけている。Stephen G. Brooks, "The Globalization of Production and the Changing Benefits of Conquest," *Journal of Conflict Resolution* 43, No. 5 (October 1999), pp. 646–70. ところがブルックスは占領がそこまで大きな利益にはならないと論じており、その理由として「グローバル化による生産構造の変化」を挙げている（p. 653）。私はこの議論がそれほど説得力を持つものではないと考えている。リベラル派の理論は基本的に経済相互依存が平和の原因になるというものだが、この議論はグローバル化という要因を使ったそのアップデート版だからだ。この問題については第一〇章で軽く触れている。

19. Liberman, "Spoils of Conquest," p. 139.

20. これについては以下の文献を参照のこと。Norman M. Naimark, *The Russians in Germany: A History of the Soviet Zone of Occupation, 1945–1949* (Cambridge, MA: Harvard University Press, 1995). また、以下の文献を参照のこと。Liberman, *Does Conquest Pay?* chap. 7.

21. これについては以下の文献を参照のこと。Joshua M. Epstein, *Strategy and Force Planning: The Case of the Persian Gulf* (Washington, DC: Brookings Institution Press, 1987); Charles A. Kupchan, *The Persian Gulf and the West: The Dilemmas of Security* (Boston: Allen and Unwin, 1987); and Thomas L. McNaugher, *Arms and Oil: U.S. Military Strategy and the Persian Gulf* (Washington, DC: Brookings Institution Press, 1985).

22. これについては以下の文献を参照のこと。John W. Wheeler-Bennett, *Brest-Litovsk: The Forgotten Peace, March 1918* (New York: Norton, 1971); and Milward, *War, Economy, and Society*, chap. 8.

23. Clive Emsley, *Napoleonic Europe* (New York: Longman, 1993), p. 146.

24. David G. Chandler, *The Campaigns of Napoleon* (New York: Macmillan, 1966), pp. 754–56.［チャンドラー著『ナポレオンの戦争』］

25. George H. Stein, *The Waffen SS: Hitler's Elite Guard at War, 1939–1945* (Ithaca, NY: Cornell University Press, 1966), p. 137.

26. Edward Homze, "Nazi Germany's Forced Labor Program," in Michael Berenbaum, ed., *A Mosaic of Victims: Non-Jews Persecuted and Murdered by the Nazis* (New York: New York University Press, 1990), pp. 37–38. また、以下の文献を参照のこ

と。Ulrich Herbert, *Hitler's Foreign Workers: Enforced Foreign Labor in Germany under the Third Reich*, trans. William Templer (Cambridge: Cambridge University Press, 1997).

27. これについては以下の文献を参照のこと。Jere C. King, *Foch versus Clemenceau: France and German Dismemberment, 1918–1919* (Cambridge, MA: Harvard University Press, 1960); Walter A. McDougall, *France's Rhineland Diplomacy, 1914–1924: The Last Bid for a Balance of Power in Europe* (Princeton, NJ: Princeton University Press, 1978); and David Stevenson, *French War Aims against Germany, 1914–1919* (Oxford: Oxford University Press, 1982).

28. Max Jakobson, *The Diplomacy of the Winter War: An Account of the Russo- Finnish War* (Cambridge, MA: Harvard University Press, 1961), pts. 1–3; Anthony F. Upton, *Finland, 1939–1940* (London: Davis-Poynter, 1974), chaps. 1–2; and Carl Van Dyke, *The Soviet Invasion of Finland, 1939–1940* (London: Frank Cass, 1997), chap. 1.

29. カルタゴについては以下の文献を参照のこと。Serge Lancel, *Carthage: A History*, trans. Antonia Nevill (Cambridge: Blackwell, 1995), esp. pp. 412–27. ポーランドについては以下の文献を参照のこと。Jan T. Gross, *Polish Society under German Occupation: The Generalgouvernement, 1939–1944* (Princeton, NJ: Princeton University Press, 1979); and Richard C. Lukas, *Forgotten Holocaust: The Poles under German Occupation, 1939– 1944* (Lexington: University Press of Kentucky, 1986). ソ連については以下の文献を参照のこと。Alexander Dallin, *German Rule in Russia, 1941–1945: A Study of Occupation Policies* (London: Macmillan, 1957). また、以下の文献も参照のこと。David Weigall and Peter Stirk, eds., *The Origins and Development of the European Community* (London: Leicester University Press, 1992), pp. 27–28.

30. マイケル・ハンデル（Michael Handel）が記しているように、「イスラエルの政軍ドクトリンの根本的な土台となっている想定は、アラブ諸国の主な狙いはいかなる場合でもイスラエル国家の滅亡だが、それまでの間はいかなる手段を使っても平和的な状態を邪魔することにある、というもの」なのだ。Handel, *Israel's Political-Military Doctrine*, Occasional Paper No. 30 (Cambridge, MA: Center for International Affairs, Harvard University, July 1973), p. 64［強調は原著のママ］. また、以下の文献を参照のこと。Yehoshafat Harkabi, *Arab Strategies and Israel's Response* (New York: Free Press, 1977); Yehoshafat Harkabi, *Arab Attitudes to Israel*, trans. Misha Louvish (Jerusalem: Israel Universities Press, 1972); and Asher Arian, *Israeli Public Opinion on National Security, 2000*, Memorandum No. 56 (Tel Aviv: Jaffee Center for Strategic Studies, July 2000), pp. 13–16.

31. ポーランドは一七七二年、一七九三年、そして一七九五年に、それぞれオーストリア、プロイセン、ロシアによって分割されており、一九三九年にはドイツとソ連によっても分割されている。さらには第二次大戦の終わりにスターリンはポーランドの東側の三分の一を獲得してソ連に組み込んでいる。ある著者によれば「一般的な認識と対照的に、国家の死というのはここ二〇〇年間でかなり頻繁《ひんぱん》に起こっている。二一〇の国家のうちの六九カ国（約三〇%）が滅亡しており、そのほとんど（六九カ国のうちの五一カ国）が暴力によって打ち倒されてしまった」と論じている。それらの犠牲となった国々のほとんどは小国であり、大国に組み込まれたか、その帝国の一部となっている。犠牲になった国々の中には復活して再び独立国となったものもある。Tanisha M. Fazal, "Born to Lose and Doomed to Survive: State Death and Survival in the International System," paper presented at the Annual Meeting of the American Political Science Association, Washington, DC, August 31–September 3, 2000, pp. 15–16.

32. Wilfried Loth, "Stalin's Plans for Post-War Germany," in Francesca Gori and Silvio Pons, eds., *The Soviet Union and Europe in the Cold War, 1943–53* (New York: St. Martin's, 1996), pp. 23–36; Marc Trachtenberg, *A Constructed Peace: The Making of the European Settlement, 1945–1963* (Princeton, NJ: Princeton University Press, 1999), pp. 57–60, 129–30; and Vladislav Zubok and Constantine Pleshakov, *Inside the Kremlin's Cold War: From Stalin to Khrushchev* (Cambridge, MA: Harvard University Press, 1996), pp. 46–53.

33. これについては以下の文献を参照のこと。Warren F. Kimball, *Swords or Ploughshares? The Morgenthau Plan for Defeated Nazi Germany, 1943–1946* (Philadelphia: Lippincott, 1976); and Henry Morgenthau, Jr., *Germany Is Our Problem* (New York: Harper, 1945).

34. 強制（coercion）とブラックメール（blackmail）について簡潔に述べておきたい。「強制」には、相手の行動を変化させるための実際の軍事力の行使やその脅しが含まれるのであり、私は第四章で「強制」を実際の軍事力の使用（海上封鎖や戦略爆撃）によって占領する前に相手に戦争をあきらめさせることを狙ったものであるとしている。この二つの言葉の混同を防ぐために、私は「ブラックメール」のほうを、国家の行動を脅しによって変えさせることを狙ったものであるとしている。それでもブラックメールのほうは一般的に強制と同意であると考えられることが多い。強制については以下の文献を参照のこと。Daniel Ellsberg, "Theory and Practice of Blackmail," RAND Paper P-3883 (Santa Monica, CA: RAND Corporation, 1968); Alexander L. George, William E. Simons, and David K. Hall, *Limits of Coercive Diplomacy: Laos, Cuba, and Vietnam* (Boston: Little, Brown, 1971); Robert A. Pape, *Bombing to Win: Air Power and Coercion in War* (Ithaca, NY: Cornell University Press, 1996); Thomas Schelling, *Arms and Influence* (New Haven, CT: Yale University Press, 1966); and Thomas Schelling, *Strategy of Conflict* (Cambridge, MA: Harvard University Press, 1960).［トマス・シェリング著『紛争の理論—ゲーム理論のエッセンス』勁草書房、二〇〇八年］

35. 第一次大戦以前の危機については以下の文献を参照のこと。Luigi Albertini, *The Origins of the War of 1914, vol. 1,*

European Relations from the Congress of Berlin to the Eve of the Sarajevo Murder, ed. and trans. Isabella M. Massey (Oxford: Oxford University Press, 1952), chaps. 3–10; Imanuel Geiss, *German Foreign Policy, 1871–1914* (London: Routledge and Kegan Paul, 1979), chaps. 8–17; David G. Herrmann, *The Arming of Europe and the Making of the First World War* (Princeton, NJ: Princeton University Press, 1996); and L.C.F. Turner, *Origins of the First World War* (New York: Norton, 1970).

36. これについては以下の文献を参照のこと。Christopher Andrew, *Théophile Delcassé and the Making of the Entente Cordiale: A Reappraisal of French Foreign Policy, 1898–1905* (New York: St. Martin's, 1968), chap. 5; Darrell Bates, *The Fashoda Incident: Encounter on the Nile* (Oxford: Oxford University Press, 1984); and Roger G. Brown, *Fashoda Reconsidered: The Impact of Domestic Politics on French Policy in Africa, 1893–1898* (Baltimore, MD: Johns Hopkins University Press, 1969).

37. Herman Kahn, *On Thermonuclear War: Three Lectures and Several Suggestions*, 2d ed. (New York: Free Press, 1960), p. 231; and Henry S. Rowen, "Catalytic Nuclear War," in Graham T. Allison, Albert Carnesale, and Joseph S. Nye, Jr., eds., *Hawks, Doves, and Owls: An Agenda for Avoiding Nuclear War* (New York: Norton, 1985), pp. 148– 63.

38. 以下の文献からの引用。T. C. W. Blanning, *The Origins of the French Revolutionary Wars* (London: Longman, 1986), p. 186. 一九〇八年にオーストリア＝ハンガリーの外相がセルビアとブルガリアに戦争を起こさせ、これによって自分たちが弱体化したセルビアとバルカン半島について有利になれるようにしたという証拠がいくつかある。これについては以下の文献を参照のこと。Edmond Taylor, *The Fall of the Dynasties: The Collapse of the Old Order, 1905–1922* (Garden City, NY: Doubleday, 1963), pp. 128–29. また、スターリンがナチス・ドイツと連合国同士をそそのかして第二次大戦を勃発《ぼっぱつ》させようとした形跡もあると論じる人々もいる。ところが第八章でも論じられているように、これを実証するだけの十分な証拠は存在しない。

39. これについては以下の文献を参照のこと。Charles D. Smith, *Palestine and the Arab-Israeli Conflict*, 2d ed. (New York: St. Martin's, 1992), p. 164; and Michael Bar-Zohar, *Ben-Gurion: A Biography*, trans. Peretz Kidron (New York: Delacorte, 1978), pp. 209–16.

40. 以下の文献からの引用。David McCullough, *Truman* (New York: Touchstone, 1992), p. 262.

41. Wheeler-Bennett, *Brest-Litovsk*, pp. 189–90, 385–91.

42. これについては以下の文献を参照のこと。Peter Schweizer, *Victory: The Reagan Administration's Secret Strategy That Hastened the Collapse of the Soviet Union* (New York: Atlantic Monthly Press, 1994), pp. xviii, 9, 64– 65, 100–101, 116–19, 151–53. また、以下の文献を参照のこと。Robert P. Hager, Jr., and David A. Lake, "Balancing Empires: Competitive Decolonization in

International Politics," *Security Studies* 9, No. 3 (Spring 2000), pp. 108–48.

43. バランシングについては以下の文献を参照のこと。Robert Jervis and Jack Snyder, eds., *Dominoes and Bandwagons: Strategic Beliefs and Great Power Competition in the Eurasian Rimland* (Oxford: Oxford University Press, 1991); Walt, *Origins of Alliances; and Waltz, Theory of International Politics.* 何人かの学者はバランシングのことを「大国たちが互いの独立を維持するための共同行為である」と定義している。以下の文献では、国家は「運命の共同体という概念」を持っているものだと記されている。Edward Vose Gulick, *Europe's Classical Balance of Power* (New York: Norton, 1955), p. 10. すべての主要国家は他のどのライバルも国際システムから消滅することがないように行動するという。なぜならそれぞれの国家にとってこれこそが生き残り《サヴァイバル》を確実にする方法だからである。よって議論は「集団意識と集団行動」が「個別の国家を維持するための最高の方法」になるというのだ。Ibid., p. 297. この理論では、国家は現状維持を志向しないことになる。パワーの分布状況が変化するのは、どの大国もシステムから消滅しない限り容認できることになる。その証拠に、国家は他国から力を得るために他国と戦争をすることも予測できるからだ。ところが国家は限定戦争しか戦わないのであり、その理由はバランス・オブ・パワーの変化を容認しても、すべての主要国の独立状態だけは維持されなければならないとされるからだ。したがって、国家は「直近の自己利益を自制したり拒絶したり、さらにはそれを拒否したりすることもありえる」のだ。Ibid., p. 33. 国家は「国を滅ぼす前に戦いをやめる」のであり、その理由は彼らが「公共善の理論」によって動機づけられているからだという。これについては以下の文献から。Morton A. Kaplan, *System and Process in International Politics* (New York: John Wiley, 1957), p. 23; and Gulick, *Europe's Classical Balance*, p. 45. これらの結果としての「集団の利益への関心の集中」は、流動的ではあるが均衡のとれた安定なのだ。Ibid., p. 31. この理論はバランス・オブ・パワーに注目し、侵攻に関する限定的な戦争の存在は否定しないが、それでもこれはリアリズムの理論ではない。なぜなら国家はこの中で特定の世界秩序の維持を考慮しているのであり、パワーの追及を求めているわけではないからだ。この理論についてのさらなる議論に関しては以下の文献を参照のこと。Inis L. Claude, Jr., *Power and International Relations* (New York: Random House, 1962), chap. 2; Ernst B. Haas, "The Balance of Power: Prescription, Concept, or Propaganda?" *World Politics* 5, No. 4 (July 1953), pp. 442–77; Hans Morgenthau, *Politics among Nations: The Struggle for Power and Peace*, 5th ed. (New York: Knopf, 1973), chap. 11［モーゲンソー著『国際政治』］; and Quincy Wright, *A Study of War*, vol. 2 (Chicago: University of Chicago Press, 1942), chap. 20.

44. バランシングとバック・パッシングの例については本書の第八章で詳しく論じられている。

45. 「外的バランシング」と「内的バランシング」については以下の文献が初出。Waltz, *Theory of International Politics*, pp.

118, 163.［ウォルツ著『国際政治の理論』］

46. 以下の文献からの引用。"Preface" to Keith Neilson and Roy A. Prete, eds., *Coalition Warfare: An Uneasy Accord* (Waterloo, ON: Wilfrid Laurier University Press, 1983), p. vii. この問題に関するナポレオンの見解は、オーストリアの外交官の一人に語った言葉に集約されている。「貴国には同盟国がいくつある？ 5、10、いや20か？ 多ければ多いほど私にとっては都合が良いぞ。」Karl A. Roider, Jr., *Baron Thugut and Austria's Response to the French Revolution* (Princeton, NJ: Princeton University Press, 1987), p. 327. また、以下の文献を参照のこと。Gordon A. Craig, "Problems of Coalition Warfare: The Military Alliance against Napoleon, 1813–14," in Gordon A. Craig, *War, Politics, and Diplomacy: Selected Essays* (New York: Praeger, 1966), pp. 22–45; and Neilson and Prete, *Coalition Warfare*, passim.

47. バックパッシングについては以下の文献を参照のこと。Mancur Olson, Jr., *The Logic of Collective Action: Public Goods and the Theory of Groups* (Cambridge, MA: Harvard University Press, 1965)［マンサー・オルソン著『集合行為論―公共財と集団理論』ミネルヴァ書房、一九九六年］; Mancur Olson and Richard Zeckhauser, "An Economic Theory of Alliances," *Review of Economics and Statistics* 48, No. 3 (August 1966), pp. 266–79; and Barry R. Posen, *The Sources of Military Doctrine: France, Britain, and Germany between the World Wars* (Ithaca: Cornell University Press, 1984), esp. pp. 63, 74, 232.

48. トーマス・クリステンセン（Thomas J. Christensen）とジャック・スナイダー（Jack Snyder）はこれを「集団襲撃」（chain ganging）であるとして以下の文献で論じている。Thomas J. Christensen and Jack Snyder, "Chain Gangs and Passed Bucks: Predicting Alliance Patterns in Multipolarity," *International Organization* 44, No. 2 (Spring 1990), pp. 137–68.

49. これについては以下の文献を参照のこと。David French, *British Strategy and War Aims, 1914–1916* (Boston: Allen and Unwin, 1986), pp. 24–25; and David French, "The Meaning of Attrition, 1914–1916," *English Historical Review* 103, No. 407 (April 1988), pp. 385–405.

50. 国家は戦争の莫大なコストを避けたいとする動機も多くもっており、これはバランス・オブ・パワーとは関係のない理由から来ているものだ。

51. 第四章（注72）でも述べたように、およそ二四〇〇万のソ連の人々がナチス・ドイツとの戦いで命を落としている。イギリスとアメリカ両国では合わせて六五万人が全戦線で命を落としている。この数にはアメリカの三〇万の戦死者とイギリスの三〇万、そしてイギリスの五万の民間人の死者が含まれている。これについては以下の文献を参照のこと。I. C. B. Dear, ed., *The Oxford Companion to World War II* (Oxford: Oxford University Press, 1995), p. 290; and Robert Goralski, *World War II Almanac: 1931–1945* (New York: Putnam, 1981), pp. 425–26, 428.

52. ウィンストン・チャーチル（Winston Churchill）はどうもバック・パッシングの戦略を行っていたように見える。彼は一九四四年夏の時点でも連合国側にフランス侵攻をやめてもらいたいと考えており、ノルマンディー上陸作戦を合意したのはアメリカ側からの強力な圧力があったからだ。彼はソ連赤軍にドイツ国防軍の主力部隊を叩いてもらい、イギリスとアメリカの軍はヨーロッパの端で待機してドイツの小さな派遣部隊を叩いているくらいのほうが良いと考えていたという。これについては以下の文献を参照のこと。Mark A. Stoler, *The Politics of the Second Front: American Military Planning and Diplomacy in Coalition Warfare, 1941–1943* (Westport, CT: Greenwood, 1977).

53. これについては以下の文献を参照のこと。Isaac Deutscher, *Stalin: A Political Biography*, 2d ed. (Oxford: Oxford University Press, 1967), pp. 478–80; and John Erickson, "Stalin, Soviet Strategy and the Grand Alliance," in Ann Lane and Howard Temperley, eds., *The Rise and Fall of the Grand Alliance, 1941–45* (New York: St. Martin's, 1995), pp. 140–41. 第二次大戦中にロシアの駐英大使という経験を振り返りながら、イワン・マイスキー（Ivan Maisky）は「チャーチルの視点からみると、理想的だったのは、ソ連とドイツが互いに戦争で甚大な被害を受けて、少なくとも一世代以上は松葉杖状態で生きながらえ、その合間にイギリスがヨーロッパのボクシングの選手として最後のゴール地点に最小限の被害を受けただけでたどり着くような状況であった」と記している。これについては以下の文献を参照のこと。Ivan Maisky, *Memoirs of a Soviet Ambassador: The War, 1939–1943*, trans. Andrew Rothstein (London: Hutchinson, 1967), p. 271. 同様に、第二次大戦中の駐トルコ・イタリア大使も「トルコにとって理想的だったのは、最後のドイツ軍兵士がロシアの最後の死体の上に倒れこむような状態であった」と記している。Selim Deringil, *Turkish Foreign Policy during the Second World War: An "Active" Neutrality* (Cambridge: Cambridge University Press, 1989), pp. 134–35.

54. バンドワゴニングについての著作は以下の通り。Eric J. Labs, "Do Weak States Bandwagon?" *Security Studies* 1, No. 3 (Spring 1992), pp. 383–416; Randall L. Schweller, "Bandwagoning for Profit: Bringing the Revisionist State Back In," *International Security* 19, No. 1 (Summer 1994), pp. 72–107; Walt, *Origins of Alliances*; and Waltz, *Theory of International Politics*.［ウォルツ著『国際政治の理論』］ところがシュウェラーのバンドワゴニングの定義は、それ以外の他の国際関係論の学者たち（私も含む）の使っているものと根本的に異なるものだ。Schweller, "Bandwagoning for Profit," pp. 80–83. 従来の定義では、バンドワゴニングというのは国家が敵に対して脅すために使う戦略であり、これには侵略者側の非対照的な譲歩も含まれる。シュウェラーのバンドワゴニングの定義から言えば、これは脅威を受けた側が行使する戦略ではなく、侵略によって利益を拡大するチャンスを求めている国家によって行われるものであることになる。とりわけシュウェラーのものでは、バンドワゴニングはチャンスをうかがう国家が別の侵略的な国家に加担して第三国から利益を得るものであり、これは一九三九年にソ連がナチス・ドイツに加担してポーランドを分割した例にも見られる。この種の行動はバランス・オブ・パワーの論理とは矛盾しておらず、前述した戦争の戦略の枠組みにもそのまま当てはまるものだ。

55. Robert B. Strassler, ed., *The Landmark Thucydides: A Comprehensive Guide to the Peloponnesian War* (New York: Simon and Schuster, 1998), p. 352.［トゥーキュディデース著『戦史』全三巻、岩波書店、一九九七年ほか］

56. ウォルトは中東におけるバランシングとバンドワゴニングの例を検証した後に、「バランシングのほうがバンドワゴニングよりもはるかに頻繁《ひんぱん》に行われており、とりわけ弱小国や孤立した国家にとってはバンドワゴニングのほうがはるかに使われている」と結論している。Walt, *Origins of Alliances*, p. 263. また、以下の文献を参照のこと。ibid., pp. 29–33; and Labs, "Weak States."

57. これについては以下の文献を参照のこと。Elizabeth Wiskemann, "The Subjugation of South-Eastern Europe, June 1940 to June 1941," in Arnold Toynbee and Veronica M. Toynbee, eds., *Survey of International Affairs, 1939– 46: The Initial Triumph of the Axis* (Oxford: Oxford University Press, 1958), pp. 319–36; and Sidney Lowery, "Rumania" and "Bulgaria," in Arnold Toynbee and Veronica M. Toynbee, eds., *Survey of International Affairs, 1939– 46: The Realignment of Europe* (Oxford: Oxford University Press, 1955), pp. 285–90, 301–6.

58. 「宥和」の定義はほとんどの辞書に掲載されており、歴史家や政治学者にも広く使われている。たとえば以下の文献を参照のこと。Gilpin, *War and Change*, pp. 193–94; and Bradford A. Lee, *Britain and the Sino-Japanese War, 1937–1939: A Study in the Dilemmas of British Decline* (Stanford, CA: Stanford University Press, 1973), pp. vii–viii. ところが何人かの学者は宥和について異なる定義を使っている。彼らは危険な敵との間の紛争の原因を取り除くことによって緊張を緩和させるための政策、という意味で使っている。これについては以下の文献を参照のこと。Stephen R. Rock, *Appeasement in International Politics* (Lexington: University Press of Kentucky, 2000), pp. 10–12. この宥和の定義では、たしかにライバル国に対してパワーを明け渡すこともありえることになるが、それを強制させることにはならない。ところが私の定義では、宥和した側がバランス・オブ・パワーを相手に不利にさせるために使うという意味も含まれている。

59. これについては本書の第七章を参照のこと。

60. これについては本書の第八章を参照のこと。

61. Waltz, *Theory of International Politics*, pp. 127–28. また、以下の文献を参照のこと。ibid., pp. 74–77;［ウォルツ著『国際政治の理論』］Kenneth Waltz, "A Response to My Critics," in Robert O. Keohane, ed., *Neorealism and Its Critics* (New York: Columbia University Press, 1986), pp. 330–32; and Colin Elman, "The Logic of Emulation: The Diffusion of Military Practices in

the International System," Ph.D. diss., Columbia University, 1999.

62. Waltz, *Theory of International Politics*, pp. 127–28.［ウォルツ著『国際政治の理論』］

63. たとえば一九九〇年一一月八日にジョージ・ブッシュ（父）大統領は「イラクの侵略はクウェートやその他の湾岸諸国の安全に対する挑戦であるだけではなく、冷戦後にわれわれが構築しようとしている世界に対するよりよい世界に対する挑戦でもある。そのため、われわれと同盟国たちはその責務から逃れるわけにはいかない。クウェートは回復されなければならないし、それが実現できなければすべての国家も安全ではないことになる。そしてわれわれが待ち望む希望ある未来は、本当に危機にさらされてしまうことになる」と述べている。George Bush, "The Need for an Offensive Military Option," in Micah L. Sifry and Christopher Cerf, eds., *The Gulf War Reader: History, Documents, Opinions* (New York: Times Books, 1991), p. 229. また、以下の文献を参照のこと。Thomas L. Friedman, "Washington's 'Vital Interests,'" in ibid., pp. 205–6. ある国家が、パワーの拡大に成功した国家とバンドワゴニング（これはシュウェラーの意味で）を行い、それがさらなる戦争の原因になる可能性もある。

64. これについては以下の文献を参照のこと。Matthew Evangelista, *Innovation and the Arms Race: How the United States and the Soviet Union Develop New Military Technologies* (Ithaca, NY: Cornell University Press, 1988); Williamson Murray and Allan R. Millet, eds., *Military Innovation in the Interwar Period* (Cambridge: Cambridge University Press, 1996); Posen, *Sources of Military Doctrine*, pp. 29–33, 54–57, 224–26; and Stephen P. Rosen, *Winning the Next War: Innovation and the Modern Military* (Ithaca, NY: Cornell University Press, 1991).

65. これについては以下の文献を参照のこと。Richard K. Betts, *Surprise Attack: Lessons for Defense Planning* (Washington, DC: Brookings Institution Press, 1983).

66. これについては以下の文献を参照のこと。Michael I. Handel, *War, Strategy, and Intelligence* (London: Frank Cass, 1989), chaps. 3–8; and Dan Reiter, *Crucible of Beliefs: Learning, Alliances, and World Wars* (Ithaca, NY: Cornell University Press, 1996).

【第六章】

▼表６－１

［注］:「戦争潜在力」（War potential: これは *The Statesman's Year-Book* の中で軍隊の war footing と表示されている）は動員直後に従軍している可能性のあるすべての男子の数をあらわしたもの。つまりこれは国家の常備軍と予備役のすべて

ということになる。ただしこの予備役たちの練度については考慮されていない。これらの数をすべて信じる必要はない。なぜならそれらはただ単に推測されたものであり、ほとんど、もしくは全く訓練を受けていない予備役も含むからだ。*The Statesman's Year-Book* ではイギリスの戦争潜在力が掲載されていないため、私はこれを国内外にある予備役や自警団や志願兵などの数を加えている。

［出典］：すべての数値は以下の文献から。*The Statesman's Year-Book* (London: Macmillan, various years)。ただし一八七五年と一八八〇年のフランスの戦争潜在力と、一八八五年のイタリアの常備軍については著者の推測。特定の年とそれが表示されているページについては以下の通り（年は以下の文献のもの。*The Statesman's Year-Book*）. オーストリア＝ハンガリー：1876, p. 17; 1881, p. 17; 1886, p. 19; 1891, p. 350; 1896, p. 356; イギリス：1876, pp. 226–27; 1881, pp. 224–25; 1886, pp. 242–43; 1891, pp. 55–56; 1896, pp. 55–56; フランス：1876, p. 70; 1881, p. 70; 1886, p. 76; 1891, p. 479; 1895, p. 487; ドイツ：1876, p. 102; 1881, p. 102; 1886, p. 108; 1891, pp. 538– 39; 1896, pp. 547–48; ロシア：1876, p. 371; 1882, p. 380; 1887, p. 430; 1891, pp. 870, 872; 1896, pp. 886, 888; イタリア：1876, p. 311; 1881, p. 311; 1886, p. 337; 1891, p. 693; 1896, p. 702.

▼表６－２

［注］：「富」については表３－３と同じ複合指標を使用。ここで使用されている世界の富の計算は、それぞれ関係する大国の数値を元にしたもの。アメリカは一九世紀を通じて大国ではなかったが、ここでの「小国」には含まれていない。

［出典］：すべてのデータは以下の文献から。J. David Singer and Melvin Small, *National Material Capabilities Data, 1816–1985* (Ann Arbor, MI: Inter-University Consortium for Political and Social Research, February 1993).

1. 「現状維持国家は国際システムの中にはほとんど存在しない」というオフェンシヴ・リアリズムの主張について直接研究しているものはたった一つだけである。エリック・ラブス（Eric Labs）は普墺戦争（一八六六年）のプロイセン、普仏戦争（一八七〇～七一年）、第一次大戦中のイギリス（一九一四～一八年）、そして朝鮮戦争時のアメリカ（一九五〇～五三年）のそれぞれの狙いについて検証している。彼は安全保障についての懸念が、これらの国に対して戦時中に出てきた相対的なパワーの獲得のチャンスを逃さないように行動させている（これはオフェンシヴ・リアリズムの理論の予測通り）のか、もしくは現状維持で満足するのかを見ている。言いかえれば、これは戦争の狙いが戦争中に固定されているものか、それとも拡大するのかということだ。彼はこの四つのケースでオフェンシヴ・リアリズムを「強力に支持する」証拠があったとしている。「これらの国家のリーダーたちは戦争の狙いを拡大しており……国際システムから最大限のものを獲得しようとした」と論じている。その理由として、彼らが相対的なパワーを最大化することが「戦後の世界で……彼らの国益を守る上で最適な方法だ」と考えていたからだという。これについては以下の論文を参照のこと。Eric J. Labs, "Offensive Realism and Why States Expand Their War Aims," *Security Studies* 6, No. 4 (Summer 1997), pp. 1–49. 引用箇所は以下の通り。pp. 21, 46.

2. アメリカは一九世紀末まで「大国」ではなかったが、一九世紀を通じてその行動はオフェンシヴ・リアリズムで完全に説明できるものであった。また、日本は一八九五年まで大国ではなかったが、明治維新（一八六八年）から一八九五年までの行動も同様だと考えている。なぜなら一八九五年以降の行動に直接影響を与えているからだ。紙面上の関係から私は一七九二年から一九九〇年までのすべての大国の行動を検証しておらず、とくにオーストリア＝ハンガリー（一七九二〜一九一八年）、フランス（一七九二〜一九四〇年）、プロイセン（一七九二〜一八六二年）、そしてロシア（一七九二〜一八六二年）を削除している。それでも私は、これらの国々の対外政策を調べてみれば、オフェンシヴ・リアリズムの主な主張とは矛盾しない――というか支持する――ものであると確信している。

3. この言葉は以下の文献から。Richard J.B. Bosworth, *Italy, The Least of the Great Powers: Italian Foreign Policy before the First World War* (Cambridge: Cambridge University Press, 1979).

4. 引用は以下の文献から。Nicholas Spykman, *America's Strategy in World Politics: The United States and the Balance of Power* (New York: Harcourt, Brace, 1942), p. 20.［スパイクマン著『スパイクマン地政学』］

5. 以下の文献からの引用。Marius B. Jansen, "Japanese Imperialism: Late Meiji Perspectives," in Ramon H. Myers and Mark R. Peattie, eds., *The Japanese Colonial Empire, 1895–1945* (Princeton, NJ: Princeton University Press, 1984), p. 64.

6. W. G. Beasley, *The Modern History of Japan*, 2d ed. (London: Weidenfeld and Nicolson, 1973), chaps. 6–8; and Marius B. Jansen, ed., *The Cambridge History of Japan*, vol. 5, *The Nineteenth Century* (Cambridge: Cambridge University Press, 1989), chaps. 5–11.

7. Akira Iriye, "Japan's Drive to Great-Power Status," in Jansen, ed., *Cambridge History*, vol. 5, pp. 721–82.

8. この時期の日本の対外政策についての優れた研究については以下の文献がある。W. G. Beasley, *Japanese Imperialism, 1894–1945* (Oxford: Clarendon, 1987); James B. Crowley, "Japan's Military Foreign Policies," in James W. Morley, ed., *Japan's Foreign Policy, 1868–1941: A Research Guide* (New York: Columbia University Press, 1974), pp. 3–117; Peter Duus, ed., *The Cambridge History of Japan*, vol. 6, *The Twentieth Century* (Cambridge: Cambridge University Press, 1988), chaps. 5–7; and Ian Nish, *Japanese Foreign Policy, 1869–1942: Kasumigaseki to Miyakezaka* (London: Routledge and Kegan Paul, 1977).

9. Nobutaka Ike, "War and Modernization," in Robert E. Ward, ed., *Political Development in Modern Japan* (Princeton, NJ: Princeton University Press, 1968), p. 189.

10. Jack Snyder, *Myths of Empire: Domestic Politics and International Ambition* (Ithaca, NY: Cornell University Press, 1991), p. 114. また、以下も参照のこと。Michael A. Barnhart, *Japan Prepares for Total War: The Search for Economic Security, 1919–1941* (Ithaca, NY: Cornell University Press, 1987), p. 17.
11. Mark R. Peattie, "Introduction," in Myers and Peattie, eds., *Japanese Colonial Empire*, p. 9.
12. E. H. Norman, "Japan's Emergence as a Modern State," in John W. Dower, ed., *Origins of the Modern Japanese State: Selected Writings of E. H. Norman* (New York: Random House, 1975), p. 305. 以下も参照のこと。 Marius B. Jansen, "Japanese Imperialism: Late Meiji Perspectives," in Myers and Peattie, eds., *Japanese Colonial Empire*, p. 62; and Marius B. Jansen, "Modernization and Foreign Policy in Meiji Japan," in Ward, ed., *Political Development*, pp. 149–88.
13. 以下の文献からの引用。 Hiroharu Seki, "The Manchurian Incident, 1931," trans. Marius B. Jansen, in James W. Morley, ed., *Japan Erupts: The London Naval Conference and the Manchurian Incident, 1928–1932* (New York: Columbia University Press, 1984), p. 143.
14. 以下の文献からの引用。 Peattie, "Introduction," in Myers and Peattie, eds., *Japanese Colonial Empire*, p. 15.
15. Hilary Conroy, *The Japanese Seizure of Korea, 1868–1910: A Study of Realism and Idealism in International Relations* (Philadelphia: University of Pennsylvania Press, 1960); and M. Frederick Nelson, *Korea and the Old Orders in Eastern Asia* (New York: Russell and Russell, 1945).
16. Beasley, *Japanese Imperialism*, chaps. 4–5.
17. Beasley, *Japanese Imperialism*, chap. 6.
18. 日露戦争についての優れた文献については以下の通り。 Committee of Imperial Defence, *The Official History of the Russo-Japanese War*, 3 vols. (London: His Majesty's Stationery Office, 1910–20); R. M. Connaughton, *The War of the Rising Sun and Tumbling Bear: A Military History of the Russo-Japanese War, 1904–1905* (London: Routledge, 1988); A. N. Kuropatkin, *The Russian Army and the Japanese War*, trans. A. B. Lindsay, 2 vols. (London: John Murray, 1909); Ian Nish, *The Origins of the Russo-Japanese War* (London: Longman, 1985); J. N. Westwood, *Russia against Japan, 1904–1905: A New Look at the Russo-Japanese War* (Albany: State University of New York Press, 1986); and John A. White, *The Diplomacy of the Russo-Japanese War* (Princeton, NJ: Princeton University Press, 1964).
19. Beasley, *Japanese Imperialism, chap*. 7.
20. Beasley, *Japanese Imperialism*, chap. 8.

21. James W. Morley, *The Japanese Thrust into Siberia, 1918* (New York: Columbia University Press, 1957). また、本書の第四章注128も参照のこと。

22. Emily O. Goldman, *Sunken Treaties: Naval Arms Control between the Wars* (University Park: Pennsylvania State University Press, 1994); and Stephen E. Pelz, *Race to Pearl Harbor: The Failure of the Second London Naval Conference and the Onset of World War II* (Cambridge, MA: Harvard University Press, 1974).

23. Crowley, "Japan's Military Foreign Policies," pp. 39–54.

24. この時期についての優れた研究としては以下のものがある。Barnhart, *Japan Prepares for Total War*; Alvin D. Coox, *Nomonhan: Japan against Russia, 1939*, 2 vols. (Stanford, CA: Stanford University Press, 1985); and James B. Crowley, *Japan's Quest for Autonomy: National Security and Foreign Policy, 1930–1938* (Princeton, NJ: Princeton University Press, 1966).

25. Seki, "The Manchurian Incident"; Sadako N. Ogata, *Defiance in Manchuria: The Making of Japanese Foreign Policy, 1931–1932* (Berkeley: University of California Press, 1964); Mark R. Peattie, *Ishiwara Kanji and Japan's Confrontation with the West* (Princeton, NJ: Princeton University Press, 1975), chaps. 4–5; and Toshihiko Shimada, "The Extension of Hostilities, 1931–1932," trans. Akira Iriye, in Morley, ed., *Japan Erupts*, pp. 233–335.

26. Peter Duus, Raymond H. Myers, and Mark R. Peattie, eds., *The Japanese Formal Empire in China, 1895–1937* (Princeton, NJ: Princeton University Press, 1989); and Shimada Toshihiko, "Designs on North China, 1933–1937," trans. James B. Crowley, in James W. Morley, ed., *The China Quagmire: Japan's Expansion on the Asian Continent, 1933–1941* (New York: Columbia University Press, 1983), pp. 3–230.

27. George H. Blakeslee, "The Japanese Monroe Doctrine," *Foreign Affairs* 11, No. 4 (July 1933), pp. 671–81.

28. Ikuhiko Hata,"The Marco Polo Bridge Incident, 1937," trans. David Lu and Katsumi Usui, "The Politics of War, 1937–1941," trans. David Lu, in Morley, ed., *China Quagmire*, pp. 233–86, 289–435.

29. Alvin D. Coox, *The Anatomy of a Small War: The Soviet-Japanese Struggle for Changkufeng-Khasan, 1938* (Westport, CT: Greenwood, 1977); Coox, *Nomonhan*, vols. 1–2; and Hata, "The Japanese-Soviet Confrontation, 1935–1939," trans. Alvin D. Coox, in James W. Morley, ed., *Deterrent Diplomacy: Japan, Germany, and the USSR, 1935–1940* (New York: Columbia University Press, 1976), pp. 113–78.

30. この時期の日本の拡大については本章の後半で詳細に議論される。

31. リアリスト／ナショナリストとしてのビスマルクについての概観は以下を参照のこと。Bruce Waller, *Bismarck*, 2d

ed. (Oxford: Blackwell, 1997), chaps. 2–4. この問題について詳しくふれているビスマルクの最も優れた伝記の二つは以下のものである。 Lothar Gall, *Bismarck: The White Revolutionary, vol. I, 1851–1871*, trans. J. A. Underwood (Boston: Unwin Hyman, 1986); and Otto Pflanze, *Bismarck and the Development of Germany: The Period of Unification, 1815–1871* (Princeton, NJ: Princeton University Press, 1973).

32. この分野についての主要文献は以下の通り。 Andreas Hillgruber, *Germany and the Two World Wars*, trans. William C. Kirby (Cambridge, MA: Harvard University Press, 1982), chap. 2; and Eberhard Jackel, *Hitler's World View: A Blueprint for Power*, trans. Herbert Arnold (Cambridge, MA: Harvard University Press, 1981), chaps. 2, 5. 以下も参照のこと。 Dale C. Copeland, *The Origins of Major War* (Ithaca, NY: Cornell University Press, 2000), chap. 5; Gordon A. Craig, *Germany, 1866–1945* (Oxford: Oxford University Press, 1980), pp. 673–77; and Sebastian Haffner, *The Meaning of Hitler*, trans. Ewald Osers (Cambridge, MA: Harvard University Press, 1979), pp. 75–95. ヒトラーの対外政策について最も包括的に書かれたものとしては『わが闘争』ではなく以下の文献のほうが詳しい。 *Hitler's Secret Book*, trans. Salvator Attanasio (New York: Bramhall House, 1986).

33. David Calleo, *The German Problem Reconsidered: Germany and the World Order, 1870 to the Present* (Cambridge: Cambridge University Press, 1978), p. 119. 以下も参照のこと。 Ludwig Dehio, *Germany and World Politics in the Twentieth Century*, trans. Dieter Pevsner (New York: Norton, 1959); Fritz Fischer, *From Kaiserreich to Third Reich: Elements of Continuity in German History, 1871–1945*, trans. Roger Fletcher (London: Allen and Unwin, 1986); Klaus Hildebrand, *The Foreign Policy of the Third Reich*, trans. Anthony Fothergill (Berkeley: University of California Press, 1973), pp. 1–11, 135–47; and Woodruff D. Smith, *The Ideological Origins of Nazi Imperialism* (Oxford: Oxford University Press, 1986).

34. 以下を参照のこと。 Henry A. Turner, *Hitler's Thirty Days to Power, January 1933* (Reading, MA: Addison-Wesley, 1996), pp. 173–74.

35. ドイツの野心的な目標についての証拠は、以下の文献で示されている当時のドイツ首相が第一次大戦開始の一カ月後にまとめた、戦争の狙いについてのリストに見ることができる。 Fritz Fischer, *Germany's Aims in the First World War* (New York: Norton, 1967), pp. 103–6. 以下も参照のこと。 Stephen Van Evera, *Causes of War: Power and the Roots of Conflict* (Ithaca, NY: Cornell University Press, 1999), pp. 202–3.

36. 本書の第八章を参照のこと。

37. 一八七〇年から一九〇〇年までのヨーロッパの政治の概観として優れたものとしては以下のものがある。 Luigi Albertini, *The Origins of the War of 1914*, vol. I, *European Relations from the Congress of Berlin to the Eve of the Sarajevo Murder*,

ed. and trans. Isabella M. Massey (Oxford: Oxford University Press, 1952), chaps. 1–2; Imanuel Geiss, *German Foreign Policy, 1871–1914* (London: Routledge and Kegan Paul, 1979), chaps. 3–9; William L. Langer, *European Alliances and Alignments, 1871–1890* (New York: Alfred A. Knopf, 1939); William L. Langer, *The Diplomacy of Imperialism, 1890–1902*, 2d ed. (New York: Knopf, 1956); Norman Rich, *Friedrich Von Holstein: Politics and Diplomacy in the Era of Bismarck and Wilhelm II*, 2 vols. (Cambridge: Cambridge University Press, 1965), pts. 2–5; Glenn H. Snyder, *Alliance Politics* (Ithaca, NY: Cornell University Press, 1997); and A. J. P. Taylor, *The Struggle for Mastery in Europe, 1848–1918* (Oxford: Clarendon, 1954), chaps. 10–17.

38. このフレーズはメディルコットのもの。ただし彼もこれはビスマルクの正確な描写ではないと論じている。これについては以下を参照のこと。W. N. Medlicott, *Bismarck and Modern Germany* (New York: Harper and Row, 1965), p. 180.

39. 以下を参照のこと。George F. Kennan, *The Decline of Bismarck's European Order: Franco- Russian Relations, 1875–1890* (Princeton, NJ: Princeton University Press, 1979), pp. 11–23; and Taylor, *Struggle*, pp. 225–27.

40. Joseph V. Fuller, *Bismarck's Diplomacy at Its Zenith* (Cambridge, MA: Harvard University Press, 1922), chaps. 6–8; William D. Irvine, *The Boulanger Affair Reconsidered: Royalism, Boulangism, and the Origins of the Radical Right in France* (Oxford: Oxford University Press, 1989); and Langer, *European Alliances*, chap. 11.

41. Kennan, *Decline*, p. 338.

42. Richard D. Challener, *The French Theory of the Nation in Arms, 1866–1939* (New York: Russell and Russell, 1965), chaps. 1–2; Allan Mitchell, *Victors and Vanquished: The German Influence on Army and Church in France after 1870* (Chapel Hill: University of North Carolina Press, 1984), chaps. 1–5; Barry R. Posen, "Nationalism, the Mass Army, and Military Power," *International Security* 18, No. 2 (Fall 1993), pp. 109–17; and David Stevenson, *Armaments and the Coming of War: Europe, 1904–1914* (Oxford: Oxford University Press, 1996), pp. 56–58.

43. 第八章を参照のこと。

44. 一九〇〇年から一四年までのヨーロッパ政治を概観した優れた文献は以下の通り。Albertini, *Origins of the War*, vol. I, chaps. 3–10; Geiss, *German Foreign Policy*, chaps. 8–17; David G. Herrmann, *The Arming of Europe and the Making of the First World War* (Princeton, NJ: Princeton University Press, 1996); Rich, *Holstein*, vol. 2, pts. 5–6; Snyder, *Alliance Politics; Stevenson, Armaments and the Coming of War*; and Taylor, *Struggle*, chaps. 17–22.

45. 一九一四年七月の危機の始まりの時点で、ドイツはバルカン半島でオーストリア＝ハンガリーとセルビアが関与した限定的な戦争を起こしたいと考えていた。ところが同時に、オーストリア＝ハンガリーとドイツは、フランスとロシアに対抗する大陸戦争も辞さない考えであった。ところがイギリスまで巻き込む「世界戦争」までは欲していなかった。これについては以下を参照のこと。Jack S. Levy, "Preferences, Constraints, and Choices in July 1914," *International Security* 15, No. 3 (Winter 1990–91), pp. 154–61. 危機が深刻化するにつれて明らかになってきたのは、ヨーロッパが限定的な地域戦争ではなく、大陸戦争か世界戦争に突き進んでいるということであった。初期の段階で危機を煽《あお》った中心的な存在であるドイツは、戦争が近づくにつれてそれを阻止する努力をほとんど行っていない。その証拠に、ドイツはフランスとロシアとの戦争によって、(1)三国協商による包囲を打ち破り、(2)近い将来にドイツより強力になると見込まれていたロシアを打ち倒し、(3)ヨーロッパで覇権を確立することができると考えていたからだ。これらの目標がドイツのトップの中の考え方として支配的であったことについては、たとえば以下を参照のこと。Copeland, *Origins of Major War*, chaps. 3–4; Fritz Fischer, *War of Illusions: German Policies from 1911 to 1914*, trans. Marian Jackson (New York: Norton, 1975), chaps. 22–23; Imanuel Geiss, ed., *July 1914, The Outbreak of the First World War: Selected Documents* (New York: Norton, 1974); Konrad H. Jarausch, "The Illusion of Limited War: Chancellor Bethmann-Hollweg's Calculated Risk, July 1914," *Central European History* 2, No. 1 (March 1969), pp. 48–76; Wayne C. Thompson, *In the Eye of the Storm: Kurt Riezler and the Crises of Modern Germany* (Ames: University of Iowa Press, 1980), chaps. 2–3; そして本章の注35にも文献がある。

46. ヴェルサイユ条約の中でドイツ軍の規模と構成について書かれた箇所については以下の文献を参照。U.S. Department of State, *The Treaty of Versailles and After: Annotations of the Text of the Treaty* (Washington, DC: U.S. Government Printing Office, 1947), pp. 301–65.

47. ポーランドに対してドイツが感じた恐怖については以下を参照のこと。Michael Geyer, "German Strategy in the Age of Machine Warfare, 1914–1945," in Peter Paret, ed., *Makers of Modern Strategy: From Machiavelli to the Nuclear Age* (Princeton, NJ: Princeton University Press, 1986), pp. 561–63［パレット編著『現代戦略思想』］; and Gaines Post, Jr., *The Civil-Military Fabric of Weimar Foreign Policy* (Princeton, NJ: Princeton University Press, 1973), pp. 101–10. 第一次大戦直後のポーランドの例もオフェンシヴ・リアリズムを支持する証拠のように思える。この新しく建国されたばかりの国は、第一次世界大戦の敗北で壊滅的な被害を受けていたドイツとソ連に対して、短期間ではあるが軍事的にかなり優位に立っていた。パワー獲得と安全強化のチャンスを嗅《か》ぎとったポーランドはソ連を破壊し、ポーランド主導のリトアニア、ベロルシア、そしてウクライナを含む強力な同盟をつくろうとしている。これによって彼らは「過去のポーランド王国として強力だった国家を再興しようと夢見ていた」のである。Josef Korbel, *Poland between East and West: Soviet and German Diplomacy toward Poland, 1919–1933* (Princeton, NJ: Princeton University Press, 1963), p. 33. これについては本書の第三章注41の文献も参照のこと。

48. 以下を参照のこと。Edward W. Bennett, *German Rearmament and the West, 1932–1933* (Princeton, NJ: Princeton University Press, 1979); Jon Jacobson, *Locarno Diplomacy: Germany and the West, 1925–1929* (Princeton, NJ: Princeton University Press, 1972); Christopher M. Kimmich, *The Free City: Danzig and German Foreign Policy, 1919–1934* (New Haven, CT: Yale University Press, 1968); Post, *Civil-Military Fabric*; Marshall M. Lee and Wolfgang Michalka, *German Foreign Policy, 1917–1933: Continuity or Break?* (New York: Berg, 1987); and Smith, *Ideological Origins*, chap. 9.

49. 一九二二年四月一六日にワイマール時代のドイツとソ連は、この目的のために秘密のラパロ条約を締結しており、「この多くの面で親密かつ長期的な協力関係」によって、ドイツがヴェルサイユ条約を違反する形で隠密に軍事力を強化できるようになった。Jiri Hochman, *The Soviet Union and the Failure of Collective Security, 1934–1938* (Ithaca, NY: Cornell University Press, 1984), p. 17. 以下も参照のこと。Hans W. Gatzke, "Russo-German Military Collaboration during the Weimar Republic," *American Historical Review* 63, No. 3 (April 1958), pp. 565–97; Aleksandr M. Nekrich, *Pariahs, Partners, Predators: German-Soviet Relations, 1922–1941* (New York: Columbia University Press, 1997), chaps. 1–2; and Kurt Rosenbaum, *Community of Fate: German-Soviet Diplomatic Relations, 1922–1928* (Syracuse, NY: Syracuse University Press, 1965).

50. Henry L. Bretton, *Stresemann and the Revision of Versailles: A Fight for Reason* (Stanford, CA: Stanford University Press, 1953), p. 25. 以下も参照のこと。Manfred J. Enssle, *Stresemann's Territorial Revisionism: Germany, Belgium, and the Eupen-Malmedy Question, 1919–1929* (Wiesbaden, FRG: Franz Steiner, 1980); Hans W. Gatzke, *Stresemann and the Rearmament of Germany* (New York: Norton, 1969); 本章の注49も参照のこと。ワイマール時代の権力政治（Machtpolitik）の影響については以下を参照のこと。Post, *Civil-Miliatry Fabric*, pp. 81–82, 164–67, 311–12.

51. ナチスの侵略についての最も優れた文献としては以下の通り。Hildebrand, *Foreign Policy of the Third Reich; Hillgruber, Germany, chaps. 5–9;* Norman Rich, *Hitler's War Aims: Ideology, the Nazi State, and the Course of German Expansion* (New York: Norton, 1973); Telford Taylor, *Sword and Swastika: Generals and Nazis in the Third Reich* (New York: Simon and Schuster, 1952); Gerhard L. Weinberg, *The Foreign Policy of Hitler's Germany: Diplomatic Revolution in Europe, 1933–36* (Chicago: University of Chicago Press, 1970); and Gerhard L. Weinberg, *The Foreign Policy of Hitler's Germany: Starting World War II, 1937–39* (Chicago: University of Chicago Press, 1980).

52. 一九三〇年代のドイツ軍の発展の経緯については本書の第八章を参照のこと。

53. Richard Pipes, *The Formation of the Soviet Union: Communism and Nationalism, 1917–1923* (Cambridge, MA: Harvard

University Press, 1957), p. 1. 以下も参照のこと。William C. Fuller, Jr., *Strategy and Power in Russia, 1600–1914* (New York: Free Press, 1992); Geoffrey Hosking, *Russia: People and Empire, 1552–1917* (Cambridge, MA: Harvard University Press, 1997), pt. 1; Barbara Jelavich, *A Century of Russian Foreign Policy, 1814–1914* (Philadelphia: J. B. Lippincott, 1964); and John P. LeDonne, *The Russian Empire and the World, 1700–1917: The Geopolitics of Expansion and Containment* (Oxford: Oxford University Press, 1997).

54. Fuller, *Strategy and Power*, p.132. 他にも以下を参照のこと。pp.34, 125–27, 134–39, 174–75; and Hosking, *Russia*, pp. 3–4, 41.

55. この二つの引用は以下の文献から。Stephen M. Walt, *Revolution and War* (Ithaca, NY: Cornell University Press, 1996), p. 129.

56. このフレーズは以下の文献から。Jon Jacobson, *When the Soviet Union Entered World Politics* (Berkeley: University of California Press, 1994), p. 3. これはレーニンの対外政策についての学界での意見の総意について記している

57. Richard K. Debo, *Revolution and Survival: The Foreign Policy of Soviet Russia, 1917–18* (Toronto: University of Toronto Press, 1979), p. 416. 以下も参照のこと。Piero Melograni, *Lenin and the Myth of World Revolution: Ideology and Reasons of State, 1917–1920*, trans. Julie Lerro (Atlantic Highlands, NJ: Humanities Press International, 1979). この文献ではレーニンが世界革命を欲していなかったと論じられている。他国に共産主義や社会主義の政権が生まれればヨーロッパの左翼が強まるが、その代わりにボルシェビキが力を失うと考えたからだ。

58. リアリストとしてのスターリンについては以下を参照のこと。P. M. H. Bell, *The Origins of the Second World War in Europe*, 2d ed. (London: Longman, 1997), pp. 136–37; David Holloway, *Stalin and the Bomb: The Soviet Union and Atomic Energy, 1939–1956* (New Haven, CT: Yale University Press, 1994), pp. 168–69; Henry Kissinger, *Diplomacy* (New York: Simon and Schuster, 1994), chaps. 13–20［ヘンリー・キッシンジャー著『外交』上下巻、日本経済新聞社、一九九六年］; Vojtech Mastny, *Russia's Road to the Cold War: Diplomacy, Warfare, and the Politics of Communism, 1941–1945* (New York: Columbia University Press, 1979), p. 223; Adam B. Ulam, *Expansion and Coexistence: Soviet Foreign Policy, 1917–1973*, 2d ed. (New York: Holt, Rinehart, and Winston, 1974), p. 144; and Vladislav Zubok and Constantine Pleshakov, *Inside the Kremlin's Cold War: From Stalin to Khrushchev* (Cambridge, MA: Harvard University Press, 1996), pp. 18, 38. また、以下も参照のこと。Vladimir O. Pechatnov, "The Big Three after World War II: New Documents on Soviet Thinking about Post War Relations with the United States and Britain," Cold War International History Project [CWIHP] Working Paper No. 13 (Washington, DC: Woodrow Wilson

International Center for Scholars, July 1995). この文献で明らかなのは、少なくともスターリンの三人の対外政策のアドバイザーたちが、世界をレアルポリティークの視点で見ていたということだ。一九三九年八月から一九四一年六月までのナチスとソ連の協力関係については本書の第二章注59を参照のこと。

59. Zubok and Pleshakov, *Inside the Kremlin's Cold War*, p. 139.

60. Barrington Moore, Jr., *SovietPolitics—The Dilemma of Power: The Role of Ideas in Social Change* (Cambridge, MA: Harvard University Press, 1950), p. 408. 以下も参照のこと。ibid., pp. 350–51, 382–83, 390–92; Francesca Gori and Silvio Pons, eds., *The Soviet Union and Europe in the Cold War, 1945–1953* (London: Macmillan, 1996); Walter Lippmann, *The Cold War: A Study in U.S. Foreign Policy* (New York: Harper and Brothers, 1947); Samuel L. Sharp, "National Interest: Key to Soviet Politics," in Erik P. Hoffmann and Frederic J. Fleron, Jr., eds., *The Conduct of Soviet Foreign Policy* (Chicago: Aldine-Atherton, 1971), pp. 108–17; Snyder, *Myths of Empire*, chap. 6; Ulam, *Expansion and Coexistence*; William C. Wohlforth, *The Elusive Balance: Power and Perceptions during the Cold War* (Ithaca, NY: Cornell University Press, 1993); and Zubok and Pleshakov, *Inside the Kremlin's Cold War*.

61. ソ連の対外政策におけるイデオロギーを強調した文献としては以下のものを参照のこと。Jacobson, *When the Soviet Union Entered*; Douglas J. Macdonald, "Communist Bloc Expansion in the Early Cold War: Challenging Realism, Refuting Revisionism," *International Security* 20, No. 3 (Winter 1995–96), pp. 152–88; Teddy J. Uldricks, *Diplomacy and Ideology: The Origins of Soviet Foreign Relations, 1917–1930* (London: Sage, 1979); and Walt, *Revolution and War*, chap. 4.

62. 以下を参照のこと。E. H. Carr, *The Bolshevik Revolution, 1917–1923*, vol. 3 (New York: Macmillan, 1961), chaps. 21–25; Debo, *Revolution and Survival*; Richard K. Debo, *Survival and Consolidation: The Foreign Policy of Soviet Russia, 1918–1921* (Montreal: McGill–Queen's University Press, 1992); Ulam, *Expansion and Coexistence*, chap. 3; and Walt, *Revolution and War*, chap. 4.

63. 以下を参照のこと。John W. Wheeler-Bennett, *Brest-Litovsk: The Forgotten Peace, March 1918* (New York: Norton, 1971).

64. 本書の第四章注128を参照のこと。

65. 以下を参照のこと。Debo, *Survival and Consolidation*, chaps. 13–14; James M. McCann, "Beyond the Bug: Soviet Historiography of the Soviet-Polish War of 1920," *Soviet Studies* 36, No. 4 (October 1984), pp. 475–93; そして本書の第三章注41を参照のこと。このケースが支持しているのはエリック・ラブスの主張である「国家は戦闘の最中に敵国の領土を占領するチャンスがあればいつでも戦争の狙いを拡大する」ということだ。これについては以下を参照のこと。Labs, "Offensive

Realism."

66. 本章の前半でも述べたように、日本はシベリアに一九二二年まで、そしてサハリンには一九二五年まで部隊を駐留させている。

67. 以下を参照のこと。Carr, *Bolshevik Revolution*, vol. 3, chaps. 26–34; R. Craig Nation, *Black Earth, Red Star: A History of Soviet Security Policy, 1917–1991* (Ithaca, NY: Cornell University Press, 1992), chap. 2; Jacobson, *When the Soviet Union Entered*; Teddy J. Uldricks, "Russia and Europe: Diplomacy, Revolution, and Economic Development in the 1920s," *International History Review* 1, No. 1 (January 1979), pp. 55–83; Ulam, *Expansion and Coexistence*, chap. 4; and Walt, *Revolution and War*, pp. 175–201.

68. 本章の注49を参照のこと。

69. 以下の文献からの引用。Robert C. Tucker, *Stalin in Power: The Revolution from Above, 1928–1941* (New York: Norton, 1990), p. 9. スターリンの第二次大戦以前の工業化政策の詳細な議論については以下を参照のこと。ibid., chaps. 3–5; and Alec Nove, *An Economic History of the USSR, 1917–1991*, 3d ed. (New York: Penguin, 1992), chaps. 7–9.

70. Jonathan Haslam, *The Soviet Union and the Threat from the East, 1933–1941: Moscow, Tokyo and the Prelude to the Pacific War* (Pittsburgh, PA: University of Pittsburgh Press, 1992).

71. 第八章を参照のこと。

72. この文献については本書の第五章注28を参照のこと。

73. Nikita Khrushchev, *Khrushchev Remembers*, trans. and ed. Strobe Talbott (Boston: Little, Brown, 1970), p. 134.

74. Mastny, *Russia's Road to the Cold War*; and Ulam, *Expansion and Coexistence*, chap. 7.

75. Russell D. Buhite, *Decisions at Yalta: An Appraisal of Summit Diplomacy* (Wilmington, DE: Scholarly Resources, 1986), chap. 5; Diane S. Clemens, *Yalta* (Oxford: Oxford University Press, 1970), pp. 58–62, 247–55; Herbert Feis, *Churchill, Roosevelt, Stalin: The War They Waged and the Peace They Sought* (Princeton, NJ: Princeton University Press, 1957), pp. 505–18; and Odd Arne Westad, *Cold War and Revolution: Soviet-American Rivalry and the Origins of the Chinese Civil War, 1944–1946* (New York: Columbia University Press, 1993), chap. 1.

76. Bruce Cumings, *The Origins of the Korean War, vol. I, Liberation and the Emergence of Separate Regimes, 1945–1947* (Princeton, NJ: Princeton University Press, 1981); and Kathryn Weathersby, "Soviet Aims in Korea and the Origins of the Korean War, 1945–1950: New Evidence from Russian Archives," CWIHP Working Paper No. 8 (Washington, DC: Woodrow Wilson International Center for Scholars, November 1993).

77. ところが一九四八年にアメリカの政策担当者たちは、二八七万人ではなく、四〇〇万人がソ連軍で働いていると考えていた。これについては以下を参照のこと。Matthew A. Evangelista, "Stalin's Postwar Army Reappraised," *International Security* 7, No. 3 (Winter 1982–83), pp. 110–38; さらに以下の論文も参照。Phillip A. Karber and Jerald A. Combs, John S. Duffield, and Matthew Evangelista in "Assessing the Soviet Threat to Europe: A Roundtable," *Diplomatic History* 22, No. 3 (Summer 1998), pp. 399–449. これらのアメリカの誇張した推測にもかかわらず、一九四〇年代後半の西側の政策担当者たちはソ連赤軍が西側諸国を攻撃できるはずがないと考えていた。ソ連による「電撃戦」に対する恐怖は、北朝鮮が韓国を一九五〇年六月に侵攻してから深刻なものとなった。これについては以下を参照のこと。Ulam, *Expansion and Coexistence*, pp. 404, 438, 498.

78. ダグラス・マクドナルド（Douglas Macdonald）によれば、「フルシチョフとモロトフの両者の聞き取りによる回顧録やその他の新しい歴史的証拠の数々が示しているのは、スターリンのアメリカのパワーに対する恐怖はソ連の拡大主義にとって最も重要な制約となっていた」という。Macdonald, "Communist Bloc Expansion," p. 161.

79. 以下を参照のこと。Werner Hahn, *Postwar Soviet Politics: The Fall of Zhdanov and the Defeat of Moderation, 1946–1953* (Ithaca, NY: Cornell University Press, 1982); Holloway, *Stalin and the Bomb*, chap. 8; Vojtech Mastny, *The Cold War and Soviet Insecurity: The Stalin Years* (Oxford: Oxford University Press, 1996); Pechatnov, "The Big Three"; Ulam, *Expansion and Coexistence*, chaps. 8–13; and Zubok and Pleshakov, *Inside the Kremlin's Cold War*, chaps. 1–3 and "Postmortem." モロトフとスターリンの言葉の引用については以下の文献を参照のこと。Marc Trachtenberg, *A Constructed Peace: The Making of the European Settlement, 1945–1963* (Princeton, NJ: Princeton University Press, 1999), pp. 19, 36.

80. Louise L. Fawcett, *Iran and the Cold War: The Azerbaijan Crisis of 1946* (Cambridge: Cambridge University Press, 1992); Bruce Kuniholm, *The Origins of the Cold War in the Near East: Great Power Conflict and Diplomacy in Iran, Turkey, and Greece* (Princeton, NJ: Princeton University Press, 1980), chaps. 3–6; and Natalia I. Yegorova, "The 'Iran Crisis' of 1945–1946: A View from the Russian Archives," CWHIP Working Paper No. 15 (Washington, DC: Woodrow Wilson International Center for Scholars, May 1996).

81. Kuniholm, *The Origins of the Cold War*, chaps. 1, 4–6; Melvyn P. Leffler, "Strategy, Diplomacy, and the Cold War: The United States, Turkey, and NATO, 1945–1952," *Journal of American History* 71, No. 4 (March 1985), pp. 807–25; and Eduard Mark, "The War Scare of 1946 and Its Consequences," *Diplomatic History* 21, No. 3 (Summer 1997), pp. 383–415.

82. また、ソ連は一九五五年に西側諸国とオーストリアにあるソ連とＮＡＴＯの軍隊を互いに撤退させ、東西紛争の中立国にすることに同意している。そしてソ連側にも戦略的にこの合意を取り付けるだけの合理性が存在した。これについては以下の文献で明示されている。Audrey K. Cronin, *Great Power Politics and the Struggle over Austria, 1945–1955* (Ithaca, NY: Cornell University Press, 1986).

83. アジアにおけるソ連の政策についての優れた文献については以下の通り。Sergei N. Goncharov, John W. Lewis, and Xue Litai, *Uncertain Partners: Stalin, Mao, and the Korean War* (Stanford, CA: Stanford University Press, 1993); Westad, *Cold War and Revolution*; and Michael M. Sheng, *Battling Western Imperialism: Mao, Stalin, and the United States* (Princeton, NJ: Princeton University Press, 1997).

84. Goncharov, Lewis, and Litai, *Uncertain Partners*, chap. 5; Mastny, *The Cold War*, pp. 85–97; Weathersby, "Soviet Aims in Korea"; and Kathryn Weathersby, "To Attack or Not to Attack: Stalin, Kim Il Sung, and the Prelude to War," *CWIHP Bulletin* 5 (Spring 1995), pp. 1–9.

85. 以下の文献の中に散見される。Galia Golan, *The Soviet Union and National Liberation Movements in the Third World* (Boston: Unwin Hyman, 1988); Andrzej Korbonski and Francis Fukuyama, eds., *The Soviet Union and the Third World: The Last Three Decades* (Ithaca, NY: Cornell University Press, 1987); Bruce D. Porter, *The USSR in Third World Conflicts: Soviet Arms and Diplomacy in Local Wars, 1945–1980* (Cambridge: Cambridge University Press, 1984); and Carol R. Saivetz, ed., *The Soviet Union in the Third World* (Boulder, CO: Westview, 1989).

86. 以下を参照のこと。Jeffrey T. Checkel, *Ideas and International Political Change: Soviet/Russian Behavior and the End of the Cold War* (New Haven, CT: Yale University Press, 1997); Matthew Evangelista, *Unarmed Forces: The Transnational Movement to End the Cold War* (Ithaca, NY: Cornell University Press, 1999); Robert G. Herman, "Identity, Norms and National Security: The Soviet Foreign Policy Revolution and the End of the Cold War," in Peter J. Katzenstein, ed., *The Culture of National Security: Norms and Identity in World Politics* (New York: Columbia University Press, 1996), pp. 271–316; and Richard Ned Lebow and Thomas W. Risse-Kappen, eds., *International Relations Theory and the End of the Cold War* (New York: Columbia University Press, 1995).

87. Stephen G. Brooks and William C. Wohlforth, "Power, Globalization, and the End of the Cold War: Reevaluating a Landmark Case for Ideas," *International Security* 25, No. 3 (Winter 2000–2001), pp. 5–53; William C. Wohlforth, "Realism and the End of the Cold War," *International Security* 19, No. 3 (Winter 1994–95), pp. 91–129; and Randall L. Schweller and William C. Wohlforth, "Power Test: Evaluating Realism in Response to the End of the Cold War," *Security Studies* 9, No. 3 (Spring 2000), pp. 60–107. これについては本書の第三章と第一〇章も参照のこと。また、ソ連の元政策担当者たちのコメントについては以下の文献を

参照。William C. Wohlforth, ed., *Witnesses to the End of the Cold War* (Baltimore, MD: Johns Hopkins University Press, 1996), pt. 1.

88. Ronald G. Suny, *The Revenge of the Past: Nationalism, Revolution, and the Collapse of the Soviet Union* (Stanford, CA: Stanford University Press, 1993).

89. もし経済的に健全な状態のソ連が、リーダーたちが「安全保障競争は国際政治の重要な側面ではない」と考えて東欧を手放したとしたら、オフェンシヴ・リアリズムは否定されることになる。

90. イタリアの対外政策に関する最も優れた文献は以下の通り。H. James Burgwyn, *Italian Foreign Policy in the Interwar Period, 1918–1940* (Westport, CT: Praeger, 1997); Bosworth, *Italy, the Least of the Great Powers*; Alan Cassels, *Mussolini's Early Diplomacy* (Princeton, NJ: Princeton University Press, 1970); MacGregor Knox, *Mussolini Unleashed, 1939–1941: Politics and Strategy in Fascist Italy's Last War* (Cambridge: Cambridge University Press, 1982); C. J. Lowe and F. Marzari, *Italian Foreign Policy, 1870–1940* (London: Routledge and Kegan Paul, 1987); Christopher Seton-Watson, *Italy from Liberalism to Fascism, 1870–1925* (London: Methuen, 1967); Denis Mack Smith, *Modern Italy: A Political History* (Ann Arbor: University of Michigan Press, 1997); Denis Mack Smith, *Mussolini's Roman Empire* (New York: Viking, 1976); and Brian R. Sullivan, "The Strategy of the Decisive Weight: Italy, 1882–1922," in Williamson Murray, MacGregor Knox, and Alvin Bernstein, eds., *The Making of Strategy: Rulers, States, and War* (Cambridge: Cambridge University Press, 1995), pp. 307–51.［ウィリアムソン・マーレほか編著『戦略の形成』上下巻、中央公論新社、二〇〇七年］

91. Bosworth, *Italy, the Least of the Great Powers*, p. viii. 以下も参照のこと。Ottavio Barie, "Italian Imperialism: The First Stage," *Journal of Italian History* 2, No. 3 (Winter 1979), pp. 531–65; and Federico Chabod, *Italian Foreign Policy: The Statecraft of the Founders*, trans. William McCuaig (Princeton, NJ: Princeton University Press, 1996).

92. Maxwell H. H. Macartney and Paul Cremona, *Italy's Foreign and Colonial Policy, 1914–1937* (Oxford: Oxford University Press, 1938), p. 12.

93. Seton-Watson, *Italy*, p. 29.

94. John Gooch, Army, *State, and Society in Italy, 1870–1915* (New York: St. Martin's, 1989); "Italian Military Efficiency: A Debate," *Journal of Strategic Studies* 5, No. 2 (June 1982), pp. 248–77; MacGregor Knox, *Hitler's Italian Allies: Royal Armed Forces, Fascist Regime, and the War of 1940–1943* (Cambridge: Cambridge University Press, 2000); Smith, *Mussolini's Roman Empire*, chap. 13; and Brian R. Sullivan, "The Italian Armed Forces, 1918– 40," in Allan R. Millett and Williamson Murray, eds., *Military Effectiveness*, vol. 2, *The Interwar Period* (Boston: Allen and Unwin, 1988), pp. 169–217.

95. 以下の文献からの引用。Gooch, *Army, State, and Society*, p. xi.

96. Sullivan, "Strategy of Decisive Weight."

97. 以下を参照のこと。William A. Renzi, *In the Shadow of the Sword: Italy's Neutrality and Entrance into the Great War, 1914–1915* (New York: Peter Lang, 1987); and Seton-Watson, *Italy*, chap. 11.

98. Smith, *Modern Italy*, p. 89.

99. Seton-Watson, *Italy*, p. 430.

100. ロンドン条約の実際の文面については以下の文献にある。René Albrecht-Carrié, *Italy at the Paris Peace Conference* (New York: Columbia University Press, 1938), pp. 334–39. パリ講和会議に提出された一九一九年二月七日付けの「イタリアの主張についての覚書」(Italian Memorandum of Claims) も重要である。これも同書に掲載されている。ibid., pp. 370–87.

101. Taylor, *Struggle*, p. 544.

102. Sullivan, "Strategy of Decisive Weight," p. 343.

103. 以下を参照のこと。Albrecht-Carrié, *Italy at the Paris Peace Conference*; and H. James Burgwyn, *The Legend of the Mutilated Victory: Italy, the Great War, and the Paris Peace Conference, 1915–1919* (Westport, CT: Greenwood, 1993).

104. Smith, *Mussolini's Roman Empire*, p. 60. 以下も参照のこと。p. 16.

105. John F. Coverdale, *Italian Intervention in the Spanish Civil War* (Princeton, NJ: Princeton University Press, 1975), pp. 41, 53, 74–78, 127–50, 198–200, 388–89.

106. Knox, *Mussolini Unleashed*, p. 2.

107. 以下を参照のこと。Mario Cervi, *The Hollow Legions: Mussolini's Blunder in Greece, 1940–1941*, trans. Eric Mosbacher (Garden City, NY: Doubleday, 1971); and I.S.O. Playfair, *The Mediterranean and Middle East, vol. I, The Early Successes against Italy* (London: Her Majesty's Stationery Office, 1954).

108. Snyder, *Myths of Empire*, p. 21. 以下も参照のこと。ibid., pp. 1–3, 61–62; and Van Evera, *Causes of War*.

109. Snyder, *Myths of Empire*, p. 308.

110. たとえばスナイダーはこの著書（Snyder, *Myths of Empire*）の中で、大国の攻撃的な行動は利己的な国内の利益団体の「談合政治」（logrolling）によって主に説明できるかもしれないとしている。ヴァン・エヴェラは軍国主義による間違ったアドバイスにその原因があるとしている。これについては以下を参照のこと。Stephen Van Evera, *Causes of War: Misperception and the Roots of Conflict* (Ithaca, NY: Cornell University Press, forthcoming).

111. 以下を参照のこと。Snyder, *Myths of Empire*; Van Evera, *Causes of War*; and Kenneth N. Waltz, *Theory of International Politics* (Reading, MA: Addison-Wesley, 1979).［ウォルツ著『国際政治の理論』］このような議論の論拠については以下を参照のこと。Charles A. Kupchan, *The Vulnerability of Empire* (Ithaca, NY: Cornell University Press, 1994). この見方に対するまとめと批判について優れたものとしては以下を参照のこと。Fareed Zakaria, "Realism and Domestic Politics: A Review Essay," *International Security* 17, No. 1 (Summer 1992), pp. 177–98. 本書の第二章注20も参照のこと。

112. Snyder, *Myths of Empire*, p. 8.

113. 第八章でも論じられるが、ナポレオンを打ち負かしたバランシング同盟は一八一三年に結成されており、これはフランス軍が一八一二年のロシア侵攻の後に崩壊した後の話だ。ヒトラーを打倒したバランシング同盟は一九四一年一二月になってからようやく結成されたのであり、これはソ連赤軍がドイツの電撃戦をモスクワの郊外で停止させた時期とほぼ同時だ。この時点でかなりの数のドイツ国防軍の指揮官たちは「ソ連との戦争で負けが確定した」と考えていた。

114. J. A. Nichols, *Germany after Bismarck: The Caprivi Era, 1890–1894* (Cambridge, MA: Harvard University Press, 1958); Sidney B. Fay, *The Origins of the World War*, 2d ed. (New York: Macmillan, 1943), pp. 122–24; Geiss, *German Foreign Policy*, chap. 7; and Rich, *Holstein*, vols. 1–2, chaps. 23–35.

115. チャールズ・カプチャン（Charles Kupchan）はヴィルヘルム皇帝率いるドイツが自ら包囲網をつくる原因となったと非難している人物であるが、それでもドイツが一八九七年まで侵略的な行動をしていないと論じている。Kupchan, *Vulnerability of Empire*, p. 360. ところがこの議論には問題がある。一八九七年までのドイツは、フランスとロシアにしっかりと包囲されていたからだ。したがって、カプチャン自身の年表に従えば、三国協商の最初で最も重要な柱は、ドイツの攻撃的な行動からは説明できなくなってしまう。これと同じ問題は以下の文献にもある。Snyder, *Myths of Empire*, pp. 68, 72.

116. Medlicott, *Bismarck*, p. 172. 以下も参照のこと。ibid., pp. 164–66, 171–73; Fuller, *Bismarck's Diplomacy*, passim; Geiss, *German Foreign Policy*, chaps. 6–7; Kennan, *Decline*, chaps. 18–22; and Taylor, *Struggle*, pp. 317–19.

117. Geiss, *German Foreign Policy*, p. 52. ウォーラーは以下の文献でも同じ議論を行っている。*Bismarck*, p. 118.

118. これは以下の文献の主要テーマである。Paul M. Kennedy, *The Rise of the Anglo-German Antagonism, 1860–1940* (London: Allen and Unwin, 1980), esp. chaps. 16, 20. 以下も参照のこと。Calleo, *German Problem Reconsidered*; そして本書の第八章も参照。

119. この点については以下の文献の指摘が鋭い。Hillgruber, *Germany*, p. 13. モロッコ危機が実際に起こらなかったとしても、ロシアの敗北によって三国協商は結成されていたはずだ。ところがこの危機そのものでは、イギリスがフランスとロシアの同盟の結成に踏み切るには不十分であったはずだ。

120. Herrmann, *Arming of Europe*, chap. 2.

121. イギリスは「味方となる同盟国を支持するために明確でタイムリーなコミットメントを表明するのに失敗」しただけでなく、一九一一年から一四年までの英独関係は大きく改善していたのだ。これについては以下を参照のこと。Levy, "Preferences," p. 168; Sean M. Lynn-Jones, "Detente and Deterrence: Anglo-German Relations, 1911–1914," *International Security* 11, No. 2 (Fall 1986), pp. 121–50; Scott D. Sagan, "1914 Revisited: Allies, Offense, and Instability," *International Security* 11, No. 2 (Fall 1986), pp. 169–71; さらに本書の第八章注79を参照のこと。さらには英露関係は一九一一年以降に微妙になっており、三国協商の働きについても疑われていた。以下を参照のこと。Keith Neilson, *Britain and the Last Tsar: British Policy and Russia, 1894–1917* (Oxford: Clarendon, 1995), chaps. 10–11.

122. たとえばシリル・フォールス（Cyril Falls）は「ドイツは莫大な計画をほぼ提出するところまで行っていたにもかかわらず、それを敵の殲滅《せんめつ》を狙ったものに置き換えてしまった」と述べている。Falls, *The Great War* (New York: Capricorn, 1959), p. 70. 以下も参照のこと。Trevor N. Dupuy, *A Genius for War: The German Army and General Staff, 1807–1945* (Englewood Cliffs, NJ: Prentice-Hall, 1977), pp. 145–47; Herbert Rosinski, *The German Army* (New York: Praeger, 1966), pp. 134–37; and Sagan, "1914," pp. 159–61.

123. Sagan, "1914," pp. 159–60.

124. 以下を参照のこと。Michael C. Desch, *When the Third World Matters: Latin America and United States Grand Strategy* (Baltimore, MD: Johns Hopkins University Press, 1993), pp. 39–44; and Taylor, *Struggle*, pp. xx, 566–67. 本書第七章の注60の議論も参照のこと。

125. Taylor, *Mastery*, p. 427. 一九〇五年のバランス・オブ・パワーについては以下を参照のこと。Herrmann, *Arming of Europe*, pp. 40–47.

126. 一九〇五年の時点でドイツの将軍たちの間では予防戦争を仕掛けようとする考えもあったようだが、アルフレート・フォン・シュリーフェン元帥（参謀本部長）はその一人ではなかったようだ。何はともあれ、皇帝はそのアイディアを退けている。これについては以下を参照のこと。Geiss, "Origins of the First World War," in Geiss, ed., *July 1914*, pp. 39–40; Martin Kitchen, *A Military History of Germany: From the Eighteenth Century to the Present Day* (Bloomington: Indiana University Press, 1975), pp. 174–75; and Gerhard Ritter, *The Schlieffen Plan: Critique of a Myth*, trans. Andrew and Eva Wilson (London:

Oswald Wolff, 1958), pp. 103–28.

127. ヒトラーは一九四五年の二月中旬に以下のように強調している。「私が常に憂慮《ゆうりょ》しているのは、われわれが二正面戦争を戦わないようにするということだ。」以下の文献を参照のこと。Francois Genoud, ed., *The Last Testament of Adolf Hitler: The Hitler-Bormann Documents, February–April 1945*, trans. R. H. Stevens (London: Cassell, 1961), p. 63. 彼の見方は第一次大戦後のドイツではとりたてて珍しいものではなかった。以下を参照のこと。Post, *Civil-Military Fabric*, p. 151.

128. ヒトラーは一九四一年三月三〇日に部下の将軍たちに対して「われわれの背後が安全になったためにロシアを攻撃できる可能性が出てきた。このようなチャンスは当分の間は訪れることがないだろう」と述べている。これについては以下の文献からの引用。Joachim C. Fest, *Hitler*, trans. Richard and Clara Winston (New York: Harcourt Brace Jovanovich, 1974), p. 646.

129. Rich, *Hitler's War Aims*, p. xii. 以下も参照のこと。Craig, *Germany*, chap. 19, esp. pp. 677–78; Wolfram Wette, "Ideology, Propaganda, and Internal Politics as Preconditions of the War Policy of the Third Reich," in Wilhelm Deist et al., eds., *Germany and the Second World War*, vol. 1, *The Build-up of German Aggression*, trans. P. S. Falla et al. (Oxford: Clarendon, 1990), pp. 83–124.

130. Matthew Cooper and James Lucas, *Panzer: The Armoured Force of the Third Reich* (New York: St. Martin's, 1976), pp. 7–24; Kenneth Macksey, *Guderian: Creator of the Blitzkrieg* (New York: Stein and Day, 1976), chap. 5; Ernest R. May, *Strange Victory: Hitler's Conquest of France* (New York: Hill and Wang, 2000), pt. 3; John J. Mearsheimer, *Conventional Deterrence* (Ithaca, NY: Cornell University Press, 1983), chap. 4; and Barry R. Posen, *Sources of Military Doctrine: France, Britain, and Germany between the World Wars* (Ithaca, NY: Cornell University Press, 1984), chaps. 3, 6.

131. Haffner, *Meaning of Hitler*, p. 49.

132. このフレーズはヨアヒム・フェスト（Joachim Fest）のもの。彼は一九四〇年ではなく一九三八年を使って同じことを強調している。Fest, *Hitler*, p. 9.

133. Robert Cecil, *Hitler's Decision to Invade Russia* (New York: David McKay, 1975), chap. 8; Matthew Cooper, *The German Army, 1933–1945: Its Political and Military Failure* (New York: Stein and Day, 1978), chaps. 17–18; Geyer, "German Strategy," pp. 587–90; and Barry K. Leach, *German Strategy against Russia, 1939–1941* (Oxford: Clarendon, 1973).

134. Feis, *Churchill, Roosevelt, Stalin*, pp. 9–10; Waldo Heinrichs, *Threshold of War: Franklin D. Roosevelt and American Entry into World War II* (Oxford: Oxford University Press, 1988), pp. 95, 102–3; Warren F. Kimball, *The Juggler: Franklin Roosevelt as Wartime Statesman* (Princeton, NJ: Princeton University Press, 1991), p. 15, 21–41; and William L. Langer and S. Everett Gleason,

The Undeclared War, 1940–1941 (New York: Harper, 1953), chap. 17.

135. 第八章を参照のこと。

136. この段落のすべての引用は以下の文献から。Haffner, *Meaning of Hitler*, pp.104–5.

137. これは以下の文献の主要テーマである。Akira Iriye, *The Origins of the Second World War in Asia and the Pacific* (London: Longman, 1987).

138. Dorothy Borg, *The United States and the Far Eastern Crisis of 1933–1938* (Cambridge, MA: Harvard University Press, 1964); Warren I. Cohen, *America's Response to China: An Interpretative History of Sino-American Relations*, 2d ed. (New York: John Wiley, 1980), chap. 5; Warren I. Cohen, *The Chinese Connection: Roger S. Greene, Thomas W. Lamont, George E. Sokolsky, and American–East Asian Relations* (New York: Columbia University Press, 1978); and Michael Schaller, *The United States and China in the Twentieth Century*, 2d ed. (Oxford: Oxford University Press, 1990), chap. 3.

139. Paul W. Schroeder, *The Axis Alliance and Japanese-American Relations, 1941* (Ithaca, NY: Cornell University Press, 1958), pp. 2, 15. 以下も参照のこと。Herbert Feis, *The Road to Pearl Harbor: The Coming of the War between the United States and Japan* (Princeton, NJ: Princeton University Press, 1950), esp. chaps. 5–6. 日本の軍部は一九四〇年までアメリカと戦うことはほとんど考えていなかった。これについては以下を参照のこと。Michael A. Barnhart, "Japanese Intelligence before the Second World War: 'Best Case' Analysis," in Ernest R. May, ed., *Knowing One's Enemies: Intelligence Assessment before the Two World Wars* (Princeton, NJ: Princeton University Press, 1984), pp. 424–55; and Peattie, *Ishiwara Kanji*.

140. 中国に流れ込んでいた国外からの支援の四八%はインドシナ半島と中国との国境を通じてもたらされたものであった。中国とビルマの国境（有名なビルマ公路）を通じたものは三一%である。James W. Morley, ed., *The Final Confrontation: Japan's Negotiations with the United States, 1941*, trans. David A. Titus (New York: Columbia University Press, 1994), pp. xx, 373.

141. Schroeder, *Axis Alliance*, p. 46. 以下も参照のこと。Iriye, *Origins of the Second World War*, p. 140.

142. この点についての重要な著作は以下の通り。Heinrichs, *Threshold of War*. 以下も参照のこと。Michael A. Barnhart, "Historiography, the Origins of the Second World War in Asia and the Pacific: Synthesis Impossible?" *Diplomatic History* 20, No. 2 (Spring 1996), pp. 241–60; Feis, *Road to Pearl Harbor*; Morley, ed., *Final Confrontation;* and Schroeder, *Axis Alliance.*

143. ソ連の日本に対するバランシングについては以下を参照のこと。Coox, *Nomonhan*, vols. 1–2; and Hata, "The Japanese-Soviet Confrontation."

144. 日独伊三国同盟については以下を参照のこと。Chihiro Hosoya, "The Tripartite Pact, 1939–1940," trans. James W. Morley, in Morley, ed., *Deterrent Diplomacy*, pp. 179–257. 日本の考えについてアメリカ側が持っていた知識については以下を参照のこと。Heinrichs, *Threshold of War*, chaps. 5–7.

145. アメリカは日本に対して中国とインドシナ半島から撤退せよと明確に要求していたが、満州については不明瞭であった。それでも日本にとってはアメリカが満州からの撤退を迫ってくると考えていた十分な理由はある。これについては以下を参照のこと。Feis, *Road to Pearl Harbor*, p. 276; Morley, ed., *Final Confrontation*, pp. xxviii–xxx, 318, 321–22; and Schroeder, *Axis Alliance*, pp. 35–36.

146. Barnhart, *Japan Prepares for Total War*, pp. 144–46.

147. Iriye, *Origins of the Second World War*, pp. 148–50.

148. Kupchan, *Vulnerability of Empire*, pp. 339–50.

149. Langer and Gleason, *Undeclared War*, pp. 857, 867.

150. この点についてのより詳細な議論については以下を参照のこと。Schroeder, *Axis Alliance*. そしてこれは以下のものと一緒に読まれるべきであろう。Heinrichs, *Threshold of War*, chaps. 4–7. ヘインリッヒは一九四一年六月から一二月にかけてのドイツの東部戦線における戦場での成功がアメリカの日本との交渉に対する立場を硬化させたと述べている。

151. ヘインリッヒが述べているように、自分の政策が最終的に日本との戦争につながることをルーズベルト自身が理解していなかったとは考えにくい。Heinrichs, *Threshold of War*, p. 159.

152. Mark S. Watson, *Chief of Staff: Prewar Plans and Operations* (Washington, DC: Department of the Army, 1950), chaps. 4–9; and Stephen D. Westbrook, "The Railey Report and Army Morale, 1941: Anatomy of a Crisis," *Military Review* 60, No. 6 (June 1980), pp. 11–24.

153. Langer and Gleason, *Undeclared War*, pp. 570–74.

154. Scott D. Sagan, "The Origins of the Pacific War," in Robert I. Rotberg and Theodore K. Rabb, eds., *The Origin and Prevention of Major Wars* (Cambridge: Cambridge University Press, 1989), p. 324. これと同じテーマは以下の文献でも強調されている。Michael E. Brown, *Deterrence Failures and Deterrence Strategies*, RAND Paper 5842 (Santa Monica, CA: RAND Corporation, March 1977), pp. 3–7; Robert J. C. Butow, *Tojo and the Coming of the War* (Princeton, NJ: Princeton University Press, 1961), chap. 11; Kupchan, *Vulnerability of Empire*, p. 344; Bruce M. Russett, "Pearl Harbor: Deterrence Theory and Decision Theory," *Journal of Peace Research* 4, No. 2 (1967), pp. 89– 105; and Schroeder, *Axis Alliance*, pp. 200–201. また、有益なものとしては以下の文献

がある。Nobutaka Ike, ed. and trans., *Japan's Decision for War: Records of the 1941 Policy Conferences* (Stanford, CA: Stanford University Press, 1967).

155. 一九四五年から五〇年までのアメリカの核戦略についての最も優れた文献としては以下の様なものがある。Harry R. Borowski, *A Hollow Threat: Strategic Air Power and Containment before Korea* (Westport, CT: Greenwood, 1982); David Alan Rosenberg, "The Origins of Overkill: Nuclear Weapons and American Strategy, 1945–1960," *International Security* 7, No. 4 (Spring 1983), pp. 11–22; David Alan Rosenberg, "American Atomic Strategy and the Hydrogen Bomb Decision," *Journal of American History* 66, No. 1 (June 1979), pp. 62–87; Steven T. Ross, *American War Plans, 1945–1950* (New York: Garland, 1988); and Samuel R. Williamson and Steven L. Rearden, *The Origins of U.S. Nuclear Strategy, 1945–1953* (New York: St. Martin's, 1993).

156. Henry S. Rowen, "Formulating Strategic Doctrine," in Report of the Commission on the Organization of the Government for the Conduct of Foreign Policy, Appendix K, *Adequacy of Current Organization: Defense and Arms Control* (Washington, DC: U.S. Government Printing Office, June 1975), p. 222.

157. 大量報復に関する最も優れた文献としては以下のものがある。Rosenberg, "Origins of Overkill," pp. 3–69; Scott D. Sagan, "SIOP-62: The Nuclear War Plan Briefing to President Kennedy," *International Security* 12, No. 1 (Summer 1987), pp. 22–51; and Samuel F. Wells, Jr., "The Origins of Massive Retaliation," *Political Science Quarterly* 96, No. 1 (Summer 1981), pp. 31–52.

158. 以下の文献からの引用。Fred Kaplan, *The Wizards of Armageddon* (NewYork: Simon and Schuster, 1983), p. 134.

159. 以下を参照のこと。Trachtenberg, *Constructed Peace*, pp. 100–101, 123, 156–58, 179–83, 293–97, 351. トラクテンバーグはアメリカが一九五三年から六三年まで核優越状態を持っていたと考えている。

160. 以下を参照のこと。Richard K. Betts, *Nuclear Blackmail and Nuclear Balance* (Washington, DC: Brookings Institution Press, 1987), pp. 144–79; and Scott D. Sagan, *Moving Targets: Nuclear Strategy and National Security* (Princeton, NJ: Princeton University Press, 1989), pp. 24–26. 一九四九年から五五年までの間にアメリカはソ連の開発初期段階にあった核能力に対して先制攻撃を行うためのアイディアを考えていたが、常にその作戦が実行不可能であるとして思いとどまっている。これについては以下を参照のこと。Tami Davis Biddle, "Handling the Soviet Threat:'Project Control' and the Debate on American Strategy in the Early Cold War Years," *Journal of Strategic Studies* 12, No. 3 (September 1989), pp. 273–302; Russell D. Buhite and William C. Hamel, "War for Peace: The Question of an American Preventive War against the Soviet Union, 1945–1955," *Diplomatic History* 14, No. 3 (Summer 1990), pp. 367–84; Copeland, *Origins of Major War*, pp. 170–75; and Marc Trachtenberg, "A 'Wasting Asset': American Strategy and the Shifting Nuclear Balance, 1949–1954," *International Security* 13, No. 3 (Winter 1988–89), pp. 5–49.

161. 以下を参照のこと。Kaplan, *Wizards*, chaps.12–18. 以下も参照のこと。Lynn Etheridge Davis, *Limited Nuclear Options: Deterrence and the New American Doctrine*, Adelphi Paper No. 121 (London: International Institute for Strategic Studies, Winter 1975–76); Alfred Goldberg, *A Brief Survey of the Evolution of Ideas about Counterforce*, RM-5431-PR (Santa Monica, CA: RAND Corporation, October 1967, rev. March 1981); Klaus Knorr and Thornton Read, eds., *Limited Strategic War* (New York: Praeger, 1962); and Marc Trachtenberg, *History and Strategy* (Princeton, NJ: Princeton University Press, 1991), chap. 1.

162. 確証破壊の基準については以下を参照のこと。Alain C. Enthoven and K. Wayne Smith, *How Much Is Enough? Shaping the Defense Program, 1961–1969* (New York: Harper and Row, 1971), pp. 174–75, 207–10; Milton Leitenberg, "Presidential Directive (PD) 59: United States Nuclear Weapons Targeting Policy," *Journal of Peace Research* 18, No. 4 (1981), pp. 312–14; and Stephen Van Evera, "Analysis or Propaganda? Measuring American Strategic Nuclear Capability, 1969–1988," in Lynn Eden and Steven E. Miller, eds., *Nuclear Arguments: Understanding the Strategic Nuclear Arms and Arms Control Debates* (Ithaca, NY: Cornell University Press, 1989), pp. 209–21.

163. ＳＩＯＰとは Single Integrated Operational Plan. の略。この段落にある潜在的な標的の数については以下の文献から。Desmond Ball, "The Development of the SIOP, 1960–1983," in Desmond Ball and Jeffrey Richelson, eds., *Strategic Nuclear Targeting* (Ithaca, NY: Cornell University Press, 1986), p. 80.

164. アメリカの核弾頭の数については以下の文献から。Robert S. Norris and William M. Arkin, "Nuclear Notebook: Estimated U.S. and Soviet/Russian Nuclear Stockpiles, 1945–94," *Bulletin of the Atomic Scientists* 50, No. 6 (November–December 1994), p. 59.

165. Frances Fitz Gerald, *Way Out There in the Blue: Reagan, StarWars, and theEnd of the Cold War* (New York: Simon and Schuster, 2000); and David Goldfischer, *The Best Defense: Policy Alternatives for U.S. Nuclear Security from the 1950s to the 1990s* (Ithaca, NY: Cornell University Press, 1993).

166. 一九六一年から九〇年までのアメリカの核政策についての最も優れた文献については以下のものがある。Desmond Ball, *Politics and Force Levels: The Strategic Missile Program of the Kennedy Administration* (Berkeley: University of California Press, 1980); Ball, "Development of the SIOP"; Desmond Ball, "U.S. Strategic Forces: HowWould They Be Used?" *International Security* 7, No. 3 (Winter 1982–83), pp. 31–60; Desmond Ball and Robert Toth, "Revising the SIOP: Taking War-Fighting to Dangerous Extremes," *International Security* 14, No. 4 (Spring 1990), pp. 65–92; Aaron L. Friedberg, "A History of U.S. Strategic 'Doctrine'—1945 to 1980," *Journal of Strategic Studies* 3, No. 3 (December 1980), pp. 37–71; Leitenberg, "Presidential Directive

(PD) 59"; Eric Mlyn, *The State, Society, and Limited Nuclear War* (Albany: State University of New York Press, 1995); Jeffrey Richelson, "PD-59, NSDD-13 and the Reagan Strategic Modernization Program," *Journal of Strategic Studies* 6, No. 2 (June 1983), pp. 125–46; Rowen, "Formulating Strategic Doctrine," pp. 219–34; Sagan, *Moving Targets*; and Walter Slocombe, "The Countervailing Strategy," *International Security* 5, No. 4 (Spring 1981), pp. 18–27. 限定核オプションが実行不可能な戦略であった理由については本書の第四章注135を参照のこと。

167. これにはフォード政権のＳＩＯＰ－５（一九七六年一月一日に発効）、カーター政権のＳＩＯＰ－５Ｆ（一九八一年一〇月一日）、レーガン政権のＳＩＯＰ－６（一九八三年一〇月一日）、そしてジョージ・ブッシュ（父）政権のＳＩＯＰ－６Ｆ（一九八九年一〇月一日）が含まれる。これらのＳＩＯＰの違いなどをまとめたものについては以下を参照のこと。Ball and Toth, "Revising the SIOP," p. 67.

168. アメリカの核計画の歴史についての主要な専門家の一人であるデスモンド・ボール（Desmond Ball）は、一九六一年から九〇年までのアメリカの核政策を以下のように簡潔にまとめている。曰く、「一九六〇年代初期から、アメリカの戦略核政策の最も関心の高い目標としてあったのは、アメリカが核ミサイルの撃ち合いになった時に、被害を最小限に抑えると共に、その結末がアメリカにとって有利なものになるような戦略体制を構築することであった」という。以下の文献を参照。Desmond Ball, "Soviet Strategic Planning and the Control of Nuclear War," in Roman Kolkowicz and Ellen P. Mickiewicz, eds., *The Soviet Calculus of Nuclear War* (Lexington, MA: D. C. Heath, 1986), p. 49. ソ連が「アメリカは対兵力兵器を配備して軍事的な優位に立とうとしている」と考えていた証拠については以下を参照のこと。Henry A. Trofimenko, "Illusion of a Panacea," *International Security* 5, No. 4 (Spring 1981), pp. 28–48. あらゆる機会に限定核オプションを強調していたにもかかわらず、「圧倒的な大量攻撃のドクトリンへの信仰」はアメリカの安全保障関係者たちの一部の人々の間では「相変わらず根強かった」という。これについては以下の文献を参照のこと。Rowen, "Formulating Strategic Doctrine," p. 233. ソ連側は限定核戦争の考えを拒否して、米国に対する大量核攻撃の方を志向していたこと（本章の次のセクションを参照のこと）から考えても、このような大量報復に対してまだ信奉者がいたとしても不思議でも何でもない。

169. 一九六〇年代後半から七〇年代のほとんどの期間を通じて、党派の左右を問わず人気があったのは、アメリカが対兵力のターゲティングを諦めて、相互確証破壊（MAD）の戦略を正面から採用したという議論であった。たとえばマルコム・ワロップ（Malcolm Wallop）上院議員（共和党ワイオミング州出身）は、一九七九年に「ここ一五年ほどの、少なくとも四人の大統領と彼らの主な国防アドバイザーたちは、ほぼ敵の社会に被害を与えるためだけの兵器を開発し、そのための戦略計画を作成した」と記している。これについては以下の文献を参照のこと。Malcolm Wallop, "Opportunities

and Imperatives of Ballistic Missile Defense," *Strategic Review* 7, No. 4 (Fall 1979), p. 13. ところが核開発競争についての研究者たちの間ではほぼ固まりつつある認識としては、このような考えは立脚点のない「神話」であり、それ以上のことを知っている人々によってあえて拡められた言説だということだ。この「神話」を暴《あば》いた文献としては以下のものを参照のこと。Desmond Ball, *Déjà Vu: The Return to Counterforce in the Nixon Administration* (Santa Monica: California Seminar on Arms Control and Foreign Policy, December 1974). また、以下も参照のこと。Leitenberg, "Presidential Directive (PD) 59"; Mlyn, *The State*; and Rowen, "Formulating Strategic Doctrine."

170. ヘンリー・ローウェン（Henry Rowen）によれば、「時間の経過と共に米ソ両国の兵器の数は、それぞれが狙うべきターゲットの数の上昇につれて莫大に増え続けたが……都市部・工業地帯の攻撃目標はそれほど増えていない」という。Rowen, "Formulating Strategic Doctrine," p. 220. このセクションでも後に議論されるように、ソ連の戦略家たちは確証破壊の概念を強調しておらず、そのためにこの任務を達成するための判断基準を設けていない。ところがアメリカの判断基準をベースにして、ソ連はアメリカに対処するための全く同じ任務に直面している。とりわけ彼らはアメリカの上位二〇〇の都市を攻撃しなければならなくなり、この場所にはアメリカの全人口の三三%、工業地帯の七五%が含まれている。この任務は四〇〇ＥＭＴによって達成可能であった（その半分の量では無理だろうが）と言える。これについては以下を参照のこと。Ashton B. Carter, "BMD Applications: Performance and Limitations," in Ashton B. Carter and David N. Schwartz, eds., *Ballistic Missile Defense* (Washington, DC: Brookings Institution Press, 1984), pp. 103, 163, 168–69.

171. この段落で引用されているすべての数値については、以下を参照のこと。Norris and Arkin, "Nuclear Notebook," p. 59. ソ連の核弾頭の発展の詳細については以下を参照のこと。Robert P. Berman and John C. Baker, *Soviet Strategic Forces: Requirements and Responses* (Washington, DC: Brookings Institution Press, 1982).

172. Robert L. Arnett, "Soviet Attitudes towards Nuclear War: Do They Really Think They Can Win?" *Journal of Strategic Studies* 2, No. 2 (September 1979), pp. 172–91; Ball, "Soviet Strategic Planning"; David Holloway, *The Soviet Union and the Arms Race* (New Haven, CT: Yale University Press, 1983), chap. 3; Benjamin Lambeth, "Contemporary Soviet Military Policy," in Kolkowicz and Mickiewicz, eds., *Soviet Calculus of Nuclear War*, pp. 25– 48; William T. Lee, "Soviet Nuclear Targeting Strategy," in Ball and Richelson, eds., *Nuclear Targeting*, pp. 84–108; and Richard Pipes, "Why the Soviet Union Thinks It Could Fight and Win a Nuclear War," *Commentary* 64, No. 1 (July 1977), pp. 21–34.

173. 以下を参照のこと。Benjamin S. Lambeth, "Uncertainties for the Soviet War Planner," *International Security* 7, No. 3 (Winter 1982–83), pp. 139–66.

174. Benjamin S. Lambeth, *Selective Nuclear Options in American and Soviet Strategic Policy*, R-2034-DDRE (Santa Monica, CA: RAND Corporation, December 1976); and Jack L. Snyder, *The Soviet Strategic Culture: Implications for Limited Nuclear Options*, R-2154-AF (Santa Monica, CA: RAND Corporation, September 1977).

175. たとえばロバート・ジャーヴィスは以下のようなタイトルの本を書いている。Robert Jervis, *The Illogic of American Nuclear Strategy* (Ithaca, NY: Cornell University Press, 1984).

176. 本章の注159を参照のこと。

177. ある研究者によれば、通常兵器と核兵器に対するアメリカの国防予算の振り分けのおおよその割合は、一九六一年には通常兵器のほうが一・四五倍、一九七一年には四倍、一九八一年には六・七倍になっていたという。これについては以下を参照のこと。William W. Kaufmann, *A Reasonable Defense* (Washington, DC: Brookings Institution Press, 1986), p. 21. 以下も参照のこと。Ball, *Politics and Force Levels*, chap. 6; そして本書の第四章注141も参照のこと。

178. Robert A. Pape, "Technological Sources of War and Peace," manuscript, April 2001.

【第七章】

▼表7－1

［注］：人口調査というのはこれらの国でそれぞれ違う時期に行われるものであるため、アメリカのものだけを表に記載した。また、アメリカだけが一九世紀を通じて唯一の独立国家であった。その他の国で人口調査が行われた年と独立した年については以下の通り。カナダ（一八六七年独立）、一八〇一、一八三一、一八五一、一八八一、そして一九〇一年；メキシコ（一八二一年独立）、一八〇三、一八三一、一八五四、一八七三、そして一九〇〇年；ブラジル（一八二二年独立）、一八〇八、一八二三、一八五四、一八七二、そして一九〇〇年；アルゼンチン（一八一六年独立）、一八〇九、一八二九、一八四九、一八六九、一八九五年。［出典］：すべての数値については以下の文献から。B. R. Mitchell, *International Historical Statistics: The Americas, 1750–1988*, 2d ed. (New York: Stockton, 1993), pp. 1, 3–5, 7–8.

▼表7－2

［注］: na ＝ 該当なし。［出典］: 世界の富についての数値は表6－2から。イギリスの人口数については以下の文献から。B. R. Mitchell, *Abstract to British Historical Statistics* (Cambridge: Cambridge University Press, 1962), pp. 6–8; 一八〇〇年の数値は

一八〇一年の人口調査からのものであり、これにはイングランド、ウェールズ、スコットランド、そしてアイルランドが含まれている。アメリカについてのすべての数値は以下を参照。Mitchell, *International Historical Statistics: The Americas*, p. 4.

1. 本書の第一章注62を参照のこと。
2. E. H. Carr, *The Twenty Years' Crisis, 1919–1939: An Introduction to the Study of International Relations*, 2d ed. (London: Macmillan, 1962; first edition published in 1939).［カー著『危機の二十年』］
3. James L. Abrahamson, *America Arms for a New Century: The Making of a Great Military Power* (New York: Free Press, 1981); and Allan R. Millett and Peter Maslowski, *For the Common Defense: A Military History of the United States of America* (New York: Free Press, 1984), chaps. 8–10.
4. ザカリアによれば、「一八六五年から一九〇八年までの期間、とりわけ一八九〇年以前は、アメリカ政府の中心的な意思決定者が海外で自国の影響力を発揮したり相手を拒否したりできるようなチャンスを獲得しようと真剣に考えていた証拠が豊富にある……アメリカは歴史の例の中では例外的に見えるのであり、大国の法則に対する挑戦のようにみえる」という。これについては以下の文献を参照のこと。Fareed Zakaria, *From Wealth to Power: The Unusual Origins of America's World Role* (Princeton, NJ: Princeton University Press, 1998), p. 5.「帝国の過剰な縮こまりすぎ」(Imperial Understretch) はこの本の第三章のタイトルにもなっている。
5. このルールには唯一の例外がある。アメリカの南北戦争の期間（一八六一～六五年）の間に、両者とも莫大な陸軍を作り上げたという点だ。
6. アメリカは一九〇〇年から一九四五年の間に北東アジアで広大な領土を獲得できたかもしれない。なぜならこの地域はヨーロッパと違って外からの侵入に弱かったからだ（これについては本章の結論部分にある、アジアとヨーロッパ本土の侵攻のターゲットとしての比較を参照のこと）。それでもアメリカが日本とロシアを侵攻した可能性は考えられない。この二国は北東アジアに存在した二つの大国であり、アメリカが西半球でやっていたように、この地域を支配していたからだ。
7. ニコラス・スパイクマン（Nicholas Spykman）はこの点について鮮やかに指摘している。「アメリカのヨーロッパ全体に対するポジションは、イギリスがアメリカに対するポジションと似ている。そのスケールは違うし、単位も大きく、距離もはるかに長いが、そのパターンは同じだ……したがって、われわれが似たような政策を追及して、孤立主義、同盟、そして戦争という同じような邪悪なサイクルに陥《おちい》るのは別に驚くべきことではない。イギリスと同じように、われわれは最少限の犠牲で狙いを達成したいと考えるものだ」。これについては以下の文献を参照のこと。Nicholas J. Spykman, *America's Strategy in World Politics: The United States and the Balance of Power* (New York: Harcourt, Brace, 1942), p. 124.［スパイクマン著『スパイクマン地政学』］以下のページも参照のこと。 ibid., pp. 103–7.

8. ジョセフ・チェンバレン（Joseph Chamberlain）は一八九五年のアメリカを「対外政策ではまったく問題がない」と述べている。ヘンリー・キャボット・ロッジもこの意見に「アメリカの外」では実質的にその通りであると同意しているが、それでも西半球では「かなり明確な」対外政策を持っていたと論じている。つまりアメリカは「優越状態」を獲得しなければならない、というものだ。William C. Widenor, *Henry Cabot Lodge and the Search for an American Foreign Policy* (Berkeley: University of California Press, 1980), p. 106.

9. 以下の文献からの引用。 Anders Stephanson, *Manifest Destiny: American Expansionism and the Empire of Right* (New York: Hill and Wang, 1995), p. 104.

10. July 20, 1895, letter from Richard Olney to Thomas F. Bayard, in *Foreign Relations of the United States*, 1895, pt. 1 (Washington, DC: U.S. Government Printing Office, 1896), p. 558. これ以降は Olney Note と表記。

11. 「明白な天命」（Manifest Destiny）という言葉は一八四五年まで定着していない。それでも「一八世紀の中頃までにこのイギリスからの定住者がアメリカのほとんどの大陸を覆《おお》うというアイディアは、アメリカとヨーロッパの人々の間で定着していた」という。以下の文献を参照のこと。 Reginald Horsman, *The Diplomacy of the New Republic* (Arlington Heights, IL: Harlan Davidson, 1985), p. 5. 以下の文献も参照のこと。 Marc Egnal, *A Mighty Empire: The Origins of the American Revolution* (Ithaca, NY: Cornell University Press, 1988).

12. D. W. Meinig, *The Shaping of America: A Geographical Perspective on 500 Years of History*, vol. 2 (New Haven CT: Yale University Press, 1993), pp. 24–32.

13. David M. Pletcher, *The Diplomacy of Annexation: Texas, Oregon, and the Mexican War* (Columbia: University of Missouri Press, 1973).

14. 人種が拡大に与えた影響については以下を参照のこと。 Reginald Horsman, *Race and Manifest Destiny: The Origins of American Racial Anglo-Saxonism* (Cambridge, MA: Harvard University Press, 1981); and Michael L. Krenn, ed., *Race and U.S. Foreign Policy: From the Colonial Period to the Present: A Collection of Essays*, vols. 1–2 (Levittown, PA: Garland, 1998).

15. 以下の文献からの引用。 Meinig, *Shaping of America*, vol. 2, p. 159.

16. Reginald C. Stuart, *United States Expansionism and British North America, 1775–1871* (Chapel Hill: University of North Carolina Press, 1988).

17. Lester D. Langley, *Struggle for the American Mediterranean: United States–European Rivalry in the Gulf-Caribbean, 1776–1904* (Athens: University of Georgia Press, 1976); and Robert E. May, *The Southern Dream of a Caribbean Empire, 1854–1861* (Baton Rouge: Louisiana State University Press, 1973). アメリカ人の中にはメキシコを獲得しようと決意していたものもある。これについては以下を参照のこと。John D.P. Fuller, *The Movement for the Acquisition of All Mexico, 1846–1848* (Baltimore, MD: Johns Hopkins University Press, 1936).

18. アメリカがカナダとメキシコを征服できなかったのはオフェンシヴ・リアリズムに対する反証になると議論する人もいる。両国とも自国だけでアメリカに対抗できる手段をもたなかったのはその通りだが、そこにはカナダやメキシコと遠くにある覇権国が（片方だけ、もしくは両国と同時に）反米同盟を組むというリスクがあった。この議論に従えば、アメリカは南北、もしくは西側の方向に拡大することによってこの可能性の芽を摘むことができたと言える。ところがこのような北米大陸全体をコントロールすることによって生まれる利益にもかかわらず、一八一二年以降のアメリカは、この任務に伴う莫大なコストと難しさから、カナダとメキシコを征服しようとはしていない。もちろん一八五〇年以降のアメリカにとってこの両国を軍事的に征服するのはたやすいことだったかもしれない。ところが両国を征服してアメリカ人にしてしまえば、そこから生まれるナショナリズムのパワーのおかげでその任務は（不可能ではないにしても）かなり難しくなったはずだ。したがって、アメリカにとってはカナダとメキシコと友好的にしておき、それらと同盟を組む可能性のある遠距離にある覇権国の台頭を防ぐほうがはるかに合理的であった。実際のところ、このアプローチには効果があった。ところがもしこれに失敗していれば、アメリカはカナダかメキシコを自ら占領することを考慮していたかもしれない。

19. 国家の分裂の恐怖は、建国から南北戦争までのアメリカの政治家たちの大きな懸念であった。たとえばジョン・クインシー・アダムス（John Quincy Adams）は、一七九六年に「私の心の中で私の政治的信条をこれほどまでに明らかに示しているものはない。つまり、われわれは国家の統一を維持しつつ、名誉と熟考、そして国家の威厳へと共に大胆に進むべきだということだ。ところがひとたび分裂してしまえば、われわれは互いに永遠に戦い続ける少数の部族にわかれてしまい、われわれを互いにいがみ合わせるシステムの構築を狙う、ヨーロッパの列強に支配されてしまう」と記している。以下の文献からの引用。Samuel Flagg Bemis, *John Quincy Adams and the Foundations of American Foreign Policy* (New York: Knopf, 1965), p. 181. 以下の文献も参照のこと。W. L. Morton, “British North America and a Continent in Dissolution, 1861–71,”

History 47, No. 160 (June 1962), pp. 139–56.

20. Martin Gilbert, *Atlas of American History*, rev. ed. (New York: Dorset, 1985), pp. 37–38, 62; and Alex Wexler, *Atlas of Westward Expansion* (New York: Facts on File, 1995), pp. 43, 122, and esp. 216.

21. 一八〇〇年にはおよそ七三万九〇〇〇人のアメリカ原住民がミシシッピ川西岸に住んでいたとされる。そうなると当時のアメリカ大陸全体の総人口はおよそ九一万六〇〇〇人となる。このセクションの原住民の人口の数値については以下の文献を参照。Douglas H. Ubelaker, "North American Indian Population Size: Changing Perspectives," in John W. Verano and Douglas H. Ubelaker, eds., *Disease and Demography in the Americas* (Washington, DC: Smithsonian Institution Press, 1992), p. 173, table 3. ただし一四九二年の西洋人との最初の時点で西半球にどれほどの原住民がいたのかについては総意がない。ところが一八〇〇年から一九〇〇年にかけての数についてはかなり合意が形成されている。

22. Meinig, *Shaping of America*, Vol. 2, pp. 78–103, 179–88; Wexler, *Atlas*, pp. 42–48, 85–96; and T. Harry Williams, *The History of American Wars: From 1745 to 1918* (Baton Rouge: Louisiana State University Press, 1981), pp. 139–43.

23. たとえば一八七〇年代にはミシシッピ川の西側にいる原住民に対処するために九〇〇〇名もの米陸軍兵士が派遣されている。Williams, *History of American Wars*, p. 310. 以下の文献も参照のこと。Robert M. Utley, *Frontier Regulars: The United States Army and the Indian, 1866–1891* (New York: Macmillan, 1973); and Robert Wooster, *The Military and United States Indian Policy, 1865–1903* (New Haven, CT: Yale University Press, 1988).

24. W. S. Woytinsky and E. S. Woytinsky, *World Population and Production: Trends and Outlook* (New York: Twentieth Century Fund, 1953), p. 83, table 40.

25. Ibid., p. 84, table 41.

26. たとえば以下を参照のこと。R. G. Neale, *Great Britain and United States Expansion: 1898–1900* (East Lansing: Michigan State University Press, 1966); and Stephen R. Rock, *Why Peace Breaks Out: Great Power Rapprochement in Historical Perspective* (Chapel Hill: University of North Carolina Press, 1989), chap. 2.

27. 何人かの学者がこの点を指摘している。以下を参照のこと。Kenneth Bourne, *Britain and the Balance of Power in North America, 1815–1908* (Berkeley: University of California Press, 1967), chap. 9; Bradford Perkins, *The Great Rapprochement: England and the United States, 1895–1914* (New York: Atheneum, 1968), pp. 8–9; and Samuel F. Wells, Jr., "British Strategic Withdrawal from the Western Hemisphere, 1904–1906," *Canadian Historical Review* 49, No. 4 (December 1968), pp. 335–56. ボーンによれば、イギリスは南北戦争（一八六一～六五年）の後に「アメリカの北米支配に対する意志に挑戦することはも

う不可能だ」と認識していたという。Kenneth Bourne, *The Foreign Policy of Victorian England, 1830–1902* (Oxford: Oxford University Press, 1970), p. 96. その証拠に、イギリスが南北戦争の時に南部連合側に加わらなかったのは、南軍に支援したとしても北軍が勝つだろうとイギリスのリーダーたちが考えていたからだという。これについては以下を参照のこと。Bourne, *Britain and the Balance*, chaps. 7–8; Brian Jenkins, *Britain and the War for the Union*, 2 vols. (Montreal: McGill–Queen's University Press, 1974, 1980), passim; and Morton, "British North America."

28. 以下を参照のこと。Samuel F. Bemis, *The Latin American Policy of the United States: An Historical Interpretation* (New York: Harcourt, Brace, 1943); Michael C. Desch, *When the Third World Matters: Latin America and United States Grand Strategy* (Baltimore, MD: Johns Hopkins University Press, 1993); David G. Haglund, *Latin America and the Transformation of U.S. Strategic Thought, 1936–1940* (Albuquerque: University of New Mexico Press, 1984); Spykman, *America's Strategy*［スパイクマン著『スパイクマン地政学』］; and Arthur P. Whitaker, *The Western Hemisphere Idea: Its Rise and Decline* (Ithaca, NY: Cornell University Press, 1954).

29. モンロードクトリンについての最も優れた研究については、以下の文献を参照のこと。Bemis, *John Quincy Adams*, esp. chaps. 28–29; Ernest R. May, *The Making of the Monroe Doctrine* (Cambridge, MA: Harvard University Press, 1975); and Dexter Perkins, *A History of the Monroe Doctrine* (Boston: Little, Brown, 1963). この段落で引用された、ドクトリンとなったモンロー宣言の原文については、パーキンの本の以下の箇所を参照のこと。pp. 391–93.

30. 以下を参照のこと。Felix Gilbert, *To the Farewell Address: Ideas of Early American Foreign Policy* (Princeton, NJ: Princeton University Press, 1961).

31. アメリカはすでに一八一一年一月一五日の時点で、ヨーロッパの列強が帝国内の植民地をヨーロッパの列強の一部とすべきではないと明言している。

32. リチャード・オルネイ（Richard Olney）は一八九五年に実質的にこれと同じ点を指摘している。「アメリカは植民地化されるべきではない。これが最初に宣言された時（一八二三年）には普遍的に認められていたわけではないが、それ以降は一般的になっている」。Olney Note, p. 554.

33. Benedict Anderson, *Imagined Communities: Reflections on the Origin and Spread of Nationalism* (London: Verso, 1983), chap. 4［ベネディクト・アンダーソン著『想像の共同体：ナショナリズムの起源と流行』ＮＴＴ出版、一九九七年］; and John Lynch, *The Spanish American Revolutions, 1808–1826*, 2d ed. (New York: Norton, 1986).

34. Olney Note, p. 557.

35. Desch, *Third World Matters*, chaps. 2–5.

36. Norman A. Graebner, ed., *Ideas and Diplomacy: Readings in the Intellectual Tradition of American Foreign Policy* (Oxford: Oxford University Press, 1964), pp. 154–212; Lawrence S. Kaplan, *Thomas Jefferson: Westward the Course of Empire* (Wilmington, DE: SR Books, 1999); Robert W. Tucker and David C. Hendrickson, *Empire of Liberty: The Statecraft of Thomas Jefferson* (Oxford: Oxford University Press, 1990), esp. pp. 234–36; and Richard W. Van Alstyne, *The Rising American Empire* (Oxford: Basil Blackwell, 1960).

37. Olney Note, pp. 558–59.

38. *Inaugural Addresses of the Presidents of the United States* (Washington, DC: U.S. Government Printing Office, 1974), p. 105. これは一八五〇年以前のアメリカの政治家たちの間では一般的な問題意識であった。たとえばトマス・ジェファーソン（Thomas Jefferson）はルイジアナ購入やアメリカ原住民の土地の没収を、もしアメリカがそこをコントロールしなければライバル国がしただろうという理由から正当化している。これについては以下を参照のこと。Meinig, *Shaping of America*, vol. 2, p. 14; and Wilcomb E. Washburn, *Red Man's Land/White Man's Law: A Study of the Past and Present Status of the American Indian* (New York: Charles Scribner's, 1971), p. 56.

39. この視点は以下の論文集の中の多くの論文の中にも反映されている。Norman A. Graebner, ed., *Manifest Destiny* (Indianapolis, IN: Bobbs-Merrill, 1968). 以下の文献も参照のこと。Thomas R. Hietala, *Manifest Design: Anxious Aggrandizement in Late Jacksonian America* (Ithaca, NY: Cornell University Press, 1985); and Stephanson, *Manifest Destiny*.

40. Charles A. Beard and Mary R. Beard, *The Rise of American Civilization*, 2 vols. (New York: Macmillan, 1931); Norman A. Graebner, *Empire on the Pacific: A Study in Continental Expansion* (New York: Ronald Press, 1955); and William A. Williams, *The Roots of the Modern American Empire: A Study of the Growth and Shaping of Social Consciousness in a Marketplace Society* (New York: Random House, 1969).

41. Hietala, *Manifest Design*; and Albert K. Weinberg, *Manifest Destiny: A Study of Nationalist Expansionism in American History* (1935; rpt. Chicago: Quadrangle Books, 1963).

42. Michael H. Hunt, *Ideology and U.S. Foreign Policy* (New Haven, CT: Yale University Press, 1987), chap. 2; and Daniel G. Lang, *Foreign Policy in the Early Republic: The Law of Nations and the Balance of Power* (Baton Rouge: Louisiana State University Press, 1985).

43. Max Savelle, *The Origins of American Diplomacy: The International History of Angloamerica, 1492–1763* (New York:

Macmillan, 1967). 以下の文献も参照のこと。 Walter L. Dorn, *Competition for Empire, 1740–1763* (New York: Harper, 1940).

44. James H. Hutson, "Intellectual Foundations of Early American Diplomacy," *Diplomatic History* 1, No. 1 (Winter 1977), p. 9. 以下の文献も参照のこと。 Theodore Draper, *A Struggle for Power: The American Revolution* (New York: Times Books, 1996); Jonathan R. Dull, *A Diplomatic History of the American Revolution* (New Haven, CT: Yale University Press, 1985); Horsman, *Diplomacy*; James H. Hutson, *John Adams and the Diplomacy of the American Revolution* (Lexington: University Press of Kentucky, 1980); and Bradford Perkins, *The Cambridge History of American Foreign Relations*, vol. 2, *The Creation of a Republican Empire, 1776–1865* (Cambridge: Cambridge University Press, 1995), chaps. 1–5.

45. H. C. Allen, *Great Britain and the United States: A History of Anglo-American Relations, 1783–1952* (London: Odhams, 1954), chaps. 9–14; Kinley J. Brauer, "The United States and British Imperial Expansion, 1815–60," *Diplomatic History* 12, No. 1 (Winter 1988), pp. 19–37; and Pletcher, *Diplomacy of Annexation*.

46. Ephraim D. Adams, *British Interests and Activities in Texas, 1838–1846* (Baltimore, MD: Johns Hopkins University Press, 1910); Sam W. Haynes, "Anglophobia and the Annexation of Texas: The Quest for National Security," in Sam W. Haynes and Christopher Morris, eds., *Manifest Destiny and Empire: American Antebellum Expansionism* (College Station: Texas A&M University Press, 1997), pp. 115–45; Reginald Horsman, "British Indian Policy in the Northwest, 1807–1812," *Mississippi Valley Historical Review* 45, No. 1 (June 1958), pp. 51–66; and J. Leitch Wright, Jr., *Britain and the American Frontier, 1783–1815* (Athens: University of Georgia Press, 1975).

47. このテーマは以下の文献でさらに詳細に論じられている。 Frederick Merk, *The Monroe Doctrine and American Expansionism, 1843–1849* (New York: Knopf, 1966). 以下の文献も参照のこと。 Pletcher, *Diplomacy of Annexation*.

48. 以下の文献からの引用。 Merk, *Monroe Doctrine*, p. 6. 以下の文献も参照のこと。 Sam W. Haynes, *James K. Polk and the Expansionist Impulse* (New York: Longman, 1997).

49. Merk, *Monroe Doctrine*, p. 289.

50. 建国の父たちが大陸へのコミットメントを拒《こば》んでいたのは、このテーマについて一八世紀にイギリスで行われた議論に影響されていたという証拠がある。 以下を参照のこと。 Gilbert, *To the Farewell Address*, chap. 2.

51. 第六章を参照のこと。

52. 第八章を参照のこと。

53. William C. Askew and J. Fred Rippy, "The United States and Europe's Strife, 1908–1913," *Journal of Politics* 4, No. 1 (February

1942), pp. 68–79; and Raymond A. Esthus, "Isolationism and World Power," *Diplomatic History* 2, No. 2 (Spring 1978), pp. 117–29.

54. ヨーロッパへの米軍の動きについては以下を参照のこと。Leonard P. Ayres, *The War with Germany: A Statistical Summary* (Washington, DC: U.S. Government Printing Office, 1919); and David Trask, *The AEF and Coalition Warmaking, 1917–1918* (Lawrence: University Press of Kansas, 1993).

55. Henry T. Allen, *The Rhineland Occupation* (Indianapolis, IN: Bobbs-Merrill, 1927); and Keith L. Nelson, *Victors Divided: America and the Allies in Germany, 1918–1923* (Berkeley: University of California Press, 1975).

56. 以下を参照のこと。Edward H. Buehrig, *Woodrow Wilson and the Balance of Power* (Bloomington: Indiana University Press, 1955); Patrick Devlin, *Too Proud to Fight: Woodrow Wilson's Neutrality* (Oxford: Oxford University Press, 1975), pp. 671–88; George F. Kennan, *American Diplomacy, 1900–1950* (Chicago: University of Chicago Press, 1951), chap. 4［ケナン著『アメリカ外交五〇年』］; Robert Lansing, *War Memoirs of Robert Lansing, Secretary of State* (Indianapolis, IN: Bobbs-Merrill, 1935), pp. 18–26, 203–37; Walter Lippmann, *U.S. Foreign Policy: Shield of the Republic* (Boston: Little, Brown, 1943), pp. 33–39; and Daniel M. Smith, *The Great Departure: The United States and World War I, 1914–1920* (New York: John Wiley, 1965). もちろんこれはその他の要素がアメリカ参戦の動機になったことを否定するものではない。たとえば以下を参照のこと。Ernest May, *The World War and American Isolation, 1914– 1917* (Chicago: Quadrangle, 1966), esp. chap. 19.

57. 以下を参照のこと。Nicholas N. Golovine, *The Russian Army in the World War* (New Haven, CT: Yale University Press, 1931), chap. 11; Sir Alfred Knox, *With the Russian Army, 1914–1917: Being Chiefly Extracts from the Diary of a Military Attache*, vol. 2 (London: Hutchinson, 1921), chaps. 16–19; W. Bruce Lincoln, *Passage through Armageddon: The Russians in War and Revolution, 1914–1918* (New York: Simon and Schuster, 1986), pts. 3–4; and Allan K. Wildman, *The End of the Russian Imperial Army: The Old Army and the Soldiers' Revolt* (March– April 1917), vol. 1 (Princeton, NJ: Princeton University Press, 1980).

58. 以下を参照のこと。Philippe Pétain, "Crisis of Morale in the French Nation at War, 16th April–23 October, 1917," trans. Rivers Scott, in Edward Spears, ed., *Two Men Who Saved France: Pétain and DeGaulle* (London: Eyre and Spottiswoode, 1966), pp. 67–128; Leonard V. Smith, *Between Mutiny and Obedience: The Case of the French Fifth Infantry Division during World War I* (Princeton, NJ: Princeton University Press, 1994), chaps. 7–8; and Richard M. Watt, *Dare Call It Treason* (New York: Simon and Schuster, 1963), chaps. 10–12.

59. 以下を参照のこと。Paul G. Halpern, *A Naval History of World War I* (Annapolis, MD: U.S. Naval Institute Press, 1994), chap. 11; Holger H. Herwig and David F. Trask, "The Failure of Imperial Germany's Undersea Offensive against World Shipping, February

1917–October 1918," *The Historian* 32, No. 4 (August 1971), pp. 611– 36; and Arthur J. Marder, *From the Dreadnought to Scapa Flow: The Royal Navy in the Fisher Era, 1904–1919, vol. 4, 1917: Year of Crisis* (Oxford: Oxford University Press, 1969), chaps. 4–6.

60. アメリカが参戦しなければ、ドイツは一九一八年の春にドイツとフランスを打ち負かしていたかもしれない。これについては本書の第六章の注124を参照のこと。もちろんこれはアメリカが一九一八年のドイツの敗北の最大の原因になったというわけではない。その証拠に、戦争最後の年の戦いではイギリスの陸軍が連合国側の勝利において決定的な役割を果たしているからだ。この参考文献については本章の注95を参照のこと。ところがアメリカ陸軍の西部戦線への到着は、この戦争においてドイツが戦力面で不利になったことを決定づける出来事であった。また、アメリカが連合国側につかなければ、イギリスがドイツの潜水艦戦に屈していた可能性もある。それ以外にも、第五章で強調されたように、アメリカがヨーロッパにおける覇権国の登場を阻止しようとした主な理由は、そのような存在が登場すると西半球に自由に介入してくるようになるからだ。一九一七年初期にドイツはメキシコ（そして日本の可能性も）に対して、反米同盟を組もうと提案している。たまたまアメリカが入手した秘密の電信では、ドイツ外相がメキシコとの同盟を結成してアメリカと戦い、メキシコにはその見返りとしてアリゾナとニューメキシコ、そしてテキサスを占領するのを手伝うことが提案されていた。もちろんドイツの主な狙いは、アメリカを自分の地域に釘付けにしておき、ヨーロッパでドイツと戦うことができないようにすることだった。このエピソードは、アメリカがドイツとの戦争に入る一つのきっかけとなっている。以下を参照のこと。Desch, *Third World Matters*, chap. 2; and Barbara W. Tuchman, *The Zimmerman Telegram* (New York: Macmillan, 1966).

61. 孤立主義についての最も優れた研究については以下の文献を参照のこと。Selig Adler, *The Isolationist Impulse: Its Twentieth-Century Reaction* (London: Abelard-Schuman, 1957); Wayne S. Cole, *Roosevelt and the Isolationists, 1932–1945* (Lincoln: University of Nebraska Press, 1983); and Manfred Jonas, *Isolationism in America, 1935–1941* (Ithaca, NY: Cornell University Press, 1966).

62. 以下を参照のこと。Robert A. Divine, *The Reluctant Belligerent: American Entry into World War II* (New York: John Wiley, 1965); William L. Langer and S. Everett Gleason, *The Challenge to Isolation, 1937–1940* (New York: Harper and Brothers, 1952); Frederick W. Marks III, *Wind over Sand: The Diplomacy of Franklin Roosevelt* (Athens: University of Georgia Press, 1988); Arnold A. Offner, *American Appeasement: United States Foreign Policy and Germany, 1933–1938* (New York: Norton, 1976); and Arnold Offner, "Appeasement Revisited: The United States, Great Britain, and Germany, 1933–1940," *Journal of American History* 64, No.

2 (September 1977), pp. 373–93.

63. Kenneth S. Davis, *FDR: Into the Storm 1937–1940, A History* (New York: Random House, 1993), pp. 543–44; Eric Larrabee, *Commander in Chief: Franklin Delano Roosevelt, His Lieutenants, and Their War* (New York: Harper and Row, 1987), pp. 46–47; David Reynolds, "1940: Fulcrum of the Twentieth Century?" *International Affairs* 66, No. 2 (April 1990), pp. 325–26, 329, 334, 337; and Gerhard L. Weinberg, *A World at Arms: A Global History of World War II* (Cambridge: Cambridge University Press, 1994), pp. 84–85, 121.

64. Alan Bullock, *Hitler and Stalin: Parallel Lives* (New York: Vintage, 1993), p. 670; Robert Conquest, *Stalin: Breaker of Nations* (New York: Viking Penguin, 1991), p. 229; Reynolds, "1940," p. 337; R. C. Raack, *Stalin's Drive to the West, 1938–1945: The Origins of the Cold War* (Stanford, CA: Stanford University Press, 1995), pp. 25–26, 52, 187 (note 23), 195 (note 34); and Adam B. Ulam, *Stalin: The Man and His Era* (New York: Viking, 1973), p. 524.

65. 文献については第六章注134を参照のこと。

66. 第三章を参照のこと。

67. Cole, *Roosevelt and the Isolationists*, chap. 26; Langer and Gleason, *Challenge to Isolation*, chaps. 14–15; Warren F. Kimball, *The Most Unsordid Act: Lend-Lease, 1939–1941* (Baltimore, MD: Johns Hopkins University Press, 1969), chap. 2; David L. Porter, *The Seventy-sixth Congress and World War II* (Columbia: University of Missouri Press, 1979), chaps. 6–7; and Marvin R. Zahniser, "Rethinking the Significance of Disaster: The United States and the Fall of France in 1940," *International History Review* 14, No. 2 (May 1992), pp. 252–76.

68. Cole, *Roosevelt and the Isolationists*, pp. 11, 364–65.

69. Mark S. Watson, *Chief of Staff: Prewar Plans and Preparations* (Washington, DC: Department of the Army, 1950), pp. 16, 202.

70. 以下の文献からの引用。Kimball, *Unsordid Act*, p. 233.

71. William L. Langer and S. Everett Gleason, *The Undeclared War, 1940–1941* (New York: Harper and Brothers, 1953), chaps. 8–9, 14, 17–18, 21–23; and Richard M. Leighton and Robert W. Coakley, *Global Logistics and Strategy, 1940–1943* (Washington, DC: Department of the Army, 1955), pt. I. ヒトラーがアメリカに対して宣戦布告しなかったとしても、ワシントン政府は第一次大戦でドイツに対してしたように、真珠湾攻撃のすぐ後に宣戦布告していたはずだ。ルーズベルト政権は一九四一年の秋までには明らかにアメリカをドイツとの戦いに引きこもうとしており、この時点での主な懸念は、戦争突入のための口実を見つけることにあったのだ。幸いなことに、ヒトラーはこの問題に対する優れた解決法を提供してくれた。

72. Walter W. Rostow, *The Division of Europe after World War II, 1946* (Austin: University of Texas Press, 1981), pp. 5–6, 54–55, 92; Mark S. Sheetz, “Exit Strategies: American Grand Designs for Postwar European Security,” *Security Studies* 8, No. 4 (Summer 1999), pp. 1–43; Michael S. Sherry, *Preparing for the Next War* (New Haven, CT: Yale University Press, 1977), pp. 97–98; Jean E. Smith, ed., *The Papers of General Lucius D. Clay: Germany, 1945–1949*, vol. 1 (Bloomington: Indiana University Press, 1974), pp. 242–43; and Phil Williams, *The Senate and US Troops in Europe* (New York: St. Martin’s, 1985), chap. 2.

73. この段落で引用されている数値については以下の文献を参照のこと。Daniel J. Nelson, *A History of U.S. Military Forces in Germany* (Boulder, CO: Westview, 1987), pp. 45, 81, 103; and Phil Williams, *US Troops in Europe*, Chatham House Paper No. 25 (Boston: Routledge and Kegan Paul, 1984), p. 19. 以下の文献も参照のこと。William P. Mako, *U.S. Ground Forces and the Defense of Central Europe* (Washington, DC: Brookings Institution Press, 1983), p. 8.

74. 第八章を参照のこと。

75. 以下を参照のこと。Brian M. Linn, *Guardians of Empire: The U.S. Army and the Pacific, 1902–1940* (Chapel Hill: University of North Carolina Press, 1997); and Edward S. Miller, *War Plan Orange: The U.S. Strategy to Defeat Japan, 1897–1945* (Annapolis, MD: U.S. Naval Institute Press, 1991).［エドワード・ミラー著『オレンジ計画』新潮社、一九九四年］一九〇〇年から一九三〇年までのアメリカの政策についての有益な調査については以下を参照のこと。A. Whitney Griswold, *The Far Eastern Policy of the United States* (New York: Harcourt, Brace, 1938), chaps. 1–8.

76. 各年ごとの数値については以下の文献で見ることができる。Linn, *Guardians of Empire*, pp. 253–54.

77. 以下の文献からの引用。Walter LaFeber, *The Cambridge History of American Foreign Relations*, vol. 2, *The American Search for Opportunity, 1865–1913* (Cambridge: Cambridge University Press, 1995), p. 175.

78. 以下を参照のこと。Kemp Tolley, *Yangtze Patrol: The U.S. Navy in China* (Annapolis, MD: U.S. Naval Institute Press, 1971); and Dennis L. Noble, *The Eagle and the Dragon: The United States Military in China, 1901–1937* (Westport, CT: Greenwood, 1990).

79. 日露戦争に関する文献については第六章注18を参照のこと。

80. 一九二〇年代の日本軍については以下を参照のこと。Meiron and Susie Harries, *Soldiers of the Sun: The Rise and Fall of the Imperial Japanese Army* (New York: Random House, 1991), pt. 3. 一九二〇年代のソ連軍については以下を参照のこと。John Erickson, *The Soviet High Command: A Military-Political History, 1918–1941* (New York: St. Martin’s, 1962), chaps. 5–10; and Dimitri F. White, *The Growth of the Red Army* (Princeton, NJ: Princeton University Press, 1944), chaps. 6–9.

81. スターリンの粛清《しゅくせい》はたしかに極東にいる部隊も弱体化させたが、そこでの粛清は「その他の赤軍たちと比べてそれほど激しくなかった」という。これについては以下を参照のこと。Erickson, *Soviet High Command*, p. 467. 粛清全般の議論については以下を参照のこと。ibid., chaps. 14–16; and Robert Conquest, *The Great Terror: A Reassessment* (Oxford: Oxford University Press, 1990), pp. 427–31. その軍事力の規模にもかかわらず、ソ連はアジアにおいては潜在覇権国ではなかった。ソ連軍のほとんどの部隊はその必然性からヨーロッパ方面に配備されていて、ソ連が最初にヨーロッパで覇権を獲得してからでないと極東へは移動させることができなかったからであり、しかもこれは一九三〇年代後半までほぼ不可能だったからだ。

82. 以下を参照のこと。Paul Haggie, *Britannia at Bay: The Defence of the British Empire against Japan, 1931– 1941* (Oxford: Clarendon, 1981), pp. 161–63; and Peter Lowe, *Great Britain and the Origins of the Pacific War: A Study of British Policy in East Asia, 1937–1941* (Oxford: Clarendon, 1977), chap. 4.

83. 日本が中国で苦戦していた様子について記述したものとして優れているのは以下の通り。Frank Dorn, *The Sino-Japanese War, 1937–1941: From Marco Polo Bridge to Pearl Harbor* (New York: Macmillan, 1974); Edward L. Dreyer, *China at War, 1901–1949* (London: Longman, 1995), chaps. 6–7; and Lincoln Li, *The Japanese Army in North China, 1937–1941: Problems of Political and Economic Control* (Oxford: Oxford University Press, 1975).

84. 以下を参照のこと。Wesley F. Craven and James L. Cate, *The Army Air Forces in World War II*, vol. I, *Plans and Early Operations, January 1939–August 1942* (Washington, DC: Office of Air Force History, 1983), pp. 175–93; and Louis Morton, *The Fall of the Philippines* (Washington, DC: Department of the Army, 1953), chaps. 2–3.

85. 関東軍の敗北については以下を参照のこと。David M. Glantz, *August Storm: The Soviet 1945 Strategic Offensive in Manchuria*, Leavenworth Paper No. 7 (Fort Leavenworth, KS: Army Command and General Staff College, February 1983); and David M. Glantz, *August Storm: Soviet Tactical and Operational Combat in Manchuria, 1945*, Leavenworth Paper No. 8 (Fort Leavenworth, KS: Army Command and General Staff College, June 1983).

86. 以下を参照のこと。Marc S. Gallicchio, *The Cold War Begins in Asia: American East Asian Policy and the Fall of the Japanese Empire* (New York: Columbia University Press, 1988).

87. ヨーロッパ大陸のバランス・オブ・パワーの維持について、イギリスとアメリカの動機は違っていた。すでに強調されたように、アメリカはヨーロッパの覇権国が自分たちに直接脅威を与えるとは考えていなかったが、その代わりに西半球の国とヨーロッパ（もしくはアジア）の大国が同盟を組む可能性を心配していた。イギリスはこの問題を恐れる必要はなかった。なぜならイギリスは自分のいる島を支配している唯一の国家だったからだ。その代わりに恐れていたのはヨーロッパの覇権国が自国の生き残りに対して軍事的に直接及ぼしてくる脅威のほうであり、イギリス海峡を越えて部隊を侵攻させてくるか、英海軍を打ち負かしてイギリスの海外との貿易を干上がらせ、経済を崩壊させることを憂慮していた。

88. Eyre Crowe, "Memorandum on the Present State of British Relations with France and Germany," January 1, 1907, in G. P. Gooch and Harold Temperley, eds., *British Documents on the Origins of the War, 1898–1914*, vol. 3 (London: His Majesty's Stationery Office, 1928), p. 403. この効果についてのその他のコメントについては、エドワード・グレイ卿（外相）による一九一一年一一月二七日と一九一四年八月三日に議会で行ったスピーチを参照のこと。その文献については以下の通り。Edward Grey, *Speeches on Foreign Affairs, 1904–1914* (London: Allen and Unwin, 1931), pp. 145–71, 297–315; and Paul M. Kennedy, *The Realities Behind Diplomacy: Background Influences on British External Policy, 1865–1980* (Boston: Allen and Unwin, 1981), p. 139.

89. 以下の文献からの引用。Richard Pares, "American versus Continental Warfare, 1739–1763," *English Historical Review* 51, No. 203 (July 1936), p. 430. その二〇年前の一七二三年にはロバート・ウォルポール首相が「私の政治方針は、できるだけすべての関与からの自由を維持することです」と述べている。以下の文献からの引用。Gilbert, *To the Farewell Address*, p. 22.

90. 過去三〇〇年間のイギリスの対大陸戦略についての優れた分析については以下を参照のこと。Steven T. Ross, "Blue Water Strategy Revisited," *Naval War College Review* 30, No. 4 (Spring 1978), pp. 58–66. 以下の文献も参照のこと。Michael Howard, *The Continental Commitment: The Dilemma of British Defence Policy in the Era of Two World Wars* (London: Pelican, 1974); Paul M. Kennedy, *The Rise and Fall of British Naval Mastery* (London: Allen Lane, 1976); Pares, "American versus Continental Warfare," pp. 429–65; and R. W. Seton-Watson, *Britain in Europe, 1789–1914: A Survey of Foreign Policy* (New York: Macmillan, 1937), pp. 35–37. バジル・ヘンリー・リデル・ハート（B. H. Liddell Hart）は一九三〇年代後半に「イギリス流の戦争方法」とは、大陸へのコミットメントを避けて、その代わりに海軍を使ってヨーロッパの戦争の結末に影響を与えることだと論じている。以下を参照のこと。B. H. Liddell Hart, *The British Way in Warfare* (London: Faber, 1932); and B. H. Liddell Hart, *When Britain Goes to War* (London: Faber, 1935). このような議論は、以下の文献でほぼ否定されている。Brian Bond, *Liddell Hart: A Study of His Military Thought* (London: Cassell, 1977), chap. 3; and Michael Howard, *The British Way in Warfare: A Reappraisal*, 1974 Neale Lecture in English History (London: Cape, 1975).

91. 第八章を参照のこと。

92. Christopher Howard, *Splendid Isolation* (New York: St. Martin's, 1967), pp. xi–xv.

93. 唯一の例外はクリミア戦争（一八五三〜五六年）の時にイギリスとフランスが、ロシアのクリミア半島を侵攻したことだ。ところがイギリスはロシアが中欧に拡大することを恐れたためにこれを実行したわけではない。その理由は、ロシアがトルコを犠牲にして黒海地域に拡大することが、イギリスのインドとの交通路に脅威を及ぼすと考えたからだ。これについては以下の文献を参照のこと。Andrew D. Lambert, *The Crimean War: British Grand Strategy, 1853–56* (New York: Manchester University Press, 1990).

94. 第八章を参照のこと。

95. イギリスの貢献を短くまとめたものとしては以下を参照のこと。Brian Bond, *British Military Policy between the Two World Wars* (Oxford: Oxford University Press, 1980), pp. 1–6. さらに詳細については以下を参照のこと。James E. Edmonds, ed., *Military Operations: France and Belgium, 1918*, 5 vols., Official British History of World War I (London: Macmillan, 1935–47); Hubert Essame, *The Battle for Europe, 1918* (New York: Scribner's, 1972); and John Terraine, *To Win a War: 1918, the Year of Victory* (New York: Doubleday, 1981). 以下の文献も参照のこと。John J. Mearsheimer, *Liddell Hart and the Weight of History* (Ithaca, NY: Cornell University Press, 1988), chap. 3.

96. David G. Williamson, *The British in Germany, 1918–1930: The Reluctant Occupiers* (New York: Berg, 1991).

97. 第一章でも述べたように、一九四五年以降のイギリスは大国ではないが、それでもヨーロッパにおいてはオフショア・バランサーとして行動している。

【第八章】

▼表８－１

［出典］：一七五〇年から一八〇〇年までの数値は以下の文献から。Paul Kennedy, *The Rise and Fall of the Great Powers: Economic Change and Military Conflict from 1500 to 2000* (New York: Vintage, 1987), p. 99.［ケネディ著『大国の興亡』］。一八六〇年の数値については以下の文献から。J. David Singer and Melvin Small, *National Material Capabilities Database, 1816–1985* (Ann Arbor, MI: Inter-University Consortium for Political and Social Research, February 1993).

▼表８－２

［出典］：フランス軍の数値については以下の文献から。Jean-Paul Bertaud, *The Army of the French Revolution*, trans. R. R.

Palmer (Princeton, NJ: Princeton University Press, 1988), pp. 239 (n. 2), 272; Georges Blond, *La Grande Armée*, trans. Marshall May (London: Arms and Armour Press, 1995), pp. 510–11; David G. Chandler, *The Campaigns of Napoleon* (New York: Macmillan, 1966), p. 333［チャンドラー著『ナポレオン戦争』］; Owen Connelly, *French Revolution/Napoleonic Era* (New York: Holt, Rinehart, and Winston, 1979), p. 240; Robert A. Doughty and Ira D. Gruber, *Warfare in the Western World*, vol. 1, *Military Operations from 1600 to 1871* (Lexington, MA: D.C. Heath, 1996), p. 213; John R. Elting, *Swords around a Throne: Napoleon's Grande Armée* (New York: Free Press, 1988), pp. 61, 653; Vincent J. Esposito and John Robert Elting, *A Military History and Atlas of the Napoleonic Wars* (New York: Frederick A. Praeger, 1964), p. 35; Alan Forrest, *The Soldiers of the French Revolution* (Durham, NC: Duke University Press, 1990), p. 82; Kennedy, *Rise and Fall*, p. 99［ケネディ著『大国の興亡』］; John A. Lynn, *The Bayonets of the Republic* (Urbana: University of Illinois Press, 1984), pp. 48, 53; and Gunther E. Rothenberg, *The Art of Warfare in the Age of Napoleon* (Bloomington: Indiana University Press, 1978), pp. 43, 98. 一八〇一～〇二年と一八一〇～一一年についての数は著者の推測。その他のヨーロッパの軍隊についての数値については以下の文献からのものを四捨五入して使用した。Chandler, *Campaigns of Napoleon*, pp. 42, 666, 750［チャンドラー著『ナポレオン戦争』］; Connelly, *French Revolution/Napoleonic Era*, p. 268; Clive Emsley, *The Longman Companion to Napoleonic Europe* (London: Longman, 1993), p. 138; David French, *The British Way in Warfare, 1688–2000* (London: Unwin Hyman, 1990), p. 107; Charles J. Esdaile, *The Wars of Napoleon* (New York: Longman, 1995), p. 18; David R. Jones, "The Soviet Defence Burden through the Prism of History," in Carl G. Jacobsen, ed., *The Soviet Defence Enigma: Estimating Costs and Burden* (Oxford: Oxford University Press, 1987), p. 155; Kennedy, *Rise and Fall*, p. 99［ケネディ著『大国の興亡』］; Evan Luard, *The Balance of Power: The System of International Relations, 1648–1815* (New York: St. Martin's, 1992), p. 37; Walter M. Pintner, *Russia as a Great Power: Reflections on the Problem of Relative Backwardness, with Special Reference to the Russian Army and Russian Society*, Occasional Paper No. 33 (Washington, DC: Kennan Institute for Advanced Russian Studies, July 18, 1979), p. 29; Rothenberg, *Art of Warfare*, pp. 167, 171–73, 177, 188, 199; and William O. Shanahan, *Prussian Military Reforms, 1786–1813* (New York: AMS, 1966), pp. 33–34, 178, 206, 221.

▶表８－３

［注］：na＝該当なし。

［出典］：一八六二年と六四年のオーストリア、プロイセン、ロシアの数値については以下の文献を参照のこと。Singer and Small, *National Material Capabilities Data*. ロシアの数は実際は一八六二年と六五年のものであるが、シンガーとスモールは説明なしに一八六四年のロシア軍の数を一〇〇万としている。イギリスの数値については以下の文献から。Michael

Stephen Partridge, *Military Planning for the Defense of the United Kingdom, 1814–1870* (Westport, CT: Greenwood, 1989), p. 72. イタリアの一八六二年の数値については以下の文献から。Singer and Small, *National Material Capabilities*; 一八六四年の数値については以下の文献から。*The Statesman's Year-Book* (London: Macmillan, 1865), p. 312. 一八六六年のオーストリア、プロイセン、ロシアの常備軍の数については以下から。Singer and Small, *National Material Capabilities Data*; 一八六六年のイギリスの数については以下から。Edward M. Spiers, *The Army and Society, 1815–1914* (London: Longman, 1980), p. 38; 一八六六年のフランスの数については以下から。Douglas Porch, *Army and Revolution: France, 1815–1848* (London: Routledge and Kegan Paul, 1974), p. 67; 一八六六年のイタリアの数については以下から。Geoffrey Wawro, *The Austro-Prussian War* (Cambridge: Cambridge University Press, 1996), pp. 52–53. 一八六六年の動員後のオーストリア、プロイセンの数については以下から。William McElwee, *The Art of War: Waterloo to Mons* (Bloomington: Indiana University Press, 1974), pp. 53, 62. 一八七〇年のオーストリア、プロイセン、ロシアの常備軍の数については以下から。Singer and Small, *National Material Capabilities Data*; 一八七〇年のイギリスの数については以下から。Spiers, *Army and Society*, p. 36. 一八七〇年のフランスの数については以下から。Thomas J. Adriance, *The Last Gaiter Button: A Study of the Mobilization and Concentration of the French Army in the War of 1870* (Westport, CT: Greenwood, 1987), p. 23; 一八七〇年のイタリアの数については以下から。*The Statesman's Year-Book* (London: Macmillan, 1871), p. 312. 動員後（一八七〇年七月二八日の時点）のフランス軍の数については以下の文献を参照のこと。Adriance, *Last Gaiter Button*, p. 145; この数値は七月二八日までに連隊本部に到着した予備役を常備軍の数に加えたものだ。プロイセンの数（一八七〇年八月二日の時点）については以下の文献を参照のこと。Michael Howard, *The Franco-Prussian War: The German Invasion of France, 1870–1871* (London: Methuen, 1961), p. 60. 一八七〇～七一年の普仏戦争で動員されたドイツとフランスの兵士全体の数については以下のものを参照のこと。Theodore Ropp, *War in the Modern World* (Durham, NC: Duke University Press, 1959), p. 156 (n. 13).

▶８－４

[注]：「戦争潜在力」については６－１で定義済み。国家の「戦闘部隊」とは戦場ですぐさま戦闘に従事できる兵士のこと。一九一四年八月の時点で複数の戦線に派遣されていた戦闘部隊の分布状況については以下の通り。ガリツィアがセルビア侵攻のための二五万人：ドイツがフランスと低地諸国の侵攻のために一四八万五〇〇〇人、東プロイセンには二二万五〇〇〇人：ロシアは一二〇万をガリツィア、六〇万を東プロイセン侵攻のために配備。

[出典]：一九〇〇年、一九〇五年、一九一〇年の、すべての国の常備軍と戦争潜在力についての数値については以下の文献を参照のこと。*The Statesman's Year-Book* (London: Macmillan, various years)。ただし一九一〇年 のオーストリア

＝ハンガリーの戦争潜在力については著者の推測である。特定の年とそれが表示されているページについては以下の通り（年は以下の文献のもの。*The Statesman's Year-Book*）：オーストリア＝ハンガリー，1901, p. 386; 1906, p. 653; 1911, p. 590; イギリス，1901, pp. 57–58; 1906, p. 284; 1911, pp. 52–53; フランス，1901, p. 556; 1906, pp. 614–15; 1911, pp. 768–69; ドイツ，1901, pp. 629–30; 1906, pp. 936–37; 1911, p. 843; ロシア，1901, p. 991; 1911, p. 1166; イタリア，1902, p. 806; 1906, p. 1088; 1911, p. 963. 一九〇五年のフランスの戦闘部隊についての数値については以下の文献から。David G. Herrmann, *The Arming of Europe and the Making of the First World War* (Princeton, NJ: Princeton University Press, 1996), p. 45. ドイツの同じ数値についての同じ著者の推測については以下の箇所を参照のこと。ibid., pp. 44–45, 160, 221; and Jack L. Snyder, *The Ideology of the Offensive: Military Decision Making and the Disasters of 1914* (Ithaca, NY: Cornell University Press, 1984), pp. 41–50, 67, 81, 109–11, 220. 一九一四年のオーストリア＝ハンガリーの常備軍と動員された戦闘部隊の数値は以下の文献から。Holger H. Herwig, *The First World War: Germany and Austria-Hungary, 1914–1918* (London: Arnold, 1997), p. 12; and Arthur Banks, *A Military Atlas of the First World War* (London: Leo Cooper, 1989), p. 32. イギリスの数値については以下の文献を参照。War Office, *Statistics of the Military Effort of the British Empire During the Great War* (London: His Majesty's Stationery Office, 1922), p. 30; and Herwig, *First World War*, p. 98. フランス軍の数値については以下の文献を参照。*Les Armées Francaises dans La Grande Guerre* (Paris: Imprimerie Nationale, 1923), p. 30; and J. E. Edmonds, *History of the Great War: Military Operations, France and Belgium, 1914*, Vol. 1 (London: Macmillan, 1933), p. 18. ドイツの数値については以下の文献を参照。Spencer C. Tucker, *The Great War, 1914–1918* (Bloomington: Indiana University Press, 1998), p. 17; and Banks, *Atlas of the First World War*, pp. 30, 32. ロシア軍の数値については以下の文献から。Alfred Knox, *With the Russian Army, 1914–1917* (London: Hutchinson, 1921), p. xviii; and Tucker, *The Great War*, pp. 40, 44. イタリアの常備軍の数値については以下の文献を参照。Herrmann, *Arming of Europe*, p. 234. そして動員された部隊についての数値（一九一五年五月のイタリアが参戦した時のもの）については以下を参照のこと。Banks, *Atlas of the First World War*, p. 200. 一九一四年から一八年までオーストリア＝ハンガリー、イギリス、フランス、ドイツ、そしてロシアにおいて動員された兵士のすべての数については以下の文献から。Roger Chickering, *Imperial Germany and the Great War, 1914–1918* (Cambridge: Cambridge University Press, 1998), p. 195. イタリアの数値については以下の文献を参照。Judith M. Hughes, *To the Maginot Line: The Politics of French Military Preparation in the 1920s* (Cambridge, MA: Harvard University Press, 1971), p. 12.

▶表８－５

［出典］：すべての数値は以下の文献から。*The Statesman's Year-Book* (various years). ただし一九二〇年のソ連については

以下の文献を参照。Singer and Small, *National Material Capabilities Data*. 特定の年とそれが表示されているページについては以下の通り（年は以下の文献のもの。*The Statesman's Year-Book*）：イギリス，1920, p. 53; 1925, p. 44; 1931, p. 41; フランス，1921, p. 855; 1926, p. 857; 1931, p. 853; ドイツ，1921, p. 927; 1926, p. 927; 1931, p. 927; イタリア，1921, p. 1016; 1926, p. 1006; 1931, p. 1023; ソ連，1926, p. 1218; 1931, p. 1238.

▶表８－６

［出典］：イギリスの数値については以下の文献を参照。*the League of Nations Armaments Year-Book* (Geneva: League of Nations, June 1940), pp. 58–59. フランスについては以下の年に出版された文献を参照のこと。*the League of Nations Armaments Year-Book*（年は出版と同じ）：July 1934, p. 259; June 1935, p. 366; August 1936, p. 368; and *The Statesman's Year-Book* (London: Macmillan, various years): 1937, p. 898; 1938, p. 908; 1939, p. 904. ドイツの数値については以下の文献を参照。Barton Whaley, *Covert German Rearmament, 1919–1939: Deception and Misperception* (Frederick, MD: University Press of America, 1984), p. 69; Herbert Rosinski, *The German Army* (London: Hogarth, 1939), p. 244; Wilhelm Deist, *The Wehrmacht and German Rearmament* (Toronto: University of Toronto Press, 1981), p. 44; and *The Statesman's Year-Book*, 1938, p. 968. イタリアについては以下の文献を参照。*The Statesman's Year-Book*, 1934, p. 1043; 1935, pp. 1051–52; 1936, p. 1062; 1938, pp. 1066–67; 1939, p. 1066; and Singer and Small, *National Material Capabilities Data*. ソ連の数値については以下の文献から。*the League of Nations Armaments Year-Book*, 1934, p. 720; June 1940, p. 348; Singer and Small, *National Material Capabilities Data*; and David M. Glantz, *The Military Strategy of the Soviet Union: A History* (London: Frank Cass, 1992), p. 92.

▶表８－７

［出典］：数値は以下の文献から。Williamson Murray, *The Change in the European Balance of Power, 1938–1939: The Path to Ruin* (Princeton, NJ: Princeton University Press, 1984), p. 242; Richard Overy, *The Penguin Historical Atlas of the Third Reich* (London: Penguin, 1996), p. 67; and Albert Seaton, *The German Army, 1933–1945* (New York: New American Library, 1982), pp. 92–93, 95.

▶表８－８

［注］: na ＝ 該当なし。「戦闘部隊」(Fighting army)については表８－４で定義済み。「動員さらた部隊」(mobilized army)とは、一九三九年に動員が完了した時点で従軍している人々の数をあらわしている。したがってこれは戦闘に従事している人間だけに限らない。この数は一九四〇年と四一年の時点では「全軍」（total army）と呼ばれる。表８－７の数値を比較すると明らかなのは、ドイツ兵士のかなりの割合が、後方支援よりも戦闘部隊に組み込まれていたという点だ。この意

味からドイツの戦闘力は優位にあったことになる。

［出典］：イギリスの数値については以下の文献を参照。*the League of Nations Armaments Year-Book* (Geneva: League of Nations, June 1940), p. 59; I.C.B. Dear, ed., *The Oxford Companion to World War II* (Oxford: Oxford University Press, 1995), p. 1148; and John Ellis, *World War II: A Statistical Survey* (New York: Facts on File, 1993), p. 228. フランスの数値については以下の文献を参照。Ellis, *World War II*, p. 227; Pierre Montagnon, *Histoire de l'Armée Francaise: Des Milices Royales a l'Armée de Métier* (Paris: Editions Pygmalion, 1997), p. 250; Phillip A. Karber et al., *Assessing the Correlation of Forces: France 1940*, Report No. BDM/W-79-560-TR (McLean, VA: BDM Corporation, 1979), table 1; and Dear, ed., *Oxford Companion to World War II*, p. 401. ドイツの数値については以下の文献を参照。Whaley, *Covert German Rearmament*, p. 69; Dear, ed., *Oxford Companion to World War II*, p. 468; Matthew Cooper, *The German Army, 1933–1945: Its Political and Military Failure* (New York: Stein and Day, 1978), pp. 214, 270; and Ellis, *World War II*, p. 227. ソ連の数値については以下の文献を参照。Glantz, *Military Strategy*, p. 92; Louis Rotundo, "The Creation of Soviet Reserves and the 1941 Campaign," *Military Affairs* 50, No. 1 (January 1985), p. 23; Ellis, *World War II*, p. 228; and Jonathon R. Adelman, *Revolution, Armies, and War: A Political History* (Boulder, CO: Lynne Rienner, 1985), p. 174. イタリアについては以下の文献を参照。Singer and Small, *National Material Capabilities Data*; Dear, ed., *Oxford Companion to World War II*, p. 228; and Ellis, *World War II*, p. 228.

1. これらの日付は、私が各ケースを検証する際の時間枠を表している。これにはナポレオン時代のフランス、ヴィルヘルム皇帝時代のドイツ、もしくはナチス・ドイツ（ただしソ連は除く）などが潜在覇権国になる数年前の時間も含まれている。後に明らかになるが、ナポレオン率いるフランスは一七九三年から一八一五年まで潜在覇権国であり、一九〇三年から一九一八年まではヴィルヘルム皇帝率いるドイツ、そして一九三九年から一九四五年まではナチス・ドイツが同じく潜在覇権国になっている。ソ連は一九四五年から一九〇〇年までの全期にわたって潜在覇権国であった。また、私が「ナポレオン率いるフランス」と呼ぶ時期のフランス（一七八九～一八一五年）では、ナポレオンが一七九九年一一月一〇日まで政権を取らなかったにもかかわらず、私はまとめてこう読んでいる。他にも、冷戦のケースには北東アジアだけでなく、ヨーロッパでの超大国同士の競争関係も含めた。

2. バリー・ポーゼン（Barry Posen）はこれらの要素と共に軍事技術を強調している。以下の文献を参照のこと。Barry Posen, *The Sources of Military Doctrine: France, Britain, and Germany between the World Wars* (Ithaca, NY: Cornell University Press, 1984), pp. 63–67. これとは別に、攻撃・防御バランスの知覚を強調した見解については以下の文献を参照のこ

と。Thomas J. Christensen and Jack Snyder, "Chain Gangs and Passed Bucks: Predicting Alliance Patterns in Multipolarity," *International Organization* 44, No. 2 (Spring 1990), pp. 137–68.

3. この枠組については第九章でさらに詳しく議論されている。

4. Ludwig Dehio, *Germany and World Politics in the Twentieth Century*, trans. Dieter Pevsner (New York: Norton, 1967), p. 29; and Posen, *Sources*, p. 63.

5. 以下の文献を参照のこと。Scott Sagan, "1914 Revisited: Allies, Offense, and Instability," *International Security* 11, No. 2 (Fall 1986), pp. 151–76; and Stephen Van Evera, *Causes of War: Power and the Roots of Conflict* (Ithaca, NY: Cornell University Press, 1999), pp. 152–54.

6. 一七八九年から一八一五年までの大国政治については、かなりの量の文献がある。その中でも本章での議論の上で参考となるのが以下のもの。Geoffrey Best, *War and Society in Revolutionary Europe, 1770–1870* (Montreal: McGill–Queen's University Press, 1998), chaps. 5–13; T.C.W. Blanning, *The Origins of the French Revolutionary Wars* (New York: Longman, 1986); David G. Chandler, *The Campaigns of Napoleon* (New York: Macmillan, 1966)［チャンドラー著『ナポレオン戦争』］; Vincent J. Esposito and John R. Elting, *A Military History and Atlas of the Napoleonic Wars* (New York: Praeger, 1965); David Gates, *The Napoleonic Wars, 1803–1815* (London: Arnold, 1997); Georges Lefebvre, *Napoleon*, vol. I, *From 18 Brumaire to Tilsit, 1799–1807*, and vol. 2, *From Tilsit to Waterloo, 1807–1815*, trans. H. F. Stockhold and J. E. Anderson, respectively (New York: Columbia University Press, 1990); Steven T. Ross, *European Diplomatic History, 1789–1815: France against Europe* (Garden City, NY: Anchor, 1969); Paul W. Schroeder, *The Transformation of European Politics, 1763–1848* (Oxford: Oxford University Press, 1994), chaps. 1–11; and Stephen M. Walt, *Revolution and War* (Ithaca, NY: Cornell University Press, 1996), chap. 3.

7. このフレーズは以下の文献から。William Carr, *The Origins of the Wars of German Unification* (London: Longman, 1991), p. 90.

8. フランス革命戦争はイデオロギーではなく相対的なパワーの計算によって行われたとする文献については以下のものを参照のこと。Blanning, *French Revolutionary Wars;* Ross, *Diplomatic History*; and Schroeder, *Transformation*. ウォルトはこれらの戦争を突き動かしたのは権力闘争であると同意しているが、それでもイデオロギー面での考慮が関係各国のバランス・オブ・パワーの計算に影響を与えたと主張している。Walt, *Revolution and War*, chap. 3.

9. 一八世紀の戦いについては以下の文献を参照のこと。Best, *War and Society*, chaps. 1–4; Hans Delbruck, *History of the Art of War: Within the Framework of Political History*, vol. 4, *The Modern Era*, trans. Walter J. Renfroe, Jr. (Westport, CT: Greenwood,

1985), pp. 223–383; Michael Howard, *War in European History* (Oxford: Oxford University Press, 1976), chap. 4; and R. R. Palmer, “Frederick the Great, Guibert, Bulow: From Dynastic to National War,” in Peter Paret, ed., *Makers of Modern Strategy: From Machiavelli to the Nuclear Age* (Princeton, NJ: Princeton University Press, 1986), pp. 91–119.［パレット編著『現代戦略思想の系譜』］

10. 歴史家はオーストリアとプロイセンが共にフランスを侵攻した一七九二年二月七日を最初の同盟結成の日としている。ところがこの同盟は明らかにバランシング同盟ではない。

11. ロシアのある外交官によれば、「現在の戦争はプロイセンと共に戦っているという意味では楽ですが、それでもロシアを疲弊《ひへい》させることになりますし、これはそれがどれほど長期に渡るものになるのかによって、それに使える手段が大きく左右されることになります。もちろんこれはオーストラリにとっても同じことかもしれませんが、われわれがどこまで無傷でいられて、目の前のバランスにどこまで影響を与えられるかを考えてみてほしいのです」と書いている。以下からの引用。Schroeder, *Transformation*, p. 145.

12. ナポレオンが戦闘に及ぼした大きなインパクトについて記したものの中で特に優れたものとしては以下の文献を参照のこと。Carl Von Clausewitz, *On War*, eds. and trans. Michael Howard and Peter Paret (Princeton, NJ: Princeton University Press, 1976), pp. 585–610.［クラウゼヴィッツ著『戦争論』］。また、以下の文献も参照のこと。Jean Colin, *The Transformations of War*, trans. L.H.R. Pope-Hennessy (London: Hugh Rees, 1912).

13. スペインにおける紛争については以下の文献を参照のこと。David Gates, *The Spanish Ulcer: A History of the Peninsular War* (New York: Norton, 1986); and Michael Glover, *The Peninsular War, 1807–1814: A Concise Military History* (Hamden, CT: Archon, 1974).

14. ハンス・デルブリュック（Hans Delbruck）によれば、「ナポレオンは敵に囲まれたとしても、まとめて個別に対処している。一八〇五年にはロシアが到着する前にオーストリアをウルムで破り、次にロシアをオーストリア軍の残りを使ってプロイセンが介入してくる前にアウステルリッツで破っている。一八〇六年にはロシアが（イエナに）来る前にプロイセンを破っており、一八〇七年にはオーストリアが再び立ち上がって向かってくる前にロシアを打ち破っている」と記している。Delbruck, *History*, Vol. 4, p. 422.

15. Peter Paret, “Napoleon and the Revolution in War,” in Paret, *Makers*, p. 123.［パレット編著『現代戦略思想の系譜』］

16. Schroeder, *Transformation*, p. 289.

17. 第四章でも述べたように、イギリスはその翌日（一八〇五年一〇月二一日）にトラファルガーの海戦で決定的な勝利をおさめている。ところがこれ以降の議論でも明らかだが、イギリスの海での成功はナポレオン軍に対してはほとんど効果を挙げておらず、少なくとも一八〇九年まではライバル大国たちに対して大きな勝利を上げ続けた。

18. ハロルド・ドイチュ（Harold Deutsch）は、ウルム以後でアウステルリッツ以前のナポレオンの状況について「プロイセンがまだ偉大な勝利を獲得するのにためらっている間に同盟を破壊してしまおうとしていた」と記している。以下の文献を参照のこと。Harold C. Deutsch, *The Genesis of Napoleonic Imperialism* (Cambridge, MA: Harvard University Press, 1938), p. 402. ウルム後のプロイセンの行動については以下の文献を参照のこと。ibid., chaps. 21– 24.

19. ロシア侵攻については本書の第三章を参照のこと。

20. 一八一二年以降のフランスのライバル国たちの狙いをさらに明示しているものとしては、イギリスが一七九二年から一八一五年の間に与えた全ての援助金のほぼ四〇%を、この期間の最後の三年間に支給したという事実だ。これについては以下を参照のこと。Michael Duffy, "British Diplomacy and the French Wars, 1789–1815," in H. T. Dickinson, ed., *Britain and the French Revolution, 1789–1815* (New York: St. Martin's, 1989), p. 142. このテーマについての画期的な著作としては以下のものがある。John M. Sherwig, *Guineas and Gunpowder: British Foreign Aid in the Wars with France, 1793–1815* (Cambridge, MA: Harvard University Press, 1969).

21. 同盟国の中の「バックパッシングを行いたい」という隠れた動機がその原因の一部となって発生したこれらの制約は、ショーモン条約（一八一四年三月一日）でうまく対処されることになった。これについては以下の文献を参照のこと。Charles K. Webster, *The Foreign Policy of Castlereagh, 1812–1815: Britain and the Reconstruction of Europe* (London: G. Bell, 1931), pp. 211–32.

22. 第三章の注42に明記されている文献を参照のこと。

23. Brian Bond, *The Pursuit of Victory: From Napoleon to Saddam Hussein* (Oxford: Oxford University Press, 1998), p. 37.［ブライアン・ボンド著『戦史に学ぶ勝利の追及：ナポレオンからサダム・フセインまで』東洋書林、二〇〇六年］。フランスが侵略した国から強奪した事実についての最も優れた研究としては以下の文献を参照のこと。Owen Connelly, *Napoleon's Satellite Kingdoms: Managing Conquered Peoples* (Malabar, FL: Krieger, 1990); David Kaiser, *Politics and War: European Conflict from Philip II to Hitler* (Cambridge, MA: Harvard University Press, 1990), pp. 212–23, 246–52; and Stuart Woolf, *Napoleon's Integration of Europe* (London: Routledge, 1991), esp. chap. 4.

24. イギリスの統治に敵対的であったアイルランドは、一八〇〇年の時点でイギリスの全人口一六〇〇万人のうちの五〇〇万人を占めていた。以下の文献を参照。André Armengaud, "Population in Europe, 1700–1914," in Carlo M. Cipolla, ed., *The*

Fontana Economic History of Europe, vol. 3, *The Industrial Revolution* (London: Collins, 1973), p. 29. アイルランドの人口を除いて考えれば、フランスの人口はイギリスに対して一・五倍から二・五倍（二八〇〇万人と一一〇〇万人）に増えることになる。

25. すでに議論したように、人口規模は国家の富全体に影響を与えることがある。

26. 一八世紀の軍隊と一七八九年以降のフランス軍の規模と社会構成の違いについては以下の文献を参照のこと。Best, *War and Society*, chaps. 2–7; Howard, *War in European History*, chaps. 4–5; and Hew Strachan, *European Armies and the Conduct of War* (Boston: Allen and Unwin, 1983), chaps. 2–3.

27. フランスの海外領土への侵攻によって、オーストリアとロシアの人口面でのバランスは悪化している。たとえばポール・ケネディ（Paul Kennedy）は、「ナポレオンの隣国への侵攻はフランス人の数を一七八九年の二五〇〇万人から一八一〇年の四四〇〇万人へと増加させた」と主張している。Paul M. Kennedy, *The Rise and Fall of the Great Powers: Economic Change and Military Conflict from 1500 to 2000* (New York: Random House, 1987), p. 131.［ケネディ著『大国の興亡』］

28. 革命前のフランス軍の戦闘力はかなり低かったことについては明記しておくべきであろう。以下の文献を参照のこと。Steven Ross, *From Flintlock to Rifle: Infantry Tactics, 1740–1866* (Cranbury, NJ: Associated University Presses, 1979), chap. 1; Gunther E. Rothenberg, *The Art of Warfare in the Age of Napoleon* (Bloomington: Indiana University Press, 1978), chap. 1; and Spenser Wilkinson, *The French Army before Napoleon* (Oxford: Clarendon, 1915).

29. イギリスは小規模な陸軍を持っていただけでなく、大陸の戦いへのコミットメントも少なかった。自らの帝国内の植民地を警備し、イギリス自身を侵攻から守るためにもかなりの規模の部隊が必要であったからだ。これについては以下の文献を参照のこと。Piers Mackesy, "Strategic Problems of the British War Effort," in Dickinson, ed., *Britain and the French Revolution*, pp. 156–57. 二五万の部隊のうち、ピーク時にスペインに派遣していた兵数は四万七〇〇〇にもなる。これはイギリス軍全体の二〇%弱である。この記述については以下を参照。Ibid., p. 163.

30. 以下の文献を参照のこと。Jean-Paul Bertaud, *The Army of the French Revolution: From Citizen- Soldiers to Instrument of Power, trans. R. R. Palmer* (Princeton, NJ: Princeton University Press, 1988), chaps. 1–2; and Samuel F. Scott, *The Response of the Royal Army to the French Revolution: The Role and Development of the Line Army, 1787– 93* (Oxford: Clarendon, 1978), chaps. 1–4.

31. Bertaud, *Army of the French Revolution*, chaps. 3–14; John A. Lynn, *The Bayonets of the Republic: Motivation and Tactics in the Army of Revolutionary France, 1791–94* (Urbana: University of Illinois Press, 1984); Ross, *Flintlock*, chap. 2; and Rothenberg, *Art of Warfare*, chap. 4.

32. Best, *War and Society*, p. 88.

33. 徴兵制については以下の文献を参照のこと。Isser Woloch, "Napoleonic Conscription: State Power and Civil Society," *Past and Present*, No. 111 (May 1986), pp. 101–29. ナポレオンが外国人部隊を使ったことについては以下の文献を参照のこと。Best, *War and Society*, pp. 114–17; John R. Elting, *Swords around a Throne: Napoleon's Grande Armée* (New York: Free Press, 1988), chaps. 18–19; Rothenberg, *Art of Warfare*, pp. 158–62; and Woolf, *Napoleon's Integration*, pp. 156–74.

34. Clausewitz, *On War*, p. 592.［クラウゼヴィッツ著『戦争論』］。ナポレオンがフランス軍を質的に改善したことについては以下の文献を参照のこと。Chandler, *Campaigns*, pts. 3, 6［チャンドラー著『ナポレオン戦争』］; Colin, *Transformations*, esp. pp. 117–35, 228–95; Christopher Duffy, *Austerlitz, 1805* (London: Seeley Service, 1977), chap. 2; Elting, *Swords*; Ross, *Flintlock*, chap. 3; and Rothenberg, *Art of Warfare*, chap. 5. 他にも有益なものとしては以下の文献を参照。Robert S. Quimby, *The Background of Napoleonic Warfare: The Theory of Military Tactics in Eighteenth-Century France* (New York: Columbia University Press, 1957). 一八〇七年以降にナポレオン軍の質は落ちているのだが、一八一二年以降はとりわけその低下が明白になっている。

35. 軍事史家を含む、一七九二年から一八一五年までの期間の歴史を研究しているほぼすべて人間が強調しているのは、ナポレオンが軍の指揮官としていかに天才的であったかということだ。たとえばクラウゼヴィッツの『戦争論』(p.170)の中にある、以下のような記述を考えてみてほしい。「長い危機の経験に鍛えられ、多くのを戦勝を通して士気を高め、自ら最高の要求を掲げるに至った軍隊がどれほどのことを成就できるかを知るためには、征服戦に備えてナポレオンが要請し指揮した軍隊が、強烈で持続的な砲火のもとでいかに頑強に抵抗したかを見る必要がある。だが頭で考えただけではそれは信じられられないことであろう」。その反対にナポレオンの軍事面での才能に異を唱えている珍しい文献としては以下のものを参照のこと。Owen Connelly, *Blundering to Glory: Napoleon's Military Campaigns* (Wilmington, DE: Scholarly Resources, 1987).

36. 以下の文献を参照のこと。Best, *War and Society*, chaps. 10, 11, 13; Gates, *Napoleonic Wars*, chap.5; Ross, *Flintlock*, chap. 4; and Rothenberg, *Art of Warfare*, chap. 6. プロイセン側の対応についての主要な著作については以下のものがある。Peter Paret, *Yorck and the Era of Prussian Reform, 1807–1815* (Princeton, NJ: Princeton University Press, 1966). ナポレオンのライバルとなる四つの大国のうちの三つがフランス式のモデルを拒否して軍の戦闘力を上げたために、彼らはフランスに対してバランシング同盟を結成しようとする強いインセンティブを持った。

37. オーストリアが最終的にバックパッシングされてしまうことが多かったことは、以下の文献の主要テーマとなっている。Schroeder, *Transformation.*

38. David G. Chandler, *On the Napoleonic Wars: Collected Essays* (London: Greenhill, 1994), p. 43.また、オーストリアはバランス・オブ・パワーから七年間はずれており、プロイセンは六年間、ロシアはゼロである。

39. Chandler, *Napoleonic Wars*, p. 43.［チャンドラー著『ナポレオン戦争』］

40. イギリスの戦略については以下の文献を参照のこと。Duffy, “British Diplomacy”; Mackesy, “Strategic Problems”; Rory Muir, *Britain and the Defeat of Napoleon, 1807–1815* (New Haven, CT: Yale University Press, 1996); Sherwig, *Guineas and Gunpowder; and Webster, Foreign Policy*. 当然だが、イギリスの同盟国たちはフランスを倒す戦略については非常に不満に感じている。以下の文献を参照のこと。Duffy, “British Diplomacy,” pp. 137– 38; and A. D. Harvey, “European Attitudes to Britain during the French Revolutionary and Napoleonic Era,” *History* 63, No. 209 (October 1978), pp. 356–65.

41. 一七九三年から一八〇四年までに間に、ロシアがフランスと戦争を行っていた期間はほんの一年以内である。

42. Sebastian Haffner, *The Rise and Fall of Prussia*, trans. Ewald Osers (London: Weidenfeld and Nicolson, 1980), chaps. 1–5.

43. 一八六四年の戦争については以下の文献を参照のこと。Carr, *Wars of German Unification*, chap. 2; and Otto Pflanze, *Bismarck and the Development of Germany: The Period of Unification, 1815–1871* (Princeton, NJ: Princeton University Press, 1963), chap. 11.

44. 普墺戦争については以下の文献を参照のこと。Carr, *Wars of German Unification*, chap. 3; Lothar Gall, *Bismarck: The White Revolutionary*, vol. 1, *1815–1871*, trans. J. A. Underwood (London: Unwin Hyman, 1986), chap. 8; Pflanze, *Bismarck*, chaps. 13–14; Richard Smoke, *War: Controlling Escalation* (Cambridge, MA: Harvard University Press, 1977), chap. 5; and Geoffrey Wawro, *The Austro-Prussian War: Austria's War with Prussia and Italy in 1866* (Cambridge: Cambridge University Press, 1996).

45. 普仏戦争については以下の文献を参照のこと。Carr, *Wars of German Unification*, chap. 4; Michael Howard, *The Franco-Prussian War: The German Invasion of France, 1870–1871* (New York: Dorset, 1990); Pflanze, *Bismarck*, chaps. 18–20; and Smoke, *War*, chap. 6.

46. W. E. Mosse, *The European Powers and the German Question, 1848–1871: With Special Reference to England and Russia* (New York: Octagon, 1969). 以下の文献も参照のこと。Richard Millman, *British Foreign Policy and the Coming of the Franco-Prussian War* (Oxford: Clarendon, 1965).

47. Haffner, *Rise and Fall of Prussia*, p. 124; and Smoke, *War*, p. 92.

48. Carr, *Wars of German Unification*, pp.129, 203; William C. Fuller, Jr., *Strategy and Power in Russia, 1600– 1914* (New York: Free

Press, 1992), pp. 272–73; Haffner, *Rise and Fall of Prussia*, pp. 124–26; and Smoke, *War*, pp. 89, 92–93, 101, 117, 128–33.

49. Mosse, *European Powers*, p. 372.

50. Pflanze, *Bismarck*, pp. 419–32, 460–62; and Smoke, *War*, pp. 127, 134–35.

51. さらなる比較については表３－１と３－２を参照のこと。

52. マイケル・ハワード（Michael Howard）によれば、一八六〇年のプロイセンは「大陸の軍事国としては最低ランクに位置していた」という。Howard, *Franco-Prussian War*, p. 1. 一八六〇年から七〇年までのフランスとプロイセンの状態の比較についての優れた研究としては以下の文献を参照のこと。ibid., chap. 1. また、以下の文献も参照のこと。Thomas J. Adriance, *The Last Gaiter Button: A Study of the Mobilization and Concentration of the French Army in the War of 1870* (Westport, CT: Greenwood, 1987), chaps. 1–3; Richard Holmes, *The Road to Sedan: The French Army, 1866–70* (London: Royal Historical Society, 1984); Trevor N. Dupuy, *A Genius for War: The German Army and General Staff, 1807–1945* (Englewood Cliffs, NJ: Prentice-Hall, 1977), chaps. 7–8; and Barry R. Posen, "Nationalism, the Mass Army, and Military Power," *International Security* 18, No. 2 (Fall 1993), pp. 100–106.

53. Ist van Deak, *Beyond Nationalism: A Social and Political History of the Habsburg Officer Corps, 1848–1918* (Oxford: Oxford University Press, 1992), chap. 2; and Gunther E. Rothenberg, *The Army of Francis Joseph* (West Lafayette, IN: Purdue University Press, 1976), chap. 6.

54. Fuller, *Strategy and Power*, pp. 273–89; and Bruce W. Menning, *Bayonets before Bullets: The Imperial Russian Army, 1861–1914* (Bloomington: Indiana University Press, 1992), chap. 1.

55. Correlli Barnett, *Britain and Her Army, 1509–1970: A Military, Political and Social Survey* (Harmondsworth, UK: Penguin, 1974), chap. 12; David French, *The British Way in Warfare, 1688–2000* (London: Unwin Hyman, 1990), chap. 5; and Edward M. Spiers, *The Army and Society, 1815–1914* (London: Longman, 1980), chaps. 2, 4.

56. A. J. P. テイラー（A. J. P. Taylor）はこの点について「ロシアとイギリスの両国は、ヨーロッパのバランス・オブ・パワーから自分たちを実質的に消滅させている。これによって一八六四年から六六年までの間はきわめて特殊な期間となった。ヨーロッパを支配する戦いは西ヨーロッパだけで展開されることになったからだ」と鋭く指摘している。A. J. P. Taylor, *The Struggle for Mastery in Europe, 1848–1918* (Oxford: Clarendon, 1954), p. 156.

57. このセクションに出てくる数値は、特別な指摘のない限り表８－３からのもの。

58. Carr, *Wars of German Unification*, p. 137. また、オーストリアは一八六六年の戦争で一〇個軍団のうちの三個軍団を派遺している。これについては以下の文献を参照のこと。Gordon A. Craig, *The Battle of Koniggratz* (London: Weidenfeld and Nicolson, 1965), p. 21.

59. Carr, *Wars of German Unification*, pp. 137–38; Craig, *Koniggratz*, pp. 15–39; Deak, *Beyond Nationalism*, pp. 51–52; Howard, *Franco-Prussian War*, p. 5; and James J. Sheehan, *German History, 1770–1866* (Oxford: Clarendon, 1993), pp. 901–5.

60. またこれは、なぜプロイセン軍のリーダーたちが、オーストリア軍を釘付けにしておいてくれるような同盟国（イタリア）なしではオーストリアとの戦争は実行不可能であると考えたのかを説明している。Gall, *Bismarck*, pp. 283–84; and Smoke, *War*, p. 85.

61. 以下の文献を参照のこと。Howard, *Franco-Prussian War*, chaps. 1–5.

62. Carr, *Wars of German Unification*, pp. 203–4; Smoke, *War*, pp. 128–29; 本書の注59に引用されている文献も参照のこと。

63. Smoke, *War*, pp. 129–32.

64. Howard, *Franco-Prussian War*, pp. 43–44.

65. 以下の文献を参照のこと。Deak, *Beyond Nationalism*, chap. 2; David G. Herrmann, *The Arming of Europe and the Making of the First World War* (Princeton, NJ: Princeton University Press, 1996), pp. 33–34, 97–100, 123–24, 201–2; C. A. Macartney, *The Habsburg Empire, 1790–1918* (London: Weidenfeld and Nicolson, 1968); Rothenberg, *Army of Francis Joseph*, chaps. 9–11; and A.J.P. Taylor, *The Habsburg Monarchy, 1809–1918: A History of the Austrian Empire and Austria-Hungary* (London: Hamish Hamilton, 1948).

66. 表3－3と表6－1を参照。また、以下の文献も参照のこと。John Gooch, *Army, State, and Society in Italy, 1870– 1915* (New York: St. Martin's, 1989); Herrmann, *Arming of Europe*, pp. 34–35, 101–5, 206–7; and "Italian Military Efficiency: A Debate," *Journal of Strategic Studies* 5, No. 2 (June 1982), pp. 248–77.

67. 以下からの引用。Richard Bosworth, *Italy and the Approach of the First World War* (New York: St. Martin's, 1983), p. 62.

68. Bosworth, *Italy and the Approach*; Richard Bosworth, *Italy, the Least of the Great Powers: Italian Foreign Policy before the First World War* (Cambridge: Cambridge University Press, 1979); Herrmann, *Arming of Europe*, pp. 105–11; and Christopher Seton-Watson, *Italy from Liberalism to Fascism, 1870–1925* (London: Methuen, 1967), chaps. 9–11.

69. 以下の文献を参照のこと。Fuller, *Strategy and Power*, pp. 350–62, 377–93; George F. Kennan, *The Fateful Alliance: France, Russia, and the Coming of the First World War* (New York: Pantheon, 1984); William L. Langer, *The Franco-Russian Alliance, 1890–1894* (New York: Octagon, 1977); William L. Langer, *The Diplomacy of Imperialism, 1890–1902*, 2d ed. (New York: Knopf,

1956), chaps. 1–2; and Taylor, *Mastery*, chap. 15.

70. 一八九〇年から一九一四年までの英独関係全般については以下の文献を参照のこと。Paul M. Kennedy, *The Rise of the Anglo-German Antagonism, 1860–1914* (London: Allen and Unwin, 1980), pts. 3–5.

71. 以下の文献を参照のこと。Prosser Gifford and William R. Louis, eds., *France and Britain in Africa: Imperial Rivalry and Colonial Rule* (New Haven, CT: Yale University Press, 1971); J.A.S. Grenville, *Lord Salisbury and Foreign Policy: The Close of the Nineteenth Century* (London: Athlone, 1964); Langer, *Diplomacy of Imperialism; Keith Neilson, Britain and the Last Tsar: British Policy and Russia, 1894–1917* (Oxford: Clarendon, 1995), pt. 2; そして本書の第五章の注36の文献も参照のこと。

72. Christopher Andrew, *Théophile Delcassé and the Making of the Entente Cordiale: A Reappraisal of French Foreign Policy, 1898–1905* (New York: St. Martin's, 1968), chaps. 9–10; George Monger, *The End of Isolation: British Foreign Policy, 1900–1907* (London: Thomas Nelson and Sons, 1963), chaps. 6–7; Stephen R. Rock, *Why Peace Breaks Out: Great Power Rapprochement in Historical Perspective* (Chapel Hill: University of North Carolina Press, 1989), chap. 4; and Taylor, *Mastery*, chap. 18.

73. 以下の文献を参照のこと。Monger, *End of Isolation*, chaps. 8–12; and Taylor, *Mastery*, chap. 19.

74. Kennedy, *Anglo-German Antagonism*, chaps. 16, 20.

75. この重要な出来事については以下の文献を参照のこと。Herrmann, *Arming of Europe; David Stevenson, Armaments and the Coming of War: Europe, 1904–1914* (Oxford: Oxford University Press, 1996), chap. 2; and Taylor, *Mastery*, chap. 19.

76. Herrmann, *Arming of Europe*, chap. 2.

77. 以下の文献を参照のこと。John Gooch, *The Plans of War: The General Staff and British Military Strategy c. 1900–1916* (New York: John Wiley, 1974), chap. 9; Nicholas d'Ombrain, *War Machinery and High Policy: Defence Administration in Peacetime Britain, 1902–1914* (Oxford: Oxford University Press, 1973), chap. 2; and Samuel R. Williamson, Jr., *The Politics of Grand Strategy: Britain and France Prepare for War, 1904–1914* (Cambridge, MA: Harvard University Press, 1969).

78. Monger, *End of Isolation*, chap. 11; Neilson, *Britain and the Last Tsar*, chap.9; Zara Steiner, *Britain and the Origins of the First World War* (London: Macmillan, 1977), chaps. 4, 6; and Williamson, *Politics of Grand Strategy*, chap. 1.

79. 以下の文献を参照のこと。John W. Coogan and Peter F. Coogan, "The British Cabinet and the Anglo-French Staff Talks, 1905–1914: Who Knew What and When Did He Know It?" *Journal of British Studies* 24, No. 1 (January 1985), pp. 110–31; Keith M. Wilson, "To the Western Front: British War Plans and the 'Military Entente' with France before the First World War," *British Journal of International Studies* 3, No. 2 (July 1977), pp. 151–68; and Keith M. Wilson, "British Power in the European Balance, 1906–

1914," in David Dilks, ed., *Retreat from Power: Studies in Britain's Foreign Policy of the Twentieth Century*, vol. 1, *1906–1939* (London: Macmillan, 1981), pp. 21–41.

80. 以下の文献を参照のこと。Neilson, *Britain and the Last Tsar*, chaps. 10–11.

81. この文献については第五章の注49を参照のこと。

82. この計算は表３－３を作成する際に使ったものと同じものを元にしている。第一次大戦までのイギリスとドイツの経済力のバランスの流れについての優れた議論については以下の文献を参照のこと。Charles P. Kindelberger, *Economic Response: Comparative Studies in Trade, Finance, and Growth* (Cambridge, MA: Harvard University Press, 1978), chap. 7. また、表３－１、３－２も参照のこと。

83. Herrmann, *Arming of Europe*, p. 112 フランスの陸軍については以下の文献を参照のこと。ibid., pp. 44–47, 80–85, 202–4; and Douglas Porch, *The March to the Marne: The French Army, 1871–1914* (Cambridge: Cambridge University Press, 1981). ドイツの陸軍については以下の文献を参照のこと。Herrmann, *Arming of Europe*, pp. 44– 47, 85–92, 200–201.

84. 一九〇五年の時点であればドイツは一・八倍よりもよい状態だったのかもしれない。ドイツの士官の何人かはドイツが一九五万の野戦軍を動員できると考えていたからだ。ところがフランス軍はドイツがたった一三三万しか戦闘部隊として派遣できないと結論づけていた。Herrmann, *Arming of Europe*, p. 45. 私は以下の文献から、ドイツ側の数がおよそ一五〇万だったと推測している。ibid., pp. 44–45, 160, 221; and Jack L. Snyder, *The Ideology of the Offensive: Military Decision Making and the Disasters of 1914* (Ithaca, NY: Cornell University Press, 1984), pp. 41– 50, 67, 81, 109–11, 220.

85. Fuller, *Strategy and Power*, chaps. 8–9; Herrmann, *Arming of Europe*, pp. 40–41, 61–63, 92–95, 112–46, 204–6; Pertti Luntinen, *French Information on the Russian War Plans, 1880–1914* (Helsinki: SHS, 1984), passim; Menning, *Bayonets before Bullets*, chaps. 5–7; and William C. Wohlforth, "The Perception of Power: Russia in the Pre-1914 Balance," *World Politics* 39, No. 3 (April 1987), pp. 353–81.

86. Herrmann, *Arming of Europe*, p.97. イギリスの陸軍については以下の文献を参照のこと。Barnett, *Britain and Her Army*, chaps. 14–15; Herrmann, *Arming of Europe*, pp. 42–43, 95–97, 206; and Edward M. Spiers, *The Late Victorian Army, 1868–1902* (New York: Manchester University Press, 1992).

87. 表３－１と３－２を参照のこと。

88. この議論と文献については第六章の注49を参照のこと。

89. Wilhelm Deist, *The Wehrmacht and German Rearmament* (Toronto:University of Toronto Press, 1981), p. 45.

90. この段落に引用されている数値は以下の文献からの参照。Deist, *The Wehrmacht*, chaps. 2–3; and Wilhelm Deist, “The Rearmament of the Wehrmacht,” in Militärgeschichtliches Forschungsamt, ed., *Germany and the Second World War*, vol. 1, *The Build-up of German Aggression*, trans. P. S. Falla, Dean S. McMurry, and Ewald Osers (Oxford: Clarendon, 1990), pp. 405–56. 以下の文献も参照のこと。Matthew Cooper, *The German Army, 1933–1945: Its Political and Military Failure* (New York: Stein and Day, 1978), chaps. 1–12; and Albert Seaton, *The German Army, 1933–1945* (New York: New American Library, 1982), chaps. 3–4.

91. Deist, *The Wehrmacht*, p. 38.

92. ドイツの空軍と海軍については以下の文献を参照のこと。Deist, *The Wehrmacht*, chaps. 4–6; Deist, “The Rearmament of the Wehrmacht,” pp. 456–504; and Williamson Murray, *The Change in the European Balance of Power, 1938–1939: The Path to Ruin* (Princeton, NJ: Princeton University Press, 1984), pp. 38–47.

93. Deist, “The Rearmament of the Wehrmacht,” p. 480.

94. 以下の文献を参照のこと。Arnold Wolfers, *Britain and France between Two Wars: Conflicting Strategies of Peace from Versailles to World War II* (New York: Norton, 1966), pp. 337–51.

95. Martin S. Alexander, *The Republic in Danger: General Maurice Gamelin and the Politics of French Defence, 1933–1940* (Cambridge: Cambridge University Press, 1992), chap. 9; Brian Bond, *British Military Policy between the Two World Wars* (Oxford: Oxford University Press, 1980), chaps. 8–9; Norman H. Gibbs, *Grand Strategy*, vol. 1, *Rearmament Policy* (London: Her Majesty’s Stationery Office, 1976), chaps. 12, 16; and Posen, *Sources*, chap. 5.

96. Robert P. Shay, Jr., *British Rearmament in the Thirties: Politics and Profits* (Princeton, NJ: Princeton University Press, 1977), p. 297.

97. Bond, *British Military Policy*, chaps. 10–11; and Gibbs, *Grand Strategy*, chaps. 13, 17, 18.

98. Gibbs, *Grand Strategy*, chap. 29.

99. 一九四〇年六月から一九四一年六月までスターリンがバックパッサーだったことについては以下の文献を参照のこと。Steven M. Miner, *Between Churchill and Stalin: The Soviet Union, Great Britain, and the Origins of the Grand Alliance* (Chapel Hill: University of North Carolina Press, 1988), chaps. 1–4. スターリンが「長期戦になればイギリスがナチス・ドイツを押さえてくれる」と考えていた証拠については以下の文献を参照のこと。ibid., pp. 62–63, 69, 71–72, 90–91, 95, 118–19, 123; and Gabriel Gorodetsky, *Grand Delusion: Stalin and the German Invasion of Russia* (New Haven, CT: Yale University Press, 1999), pp. 58–59, 65, 135. また、スターリンはイギリスが最終的に負けたとしてもドイツがその過程でかなり弱体化するだろ

うと考えていたという。これについては以下の文献を参照のこと。Earl F. Ziemke, "Soviet Net Assessment in the 1930s," in Williamson Murray and Allan R. Millett, eds., *Calculations: Net Assessment and the Coming of World War II* (New York: Free Press, 1992), p. 205. スターリンはイギリスにバックパッシングしようと考えていたが、この理由の一つは、イギリスこそがソ連に対してバックパッシングしてこようとしていると信じていたからだ。これについては以下の文献を参照のこと。Gorodetsky, *Grand Delusion*, pp. 4–6, 36, 39, 43, 89–90.

100. Nicole Jordan, *The Popular Front and Central Europe: The Dilemmas of French Impotence, 1918–1940* (Cambridge: Cambridge University Press, 1992), esp. chaps. 1–2; Posen, *Sources*, chap. 4; and Wolfers, *Britain and France*, chaps. 1–10.

101. ミュンヘン会議におけるフランスの行動については以下の文献を参照のこと。Anthony Adamthwaite, *France and the Coming of the Second World War, 1936–1939* (London: Cass, 1977), chaps. 11–13; and Yvon Lacaze, *France and Munich: A Study of Decision Making in International Affairs* (New York: Columbia University Press, 1995). 一九三〇年代なかばまでにフランスの同盟国たちが陥った悲惨な状況については以下の文献を参照のこと。Alexander, *Republic in Danger*, chap. 8; Jordan, *Popular Front*, chaps. 1–2; Anthony T. Komjathy, *The Crises of France's East Central European Diplomacy, 1933–1938* (New York: Columbia University Press, 1976); and Piotr S. Wandycz, *The Twilight of French Eastern Alliances, 1926–1936: French-Czechoslovakia-Polish Relations from Locarno to the Remilitarization of the Rhineland* (Princeton, NJ: Princeton University Press, 1988). 東欧の小国同士、そしてヒトラーの大国のライバルたちの間では、バックパッシングが頻繁《ひんぱん》に行われていたことは注目に値する。これについては以下の文献を参照のこと。Robert G. Kaufman, "To Balance or to Bandwagon? Alignment Decisions in 1930s Europe," *Security Studies* 1, No. 3 (Spring 1992), pp. 417–47.

102. Wolfers, *Britain and France*, p. 75. フランスがバックパッシングをかなり使っていたという証拠については、隣国のベルギーや東側の国々に対する態度と実質的に同じである。とりわけドイツ国防軍が西側を攻撃してくれば、フランスのリーダーたちはフランスではなくベルギーで戦おうと決心していたのだ。これについては以下の文献を参照のこと。Alexander, *Republic in Danger*, chap. 7.

103. アダムスウェイトはこの状況を「ラインラント、オーストリア併合、そしてミュンヘン会議は、フランスのリーダーたちの長期的な狙いであるドイツとの合意というものを、一時的に妨害することになったが、それでも変化させたわけではない。一九三八年九月に間一髪で戦争を逃れたことは、さらにフランスとドイツの合意を目指すことを決心させただけだ」と論じている。これについては Adamthwaite, *France and the Coming*, p. 280, and chap. 16 more generally.

104. ジリ・ホフマン（Jiri Hochman）によれば、「一九三五年やそれ以降に軍事協力の可能性を制限していた主な要因は、ソ連とドイツの間に国境がなかったこと」であるという。これについては以下の文献を参照。Jiri Hochman, *The Soviet Union and the Failure of Collective Security, 1934–1938* (Ithaca, NY: Cornell University Press, 1984), p. 54. さらに詳細については以下の文献を参照のこと。ibid., chaps. 2–3; Patrice Buffotot, “The French High Command and the Franco-Soviet Alliance, 1933–1939,” trans. John Gooch, *Journal of Strategic Studies* 5, No. 4 (December 1982), pp. 548, 554–56; and Barry R. Posen, “Competing Images of the Soviet Union,” *World Politics* 39, No. 4 (July 1987), pp. 586–90.

105. Anthony Adamthwaite, “French Military Intelligence and the Coming of War, 1935–1939,” in Christopher Andrew and Jeremy Noakes, eds., *Intelligence and International Relations, 1900–1945* (Exeter: Exeter University Publications, 1987), pp. 197–98; and Buffotot, “French High Command,” pp. 548–49.

106. ソ連がバックパッシングをしているのではないかとフランスが疑っていたことについては以下の文献を参照のこと。Alexander, *Republic in Danger*, pp. 299–300; Buffotot, “French High Command,” pp. 550–51; Jordan, *Popular Front*, pp. 70–71, 260, 307; and Robert J. Young, *In Command of France: French Foreign Policy and Military Planning, 1933–1940* (Cambridge, MA: Harvard University Press, 1978), pp. 145–50.

107. フランスがバックパッシングをしているのではないかとソ連が疑っていたことについては以下の文献を参照のこと。Jordan, *Popular Front*, pp. 259–60; and Alexander M. Nekrich, *Pariahs, Partners, Predators: German- Soviet Relations, 1922–1941*, trans. Gregory L. Freeze (New York: Columbia University Press, 1997), pp. 77, 106–7, 114, 269n. 10.

108. Adamthwaite, *France and the Coming*, chap. 13; Alexander, *Republic in Danger*, chap. 9; Nicholas Rostow, *Anglo-French Relations, 1934–36* (New York: St. Martin’s, 1984); and Young, *Command*, passim, esp. chaps. 5, 8.

109. Robert Frankenstein, *Le prix du reármement français* (1935–1939) (Paris: Publications de la Sorbonne, 1982), p. 307. 以下の文献も参照のこと。Adamthwaite, *France and the Coming*, chap. 10; and Alexander, *Republic in Danger*, chaps. 4–5.

110. 以下の文献を参照のこと。Robert C. Tucker, *Stalin in Power: The Revolution from Above, 1928–1941* (New York: Norton, 1990), pp. 223–37, 338–65, 409–15, 513–25, 592–619. 以下の文献も参照のこと。R. C. Raack, *Stalin’s Drive to the West, 1938–1945: The Origins of the Cold War* (Stanford, CA: Stanford University Press, 1995), introduction, chaps. 1–2; and Viktor Suvorov [pseudonym for Viktor Rezun], *Icebreaker: Who Started the Second World War?* trans. Thomas B. Beattie (London: Hamish Hamilton, 1990).

111. 以下の文献を参照のこと。Jonathan Haslam, *The Soviet Union and the Search for Collective Security, 1933– 1939* (New York: St. Martin’s, 1984); Geoffrey K. Roberts, *The Soviet Union and the Origins of the Second World War: Russo-German Relations and*

the Road to War (New York: St. Martin's, 1995); and Teddy J. Uldricks, "Soviet Security Policy in the 1930s," in Gabriel Gorodetsky, ed., *Soviet Foreign Policy, 1917–1991: A Retrospective* (London: Frank Cass, 1994), pp. 65–74.

112. Hochman, *Soviet Union and the Failure; Miner, Between Churchill and Stalin*; Nekrich, *Pariahs*; and Adam B. Ulam, *Expansion and Coexistence: Soviet Foreign Policy, 1917–73*, 2d ed. (New York: Holt, Rinehart, and Winston, 1974), chap. 5.

113. スターリンが集団安全保障を推し進めていたという人々は、彼の残した文書の中にバックパッシングも同時に追及していたという証拠も提示している。たとえば以下の文献を参照のこと。Jonathan Haslam, "Soviet-German Relations and the Origins of the Second World War: The Jury Is Still Out," *Journal of Modern History* 69, No. 4 (December 1997), pp. 785–97; Roberts, *The Soviet Union*; and Uldricks, "Soviet Security Policy."

114. Ulam, *Expansion and Coexistence*, p. 238.

115. スターリンの対独政策について書かれたほとんどの文献では「バックパッシングは間違った戦略だ」という想定が元になっている。たとえばホフマンは、スターリンが不道徳なご都合主義者であり、失敗確実の戦略を追及していたと描き出している。これについては以下の文献を参照のこと。Hochman, *Soviet Union and the Failure*.ところがハスラムはスターリンが正しい戦略（集団安全保障）を追及していたが、仕方なく破滅的な戦略（バックパッシング）を選ばなければならなかったとしており、これは西側の同盟国自身が愚かなことにバックパッシングを行っていたからだと分析している。これについては以下の文献を参照のこと。Haslam, *Soviet Union and the Search*.

116. Jonathan Haslam, *The Soviet Union and the Threat from the East, 1933–1941: Moscow, Tokyo and the Prelude to the Pacific War* (Pittsburgh, PA: University of Pittsburgh Press, 1992).

117. Michael J. Carley, *1939: The Alliance That Never Was and the Coming of World War II* (Chicago: Ivan R. Dee, 1999). スターリンの計算は、資本主義同士は戦わずにはいられないとするマルクス主義の中心的な考え方から影響を受けたものだ。

118. Mark Harrison, *Soviet Planning in Peace and War, 1938–1945* (Cambridge: Cambridge University Press, 1985), p. 8. ハリソンは同じくライフルと航空機の数について同じように驚くべき数を提供している。これについては以下の文献も参照のこと。Jonathan R. Adelman, *Prelude to Cold War: The Tsarist, Soviet, and U.S. Armies in the Two World Wars* (Boulder, CO: Lynne Rienner, 1988), chap. 5.

119. Strachan, *European Armies*, p. 159. 以下の文献も参照のこと。Colin Elman, "The Logic of Emulation: The Diffusion of Military Practices in the International System," Ph.D. diss., Columbia University, 1999, chap. 4; and Sally W. Stoecker, *Forging Stalin's Army: Marshal Tukhachevsky and the Politics of Military Innovation* (Boulder, CO: Westview, 1998).

120. David M. Glantz, *Stumbling Colossus: The Red Army on the Eve of World War II* (Lawrence: University Press of Kansas, 1998).

121. 以下の文献を参照のこと。Jonathan R. Adelman, *Revolution, Armies, and War: A Political History* (Boulder, CO: Lynne Rienner, 1985), chaps. 4–7.

122. ドイツがオーストリア併合とミュンヘン会談から得た資源については以下の文献を参照のこと。Murray, *Change in the European Balance*, pp. 151–53; Deist, "The Rearmament of the Wehrmacht," pp. 450–51; and Seaton, *The German Army*, pp. 94–95.

123. ウィリアムソン・マーレー（Williamson Murray）によれば、一九三八年にドイツの「再武装化はヨーロッパの小国に勝てるところまで進んでいなかった」という。Williamson Murray, *Change in the European Balance*, p. 127. 更に全般的な議論については以下の文献を参照のこと。ibid., chaps. 1, 7; and Cooper, *German Army*, chap. 12.

124. Manfred Messerschmidt, "Foreign Policy and Preparation for War," in *Build-up of German Aggression*, pp. 658–72; and Murray, *Change in the European Balance*, pp. 174–84.

125. 以下の文献を参照のこと。Adamthwaite, *France and the Coming*, chap. 10; Murray, *Change in the European Balance*; and Telford Taylor, *Munich: The Price of Peace* (Garden City, NY: Doubleday, 1979), chap. 33.

126. 武装化した後のドイツ軍がフランス軍よりも質的に優れていたことについては以下の文献を参照のこと。Williamson Murray, "Armored Warfare: The British, French and German Experiences," in Williamson Murray and Allan R. Millet, eds., *Military Innovation in the Interwar Period* (Cambridge: Cambridge University Press, 1996), pp. 6–49. ドイツがエアパワーの面で優位にあったことについては以下の文献を参照のこと。Richard R. Muller, "Close Air Support: The German, British, and American Experiences, 1918–1941," in ibid., pp. 155–63; Alexander, *Republic in Danger*, chap. 6; and Posen, *Sources*, pp. 133–35.

127. David M. Glantz and Jonathan M. House, *When Titans Clashed: How the Red Army Stopped Hitler* (Lawrence: University Press of Kansas, 1995), p. 10. この二国の軍隊の規模の比較については表8－6を照のこと。一九三〇年半ばまでのドイツ軍の質の低さについては本章の前半の議論に使われている数々の文献を参照のこと。一九三三年から三七年までソ連赤軍が比較的高い質を誇っていたことについては以下の文献を参照のこと。Glantz, *When Titans Clashed*, pp. 6–10; Ziemke, "Soviet Net Assessment," pp. 175–215; さらには本章の注119に列記されている文献を参照のこと。

128. ドイツと西洋の同盟国たちとの間のバランスについては、第三章注9の文献を参照のこと。

129. Gorodetsky, *Grand Delusion*, p. 135.

130. Ulam, *Expansion and Coexistence*, pp. 369–70, 410.

131. Marc Trachtenberg, *A Constructed Peace: The Making of the European Settlement, 1945–1963* (Princeton, NJ: Princeton

University Press, 1999), p. 41. 以下も同じような点を指摘している。Melvyn Leffler, *A Preponderance of Power: National Security, the Truman Administration, and the Cold War* (Stanford, CA: Stanford University Press, 1992), pp. 60–61. 同じテーマを含んだその他の著作としては以下のものがある。Dale C. Copeland, *The Origins of Major War* (Ithaca, NY: Cornell University Press, 2000), chap. 6; Marc S. Gallicchio, *The Cold War Begins in Asia: American East Asian Policy and the Fall of the Japanese Empire* (New York: Columbia University Press, 1988); John L. Gaddis, *The United States and the Origins of the Cold War, 1941–1947* (New York: Columbia University Press, 1972), esp. chaps. 7–10; Bruce Kuniholm, *The Origins of the Cold War in the Near East: Great Power Conflict and Diplomacy in Iran, Turkey, and Greece* (Princeton, NJ: Princeton University Press, 1980); Geir Lundestad, *America, Scandinavia, and the Cold War, 1945–1949* (New York: Columbia University Press, 1980); Chester J. Pach, Jr., *Arming the Free World: The Origins of the United States Military Assistance Program, 1945–1950* (Chapel Hill: University of North Carolina Press, 1991); Michael Schaller, *The American Occupation of Japan: The Origins of the Cold War in Asia* (Oxford: Oxford University Press, 1985); and Odd Arne Westad, *Cold War and Revolution: Soviet-American Rivalry and the Origins of the Chinese Civil War, 1944–1946* (New York: Columbia University Press, 1993). 当然のように、ソ連は第二次大戦直後にアメリカが自分たちに対して積極的な封じ込め政策を実行しようと決心していたことを悟っていた。これについては以下の文献を参照のこと。Vladislav Zubok and Constantine Pleshakov, *Inside the Kremlin's Cold War: From Stalin to Khrushchev* (Cambridge, MA: Harvard University Press, 1996).

132. アメリカがソ連に対して第二次大戦直後から強力なバランシング政策を実行したという事実は、ソ連ではなくアメリカこそが冷戦を始めたとする「冷戦の修正主義者」たちの論拠となっている。この現象についての優れた一例としては以下の文献を参照のこと。Carolyn W. Eisenberg, *Drawing the Line: The American Decision to Divide Germany, 1944–1949* (Cambridge: Cambridge University Press, 1996). オフェンシヴ・リアリストにとっては、どちらが冷戦を開始したかは重要ではない。なぜなら国際システムそのものが超大国同士の強烈な安全保障競争の原因となったと解釈するからだ。

133. 以下の文献を参照のこと。Charles A. Kupchan, *The Persian Gulf: The Dilemmas of Security* (Boston: Allen and Unwin, 1987), chaps. 1–2; Mark J. Gasiorowski, *U.S. Foreign Policy and the Shah: Building a Client State in Iran* (Ithaca, NY: Cornell University Press, 1991); さらには本書の第六章注80と81の文献を参照のこと。

134. 以下の文献を参照のこと。Peter J. Stavrakis, *Moscow and Greek Communism, 1944–1949* (Ithaca, NY: Cornell University Press, 1989); Lawrence S. Wittner, *American Intervention in Greece, 1943–1949* (New York: Columbia University Press, 1982); and Artiom A. Ulunian, "The Soviet Union and the 'Greek Question,' 1946–53: Problems and Appraisals," in Francesca Gori and Silvio

Pons, eds., *The Soviet Union and Europe in the Cold War, 1945–53* (London: Macmillan, 1996), pp. 144–60.

135. 以下からの引用。Norman A. Graebner, *Cold War Diplomacy: American Foreign Policy, 1945–1960* (New York: Van Nostrand, 1962), p. 40.

136. Graebner, *Cold War Diplomacy*, p. 154. 一九四〇年代後半にアメリカでは経済と戦略の計算が密接であったことについては以下の文献を参照のこと。Melvyn P. Leffler, "The United States and the Strategic Dimensions of the Marshall Plan," *Diplomatic History* 12, No. 3 (Summer 1988), pp. 277–306; and Robert A. Pollard, *Economic Security and the Origins of the Cold War, 1945–1950* (New York: Columbia University Press, 1985). 以下の文献も参照のこと。Michael J. Hogan, *The Marshall Plan: America, Britain, and the Reconstruction of Western Europe, 1947–1952* (Cambridge: Cambridge University Press, 1987); and Alan S. Milward, *The Reconstruction of Western Europe, 1945–1951* (Berkeley: University of California Press, 1984).

137. ドイツの対処についてのアメリカ側の考え方についての文献としては以下のものを参照のこと。Eisenberg, *Drawing the Line; Gaddis, Origins of the Cold War*, chap. 4; Bruce Kuklick, *American Policy and the Division of Germany: The Clash with Russia over Reparations* (Ithaca, NY: Cornell University Press, 1972); and Trachtenberg, *Constructed Peace*. ドイツに対するソ連の考え方については以下を参照のこと。Caroline Kennedy-Pipe, *Stalin's Cold War: Soviet Strategies in Europe, 1943 to 1956* (New York: Manchester University Press, 1995); Wilfried Loth, "Stalin's Plans for Post-War Germany," in Gori and Pons, eds., *The Soviet Union and Europe*, pp. 23–36; Norman M. Naimark, *The Russians in Germany: A History of the Soviet Zone of Occupation, 1945–1949* (Cambridge, MA: Harvard University Press, 1995); and Zubok and Pleshakov, *Inside the Kremlin's Cold War*, pp. 46–53.

138. Leffler, *Preponderance of Power*, p. 204. トラクテンバーグは、米ソ間の一九四五年から六三年までの主な摩擦の原因となったのはドイツをめぐる問題だと説得力を持って論じている。西ドイツを建国して武装化（核武装の可能性も）させる決断はソ連のリーダーたちを激怒させることになり、彼らはベルリンで危機を発生させることによってアメリカに政策を変えさせようとしたのだ。この議論を支持するような文献としては以下のものを参照。Zubok and Pleshakov, *Inside the Kremlin's Cold War*.

139. アメリカの政策担当者たちは、チェコスロバキアがソ連の東欧の影響圏に入っていると考えており、ソ連の支配下になっても仕方がないと考えていた。これについては以下の文献を参照のこと。Geir Lundestad, *The American Non-Policy Towards Eastern Europe, 1943–1947: Universalism in an Area Not of Essential Interest to the United States* (Oslo: Universitetsforlaget, 1978). したがって、アメリカはチェコスロバキアにおける共産主義革命の際に、ソ連と直接対決する準備はできていなかった。それでも西側ではこの出来事によって警戒感が生まれたのである。これについては以下の文献を参照のこと。Trachtenberg, *A Constructed Peace*, pp. 79–80.

140. ＮＡＴＯ創設については以下の文献を参照のこと。John Baylis, *The Diplomacy of Pragmatism: Britain and the Formation of NATO, 1942–1949* (Kent, OH: Kent State University Press, 1993); Timothy P. Ireland, *Creating the Entangling Alliance: The Origins of the North Atlantic Treaty Organization* (Westport, CT: Greenwood, 1981); Lawrence S. Kaplan, *The United States and NATO: The Formative Years* (Lexington: University of Kentucky Press, 1984); Joseph Smith, ed., *The Origins of NATO* (Exeter: University of Exeter Press, 1990).

141. Avi Shlaim, *The United States and the Berlin Blockade, 1948–1949: A Study in Crisis Decision-Making* (Berkeley: University of California Press, 1983).

142. 第六章を参照のこと。

143. *The China White Paper*, August 1949 (Stanford, CA: Stanford University Press, 1967), p. xvi. 以下の文献も参照のこと。Tang Tsou, *America's Failure in China, 1941–1950*, 2 vols. (Chicago: University of Chicago Press, 1975). 何人かの学者たちは、アメリカが共産主義の中国と同盟を組んでソ連に対抗することができたが、頑迷《がんめい》な反共産主義のために失敗したと論じている。したがって、アメリカはソ連の脅威に対しては非効率なバランシングの原因になったという意味で罪を背負っていることになる。米中による一九四〇年代後半から五〇年代前半にかけてのバランシング同盟結成の実行可能性について深刻な疑いを投げかけている優れた議論を展開しているものとしては、以下の文献の中の五つの論文を参照のこと。"Symposium: Rethinking the Lost Chance in China," *Diplomatic History* 21, No. 1 (Winter 1997), pp. 71–115. ところがアメリカは一九四九年以降に中国とソ連の間を分断させるチャンスを狙っていた。これについては以下の文献を参照のこと。Gordon Chang, *Friends and Enemies: The United States, China, and the Soviet Union, 1948–1972* (Stanford, CA: Stanford University Press, 1990).

144. 以下の文献を参照のこと。H. W. Brands, *The Specter of Neutralism: The United States and the Emergence of the Third World, 1947–1960* (New York: Columbia University Press, 1989); Robert E. Harkavy, *Great Power Competition for Overseas Bases: The Geopolitics of Access Diplomacy* (New York: Pergamon, 1982), chaps. 4–5; Douglas J. Macdonald, *Adventures in Chaos: American Intervention for Reform in the Third World* (Cambridge, MA: Harvard University Press, 1992); Peter W. Rodman, *More Precious Than Peace: The Cold War and the Struggle for the Third World* (New York: Scribner's 1994); and Marshall D. Shulman, ed., *East-West Tensions in the Third World* (New York: Norton, 1986).

145. 簡単な概要については以下の文献を参照のこと。以下からの引用。Phil Williams, *US Troops in Europe*, Chatham House

Paper No. 25 (Boston: Routledge and Kegan Paul, 1984), chap. 2. 以下の文献も参照のこと。Phil Williams, *The Senate and US Troops in Europe* (New York: St. Martin's, 1985).

146. マーク・トラクテンバーグが記しているように、「一九五〇年代のＮＡＴＯ形成の重要な時期に全員が考えていたことは、ヨーロッパでアメリカのプレゼンスを永続的なものにすることであった。ただしこの〝全員〟にはアメリカ自身は含まれていない。なぜアメリカの撤退への欲望がそこまで強いものだったのかという点については、公になっている議論や学術的な文献を通じても理解しがたいところがあるが、これは外交文書の上では明白になっている」という。Marc Trachtenberg, *History and Strategy* (Princeton, NJ: Princeton University Press, 1991), p. 167. また、本書の第七章注72も参照のこと。イギリスのバックパッシングへの動機は一九五〇年代でも続いていた。これについては以下の文献を参照のこと。Saki Dockrill, "Retreat from the Continent? Britain's Motives for Troop Reductions in West Germany, 1955–1958," *Journal of Strategic Studies* 20, No. 3 (September 1997), pp. 45–70.

147. 以下の文献を参照のこと。Stephen Van Evera, "Why Europe Matters, Why the Third World Doesn't: American Grand Strategy after the Cold War," *Journal of Strategic Studies* 13, No. 2 (June 1990), pp. 34–35, note 1.

148. 以下の文献を参照のこと。William I. Hitchcock, *France Restored: Cold War Diplomacy and the Quest for Leadership in Europe, 1944–1954* (Chapel Hill: University of North Carolina Press, 1998), chaps. 2–3; Irwin M. Wall, *The United States and the Making of Postwar France, 1945–1954* (Cambridge: Cambridge University Press, 1991), chap. 2.

149. イギリスとソ連の数値については表８－８から。アメリカの数値は以下の文献から。Adelman, *Revolution*, p. 174.

150. アメリカとイギリスの数値については以下の文献を参照。I.C.B. Dear, ed., *The Oxford Companion to World War II* (Oxford: Oxford University Press, 1995), pp. 1148, 1192, 1198. ソ連の数については以下の文献を参照のこと。Phillip A. Karber and Jerald A. Combs, "The United States, NATO, and the Soviet Threat to Western Europe: Military Estimates and Policy Options, 1945–1963," *Diplomatic History* 22, No. 3 (Summer 1998), p. 403.

151. 師団数については以下の文献から。Adelman, *Prelude*, p. 212.

152. ソ連側の数については以下の文献を参照。Karber and Combs, "The United States, NATO, and the Soviet Threat" pp. 411–12. アメリカとイギリスの数については以下の文献から。J. David Singer and Melvin Small, *National Material Capabilities Data, 1816–1985* (Ann Arbor, MI: Inter-University Consortium for Political and Social Research, February 1993).

153. 一九四八年以降のデータに関しては以下の文献を参照のこと。Singer and Small, *National Material Capabilities Data.*

154. 以下の文献を参照のこと。Elisabeth Barker, *The British between the Superpowers, 1945–1950* (Toronto: University of

Toronto Press, 1983); Alan Bullock, *Ernest Bevin: Foreign Secretary, 1945–1951* (New York: Norton, 1983); David Reynolds, "Great Britain," in David Reynolds, ed., *The Origins of the Cold War in Europe: International Perspectives* (New Haven, CT: Yale University Press, 1994), pp. 77–95; and Victor Rothwell, *Britain and the Cold War, 1941–1947* (London: Jonathan Cape, 1982).

155. Kennedy, *Great Powers*, p. 369.［ケネディ著『大国の興亡』］以下の文献も参照のこと。William C. Wohlforth, *The Elusive Balance: Power and Perceptions during the Cold War* (Ithaca, NY: Cornell University Press, 1993), p. 60. 冷戦初期のアメリカとソ連の工業力の比較データについては表3－5を参照のこと。イギリスの直面していた問題についての優れた研究については以下の文献を参照のこと。Correlli Barnett, *The Audit of War: The Illusion and Reality of Britain as a Great Power* (London: Macmillan, 1986); and Correlli Barnett, *The Lost Victory: British Dreams, British Realities, 1945–1950* (London: Macmillan, 1995). 以下の文献も参照のこと。Randall L. Schweller, *Deadly Imbalances: Tripolarity and Hitler's Strategy of World Conquest* (New York: Columbia University Press, 1998). シュウェラーのこの本では、第二次世界大戦以前の世界がドイツ、ソ連、アメリカの三極状態であり、その中にイギリスは入っていなかったということが、様々な指標を使って論じられている。

【第九章】

▼表9－1

［出典］：オーストリア、プロイセン、そしてロシアの数値については以下の文献を参照。J. David Singer and Melvin Small, *National Material Capabilities Data, 1816–1985* (Ann Arbor, MI: Inter-University Consortium for Political and Social Research, February 1993). イギリスの数値については以下の文献を参照。Edward Spiers, *The Army and Society, 1815–1914* (London: Longman, 1980), p. 36. ただし一八五八年は著者の推測である。フランスの一八二〇年と一八三〇年の数値については以下の文献から。Singer and Small, *National Material Capabilities*; 一八四〇年のフランスについては以下の文献から。William C. Fuller, Jr., *Strategy and Power in Russia, 1600–1914* (New York: Free Press, 1992), p. 239; 一八五〇年のフランスについては以下の文献から。André Corvisier, ed., *Histoire Militaire de la France*, Vol. 2 (Paris: Presses Universitaires de France, 1992), p. 413. 一八五八年（実際は一八五七年）のフランスについては以下の文献から。Michael Stephen Partridge, *Military Planning for the Defense of the United Kingdom, 1814–1870* (Westport, CT: Greenwood, 1989), p. 76. 一八六〇年ではなく一八五八年が選ばれた理由は、イタリア統一戦争がとくにフランスの一八六〇年の数値を歪《ゆが》めてしまっているからだ。

▼表9－2

［出典］：オーストリアとプロイセンの数値については以下の文献を参照。Singer and Small, *National Material Capabilities Data*. イギリスの数値については以下の通り。1853–54, Hew Strachan, *Wellington's Legacy: The Reform of the British Army, 1830–54* (Manchester: Manchester University Press, 1984), p. 182; 1855–56, Spiers, *Army and Society*, p. 36. フランスの数値については以下の文献を参照。Corvisier, ed., *Histoire Militaire*, p. 413. ロシアの一八五三年から五四年にかけての数値については以下の文献を参照。Singer and Small, *National Material Capabilities Data*. そして一八五五年から五六年にかけての数値については以下の文献から。David R. Jones, "The Soviet Defence Burden Through the Prism of History," in Carl G. Jacobsen, ed., *The Soviet Defence Enigma: Estimating Costs and Burden* (Oxford: Oxford University Press, 1987), p. 155.

▶表９－３

［注］：私は露土戦争（一八〇六～一二年）とロシア・スウェーデン戦争（一八〇八～〇九年）の犠牲者数についてのデータを発見できなかった。この両戦争はナポレオン時代に起こったために計算からは除外している。それでもこの両戦争における戦死者数は確実に少ないはずであり、ヨーロッパで不安定な多極システムが存在した時に起こった戦闘による莫大な死者数にはそれほど大きな影響を与えていないはずだ。

［出典］：戦争と合計戦争年についての数についてのすべてのデータは以下の文献から。Jack S. Levy, *War in the Modern Great Power System, 1495–1975* (Lexington: University Press of Kentucky, 1983), pp. 90–91; and J. David Singer and Melvin Small, *Resort to Arms: International and Civil Wars, 1816–1980* (Beverly Hills, CA: Sage, 1982), pp. 82–95. 戦争の致死性についてのデータは以下の文献から。Singer and Small, *Resort to Arms*, pp. 82-95. ただしいくつかの例外については以下の通り。ナポレオン戦争についての文献。Charles J. Esdaile, *The Wars of Napoleon* (London: Longman, 1995), p. 300; ナヴァリノの海戦については以下の文献を参照。John Laffin, *Brassey's Battles: 3,500 Years of Conflict, Campaigns and Wars from A–Z* (London: Brassey's Defence Publishers, 1986), p. 299; ロシア内戦については以下の文献から。Levy, *War*, p. 61; そしてナポレオン戦争については以下の文献から。Clive Emsley, *Napoleonic Europe* (New York: Longman, 1993).

1. G. Lowes Dickinson, *The European Anarchy* (NewYork: Macmillan,1916), p. 14.
2. 私の知る限り、戦争がどのタイミングで起こるのかを正確に予測できる理論は存在しない。
3. 戦争の原因について書かれた文献をまとめた優れた論文は以下の通り。Jack S.Levy,"The Causes of War and the Conditions of Peace," *Annual Review of Political Science* 1 (1998), pp. 139–65. また、以下も参照のこと。Dale C. Copeland, *The Origins of Major War* (Ithaca, NY: Cornell University Press, 2000), chap. 1; Stephen Van Evera, *Causes of War: Power and the*

Roots of Conflict (Ithaca, NY: Cornell University Press, 1999), chap. 1; and Kenneth N. Waltz, *Man, the State and War: A Theoretical Analysis* (New York: Columbia University Press, 1959). ［ウォルツ著『人間、国家、そして戦争』］

4. Karl W. Deutsch and J. David Singer, "Multipolar Power Systems and International Stability," *World Politics* 16, No. 3 (April 1964), pp. 390–406; Kenneth N. Waltz, "The Stability of a Bipolar World," *Daedalus* 93, No. 3 (Summer 1964), pp. 881–909; and Kenneth N. Waltz, *Theory of International Politics* (Reading, MA: Addison-Wesley, 1979), chap. 8. ［ウォルツ著『国際政治の理論』］。また、以下も参照のこと。Robert Jervis, *System Effects: Complexity in Political and Social Life* (Princeton, NJ: Princeton University Press, 1997), chap. 3.

5. Robert Gilpin, *War and Change in World Poliics* (Cambridge: Cambridge University Press, 1981); Hans Morgenthau, *Politics among Nations: The Struggle for Power and Peace*, 5th ed. (New York: Knopf, 1973); and A. F. K. Organski, *World Politics*, 2d ed. (New York: Knopf, 1968), chap. 14.

6. 「潜在覇権国」についての完全な定義については、本書の第二章を参照のこと。

7. 二極システムと多極システムの議論についてのその他の文献については、本章の注４にある。Thomas J. Christensen and Jack Snyder, "Chain Gangs and Passed Bucks: Predicting Alliance Patterns in Multipolarity," *International Organization* 44, No. 2 (Spring 1990), pp. 137–68; and Richard N. Rosecrance, "Bipolarity, Multipolarity, and the Future," *Journal of Conflict Resolution* 10, No. 3 (September 1966), pp. 314–27.

8. バランス・オブ・パワーは、パワーの不均衡というよりも抑止効果を生み出す可能性のほうが高いが、バランス・オブ・パワーはその抑止の効果を保証するものではない。第三章でも論じられているように、国家は戦闘部隊の質と規模において優る相手に対して戦争で勝ってしまう軍事戦略を生み出すことがある。さらにいえば、国家を戦争に追いやる政治的圧力は、時としてリーダーたちにたいして、同等かそれ以上の力を持つ国に対してかなりリスクの高い戦略を追及させることもあるのだ。これについては以下の文献を参照のこと。John J. Mearsheimer, *Conventional Deterrence* (Ithaca, NY: Cornell University Press, 1983), esp. chap. 2.

9. これについては「多極システムでは二極システムの場合よりもパワーの不均衡がより一般的である」という二つ目の主張が論じられることもある。多極システムの中で自分よりも強力な相手に直面した国家はバックパッシングを追及する可能性が高く、これが「(他国が代わりに脅威に対処してくれるために) 国家は不均衡なバランスの中でも満足して生きる」ことを意味するという。ところが多極システムの中で国家が均衡状態を実現できていたとしても、彼らは自国の強化ではなく、同盟を通じて安全を求めようとするものだ。この「外的バランシング」の一種はとても魅力的なのだが、その理由は、それ以外の戦略よりも安価だからだ。それでもそれは当初のパワーの不均衡をほぼそのままにしておくものであり、そのパワーのギャップから危険なままの状態が残る。その一方で、二極システムにおけるナンバー2の国は、ナンバー1の国に対して自らの国家資源を使うしか方法はないのであり、その理由は他に頼れるような同盟相手となる大国はいないし、バックキャッチャーもいないからだ。この種の「内的バランシング」は、対立する大国間におおまかなバランス・オブ・パワーを生み出すものだ。私は以下の文献で実際にこのような議論を行っている。John J. Mearsheimer, "Back to the Future: Instability in Europe after the Cold War," *International Security* 15, No. 1 (Summer 1990), pp. 13–19. ところがこの議論には二つの問題がある。デール・コープランドが述べているように、それは「国家は世界権力の分前を最大化しようとする」という私の主張と矛盾する点だ。もし国家がパワーを最大化する存在であれば、自分たちで是正できるはずのパワーの不均衡に対して看過するはずがないからだ。以下の文献を参照のこと。Dale C. Copeland, "The Myth of Bipolar Stability: Toward a New Dynamic Realist Theory of Major War," *Security Studies* 5, No. 3 (Spring 1996), pp. 38–47. さらにいえば、バック・パッシングが脅威を受けた国々の間で人気のあるオプションであることは明白であったとしても（本書の第八章を参照のこと）、バックパッシングが最も成功する確率が高いのは、脅威を受けた国家が圧倒的な軍を作り上げて侵略的な国家との間にあるパワーのギャップを埋めてしまう場合である（本書の第五章を参照のこと）。

10. この点について唯一の例外がある。もし多極システムにおいて大国がたった三カ国しか存在しない場合には、その二つの大国が一つの大国に集団襲撃をしかけて、その犠牲者となった国には同盟国が存在しないようなこともありえるからだ。

11. バランシング同盟は、脅威を受けたすべての国が一緒になってしか封じ込められないような潜在覇権国が存在する時にもっとも形成されやすい。ところが次のセクションで論じられるように、多極システムでは戦争が潜在覇権国が存在する時に最も発生しやすいのだ。

12. このポイントは以下の文献の中心的なテーマである。Waltz, "Stability of a Bipolar World." また、以下も参照のこと。Geoffrey Blainey, *The Causes of War* (New York: Free Press, 1973), chap. 3.

13. 多極システムが二極システムより安定しているという主張は、「国際システムの中の国家の数が増えるにしたがって、国家が互いにして払える注意の総量が減る」という考えが土台になっている。これについては例えば以下の文献を参照のこと。Deutsch and Singer, "Multipolar Power Systems," pp. 396–400. ところがこの主張は、各アクターがそれぞれほぼ同じ規模と強さを持っているという仮定に立ったものだ。だが潜在覇権国の存在する多極システムでは、他の大国たちもとくに強力な国家に対しては法外な量の注意を払うものであり、多極システムが「限定的な注意力しかもっていない」という主張に対する大きな反証となっている。

14. 私の選ぶ大国の基準については本書の第一章の注1を参照のこと。

15. 第六章を参照のこと。

16. Jack S. Levy, *War in the Modern Great Power System, 1495–1975* (Lexington:University Press of Kentucky, 1983), chap. 3.

17. その他の大国戦争についてはここでは除外されている。なぜならそれらには非ヨーロッパ諸国が含まれていたからだ。その例としては、イギリス・ペルシャ戦争（一八五六～五七年）、フランス・メキシコ戦争（メキシコ出兵：一八六二～六七年）、清仏戦争（一八八三～八五年）、中ソ紛争（一九二九年）、第二次エチオピア戦争（一九三五～三六年）、ノモンハン事件（一九三九年）、そして第二次中東戦争（一九五六年）である。

18. レヴィーは本書の「中央戦争」（central war）ではなく「全般戦争」（general war）という言葉を使っているが、コープランドはこれらの紛争を「大規模戦争」（major wars）と読んでいる。以下の文献を参照のこと。Copeland, *Origins*, pp. 27–28; and Levy, *War*, pp. 3, 52, 75. それらを「覇権戦争」と呼ぶ人々もいるが、それは全システムを支配しようとする国家を含むからである。

19. 第八章を参照のこと。

20. ロシア軍はオーストリアとフランスの軍の合計の二倍以上の規模を誇っていたが、質的な面でかなり劣っており、時の経過と共にそれが増しており、これがクリミア戦争（一八五三～五六年）でイギリスとフランスに負けた原因の大部分となっている。以下の文献を参照のこと。John S. Curtiss, *The Russian Army under Nicholas I, 1825–1855* (Durham, NC: Duke University Press, 1965); and William C. Fuller, Jr., *Strategy and Power in Russia, 1600–1914* (New York: Free Press, 1992), chaps. 6–7. オーストリア軍については以下の文献を参照のこと。Istvan Deak, *Beyond Nationalism: A Social and Political History of the Habsburg Officer Corps, 1848–1918* (Oxford: Oxford University Press, 1992), pp. 29–41; and Gunther E. Rothenberg, *The Army of Francis Joseph* (West Lafayette, IN: Purdue University Press, 1976), chaps. 1–4. フランス軍については以下の文献を参照のこと。Paddy Griffith, *Military Thought in the French Army, 1815–1851* (Manchester, UK: Manchester University Press, 1989); and Douglas Porch, *Army and Revolution, 1815–1848* (London: Routledge and Kegan Paul, 1974).

21. 第八章を参照のこと。

22. 第八章を参照のこと。

23. 第八章を参照のこと。

【第10章】

1. 中国の未来について楽観的な研究は以下の通りである。Michael Spence, *The Next Convergence: The Future of Economic Growth in a Multispeed World* (New York: Farrar, Straus and Giroux, 2011); Arvind Subramanian, *Eclipse: Living in the Shadow of China's Economic Dominance* (Washington, DC: Peterson Institute for International Economics, 2011); and Linda Yueh, *China's Growth: The Making of an Economic Superpower* (New York: Oxford University Press, 2013). 中国の将来に悲観的なものとしては Timothy Beardson, *Stumbling Giant: The Threats to China's Future* (New Haven, CT: Yale University Press, 2013); Michael Beckley, "China's Century? Why America's Edge Will Endure," *International Security* 36, No. 3 (Winter 2011–12), pp. 41–78; and Michael Pettis, *The Great Rebalancing: Trade, Conflict, and the Perilous Road Ahead for the World Economy* (Princeton, NJ: Princeton University Press, 2013), chap. 4.
2. Thomas Hobbes, *Leviathan*, ed. C.B. Macpherson (London:Penguin,1985), p. 97.
3. 政策担当者たちにとって、他国の意図について高い自信を持っているだけではまだ十分だと言えない。彼らは完全な自信を持たなければならないからだ。潜在的に大災害をもたらすという意味から、読み違えは許されない。とりわけ、ある国が実は正反対なのに「あの国は良い意図を持っている」と判断した場合、最悪の場合は征服されてしまうことにもなりかねない。国家は何よりも生き残り《サヴァイバル》を気にかけるものであるため、そのようなリスクを冒す余裕はないのである。
4. この論理《ロジック》の働きを示す好例は、アメリカの南北戦争（一八六一～六五年）の時のイギリスの政策だ。イギリスは南部連合の側について介入することを真剣に考えていたが、結局は介入を断念している。その理由は西半球で起こっていることよりも、ヨーロッパの他の大国との関係をより重視したからである。Brian Holden Reid, "Power, Sovereignty, and the Great Republic: Anglo-American Diplomatic Relations in the Era of the Civil War," *Diplomacy and Statecraft* 14, No. 2 (June 2003), pp. 45–76.
5. 以下からの引用。Adam Tooze, *The Wages of Destruction: The Making and Breaking of the Nazi Economy* (New York: Penguin, 2008), p. 469.
6. Barton Gellman, "Keeping the U.S. First; Pentagon Would Preclude a Rival Superpower," *Washington Post*, March 11, 1992.
7. George W. Bush, *The National Security Strategy of the United States of America* (Washington, DC: White House, September 2002).

8. Raymond L. Garthoff, "Handling the Cienfuegos Crisis," *International Security* 8, No. 1 (Summer 1983), pp. 46– 66.
9. Tania Branigan, "China Lambasts US over South China Sea Row," *Guardian*, August 6, 2012; Jason Dean, "China Warns U.S. to Stay Out of Regional Disputes," *Wall Street Journal*, June 23, 2011; Andrew Jacobs, "China Warns U.S. to Stay Out of Islands Dispute," *New York Times*, July 26, 2010; and Edward Wong, "Beijing Warns U.S. about South China Sea Disputes," *New York Times*, June 22, 2011.
10. 以下からの引用。*NIDS China Security Report 2012* (Tokyo: National Institute for Defense Studies, December 2012), p. 29. また、以下のものも参照のこと。Chico Harlan, "South Korea and U.S. Send Message to North Korea with Drills in Sea of Japan," *Washington Post*, July 26, 2010; Peter Lee, "South Korea Reels as US Backpedals," *Asia Times online*, July 24, 2010; Ben Richardson and Bill Austin, "U.S.-South Korea Drills to Avoid Yellow Sea amid China Concern," *Bloomberg Businessweek*, October 13, 2010; and Michael Sainsbury, "Don't Interfere with Us: China Warns US to Keep Its Nose Out," *Australian*, August 6, 2010. 米艦船の空母ジョージ・ワシントンはその二年後の二〇一二年六月に黄海で恒例の演習を行っており、中国は抗議していない。
11. Robert D.Kaplan, *The Revenge of Geography: What the Map Tells Us about Coming Conflicts and the Battle against Fate* (New York: Random House, 2012), chap. 11.［ロバート・カプラン著『地政学の逆襲』朝日新聞出版、二〇一四年］
12. M. Taylor Fravel, *Strong Borders, Secure Nation: Cooperation and Conflict in China's Territorial Disputes* (Princeton, NJ: Princeton University Press, 2008).
13. Yong Deng, *China's Struggle for Status: The Realignment of International Relations* (New York: Cambridge University Press, 2008), chap. 8; Andrew J. Nathan and Andrew Scobell, *China's Search for Security* (New York: Columbia University Press, 2012), chaps. 8–9［アンドリュー・J・ネイサン&アオンドリュー・スコベル著『中国安全保障全史』みすず書房、二〇一六年］; Denny Roy, *Return of the Dragon: Rising China and Regional Security* (New York: Columbia University Press, 2013), chap. 10; and Susan L. Shirk, China: *Fragile Superpower* (New York: Oxford University Press, 2007), chap. 7.
14. V. Natarajan, "The Sumdorong Chu Incident," *Bharat Rakshak Monitor* 3, No. 3 (November–December 2000); Harsh V. Pant, "While Delhi Dithers, Beijing Gets Adventurous," *Wall Street Journal*, April 29, 2013; Ely Ratner and Alexander Sullivan, "The Most Dangerous Border in the World," *Foreign Policy*, May 4, 2013; and Ajai Shukla and Sonia Trikha Shukla, "Shadow on the Line," *Business Standard*, May 3, 2013.
15. チベット高地と水をめぐる戦争の潜在性についての議論は以下を参照のこと。Brahma Chellaney, "The Water Hegemon,"

Project Syndicate, October 14, 2011; Brahma Chellaney, *Water: Asia's New Battleground* (Washington, DC: Georgetown University Press, 2011); and Jean-Pierre Lehmann and Nina Ninkovic, "The Tibetan Plateau: The World's 21st Century Water Battleground," *Globalist*, July 11, 2013.

16. Michael C. Desch, *When the Third World Matters: Latin America and United States Grand Strategy* (Baltimore, MD: Johns Hopkins University Press, 1993), chaps. 4–5.

17. Martin Tolchin, "U.S. Underestimated Soviet Force in Cuba during '62 Missile Crisis," *New York Times*, January 15, 1992; Mark N. Katz, "The Soviet-Cuban Connection," *International Security* 8, No. 1 (Summer 1983), pp. 88–112; and Norman Polmar, "The Soviet Navy's Caribbean Outpost," *Naval History Magazine* 26, No. 5, October 2012, pp. 24–29.

18. 中国の使用する原油のおよそ五〇%が輸入であり、その半分の量がペルシャ湾から来たものだ。これはつまり中国の二五%の原油はそこから来ていることになる。アメリカのエネルギー情報省（EIA）によれば、中国は二〇三五年までに七五%を輸入することになると予測されており、その総量の五四%はペルシャ湾地域から来ることになると見られている。Andrew S. Erickson and Gabriel B. Collins, "China's Oil Security Pipe Dream: The Reality, and Strategic Consequences, of Seaborne Imports," *Naval War College Review* 63, No. 2 (Spring 2010), pp. 89–111; Keith Johnson, "U.S. Oil Boom Spotlights China's Persian Gulf Dependence," *Wall Street Journal*, June 26, 2012; David Schenker, "China's Middle East Footprint," *Los Angeles Times*, April 26, 2013; Toh Han Shih, "Beijing 'to Increase Reliance on Middle East Oil,'" *South China Morning Post*, June 10, 2013; and U.S. Energy Information Administration, *Analysis: China*, September 2012.

19. Erickson and Collins, "China's Oil Security Pipe Dream."

20. いざ紛争が起これば、中国にとってはこの三つの海峡を通って物資を運ぶことが難しくなるはずだ。石油の豊富なペルシャ湾とつながっているという意味で、ここを船が無事に通過できるかどうかというのは、中国にとって死活問題となる。アメリカとの戦争になれば、中国海軍はマラッカ海峡を通過出来なくなる。その理由は、アメリカとの親密な同盟国であるシンガポールがこの海峡にまたがって存在しているからだ。中国側の戦略家はこれを「マラッカ・ジレンマ」と呼んでいる。中国はインドネシアを横断するロンボク海峡やスンダ海峡の通過でも深刻な問題に直面することになるはずだ。なぜならアメリカは、ジャカルタ政府と良い関係にあるからだ。またアメリカはオーストラリアとも近い関係にあり、この国はこの二つの海峡のそばに位置しており、いざ紛争となったらアメリカ側についてこの海峡のコントロールを支援することになるはずだからだ。

21. インド洋とアラビア海の地政学についての優れた議論や、中国がこの二つの海域で活動する際の問題を明確にした著作としては以下のものを参照のこと。Robert D. Kaplan, *Monsoon: The Indian Ocean and the Future of American Power* (New York: Random House, 2010).［ロバート・カプラン著『インド洋圏が、世界を動かす』インターシフト、二〇一二年］。中国海軍が将来の戦域として主に考えているのは、⑴西太平洋、これには東シナ海と南シナ海、そして黄海が含まれる。⑵インド洋とアラビア海、の二つである。西太平洋の場合、中国はアメリカよりもはるかに有利なポジションにあると言える。その主な理由は、そこがミサイルやロケット、潜水艦、そして空母などを投射するための、巨大なプラットフォームとなる中国本土に近いからだ。ところがインド洋やアラビア海への戦力投射《パワー・プロジェクション》は、中国にとってははるかに難しいことになる。その理由の一つは、中国本土がこれらの海域からかなり離れているからであり、したがって戦力投射《パワー・プロジェクション》のためのプラットフォームとして使えないからだ。さらに言えば、本章の注20でも述べたように、中国海軍が紛争の時に東南アジアを通過してインド洋に出入りしようとすると、大きな困難に直面するはずだ。

22. 圧倒的な海軍建造についての中国国内からの広い支持についての詳細な議論については以下のものを参照。Robert S. Ross, "China's Naval Nationalism: Sources, Prospects, and the U.S. Response," *International Security* 34, No. 2 (Fall 2009), pp. 46–81. ところが私は「この野心的な海洋政策には戦略的合理性はなく、ナショナリズムとその他の政治的な原因によるものだ」とするロス氏の意見には同意しない。これについては以下も参照のこと。James R. Holmes and Toshi Yoshihara, *Chinese Naval Strategy in the 21st Century: The Turn to Mahan* (London: Routledge, 2008); Edward Wong, "China Navy Reaches Far, Unsettling the Region," *New York Times*, June 14, 2011; and Edward Wong, "Chinese Military Seeks to Extend Its Naval Power," *New York Times*, April 23, 2010. 中国が外洋艦隊建造に興味を持っていることについての議論も大事だが、中国が大陸国家であり、ランドパワーが軍事力の中心となっていることは忘れてはならない。これについてはRoss, "China's Naval Nationalism." を参照。アメリカの専門家たちや政策担当者たちは中国の陸軍よりも海軍について考えを集中させがちだが、それは主にアジアの大陸で大規模な米中戦争が行われるということを想像するのが難しいからだ。だがこれは海の紛争と同じように、小規模な陸上戦は決して起こらないというわけではない。

23. 以下からの引用。Shirk, *China*, p. 105. 他にも以下を参照のこと。Zheng Bijian, "China's 'Peaceful Rise' to Great Power Status," *Foreign Affairs* 84, No. 5 (September/October 2005), pp. 18–24; Aaron L. Friedberg, *A Contest for Supremacy: China, America, and the Struggle for Mastery in Asia* (New York: W. W. Norton, 2011), chap. 6［アーロン・フリードバーグ著『支配への競争』日本評論社、二〇一三年］; and Avery Goldstein, *Rising to the Challenge: China's Grand Strategy and International Security* (Stanford, CA: Stanford University Press, 2005). 中国政府の著名なアドバイザーである鄭必堅（Zheng Bijian）は中国が平和的に台頭できるということを最も熱心に説いている人物の一人である。

24. Nick Bisley, "Bidingand Hiding No Longer: A More Assertive China Rattles the Region," *Global Asia* 6, No. 4 (Winter 2011), pp. 62–73; Christopher Hughes, "Reclassifying Chinese Nationalism: The *Geopolitik* Turn," *Journal of Contemporary China* 20, No. 71 (September 2011), pp. 601–20; Alastair Iain Johnston, "How New and Assertive Is China's New Assertiveness?" *International Security* 37, No. 4 (Spring 2013), pp. 7–48; and Suisheng Zhao, "Foreign Policy Implications of Chinese Nationalism Revisited: The Strident Turn," *Journal of Contemporary China* 22, No. 82 (July 2013), pp. 535–53.

25. Yafei He, "The Trust Deficit: How the U.S. 'Pivot' to Asia Looks from Beijing," *Foreign Policy*, May 13, 2013; Kenneth Lieberthal and Wang Jisi, "Addressing U.S.-China Strategic Distrust," *Monograph* No. 4 (Washington, DC: John L. Thornton China Center, Brookings Institution, March 2012); and Nathan and Scobell, *China's Search for Security*, chap. 4. ［ネイサン＆スコベル著『中国安全保障全史』］

26. 以下からの引用。"Naked Aggression," *Economist*, March 14, 2009, p. 45.

27. "Beijing's Brand Ambassador: A Conversation with Cui Tiankai," *Foreign Affairs* 92, No. 4 (July/August 2013), p. 16.

28. Ibid., p. 17.

29. Zhao, "Foreign Policy Implications of Chinese Nationalism Revisited," p. 536. 他にも以下を参照のこと。Michael D. Swaine and M. Taylor Fravel, "China's Assertive Behavior, Part Two: The Maritime Periphery," *China Leadership Monitor*, No. 35 (Summer 2011); and James Reilly, *Strong Society, Smart State: The Rise of Public Opinion in China's Japan Policy* (New York: Columbia University Press, 2012). 上記のような中国の専門家たちと対照的に、アラスター・イアン・ジョンストンは、二〇〇九年以降の中国の行動についての受け取り方は大きく変わったが、それでもその行動はそれ以前のものと比べてそれほど変わったわけではないと論じている。これについては以下を参照のこと。Alistar Iain Johnston, "How New and Assertive Is China's New Assertiveness?"

30. オーストラリアの戦略家であるヒュー・ホワイト（Hugh White）は、米中が互いを対等として扱う「アジアの協調」（Concert of Asia）を提唱している。もちろん彼はアメリカのリーダーたちが優位に固執しており、彼らに台頭する中国と力を共有するよう説得するのは極めて難しいことを理解している。Hugh White, "Power Shift: Australia's Future between Washington and Beijing," *Quarterly Essay*, No. 39 (2010), pp. 1–74; and Hugh White, *The China Choice: Why America Should Share Power* (Collingwood, AU: Black Inc., 2012). ［ヒュー・ホワイト著『アメリカが中国を選ぶ日』勁草書房、二〇一四年］だがこれは、アメリカがアジアにおいて中国と力を共有しなければならなくなる可能性を否定するものではない。もし本当にそのような状況が起こったとすれば、それは激しい安全保障競争の後であり、ワシントン政府が強力な中国を懐柔しようと決めた結果ではないはずだ。もちろんホワイトは台頭する中国が優位を求めており、なるべくアメリカとは力を共有したくないと思う可能性があることを認識している。

31. Thomas J. Christensen, "Posing Problems without Catching Up: China's Rise and Challenges for U.S. Security Policy," *International Security* 25, No. 4 (Spring 2001), pp. 5–40; and Avery Goldstein, "First Things First: The Pressing Danger of Crisis Instability in U.S.-China Relations," *International Security* 37, No. 4 (Spring 2013), pp. 49–89.

32. アメリカは一九六〇年代初期に、中国に対して予防戦争を行うことを真剣に検討したことがある。これは北京政府が核武装をしようとしていた時期に当たる。ところがワシントン政府は、最終的に中国との戦争のリスクとコストのほうが、そこから得られると思える利益よりも遥かに高いことを知ってあきらめている。したがって、アメリカは核武装した中国と生きていくほうが合理的だと判断したのだ。William Burr and Jeffrey T. Richelson, "Whether to 'Strangle the Baby in the Cradle': The United States and the Chinese Nuclear Program, 1960–64," *International Security* 25, No. 3 (Winter 2000–01), pp. 54–99; and Gordon Chang, "JFK, China, and the Bomb," *Journal of American History* 74, No. 4 (March 1988), pp. 1289–310.

33. David Alan Rosenberg, "'A Smoking Radiating Ruin at the End of Two Hours': Documents on American Plans for Nuclear War with the Soviet Union," *International Security* 6, No. 3 (Winter 1981–82), pp. 3–38.

34. Dong Jung Kim, "Letting a Hegemonic Aspirant (Further) Rise? Maintenance and Abandonment of Economic Ties between Security Competitors," Paper Presented at the International Studies Association Annual Convention, San Francisco, April 2013.

35. ソ連は物理的にアジアとヨーロッパの両地域にまたがって存在しており、この二つの地域を支配する脅威を持っていた。したがって、アメリカはそれぞれの地域においてバランシング同盟を結成する必要性にかられたのだ。ところが中国はアジアだけに位置しているわけであり、ヨーロッパの方には深刻な脅威とはならない。結果として、ヨーロッパの主要国は中国の封じ込めに積極的な役割を果たすとは考えられない。彼らは脇で傍観しつづけ、中国との貿易や投資を行うためのよいポジションに位置することになる。冷戦期のアメリカは、ヨーロッパの同盟国たちがモスクワ政府に対してソ連軍の装備を強化するテクノロジーを売り込んでいると疑っていたにもかかわらず、彼らがソ連と貿易をするのを阻止することは難しいと感じていた。Michael Mastanduno, *Economic Containment: CoCom and the Politics of East-West Trade* (Ithaca, NY: Cornell University Press, 1992).

36. Robert Art, "The United States and the Rise of China: Implications for the Long Haul," *Political Science Quarterly* 125, No. 3 (Fall 2010), pp. 362–66.

37. Dong Jung Kim, "Realists as Free Traders: Britain's Economic Response to the German Challenge, 1896–1914," Working Paper,

October 2013.

38. 政権転換（レジーム・チェンジ）作戦は、ある国の政治のトップや、それを支えている政治制度を標的《ターゲット》にする。場合によっては政府機関を残したまま国の法律を変えることも狙ったりする。ところがそれ以外の作戦では、ある国の統治機構全体を取り替えることが狙われる。これは独裁体制が民主制に切り替わったり、その逆の場合にも使われる。

39. Lindsey O'Rourke, "Secrecy and Security: U.S.-Orchestrated Regime Change during the Cold War," Ph.D. diss., University of Chicago, 2013. また以下の文献を参照のこと。Peter Grose, *Operation Rollback: America's Secret War behind the Iron Curtain* (New York: Houghton Mifflin, 2000); John Knaus, *Orphans of the Cold War: America and the Tibetan Struggle for Survival* (New York: Perseus Books, 1999); and Gregory Mitrovich, *Undermining the Kremlin: America's Strategy to Subvert the Soviet Bloc, 1947–1956* (Ithaca, NY: Cornell University Press, 2000).

40. O'Rourke, "Secrecy and Security," p. 105.

41. 世界銀行によれば、二〇一一年の中国の人口は一三億四四一三万人であり、アメリカは三億一一五九万一九一七人である。"Data: Population, total," *World Bank*, accessed June 30, 2013, http://data.worldbank.org/indicator/SP.POP.TOTL. 国連によれば、中国は二〇五〇年に一三億九五二〇万人、アメリカは四億〇八七〇万人になると推測されている。United Nation's Department of Economic and Social Affairs' Population Division, *World Population to 2300*, New York, 2004, p. 42. もし今日の中国が香港と同じ一人あたりの国民総所得（ＧＮＩ）があったとした場合、その人口規模を考えれば四八・四兆ドルになる。ちなみに現在のアメリカのそれは一五・一兆ドルである。もし中国が韓国と同じＧＮＩがあったとした場合、その値は二八・一兆ドルになり、これでもアメリカのほぼ倍となる。"Data: GNI, Atlas Method" and "Data: GNI per capita, Atlas Method," *World Bank*, accessed June 30, 2013, http://data.worldbank.org/indicator/NY.GNP.ATLS.CD and http://data.worldbank.org/indicator/NY.GNP.PCAP.CD. 二〇五〇年にアメリカは三七・九兆ドルのＧＤＰを持つと推測されている。PwC, *The World in 2050: The Accelerating Shift of Global Economic Power*, January 2011, p. 7. もし中国が二〇五〇年の時点で香港のそれと同じくらいになるとすれば、そのＧＤＰは一六二・七兆ドルとなる。韓国の推測されたＧＤＰと並ぶとすれば、中国のＧＤＰはそれでも脅威的な一五〇・三億ドルとなる。二〇五〇年の一人あたりのＧＤＰの推測値については以下を参照のこと。William Buiter and Ebrahim Rahbari, *Global Growth Generators: Moving beyond "Emerging Markets" and "BRIC,"* Citigroup, February 21, 2011, p. 46.

42. 中国と同盟を組みそうなアジアの四カ国は、カンボジア、ラオス、北朝鮮、そしてパキスタンである。ミャンマーも最終的には中国側につく可能性を持っている。

43. Stephen M. Walt, *The Origins of Alliances* (Ithaca, NY: Cornell University Press, 1987).

44. Hillary Clinton, "America's Pacific Century," *Foreign Policy*, No. 189 (November 2011), pp. 56–63.

45. この議論の論理《ロジック》は以下の文献で見ることができる。Albert O. Hirschman, *National Power and the Structure of Foreign Trade*, exp. ed. (Berkeley: University of California Press, 1980). おそらく中国が地域の周辺国に対して経済的な影響力を持っていることを示す最適な指標は、それらの国々におけるＧＤＰにおける中国への輸出額の割合であろう。周辺国の数値は以下のようなものになる。オーストラリア六・二%、インドネシア二・九%、日本三・七%、韓国一三・七%、マレーシア一六・二%、フィリピン六・六%、シンガポール四四・七%、台湾三一・〇%、タイ一四・八%、そしてベトナム九・六%である。これらの数値は二〇一二年の統計だが、香港は中国の一部として換算されている。データは以下の文献から。"Exports of Goods and Services (% of GDP)," World Bank, accessed July 2, 2013, http://data.worldbank.org/indicator/NE.EXP.GNFS.ZS. 台湾の製品とサービスの輸出（ＧＤＰの中の割合）については、以下の文献を参照。*Fact Sheet: Taiwan*, Australian Government Department of Foreign Affairs and Trade, accessed July 2, 2013, http://www.dfat.gov.au/geo/fs/taiw.pdf; 香港から中国への輸出については以下の文献から。"Exports – Partners (%)," *CIA World Factbook*, accessed July 2, 2013, https://www.cia.gov/library/publications/the-world-factbook/fields/2050.html.

46. ここで重要なのは、もし中国が地域覇権国になった場合、とりわけ安全保障の問題がかかわってくる際には、周辺国の行動に大きな影響力を持つことになるという点だ。ところがここでの議論をしているのは、台頭しつつもまだ地域覇権は獲得していない中国である。

47. 他にも経済的な強制が効かないと思える理由が二つある。一つは、国家が莫大な量の懲罰でも吸収できて、強制側の要請に屈しないという点だ。これについては Robert A. Pape, *Bombing to Win: Air Power and Coercion in War* (Ithaca, NY: Cornell University Press, 1996). を参照のこと。もう一つは、経済的な強制に弱い国家は、貿易・投資の政策を変えて「支配から逃げる」ことができるという点だ。Hirschman, *National Power*, pp. v–xii. 引用は p. ix. からのもの。

48. David Brewster, "The India-Japan Security Relationship: An Enduring Security Partnership," *Asian Security* 6, No. 2 (May–August 2010), pp. 95–120. インドが中国に対抗するために東南アジアで友好国を勝ち取ろうと活動していることについては以下のものを参照のこと。Pankaj Kumar Jha, "India's Defence Diplomacy in Southeast Asia," *Journal of Defence Studies* 5, No. 1 (January 2011), pp. 47–63.

49. Elisabeth Bumiller and Norimitsu Onishi, "U.S. Lifts Ban on Indonesian Special Forces Unit," *New York Times*, July 22, 2010. 他にも以下の文献を参照のこと。Robert Dreyfuss, "Containing China Is a Fool's Errand. Yet Obama's Deal with Indonesian Thugs

Is Aimed at Exactly That," *Nation*, July 23, 2010; and John Pomfret, "U.S. Continues Effort to Counter China's Influence in Asia," *Washington Post*, July 23, 2010.

50. "Singapore Changi Naval Base," *GlobalSecurity.org*, February 16, 2012; and Anthony L. Smith, "Singapore and the United States 2004–2005: Steadfast Friends," *Special Assessment: The Asia-Pacific and the United States 2004– 2005* (Asia-Pacific Center for Security Studies, February 2005). 以下の文献も参照のこと。Marcus Weisgerber, "Singapore Will Now Host 4 Littoral Combat Ships," *Navy Times*, June 2, 2012.

51. Blaine Harden, "Japanese Prime Minister Yukio Hatoyama Resigns," *Washington Post*, June 2, 2010; and "Japan Agrees to Accept Okinawa Base," *UPI.com*, May 23, 2010.

52. アジアの国々が中国に対してバランシングを行い始めていることについてのさらなる証拠については、とりわけ以下のものを参照。Patrick Barta, "Neighbors Grow More Wary of China," *Wall Street Journal,* January 13, 2013; Patrick Barta, "U.S., Vietnam in Exercises amid Tensions with China," *Wall Street Journal*, July 16, 2011; Jackie Calmes, "Eying China, U.S. Expands Military Ties to Australia," *New York Times*, November 16, 2011; Martin Fackler, "Japan to Propose Closer Military Ties with South Korea," *New York Times*, January 4, 2011; Martin Fackler, "To Counter China, Japan and Philippines Will Bolster Maritime Coordination," *New York Times*, January 10, 2013; James Reilly, "Counting on China? Australia's Strategic Response to Economic Interdependence," *Chinese Journal of International Politics* 5, No. 4 (Winter 2012), pp. 369–94; Jay Solomon, Yuka Hayashi, and Jason Dean, "As China Swaggers, Neighbors Embrace U.S.," *Wall Street Journal*, May 25, 2010; and Craig Whitlock, "Philippines May Allow Greater U.S. Military Presence in Reaction to China's Rise," *Washington Post*, January 25, 2012.

53. Kaplan, *Revenge of Geography*, pp. 213–27［カプラン著『地政学の逆襲』］; Daniel Twining, "The Taiwan Linchpin," *Policy Review*, No. 177 (February 2013); and Alan M. Wachman, *Why Taiwan? Geostrategic Rationales for China's Territorial Integrity* (Stanford, CA: Stanford University Press, 2007).

54. Nancy Bernkopf Tucker and Bonnie Glaser, "Should the United States Abandon Taiwan?" *Washington Quarterly* 34, No. 4 (Fall 2011), pp. 23–37.

55. Mastanduno, *Economic Containment.*

56. Barry R. Posen, *Inadvertent Escalation: Conventional War and Nuclear Risks* (Ithaca, NY: Cornell University Press, 1991).

57. Graham Allison and Robert D. Blackwill, *Lee Kuan Yew: The Grand Master's Insights on China, the United States, and the World* (Cambridge, MA: MIT Press, 2012), p. 38.

58. 中国のナショナリズムに関する私の議論は、以下の文献に多くを依存している。William A. Callahan, *China: The Pessoptimist Nation* (New York: Oxford University Press, 2010); Peter Hays Gries, *China's New Nationalism: Pride, Politics, and Diplomacy* (Berkeley: University of California Press, 2004); Christopher R. Hughes, *Chinese Nationalism in the Global Era* (London: Routledge, 2006); Hughes, "Reclassifying Chinese Nationalism"; Zheng Wang, *Never Forget National Humiliation: Historical Memory in Chinese Politics and Foreign Relations* (New York: Columbia University Press, 2012); Suisheng Zhao, *A Nation-State by Construction: Dynamics of Modern Chinese Nationalism* (Stanford, CA: Stanford University Press, 2004); and Zhao, "Foreign Policy Implications of Chinese Nationalism Revisited."

59. Zhao, *Nation-State by Construction*, chap. 6.

60. Gries, *China's New Nationalism*, p. 20. 大衆的なナショナリズムの詳細については同書の第七章を参照のこと。また、以下の文献も参照のこと。Reilly, *Strong Society, Smart State*; and Zhao, "Foreign Policy Implications of Chinese Nationalism Revisited."

61. Gries, *China's New Nationalism*, p. 48.

62. 以下の著作はこの現象について優れた議論を提供している。Wang, *Never Forget National Humiliation*. これ以外にも以下の文献を参照のこと。Callahan, *China*; Gries, *China's New Nationalism*; and Zhao, "Foreign Policy Implications of Chinese Nationalism Revisited."

63. Gries, *China's New Nationalism*, p. 46.

64. Callahan, *China*, p. 201.

65. 中国の場合に地政学とナショナリズムがどのように影響しあっているのかについての興味深い議論については以下の議論を参照のこと。Hughes, "Reclassifying Chinese Nationalism."

66. Yan Xuetong, *Ancient Chinese Thought, Modern Chinese Power*, ed. Daniel A. Bell and Sun Zhe, trans. Edmund Ryden (Princeton, NJ: Princeton University Press, 2011), chap. 1.

67. 以下からの引用。Victoria Tin-bor Hui, "History and Thought in China's Traditions," *Journal of Chinese Political Science* 17, No. 2 (June 2012), p. 126.

68. Yan Xuetong, "The Rise of China in Chinese Eyes," *Journal of Contemporary China* 10, No. 26 (Feb. 2001), pp. 37–38. また、以下も参照のこと。Hui, "History and Thought"; David C. Kang, China Rising: Peace, Power, and Order in East Asia (New York: Columbia University Press, 2007); and Yuan-Kang Wang, *Harmony and War: Confucian Culture and Chinese Power Politics* (New

York: Columbia University Press, 2011). 中国が儒教に深く影響されており、この「世界秩序に対するアプローチは西洋で考えられているシステムとは大きく違う」という考えは、以下のキッシンジャー本のメインテーマである。Henry Kissinger, *On China* (New York: Penguin, 2011), chap. 1.［ヘンリー・キッシンジャー著『キッシンジャー回想録 中国』岩波書店、二〇一二年］この引用は原著の p.16 に記載。興味深いことに、中国の台頭の際にアジアの平和をいかに維持するのかについて論じるときに、キッシンジャーは中国の対外政策の独特のやり方や、それが米中関係にどのような影響を与えるのかについてはほとんど何も論じていない。これについては ibid., pp. 487–548. ハーバード大学の中国専門家であるジョン・フェアバンクは、中国が儒教の伝統の影響によって「平和的な傾向をもつ」という議論を普及させた第一人者である。これについては以下の文献を参照のこと。John K. Fairbank "Introduction: Varieties of the Chinese Military Experience," in Frank A. Kierman, Jr., and John K. Fairbank, eds., *Chinese Ways in Warfare* (Cambridge, MA: Harvard University Press, 1974), pp. 1–26. この引用については原著の p. 7. に記載。

69. この二つの引用とも以下の文献から。Wang, *Harmony and War*, p. 2.

70. Alastair Iain Johnston, *Cultural Realism: Strategic Culture and Grand Strategy in Chinese History* (Princeton NJ: Princeton University Press, 1995), p. xi.

71. Ibid., p. 249.

72. Yan, *Ancient Chinese Thought*, p. 35.

73. Ibid., p. 41.

74. アンドリュー・スコベルは「中国の戦略行動はレアルポリティークの要素だけでなく、儒教的な要素によっても影響されている。それが合わさったものが、私のいう中国式の「防御至上主義」（Cult of Defense）というものであり、これはリアリスト的な行動が支配的でありながらも平和主義的な自己認識によって防御的な面が正当化されるものだ」と記している。Andrew Scobell, *China's Use of Military Force: Beyond the Great Wall and the Long March* (New York: Cambridge University Press, 2003), p. 38. また、これについては以下の文献を参照。Nathan and Scobell, *China's Search for Security*.［ネイサン&スコベル著『中国安全保障全史』］

75. Warren I. Cohen, "China's Rise in Historical Perspective," *Journal of Strategic Studies* 30, Nos. 4–5 (August– October 2007), p. 683.

76. Ibid., p. 703.

77. Hui, "History and Thought," p. 131.

78. Ibid., p. 127

79. Wang, *Harmony and War*, p. 181.

80. Hans J. van de Ven, “War in the Making of Modern China,” *Modern Asian Studies* 30, No. 4 (October 1996), p. 737. それ以外の長年にわたる中国の侵略的な行動について詳細に述べたものとしては以下のものを参照のこと。Nicola Di Cosmo, *Ancient China and Its Enemies: The Rise of Nomadic Power in East Asian History* (Cambridge: Cambridge University Press, 2002); and Peter C. Perdue, *China Marches West: The Qing Conquest of Central Eurasia* (Cambridge, MA: Harvard University Press, 2005).

81. この二つの引用とも以下の文献から。Wang, *Harmony and War*, p.188. 他にも以下を参照のこと。Nathan and Scobell, *China's Search for Security.*［ネイサン&スコベル著『中国安全保障全史』］この文献では中国の対外政策の中核をなすのはリアリスト的な考えだと論じられている。

82. 経済相互依存の理論について述べた重要文献は以下の通り。Norman Angell, *The Great Illusion: A Study of the Relationship of Military Power in Nations to Their Economic and Social Advantage* (London: William Heinemann, 1910); Stephen G. Brooks, *Producing Security: Multinational Corporations, Globalization, and the Changing Calculus of Conflict* (Princeton, NJ: Princeton University Press, 2005); Dale C. Copeland, “Economic Interdependence and War: A Theory of Trade Expectations,” *International Security* 20, No. 4 (Spring 1996), pp. 5– 41; and Richard N. Rosecrance, *The Rise of the Trading State: Commerce and Conquest in the Modern World* (New York: Basic Books, 1986).［ローズクランス著『新貿易国家論』］

83. このような考えからケネス・ウォルツは、経済相互依存が平和よりも紛争の原因となると論じるに至っている。Kenneth N. Waltz, “The Myth of National Interdependence,” in Charles P. Kindelberger, ed., *The International Corporation* (Cambridge, MA: MIT Press, 1970), pp. 205–23.

84. John J. Mearsheimer, *Conventional Deterrence* (Ithaca, NY: Cornell University Press, 1983).

85. 「国際システム内で経済的に相互依存状態にある国家は、中立国に経済的なダメージが及ばないようにするために、この二つのライバル国を互いに恐怖を感じて戦わせないように動く」と論じることも可能である。ところがユージン・ゴルツとダリル・プレスが述べているように、「中立国が戦争で背負うことになるコストというのは過大評価されている。実際のところ、多くの中立国は戦争による経済状態の変化からわずかながらも利益を得てきた」と指摘している。Eugene Gholz and Daryl G. Press, “The Effects of Wars on Neutral Counties: Why It Doesn’t Pay to Preserve the Peace,” *Security Studies* 10, No. 4 (Summer 2001), p. 3.

86. Jack S. Levy and Katherine Barbieri, “Trading with the Enemy during Wartime,” *Security Studies* 13, No. 3 (Spring 2004), pp. 2,

7. 他にも以下のものを参照のこと。 Charles H. Anderton and John R. Carter, "The Impact of War on Trade: An Interrupted Time-Series Study," *Journal of Peace Research* 38, No. 4 (July 2001), pp. 445–57; Katherine Barbieri and Jack S. Levy, "Sleeping with the Enemy: The Impact of War on Trade," *Journal of Peace Research* 36, No. 4 (July 1999), pp. 463–79; and Katherine Barbieri and Jack S. Levy, "The Trade-Disruption Hypothesis and the Liberal Economic Theory of Peace," in Gerald Schneider, Katherine Barbieri, and Nils Petter Gleditsch, eds., *Globalization and Armed Conflict* (Lanham, MD: Rowman & Littlefield, 2003), pp. 277–98.

訳者解説とあとがき

本書は、二〇〇一年にアメリカで出版され、二〇一四年にその改訂版となって発行されたジョン・ミアシャイマー（John J. Mearsheimer）シカゴ大学教授の大著〝The Tragedy of Great Power Politics〟の全訳日本語版である。国際関係論の理論家として欧米では非常に有名なミアシャイマー教授であるが、日本ではあまりなじみがなく、本格的な翻訳書も、本書の初版の翻訳が出た二〇〇七年の時点では本邦初であった。ところが、その後に何冊か邦訳が出たおかげで、日本でも多少なりとも名が知られてきたと言える。しかし念のためにここで彼の簡単な経歴と、本書で提示されている「オフェンシヴ・リアリズム」という理論などについて、多少なりとも記しておく意義はあるだろう。

ミアシャイマーの経歴

ミアシャイマーは一九四七年生まれであり、ベトナム戦争真っ盛りの時代にウェスト・ポイントの陸軍士官学校を卒業し、五年間空軍に勤務している。その後大学に戻り、一九八〇年にコーネル大学で「通常兵器による抑止理論」というテーマで、ジョージ・クエスターやリチャード・ローズクランスのもとで博士号を取得。在学中からアメリカではトップクラスのシンクタンクであるブルッキングス研究所で研究員を務め、博士号取得後はハーヴァード大学の研究員になり、一九八二年から保守系の名門校として有名なシカゴ大学へ赴任し、現在に至るまでシカゴ大学一筋で教えている。

一九九二年にはその才能を買われてクリントン大統領から国防長官に推薦されるという話が出たようだが、本人はこの申し出を断ったという噂もある。また、アメリカの外交戦略に大きな影響力を持っていると言われる外交問題評議会（CFR）とも関係が深く、一九九〇年代後半には本書の調査研究のためにここの特別研究員を務めたほか、二〇一七年現在でもこのCFRの一員を務めている。

専門は主に国際政治理論や軍事戦略論などであり、国際政治の動きを主に安全保障の観点から客観的かつロジカルに分析する、正真正銘の「現実主義者《リアリスト》」と呼ばれる学者だ。

著書の数は意外に少なく、博士号論文を本にした『通常兵器による抑止』（未邦訳）、有名なイギリスの戦史家であるリデルハートの理論を厳しく批判した『リデルハートと歴史の重み』（未邦訳）、本書の『大国政治の悲劇』（当社刊、初版と改訂版）、『イスラエル・ロビーとアメリカの外交政策』（講談社刊、上下巻）、そして『リーダーはなぜウソをつくのか』（当社刊、のち中央公論新社刊）の五冊だけである。ちなみに本書と一冊目の本は、その内容の質の高さが認められ、アメリカでそれぞれ学術賞を受賞している。

英語圏の学界では、ミアシャイマーはこのようなまとまった著作よりも、むしろいくつかの論文の方でその名が広く知られている。冷戦時代は軍事戦略の観点から、ヨーロッパにおける北大西洋条約機構（NATO）やソ連の戦略について多く書いていたが、冷戦終結の前後から国際関係論の分野に軸足を移し、「世界は多極化する」と主張して一気にその名が知られるようになり、一九九〇年代中頃には「国連やNATOのような国際制度機関というものは大国の行動にはとんど影響を与えられない」と主張する刺激的な論文を書き、欧米の国際政治学界で議論を巻き起こしている。本書はミアシャイマーが一九九〇年代に主張していたこのような議論を集大成させて国際政治の理論《セオリー》としてまとめたものであり、本書の中ではこれらの論文の中で使われていた議論を何カ所かで散見することができる。

いまから十数年前の第二次イラク戦争における侵攻直前には「戦略や国益の観点から考えればアメリカのイラク戦争は間違っている」と主張して、ブッシュ（息子）政権の政策を痛烈に批判し、戦争直前にCFRで行われた討論会では、同じ保守派ながらもよりタカ派であったネオコンたちを相手に、イラク戦争の開始の是非をめぐって大激論をして注目を集めた。当然のように、ネオコンたちとは今でも論敵となっている。

彼の理論の軍事的で右翼的とも取られかねない見方と、イラク戦争反対という二つの主張の間にはそもそも整合性があるのか、という疑問を感じる方がおられるも知れないが、彼の中では全く矛盾がない。なぜなら彼は「道徳的な面から戦争反対」というわけではなく、あくまでもリアリストの視点から「戦争に失敗することが目に見えているから反対」だからだ。つまり軍事面と国益の観点から考えれば、イラク侵攻は「アメリカにとって損になるから」という意味で反対であり、決して「平和を守らなければならない云々」ということではないのだ。

その後も二〇〇五年の末には本書の最終章で展開されているものの元となった議論を『フォーリン・ポリシー』誌上で発表している。この時は「世界経済に組み込んでしまえば中国は脅威にならない」とするズビグニェフ・ブレジンスキー（元カーター政権大統領補佐官・故人）を相手に、「それでも中国が経済成長すると脅威になる」という自身の理論を活用した議論を堂々と展開して話題になった。

その後にはシカゴ大学時代の同僚であり、同じリアリズム派に属するハーヴァード大教授のスティーヴン・ウォルトとの共著で『イスラエル・ロビーとアメリカの外交政策』という小論文を発表して、ユダヤ人団体や親イスラエル派の人々がワシントンで強烈なロビー活動を行うことによってアメリカの対外政策、とくに中東方面の政策に悪影響を与えているとして批判し、これを後に同名の本にまとめている。これは当然のように政治面で微妙な問題であるために、アメリカのアカデミック界で大問題となり、各種ユダヤ系団体や知識人などから大批判が起こっているが、本人は何事もなく討論会などに参加して堂々とした論陣を張っていた。もちろんこの一件のために、彼のゼミの学生たちの就職が難しくなったとは噂されているが、本人は普通にシカゴ大学で研究生活を続けている。

オフェンシヴ・リアリズムという理論

それではミアシャイマーの「攻撃的現実主義《オフェンシヴ・リアリズム》」という理論について解説をしたい。

まず彼の理論の基礎になっているのが「国際政治は権力闘争の場である」とする、いわゆるホッブズのリヴァイアサン的な「現実主義《リアリズム》」という冷酷な視点を持った学派の考え方である。ミアシャイマーの理論は、この学派の中でも特に大国の行動の攻撃的な面を強調している。だから「攻撃的現実主義」なのだ。決してミアシャイマー自身の人格が攻撃的だからではない。

ミアシャイマーの理論を含むリアリズムの源流は、もちろん紀元前の古代までさかのぼることができる。「人間の政治は常に権力闘争である」というイメージは聖書にも見てとることができるし、ギリシヤではツキュディデスによる『戦史』、インドではカウティリヤによる『実理論』、そして中国では『孫子の兵法』や『韓非子』などにもあり、その歴史は古い。

その後、西洋ではマキャベリの『君主論』やホッブズの『リヴァイアサン』、そしてルソーの著作の一部などを経て近代に入り、いよいよ二〇世紀に入ると第一次世界大戦が勃発（一九一四年～一八年）するのだが、この大災害がきっかけとなって、ヨーロッパの知識人たちの間で客観的に国際政治（国際関係）を研究しようという機運が起こってくる。

この時にこの研究を行うために二つの思想的な流れができたのだが、一方は「どうやったら国際平和を達成できるのか？」と考えた人々のグループであり、もう一方が「なぜ（第一次世界大戦のような）

大戦争が起こるのか？」と考えた人々のグループである。前者の考え方が「リベラリズム」（自由主義者）につながり、後者の考え方が「リアリズム」という学派を形成したわけで、この分類は極めて重要である。それぞれが想定していた問題意識の違いが、この二つの学派の決定的な違いを生み出しており、それが大きくは現在まで変わらずに受け継がれているからだ。

第一次世界大戦で起こった質問（問題意識）に対して、前者のリベラリズムの人々が出した答えは「世界政府のような国際制度機関を作ればよい」というものであった。これが当時のアメリカのウィルソン大統領のような人々を動かし、国際同盟を結成する流れにつながっている。ところがそれでも次の第二次世界大戦が起こったことから、その戦争が起こる直前に出版されたイギリス人のＥ・Ｈ・カーの『危機の二十年』（岩波文庫刊）で展開されていた議論が俄然《がぜん》注目を浴びることになった。カーはこの著作の中で、第二次世界大戦前に大流行していたリベラリズムを痛烈に批判しており（実はリアリズムもバランスよく批判しているのだが）、戦後、これを機にウェールズの田舎町に世界初となる国際政治学部を設立して、その代表を務めることになった。

その後、アメリカでもカーに影響を受けたシカゴ大学のハンス・モーゲンソーが『国際政治』（岩波文庫刊、上中下巻）を出版しており、アメリカ式リアリズムの権化として、冷戦時代前半のアメリカの国際政治学界の王座を占めることになった。

その後、一九七九年には「ネオリアリズム」の聖書と呼ばれるケネス・ウォルツの『国際政治の理論』（勁草書房刊）が出版され、経済学の分析法を使いながら、国際政治は「システムの構造（ストラクチャー）」によって分析することができると論じられた。この理論は当時の冷戦後半の世界の二極構造をうまく説明していたため「新しいリアリズム」という意味から「ネオリアリズム」（本書では構造的リアリズム、またはディフェンシヴ・リアリズム）と呼ばれるようになっている。

この時にウォルツが自身の理論の仮定《アサンプション》としていたのが「アナーキー」と「生き残り《サヴァイバル》」の二つなの

だが、ミアシャイマーはこれをそっくりそのまま踏襲している。つまり彼はネオリアリストの一派、もしくはその発展形なのだが、もちろんこれは彼がウォルツの直接の弟子であることを意味するわけではない（『イスラエル・ロビーとアメリカの外交政策』の共著者であるスティーヴン・ウォルトはウォルツの直弟子だが）。

次にこのオフェンシヴ・リアリズムのメカニズムについて見ていくことにしよう。

逆説的だが、ミアシャイマーはすべての「大国《グレイト・パワーズ》」、もしくは「列強《れっきょう》」と呼ばれてきた国々というものは、そもそも攻撃的に振る舞うような「本性」が元々備わっているわけでないと主張している。この点において、「人間（そして大国）には力を求め続ける本性が元々備わっている」とするモーゲンソーとは意見が分かれることになる。

ではなぜ大国が攻撃的に振る舞うようになるのかというと、それはウォルツの言うような「システムの構造」に原因があるという。しかしウォルツの理論ではその仮定《アサンプション》が二つ（アナーキー、生き残り《サヴァイバル》）しかなく、これだけではあまりにも大雑把で、とくに過去の大国の攻撃的な行動などは説明できなくなる。ウォルツはこれを補足するためには国際政治の「システム・レベルの分析」とは別に「対外政策の理論」が必要だとしており、確かにウォルツの弟子たちは「官僚政治」「国内政治」「軍国主義」などの国内（ユニット・レベルの分析）要素を持ち出すことによって、師の理論を補っている。

ところがこれでは一つの理論で国際政治の動きを説明できる範囲が非常に狭まってしまうという考えから、ミアシャイマーは自分の理論を構成する五つの「仮定《アサンプション》」を設定して、あくまで「システムの構成」だけで大雑把ながらもすべてを説明しようとしている。これがオフェンシヴ・リアリズムの最大の特徴だ。

これをたとえると、「国際社会」が一つの村であり、そこに住む家族が「国家」だとすると、ウォルツの理論の考え方では、その村に警察（世界政府のようなもの）がいないという点と、村の中に力を持った家族がいくつあるのか（システムの構成）という点だけで村全体の動きが決まる、ということだ。しかしこれではあまりにも大雑把なので、弟子たちはそれぞれの家族の内部構成や性格、伝統、そして家庭内の雰囲気などの要素も考慮に入れて考えるようにした。ところがミアシャイマーは「それでは一つの理論ですべてが説明できない」と考え、単純に村の中にある強い家族の数（システムの構成）だけで理論を作り、その不足分を補うために、ウォルツの二つの仮定《アサンプション》以外に、別に三つの仮定《アサンプション》を付け加えたのである。

これが本書の第二章で説明された、①国際システムのアナーキー（ウォルツと一緒）、②大国は攻撃的な軍事力を持っている、③大国は相手国が何をしようと考えているのかを完全には知ることができない、④自国の生き残り《サヴァイバル》（ウォルツと一緒）、⑤大国は合理的な行動をしようとする、という「仮定《アサンプション》」なのだ。

ミアシャイマーの加えた仮定《アサンプション》は①と④以外の三つになるのだが、この仮定《アサンプション》が全部合わさると、大国は力を拡大しようと攻撃的《オフェンシヴ》にならざるを得なくなり、ある程度の「力／パワー」（人口・軍事力・経済力の三位一体）を得ると、さらなる安全保障を求めて世界覇権国《グローバル・ヘジェモン》の地位を目指し始めることになる。世界制覇をするほどパワフルになってしまえば、他国はそれにあえて挑戦しようとは思わなくなるからだ。

ところがどの大国にとっても世界覇権を完全に達成するのは、主に地理的な事情（海が軍隊の機動力を低下させる）から到底無理である。しかし大国の内部には、周辺国家を服従させておき、自国の安全保障を確実なものしておきたいという欲望は残る。だから大国はこのディレンマの間で揺れ動くことになり、チャンスがあれば他国よりもなるべく多くの力を得ようとして「合理的に」攻撃的に振る舞うようになる。だからこの理論には「攻撃的《オフェンシヴ》」という形容詞がつけられており、大国の間で行われる政治は常に原著名にあるようにシステムの影響によって、仕方なく「悲劇的」になるのだ。

しかしここで疑問に残るのは、現在のようなグローバル化された経済が発展している時代に、ミアシャイマーはなぜこのようなパワーだけに注目するような理論をわざわざ作り上げたのか、ということである。多くの批判は、まさにこのような部分に集中してくる。

これには理由が二つあり、一つは欧米の近代リアリズムが出てきた背景、そして二つ目はミアシャイマー自身が活躍を始めた冷戦時代に、戦略や安全保障の専門家たち（リアリストたち）の間で行われていた議論が大きく関係している。

まず一つ目だが、近代のリアリズムが登場してくる時に、第一次世界大戦の大災害の反省から知識人のグループが二つに分かれたことはすでに指摘した通りである。リベラリズムは「どうやったら平和な世界を作れるか？」という疑問から平和構築の可能性、その逆にリアリズムでは「なぜ大戦争が起こったのか？」という疑問から戦争の原因を探求する傾向があったのだが、この質問に答えようとすると、人間というものは誰でもその疑問の設定に対応した答えを探そうとして、現実世界の現象の中からある特定の要素を選び出して考え出す。この要素が、リベラリズムの場合は「国際法」や「経済相互依存」であり、一方のリアリズムでは「権力闘争」や「軍事力」になる。つまり質問の違いによって注目する要素が変わってくるわけで、要素が変わると、そこから生まれてくる理論も全く違ったものになる。モーゲンソー、ウォルツ、そしてミアシャイマーらが後者の伝統的な「戦争はなぜ起こるのか？」という疑問を受け継いでいることは言うまでもない。本書ではこれが第九章の議論に結実している。

二つ目の理由だが、これはミアシャイマーが冷戦時代に関わっていた議論と大きな関係がある。彼が学者になりたての頃の一九八〇年代の初期は、アメリカのリアリストたち、つまり「権力闘争」や「軍事力」から国際政治の動きを考える人たちの間で一番の話題だった議論が、「どうやったらヨーロッパでのソ連との地上戦の勃発《ぼっぱつ》を防ぐことができるのか」というものだった。

リアリストたちは当時、この答えを第一次世界大戦勃発の経緯に求めており、そのために二〇世紀前半のヨーロッパの戦史研究が盛んになっていた。ここで出てきたのが、プロイセンの軍事思想家として有名なカール・フォン・クラウゼヴィッツの『戦争論』の議論からインスピレーションを受けた「攻撃・防御バランス」という名前の一連の議論なのだが、これを簡単に言うと、「大国同士の間で戦争が起こる確率は、彼らの持つ軍備の相対的なバランスによる」というものだ。これを言い換えれば、A国の軍備が防御的なものであり、B国の攻撃兵器を圧倒するものであり、その軍事力のバランスが防御側に有利に傾いている場合は両国の間では戦争が起こらず、その逆の場合は戦争が起こりやすくなるという。

当時の主なネオリアリストたちは「普段は大国間のバランスは防御側（つまりディフェンシヴ）に偏っている」と主張し、これによって彼らはディフェンシヴ・リアリストと呼ばれるようになったのだが、ミアシャイマーはそれとは反対に「兵器に防御的・攻撃的という区別をすることがそもそもナンセンスだ」と論じる形でこの議論に参戦している。

このミアシャイマーの「兵器はすべて攻撃に使える」という考えは、ウォルツの二つの仮定《アサンプション》に「②大国は攻撃的な軍事力を持っている」という仮定《アサンプション》を加えることにつながり、最終的には「大国は互いに対して攻撃的に振る舞う」という理論につながっている。そしてこれがミアシャイマーの軍事的な理論から国際関係論の理論への発展につながった。こういう事情から、ミアシャイマーの理論は、冷戦時代の安全保障論や戦略論をベースにして国際政治の動きを分析する、極めて軍事的要素の濃いものになったのである。

余談だが、このリアリズムという学派では、伝統的に「善い国家／悪い国家」というような道徳的な判断はしない。なぜならこの学派にとって客観的な分析をする時に大事なのは、主に国家の持つ「パワー」という要素だけだからだ。当然のごとく、ミアシャイマー自身も本書の中で国家の善悪や価値観の判断をほとんど行っておらず、たとえばアメリカが東京大空襲を行ったことや、日本が第二次世界大戦を始めたのは安全保障的な理由だったことなどを極めて客観的に述べている。

将来の予測

本書の特徴は、なんといっても著者が大胆に将来起こりうる中国の台頭とアメリカとの衝突の予測をしている、最後の第一〇章であろう。ミアシャイマーは本書の中で何度か主張しているように、社会科学者は未来の予測ができなければ存在している意味がないという信条から、あえて大胆に自分の理論を使って将来の予測を行っている。

ここで注意していただきたいのは、ミアシャイマーは自分の理論がすべての国際政治の現象を説明できるものではなく、もちろんこの理論には例外があり、あくまでも大まかな動きを安全保障面から説明できるものだと主張していることだ。その分析の枠組みはあくまでも国家中心であり、たとえばアルカイーダやISのような国家ではないテロリストグループのような存在は考慮されておらず、ミアシャイマー自身もテロリストなどは国際政治の大きな枠組みには変化を与えられるような存在ではないとして、全く意に介していない。また、ハンチントンのような「文明の衝突論」も誤りであるとして、むしろ国家を支えるナショナリズムの盛り上がりを指摘しつつ、衝突するのは文明ではなく、あくまでも大国同士であると主張している。

未来予測をする前に、まずミアシャイマーにとって重要なのは、世界は冷戦後から米・中・ロの三つの大国による「多極システム」に移ったという認識だ。日本やドイツも人口や経済力などを考慮すると大国になる潜在力があるのだが、この両国は安全保障をアメリカに頼っている「準・主権国家」であり、しかも核兵器を持っていないため「大国《グレイト・パワー》」にはなれないという。

このようなシステム的な構造と地政学的な状況を考慮すると、アメリカにとってこれから重要になってくるのはヨーロッパと北東アジアの二つの地域である。とりわけ東アジアは米・中・ロという三極世界になっており、しかも最近の中国の勃興《ぼっこう》は目覚ましく、明らかに潜在覇権国《ポテンシャル・ヘジェモン》となる可能性を持っている。しかも二一世紀前半にアメリカが東アジアから撤退する可能性もあり、中国がアメリカの北東アジアにおける優位に挑戦してくることになりそうなのだ。

では、なぜ中国はアメリカに挑戦してくるようになるのだろうか？　まず中国は「大国」になるために国家が必要とする三つの「力（パワー）」の要素を、すでにある程度備えている。この三つとは、①人口の多さ、②軍事力（特に核兵器）、そして③経済力である。

原書の初版が出た二〇〇一年当時に中国に唯一足りないとされていたのは③経済力なのだが、ご存知のように中国は二〇一一年にGDPで日本を抜き去って世界第二位の立場を獲得した。このために軍事費に転用できる資金が豊富になり、軍備を整えた中国はさらなる安全保障を求めて北東アジアの覇権を目指すようになる。ところがこの際に邪魔になるのは、北東アジアに足がかりを持っているアメリカの存在である。だから中国はこの影響力を排除するために、近い将来においてアメリカに挑戦してくることになるだろう、というのがミアシャイマーの主張だ。この説明のさらなる延長線上に透けて見えてくるのは、日本、そしてアメリカの、北東アジアからの完全排除・撤退であることは言うまでもない。

このミアシャイマーの分析に従えば、尖閣諸島沖の漁船衝突事件を含む、近年中国の周辺で頻発《ひんぱつ》している小規模の衝突などは、中国のアジアにおける地域覇権を確立し、他の大国（アメリカ）からの不干渉独立主義を貫くという、いわば中国版の「モンロー主義」（ヨーロッパ諸国の北米大陸周辺の西半球への干渉はアメリカに対する非友好的な態度だと見做《みな》すのが、アメリカの一九世紀のモンロー主義の核心）へのプロセスの一貫だということになる。

もちろんこのような「直線的《リニア》」な理論、つまり「過去の事例はこうだったから将来もこのようになる」という理論の立て方は、学問的に言えば「古い」タイプのものであると言える。現在においては、たとえばオハイオ大学のランドール・シュウェラー教授や、ダートマス大学のリチャード・ネッド・ルボウ教授のような「非線形的で不確実な国際環境」というものを想定する理論が主流と言えるわけで、ミアシャイマーは強固に古いタイプの理論を推し進めていると言える。

最後に、本書の第一〇章で展開されている議論について触れておきたい。本書のまえがきの部分でも記しているように、ミアシャイマーは本書の原書の初版を発表した前後から「中国の台頭は平和的なものにはならない」とする主張を、自身の過去二〇〇年間の大国の行動を基にした理論を基礎にして世界中の学会や講演会などで積極的に発表しており、本書の第一〇章ではその議論がそのまま反映されているのだが、興味深いのはその議論の展開の仕方だ。

まず彼が実例として挙げるのが、彼の祖国、アメリカの歴史である。自身が第七章でも説明しているように、アメリカは一九世紀にフロンティアを求めて西方へと拡大しており、カリブ海をはじめ、短期間に南北アメリカ（西半球）を統一している。そしてこの地域での優勢を確保してからは、域外のユーラシア大陸で大国が出現しないように動き回っているというのだ。確かに両大戦や冷戦を客観的に見てみれば、アメリカはドイツ帝国、ナチス・ドイツ、大日本帝国、そしてソ連などに対して、そのような行動を（結果としては）とっている。そしてこの「地域覇権国《リージョナル・ヘジェモン》は、他の地域で覇権国が出現するのを許さない」というメカニズムは、現在の中国にもそのまま当てはまるというのだ。つまり中国も、過去のアメリカのように地域覇権《リージョナル・ヘジェモニー》を達成しようとして、他の大国（アメリカなど）を追い出そうとするという。

余談だが、フランスの社会学者・哲学者であるレイモン・アロンは、この「一九世紀のイギリスは二〇世紀（そして二一世紀）のアメリカと同じである。そのスケールは違うが、島の大国が陸の大国が巨大化して自身の脅威になることを阻止するために動いているメカニズムは変わらない」という趣旨のことを書いているが、これは一九世紀のイギリスが、世界覇権《ヘジェモニー》を達成している間にもヨーロッパ大陸の列強に対して「分断統治」をしかけていた構造と似ていることを指摘していて興味深い。ミアシャイマーも本書の第七章で米英を「オフショア・バランサー」とひとくくりに述べているところは、極めて地政学的な考え方である。

ミアシャイマーは中国の台頭が平和的ではないという根拠を過去のアメリカの暴力的な拡大主義に求めているのだが、これに対する有力な反論を二つ挙げて、それに対してさらなる反論を行っている。その二つとは、中国における儒教文化の伝統と、リベラリズムの人々がよく用いる経済相互依存である。ところがこのような文化的な要素やビジネスのつながりが衝突を抑えるという主張についても積極的な反論を行っており、それが周辺国との平和につながるのかどうかはかなり怪しく、むしろその二つは戦争につながるのではないかという議論の展開を行っている。オックスフォード大学の歴史家であるアダム・ロバーツは、本書についての書評の中で「彼は学界で広く主流となっている考え方とは違う考えを推し進めることに無上の喜びを感じているように見える」と書いているが、これは彼の挑戦的な学問面での態度を評したものとしては最適のものかも知れない。

結果として、ミアシャイマーによる北東アジアの将来の見通しはあまり華やかなものではなく、むしろ彼自身が認めているように「悲劇的」なのだ。そしてこの「悲劇」は、モーゲンソーの言うような「人間の愚かさ」にあるのではなく、国際社会（国際システム）の構造による、人間の意志ではコントロールできないところで引き起こされるものだ。なんとも救いようのない分析だと感じる方もいるかも知れないが、ミアシャイマーによればこれこそが国際政治の「現実」なのだ。

本書のタイトルが『大国政治の〝悲劇〟』である理由は、まさにここにある。

謝辞

個人的になるが、本書を完成させる上でお世話になった方々についてここで触れさせていただきたい。

まず原著者であるミアシャイマー教授には、日本語版のためにまえがきを送っていただいたことなど、いろいろとお世話になっている。私がイギリスに留学中に『イスラエル・ロビーとアメリカの外交政策』の出版記念ツアーで共著者のウォルト氏とともにロンドンでお会いした時には、訳者である私にとてもあたたかく接してくれたことを覚えている。また、二〇一四年末の来日時にはいくつかの場所にご同行させていただいており、大いなる刺戟を受けた。本書で氏の本を二冊分（初版も含めれば三冊分）も翻訳させていただいたが、その明快な論旨とロジックの文章は、常に私の尊敬の対象でありつづけている。

本書を出版する上でお世話になった、株式会社オンザボードの和田憲治・岸浩太郎の両氏にはこのプロジェクトを進めるに当たって常に勇気づけられた。いつもお世話になっている国際地政学研究所の方々、青山学院大学の土山實男教授、慶應義塾大学の宮岡勲教授、そして陸海空自衛隊幹部学校の方々にもお礼を言わねばならない。不思議な御縁で本書の旧版の帯に推薦の言葉を寄せていただいた国家安全保障局の谷内正太郎局長には、どのような感謝の言葉を述べればよいのかわからないほど恐縮している。また、本書は家族のサポートなしには完成しなかったことを重ねて銘記しておかなければならない。

最後にこのような無謀なプロジェクトを積極的に引き受けてくれた五月書房新社の杉原社主、鵜飼さん、笠井さん、編集者の片岡さん、そして今回も大変お世話になった編集者の五味時作氏に記して感謝します。本当にありがとうございました。

二〇一七年七月一七日

横浜の拙宅にて　奥山真司

❖ 著者：ジョン・J・ミアシャイマー John J. Mearsheimer

1947年生まれ。シカゴ大学教授。専門は国際関係論、特に安全保障分野。「オフェンシヴ・リアリズム」を提唱、論文、著作多数。2003年には米軍のイラク侵攻を批難してネオコンたちと対立。2006年、スティーブン・ウォルトと共に、アメリカの外交政策に影響をおよぼすイスラエル・ロビーの問題を論じ、それをまとめた書籍『イスラエル・ロビーとアメリカの外交政策』が世界的ベストセラーになる（2007年、日本版は講談社）。『なぜリーダーはウソをつくのか』（2011年）も10の言語に翻訳され、各国で話題に（日本版は奥山真司訳、中央公論新社）。

ホームページ：http://johnmearsheimer.uchicago.edu/index.htm

❖ 訳者：奥山真司 Masashi Okuyama

1972年生まれ、横浜市出身。カナダのブリティッシュ・コロンビア大学を卒業。英国レディング大学大学院で修士号（MA）と博士号（PhD）を取得。戦略学博士。国際地政学研究所上席研究員、青山学院大学国際政治経済学部非常勤講師。著書に『地政学―アメリカの世界戦略地図―』（五月書房）、『ビジネス教養 地政学』（監修、新星出版社）など、訳書に『平和の地政学』（N. スパイクマン著、芙蓉書房）、『米国世界戦略の核心』（S. ウォルト著、五月書房）、『幻想の平和』（C. レイン著、五月書房）、『戦争にチャンスを与えよ』（E. ルトワック著、文藝春秋）などがある。

Eメールアドレス：masa.the.man@gmail.com

新装完全版《しんそうかんぜんばん》 大国政治《たいこくせいじ》の悲劇《ひげき》

本体価格……五〇〇〇円
発行日……二〇一七年一二月 八日 完全版第一刷発行
二〇一九年 四月 八日 新装完全版第一刷発行
二〇二二年 六月一〇日 新装完全版第三刷発行

著者……ジョン・J・ミアシャイマー
訳者……奥山真司《おくやままさし》
編集人……杉原 修
発行人……柴田理加子
発行所……株式会社 五月《ごがつ》書房新社
東京都世田谷区代田一―二二―六
郵便番号 一五五―〇〇三三
電話 〇三（六四五三）四四〇五
FAX 〇三（六四五三）四四〇六
URL www.gssinc.jp
装幀……山田英春
印刷／製本……株式会社 シナノパブリッシングプレス

ISBN978-4-909542-17-5 C0031